프랑스·독일의 계몽주의와 칸트
볼프에서 칸트까지

A HISTORY OF PHILOSOPHY 6
Wolff to Kant

A HISTORY OF PHILOSOPHY (Vol 6)

프랑스·독일의 계몽주의와 칸트
볼프에서 칸트까지

2023년 1월 20일 초판 인쇄
2023년 1월 25일 초판 발행

지은이 프레드릭 코플스턴 | **옮긴이** 이남원 · 정용수 | **펴낸이** 이찬규 | **교정교열** 김지윤
펴낸곳 북코리아 | **등록번호** 제03-01240호 | **전화** 02-704-7840 | **팩스** 02-704-7848
이메일 ibookorea@naver.com | **홈페이지** www.북코리아.kr
주소 13209 경기도 성남시 중원구 사기막골로 45번길 14 우림 2차 A동 1007호
ISBN 978-89-6324-991-9 (93160)

값 35,000원

* 본서의 무단복제를 금하며, 잘못된 책은 바꾸어 드립니다.

프랑스·독일의 계몽주의와 칸트

볼프에서 칸트까지

프레드릭 코플스턴 저

이남원 · 정용수 역

A HISTORY OF PHILOSOPHY 6
Wolff to Kant

북코리아

저자 서문

_____

　17세기에서 18세기에 이르는 철학, 즉 데카르트에서 칸트에 이르는 철학을 한 권 안에 담는 것이 나의 원래의 의도였다. 그러나 이것이 불가능하다는 것이 밝혀졌다. 그래서 나는 자료를 세 권으로 나누어 출판하였다. 즉 데카르트에서 라이프니츠까지의 제4권은 대륙의 위대한 합리론 체계를 다루고 있으며, 홉스에서 흄까지의 제5권에서 나는 일반적인 의미에서의 스코틀랜드 철학을 포함하는 영국 철학사상의 발전을 개관하였다. 제6권에서 나는 프랑스의 계몽주의와 독일의 계몽주의, 역사 철학의 부상(浮上), 칸트의 체계를 다룬다. 그러나 17세기와 18세기의 철학이 이 세 권으로 다루어졌지만, 공통된 서론의 장과 공통된 결론의 개관을 한 묶음으로 다루려는 나의 원래의 계획은 유지되었다. 당연히 공통된 서론의 장은 제4권의 맨 앞을 장식하였다. 그리고 본 책의 주제와 연관된 서론은 여기서 재론하지 않을 것이다. 결론적 개관은 이 책의 마지막 장을 구성한다. 거기에서 나는 17세기와 18세기의 다양한 철학적 스타일의 본성, 중요성, 가치에 대한 역사적 관점뿐만 아니라, 보다 철학적인 관점을 다루려고 시도하였다. 그래서 이 철학 전집의 제4권, 제5권, 제6권은 3부작을 형성한다.

차례

제1부

프랑스의 계몽주의

THE FRENCH ENLIGHTENMENT

A HISTORY OF PHILOSOPHY
WOLFF TO KANT

제1장

프랑스의 계몽주의(1)

──────── 1. 서론

    많은 사람들에게는 프랑스 계몽주의를 기본적으로 파괴적 비판과 그리스도교 혹은 어쨌든 가톨릭교회에 대한 노골적인 적개심을 가지고 생각하려는 자연스러운 경향이 있을 것이다. 우리가 루소(Rousseau)를 제외한다면, 18세기의 프랑스 철학자 중에서 가장 잘 알려진 이름은 아마 볼테르(Voltaire)라는 이름일 것이다. 그리고 이 이름은 마음속에 교회를 이성의 적이자 불관용의 친구로 성토하는 데 지칠 줄 몰랐던 영민하고 재치 있는 사람의 모습을 떠올리게 한다. 게다가 사람들이 라메트리(La Mettrie)와 돌바크(d'Holbach)와 같은 유물론 저술가들에 대해 무언가를 안다면, 그들은 프랑스에서의 계몽주의를 볼테르의 이신론과 초기 디드로(Diderot)의 이신론에서부터 돌바크의 무신론과 카바니스(Cabanis)의 노골적으로 유물론적인 개관을 관통하였던 반종교적 운동으로 간주하는 경향을 가질 수도 있다. 이런 식의 계몽주의 해석을 감안 한다면, 계몽주의에 대한 사람들의 평가는 그들의 종교적 확신에 크게 좌우되거나 아니면 그런 확신의 부족에 크게 좌우될 것이다. 어떤 사람은 18세기의 프랑스 철학을 계속된 불신앙으로 이어지면서, 프랑스 대혁명에서 일어난 노트르담 대성당에 대한 신성모독에서 결실을 맺었던 운동으로서 간주할 것이다. 반면에 어떤 사람은 18세기의 프랑스 철학을 종교적 미신과 교회조직의 폭압에서 정신을 점진적으로 자유롭게 한 것으로 간주할 것이다.

다시 말한다면, 18세기의 프랑스 철학자들이 기존의 정치체계의 모든 적이었고, 프랑스 대혁명을 위한 길을 준비하였다는 인상은 통상적인 것이다. 이러한 정치적 해석이 제시된다면, 철학자들의 업적에 대한 상이한 평가는 분명히 가능한 일이다. 사람들은 그 철학자들을 그들의 저술이 자코뱅 테러(Jacobin terror, 옮긴이 주 — 프랑스 혁명기 로베스피에르를 중심으로 하는 자코뱅 클럽을 주도한 산악파가 투옥, 고문, 처형 등 폭력적인 수단을 실시한 정치형태)에서 실제적인 결과를 낳았던 혁명을 무책임하게 획책한 사람들로 간주할 수도 있다. 혹은 사람들은 그 철학자들을 불가피한 사회적-정치적 발전의 한 단계를 대표한 사람으로, 말하자면 프롤레타리아의 지배가 그것을 숙명적으로 대체했던 부르주아 민주주의를 개시하는 데 도움을 준 사람으로 간주할 수도 있다.

프랑스 계몽주의에 대한 이 두 가지 해석, 종교 제도를 향한 그리고 종교 자체를 향한 태도에 의한 해석과 정치 체제들을 향한 그리고 정치적이고 사회적인 발전을 향한 태도에 의한 해석은 당연히 사실에 기초하고 있다. 이 두 해석은 아마도 꼭 같은 정도로 충분한 기초를 가진 것은 아니다. 한편으로는 몇몇 철학자들이 구체제(ancien régime)를 싫어한 것이 사실이긴 하지만, 계몽주의의 모든 전형적인 철학자들을 혁명의 의도적인 조장자들로 간주하는 것은 큰 잘못일 것이다. 예를 들어 볼테르는, 비록 그가 어떤 개혁들을 바랐음에도 불구하고, 실제로 민주주의의 촉진에는 관심이 없었다. 그는 자신과 자신의 친구들을 위한 표현의 자유에 관심을 가졌을 뿐, 민주주의자라고 불릴 수는 없다. 박애적 전제주의가 대중통치보다 그의 입맛에 더 맞았다. 특히 철학자들(les philosophes)을 향한 박애의 경우에는 그랬다. 그가 '폭도'라고 보았던 것의 편에 서서 혁명을 조장하는 일은 전혀 그의 의도가 아니었다. 다른 한편 프랑스 계몽주의의 전형적인 대표자들로 여겨진 모든 철학자들이 다양한 정도로 교회의 지배에 반대하였다는 것은 사실이다. 그들 중 다수는 그리스도교에 반대하였고, 적어도 몇 명은 독단적인 무신론자로서 모든 종교에 대해 강력하게 반대하였으며, 이런 종교를 그들은 무지와 공포의 산물, 지적인 진보의 적, 참된 도덕성에 대해 해악을 끼치는 것으로 간주하였다.

그러나 종교를 향한 태도에 의한 해석과 또한 그 정도에서는 약하지만 정치적 확신에 의한 해석은 모두 사실에 기초하고 있음에도 불구하고, 그 양 해석을 우리가 왕좌와 교회제단에 대한 장기간에 걸친 공격이라고 서술한다면, 그러한 해석은 18세기 프랑스 철학에 대한 매우 부적절한 그림을 제공할 것이다. 분명히 말해서 가톨릭 교회에 대한 공격, 계시종교에 대한 공격, 일부의 경우 모든 유형의 종교에 대한 공격은 이성의 이름으로 이루어졌다. 그러나 이성의 행사는 종교적 영역에서 단순히 파괴적인 비판이 프랑스 계몽주의 철학자들에게 의미한 것보다 더 많은 것을 의미하였다. 말하자면 파괴적 비판은 계몽주의의 부정적인 측면이었다. 긍정적인 측면은 세계를 이해하고 특히 인간 자신을 그의 심리적, 도덕적, 사회적 삶에서 이해하려는 시도에서 성립하였다.

이렇게 진술한다고 해서 종교적 주제에 대한 철학자들의 견해를 최소화하거나 그 견해를 중요하지 않은 것으로 제외할 의도가 나에게 있는 것은 아니다. 필자와 종교적 확신을 함께하는 누구에게도 실제로 철학자들의 태도는 중립적인 것일 수가 없다. 그러나 자신의 종교적 믿음과는 별도로 종교에 대한 철학자들(les philosophes)의 태도는 분명히 문화적 의미와 중요성이 있는 것이었다. 왜냐하면 철학자들의 태도는 중세 문화의 개관에서부터 현저한 변화를 보여주고, 상이한 문화적 단계를 표현하고 있기 때문이다. 동시에 우리가 목격하고 있는 것은 과학적 견해의 성장과 확장이라는 점을 우리는 기억해야 한다. 18세기의 프랑스 철학자들은 진보에 대한 강한 믿음 즉 물리학에서부터 심리학, 도덕, 인간의 사회적 삶에 이르기까지 과학적 견해에 대한 강한 믿음을 갖고 있었다. 만약 그들에게 특정한 계시종교를, 때로는 모든 종교를 거부하는 경향이 있었다면, 이렇게 된 까닭은 부분적으로는 특정한 계시종교든 종교 일반이든 종교가 지성적 진보의 적이라는 그리고 방해받지 않고 명석한 이성 사용의 적이라는 그들의 확신으로 인한 것이다. 분명히 말해서 나로서는 그들의 이러한 사고가 옳다는 점을 보여줄 생각이 없다. 종교와 과학 사이에 본래적인 모순은 존재하지 않는다. 그러나 내가 보여주고자 하는 사실은, 만약 우리가 종교적 영역에서 그들의 파괴적인 비판을 너무 배타적으로 강조한다면, 철학자의 적극적인 목표를 보지 못하게 될 가능성이 있다는 점이다. 그리고 그렇게 된다면 우리는 그림의 한쪽 면만을 보게 될 것이다.

18세기의 프랑스 철학자들은 영국 사상, 특히 로크(Locke)와 뉴턴(Newton)에 의해 상당한 영향을 받고 있었다. 일반적으로 말한다면, 그들은 로크의 경험론과 의견을 같이 하였다. 철학에서 이성의 사용은 그들에게는 본유 관념(innate ideas)이나 자명한 제1원리들에서 연역되는 거대한 체계들의 구성을 의미하지는 않았다. 그리고 이런 의미에서 그들은 앞선 세계의 사변적 형이상학에 등을 돌렸다. 이것은 그들이 종합에 전혀 관심을 가지지 않았고, 그들의 여러 가지 결론을 종합하려는 시도를 하지 않고서 상이한 여러 특정 문제들에 자신의 관심을 집중한다는 의미에서 순수하게 분석적인 사상가였다는 것을 말하는 것이 아니다. 그러나 그들은 현상 그 자체 쪽으로 접근하는 것과 관찰에 의해서 그 현상들의 법칙과 원인들을 배우는 것이 올바른 접근 방식이라는 점을 확신하였다. 그런 다음 보편적 원리들을 형성하고 보편적 진리들의 빛 속에서 특수한 사실들을 살펴봄으로써 우리는 종합하는 일에 다가갈 수 있다. 다른 말로 하면 하나의 이상적인 방법, 즉 모든 연구 분야에서 적용될 수 있는 수학의 연역적 방법이 존재한다고 가정하는 것은 잘못이라는 점을 이해할 수 있게 되었다. 예를 들어 뷔퐁(Buffon)은 이 점을 분명히 보았으며, 그의 사상은 디드로의 정신에 일부분 영향을 주었다.

인식에 대한 이러한 경험론적 접근은 달랑베르(d'Alembert)에서처럼 어떤 경우에는 실증주의적인 것으로 서술될 수 있는 입장으로 나아갔다. 만약 사람들이 형이상학을 현상을 초월한 실재에 대한 연구로 이해한다면, 형이상학은 불가지(不可知)의 영역이다. 우리는 이 분야에서 어떤 인식을 가질 수 없으며, 그것을 기대하는 것은 시간 낭비이다. 우리가 합리적 형이상학의 의미를 유일하게 가질 수 있는 것은 경험과학들의 결과들을 종합하는 것이다. 그리고 경험과학 그 자체에서 우리는 '본질'이 아니라 현상에 관심을 가진다. 물론 한 가지 의미에서 우리는 본질에 대해서 이야기할 수 있지만, 여기서 말하는 본질은 단지 로크가 '명목상의' 본질이라 불렀던 것에 불과한 것이다. 그 낱말은 형이상학적 의미로 사용된 것이 아니다.

프랑스 계몽주의의 모든 철학자들을 '실증주의자'라고 말하는 것은 사실상 심각한 오류일 것이다. 예를 들어 볼테르는 우리가 신의 존재를 증명할 수 있다고 생각하였다. 모페르튀이(Maupertuis)도 그렇게 생각하였다. 그러나 우리는 그 당시 몇몇 사상가들에서 실증주의에 분명한 근사치를 확인할 수 있다. 그래서 우리는 18세기의 철학이 다음 세기의 실증주의를 위한 길을 준비하는 데 도움을 주었다고 말할 수 있다.

동시에 프랑스 계몽주의에 대한 이러한 해석은 일면적이다. 즉 그것은 어떤 의미에서 너무 철학적이다. 내가 의미하는 것을 설명하기 위해서 콩디야크(Condillac)의 사례를 들고자 한다. 그는 로크로부터 상당한 영향을 받았다. 그는 자기가 이해하고 있는 바의 로크의 경험론을 인간의 심적인 능력과 작동에 적용하기 시작하였으며, 그런 능력과 작동 모두가 어떻게 해서 '변형된 감각'(transformed sensations)에 의해서 설명될 수 있는지를 보여주려고 시도하였다. 그런데 콩디야크 자신은 우리가 실증주의자라고 부르는 것과 딱 일치하는 것은 아니었다. 그러나 『감각론』(*Treatise on Sensations*)을 실증주의 방향으로 움직이는 것으로, 즉 실증주의 발전의 도상에 있는 것으로 해석하는 것은 물론 가능하다. 그러나 그것을 심리학의 발전의 도상에 있는 것으로만 해석하는 것도 가능하다. 그리고 그 자체로 고려되는 심리학은 반드시 철학적 실증주의와 연결될 필요는 없다.

다시 말하면 프랑스 계몽주의의 여러 철학자들은 인간의 심리적 삶과 인간의 생리적 조건들 사이의 유사점들에 대해 고려하였다. 카바니스의 경우처럼 몇몇 경우에 있어 이러한 점은 조야한 유물론에 대한 진술로 귀결하였다. 그러므로 사람들은 이러한 결과에 의해서 전체 탐구를 해석하려는 유혹에 빠질 수도 있다. 동시에 어떤 철학자들의 독단적 유물론을 가치 있는 연구 노선의 발전 과정에서의 일시적인 이탈이라고 간주하는 것이 가능하다. 다른 말로 하면 18세기 철학자들의 심리학적 연구들을 이러한 연구 노선의 발전의 초기 단계들에 있는 잠정적 실험으로 간주하는 경우가, 그 자체로 고려된 프랑스 계몽주의에만 자신들의 심적인 지평을 제한하는 경우보다 과장됨과 미숙함에 덜 가치를 부여하려는 경향이 있을 수도 있다. 물론 사람들이 이들 장에서처럼 특정한 시대와 특정한 인간 집단의 사상에 관심을 가질 때, 이러한 과장과 미숙함에 관심을 기울여야 한다. 그러나 전체 그림을 마음속에 간직하고, 미래로 뻗쳐나가는 그리고 나중에 비판과 이전의 이탈에 대한 수정을 제공할 수 있는 발전 노선의 어떤 단계에 이런 특성들이 속한다는 사실을 상기하는 것이 좋다.

그러므로 일반적으로 우리는 프랑스 계몽주의 철학을 흄이 '인간 과학'(the science of man)이라고 불렀던 것을 발전시키려는 시도로서 간주할 수도 있다. 사실상 이러한 서술이 모든 사실에 부합하는 것은 아니다. 예를 들어 우리는 우주론적 이론들을 발견한다. 그러나 인간 과학은, 뉴턴이 물리적 우주를 위해 행했던 것과 유사하게, 18세기의 철학자들에게 인간의 심리적이고 사회적인 삶을 위해 행하는 일에 관심을 가지도록 만든다. 그리고 이러한 목적을 완수하려는 노력을 하면서 18세기 철학자들은 앞선 세기의 사변적 체계에 의해서보다는 로크의 경험론에 의해서 영감을 받았던 접근법을 채택하였다.

프랑스 계몽주의의 철학자들이 다수의 영국의 도덕론자들과 마찬가지로 윤리학을 형이상학과 신학에서 분리하려고 노력했다는 점을 주목하는 것도 가치 있는 일이다. 그들의 도덕 사상은 분명히 예를 들어 디드로의 윤리적 관념론에서부터 라메트리의 낮은 등급의 공리주의에 이르기까지 상당할 정도로 상이했다. 그러나 그들은 정도의 차이는 있지만 도덕을 자립시키려고 시도하였다는 점에서 일치하였다. 실제로 이것은 무신론자들로 구성된 국가가 완벽히 가능하다는 베일의 주장이 의미하는 것이었고, 거기에 더해서 그런 국가는 가능할 뿐만 아니라 바람직하다는 라메트리의 주장이 의미하는 것이었다. 그러나 모든 철학자들이 이러한 견해에 동의하였다고 말하는 것은 정당하지 않을 것이다. 예를 들어 볼테르의 견해에 따르면, 만약 신이 존재하지 않을 경우, 정확하게 사회의 도덕적 안녕을 위해 신을 창안하는 것이 필요할 것이다. 그러나 일반적으로 말한다면 계몽주의의 철학은 윤리학을 형이상학적이고 신학적인 고려에서 분리했다. 물론 이러한 분리가 유지될 수 있는가는 논쟁의 여지가 있다.

마지막으로 우리는 18세기의 프랑스 철학이 영국에서처럼 주로 대학의 철학 교수들이 아닌 사람들 그리고 자주 철학 외적인 것에 관심이 있었던 사람들에 의해서 이루어진 작업이었다는 점을 상기할 수 있다. 영국의 흄(Hume)은 철학자이면서 역사학자였고, 프랑스의 볼테르는 희곡을 썼다. 모페르튀이는 위도의 정확한 측정척도를 통해서 북극의 끝에서 지구의 형태를 결정하는 데 기여할 목적으로 북극 탐험을 하였다. 달랑베르는 저명한 수학자였다. 몽테스키외(Montesquieu)와 볼테르는 사료 수

집 분야의 발전에서 어느 정도 중요한 인물이었다. 라메트리는 의사였다. 18세기에서 우리는 철학적 사상에 대한 어떤 지식이 문화적 요구로 간주되었던 그리고 철학이 아직 학문적인 유지를 가지지 못했던 시대에 여전히 머물러 있다. 더 나아가 철학과 과학의 밀접한 관계, 즉 실제로 프랑스 철학사상의 대단히 일반적인 성격이었던 관계가 여전히 존재한다.

──────── **2. 베일의 회의론**

프랑스 계몽주의의 길을 준비했던 프랑스 저술가들 중 가장 영향력이 있었던 사람은 아마도 『역사와 비평 사전』(*Dictionnaire historique et critique*, 1695-1697)의 저자였던 피에르 베일(Pierre Bayle, 1647-1706)이었다. 프로테스탄트 신자로 성장해서 한때 가톨릭 신자가 되었으나, 그 후 다시 프로테스탄트주의로 돌아갔다. 그러나 프로테스탄트를 지지했음에도 불구하고, 가톨릭만이 결코 불관용을 독점한 것은 아니었다는 것이 그의 확신이었다. 그리고 1680년 이후 살았던 로테르담(Rotterdam) 거주 시기 동안에 그는 관용을 옹호하였으며, 칼뱅주의 신학자인 쥐리외(Jurieu)의 불관용적 태도를 비난하였다.

베일의 견해에 의하면 당시 신학 논쟁들은 혼란스럽고 중구난방이었다. 은총과 자유 의지 사이의 관계들에 관한 논쟁을 예로 들어보자. 토마스주의자들, 얀센주의자들(Jansenists), 칼뱅주의자들은 모두 몰리나주의(Molinism)에 대해 적개심을 가졌다는 점에서 일치하였다. 그리고 그들 사이에는 실제로 근본적인 차이점이 없었다. 그러나 토마스주의자들은 자신들이 얀센주의자들이 아니라고 주장하였고, 얀센주의자들은 칼뱅주의를 거부했던 반면에, 칼뱅주의자들은 다른 주의자들을 공공연히 비난하였다. 몰리나주의자들에 대해 이야기한다면, 그들은 성 아우구스티누스의 이론이 얀센주의자들의 이론과 다르다는 점을 보여주려고 노력하면서 궤변적인 논증들에 의존하였다. 일반적으로 인간만이 어떤 차이도 없는 경우에도 차이가 있다고, 서로 간의 다른 입장 사이에 연결되는 것들이 없을 때에도 그런 연결이 불변의 연결이라고 너무나 쉽게 믿는 경향이 있다. 그래서 많은 논쟁들은 그들 논쟁의 생생함과 활기를 위해서 편견과 명석한 판단의 부족에 의존하게 된다.

그러나 독단적 신학에 관련하여 당시에 일어난 논쟁에 대한 베일의 견해보다 더 중요한 것은 형이상학과 철학적 신학 또는 자연 신학에 관한 그의 견해였다. 그의 생각으로는 인간의 이성은 적극적 진리의 발견에 적합하기보다는 오류들의 발견에 더 적합하며, 이 점은 특히 형이상학에 적용된다. 신의 현존이 어떤 점에서 증명될 수 있다는 점을 어떤 철학자가 부정하지 않더라도, 그 철학자가 신의 현존에 관한 어떤 특정한 증명을 비판할 권리가 있다는 것은 충분히 가능한 일이다. 그러나 사실상 지금까지 제공되었던 모든 증명들은 파괴적인 비판을 받았다. 다시 말하면 누구도 지금까지 악의 문제를 해결하지 못했다. 이것은 놀랄 만한 것이 아니다. 왜냐하면 세계에서 악이 있다는 사실과 무한하고, 전지하며, 전능한 신이 있다는 사실을 합리적으로 일치시키는 일에 성공하는 것은 가능하지 않기 때문이다. 마니교도들(The Manichaeans)은 그들의 이원론 철학을 가지고서 정통 종교에 의해서 제안된 어떤 설명보다도 악에 대해 더 나은 설명을 하였다. 그렇지만 동시에 마니교도들의 형이상학적 가정은 불합리하다. 영혼의 불멸성에 관련하여 말한다면, 그것에 대한 어떤 명백한 증명도 나온 적이 없었다.

베일은 신의 존재와 불멸성의 이론이 거짓이라고 말한 적이 없다. 오히려 그는 이성의 영역 바깥에 신앙을 두었다. 그러나 이 진술은 제한이 필요하다. 왜냐하면 베일은 종교적 진리와 이성이 서로 모순되지는 않음에도 불구하고 종교적 진리를 이성적으로 증명할 수 없다고 말한 것은 아니기 때문이다. 그의 입장은 오히려 종교적 진리들이 이성과 모순된 많은 점을 포함하고 있다는 것이었다. 그러므로 그의 제안에 따르면 진심이건 아니건 간에 계시를 받아들이는 것이 오히려 더 낫다. 어쨌든 종교의 진리가 비이성적인 영역에 관계한다면, 신학적인 논증과 논쟁에 관여할 점은 전혀 존재하지 않는다. 관용이 논쟁을 대신해야 한다.

주목해야 할 점은 베일이 종교와 이성을 분리했을 뿐만 아니라 종교와 도덕을 분리했다는 사실이다. 즉 그는 종교적 확신과 동기가 도덕적 삶을 영위하기 위해 필요하다고 가정하는 것은 큰 잘못이라고 주장하였다. 종교적 동기들보다 비종교적 동기들이 효과적이거나 심지어 더 강력할 수 있다. 불멸성을 믿지 않거나 실로 신을 믿지 않는 사람들로 이루어진 도덕적 사회를 구성하는 것은 진정 가능할 것이다. 결국 베일의 『역사와 비평 사전』의 사두개인들(Sadducees) 항목에 따르면 부활을 믿지 않았던 사두개인들이 부활을 믿었던 바리세인들(Pharisees)들보다 더 훌륭하였다. 신앙과 실천 사이에 불변의 연결이 있다는 것을 삶의 경험은 보여주지 못한다. 그리하여 우리는 유덕한 삶을 영위하기 위해서 반드시 종교적 신앙을 필요로 하는 것은 아니라는 자율적인 도덕적 인간의 개념에 이르게 된다.

이어서 나타나는 프랑스 계몽주의 저술가들, 예컨대 디드로는 베일의 『역사와 비평 사전』을 광범위하게 활용하였다. 이러한 일이 또한 독일의 계몽(Aufklärung)에 일부 영향을 끼치지 않았다고 말할 수 없다. 1767년 프리드리히 대제(Frederick the Great)는 볼테르에게 다음과 같은 내용의 편지를 썼다. 베일은 전투를 시작하였고, 다수의 영국 철학자들이 그의 뒤를 따랐으며, 볼테르가 전투를 끝낼 운명이었다.

─────── 3. 퐁트넬

퐁트넬(Bernard le Bovier de Fontenelle, 1657-1757)은 아마도 과학사상을 대중화한 사람으로 잘 알려진 인물이다. 그는 여러 다른 작품들 가운데서 성공하지 못한 희곡으로 자신의 문필 경력을 시작하였다. 그러나 그는 곧 당시 사회가 새로운 물리학에 대한 명석하고 이해 가능한 설명을 환영할 것이라는 점을 깨달았다. 그리고 이러한 일을 수행하려는 그의 시도는 성공하였고, 그는 과학 아카데미(Académie des Sciences)의 책임자가 되었다. 일반적으로 그는 데카르트 물리학의 옹호자였다. 그리고 『세계의 다양성에 관한 대화』(Entretiens sur la pluralité des mondes)를 통해 데카르트의 천문학 이론들을 대중화하였다. 사실상 그는 뉴턴의 중요성을 잘 알고 있었으며, 1727년 『뉴턴 송가』(Eulogy of Newton)를 출간하였다. 그러나 그는 『데카르트의 소용돌이 이론』(Théorie des tourbillons cartésiens, 1752)에서 데카르트의 소용돌이 이론을 옹호하였고, 그에게는 신비로운 실재에 대한 요청을 포함하는 것으로 여겨졌던 뉴턴의 중력원리를 공격하였다. 그가 죽은 후에 그의 연구에서 발견된 수고(手稿)는 그의 삶의 후반기에 그의 생각이 경험론을 향해서 뚜렷하게 움직이고 있다는 점을 확인시켜 주었다. 우리의 관념들은 모두 결국 감각 경험의 소여에 환원될 수 있다.

18세기 프랑스의 과학사상의 지식을 확장하는 데 도움을 준 것 이외에도 또한 퐁트넬은 종교적 진리들에 관한 회의론의 성장에 얼마간 간접적 방식으로 기여하였다. 예를 들어 그는 『우화의 기원』(The Origin of Fables)과 『신탁의 역사』(The History of Oracles)에 관한 소(小) 책자들을 출판하였다. 이중 첫 번째 책에서 그는 신화 또는 우화가 지성에 의존하는 것이 아니라 상상력의 유희에 의존하는 것이라는 견해를 거부하였다. 예를 들어 그리스 신화는 현상을 설명하려는 바람에서 비롯하였으며, 상상력이 그것을 꾸미는 데 일정 부분 역할을 하였지만, 그것은 지성의 산물이었다. 초기 시대 인간의 지성은 근대인들의 지성과 본질적으로 다른 것이 아니었다. 원시인이나 근대인은 꼭 같이 현상을 설명하고자 시도할 때, 인식되지 않은 것을 인식된 것으로 환원한다. 그들 사이의 차이점은 다음과 같다. 초기 시대에는 적극적 인식은 불충분했으며, 마음은 신화적인 설명에 의지하지 않으면 안 되었다. 그러나 근대 세계에서는 과학적 설명이 신화적 설명을 대신하는 정도까지 적극적인 인식이 성장하였다. 비록 퐁트넬이 그것을 명시적으로 언급하고 있지는 않지만, 이러한 견해가 함축하고 있는 점은 충분할 정도로 분명하다.

신탁에 관한 책에서 퐁트넬은 그리스·로마의 신탁이 신들(demons)의 활동에 의존했다거나 신탁이 그리스도의 도래 때문에 사라졌다고 말할 어떤 설득력 있는 이유도 없다고 주장하였다. 따라서 그리스·로마의 신탁이 사라졌다고 말하는 데서 성립하는, 그리스도의 권능과 신격을 옹호하는 논증은 어떤 역사적 기초도 가지고 있지 않았다. 문제가 되는 특수한 점들은 그렇게 중요하다고 말해질 수 없다. 그러나 그것이 함축하고 있는 점은 그리스도교의 호교론자들에게는 쓸모없는 주장들에 의지하는 습관이 있는 것처럼 보인다는 것이다.

그러나 퐁트넬은 무신론자가 아니었다. 그의 사상은 신이 인간의 정념과 변덕이 지배하는 역사에서가 아니라 법칙 지배적인 자연 체계에서 자신을 드러낸다는 것이었다. 다른 말로 하면 퐁트넬에서 신은 역사 안에서 자신을 드러내고, 교의적 체계를 세우는 역사적 종교의 신이 아니라 세계의 과학 개념에서 드러난 자연의 신(God of Nature)이었다. 18세기의 프랑스 철학자들 중에는 실제로 무신론자들이 있었다. 그러나 볼테르가 그렇게 명명한 무신론이 비록 당시 영국인들보다 프랑스인들 사이에서 더 많이 발견되었지만, 이신론 또는 유신론이 더 일반적이었다.

──────── 4. 몽테스키외와 그의 법 연구

프랑스 계몽주의 철학자들이 인간의 사회적 · 정치적 삶을 이해하려고 노력하였다는 점은 이미 언급되었다. 이 분야의 가장 중요한 저술들 중 하나는 몽테스키외(Montesquieu)의 법 이론이었다. 브레드와 몽테스키외의 남작(Baron de la Brède et de Montesquieu)인 샤를 드 세콩다(Charles de Sécondat, 1689-1755)는 자유에 대해 열광하였고, 전제주의에 대해서 적대시한 사람이었다. 1721년 그는 프랑스에서의 정치적 · 교회적 상황에 대해 풍자한 『페르시아인의 편지』(*Lettres persanes*)를 출판하였다. 1728년에서 1729년까지 그는 영국의 정치 체제에 대한 어떤 특징들에 대해 대단한 경의를 표했던 영국에 머물렀다. 1734년 그는 『로마인의 위대함과 쇠망의 원인에 관한 고찰』(*Considérations sur les causes de la grandeur et de la decadénce des Romains*)을 출판하였다. 마지막으로 1748년에 그의 『법의 정신』(*De l'esprit des lois*)이 나왔는데, 이 책은 약 17년간의 노력의 결실이었다.

법에 관한 그의 저서에서 몽테스키외는 사회, 법, 정부에 대한 비교 연구에 착수한다. 사실에 관한 그의 지식은 사실상 그렇게 방대한 크기로 구상된 기획에 비해 충분히 정확한 것도 충분히 광범위한 것도 아니었다. 그러나 기획 자체, 즉 비교 사회학적 탐구는 중요하였다. 사실상 몽테스키외에게는 선배들이 있었다. 특히 아리스토텔레스는 상당한 수의 그리스 헌법들에 대한 연구 편집들을 착수하였다. 그러나 몽테스키외의 기획은 당시 철학의 조망 속에서 고려되어야 한다. 그는 정치학과 법의 분야에서 귀납적이고 경험적인 접근을 적용하였다. 이러한 접근은 다른 철학자들에 의해 다른 분야에서 적용되었다.

그러나 사회적, 정치적, 법적 현상들을 단순히 기술하고, 방대한 수의 특수한 사실들을 기록하고 서술하는 것이 몽테스키외의 목적은 아니었다. 그는 사실들을 이 해하고 싶어 했으며, 현상에 관한 비교 탐구를 역사적 발전의 원리들에 대한 체계적 연구의 기초로 사용하고 싶어 했다. '나는 무엇보다도 사람들을 살펴보았으며, 이 무 한하게 다양한 법과 관습들에서 그들이 자신들의 일시적인 생각들에 의해서만 인도 된 것은 아니었다는 신념을 갖게 되었다. 나는 원리들을 형식적으로 규명했으며, 특 수한 사례들 그 자체가 이러한 원리에 적합하다는 점을 발견하였다. 즉 모든 국가의 역사들은 (이러한 원리들의) 귀결일 뿐이며, 모든 특수한 법은 다른 법에 결속해 있거나 다른 보다 일반적인 법에 의존해 있다.'[1] 그래서 몽테스키외는 실증주의적 사회학자 의 정신에서뿐 아니라 오히려 역사 철학자로서 자신의 주제에 접근하였다.

그 측면들 중 하나에서 고찰한다면, 몽테스키외의 사회, 정부, 법 이론은 역사 적 자료로부터의 일반화, 가끔은 지나치게 성급한 일반화들로 구성된다. 서로 다른 정치사회들에서의 실정법의 서로 다른 체계들은 다양한 요소들에 관계된다. 즉 사람 들의 성격, 정부 형태들의 본성과 원리들, 기후 조건과 경제 조건 등에 관계한다. 이 러한 관계들의 전체가 '법의 정신'을 형성한다. 그리고 몽테스키외가 검토하기로 시 작한 것은 이런 정신이다.

몽테스키외는 우선 법과 정부의 관계에 대해 언급한다. 그는 정부를 세 가지 형 태로 나눈다. '공화주의, 군주주의, 전제주의'가 그것이다.[2] 공화주의는 국민 전체가 최고 권력을 소유하는 민주주의와 국민의 일부만 최고 권력을 소유하는 귀족주의로 나뉜다. 군주주의에서 왕은 기본법들에 따라 통치하며, 일반적으로 '중간 권력들'이 존재한다. 전제 정부에서는 그런 기본법들이 존재하지 않으며, 법의 '기관'도 존재하 지 않는다. '그러므로 이런 나라들에서는 종교가 일종의 영원한 기관을 형성하기 때 문에 종교가 매우 큰 영향을 끼치며, 만약 종교의 경우가 아니라면 법을 대신해서 존 중되는 것은 관습이라 말해질 수 있다.'[3] 공화 정부의 원리는 시민의 덕이고, 군주 정

---

1   *De l'esprit des lois, Preface.*
2   같은 책, II, 1.
3   같은 책, II, 4.

부의 원리는 명예이며, 전제주의의 원리는 공포이다. 이러한 형태의 정부들과 그것들의 원리들이 제시되면, 어떤 유형의 법적 체계들이 아마도 유력해질 것이다. '정부의 성격과 형태 사이의 이런 차이점이 존재한다. 정부를 구성하는 것은 그것의 성격이고, 정부로 하여금 집행하도록 만드는 것은 그것의 원리이다. 전자는 그것의 특수한 구조이고, 후자는 그것을 작동하도록 만드는 인간 정념이다. 그런데 법들은 각각의 정부의 성격 못지않게 원리에 관계한다.'[4]

그런데 나는 몽테스키외의 이론을 마치 그것이 단지 경험적 일반화를 의미하는 것처럼 서술했다. 그리고 그렇게 해석될 때 그것에 대해 그의 분류가 전통적이며 인위적이라는 것과 그것이 역사적 자료의 서술로서는 매우 부적합하다는 명백한 반론이 제기된다. 그러나 몽테스키외가 이상적인 정부 형태들을 언급하고 있다는 점을 주목하는 것이 중요하다. 예를 들면 모든 현실적인 전제주의를 제외한다면, 우리는 이상적인 유형의 전제 정부를 발견할 수 있다. 그러나 어떤 제시된 전제주의가 그것의 구조에서나 그것의 '원리'에서 이러한 이상적 모형이나 순수 유형을 충실하게 구현하리라는 결론이 이로부터 나오는 것은 아니다. 어떤 주어진 공화제에서도 작동 원리가 시민의 덕이라거나 아니면 어떤 주어진 전제주의에서도 행동의 작동 원리가 공포라는 그런 결론을 유형 모형에서부터 도출하는 것은 정당하지 않다. 동시에, 주어진 정부 형태가 그것의 이상적 유형을 구현하지 못하는 한, 그것은 불완전한 것이라고 말해진다. '세 가지 정부의 원리들은 다음과 같다. 그것은 어떤 공화제에서 국민들이 유덕하다는 것을 의미하지 않고, 그들이 유덕해야 한다는 것을 의미한다. 이 점은 어떤 군주제에서 국민들이 명예감을 가진다는 것, 그리고 특정한 전제 국가에서 국민들이 공포감을 가진다는 것을 증명하는 것이 아니라, 그들이 그러한 감정을 가져야 한다는 것을 증명한다. 이러한 성질들이 없다면 정부는 불완전할 것이다.'[5] 그러므로 몽테스키외가 말할 수 있는 것은 어떤 주어진 정부 형태 아래에서 어떤 법체계가 **발견된다**기보다는 발견되어야 한다는 것이다. 계몽된 입법가는 법들이 정치사회의 유

---

4   같은 책, III, 1.
5   같은 책, III, 11.

형에 상응한다는 점을 알게 될 것이다. 그러나 법들이 반드시 그렇게 상응하는 것은 아니다.

　　유사한 것들이 법과 기후 조건 그리고 경제 조건과의 관계에 대해서도 진술될 수 있다. 예를 들어 기후는 사람의 성격과 정념 형성에 도움을 준다. 영국 사람들의 성격은 시칠리아 사람들의 성격과 다르다. 그리고 법은 '다음과 같은 방식으로 사람들에게 적합해져야 한다. 그 사람들에게 법은 한 국가의 사람들이 다른 국가의 사람들에게 적절하게 될 가능성이 희박한 방식으로 만들어진다.'[6] 몽테스키외는 기후 조건과 경제 조건이 어떤 지적 통제도 가능하지 않는 방식으로 법체계를 결정한다고 말하지 않는다. 사실상 기후 조건과 경제 조건은 정부의 형태와 법체계에 강력한 영향력을 행사한다. 그러나 이러한 영향력은 운명을 결정하는 영향력 정도에는 미치지 못한다. 현명한 입법가는 법을 기후 조건과 경제 조건에 맞출 것이다. 그러나 예를 들어, 이것은 어떤 환경에서 기후가 성격과 행동에 미치는 부정적인 결과들에 대해 그 입법가가 의식적으로 반응해야 한다는 사실을 의미한다. 인간은 단순히 인간보다 못한 존재의 조건과 요인들의 노리개는 아니다.

　　우리는 아마도 몽테스키외의 이론에서 두 가지 중요한 사상을 구분할 수 있다. 첫째 복합적인 경험적 요인들의 귀결로서의 법체계 사상이 있다. 여기서 우리는 역사적 자료로부터 일반화, 즉 인간의 사회적·정치적 삶의 진척된 해석으로서 사용될 수 있는 일반화를 하고 있다. 둘째, 인간 사회에서 작동하는 이상들에 대한 사상이 있다. 즉 몽테스키외의 유형 이론은, 비록 그것이 협소하다 하더라도, 아마도 각 정치사회는 이상의 불완전한 구현이라는 것을 의미하는 것으로 간주될 수 있다. 그런데 그 이상은 그 사회의 발전된 형태 속에 함축된 형성 요인이었으며, 각 정치사회는 그 이상을 지향하고 있거나 그 이상에서 비롯한다. 현명한 입법가의 임무는 이 작동적 이상의 본성을 인식하며, 입법을 그 이상의 점진적 실현에 순응시킬 것이다. 이런 방식으로 해석된다면, 유형 이론은 그리스의 헌법 분류의 단순한 유물 이상의 것으로 나타난다. 사람들은 몽테스키외가 무언가 낡아빠진 범주들의 도움으로 진정한 역사적 통

6　　같은 책, I, 3.

찰을 표현하고자 한다고 말할 수 있다.

그러나 우리가 이런 방식으로 몽테스키외의 이론을 진술한다면, 그는 단순히 역사적 자료의 이해에 관심을 가지고 있으며, 그는 상대주의에 만족하고 있다고 간주하는 셈이 된다. 법체계는 경험적 요인들의 상이한 복합물의 산물이다. 각각의 체계에서 우리는 작동하고 있는 이상을 볼 수 있게 된다. 그러나 철학자가 그것과 관련하여 서로 다른 정치체계와 법체계를 비교하고 평가할 수 있는 절대적 표준은 존재하지 않는다.

그러나 이 해석은 두 가지 점에서 오해를 불러일으킬 것이다. 첫째, 몽테스키외는 불변의 정의법(immutable laws of justice)을 인정하였다. 세계의 창조주이자 보존자인 신은 자연 세계를 지배하는 법 또는 규칙을 제정하였다.[7] 그리고 '자연적 존재로서의 인간은 다른 물체와 마찬가지로 불변의 법칙(laws)에 의해 지배된다'.[8] 그러나 지성적이거나 이성적인 존재자로서의 인간은 그가 어길 수 있는 법(laws)에 종속된다. 그러한 법 중 일부는 인간 스스로가 만든 것이다. 그러나 다른 법은 인간과는 무관하다. '그러므로 우리는 실정법에 앞서 있는 정의의 관계들을 인정해야 한다. 이러한 관계들은 실정법에 의해 확인된다.'[9] '정의 또는 불의와 같은 것은 존재하지 않고 실정법에 의해 명령되거나 금지되는 것이 존재한다고 말하는 것은 원을 기술(記述)하기 이전에 모든 반지름은 같지 않다고 말하는 것과 같은 것이다.'[10] 자연의 상태에 대한 사상을 가정하면서 몽테스키외는 모든 실정법에 앞서서 '소위 자연법들'이 존재한다고 언급한다. '왜냐하면 자연법들은 자신의 힘을 전적으로 우리의 본질 구조와 존재에서 가져오기 때문이다.'[11] 그리고 이러한 법들을 인지하기 위해서 우리는 사회의 확립 이전에 존재했던 인간을 고려해야 한다. '그러한 상태에서 받아들여진 법들이 곧 자연법들일 것이다.'[12] 이러한 사상이 몽테스키외 이론의 다른 측면들과 잘 일치하는지 여

---

7   가장 일반적인 의미에서의 법은 '사물들의 본성에서 나오는 필연적 관계'이다(같은 책, I, 1).
8   같은 책, I, 1.
9   같은 곳.
10   같은 곳.
11   같은 곳.
12   같은 곳.

부는 논쟁의 여지가 있다. 그러나 의심할 바 없이 그는 정치사회에 의해 확립된 모든 실정법에 선행하는 자연적인 도덕법의 존재를 주장하였다. 원한다면 우리는 그의 법론이 정치적·법적 제도들에 대한 순수하게 경험적이고 귀납적인 취급을 예상할 수 있다는 점, 그리고 그의 자연법 이론이 초기 법 철학자들의 유물이었다는 점을 말할 수 있다. 그렇지만 이러한 이론은 그의 사고에 들어 있는 진정한 요소이다.

둘째, 몽테스키외는 자유에 대해 열광한 사람이었으며, 단지 역사적 현상에 초연한 관찰자는 아니었다. 그래서 『법의 정신』의 11권과 12권에서 그는 정치적 자유의 조건들을 분석하기 시작한다. 그리고 그는 전제주의를 싫어했기 때문에, 이것은 자유주의적 헌법이 최상의 것이라는 점을 함축하고 있다. 그의 분석은 정치적 맥락에서 사용된 자유라는 단어에 어떤 의미를 부여하고, 그런 다음 그 자유를 안전하게 하고 유지할 수 있게 하는 조건들을 검토하는 형식을 띠게 된다. 그리고 이론적으로 말한다면 이러한 일은 정치적 자유를 좋아하지 않거나 그런 자유에 무관심한 정치 철학자에 의해 행해질 수 있었다. 그러나 그의 분석에서 몽테스키외는 한쪽 눈으로는 자신이 찬양했던 영국 헌법을 살폈고, 다른 눈으로는 그가 싫어했던 프랑스 정치 체제를 살폈다. 그러므로 정치적 자유에 대한 그의 논의는 그 논의의 정신과 동기에 관한 한 적어도 단순히 추상적인 분석에 그친 것이 아니다. 왜냐하면 그는 프랑스의 체제가 자유를 허용하고 자유를 유지하기 위해 어떻게 수정될 수 있는지에 대해 탐구하였기 때문이다.

몽테스키외에 따르면 정치적 자유는 제한 없는 자유에서 성립하지 않고 '우리가 바라야 하는 것을 행하는 능력 속에서만 그리고 우리가 바라서는 안 되는 것을 하도록 강요되어서는 안 되는 것에서만 성립한다'.[13] '자유는 법이 허용하는 것은 무엇이나 할 권리이다.'[14] 자유로운 사회에서 어떤 시민도 법이 허용하는 방식으로 행동하는 것에 구속받지 않으며, 어떤 시민도 법이 그에게 자신의 성향을 따르는 것을 허용하는 경우 특정한 방식으로 행동을 강요당하지 않는다. 자유에 대한 이러한 서술은

---

13 같은 책, XI, 3.
14 같은 곳.

제1부 프랑스의 계몽주의

아마도 그렇게 계몽적인 것은 아니다. 그러나 몽테스키외는 계속해서 정치적 자유는 권력의 분립을 포함한다고 주장한다. 즉 입법권, 행정권, 사법권은 한 사람 또는 일단의 특정한 사람들에게 부여되어서는 안 된다. 그러한 권력들은 서로 분립되거나 독립되어야 하기 때문에, 그런 권력들은 서로를 점검하는 방식으로 작동할 수 있고, 전제주의 및 권력의 포악한 남용에 대한 안전판의 역할을 해야 한다.

정치적 자유의 조건에 대한 이러한 진술은 몽테스키외가 분명히 말하고 있는 것처럼 영국 헌법을 검토하는 데까지 진행된다. 여러 상이한 국가들에서 여러 상이하게 작동하는 이상들이 존재했고 존재하고 있다. 로마의 이상 또는 목적은 지배권의 확장이고, 유대 국가의 이상과 목적은 종교의 유지와 확대이며, 중국의 이상과 목적은 공공의 평온이었다. 그러나 영국은 자신의 헌법의 직접적 목적에서 정치적 자유를 가진 유일한 나라이다. 따라서 '헌법에서 정치적 자유를 발견하는 일은 큰 노력을 요구하지는 않는다. 만약 우리가 그런 자유가 존재하는 곳을 발견할 수 있다면, 무엇 때문에 우리가 그것을 찾아 나서겠는가?'[15]

몇몇 작가들은 몽테스키외가 해링턴(Harrington), 로크(Locke)와 같은 정치이론가들의 시각을 통해서 영국 헌법을 보았다고 진술했으며, 그가 권력의 분립을 영국 헌법의 유일한 특징으로서 언급했을 때, 1688년의 명예혁명이 의회의 우위성을 결국 확정했다는 점을 그가 이해하지 못했다고 진술하였다. 다른 말로 하면 단순하게 영국 헌법의 고찰에만 의존했던 사람은 소위 그것의 주요 특징으로서의 권력의 분립에 시선을 주지 못했을 것이다. 그러나 몽테스키외가 영국의 헌법을 그것에 관한 어떤 이론의 측면에서 보았고 해석하였다 하더라도, 그리고 '권력의 분립'이라는 구절이 구체적인 상황에 대한 적합한 기술이 아니라 하더라도, 분명한 것처럼 보이는 것은 그 구절이 그 상황의 실제적인 면들에 주목했다는 사실이다. 물론 재판관들은 입법가가 했던 그런 의미에서의 '권력'을 만들지 못했다. 그러나 동시에 그 재판관들은 그들의 기능을 행사하는 데 있어 군주나 그의 수장들의 변덕스러운 통제에 종속되지는 않았다. 진실성을 가지고 말해질 수 있는 것은 몽테스키외가 영국의 헌법에 대해

---

15   같은 책, XI, 5.

찬탄을 금치 못했던 것이 '권력의 분립'에 관한 추상적 이론을 적용한 결과라기보다는 오랜 발전 과정의 결과였다는 사실이다. 그러나 그는 영국의 헌법을 권력의 분립으로 해석하고 난 다음 바로 이어서, 그것이 자신의 나라에서 아무런 비판 없이 복제되어야 한다고 자신이 요구했다는 구절에 그는 크게 구애받지는 않았다. '이성의 바로 그 과잉이 항상 바람직한 것은 아니고, 사람들 대부분이 극단보다는 중간에 대해 항상 순응한다고 생각하는 내가 어떻게 그러한 기획을 할까?'[16] 몽테스키외는 프랑스 정치체계의 개혁을 열망하였고, 영국 헌법의 고찰을 통해 폭력적이고 격렬한 혁명 없이 프랑스 정치체계가 개혁될 수 있는 길을 모색하였다.

권력들의 균형에 관한 몽테스키외의 사상은 미국과 프랑스에 영향을 끼쳤는데, 프랑스의 경우는 1791년 프랑스의 인간과 시민의 권리 선언(French Declaration of the Rights of Man and of Citizens)이 바로 그것이다. 그러나 그 뒤 강조되었던 점은 정치사회에 대한 경험적인 비교 연구에서의 그의 선구자적인 업적과 정부 형태, 법체계들, 다른 조건 요인들 간의 결합에 관한 경험적인 비교 연구에서의 그의 선구자적인 업적이다.

──────── **5. 모페르튀이**

퐁트넬에 관해 서술한 절에서 주목을 끌었던 것은 데카르트의 자연 이론들을 퐁트넬이 옹호하였다는 사실이다. 모페르튀이(Pierre Louis Moreau de Maupertuis, 1698-1759)의 활동은 데카르트를 대체하고 뉴턴을 내세운 사례로 제시될 수 있다. 그는 데카르트의 소용돌이 이론을 공격했고, 뉴턴의 중력이론을 옹호하였다. 사실상 뉴턴 이론에 대한 그의 옹호는 뉴턴이 왕립학술원의 회원에 선출되는 데 기여했다. 1736년에 그는 라플란드(Lapland) 탐사대 대장이었다. 이 탐사대는 이 장의 제1절에서 언급된 것처럼 루이 15세(Louis XV) 왕의 바람대로 지구의 형태를 규정할 목적으로 위도

---

16   같은 책, XI, 6.

의 정확한 측정을 하는 일에 착수하였다. 이런 관찰의 결과는, 1738년에 발표되었는데, 지구의 표면이 극점을 향해서 평평하게 되어 있다는 뉴턴의 이론을 확정하였다.

　　어떤 면에서 모페르튀이의 철학 사상은 경험론적이었으며, 심지어 실증주의적이었다. 1750년 프리드리히 대제(Frederick the Great)의 초청으로 베를린의 프로이센 과학 아카데미의 회장으로 활동하고 있을 때 그는 『우주론』(Essay on Cosmology)을 출판하였다. 이 책에서 예를 들면 그는, 우리가 장애물을 육체적으로 극복할 때 저항을 경험하게 되는데, 이런 경험에서 기원하는 힘의 개념에 대해 이야기한다. '그것의 고유한 의미에서 **힘**(force)이라는 단어는 우리가 정지하고 있었던 물체를 움직이고자 하거나 혹은 운동하고 있었던 물체의 운동을 변화시키거나 정지시키고자 할 때 우리가 경험하는 일종의 감정을 표현한다. 이때 우리가 경험하는 지각은 너무나 빈번하게 물체의 정지나 운동의 변화를 동반하기 때문에, 우리는 그 지각이 이 변화의 원인이라고 믿을 수밖에 없다. 그러므로 우리가 물체의 정지나 운동에서 생겨나는 어떤 변화를 목격할 때, 우리는 그 변화가 어떤 힘의 결과라고 말할 수밖에 없다. 그리고 우리가 이러한 변화에 기여하기 위해서 우리가 하는 어떤 노력에 대한 감정을 가지지 않는다면, 그리고 이러한 현상을 귀속시킬 수 있는 어떤 다른 물체들을 단지 목격할 수 있다면, 우리는 그 **힘**이 마치 그 물체들에 속하는 것처럼 그 힘을 물체들 안에 두게 된다.'[17] 힘의 기원에서 힘의 관념은 오직 '우리 영혼의 감정'일 뿐이다.[18] 그리고 힘 그자체는 우리가 그 힘을 귀속시키고 있는 물체들에 결코 속할 수 없다. 그러나 만약 우리가 그 힘이 '우리의 지식(지식의 부족)을 보충하기 위해 고안된 단어에 불과하다는 것, 그리고 그 힘은 현상의 결과만을 나타낸다는 것'을 기억한다면, 운동하는 힘을 물체들 안에서 나타나는 힘이라고 말하더라도 별문제가 없다.[19] 다른 말로 하면 **힘**이라는 단어를 우리가 사용함으로써 힘에 상응하는 신비로운 실재가 존재한다고 생각하는 우를 범해서는 안 된다. 힘은 '그것의 드러난 결과들에 의해서만' 측정된다. 물리학에서 우리는 현상의 영역에 머물러 있다. 그리고 역학의 근본 개념들은 감각에 의

17　*Essai de cosmologie, 2 partie; Œuvres, I, edit.* 1756, pp. 29-30.

18　같은 책, p. 30.

19　같은 책, p. 31.

해서 해석될 수 있다. 사실상 모페르튀이는 수학의 원리와 역학의 원리들의 필연적 결합에 대한 인상은 또한 경험론적인 용어로 설명될 수 있다고 믿었다. 예를 들면 연합과 습관에 의해서 설명될 수 있다고 믿었다.

그러나 동시에 모페르튀이는 자연법칙의 목적론적 개념을 제안하였다. 역학에서의 근본원리는 '최소작용'의 원리이다.[20] 이 원리는 '어떤 변화가 자연 안에서 발생할 때, 이 변화를 위해서 사용되는 작용의 양은 언제나 가능한 최소이다. 이러한 원리에서부터 우리는 운동의 법칙을 연역한다.[21] 다른 말로 하면 자연은 언제나 자신의 목적을 성취하는 데 필요한 힘 또는 에너지의 양을 가능한 한 최소로 사용한다. 이 최소작용의 가능성의 법칙은 수학자인 페르마(Fermat)가 자신의 광학 연구에서 이미 사용하였다. 그러나 모페르튀이는 그 법칙을 보편적으로 적용하였다. 라이프니츠의 제자인 사무엘 쾨니히(Samuel König)는 이 법칙의 진술에서 라이프니츠가 모페르튀이를 앞질렀다고 주장하였다. 그 프랑스 철학자는 이런 언명의 진리성을 논박하고자 하였다. 그러나 누가 먼저인가 하는 물음은 여기에서 우리가 관심을 둘 필요가 없다. 중요한 점은 자연의 목적론적 체계가 그 원리를 전지한 창조주의 작업이라는 점을 보여주고 있다고 모페르튀이가 스스로 주장하고 있다는 점이다. 그에 따르면 데카르트의 에너지 보존의 원리는 세계를 신의 지배로부터 박탈하는 것처럼 보인다. '그러나 사물들에 대해 우리가 가져야 하는 관념에 더 적합한 우리의 원리는 세계를 신의 힘의 지속적인 필요 속에 남겨 두고, 그 원리는 이 힘의 가장 지혜로운 사용의 필연적 결과이다.'[22]

1756년 자신의 『전집』(Works)의 편집본에서 모페르튀이는 『자연의 체계』(Système de la Nature)를 전집에 포함시켰는데, 이 책의 라틴어본은 이미 1751년 바우만(Baumann)이라는 필명으로 출판되었다. 이 책에서 그는 사유와 연장에 대한 데카르트의 날카로운 구별을 거부하였다. 실제로 모페르튀이는 다음과 같이 말한다. 사람들이 지성을 물질에 귀속시키는 데서 느끼는 꺼림직함은 사람들이 항상 이런 지성은 우리

---

20   같은 책, p. 42.
21   같은 책, pp. 42-43.
22   같은 책, p. 44.

와 같아야 한다고 가정하는 사실에서 단지 기인할 뿐이다.[23] 실재 안에는 희미한 감각에서 시작하여 명석한 지적 과정에 이르는 지성의 무한한 등급이 존재한다. 그리고 각각의 존재는 어느 정도 그 지성을 소유한다. 그래서 모페르튀이는 일종의 물활론을 주장한다. 이 물활론에 따르면 심지어 가장 낮은 단계의 물질적 사물들조차 어느 정도의 생명과 감각을 가지고 있다.

이런 이론이 강조되어 모페르튀이는 나중에 언급할 프랑스 계몽주의의 조야한 유물론자로 종종 분류되었다. 그러나 그 철학자는 자신의 이론을 유물론과 동일시하고 신의 존재에 대한 타당한 논증의 기초를 폐기해버린 것으로 해석하는 디드로를 반박하였다. 『자연의 체계』의 1757년 판에 부록으로 넣은 『디드로의 반박에 대한 답변』(Reply to the Objections of M. Diderot)에서 모페르튀이는 디드로가 기초 지각들을 순수하게 물질적인 사물들에 귀속시키는 대신에 촉각과 유사한 감각을 순수하게 물질적인 사물들에 귀속시키고자 했을 때, 그가 단순히 말장난을 하고 있을 뿐이라고 본다. 왜냐하면 감각은 곧 일종의 지각이기 때문이다. 그리고 기초 지각은 우리가 가지고 있는 명석 판명한 지각(the clear and distinct perceptions)과 같은 것은 아니다. '바우만'이 말하고 있는 것과 바우만이 말하기를 디드로가 바라고 있는 것 사이에는 어떤 실질적인 차이도 없다. 명백하게도 모페르튀이가 유물론자인지 아닌지의 문제는 이런 고찰로는 해결되지 않는다. 그러나 이것은 어쨌든 답변하기 어려운 문제이다. 그 철학자는 더 높은 등급의 '지각'은 원자들이나 입자들의 결합에서 생겨나며, 이런 원자들이나 입자들은 기초 지각을 소유하지만, 라이프니츠의 모나드와 같은 형이상학적 점이 아니라 물리적 점이라고 주장했던 것처럼 보인다. 그리고 명백하게도 이것은 유물론적 입장이라고 주장될 수 있다. 동시에 사람들은 모페르튀이에서 성질뿐만 아니라 연장도 역시 현상, 즉 심리적 표상일 뿐이라는 사실을 염두에 두어야 한다. 그리고 브루네(Brunet)는 그것의 어떤 측면에서는 모페르튀이의 철학이 버클리의 비물질주의 이론과 닮아 있다고 주장하기까지 하였다.[24] 이 문제의 진실성은 모페르튀이의 저술들

---

23   *Système de la Nature, LXII; Œuvres*, II, pp. 164-165.

24   *Maupertuis, Paris*, 1929.

이 유물론의 성장에 기여했던 것처럼 보이지만, 그의 입장은 너무나 다의적이어서 그를 무조건 프랑스 계몽주의의 유물론 철학자로 분류할 수는 없다. 디드로의 해석과 관련하여 디드로가 바우만의 가설의 '끔찍스러운' 결과라고 말했을 때, 모페르튀이는 분명히 디드로가 진짜 뻔뻔한 인물이 아닌가, 그리고 디드로가 단지 이러한 결과들에 대해 말로 반박할 때, 디드로가 그 결과들에 대해 단지 떠벌리고만 싶어했을 인물이 아닌가라고 의심하였다.

———————— **6. 볼테르와 이신론**

퐁트넬과 모페르튀이는 모두 우주 체계가 신의 존재를 드러낸다고 믿었다는 사실을 살펴보았다. 몽테스키외 역시 신을 믿었다. 볼테르도 그러했다. 볼테르라는 이름은 제도로서의 가톨릭교회와 성직자들의 결점에 대해서뿐 아니라 그리스도교 교리에 대해서도 맹렬하고도 조롱 섞인 그의 공격과 연결되어 있다. 그러나 이 점이 그가 무신론자가 아니었다는 사실을 바꾸지 못한다.

후일 자신의 이름을 볼테르로 바꾸고 그 이름을 필명으로 썼던 프랑수아 마리 아루에(François Marie Arouet, 1694-1778)는 소년 시절 파리에 있는 루이르그랑(Louis-le-Grand)이라는 예수회 소속 학교에서 공부하였다. 바스티유에 두 번 방문한 후에 그는 1726년에 영국으로 갔으며, 1729년까지 그곳에 머물렀다. 영국에 체류하는 동안에 그는 로크와 뉴턴의 저술들을 알게 되었고, 비교적 자유로운 영국의 생활에 대한 찬탄을 자아냈다. 이것은 그의 『철학 서한들』(*Philosophical Letters*)에서 분명히 나타난다.[25] 다른 곳에서 볼테르는 뉴턴, 로크, 클라크(Clarke)가 프랑스에서는 박해를 받았고, 로마에서는 투옥되었으며, 리스본에서는 화형되었을 것이라고 말한다. 그러나 비록 그는 이렇게 관용에 대해 열정을 가졌지만, 그럼에도 그는 1761년 리스본에서 성직권

25 　볼테르는 흄에 대해 크게 찬탄을 보냈음에도 불구하고, 그를 만나지는 못했다. 볼테르의 입장에서 보면, 볼테르가 페흐네(Ferney)에 있었을 때 파리에 있던 흄이 감사 편지를 보내야 한다고 확신했음에도 불구하고, 흄은 그 프랑스 철학자에 대한 자신의 태도에서 다소 유보적이었다.

에 반대하는 정부에 의해 세 명의 사제들이 리스본에서 화형되었다는 사실을 보고받고는, 생생한 만족을 표현하지 않을 수 없었다.

1734년에 볼테르는 씨헤(Cirey)에 갔으며, 그곳에서 출판하지 않는 것이 더 사려 깊은 일이라고 생각했던 『형이상학 논고』(*Treatise on Metaphysics*)를 집필했다. 그의 『뉴턴 철학』(*Philosophy of Newton*)은 1738년에 출판되었다. 볼테르는 자신의 사상 대부분을 베일, 로크, 뉴턴과 같은 사상가들에게서 가져왔다. 그리고 그는 명료하고 재치 있는 저술들에서 이런 사상들을 표현하고, 그런 사상들을 프랑스 사회에 이해시키는 데 의심할 바 없이 성공적이었다. 그러나 그는 심오한 철학자는 아니었다. 로크의 영향을 받았음에도 불구하고, 그는 철학자와 같은 부류에 속한 사람은 아니었다. 그리고 그가 뉴턴에 대해 저술했음에도 불구하고, 그 자신은 수학적 물리학자는 아니었다.

1750년에 볼테르는 프리드리히 대제의 초청으로 베를린에 갔으며, 1752년 그는 모페르튀이를 풍자한 『아카키아 박사』(*Doctor Akakia*)를 저술하였다. 이러한 풍자는 프리드리히에게는 불쾌한 일이었다. 그리고 볼테르와 프리드리히 사이의 관계가 껄끄러워졌기 때문에, 그 결과 볼테르는 1753년 베를린을 떠났으며, 제네바 인근에 거주하였다. 그의 중요한 『매너론』(*Essai sur les mœurs*)은 1756년에 출판되었다.

볼테르는 1758년에 페흐네(Ferney)에서 성(城)을 구입하였다. 1759년에 『캉디드』(*Candide*), 1763년에는 『관용론』(*Treatise on Tolerance*), 1764년에 『철학사전』(*Philosophical Dictionary*), 1766년에 『무지한 철학자』(*The Ignorant Philosopher*), 1767년에 볼링브로크(Bolingbroke)에 관한 책, 1768년에 『유신론자들의 신앙고백』(*Profession of Faith of Theists*)이 출판되었다. 1778년에 볼테르는 자신의 희곡 『이레네』(*Irène*)의 초연을 위해 파리로 갔다. 그는 파리에서 열렬한 환호를 받았으나, 그 공연 이후 얼마 안 되어 파리에서 사망하였다.

1829-1834년에 간행된 부초(Beuchot) 판본에서 볼테르의 전집은 무려 70권에 달한다. 그는 철학자, 극작가, 시인, 역사학자이자 소설가였다. 인간으로서 그는 분명히 어떤 좋은 면들을 가지고 있었다. 그는 풍부한 상식을 가진 사람이었다. 그리고 사법 정의의 잘못을 대중의 관심사로 가져오고자 하는 그의 노력과 함께, 사법개혁에 대한 그의 요구는 대단히 복잡한 동기에 의해 시작되긴 했지만, 어느 정도의 인간 감

정을 드러낸다. 그러나 일반적으로 그의 성격은 특별히 칭찬할 만한 것은 아니었다. 그는 허영심이 있었고, 복수심을 가졌으며, 조소적이었고, 지성적으로 파렴치했다. 모페르튀이, 루소, 다른 철학자들에 대한 그의 공격은 그에게 별로 득이 되지 못했다. 당연한 일이지만 우리가 그의 성격상의 결함에 대해 이야기할 수 있는 어떤 것도 그가 결국 프랑스 계몽주의의 정신을 그의 저술들 안에서 훌륭하게 정리하고 있다는 사실을 바꿀 수는 없다.

　뉴턴 철학의 원리들에 대한 그의 저술들에서 볼테르는 데카르트주의가 곧바로 스피노자주의로 이어진다고 주장한다. '나는 데카르트주의가 사물들의 광대함 이외에 다른 신을 받아들이지 않게 만들었던 많은 사람들을 알고 있었으며, 거꾸로 나는 엄밀한 의미에서 유신론자가 아닌 뉴턴주의자를 본 적이 없다.'[26] '뉴턴의 전 철학은 만물을 창조하고 모든 것을 자유롭게 배치했던 최고 존재(Supreme Being)에 관한 지식에 반드시 이르게 된다.'[27] 진공이 존재한다면 물질은 유한하지 않으면 안 된다. 그리고 물질이 유한하다면, 그것은 우연적이고 의존적이다. 게다가 인력과 운동은 물질의 본질적 성질들이 아니다. 따라서 인력과 운동은 신에 의해 주입되었어야 했다.

　『형이상학 논고』에서 볼테르는 신의 존재에 대한 두 노선의 논증을 제공한다. 첫째는 궁극적 원인[목적인]으로부터의 증명이다. 세계는 시계에 비유된다. 볼테르는 시계 바늘이 시간을 가리키고 있는 시계를 사람들이 볼 때와 꼭 마찬가지로, 사람들은 그 시계가 시간을 가리키는 것을 목적으로 삼는 누군가에 의해서 만들어졌다고 결론 내리며, 따라서 사람들은 자연이 지성적 존재자인 창조주에 의해서 만들어졌다는 사실을 자연에 대한 관찰에서 결론 내리지 않으면 안 된다고 주장한다. 둘째 논증은 로크와 클라크에 의해서 제시된 노선에 따른 우연성에서의 논증이다. 그러나 뒤에 볼테르는 둘째 논증을 제외했으며, 첫째 논증에 한정해서 논의를 전개했다. 『철학사전』에서 무신론 항목의 말미에 나와 있는 그의 주장에 따르면, '철학자가 아닌 기하학자는 궁극적 원인을 거부하겠지만 진정한 철학자는 궁극적 원인을 수용한다. 그리고

26　*Philosophie de Newton*, 1, 1.
27　같은 곳.

잘 알려진 저자가 언급했던 것처럼 주일학교 교사들은 아동들에게 신을 알리는 반면, 뉴턴은 지혜로운 자에게 신을 증명한다.' 그리고 자연(Nature)에 대한 항목에서 볼테르는 어떤 단순한 기계조립도 보편적 조화나 체계를 설명할 수 없다고 주장한다. '그들은 나를 자연이라 부르지만, 나는 모두 작품이다.'

그러나 볼테르가 신의 존재에 대한 자신의 믿음을 끝까지 견지했음에도 불구하고, 세계와 신의 관계에 대한 그의 견해에서 변화가 있었다. 우선 그는 라이프니츠와 포퍼(Pope)의 우주 낙관주의(cosmic optimism)를 다소간 공유하였다. 그래서 뉴턴에 관한 그의 저서에서 그는 세계의 악 때문에 신을 부정하는 무신론자에 대해 이야기하고, 그 다음에 **선**(good)과 **행복**(well-being)이란 용어는 다의적이라고 언급한다. '당신과의 관계에서 나쁜 것은 일반적인 체계에서 좋다.'[28] 다시 말해서 늑대가 양을 잡아먹고 거미가 파리를 낚아챈다는 이유로 이성이 우리를 신의 존재로 나아가도록 하는 결론을 우리가 포기해야 하는가? '오히려 당신은 이러한 계속해서 잡혀 먹히고 계속해서 재생산되는 연속적인 세대들이 우주의 계획안에 들어 있다는 점을 보지 못하는가?'[29]

그러나 악의 문제는 1755년 리스본(Lisbon)의 재앙과 같은 지진으로 인해 생생하게 볼테르의 관심사가 되었다. 그리고 그는 이러한 사건에 대한 자신의 반응들을 리스본의 재앙에 대한 그의 시와 『캉디드』에서 표현했다. 자신의 시에서 그는 신의 자유를 재확인하는 것처럼 보인다. 그러나 그의 후기 저술들에서 그는 창조가 필연적인 것이라고 쓰고 있다. 신은 영원히 존재하는 제1 또는 최고의 원인이다. 그러나 결과 없는 원인 개념은 불합리하다. 그러므로 세계는 신으로부터 영원히 전개되지 않으면 안 된다. 세계는 사실상 신의 부분이 아니라, 세계가 자신의 존재를 위해서 신에 의존한다는 의미에서 우연적이다. 그러나 창조는 영원하고 필연적이다. 그리고 악이 세계와 분리될 수 없는 것처럼, 악 또한 필연적이다. 그러므로 악은 신에게 의존한다. 그러나 신이 악을 만들기로 선택한 것은 아니었다. 우리는 신이 자유롭게 창조한 한

---

28   같은 곳.
29   같은 곳.

에서만 신에게 악에 대한 책임을 물을 수 있다.

관심을 인간에게 돌려보자. 『뉴턴 철학』에서의 볼테르의 진술에 따르면, 로크를 알고 있었던 여러 사람들은 자연에 대한 연장된 물체에 사유라는 선물을 주는 것이 신에게는 불가능하다고 우리가 진술하는 것을 허락할 정도로 우리의 지식이 충분히 크지 않다는 사실을 뉴턴이 한때 로크에게 인정하였다는 점을 볼테르에게 확인해 주었다.[30] 그리고 충분히 분명한 일이지만, 볼테르는 영혼을 비물질적인 실체적 존재로서 간주하는 이론이 불필요한 가설이라고 생각하였다. 『철학사전』의 영혼에 관한 항목에서 볼테르는 '영적인 영혼'과 같은 용어들은 우리의 무지를 감추는 말들일 뿐이라고 주장한다. 그리스인들은 감각적인 영혼과 지성적인 영혼을 구별하였다. 그러나 감각적인 영혼은 분명히 존재하지 않는다. '그것은 당신의 기관들의 운동 이외에 다른 것이 아니다.' 그리고 이성이 낮은 영혼의 존재를 위한 증명을 발견할 수 없는 것과 마찬가지로 높은 영혼의 존재를 위한 증명도 발견할 수 없다. '당신이 그것을 알 수 있는 것은 오직 신앙에 의해서뿐이다.' 볼테르는 여기서 영적이면서 불멸의 영혼과 같은 것은 존재하지 않는다는 점을 복잡하게 이야기하지 않는다. 그러나 그의 견해는 다른 곳에서 충분히 분명하게 드러난다.

심리학적 의미에서 인간의 자유에 대해 볼테르는 자신의 생각을 바꾸었다. 『형이상학 논고』에서 그는 의식이 모든 이론적 반대에 저항한다는 직접적인 증거에 호소함으로써 자유의 실재를 옹호하였다.[31] 그러나 『뉴턴 철학』에서 그는 구별을 하고 있다.[32] 내가 이것이 아니라 저것을 행하도록 나를 이끄는 나의 동기를 가지고 있지 않는 그러한 사소한 문제들에서, 나는 무관심의 자유를 가지고 있다고 말해질 수 있다. 예를 들어 좌측으로 갈지 우측으로 갈지에 대한 선택권이 나에게 있다면, 그리고 하나를 하도록 하는 경향을 가지고 있지 않고 다른 것을 향하도록 하는 혐오를 가지고 있지 않다면, 그 선택은 나 자신의 바람의 결과이다. 분명히 말해서 '무관심'의 자유는 여기서 상당 부분 글자상의 의미로 간주된다. 우리가 자유로운 모든 다른 경우

---

30   같은 책, 1, 7.
31   같은 책, 7.
32   같은 책, 1, 4.

에 우리는 자발성이라 불리는 자유를 가지고 있다. '다시 말하면 우리가 동기를 가지고 있을 때, 우리의 의지는 그 동기에 의해서 결정된다. 그리고 이러한 동기는 항상 이해 또는 본능의 궁극적 결과이다.'[33] 여기서 자유는 명목상으로 인정된다. 그러나 이러한 구별을 하고 난 이후에 볼테르는 계속해서 다음과 같이 언급한다. '모든 것은 그 원인을 가진다. 그러므로 당신의 의지[지향]는 원인을 가진다. 그러므로 사람들은 그들이 받아들였던 최종 관념의 결과로서가 아니면 지향할 수 없다. … 이것이 바로 현명한 로크가 자유라는 이름을 감히 언급하지 않는 이유이다. 자유의지란 그에게는 키메라에 불과한 것이다. 그는 사람들이 지향하는 것을 행할 능력 이외에 다른 자유를 알지 못한다.'[34] 결국 '우리는 사람들이 자유에 대한 반대에 대해 모호한 수사가 아니고서는 답변할 수 없다는 점을 인정해야 한다. 그것은 현명한 로크가 생각하기조차 두려워했던 슬픈 주제이다. 유일하게 위안을 삼을 수 있는 반성이 한 가지 있다. 그것은 우리가 어떤 체계를 받아들이든, 어떤 숙명론에 의해서 우리의 행위가 결정되었다고 우리가 믿든, 우리는 항상 우리가 자유로운 것처럼 행동하게 될 것이다.'[35] 다음 장에서 볼테르는 무관심의 자유에 대한 일련의 반대들을 제안한다.

『철학사전』의 자유 항목에서 볼테라는 무관심의 자유는 '거의 자신들을 가지고 있지 못한 사람들이 발명한, 의미 없는 하나의 말'이라고 솔직하게 이야기한다. 사람들이 지향하는 것은 동기에 의해서 결정된다. 그러나 사람들이 수행하기로 지향하는 그 행위를 수행하는 것이 그의 능력 안에 있을 수도 있고 있지 않을 수도 있다는 의미에서 사람들은 행위 하거나 행위 하지 않을 자유가 있다. '당신의 의지[지향]는 자유롭지 않다. 그러나 당신의 행위는 자유롭다. 당신은 행위를 할 능력이 있을 때 행위를 할 자유가 있다.' 『무지한 철학자』에서 볼테르는 자유의지의 관념은 불합리하다고 주장한다. 왜냐하면 자유의지는 충분한 동기가 없는 의지일 것이고, 자연의 과정 바깥에 있는 것이기 때문이다.[36] '키가 5피트인 하나의 작은 동물'이 법칙의 보편적 지

---

33   같은 곳.
34   같은 곳.
35   같은 곳.
36   같은 책, 13.

배의 예외라면 대단히 이상한 일일 것이다. 그것은 우연히 행동할 것이고, 우연이란 존재하지 않는다. '우리는 알려지지 않은 원인의 알려진 결과를 표현하기 위해 이 말을 발명하였다.' 자유의 의식이나 감정에 관해 말하자면, 이것은 우리의 의욕의 결정론과 아주 잘 양립 가능하다. 그것은 사람들이 의지대로 행위를 수행할 능력을 가질 때 그가 의도하는 대로 **행위 할** 수 있다는 것 이외에 다른 것을 보여주지 않는다.

결정론에 대한 이러한 주장은 볼테르가 도덕법칙의 관념을 버렸다는 것을 의미하지는 않는다. 그는 어떤 본유적(innate) 도덕 원리도 존재하지 않는다는 것에 관해 로크와 의견이 일치한다는 점을 분명히 하였다. 그러나 우리는 시간이 지남에 따라 정의의 필연성을 알게 되도록 신에 의해서 만들어졌다. 참으로, 볼테르는 도덕적 확신들의 가변성에 주목하곤 했다. 그리하여 『형이상학 논고』에서 그는 한 지역에서 덕이라 불리는 것이 다른 지역에서는 악이라고 불린다는 것 그리고 도덕 규칙은 언어와 관습에 따라 가변적일 수 있다는 것을 언급하고 있다.[37] 동시에 '세계의 모든 부분에서 인간이 같은 견해를 가지는 자연법이 있다'.[38] 신은 인간에게 영원한 규약인 어떤 양도할 수 없는 감정을 부여하였으며, 인간 사회의 근본 법칙을 만들었다. 근본 법칙의 내용은 대단히 제한적인 것처럼 보이고, 주로 다른 사람들에게 해를 끼치지 않고, 이것이 이웃에 터무니없는 해를 끼치지 않는다면 자신에게 즐거움을 주는 것을 추구하는 데서 성립하는 것처럼 보인다. 그럼에도 볼테르가 이신론적(또는 그가 그렇게 불렸듯이 유신론적) 입장을 항상 주장하였던 것처럼, 그는 도덕적 상대주의에 대해 결코 굴복하지 않았다. 파스칼에서 발견되는 유형의 깊은 종교적 감정은 분명히 볼테르의 특징은 아니었고, 고상한 도덕적 관념론도 아니었다. 그러나 그가 무신론을 부정하였던 것과 마찬가지로, 그는 극단적인 윤리적 상대주의를 부정하였다.

우리는 볼테르가 심리학적 의미에서의 인간 자유에 관해 결정론적 입장을 취하게 되었다는 점을 살펴보았다. 동시에 그는 정치적 자유의 결연한 옹호자였다. 로크와 마찬가지로 그는 국가가 존경해야 할 인간 권리에 관한 이론을 믿었다. 그리고

---

37   같은 책, 9.
38   같은 곳.

몽테스키외와 마찬가지로 영국에서 지배적인 자유의 조건들을 찬양하였다. 그러나 그가 정치적 자유라는 말로써 의미하는 바가 무엇인지를 이해할 필요가 있다. 무엇보다도 그는 사상과 표현의 자유를 염두에 두었다. 다른 말로 하면, 철학자들이 적어도 볼테르와 의견을 같이 할 때, 그가 일차적으로 관심을 가졌던 것은 철학자들이 말하고 있는 자유였다. 그는 대중의 통치를 증진한다는 의미에서의 민주주의자는 아니었다. 참으로 그는 자신이 과학적이고 경제적인 진보에 필요하다고 생각한 관용을 옹호하였다. 그리고 그는 폭압적인 전제주의를 혐오하였다. 그러나 그는 평등에 대한 루소의 사상을 조롱하였고, 따라서 그의 이상은 박애적 군주제의 사상이었다. 이러한 사상은 철학자들의 영향에 의해서 계발되었다. 그는 몽상가와 이상주의자를 신뢰하지 않았다. 그리고 그의 편지들은 그의 견해에 따라서 그가 즐겨 민중이라고 부르는 관망자들이 언제나 관망자로 머무를 것이라는 점을 보여준다. 교회의 권력이 무너지고 철학적 계몽이 교회의 교의와 미신을 대체한다면, 자유와 관용의 더 나은 조건들과 사법 절차의 더 나은 기준들은 프랑스 군주제하에서 아주 잘 유지될 것이다. 분명히 볼테르는 구원이 민중으로부터 또는 격렬한 봉기로부터 올 수 있다는 생각을 결코 하지 않았다. 그러므로 비록 그의 저작들이 혁명에 기초를 제공하는 데 도움을 주었다고 할지라도, 볼테르를 혁명이 실제로 취하는 형식으로 혁명의 촉진을 기대하거나 의식적으로 의도한 사람으로 묘사하는 것은 대단히 잘못된 것이다. 그의 적은 군주가 아니라 오히려 성직자들이었다. 그는 몽테스키외의 '권력 분립'을 옹호한다는 의미에서의 헌법의 자유화에는 관심이 없었다. 사실상 심지어 사람들은 그가 군주의 권력을 증진하는 데 관심을 가졌다고 말하기도 한다. 왜냐하면 그는 군주의 권력이 성직자들의 영향에서 자유롭게 되기를 원했기 때문이다.

이러한 언급들은 볼테르가 진보의 적이라는 점을 함축하고 있는 것으로 평가되어서는 안 된다. 오히려 그는 진보의 관념들을 가장 영향력 있게 퍼뜨린 사람 중 하나였다. 그러나 만약 사람들이 진보를 민주주의나 대중의 통치로 이해한다면, 진보의 관념은 그에 있어서 정치적 진보를 의미하는 것이라기보다는 이성의 통치, 즉 지성적이고 과학적이며 경제적인 진보를 의미했다. 왜냐하면 그의 견해로서는 과학, 문학, 사상의 관용에서 진보를 증진할 가능성이 가장 높은 사람은 계몽된 군주 통치자였기 때문이다.

　몽테스키외의 이론들이 이 장에서 다루어졌다는 사실에도 불구하고, 나는 역사 철학의 부상에 관련된 장을 위해 역사에 관한 볼테르의 견해들을 유보할 것을 제안한다.

———————　**7. 보브나르그**

　계몽 또는 이성의 시대(Age of Reason)라고 알려진 시기에 대해 생각할 때, 우리는 자연스럽게 냉정하고 비판적인 지성의 고양(高揚)에 대해 생각하는 경향이 있다. 그러나 이성이 정념의 노예이고 정념의 노예여야 한다고 말했으며, 도덕적 삶의 기초를 감정[느낌]에서 발견하였던 사람은 즉 계몽주의의 가장 위대한 인물 중 하나인 흄이었다. 그리고 프랑스에서 사람들이 자연스럽게 비판적이고 다소 피상적인 지성의 구현자로 본 볼테르는 정념이 없이는 인간의 진보가 없을 것이라고 천명하였다. 왜냐하면 정념은 인간 안에 있는 동기부여의 힘이기 때문이다. 정념은 기계를 움직이게 하는 바퀴이다.[39] 이와 유사하게 우리는 '우리의 정념은 우리 자신과 구별되는 것이 아니며, 그들 중 일부는 우리 영혼의 전 기초이자 전 실체'라는 주장을 보브나르그에게서 듣게 된다.[40] 인간의 참된 본성은 이성에서보다는 정념에서 발견되어야 한다.

　보브나르그(Marquis of Vauvenargues)는 1715년에 태어났다. 1733년부터 그는 육군 장교로 복무하였고, 건강이 나빠질 때까지 여러 군사작전에 참여하였다. 그는 파리에서 그의 생의 마지막 2년을 보냈다. 그는 파리에서 볼테르와 교유하였고, 1747년에 그곳에서 죽었다. 죽기 1년 전에 그는 『인간 정신의 인식 입문』(Introduction to the Knowledge of the Human Mind)을 출판하였고, 그에 앞서 『몇몇 시인에 대한 비판적 숙고』(Critical Reflections on Some Poets)를 출판하였다. 『금언집』과 몇몇 단편들이 이어서 나온 그

39　　*Treatise on Metaphysics* 8.

40　　*Introduction to the Knowledge of the Human Mind*, 2, 42.

의 유고집에 추가되었다.

보브나르그의 최초의 책은 정신(*esprit*)에 관련된 것이다. '제1권의 목표는 경험에 기초한 정의와 숙고들에 의해서 정신이라는 이름하에 포함된 인간의 모든 상이한 성질들을 알도록 만드는 것이다. 이 동일한 성질들의 물리적 원인들을 찾는 사람들은, 그들이 그것의 원리들을 연구하는 결과들을 개발하는 일에서 성공하는 한, 그 성질들에 대해서 아마도 좀 더 분명하게 이야기할 수도 있을 것이다.'[41] 보브나르그는 모든 정신들이 평등하다는 것을 강조하려는 경향을 가지는 사람들과 의견이 다르다. 그의 책에서 그는 통상 상호 배제적이며 상이한 유형의 정신들을 낳는 다수의 성질들에 대해 간략하게 논의한다. 또한 그는 천재의 개념을 강조하는데, 우리는 그 천재에서 통상적으로 독자적인 성질들의 결합을 발견하게 된다. '나는 활동하지 않는 천재는 없다고 믿는다. 나는 천재가 우리의 정념에 크게 의존한다고 믿는다. 나는 천재가 많은 상이한 성질들의 결합에서 생겨나고, 우리의 (정신적) 빛과 우리의 경향성이 비밀스럽게 일치하는 데서 생겨난다고 믿는다. 이러한 필연적 조건들 중 하나가 없다면, 천재는 없다. 또는 천재는 불완전할 뿐이다. … 천재가 그렇게 드물다는 사실의 명백한 이유는 상호 독자적인 성질들의 이러한 결합이 필연적으로 요구된다는 사실에 기인한다.'[42]

제2권에서 보브나르그는 '로크 씨가 말하고 있는 것처럼',[43] 모두 쾌락과 고통에 근거해 있는 정념들을 다룬다. 쾌락과 고통은 각각 완전성과 불완전성에 연관된다. 즉 인간은 자연적으로 그의 존재와 결부되어 있으며, 따라서 그의 존재가 결코 불완전하지 않고 방해나 불완전성 없이 항상 그 자신을 발전시킨다면, 그는 반드시 쾌락만을 느낄 것이다. 말하자면 우리는 쾌락과 고통 모두를 경험한다. 그리고 '이 두 가지 상반된 것의 경험으로부터 우리는 선과 악의 관념을 도출하게 된다.'[44] 정념(적어도 이것들은 '반성의 기관에 의해서' 나오는 것이며, 단순히 감각 기관의 직접적인 인상은 아니다)은

---

41   같은 책, 1, 1.
42   같은 책, 1, 15.
43   같은 책, 2, 22.
44   같은 곳.

'존재나 존재의 완전성에 대한 사랑 혹은 우리의 불완전성의 감정에' 기초해 있다.[45] 예를 들면 자신들의 불완전성의 감정이 완전성의 감정, 능력의 감정, 힘의 감정보다 더 생생한 사람들이 있다. 그래서 우리는 불안, 우울 등과 같은 정념들을 발견하게 된다. 위대한 정념들은 이 두 감정의 결합, 즉 우리의 능력의 감정과 우리의 불완전성과 유약함의 감정의 결합에서 생겨난다. 왜냐하면 '불행에 대한 우리의 감정은 우리에게 강제로 우리 자신에게서 벗어나게 하며, 자산(資産)에 대한 우리의 감정은 우리에게 그렇게 행하도록 용기를 북돋우고 그것에 희망을 갖도록 한다'.[46]

제3권에서 보브나르그는 도덕적 선과 악을 다룬다. 우리는 선과 악의 관념이 쾌락과 고통의 경험에 기초해 있다는 점을 살펴보았다. 그러나 다른 사람들은 다른 사물들 안에서 쾌락과 고통을 발견한다. 그러므로 그들의 선과 악의 관념들은 다른 것이다. 그러나 이것이 도덕적 선과 악이 의미하는 것은 아니다. '무언가가 전체 사회에 의해 선으로 간주되기 위해서는, 그것은 전체 사회의 이익에 기여해야 한다. 그리고 무언가가 악으로 간주되기 위해서는, 그것은 사회의 파멸에 기여해야 한다. 여기서 우리는 도덕적 선과 악의 주요 특성을 가지게 된다.'[47] 불완전한 인간들은 자족적 (self-sufficient)이지 않으며, 사회는 그들에 필요한 것이다. 그래서 사회생활은 누군가의 특수한 이익과 일반적인 이익의 혼합을 포함하게 된다. '이것이 모든 도덕의 기초이다.'[48] 그러나 공동선의 추구는 희생을 포함하고, 모든 사람이 다 자발적으로 그러한 희생을 감내하지는 않는다. 그러므로 법이 필요하게 된다.

덕과 악덕에 관해 말한다면, '한 개인의 이익보다 일반적인 이익을 선호하는 것이 유덕한 가치가 있는 그리고 덕의 관념을 확정하는 유일한 정의이다. 반대로 한 개인의 이익에 공공의 행복을 희생시키는 탐욕은 악덕의 영원한 표지이다.'[49] 맨더빌 (Mandeville)은 사적인 악덕은 공공의 이익이고 탐욕과 허영 없이는 상업은 번성하지

---

45   같은 곳.
46   같은 곳.
47   같은 책, 3, 43.
48   같은 곳.
49   같은 곳.

않는다고 주장한다. 그러나 이것이 어떤 점에서는 사실이지만, 또한 인정되어야 하는 점은 악덕이 만들어내는 선은 항상 거대한 악들과 혼재되어 있다는 사실이다. 그리고 이 거대한 악들이 억제되고 공공의 선에 종속된다면, 그렇게 하는 것이 바로 이성이고 덕인 것이다.

그러므로 보브나르그는 도덕의 공리주의적 해석을 제안한다. 그러나 제1권에서 그는 천재의 개념을 많이 다룬 것처럼, 제3권에서 영혼의 위대함에 대해서 특별히 주목한다. '영혼의 위대함은 숭고한 본능이며, 이 본능은 위대한 것의 본성이 무엇이든 위대한 것을 인간에게 강요하지만, 인간에게 그들의 정념, 그들의 관점, 그들의 교육, 그들의 행운 등에 따라서 선 또는 악을 향하도록 만든다.'[50] 그래서 영혼의 위대함은 그 자체 도덕과는 무관한 것이다. 악덕과 결합될 때 영혼의 위대함은 사회에 위험한 것이 된다(보브나르그는 보석(Cataline)을 언급한다). 그러나 그것도 여전히 영혼의 위대함이다. '위대함이 존재하는 곳에서 우리는 우리 자신에도 불구하고 그것을 느낀다. 정복자의 영광은 언제나 공격받아왔다. 사람들은 항상 영혼의 위대함으로부터 고통을 받았고, 또한 그들은 항상 그 위대함을 존경하였다.'[51] '선과 악을 넘어' 있는 초인의 개념과 함께 니체가 보브나르그에게 공감을 느꼈다는 것은 놀랄 일이 아니다. 그러나 보브나르그는 당연히 도덕성의 사회적 성격에 대해 이미 언급했던 것을 부인할 생각이 없었다. 그는 인간의 본성과 성격의 복잡성에 주목했다. '위대한 성질을 배제하지 않는 악덕이 존재하며, 따라서 덕과 무관한 위대한 성질들이 존재한다. 나는 슬프지만 이 진실을 인정한다. … (그러나) 사람들이 완전히 선하거나 완전히 악하기를 바라는 사람들은 본성을 모른다. 사람들 안에 모든 것이 혼재되어 있으며, 그곳의 모든 것은 제한되어 있고, 악덕조차도 제한이 있다.'[52]

보브나르그의 『금언집』(Maxims)에서 우리는 분명히 파스칼을 떠올리는 다수의 구절을 발견할 수 있다. '이성은 마음[가슴]의 관심사를 알지 못한다.'[53] '위대한 사상

---

50   같은 책, 3, 44.
51   *Réflexions et maximes*, 222.
52   *Introduction to the Knowledge of the Human Mind*, 3, 44.
53   *Réflexions et maximes*, 124.

은 마음에서 온다.'[54] 또한 우리는 그가 정념의 근본적인 역할에 대해 주목했다는 점을 발견한다. '우리는 아마도 정신의 가장 위대한 이점들을 정념의 덕택으로 생각할 것이다.'[55] '정념들은 인간에게 이성을 가르쳤다. 개인의 유아기에서처럼 모든 사람들의 유아기에서 감정은 항상 반성에 선행했고, 그것의 첫 번째 주인이 되었다.'[56] 아마도 사람들이 이성의 시대에 대해 쉽게 생각할 수 있는 것처럼 이 점을 언급하는 것은 가치 있는 일이다. 이성의 시대에 이르러 냉정한 분석적 이성을 지지하면서 감정과 정념은 습관적으로 평가절하되었다.

그의 저술들은 논의의 전개보다 아포리즘(경구)으로 구성되어 있다는 것을 근거로 하여, 보브나르그는 체계적 저술가가 아니었다고 말하는 것은 전혀 옳지 않을 것이다. 왜냐하면 인간정신의 인식에 대한 그의 저술에서 그의 사상의 체계적인 배열이 다소 보이기 때문이다. 그러나 그는 그의 예비적인 담론에서 사정 때문에 자신이 원래의 계획을 수행하지 못했다는 점을 인정하였다. 어쨌든 보브나르그는 그가 이야기하고 있는 바 심리적 현상들의 원인을 탐구하는 것보다는 정신의 상이한 성질들과 상이한 정념들을 구별하고 서술하는 일에 더 관심을 기울였다. 심적 작용과 기능들이 근원적인 기초에서 도출되는 방식에 대한 연구를 위해 우리는 콩디야크로 눈을 돌려야 한다.

──────── **8. 콩디야크와 인간 정신**

콩디야크(Étienne Bonnot de Condillac, 1715-1780)는 사제가 될 운명이었으며, 그래서 생 쉴피스(Saint-Sulpice)의 신학교에 입학하였다. 그러나 그는 1740년 신학교를 떠났고, 철학으로 전향하였다. 1758년에서 1767년까지 그는 파르마 공작(Duke of Parma) 아들의 개인 교사였다.

---

54   같은 책, 127.
55   같은 책, 151.
56   같은 책, 154-155.

콩디야크의 첫 번째 저작은 『인간 인식 기원론』(*Essai sur l'origine des connaissances humaines*, 1746)이었다. 이 책은 로크의 경험론의 명백한 흔적을 보여주었다. 이것은 콩디야크가 단순히 영국 철학자의 이론을 재생산했을 뿐이라고 말하는 것은 아니다. 그러나 그는 우리가 복합 관념을 단순 관념으로 환원하고, 단순 관념에 경험적인 기원을 부여하지 않으면 안 되는 로크의 일반 원리와 의견을 같이 하였다.

우리의 정신적 삶의 발전을 논의하면서 콩디야크는 언어의 역할을 매우 강조하였다. 관념들은 말하자면 기호 또는 낱말과 연결됨으로써만 확정된다. 예를 들어 내가 잔디를 볼 때, 나는 초록의 감각을 가진다. 초록이라는 단순 관념은 감각 기관에 의해 나에게 전달된다. 그러나 당연히 무한히 반복될 수 있는 이러한 고립된 경험은 숙고의 대상이 되고, 하나의 기호(sign) 또는 상징(symbol) 즉 **초록**이라는 낱말과 연결됨으로써만 다른 관념과 결합할 수 있게 된다. 따라서 인식의 근본적인 재료는 관념과 기호의 연합이다. 그리고 우리가 세계에 대한 우리의 점증하는 경험에 따라서 그리고 우리의 필요와 목적에 따라서 복합적인 지성적 삶을 전개해 나갈 수 있는 것은 이러한 연합에 의해서이다. 참으로 언어는 즉 일상언어는 우리가 그 안에서 기호와 기호의 의미 사이의 완전한 일치, 예를 들어 수학적 언어에서 우리가 발견할 수 있는 그런 일치를 발견하지 못한다는 의미에서 결함이 있다. 그럼에도 우리는 지적 존재, 숙고할 수 있는 존재이다. 왜냐하면 우리는 언어라는 재능을 가지고 있기 때문이다.

『체계론』(*Traité des Systèmes*, 1749)에서 콩디야크는 데카르트, 말브랑슈(Malebranche), 스피노자, 라이프니츠와 같은 사상가들의 철학에서 드러나는 '체계들의 정신'에 반대했다. 위대한 합리론 철학자들은 제1원리와 정의들로부터 나아감으로써 체계들을 구성하려고 노력하였다. 이러한 사실은 특별히 스피노자에 타당하다. 그러나 소위 기하학적 체계는 세계의 실제적인 인식을 전개해 나아가는 데는 쓸모가 없다. 어떤 철학자는 자신의 정의들이 본질의 이해를 표현한다고 상상하는지도 모른다. 그러나 실제로 그런 정의들은 자의적이다. 말하자면 그 정의들은 어떤 말들이 사실로서 사용된다는 의미를 단순하게 진술할 의도 없이 진술된다면 자의적인 것이다. 이른바 만약 그 정의들이 단지 사전적 정의라면, 그 정의들은 그것들이 철학적 체계에서 하고 있다고 가정되는 그런 일을 할 수 없다.

물론 이것은 콩디야크가 인식을 체계화하려는 모든 노력을 비난한다는 것을 의미하는 것은 아니다. 체계들의 정신에 반대하는 것은, 즉 아프리오리한(*a priori*) 방식으로만 이성에서부터 철학을 전개하려는 시도를 반대하는 것은 종합을 비난하는 것이 아니다. 낱말의 수용 가능한 의미에서의 체계는 과학의 부분들을 일상적으로 배열하는 것이며, 따라서 그것들 사이의 관계는 분명하게 드러난다. 분명한 일이지만 원리들은 존재할 것이다. 그러나 여기에서 원리들은 인식된 현상들을 의미할 것이다. 그러므로 뉴턴은 중력의 인식된 현상들을 원리로 사용함으로써, 그리고 난 다음 이 원리의 관점에서 행성들의 운동과 조수(潮水)의 운동과 같은 현상들을 설명함으로써 체계를 구성하였다.

우리는 1780년에 유고집으로 출판된 콩디야크의 『논리학』(*Logic*)에서 유사한 발상들을 발견하게 된다. 17세기의 위대한 형이상학자들은 종합적 방법을 따랐으며, 이 방법은 기하학에서 차용된 것이고, 연역의 방식에 의해 정의에서부터 출발한다. 그리고 우리가 보았던 것처럼 이러한 방법은 우리에게 자연(Natur)에 대한 실제적인 인식을 줄 수 없다. 그러나 분석적 방법은 항상 주어진 것의 영역에 머무른다. 우리는 혼란스럽게 주어진 것에서 출발하여 그것을 그것의 구별되는 부분들로 분석하고, 체계적 방식으로 전체를 재구성할 수 있다. 이것은 자연스러운 방법이며, 우리가 우리의 인식을 전개하기를 원할 때 정신이 자연스럽게 따르는 방법이다. 예를 들어 풍경이나 경치를 우리가 어떻게 알게 되는가? 우선 우리는 그것에 대한 혼란된 인상을 가지며, 그런 다음 우리는 점차 그것의 다양한 구성요소의 특징들에 대한 판명한 인식에 다다르고, 이들 특징이 모여서 어떻게 전체를 구성하는지 알게 된다. 방법의 이론을 전개하면서 우리에게는 이상적 방법인 아프리오리한 개념을 상술하도록 요구되지 않는다. 정신이 자신의 인식을 전개할 때 어떻게 그 정신이 실제로 작용하는지를 우리는 탐구해야 한다. 그런 다음 하나의 이상적인 고정된 방법이 없다는 것이 발견될 것이다. 우리가 사물들을 연구해야 하는 순서는 우리의 필요와 목적에 의거한다. 그리고 우리가 자연을 연구하고자 하고, 사물들에 대한 실제적 인식을 획득하고자 한다면, 우리는 주어진 것의 영역 안에 있어야 하고, 궁극적으로 감각 경험 속에서 우리에게 주어지는 현상적 질서 안에 있어야 한다.

콩디야크는『감각론』(Traité des sensations, 1754)으로 가장 잘 알려진 인물이다. 로크는 감각의 관념과 반성의 관념을 구별하였으며, 관념들의 두 가지 원천 즉 감각과 반성 또는 내성(內省)을 인정하였다. 그리고 인간 인식의 기원에 관한 그의 초기 저서에서 콩디야크는 로크의 입장을 다소 전제하였다. 그러나『감각론』에서 그는 관념들의 두 가지 기원에 관한 로크의 이론과 분명하게 결별하였다. 오직 하나의 기원 또는 원천, 말하자면 감각만이 존재할 뿐이다.

콩디야크의 견해로는 로크는 반성의 관념들, 즉 심적 현상들을 단지 부적절하게 다루었다. 그는 실체와 같은 복합 관념들을 단순 관념들로 분해하였다. 그러나 그는 단지 비교, 판단, 의욕 등등의 심적 작용들을 가정했을 뿐이었다. 그러므로 로크로부터 더 나아갈 여지가 있다. 이들 심적 작용과 기능들이 결국 어떻게 감각들로 환원될 수 있는지를 살펴보아야 한다. 물론 그런 작용과 기능들은 모두 감각이라 칭해질 수 없다. 그러나 그것들은 '변형된 감각들'이다. 즉 심적 생활의 전 체계는 감각에서 세워진다. 이것이 사실임을 보여주는 것이 바로 콩디야크가『감각론』에서 설정했던 작업이다.

자신의 관점을 구성하기 위하여 콩디야크는 독자들에게 냄새의 감각과 함께 시작하는, 감각 기관들에게 점차 주어지는 조각상을 상상할 것을 요구한다. 그리고 그는 인간의 심적 삶의 전체가 그것이 감각들로부터 생겨난다는 가설 위에서 어떻게 설명될 수 있는지를 보여주려고 노력한다. 실제로 조각상의 비유는 다소 작위적이다. 그러나 콩디야크가 독자들에게 기대한 것은 스스로 모든 인식의 상실을 상상하고, 기초적인 감각들의 기반 위에서 자신들의 심적 작용들을 그와 함께 재구성하는 것이다. 우리의 관념들의 기원의 문제에 대한 그의 접근법은 런던의 외과 의사인 체셀든(Cheselden)에 의해 성공적인 안과 수술을 받은 선천성 맹인의 경험이 제공했던 자료들에 의해서 그리고 귀머거리와 벙어리 심리에 관한 디드로(Diderot)의 연구에 의해서 고무되었다.『감각론』에서 그는 체셀든 수술의 한 사례에 의해서 제공된 자료에 대해 좀 길게 설명한다.[57]

---

57 *Treatise on Sensations*, 3, v.

이 책의 주요 특징 중 하나는 콩디야크가 독립적인 것으로 여겨지는 각각의 감각 기관이 모든 기능을 어떻게 낳을 수 있는가를 보여주려고 시도하는 방법이다. 예를 들어 인식의 범위가 냄새의 감각에 제한되어 있는 사람(그런 조각상으로 그려지는)을 고려해보자. '우리가 그 조각상에 장미의 냄새를 준다면, 우리로서는 그것은 장미 향을 풍기는 조각상이고, 조각상 자신에게는 그것은 장미 향이다.'[58] 다시 말한다면, 그 사람은 물질이나 외부 사물들 또는 자신의 육체에 대한 어떤 관념도 가지지 않을 것이다. 그 자신의 의식으로는 그는 냄새의 감각에 불과할 것이다. 그런데 그 사람이 단지 이 하나의 감각, 즉 장미의 냄새만을 가진다고 가정해보자. 이것이 곧 '관심'이다. 그리고 장미가 탈취될 때, 관심이 더 혹은 덜 생생한가에 따라서 인상은 더 강하게 또는 더 약하게 남게 된다. 여기서 우리에게 기억이 시작된다. 지나간 감각에 대한 관심이 기억이며, 이 기억은 감정의 양상에 불과하다. 그런 다음 그 사람이 장미와 패랭이꽃의 냄새를 반복적으로 맡은 후에 장미의 냄새를 맡은 경우를 가정해보자. 그의 수동적 관심은 장미의 냄새에 대한 기억과 패랭이꽃의 냄새에 대한 기억으로 나뉜다. 그런 후에 우리는 두 관념에 대한 관심에서 동시에 성립하는 비교를 하게 된다. 그리고 '비교가 이루어질 때 판단이 생겨난다. … 판단은 단지 비교되는 두 관념 사이의 관계에 대한 지각일 뿐이다.'[59] 다시 말하면, 현재의 불쾌한 냄새의 감각을 가지고 있는 그 사람이 과거의 유쾌한 감각을 상기한다면, 우리는 상상력을 가지게 된다. 왜냐하면 기억과 상상력은 종류에서 다르지 않기 때문이다. 다시 말한다면, 그 사람은 특수하고 추상적인 관념들을 형성할 수 있다. 어떤 냄새는 유쾌하고, 다른 냄새는 불쾌하다. 만약 그 사람이 여러 특수한 양태로부터 만족과 불만족의 관념을 나누는 일에 익숙해진다면, 그는 추상 관념을 가지게 될 것이다. 이와 유사하게 여러 서로 분리되는 계기적인 감각들을 떠올릴 때 그는 수의 관념들을 형성할 수 있다.

그런데 모든 냄새의 감각은 유쾌하거나 불쾌하다. 그리고 지금 불쾌한 감각을 경험하는 사람이 과거의 유쾌한 감각을 떠올린다면, 그는 그 더 행복한 상태에 다시

---

58   같은 책, 1, ⅰ, 2.
59   같은 책, 1, ⅰ, 15.

관심을 가질 필요성을 느끼게 된다. 이것이 욕망을 불러일으킨다. 왜냐하면 '욕망이란 우리가 필요성을 느끼는 사물들을 지향할 때 이런 기능들의 행위에 불과하기 때문이다'.[60] 그리고 다른 모든 것들을 쫓아내는 혹은 적어도 유력하게 되는 욕망이 곧 정념이다. 그래서 우리는 사랑과 미움의 정념에 이르게 된다. '그 조각상은 자신이 가지는 또는 가지기를 원하는 유쾌한 냄새를 사랑한다. 그 조각상은 자신을 고통스럽게 하는 불쾌한 냄새를 미워한다.'[61] 더 나아가 그 조각상이 지금 자신이 경험하는 그 욕망이 다른 때에 만족이 수반되었다는 점을 기억한다면, 그것은 그 만족이 그 욕망을 충족시킬 수 있다고 생각한다. 그것은 의욕을 가지게 되는 것이라고 말해진다. '왜냐하면 그 **의욕**[의지]을 우리는 절대적 욕망으로 이해하기 때문이다. 즉 우리는 욕망의 대상이 우리의 힘 안에 있다고 생각한다.'[62]

따라서 콩디야크는 모든 정신의 활동이 냄새의 감각에서 나올 수 있다는 점을 보여주려고 노력한다. 분명한 사실이지만 만약 우리가 우리의 기능들과 작용들을 단지 냄새의 감각의 변형으로만 간주한다면, 그것들의 범위는 극히 제한적이다. 그리고 우리는 냄새의 감각 기관에 제한되는 사람의 자기의식에 대해 동일한 점을 말할 수 있다. '그것의 (조각상의) "나"는 단지 그것이 경험하는 감각들의 집합일 뿐이고, 기억이 그것에 떠올리는 감각들의 집합일 뿐이다.'[63] 그럼에도 불구하고 '하나의 감각 기관만으로 지성은 함께 결합된 5개의 감각 기관만큼이나 많은 기능을 가지게 된다.'[64] ('지성'은 단지 함께 취해진 다른 모든 인식 기능들에 대한 이름일 뿐이다.)

그 다음으로 청각, 미각, 시각이 다루어진다. 그러나 콩디야크는 후각, 청각, 미각, 시각의 결합이 인간의 관심, 욕망, 쾌락의 대상들을 증가시킴에도 불구하고, 그런 결합이 외부적인 것에 대한 판단을 낳지는 못한다. 그 조각상은 '단지 여전히 자신만을 볼 뿐이다. … 그것은 자신의 양태들이 외부에 원인을 가진다는 점에 대해 전혀 의

---

60   같은 책, 1, iii, 1.
61   같은 책, 1, iii, 5.
62   같은 책, 1, iii, 9.
63   같은 책, 1, vi, 3.
64   같은 책, 1, vii, 1.

심하지 않는다. 심지어는 그것은 자신이 육체를 가지고 있다는 점을 알지 못한다'.[65] 다른 말로 하면 외적인 것에 대한 판단의 궁극적 책임은 촉각에 있다. 이런 식의 설명에서 콩디야크의 생각들은 조금 달라졌다. 『감각론』 제1판에서 외적인 것의 인식을 운동과 무관한 것으로 취급했다. 그러나 제2판에서 그는 외적인 것의 개념은 운동과 무관하게 발생하는 것이 아니라는 점을 인정하였다. 그러나 어쨌든 이러한 개념의 일차적인 책임은 촉각에 있다. 어린아이가 자신의 손을 자신의 육체의 부분들에 따라서 움직일 때, '그 아이는 육체의 모든 부분에서 자신을 느낀다'.[66] '그러나 그 아이가 다른 사람의 육체와 접촉한다면, 자신의 손안에서 변형된 자신을 느끼는 "나"는 다른 사람의 손에서 변형된 자신을 느끼지 못한다. 그 "나"는 손으로부터 받아들이는 반응을 다른 사람의 육체로부터 받아들이지 않는다. 그러므로 조각상은 이러한 양상들을 완전히 자신의 바깥에 있는 것이라고 판단한다.'[67] 그리고 촉각이 다른 감각 기관들과 결합할 때, 사람은 점차 자기 자신의 여러 감각 기관들을 발견하고, 후각, 청각 등등의 감각들이 외적 대상들에 의해 일어난다고 판단한다. 예를 들면 장미를 만지고, 장미를 얼굴에 가까이하거나 멀리함으로써 사람은 냄새의 기관에 관해서 그리고 그의 냄새에 대한 감각들의 외부 원인들에 관해서 판단할 수 있게 된다. 이와 유사하게, 오직 촉각과 비교함으로써만 눈은 어떻게 거리, 크기, 운동을 알 수 있는지를 배우게 된다. 우리는 크기, 모양, 거리, 위치들을 시야에 의해서 판단하는 데 습관이 되었기 때문에, 자연스럽게 이러한 판단들이 단지 시야에 의존한다고 생각하는 경향이 있다. 그러나 이것은 사실이 아니다.

　　『인간 인식 기원론』의 출판과 『감각론』의 출판 사이에 콩디야크의 일부 견해에서 변화가 있었다는 점을 아마 주목할 필요가 있다. 『인간 인식 기원론』에서 그는 관념과 기호 또는 상징 사이의 연결이 지성을 위해 필수적이라고 주장한 것처럼 보인다. 그러나 『감각론』에서 이러한 견해가 변경된다. 예를 들어 냄새의 감각 기관에 한정된 사람에 대해 다룰 때, 그는 이러한 사람이 수의 관념을 가질 수 있다는 점을 인

65　같은 책, 1, vii, 1-2.
66　같은 책, 2, v, 4.
67　같은 책, 2, v, 5.

정한다. 그는 하나와 하나와 하나의 관념들을 가질 수 있다. 그러나 콩디야크에 따르면 '기억은 네 단위들을 한 번에 판명하게 파악하지 못한다. 셋을 넘어서면 기억은 단지 한정되지 않은 다수만을 표상할 뿐이다. … 그것은 우리의 관점을 확장시키는 법을 우리에게 가르쳤던 계산술이다.'[68] 그래서 『감각론』에서 콩디야크는, 비록 언어가 우리의 정신적 삶을 원초적 단계 너머로 발전시키는 데 필요하지만. 지성과 그리고 관념의 사용이 언어에 앞선다고 주장한다.

『감각론』의 결론은 '자연적 질서에서 모든 인식은 감각에서 생겨난다'[69]는 것이다. 모든 인간의 정신 활동은, 심지어 일반적으로 그의 더 높은 정신 활동인 작용조차도 '변형된 감각들'로서 설명될 수 있다. 그래서 콩디야크는 자신이 로크의 견해를 넘어 현저한 진전을 이루었다고 확신했다. 로크는 영혼의 기능들을 본유(innate) 성질이라고 생각했다. 즉 그는 그러한 기능들이 감각 그 자체에서 기원하다는 점을 의심하지 않았다. 아마도 콩디야크의 진술은 그렇게 정확하지 않다는 반대가 있을 수 있다. 왜냐하면 로크는 신이 물질에다 사유의 기능을 부여하는 일이 불가능하다는 점이 밝혀진 적이 없다고 주장하지 않았는가? 그러나 사실상 로크는 관념들 ── 그런 관념에 관해서 우리의 능력들이 사용된다 ── 을 분석하고 그런 관념들을 그것들의 경험적 근거에까지 추적하는 일에 관심을 가졌다. 즉 그는 그 능력들이나 심리적 기능들 그 자체에 대해서는 같은 작업을 수행하지 않았다.

그런데 로크는 『인간지성론』(*Essay concerning Human Understanding*)에서[70] 의지는 '결여된 선을 바라는 마음의 불안함'에 의해 결정된다고 주장하였다. '우리의 삶의 대부분을 만들고, 다양한 경과를 거쳐 다양한 목적으로 우리를 이끌어가는 계기적인 자발적 행동들로 의지를 나아가도록 결정하는' 것은 바로 불편함 또는 불안함이다.[71] 콩디야크는 이 관념의 범위를 발전시켜 확장했다. 그래서 그가 『감각론』의 후기 편집본들에 추가했던 『감각론 요약집』(*Extrait raisonné*)에서, 그는 '불안함(*inquiétude*)이 촉각, 시

---

68 같은 책, 1, iv, 7.
69 같은 책, 4, ix, 1.
70 *Essay concerning Human Understanding*, 2, 21, 31 이하.
71 같은 책, 2, 21, 33.

각, 청각, 감정, 미각, 비교, 판단, 반성, 욕망, 사랑, 공포, 희망, 바람의 습관을 만들어 주는 제1원리이고, 요컨대 정신과 몸의 모든 습관들이 불안함을 통해서 생겨난다'고 주장하였다. 그러므로 모든 심리적 현상들은 불안함에 의존한다. 그런데 그 불안함은 어떤 조건 아래에 있는 불안함이나 불편함만큼 선에 대한 기대를 주지 않는다. 그래서 사람들은 아마도 콩디야크가 인간의 정신적인 삶을 발전시킨 전 과정에 대해 '의지주의적' 기초를 부여한다고 말할 수 있다. 관심은 느껴진 필요성과 관련하여 설명되어야 한다. 그리고 기억은 관념들의 단순한 기계적인 연합에 의해서보다는 탐욕과 욕망에 의해서 방향이 정해진다. 『동물론』(*Traité des animaux*)에서 그는 자신의 견해를 따를 경우 우리 관념들의 질서는 궁극적으로 필요성이나 관심에 의존한다는 점을 분명히 하고 있다.[72] 이것은 분명히 생산적인 이론이다. 그것은 후일 예를 들면 쇼펜하우어(Schopenhauer)에서 발견되는 인간의 지적 삶의 의지주의적 해석에서 결실을 맺게 된다.

콩디야크의 정신 이론, 즉 정신적 작용들을 변형된 감각으로 보는 이론은 얼핏 보기에 유물론적 입장을 나타내는 것처럼 보인다. 그리고 이러한 인상은 영혼의 '기능들'을 감각에서 유래하는 것으로 표현하는 그의 습관에 의해 증가하게 된다. 이것은 인간 영혼 그 자체가 물질적인 것이라는 점을 함축하는 것으로 간주될 수도 있다. 게다가 인간은 그가 획득한 것들의 합계에 불과하다고 말하지 않았는가? '그것(조각상)에 계속해서 새로운 존재 양상과 새로운 감각들을 부여하는 데서 우리는 그 조각상이 욕망을 형성하고, 경험으로부터 욕망을 통제하며 욕망을 만족시키는 것을 배우며, 필요성에서 필요성으로 나아가고, 인식에서 인식으로 나아가며, 쾌락에서 쾌락으로 나아간다는 것을 보았다. 그러므로 그 조각상은 그것이 획득한 모든 것들의 합계에 불과하다. 이 점은 인간에게도 동일한 것이 아닐지?'[73] 인간은 자신의 획득물들의 총계일 수 있다. 그리고 이런 획득물들은 변형된 감각들이다.

내가 생각하기에 콩디야크의 이론이 유물론자들에게 영향을 미쳤다는 점에서

---

72   *Traité des animaux*, 2, 11.
73   같은 책, 4, ix, 3.

유물론적 견해를 진전시키는 데 도움을 주었다는 사실은 부인할 수 없다. 그러나 콩디야크 자신은 유물론자가 아니었다. 첫째 그는 단지 물체와 그것들의 양태들만 존재한다고 주장하는 사람이라는 의미에서 유물론자가 아니었다. 왜냐하면 그는 신의 존재를 최고의 원인으로 인정했을 뿐 아니라 비물질적이고, 영적인 영혼의 이론을 주장하기도 했다. 그는 영혼을 감각의 다발로 환원할 의도가 없었다. 오히려 영혼을 통일체의 단순한 중심으로 전제하였으며, 따라서 심리적 현상은 모두 궁극적으로 감각에서 유래할 수 있다는 가설에 기초해서 영혼의 활동을 재구성하려고 시도하였다. 그가 환원적으로 분석한 것과 인간 안에 영성적 영혼이 있다는 것을 그가 수용한 것이 서로 잘 어울리는지는 당연히 논쟁의 여지가 있다. 그러나 어쨌든 콩디야크를 유물론자로 기술하는 것은 부정확하다.

둘째, 콩디야크는 연장된 사물들이 도대체 존재하는지 여부에 대해서는 의문의 여지를 남겼다. 우리가 보았던 것처럼 그는 처음에는 촉각이 우리에게 외적인 것을 보장해준다고 말했다. 그러나 그는 곧 외적인 것의 관념이 생겨나는 방식이 연장된 사물들을 증명하는 것과 같은 것이 아니라는 점을 깨달았다. 만약 우리가 소리, 맛, 냄새, 색깔이 대상들 안에서 존재하지 않는다고 말하고 싶다면, 또한 우리는 연장이 대상들 안에서 존재하지 않는다고 말해야 한다. 아마도 대상들은 연장적이고, 울려 퍼지며, 맛이 있고, 냄새가 나며, 색깔이 있을 것이다. 아마도 그것들은 그렇지 않을 것이다. '나는 이 두 의견 중 어느 것도 주장하지 않는다. 나는 그것들이 우리에게 존재하는 것처럼 보이는 것임을, 아니면 그것이 다른 무엇임을 증명해 줄 누군가를 기다린다.'[74] 만약 연장이 없다면 대상도 없다는 반대가 있을 수 있다. 그러나 이것은 사실이 아니다. '우리가 합리적으로 추론할 수 있는 것은 단지 대상들이 우리 안에 감각들을 불러일으키는 존재들이며, 그것들이 우리가 결코 확실한 인식을 가질 수 없는 속성들을 가지고 있다는 것일 뿐이다.'[75] 그러므로 콩디야크는 독단적인 유물론자와는 거리가 멀며, 그가 비유물론적 가설을 확언하고 있지는 않지만, 그것의 여지를 남

74　*Treatise on Sensations*, 4, ⅴ, *note*.

75　같은 곳.

기고 있다.

추가될 수 있는 점은 인간의 정신적 삶에 대한 그의 설명이 순진한 결정론을 포함하고 있다는 것을 그가 인정하지 않았다는 것이다. 그는 자유에 관한 논문을 『감각론』에 추가하고 있는데, 이 논문에서 이런 점을 논의하고 있다.

──────── **9. 엘베시우스의 인간론**

모든 정신적 현상들은 변형된 감각이라고 하는 점을 보여주려는 콩디야크의 시도는 엘베시우스(Claude Adrien Helvétius, 1715-1771)의 『정신론』(De l'esprit, 1758)으로 이어졌다. 엘베시우스는 원래의 이름인 쉬바이쩌(Schweizer)가 라틴어화 되어 생겨난 의사 가문의 일원이었다. 한동안 그는 징세관(Farmer-General)의 직을 유지했지만, 정신에 관한 그의 책이 불러일으켰던 반감이 왕실에서의 그 직책을 그가 수행할 수 없도록 만들었다. 그래서 영국과 베를린 방문을 제외하고는 자신의 영지에서 조용히 살았다. 인간에 관한 그의 책(『인간론』(De l'homme, de ses facultés et de son Éducation))은 1772년 유작으로 출판되었다.

엘베시우스는 인간 지성의 모든 능력을 감각 혹은 감각 지각으로 환원하였다. 인간은 감각 기관의 수준을 능가하는 기능들을 소유한다고 통상 주장되었다. 그러나 이것은 틀린 이론이다. 예를 들어 판단을 고려해보자. 판단하는 것은 개별적 관념들 사이의 유사함과 유사하지 않음을 지각하는 것이다. 만약 빨강이 노랑과 다르다고 내가 판단한다면, 내가 하는 일은 '빨강'이라고 불리는 색깔이 '노랑'이라고 불리는 색깔에 의해 나의 눈이 자극을 받는 방식과 다르게 나의 눈을 자극한다는 사실을 지각하는 것이다. 그러므로 판단하는 것은 단지 지각하는 것이다.

환원적 분석의 이러한 과정은 인간의 윤리적 삶에도 적용된다. 자기애(自己愛)는 인간 행위의 보편적 기초이고, 쾌락의 획득을 지향한다. '인간은 자신을 사랑한다. 즉 인간은 모두 행복하기를 욕망하며, 모든 종류의 쾌락을 자신에게 줄 만큼 충분한 정도의 권력을 그가 가지게 되면 그의 행복이 완전할 것이라고 생각한다. 그러므로 권력에 대한 사랑은 쾌락의 사랑에서 생겨난다.'[76] 권력에 대한 사랑과 같은 모든 현상은 이차적인 것이다. 그런 현상은 단지 쾌락에 대한 근본적인 사랑의 변형일 뿐이다. '그러므로 육체적 감성은 인간을 유일하게 움직이는 것이다.'[77] 자유와 자비심과 같은 덕조차도 자기애, 즉 쾌락에 대한 사랑으로 환원될 수 있다. '자비로운 사람이란 무엇인가? 비참함의 광경이 고통의 감각을 낳는 사람이다.'[78] 결국 자비로운 사람은 불행과 비참함이 그의 안에 고통스러운 감각들을 낳는다는 단순한 이유 때문에 사람들의 불행과 비참함을 경감하고자 노력한다.

이런 미숙한 환원주의적 심리학을 기초로 해서 엘베시우스는 공리주의적 도덕 이론을 확립한다. 사회가 달라지면 사람들은 다른 도덕적 견해를 가지고, **선**과 **덕**과 같은 단어들에 다른 의미를 부여한다. 그리고 토론에서 그렇게 많은 혼란을 일으키는 것은 다른 사람들이 동일한 윤리적 용어에 다른 의미를 부여한다는 바로 이 사실이다. 그러므로 우리는 윤리학에 대한 토론에 앞서서 우선 낱말들의 의미를 확정하여야 한다. 그리고 '낱말들이 한 번 정의되었다면, 문제는 제안되자마자 거의 해결된다'.[79] 그러나 이런 정의들은 자의적인 것이 아닐까? 엘베시우스에 따를 경우 만약 그런 정의의 작업이 자유로운 사람에 의해 수행된다면 그렇게 되지 않는다. '영국은 아마도 유럽에서 세상이 기대할 수 있고 이러한 은혜를 획득할 수 있는 유일한 국가이다.'[80] 사상의 자유가 전제된다면, 인류의 상식은 윤리적 용어들의 적절한 의미에 관해 의견의 일치를 보는 표현을 발견하게 될 것이다. '참된 덕은 모든 시대와 모든 나라에서 평판이 좋다. 덕이라는 이름은 공공에 유용하고 일반적인 이익에 적합한 그런 행위에만 주어져야 한다.'[81] 그러므로 비록 자기 이익이 행동의 근본적이고 보편적인 동기일지라도, 공공의 이익 또는 유용성은 도덕성의 규준이 된다. 그리고 엘베시우스는 어떻게 공공의 이익에 대한 봉사가 심리적으로 가능한지를 보여주고자 한다. 예를 들면

---

76 *On Man*, 2, 7. *translation by W. Hooper*, 1777, 1, p. 127.

77 같은 책, Hooper, 1, p. 121.

78 같은 책, Hooper, 1, p. 122.

79 같은 책, 2, 18. Hooper, 1, p. 199.

80 같은 책, 2, 19. Hooper, 1, p. 200.

81 같은 책, 2, 17. Hooper, 1, p. 194.

만약 어떤 아이를 비참하고 불행한 장소로 들어가도록 가르친다면, 그 아이는 고통스러운 감각을 느낄 것이고, 자기애는 비참함을 경감하려는 욕망을 자극할 것이다. 시간이 경과함에 따라 결사의 힘은 자비로운 충동과 행동의 습관을 확립할 것이다. 그러므로 자기애가 모든 행동의 기초에 놓여 있다 하더라도, 이타주의는 심리학적으로 가능하다.

　　이러한 고려들은 교육이 행동의 습관들을 형성하는 데 매우 중요하다는 점을 암시한다. 엘베시우스는 공리주의적 도덕 이론의 주요한 개척자이고 촉진자 중 한 사람이다. 그러나 그의 저술의 특별한 성격은 그가 교육의 힘을 지지한다는 사실이다. '교육은 모든 것을 할 수 있다.' 그리고 '교육은 우리에게 우리인 것을 만들어준다.'[82] 그러나 교육의 좋은 체계를 가진 기관은 심각한 방해물들에 직면한다. 우선 성직자가 있고, 둘째로 대부분의 정부들이 대단히 불완전하거나 나쁘다는 사실이 있다. 우리는 성직자의 권력이 무너지기 전까지는 그리고 정부의 진정으로 좋은 체계가 입법자의 상응하는 좋은 체계와 더불어 실현되기 전까지는 교육의 좋은 체계를 가질 수 없다. 도덕성의 첫 번째이자 유일한 원리는 '공공의 선이 최상의 법률'이라는 것이다.[83] 그러나 이러한 법률에 따라 행동하는 정부는 거의 없다. 그러나 '교육의 도덕적 부분에서 모든 중요한 개혁은 법률과 정부의 형태에서의 개혁을 전제한다'.[84]

　　이런 관념들을 고려하면서 엘베시우스는 정치적인 전제주의를 맹렬히 비판하였다. 그래서 『인간론』의 서문에서 그는 프랑스의 전제주의를 언급하고 '그 전제주의는 천재와 덕을 모두 파멸시키는 전제적 권력의 특징을 가지고 있다'고 추가해서 언급한다.[85] 다시 말한다면 국가의 부의 지나친 불평등한 분배에 대해 언급할 때, 그는 '자의적인 권력에 종속된 사람들 사이에 이러한 평등한 분배를 강조하는 아첨꾼들의 이야기는 어리석은 짓'이라고 언급한다.[86] 자유로운 국가에서 국가의 부가 점진적이

82　같은 책, 10, 1. Hooper, 2, pp. 392, 395.
83　같은 책, 10, 10. Hooper, 2, p. 436.
84　같은 책, Hooper, 2, p. 433.
85　같은 책, Hooper, 1, p. vi.
86　같은 책, 6, 9. Hooper, 2, p. 105.

고도 공정하게 재분배되는 일이 가능하다. 그러므로 엘베시우스가 볼테르보다 훨씬 더 정치 개혁가라고 말할 수 있다. 그는 전제주의를 청산하고 시민들의 복지에 대해 볼테르보다 더 큰 관심을 가졌다. 이것이 그가 왜 좌익 저술가들에 의해서 자신들의 선배 중 한 사람이라고 불릴 수 있는지의 이유 중의 하나이다.

엘베시우스는 지치지 않고 성직자, 특히 가톨릭 사제들을 공격했을 뿐만 아니라, 그가 사회의 이익에 해로운 것으로 간주하는 계시 또는 '신비주의' 종교를 공격하였다. 진실로 신앙이 없다는 비판에 대해 이야기할 때도, 그는 자신이 어떤 그리스도교 교의를 부인한 적이 없다고 항변한다. 그러나 그의 저술을 볼 때 그가 자연종교 또는 이신론(理神論)의 형식 이외에 어떤 것도 심각하게 수용할 의도가 없었다는 점은 아주 분명하다. 그리고 이러한 종교의 내용은 어떤 신학적 신앙의 기능에서보다 더 도덕의 기능으로 해석된다. '정의롭고 선한 신의 의지는 지상의 아이들이 행복해야 하며, 공공의 복지와 일치할 수 있는 모든 쾌락을 즐겨야 한다는 것이다. 그런 것이 참다운 숭배이다. 그리고 철학은 세상에 그러한 숭배를 보여주어야 한다.'[87] 다시 말해서 '참된 원리들에 기초한 도덕성이 유일하게 참된 자연종교이다'.[88]

엘베시우스가 심오한 철학자라는 주장은 거의 있을 수 없다. 모든 정신적 기능들을 감각에 환원하는 그의 시도는 조야한 것이며, 윤리학에서 그는 그의 기본 관념들에 대한 철저한 분석이나 방어를 보여주지 못한다. 이러한 단점들은 프랑스 계몽주의의 다른 사상가들의 몇몇에도 분명히 나타났다. 예를 들면 디드로는 엘베시우스의 수준을 낮게 만드는 성향과 모든 도덕적 충동을 숨겨진 자기중심주의로 설명하는 그의 태도에 대해 반대하였다. 그럼에도 그의 환원주의적 분석에서, 지성적인 계몽과 교육의 힘에 대한 그의 지지에서, 교회와 국가에 대한 그의 공격에서 엘베시우스는 18세기 프랑스 철학의 몇몇 중요한 면들을 보여준다. 그러나 그를 그 시대의 전형적인 사상가로 말하는 것은 과장이다.

---

87   같은 책, 1, 13. Hooper, 1, pp. 58-9.
88   같은 책, Hooper, 1, p. 60.

제2장

프랑스의 계몽주의(2)

1. 백과전서파: 디드로와 달랑베르

프랑스 계몽주의의 사상과 이상의 위대한 문헌적 보고는 『백과전서 혹은 과학, 예술, 기술에 관한 체계적인 사전』(*Encyclopédie, ou dictionnaire raisonné des sciences, des arts et des métiers*)이었다. 체임버스(Chambers)의 『백과전서』(*Cyclopaedia or Dictionary*)의 프랑스어 번역에 따르면 『백과전서』(*Encyclopaedia*)는 디드로(Diderot)와 달랑베르(d'Alembert)에 의해 편집되었다. 제1권은 1751년에 출판되었으며, 이듬해 제2권이 나왔다. 그 뒤 정부는 그 책이 왕정의 권위와 종교에 대해서 편파적이었다는 이유로 저술을 중단시키려고 시도하였다. 그러나 1757년쯤 7권이 나왔다. 1758년에 달랑베르는 편집 일에서 사임하였고, 프랑스 정부는 그 기획이 지속되는 것을 금지하려고 노력했다. 그러나 디드로는 결국 전집이 완료되기 전까지 더 이상의 책이 출판되지 않는다는 조건 아래서 계속 인쇄하는 것을 허락받았다. 그리고 1765년에 마지막 10권(제8권-제17권)은 제4권과 함께 나왔는데, 이 제4권의 첫 번째 판본은 이미 1762년에 출판되었다. 이어서 5권의 보충과 2권의 색인집이 암스테르담(Amsterdam)에서 인쇄되는 동안에 다른 권수들이 나왔다. 『백과전서』의 최초의 완성본(1751-1780)은 35권으로 이루어져 있다. 여러 외국어 판본들도 있었다.

항목들에서 표현된 견해에 관한 논쟁과는 별개로『백과전서』는 편집자들이 기꺼이 인정하고 있는 것처럼 많은 아쉬운 점을 남겼다. 항목들은 기준과 장점에서 매우 다양하였으며, 편집의 지침과 분류가 만족스럽지 못했다. 다른 말로 하면 우리는 이 책에서 현대의 백과사전들에서 발견되는 간명함, 분명하고 정확한 사실 정보에 대한 집중, 체계적인 분류와 배열의 발견을 기대할 수 없다. 그러나 이 모든 결함에도 불구하고,『백과전서』는 매우 중요한 저술이었다. 왜냐하면 그 저술의 목적은 독자들에게 사실적 정보를 제공하고 유용한 참조로서의 역할을 할 뿐만 아니라, 견해들에 대한 안내의 역할을 하고 견해를 형성하는 것이었기 때문이다. 당연히 이것은 출판이 왜 그렇게 많은 반대를 불러일으켰는가의 이유이다. 왜냐하면 그 저서는 교회와 현존하는 정치체계 모두의 적이었기 때문이다. 항목들의 저술에서 실제로 상당한 정도의 편견이 드러났다. 그러나 공저자들의 일반적인 태도는 아주 분명하였다. 그것은 자유사상가들과 합리론자들의 거대한 규모의 선언이었다. 그 책의 중요성은 그것의 현대적인 용어를 사용한다면 백과사전으로서의 영구적 가치에 있다기보다는 그것의 이념적 측면에 있다.

디드로와 달랑베르는 교회와 계시종교에 대한 공격의 문제가 발생할 때는 한마음이 된 협력자들을 얻었지만, 다른 문제에 관해서는 그들 간에 서로 견해가 달랐던 협력자들을 얻었다. 그리하여 어떤 항목들은 이신론자인 볼테르가 기고한 것이었다. 그러나 볼테르가 이신론자로서 행동하는 데 신중을 기하라는 권고가 있었다고 생각했을 때, 그는 아주 거짓되게도 자신은『백과전서』와는 아무 연관이 없다고 진술하는 데 주저함이 없었다. 그러나 또 다른 기고가는 잘 알려진 유물론자인 돌바크(d'Holbach)였던 반면에, 그 작업에 대한 엘베시우스의 협력은 교회 당국에 그것을 추천하는 데 어떤 도움도 되지 않았다. 몽테스키외와 경제학자인 튀르고(Turgot)와 같은 기고가들도 있었다.

돌바크는 유물론에 관한 절에서 고려되어야 할 것이지만, 튀르고의 사상은 이 장의 마지막 부분에서 다루어질 것이다. 이 절에서 나는 디드로와 달랑베르에 국한하여 다룰 것을 제안한다.

(i) 디드로(Denis Diderot, 1713-1784)는 볼테르와 마찬가지로 루이르그랑의 제수잇 대학의 학생이었다. 또한 볼테르와 마찬가지로 그는 영국 사상의 영향을 받았으며, 여러 영국의 책들을 불어로 번역하였다. 그 책들 중에는 『덕과 미덕에 관한 논고』(*Essai sur le méirite et la vertu*, 1745)가 있었는데, 이 책은 샤프츠베리(Shaftesbury)의 『덕과 가치에 관한 탐구』(*Inquiry concerning Virtue and Merit*)에 대한 번역과 그의 주석으로 구성되어 있었다. 그리고 우리가 이미 보았던 것처럼 그의 대표적인 작품인 『백과전서』의 사상은 체임버스의 『백과전서』가 그에게 제시한 것이었다. 1746년에 그는 『철학적 명상』(*Pensées philosophiques*)을 헤이그에서 출판하였으며, 1749년에 런던에서 『맹인에 관한 서한』(*Lettre sur les aveugles à l'usage de ceux qui voient*)을 출판하였다. 그가 표명했던 견해 때문에 그는 뱅상(Vincennes)의 감옥에 몇 개월 투옥되었으며, 그 후 그는 『백과전서』를 만드는 일에 전념하였다. 1754년에 런던에서 『자연의 해석에 관하여』(*Pensées sur l'interprétation de la nature*)가 나왔다. 『달랑베르와 디드로의 대화』(*Entretien entre d'Alembert et Diderot*)와 『달랑베르의 꿈』(*Le rêve de d'Alembert*)과 같은 다수의 저술은 그의 생시에 출판되지 않았다. 디드로는 결코 부자는 아니었다. 한때 그는 매우 곤궁한 재정 문제에 봉착했었다. 그러나 러시아의 예카테리나 여제(Empress Catherine)가 그에게 도움을 주었고, 1773년에 그는 상트 페테르스부르크(St. Petersburg)에 갔으며, 그곳에서 그는 몇 개월 체류하면서 그의 여성 후원자인 예카테리나 여제와 자주 철학적인 담론을 나누었다. 그는 유명한 화술가였다.

디드로에게는 일정한 철학 체계가 없었다. 그의 사상은 언제나 유동적이었다. 예를 들면 우리는 그의 입장이 바뀌었기 때문에 그가 이신론자인지, 무신론자인지, 범신론자인지 말할 수 없다. 그가 『철학적 명상』을 저술할 당시에 그는 실로 이신론자였다. 그리고 이듬해(1747) 그는 비록 1770년까지 출판되지 않았지만 자연종교의 충분함에 대한 글을 썼다. 유대교와 그리스도교와 같은 역사 종교는 상호 배타적이고 관용적이지 않다. 그러한 종교들은 미신의 온상이다. 이런 종교들은 역사의 어느 시점에서 시작하였고, 모두 사라질 것이다. 그러나 역사 종교들은 모두 자연종교를 전제한다. 자연종교만이 항상 존재했고, 자연종교는 인간을 서로 분리하기보다는 결합하며, 미신을 믿는 사람들에 의해 제공된 증언에 근거하고 있는 것이 아니라 우리 안에 신이 각인했던 증언에 근거한다. 그러나 후기 국면에서 디드로는 무신론을 위해 이신론을 버렸으며, 사람들이 종교의 굴레에서 벗어날 것을 요청했다. 이신론은 많은 머리를 가진 종교의 괴물로부터 많은 머리를 잘라버렸다. 그러나 이신론이 남겨 두었던 하나의 머리로부터 다른 모든 머리가 다시 생겨났다. 유일한 치료는 모든 미신을 완전히 쓸어버리는 것이다. 그러나 디드로는 뒤에 자연주의적 범신론의 형식을 제안하였다. 자연의 모든 부분은 궁극적으로 하나의 개별자, 즉 전체이거나 모두를 형성한다.

이와 유사하게 그의 사상의 유동적인 특성은 디드로가 유물론자였거나 아니었다는 점을 단순하고 명료하게 진술하는 것을 불가능하게 만든다. 『백과전서』의 로크에 관련된 항목에서 그는 신이 물질에 사유하는 능력을 부여하는 것이 불가능하지 않을 수도 있다는 그 영국 철학자의 암시를 언급했으며, 분명하게 감성에서 발달된 그런 사유를 고려하였다. 1769년에 쓰인 『달랑베르와 디드로의 대화』에서 그는 인간에 대한 유물론적 해석을 더 분명하게 표명하였다. 인간과 동물은 비록 그들의 기관이 다를지라도 실제로 같은 본성을 가진다. 인식 능력과 지성에서의 차이는 단지 상이한 육체적 기관의 귀결일 뿐이다. 그리고 유사한 사상이 『달랑베르의 꿈』에서 나타난다. 여기에서 모든 심리적 현상들은 생리적 기초로 환원될 수 있으며, 자유의 감정은 환상이라는 점이 암시되어 있다. 디드로는 인간의 정신적 삶에서의 감각의 역할에 대한 콩디야크의 이론의 영향을 분명히 받았다. 그러나 콩디야크의 분석이 충분할 만큼 전개되지 않고 있다는 이유에서 콩디야크의 감각주의를 비판하기에 이르렀다. 우리는 감각을 넘어 그것의 생리학적 기초를 고려해야 한다. 그리고 돌바크가 『자연의 체계』(Systeme de la nature, 1770)를 저술하는 데 있어 디드로가 돌바크에게 도움을 주었다는 사실은 중요하다. 이 책은 유물론에 관한 두드러진 해명이었지만, 그러나 돌바크의 사상이 발전하는 데 돌바크에 끼친 영향이 과장되어서는 안 된다. 동시에 우리는 디드로에서 범심리주의(pan-psychism)의 경향을 발견할 수 있다. 그는 라이프니츠에게 상당히 존경을 표했으며, 『백과전서』에서 라이프니츠를 칭찬하였다. 그리고 우리는 후일에 그가 라이프니츠의 모나드에 비견되는 원자들에 지각을 부여하고 있음을 발견하게 된다. 어떤 종류의 결합에서 이러한 원자들은 동물적 유기체를 구성하

제1부 프랑스의 계몽주의

는데, 의식은 이러한 유기체에서 원자들에 의해 형성된 연속체를 기반으로 해서 생겨난다.

　　자연과 인간에 대한 디드로의 해석이 유동적인 성격을 가진다는 사실은 과학과 철학에서의 실험적 방법에 대한 그의 주장과 연결된다. 『자연의 해석에 관하여』에서 그는 수학이 곧 쓸모없어질 것이며, 1세기도 안 가서 유럽에서 세 사람의 위대한 기하학자도 남지 않을 것이라고 주장하였다. 물론 이것은 틀린 이야기이다. 수학이 수학 자신에 의해 만들어진 개념에 한정되고, 구체적인 실재에 관한 직접적인 지식을 우리에게 줄 수 없으리라는 것이 그의 확신이었다. 이러한 지식은 단지 실험적 방법을 사용함으로써만, 즉 형이상학뿐만 아니라 수학에 대해서도 성공적인 경쟁자가 되었던 새로운 과학적 접근에 의해서만 도달될 수 있다. 그리고 우리가 일단 자연 자체를 연구한다면, 우리는 자연이 가변적이고 팽창하며, 다양성과 이종성(異種性)의 특징을 갖는 새로운 가능성들에서 풍부하게 된다는 점을 발견하게 된다. 우리의 종에 앞섰던 모든 종들을 누가 알겠는가? 우리의 종 뒤에 오는 종을 누가 알겠는가? 모든 것은 변화한다. 두 개의 원자나 분자가 어떤 경우에도 완벽히 같을 수는 없다. 무한한 전체만이 영원하다. 자연의 질서는 고정된 것이 아니며, 영구적으로 새롭게 태어나는 것이다. 그러므로 우리는 우리의 개념적 도식과 분류로 자연에 대한 어떤 영구적인 해석도 줄 수 없다. 그리고 새로운 관점과 경험적 실재의 새로운 측면에 자신을 개방하는 일은 사유에 원초적으로 요구되는 것 중 하나이다.

　　몇몇 역사학자들은 디드로 사상에서의 유물론적 요소와 관념론 사이에 간극이 놓여 있음을 강조하였다. 한편으로 그의 유물론은 자유를 이탈하고 후회와 회개를 무디고 쓸모없는 것으로 만드는 것처럼 보인다. 다른 한편 그는 그의 초기의 애정 소설인 『고자질쟁이 보석』(Bijoux indiscrets)을 썼던 것에 대해 후회했다. 그리고 그는 자기희생, 자비심, 인간애의 이상들을 옹호하였다. 그는 유물론과 무신론의 선언을 저급한 도덕적 이상과 결합한 그런 유물론에 어떤 동정심도 없었다. 그리고 그는 베일에 싸인 이기주의에 의해서 모든 도덕적 충동과 이상을 설명하려는 엘베시우스의 시도에 반대했다. 실제로 그는 자연적 도덕성의 불변적 법칙을 주장하였다. 그리고 예술 비평가로서 그는 예술가의 자유롭고 창의적인 활동을 칭찬하였다.

그러나 우리가 디드로에 관해서 철학자의 유물론과 철학자의 윤리학 사이에 일관성이 없다고 쓴 로젠크란츠(Rosenkranz)와 의견을 같이 할 수는 있겠지만, 디드로 자신은 어떤 비일관성도 보지 못했다. 그의 의견에 의하면 윤리적 이상과 인간 안의 영적 영혼에 대한 믿음 사이에 본질적인 연관은 없다. 사유를 근본적인 심리적 활동에서 도출하는 것은 높은 도덕적 이상의 거부를 수반하지 않는다. 그래서 우리가 앞에서 언급했던 『백과전서』의 로크 항목에서 그는 물질이 생각을 가지고 있는지 없는지가 무슨 차이가 있는가를 묻는다. '물질이 정의의 관념이나 부정의의 관념에 어떻게 영향을 미칠 수 있는가?' 사고가 감성으로부터 나오고 진화된다는 이론에서 어떤 악한 도덕적 결론이 도출되지 않는다. 왜냐하면 인간은 그가 현재 있는 그대로 정확하게 남아 있고, 사고가 감성의 근원적 창조물인지 혹은 감성에서 생겨난 것인지에 따라서가 아니라, 인간이 자신의 능력을 그것에 부여하고 있는 선한 또는 악한 목적에 따라서 인간은 판단되기 때문이다. 현대적인 의미에서 라마르크(Lamarck)의 진화론을 예감케 했던 디드로는 진화의 가설이 인간의 도덕적 이상의 유효성에 영향을 미치지 않는다고 진술하고 있다.

디드로는 어느 정도 샤프츠베리의 저술들의 영향을 받아 자신의 윤리적 개념을 형성하였다. 그러나 이러한 개념들은 그가 항상 자비심과 인간애의 이상을 칭찬했다는 의미를 제외하고는 정확하게 일정하게 유지되지는 않았다. 그는 적어도 시작단계에서는 불변적인 도덕법칙의 '합리론적' 관념을 주장하였다. 그러나 그는 이성의 아프리오리한 명령에서보다는 인간의 본성 안에서 즉 인간의 충동, 정념, 탐욕의 유기적 통일에서 이런 법칙들의 기초를 발견하였다. 그리고 그는 금욕주의적 이상을 자연에 반대되는 것이라 하여 적대시하였다. 다른 말로 하면 디드로는 자연법의 관념을 지속적으로 주장하였지만, 공공의 복지 증대에서 신학적 윤리학에 대비될 때, 그는 자연법의 경험적 기초와 그것의 실용적 효용성을 강조하였다.

(ii) 달랑베르(Jean le Rond d'Alembert, 1717-1783)는 혼외출생자였으며, 그의 부모에 의해 버려졌다. 그는 파리의 장 르 롱 교회(church of S. Jean le Rond) 인근에서 발견되었다는 사실로 인해 장 르 롱 또는 르롱(Lerond)이라는 이름을 가지게 되었다. 그의 성

은 후일 스스로 붙인 것이다. 그는 루소라는 이름을 가진 유리공의 부인에 의해 양육되었다. 그러나 분명히 쉐발리에 데스토치(Chevalier Destouches)라는 이름을 가진 사람이 그의 실제 아버지였으며, 그가 그의 양육비를 부담하였고, 그래서 그는 교육을 받을 수 있었다.

1738년에 달랑베르는 변호사 자격을 취득했지만, 개업하지는 않았다. 그 다음에 그는 의학에 관심을 가졌으나, 얼마 안 되어 수학에 전념하기로 결심하였다. 그는 『적분학』(Memoiré sur le calcul intégral, 1739)을 포함한 다수의 논문을 과학 아카데미에 제출하였고, 1741년에 그는 과학 아카데미의 회원이 되었다. 수학과 과학 분야에서 그의 업적은 상당히 중요하였다. 1741년에 그는 『고체 굴절론』(Memoiré sur le réfraction des corps solides)을 그리고 1743년에 『동역학』(Traité de dynamique)을 출판하였다. 동역학에 관한 이 저술에서 그는 아직 달랑베르의 원리로 알려져 있는 이론을 전개하였으며, 1744년에 그 원리를 『유체의 균형과 운동에 대하여』(Traité de l'éiquilibre et du mouvement des fluides)에서 응용하였다. 그 뒤에 그는 편미분(偏微分) 계산법을 발견하였으며, 『바람의 일반적인 원인』(Réflexion sur la cause générale des vents)에서 그 계산법을 응용하였다. 이 책은 프러시아 학술원의 수상작이었다. 그 외의 저작으로 우리는 『유체의 저항에 대한 새로운 이론』(Essai d'une nouvelle théorie sur la résistance des fluides, 1752)과 『세계 체계의 여러 중요한 점들』(Recherches sur différents points importants du système du monde, 1754-1756) 등을 언급할 수 있다.

우리가 살펴보았듯이 달랑베르는 디드로와 함께 『백과전서』 편집에 참여하였으며, 『서론』(Discours préliminaire)의 저자였다. 또한 그는 수학적 주제에 대해 비록 혼자서 다 작성한 것은 아니지만 다수의 항목들을 집필하였다. 그러나 그는 『백과전서』의 출판에 대한 반대와 방해들에 대해 지쳤으며, 그래서 1758년에 『백과전서』의 공동작업에서 손을 떼었다. 1752년 그는 『문학, 역사, 철학 논집』(Mélanges de littérature, d'histoire et de philosophie)을 출판하였고, 1759년에 『철학원리론』(Essai sur les éléments de philosophie)이 나왔다. 1763년에 그는 베를린을 방문하였지만, 프리드리히 대제가 제안한 아카데미의 회장직을 수락하지 않았다. 몇 년 전에도 그는 예카테리나 여제 아들의 고액 가정교사직을 거절한 적이 있었다. 달랑베르는 데이비드 흄의 친구였다. 흄은 그의 도덕적 성품과 능력을 높이 평가하였으며, 그에게 자의로 200파운드의 유산을 남겼다. 그는 일차적으로 수학자이자 과학자이기 때문에 다른 백과전서파의 학자들에 비해 의심과 공격을 덜 받았으며, 1755년에 그는 교황 베네딕트 14세(Pope Benedict XIV)의 추천으로 볼로냐 연구소의 일원이 되었다.

『백과전서』의 서론에서 달랑베르는 로크가 물리학에서 뉴턴이 차지했던 위상과 맞먹는, 과학 철학의 창시자였음을 주장하였다. 그리고 『철학원리론』에서 그는 18세기는 특별한 의미에서 철학의 세기라고 주장하였다. 자연철학은 혁명적 변화를 겪었고, 거의 모든 지식 분야가 진보를 이루었으며 새로운 형식을 갖추었다. '세속적 과학의 원리들에서부터 종교적 계시의 기초들에 이르기까지, 형이상학에서부터 취미의 문제에 이르기까지, 음악에서부터 도덕에 이르기까지, 신학자들의 학술적인 논쟁에서부터 무역의 문제에 이르기까지, 군주의 법에서부터 시민들의 법에 이르기까지, 자연법에서부터 개별 국가의 임의적인 법에 이르기까지 … 모든 것이 다루어졌고, 분석되었으며, 또는 적어도 언급되었다. 정신의 이 일반적인 활력의 성과 또는 결실은 어떤 것들에 대해서는 새로운 빛을 던지고, 어떤 것들에 대해서는 새로운 그늘을 드리웠다. 마치 파도의 조수가 해변에 어떤 것들은 가져오고 어떤 것들은 쓸어내어 버리는 것과 같았다.'[1]

이것은 달랑베르에서 지성적인 발전이 단순히 또는 일차적으로나마 새로운 사실들의 단순한 축적 속에 놓여 있었다는 것을 의미하는 것은 아니다. 데카르트를 떠오르게 하는 방식으로 그는 함께 취해진 모든 과학은 인간 지성의 전개라고 주장하였다. 그리고 그는 통일성의 기능을 강조한다. 그는 현상의 체계는 동종적(同種(的))이며 단일하다고 가정한다. 따라서 자연과학의 목적은 자연이 예로 보여주는 원리들의 빛 속에서 이 체계의 통일성과 일관성을 보여주는 것이다.

그러나 이 점은 올바르게 이해되어야 한다. 달랑베르는 형이상학적 원리들에 관심이 없었다. 또한 그는 형이상학적 의미에서 사물들의 본질을 확인하는 일에 관심에도 관심이 없었다. 형이상학적 이론들과 사변들은 우리를 이율배반으로 인도하

---

1   *Eélements de Philosophie* in the 1759 edition of *Mélanges de littérature, d'histoire et de philosophie*, iv, pp. 3-6.

여 회의론으로 귀결한다. 형이상학적 이론들과 사변들은 지식의 원천이 아니다. 우리는 사물들의 이유와 원인을 알 수 없다. 심지어 우리는 외부 세계가 존재한다는 것도 알 수 없다. 실로 우리는 그러한 세계가 존재한다는 가정 위에서 불가피하게 처신할 수밖에 없다. 그러나 이것은 이론적 지식의 문제라기보다는 본능의 문제이다. 그리고 과학 철학의 목적을 위해서 우리가 이런 종류의 문제를 해결해야 할 필요는 없다. 예를 들어 '만약 물질이 우리가 이해하는 것으로 가정될 경우, 우리가 일차적인 것이라고 간주하는 속성에서부터 다른 이차적인 속성을 연역할 수 있다면, 그리고 항상 단일하고 지속적인 현상의 일반적 체계가 어디에서도 우리에게 모순으로 나타나지 않는다면,'[2] 우리가 물체의 본질을 꿰뚫어 볼 수 있는지 없는지는 큰 문제가 되지 않는다. 원리들에서부터 현상을 연역하는 것은 형이상학적 원리 또는 형이상학적 본질에서부터 경험적 자료를 연역하는 것이 아니라, 관찰된 이차적 속성을 더 일차적인 것으로 간주된 다른 관찰된 속성에서부터 연역하는 것이다. 과학 철학의 임무는 형이상학적 의미에서 현상들을 설명하는 것이라기보다는 체계적인 방법으로 현상들을 기술하고 상호 연결하는 것이다. 일단 우리가 형이상학적 의미에서 현상들을 설명하고자 시도한다면, 우리는 적절히 지식이라 불릴 수 있는 것의 한계를 넘어서게 된다.

그러므로 우리는 달랑베르가 실증주의의 선구자였다고 말할 수 있다. 과학은 신비로운 성질이나 실체 또는 형이상학적 이론과 설명을 그 이상 필요로 하지 않는다. 그리고 철학은, 비록 그것이 과학의 어떤 특정하게 한정된 분야에서 전문가들에 의해 고려되기보다는 더 광범위한 현상을 고려하는 것이긴 하지만, 과학과 마찬가지로 단순히 현상에만 관계한다. 물론 이것은 자연철학자가 어떤 의미의 설명에도 관심이 없다는 것을 의미하는 것은 아니다. 감각 경험의 기초 위에서 자연철학자는 명료한 정의들을 만들어내고, 검증 가능한 결론을 연역할 수 있다. 그러나 그러한 지식에 결코 도달할 수 없는 영역에 들어가기를 원하지 않는다면, 그는 현상의 범위나 경험적으로 검증 가능한 것을 넘어설 수 없다. 형이상학은 사실들의 학문이 되거나 환상의 영역에 머무르지 않으면 안 된다. 견해들의 역사에 관한 연구를 해보면, 사람들이

---

2   같은 책, iv, p. 59.

어떻게 해서 단순히 개연적일 뿐인 이론들을 전개했으며, 몇몇 경우에 개연성이 부지런한 조사에 의해서 검증되었을 때 어떻게 해서 진리가 되었는지를 알게 된다. 그래서 또한 과학의 역사에 관한 연구를 해보면, 계속 조사하게 될 관점들이 무엇인지 그리고 경험적으로 시험되어야 할 이론이 무엇인지 알게 된다.

달랑베르의 도덕 이론에서 우리는 한때 철학자들이 공유하였던 신학과 형이상학에서 윤리학을 분리하는 것에 관해 그가 동일한 관심을 기울였음을 알 수 있다. 도덕성은 우리의 동료들에 대한 우리의 의무의 의식이다. 그리고 도덕성의 원리들은 모두 동일한 목적을 향해 즉 우리에게 우리의 참된 관심과 우리의 사회적 의무의 수행 간의 긴밀한 연관을 보여주는 데 집중되고 있다. 그래서 도덕철학자의 임무는 사람들에게 사회에서의 그의 위치를 분명히 해서, 공공의 복지와 행복을 위해 그의 능력을 사용해야 할 의무를 분명히 한다.

우리가 달랑베르를 유물론자라고 부르는 것은 합당하지 않다. 왜냐하면 그는 사물들의 궁극적 본성에 대해 언급하는 것을 삼가고 있으며, 독단적인 유물론자들과 기계론자들을 신뢰하지 않았기 때문이다. 수학자로서의 그의 중요성과는 별개로 그의 사상의 두드러진 특징은 아마도 실증주의적 방법론을 그가 고수하고 있다는 사실이다. 디드로와 마찬가지로 그는 지적 계몽이 사회적이고 도덕적인 진보를 가져왔다는 의미에서 진보가 진정 당연한 것으로 간주될 수 있다고 생각하였다. 그러나 지적이고 과학적인 발전이라는 그의 구상에서 그는 뉴턴과 실험적 방법의 영향을 깊이 받았다. 그의 사상은 실재의 궁극적으로 영적이거나 물질적인 본성에 관한 논의의 틀 안에서보다는 당시의 과학적 진전에 의해서 발견된 영역 안에서 움직였다.

2. 유물론: 라메트리, 돌바크, 카바니스

그러나 프랑스 계몽주의의 시기에 속하는 몇몇 두드러진 유물론자들이 있었다. 이 절에서 라메트리, 돌바크, 카바니스에 관해 몇 가지 언급을 할 것이다.

(i) 라메트리(Julien Offray de La Mettrie, 1709-1751)는 열이 정신에 미치는 영향에 대한 자신의 관찰에 고무되어 생리적 요소들과 심리적 작용 사이의 관계를 탐구하고자 생각했던 의사였다. 그의 『영혼의 자연사』(Histoire naturelle de l'âme)가 1745년에 출판되었고, 이듬해 그는 프랑스에서 추방되었다. 1748년에 그는 레이던(Leyden)에서 『인간 기계론』(L'homme machine)을 출판하였고, 같은 해에 네덜란드에서 추방당하여 프리드리히 대제에게서 거처를 마련하였다. 『인간 식물론』(L'Homme Plante)은 1748년 포츠담(Potsdam)에서 출판되었다.

『영혼의 자연사』(후일 『영혼론』으로 불렸다)에서 라메트리는 사고와 의욕이라는 인간의 심리적 삶은 감각에서 생겨나서 교육을 통해 발전된다고 주장했다. 감각이 없다면 관념도 없다. 감각이 적을수록 관념도 적어진다. 교육이 적은 곳에서는 관념도 결핍된다. 영혼이나 정신은 본질적으로 육체적인 기관에 의존하고, 영혼의 자연사는 반드시 생리학적 과정에 대한 엄밀한 관찰로부터 연구되어야 한다. 라메트리에 따르면 감각 기관이 그의 철학자들이다. 육체와 본래적으로 독립되어 있는 영적 영혼의 이론은 불필요한 가설이다.

『인간 기계론』에서 라메트리는 데카르트가 살아 있는 육체를 기계로서 기술하는 것을 언급하고 있다. 그러나 그의 생각으로는 데카르트는 이원론을 주장할 즉 인간을 비물질적이고 자유를 가진 사유하는 실체와 연장된 실체, 즉 육체로 구성되어 있다고 주장할 어떤 근거도 가지고 있지 않았다. 그는 육체 기관에 대한 자신의 해석을 전체 인간에 적용했다. 동시에 라메트리는 물질에 대한 자신의 생각에서 데카르트와 현저히 달랐다. 왜냐하면 물질은 단순한 연장이 아니기 때문이다. 물체는 또한 운동의 힘과 감각의 능력을 소유하고 있다. 최소한 조직화된 물질은 그것을 비조직화된 물질과 구별되게 하는 운동의 원리를 가지고 있으며, 감각은 운동에서 생겨난다. 우리는 이 발생 과정을 설명하거나 완벽하게 이해할 수 없을는지 모른다. 그러나 우리는 물질 자체와 그것의 기본 속성들을 완벽하게 이해할 수는 없다. 관찰에 의해서 운동, 즉 조직화된 물질의 원리가 발생한다는 사실을 우리가 확인하는 것으로 충분하다. 그리고 운동의 원리가 주어진다면 감각뿐만 아니라 심리적 삶의 모든 다른 형식들도 생겨날 수 있다. 결국 삶의 모든 형식은 궁극적으로 심리적 조직의 상이한 형식들에 의존한다. 물론 기계의 유비는 인간을 기술하는 데 적절하지 않다. 또한 우리는 식물의 유비도 사용할 수 있다. (따라서 『인간 식물론』을 사용할 수 있다.) 그러나 이것이 자연에서 근본적으로 다른 수준들이 존재한다는 것을 의미하는 것은 아니다. 우리는 종류에서의 차이라기보다는 등급에서의 차이를 발견한다.

종교 문제에서 라메트리는 완벽한 불가지론을 선언했다. 그러나 그는 대중들 사이에서는 무신론자로 간주되었다. 그리고 실로 그는 무신론자들로 구성된 국가가 가능하다는 베일의 주장에 부가해서 그런 국가는 가능할 뿐만 아니라 또한 바람직하기도 하다고 주장하여 베일의 주장을 개선하려고 노력하였다. 다른 말로 하면 종교는 도덕과는 완전히 무관할 뿐만 아니라 도덕에 해를 끼치기도 한다. 라메트리의 윤리 사상에 관해서 말한다면 윤리 사상의 본성은 그의 책인 『즐거움의 기술 혹은 쾌락 학파』(The Art of Enjoyment or the School of Pleasure)라는 제목에 의해서 충분히 나타난다.[3] 그는 디드로의 도덕적 관념론을 가지고 있지 않았다. 부가해서 말하자면 위의 책은 18세기에 출판된 다수의 논고들 중 하나였을 뿐이었다. 이 다수의 논고들은 소위 '자유사상가들'이라 불리는 학단의 견해들을 대변하였다. 물론 이러한 견해들은 라메트리의 특성을 보여준 감각 쾌락에 대한 강조에서부터 즐거움의 보다 정제되고 지성화된 프로그램에 이르기까지 다양하게 분포되어 있다.

(ii) 라메트리의 저술들은 상당한 영향을 끼쳤다. 그러나 유물론적 입장에서의 주요 진술은 홀바흐(Baron Paul von Holbach, 1723-1789)의 『자연의 체계 또는 자연계와 도덕계의 법칙』(Système de la nature ou des lois du monde physique et du monde morale, 1770)에 나타나 있다. 그는 독일에서 태어나 파리에서 거주하였고 일반적으로 돌바크(d'Holbach)라고 알려져 있다. 파리에 있었던 그의 집은 철학자들의 모임 장소였다. 그곳에서 그들은 돌바크와 그의 부인에 의해서 열렬하게 환대받았다. 그러나 첨언하자면 그의 부인은 남편의 철학에 전혀 공감하지 않았다. 흄이 파리에 있었을 때, 비록 돌바크의 독단적 무신론에 관심을 가지지 않았지만, 이 회합에 참석하였다. 흄은 돌바크에 호의

---

3   *L'art de jouir ou l'école de la volupté*, 1751.

적이었지만 그 모임의 구성원들 중에서 달랑베르를 좋아하였다. 그러나 철학자들에 대해 호의적이지 않았던 호레이스 월폴(Horace Walpole)은 그의 편지들에서 자신은 돌바크의 저녁 초대에 가지 않았지만, '말도 안 되는 소리, 나는 철학자들보다는 예수회 수도자들을 사랑한다'[4]고 언급하고 있다.

돌바크에 따르면 물질이 그 자체로는 활동하지 않지만, 따라서 운동은 말하자면 외부로부터 추가되어야 한다는 데카르트 생각은 틀렸다. 운동은 필연적으로 물질의 본질에서 즉 궁극적으로 사물들을 구성하고 있는 원자들의 본성에서 발생한다. 또한 물질이 모두 조각이고 모두 동일한 종류라고 생각한 데카르트의 생각도 틀렸다. 라이프니츠의 식별 불가능한 것들의 원리(principle of indiscernibles)는 물질의 동종성(同種性)이라는 데카르트의 개념보다 더 진리를 담고 있다. 그리고 다른 종류의 운동이 존재하고, 각 사물은 불가피하게 따를 수밖에 없는 자신의 운동 법칙을 가지고 있다.

우리가 경험적으로 인식하는 사물들은 원자들의 상이한 조직으로 구성되어 있으며, 이들의 행태는 여러 구조에 따라서 달라진다. 곳곳에서 우리는 인력과 척력의 현상들을 발견한다. 그러나 인간 영역에서는 이런 현상들은 사랑과 미움의 형식으로 받아들인다. 더욱이 각 사물은 스스로 존재를 지속하려고 노력한다. 그리고 인간 역시 자기애 또는 자기 이익에 의해서 움직인다. 그러나 이것은 사회의 복지에 대한 관심을 배제하는 것으로 여겨져서는 안 된다. 왜냐하면 인간은 사회적 존재이고 자신의 만족과 복지에 대한 이성적 관심은 보편적 복지에 대한 관심과 밀접하게 관련되어 있기 때문이다. 돌바크는 철저한 유물론자이자 결정론자였다. 그러나 그는 이기적인 삶을 옹호할 의도는 없었다. 인간으로서 그는 인도적이고 자비로운 성격의 소유자로 알려져 있었다. 그리고 그의 작품 중 익명인 것으로 남아 있는 저술 중에서 우리는 『도덕과 정치의 사회 체계 또는 자연 원리』(Système social ou principes naturels de la morale et de la politique, London, 1773)와 『보편적 도덕』(La morale universelle, Amsterdam, 1776)을 발견한다.

운동은 사물 바깥에서 주어지는 것이 아니라 사물의 본질적 속성이라는 결정론적 자연 체계론은 돌바크에게는 신에 대한 요청의 필요성이나 이 세계 바깥에 있

---

4   VI, 370.

는 존재나 존재들을 배제하는 것이 마땅한 것처럼 보였다. 세계 질서 또는 체계는 신적인 계획의 결과가 아니라 사물들의 본성과 사물들의 내재적인 법칙의 결과이다. 그러나 돌바크는 결코 불가지론을 공언하고 흄이 언급한바 종교적 가설이 불필요하다고 말하는 것에 만족하지는 않았다. 그의 견해에 따르면 종교는 인간의 행복과 진보의 적이었다. 『자연의 체계』 제2권의 잘 알려진 구절에서 그는 무지와 공포가 신들을 만들었고, 공상, 열광, 사기가 신들에 대해 형상화된 그림들을 꾸미거나 볼성사납게 만들었으며, 유약함이 신을 숭배하였고, 고직식함이 신들을 보존하였으며, 폭정이 자신의 목적을 위해 신들에 대한 믿음을 지지한다고 선언한다. 신에 대한 믿음은 인간을 행복하게 만들기는커녕 인간의 불안과 공포를 증대시킨다.

그러므로 정치적 폭정의 강력한 도구인 종교에서 벗어날 수 있다면, 그렇게 심한 고통과 비참함의 원인이 되는 체계 대신에 이성적인 사회 체계의 발전을 보장하는 일이 훨씬 쉬울 것이다. 그의 저술들에서 돌바크는 구체제(ancien régime)의 고발에서 동료들에 비해 더 두드러졌다. 그러나 그는 혁명을 정치문제의 해결책으로 거론하는 것에 반대하였으며, 『사회 체계』에서 그는 혁명이 질병보다 더 나쁘다고 주장하였다. 왜냐하면 질병은 치료 가능한 것이기 때문이다.

때때로 언급되고 있듯이 『자연의 체계』에서 돌바크는 프랑스 계몽주의의 저술가들의 여러 상이한 경향들을 결합했으며 그런 경향들을 극단으로 몰고 갔다. 그리고 이것은 의심할 바 없이 어느 정도 진실이다. 그러나 그의 사상은 다수의 동료 철학자들과 비교할 때 너무나 극단적이었다. 예를 들어 볼테르는 무신론적이라는 이유로 『자연의 체계』를 비난하였다. 그리고 독일에서 프리드리히 대제는 그가 극악무도한 모순인 것으로 간주했던 것에 관심을 가졌다. 돌바크에 따르면 인간은 다른 여타의 사물들과 마찬가지로 결정론에 종속되어 있다. 그러나 돌바크는 열정적인 말을 섞어가며 사제들과 정부들을 비난하고, 새로운 사회적 질서를 요구하는 데 주저하지 않았다. 그러나 이러한 언행 방식은 사람들에게 자유가 없다면, 그리고 사람들이 그들의 행위에 대해 합리적으로 칭찬을 받거나 비난을 받을 수 없다면, 아무런 의미가 없다.

마지막으로, 대단히 다른 방면에서 돌바크의 저술에 대해 가끔 인용되는 평가가 있다. 『진실과 시』(Wahrheit und Dichtung, 11권)에서 괴테는 스트라스부르(Strasbourg)

제1부 프랑스의 계몽주의

에서의 자신의 연구들에 대해 언급하면서 자신과 자신의 친구들이 호기심을 가지고 『자연의 체계』를 본 적이 있었다고 말한다. '우리는 그런 책이 어떻게 위험할 수 있는지를 상상할 수 없었다. 그 책은 우리에게는 너무나 분명하지 않고, 음산했으며, 시체 앞에 놓인 것 같아서, 우리는 그것의 존재를 견뎌내기가 힘들었고, 마치 유령 앞에 있는 것처럼 그것 앞에서 전율하였다.' 괴테에게는 돌바크의 저술은 자연과 삶에서 고귀한 모든 것을 박탈하는 것처럼 보였다.

(iii) 특히 유물론의 조야한 표현들은 카바니스(Pierre Jean Georges Cabanis, 1757-1808)의 저술들에서 발견될 수 있다. 그는 의사이자 『인간의 육체와 도덕의 관계』(*Rapports du physique et du moral de l'homme*)의 저자였다. 그는 인간에 관한 자신의 견해를 '신경 — 그게 인간의 모든 것이야'(*Les nerfs-voilà tout l'homme*)라는 몇 마디로 요약하였고, 간이 담즙을 분비하는 것처럼 두뇌는 사유를 분비한다고 주장하였다. 이 경우에 사람들은 다음과 같이 생각했을 것이다, 단순히 서로 다른 분비물들이 있고, 어느 쪽이 더 큰 진리값이 있는지 결정하는 것은 다소 어렵다. 그러나 프랑스 계몽주의 전체가 카바니스와 같은 유물론자들에 의한 조야한 주장들의 관념에서 평가받아야 한다고 주장하는 것은 잘못일 것이다. 사실상 단지 이러한 조야함에만 주의를 기울인다면 우리는 유물론의 사유 흐름에 대한 의미를 놓치게 된다. 왜냐하면 그것의 중요성은 달랑베르나 다른 사람들이 항변하는 독단론에 놓여 있다기보다는 그것의 실용적 관념에 놓여 있기 때문이다. 다시 말하면 그것의 장기간에 걸친 중요성은 심리학적인 현상들을 생리학적 현상들에 독단적으로 환원하는 데 놓여 있는 것이 아니라 이 양 현상 사이의 연결을 연구하기 위한 기획의 측면에 놓여 있다.

카바니스는 심리적 삶을 생리학적 기초 위에 두는 데 집중하는 것이 형이상학적 유물론을 의미하는 것으로 간주되어서는 안 된다고 항변하였다. 궁극적인 원인들에 관해서 그는 불가지론자임을 공언하였다. 그러나 그의 견해에 따르면 도덕성은 형이상학적이면서 신학적인 전제들과 단절되어야 하며, 인간의 과학적 연구에 대한 확고한 기반이 도덕성에 주어져야 한다. 그러한 연구에서 그가 기여한 것 중 하나는 인간의 삶에 통일성을 주장했다는 것이었다. 예를 들면 조각상에 이런저런 감각을 부여하는 콩디야크에 대해 이야기하는 것은 부적절하다. 감각 기관은 독립적일 뿐 아니라 다른 유기적 기능들과 밀접하게 연관되어 있다.

━━━━━━━━ **3. 자연사: 뷔퐁, 로비네, 보네**

디드로는 어떤 상황들에서 방법에 몰두하는 것보다 더 낭비가 되는 것은 없다는 것을 자신의 의견으로 제시하였다. 그에 따르면 이것은 특히 일반적으로는 자연사에 대해, 특수하게는 식물학에 대해 참이다. 물론 그는 어떤 과학도 순전히 우연한 방식으로 연구될 때 성과가 있을 수 있다는 점을 의미하는 것은 아니다. 그가 의미하는 바는 모든 과학에 적용할 수 있는 보편적 방법을 발견하는 데 몰두한다면 그것은 단지 시간 낭비에 불과하다는 것이다. 예를 들어 수학에서 적용 가능한 방법이 식물학에서도 적용될 수 있다고 가정하는 것은 어리석은 일이다. 식물학의 연구에서 적절한 방법과 체계화의 형식은 이 과학의 주제가 가지는 특별한 성격에서 도출되어야 한다.

이런 견해를 가지게 된 것은 디드로가 뷔퐁의 『일반 자연사와 특수 자연사』 (*Histoire naturelle générale et particulière*, 1749-1788)의 초기본의 영향을 어느 정도 받았기 때문이다.

(i) 방금 언급된 저서의 서론에서 뷔퐁(Georges-Louis Leclerc de Buffon, 1707-1788)은 하나의 이상적 과학적 방법을 만들어서 모든 과학적 연구의 분야들을 이러한 방법의 틀 안으로 밀어 넣으려고 시도하는 것은 매우 잘못이라고 주장한다. 예를 들면 수학에서 우리는 우리의 기호들의 의미를 명확히 확정하고, 우리의 출발점의 함의들을 전개해나감으로써 연역적으로 진행할 수 있다. 수학에서처럼 우리의 개념 또는 우리 자신에 의해서 규정된 상징의 의미에 대해 관심을 가지는 것이 아니라 실재하는 자연에 관심을 가질 때, 우리는 그렇게 할 수 없다. 수학에서의 진리와 자연과학에서의 진리는 다르다. 자연과학에서 우리는 현상의 관찰과 함께 출발해야 하고, 단지 관찰에 근거해서만 유비의 도움을 받아 일반적인 결론을 내릴 수 있다. 결국 우리는 특

제1부 프랑스의 계몽주의

수한 사실들이 서로 어떻게 연결되어 있는가, 보편적인 진리가 이러한 특수한 사실들에서 어떻게 예시되는가를 볼 수 있다. 그러나 우리는 수학의 연역적 방법을 사용할 수 없다. 뷔퐁은 왕실 정원사였으며, 사실상 그가 말하고 있는 것은 식물학의 분야에서 상당히 적용되었다는 것은 분명하다.

하나의 이상적이면서 보편적으로 적용될 수 있는 과학적 방법이라는 엄격한 개념을 뷔퐁이 거부했다는 것은 유기체들이 엄격한 경계나 제한에 의해 서로 분리되는 날카롭게 규정된 유나 종으로 나누어진다는 주장을 거부하는 것에 수반되는 귀결이다. 자신의 식물학 연구에서 린네조차 이런 점에서 잘못된 길을 걸어갔다. 왜냐하면 그는 분류의 핵심으로서 식물의 어떤 특성들을 임의로 선택한 반면에, 우리는 자연을 이런 방식을 이해할 수 없기 때문이다. 자연에는 연속성이 존재한다. 즉 단계적인 변이가 존재하고 엄격하게 정형화된 유형은 존재하지 않는다. 다른 말로 하면 뷔퐁은 날카롭게 경계가 정해진 부류의 체계 대신에 일련의 또는 사슬과 같은 부류들이라는 관념을 채택하였다. 이 후자의 관념에 따르면 각각의 부류에서 구성원들은 관찰된 유사관계에 따라서 파악된다. 그는 유 또는 종에 대한 전체 개념을 부인한 것은 아니었다. 그러나 종들은 다른 사물들에 대해서 가지는 유사성보다, 관찰된 특성에 의해서 서로서로 더 유사한 구성원들의 집합이다. 우리의 분류가 고정된 본질의 이해를 표현한다고 가정해서는 안 된다. 우리는 뷔퐁이 로크가 '명목상의 본질'(nominal essence)이라고 불렀던 것에 의해서 분류를 이해했다고 말할 수 있다. 그러나 그의 위대한 점은 우리가 관찰된 것으로서의 자연을 따라야 하고 확정된 개념적 도식을 구축하여 자연을 그 도식에 강제로 짜 맞추는 대신에, 우리의 분류 개념을 유연하게 유지해야 한다고 한 점이다. 우리가 단지 우리의 관념이나 정의 그리고 그것들의 함의들에만 관심을 가진다면, 그 뒤의 절차는 적절할 것이다. 그러나 예를 들어 식물학에서 우리는 수학의 그것과 유사한 이상적 체계에 관심이 있는 것이 아니라 실재의 인식에 관심이 있다.

뷔퐁의 견해가 어느 정도 진화론을 위한 예비를 마련하는 데 도움을 주었다고 말하는 것은 아마도 적절한 것이다. 그렇다고 해서 우리는 일련의 또는 연쇄를 이루는 종들에 대한 뷔퐁의 관념에 근거해서 뷔퐁 자신이 진화론을 주장했다고 결론 내려서는 안 된다. 사실 그는 여러 유형의 유기체가, 생존할 수 있게 하는 외적 조건으로서 연속적 계열로 이루어지는 존재가 되었다고 생각하였다. 그러나 그는 하나의 종이 다른 종으로 변환되는 과정을 겪었다고 말하지는 않았다. 그는 오히려 일종의 살아 있는 것의 이상적 원형에 대해서 생각했으며, 그래서 무한한 수의 가능한 구체적 형식들을 취하는 신의 계획의 통일성을 표현하였다. 그리고 이러한 구체적인 유형들이 정형화되고 엄정한 것은 아니라 하더라도, 각각의 창조는 특수한 작용이다.

(ii) 일련의 계열이라는 관념은 로비네(Jean-Baptiste Robinet, 1735-1820)의 저술들에서도 나온다. 그에게서 자연은 영양, 성장, 재생이라는 세 가지 생명 기능, 즉 어떤 의미에서 모든 물질 안의 감각기관에서 발견되는 기능들을 가장 완벽한 방식으로 가능하게끔 실현하는 문제에 직면한다. 이러한 문제에 대한 자연의 해결법은 인간 안에서 발견되는데, 그러므로 인간은 물질세계에 관한 한 그 계열의 최고단계이다. 그러나 우리는 활동의 단계적인 자유를 상상할 수 있는데, 이런 자유는 실체의 본질적 특징이며, 물질로부터의, 그리고 물질적 기관에 의존하는 것으로부터의 자유이다. 그리고 이러한 개념은 우리를 순수 지성의 관념에 이르게 한다.

(iii) 그러나 순수하게 선형적(線形的)인 계열의 이론에서 상당한 어려움이 발생한다. 그리고 우리는 보네(Charles Bonnet, 1720-1793)가 자연은 계열에서 서로 다른 주요한 선형을 만들 수 있고, 이런 주요한 선형 그 자체가 하위 선형을 만든다고 주장하고 있음을 알게 된다. 독일의 박물학자이자 여행가인 팔라스(Peter Simon Pallas, 1741-1811)에서 우리는 계통수(系統樹)의 유비를 발견하게 된다. 그로 인해 우리는 뷔퐁 자신과 함께 그물망의 유비를 발견하게 된다.

─────── **4. 보스코비치의 역동설(力動說)**

예수회의 일원인 보스코비치(Roger Joseph Boscovich, 1711-1787)는, 만약 우리가

계몽을 모든 초자연적 종교에 반대하는 사상운동으로 이해한다면, 분명히 계몽 철학자들 중 하나로 분류될 수 없을 것이다. 그러나 계몽이란 말은 단순히 이와 같이 엄격한 의미로 사용되어서는 안 된다. 사실상 우리는 지금 프랑스 계몽주의를 다루고 있으며, 라구사(Ragusa)에서 태어난 보스코비치는 프랑스 사람이 아니었다. 그러나 10년(1773-1783)에 걸쳐 파리의 해양 광학부의 이사로 활동했으며, 어쨌든 이 때문에 그에 대해 두세 마디 언급할 수 있겠다.

1740년에 보스코비치는 로마 대학교(지금은 그레고리오 대학)의 수학 교수로 지명되었다. 여기에서 봉직하는 동안 그는 다양한 수학적·천문학적 주제들에 대한 논문들을 발표하였다. 1758년에 그는 비엔나에서 『자연철학 이론』(*Philosophiae naturalis theoria, redacta ad unicant legem virium in natura existentium*)을 출판하였다. 영국에 체류하는 동안 그는 왕립학술원 회원(Fellow of the Royal Society)으로 선출되었고, 1769년에 왕립학술원의 초청으로 금성의 궤도를 관찰하기 위하여 캘리포니아를 향하는 여행을 떠났으나, 스페인 정부가 정부의 영토에서 이 예수 회원을 축출했기 때문에, 그 목적은 성사되지 않았다. 1785년 파리에서 이탈리아로 귀환한 후에 그는 5권의 『광학과 천문학에 관한 책』(*Opera pertinentia ad opticam et astronomiam*)을 출판하였다. 우리는 여기서 무엇보다도 그의 『일반수학의 요소』(*Elementa universae matheseos*, 1754)를 언급하기로 한다.

보스코비치의 견해에 따르면 두 물체 사이의 실제적인 접촉과 같은 것은 없다. 뉴턴 중력 이론의 결과는 작용은 먼 거리에서의 작용이라는 점을 보여준 것이었다. 그러므로 우리는 운동이나 에너지가 직접적인 접촉에 의해서 전달된다고 가정할 수 없다. 대신에 우리는 서로 끌어당기고 반발하는 원자들을 요청해야 한다. 그러나 그것들은 실제로는 결코 서로서로 접촉하지 않는다. 각각의 원자는 공간 속에 위치를 점하고, 두 원자는 서로 끌어당기고 반발한다는 의미에서 잠재적인 힘을 가진다. 어떤 주어진 거리보다 더 큰 모든 거리에서 이 힘은 거리의 역(逆)제곱으로 변화하는 인력이다. 더 작은 거리의 경우에는 힘은 하나의 거리의 경우에서는 인력이고 다른 거리의 경우에는 척력(斥力)이다. 그러나 보스코비치에 따를 경우 만약 우리가 제한 없이 거리를 줄인다면 비록 척력의 힘은 제한 없이 증가함에도 불구하고, 여기에서 인력과 척력을 지배하는 법칙들은 아직 발견되지 않았다. 따라서 두 원자는 결코 직접

접촉할 수 없다. 물론 원자들의 체계는 존재한다. 그러나 어떤 체계도 다른 체계와 같은 공간을 점유할 수 없다. 왜냐하면 한 체계가 다른 체계에 접근하면, 두 체계의 원자들 사이의 척력은 그 척력이 극복될 수 없을 정도까지 커지며, 이렇게 커지는 지점이 존재하기 때문이다. 말할 것도 없이 보스코비치는 원자들이 유일한 실재라고 주장하지 않았다. 그는 단지 물체에 대해서 이야기했을 뿐이고, 계속해서 자신의 역동적 원자론이 어떻게 해서 역학과 물리학의 문제에 적용될 수 있는지를 보여주고자 했다.

━━━━━ 5. 중농주의자들: 케네와 튀르고

백과전서파의 학자들은 과학의 성장과 그에 따른 미신으로부터의 해방에서 나타난 진보의 관념에 의해 고무되었다. 지적인 계몽은 관용의 성장과 정치적이고 사회적인 개혁을 동반할 것이다. 진보의 관념은 또한 '중농주의자'(重農主義者)로 알려진 일단의 18세기 프랑스 경제학자들의 이론들에서 나타난다. 중농주의자란 이름은 그 집단에 속한 느무르(Dupont de Nemours, 1739-1817)에 의해 창안되었다. 중농주의자들은 원래 자신들을 경제학자라고 불렀지만, 그들의 특수한 이름(자연이라는 그리스어 푸시스(phusis)와 지배하다는 말인 크라테인(kratein)의 복합어이다)은 그런 사람들의 근본적인 주의 주장에 관심이 있도록 만들기 때문에 적절한 것이다. 이들의 주의 주장은 자연적인 경제법칙이 있다는 것, 그리고 이런 법칙들이 무제한한 역할을 하도록 허용하는 것에 경제적 진보가 의존한다는 것이었다.

이러한 입장에서부터 정부는 경제 분야에서 가능한 최소한으로 간섭해야 한다는 결론이 도출된다. 사회는 계약에 기초하고 있고, 이 계약으로 인해 개인은 그의 활동이 다른 사람들의 권리와 양립할 수 있는 한에서 자신의 자연적 자유에 제한을 받게 된다. 그리고 정부는 계약의 완수를 보장하는 데 자신을 한정해야 한다. 만약 예를 들면 경쟁을 제한한다든가 또는 특권과 독점을 유지함으로써 정부가 경제 분야에 개입하려 한다면, 그것은 '자연법'의 작동에 개입하려는 시도이다. 그리고 어떤 선(善)도 그러한 개입에서 나올 수 없다. 자연이 최선을 안다.

제1부 프랑스의 계몽주의

이것은 중농주의자들이 대중적인 통치의 이념에 대한 열성적인 촉진자였다는 의미에서의 열광적인 민주주의자들이라는 것을 의미하지는 않는다. 반대로 그들은 계몽된 독재를 자신들의 정책을 이행하는 수단으로 바라보는 경향이 있었다. 비(非) 개입과 자유방임주의(*laissez-faire*)의 이론은 사실상 자유에 대한 일반적인 요구의 일부로서 혁명적인 의미의 사용에 부합하였다. 이 이론들은 실제로 그렇게 사용되었다. 그러나 예를 들어 케네나 튀르고는 모두 혁명의 옹호자 또는 대중을 절대적 통치로 대체시키는 것의 옹호자라 불릴 수 없다.

(i) 케네(Francis Quesnay, 1694-1774)는 의학을 공부했으며, 루이 15세(Louis XV)의 시의가 되었다. 그러나 그는 궁중에 있을 때 경제학 연구에 몰두하였으며, 중농주의자들의 중심이 되었던 인물은 그와 구르네(Jean de Gournay, 1712-1759)였다. 구르네는『백과전서』의 경제학 문제와 관련된 몇몇 항목들을 작성하였다. 또한 그는 다른 저술들 외에도『경제 정부의 일반적 원리』(*Maximes générales de gouvernement économione d'un royaume agricole*, 1758), 그리고 같은 해에『경제표』(*Tableau économique avec son explication, ou extrait des économies roycdes de Sully*)를 저술하였다.

케네에 따르면 국가의 부는 농업 생산력에 달려 있다. 노동자만이 진실로 생산적이며, 이들이 원재료의 분량을 증가시킨다. 그리고 국가의 부는 이들 생산품이 이것들을 생산하는 비용을 상회하는 것에 달려 있다. 제조업과 상업은 단지 생산된 부에 새로운 형태를 부여할 뿐이다(원재료는 예를 들어 철강을 포함한다). 그리고 부를 여기에서 저기로 옮길 뿐이다. 그러므로 그것들은 비록 이 말이 그것들이 유용하지 않다는 것을 말하는 것은 아니지만 '비생산적인 것'이며, 즉 생산하지 못하는 것이다.

그러므로 지주의 이익과 사회의 이익은 같은 것이다. 농업 생산이 크면 클수록 국가의 부도 커진다. 또는 케네가 말하고 있듯이 농부가 가난하면 왕국도 가난하다. 가난한 왕국은 곧 가난한 왕이다. 그러므로 '총생산'의 증가는 노련한 경제학자의 목표이어야 한다. 통상은 부를 분배한다. 그러나 통상계급과 생산계급은 국가의 희생을 통해 그들의 이익을 얻고, 공동선은 이러한 희생을 가능한 줄여야 할 것을 요구한다. 국가의 수입은 농업노동의 총 생산량에 의거한다. 그리고 이러한 수입은 토지세에서 나와야 한다.

산업과 상업의 희생과 농업 생산에 대한 이러한 특별한 강조를 모든 중농주의자들이 공감한 것은 아니지만, 그것은 이 집단의 몇몇 탁월한 구성원들의 특성이었다. 1764-1766년 파리 방문 동안 케네와 교류하였던 아담 스미스(Adam Smith)는 케네에 대해 높이 평가했지만, 그는 중농주의자들에 의해 어느 정도 영향을 받았음에도 불구하고, 산업과 상업이 '비생산적'이라는 표현에 동의하지 않았다.

(ii) 안로베르자크 튀르고 드 라운 남작(Anne Robert Jacques Turgot, Baron de Laune, 1727-1781)은 처음에는 사제직을 위해 공부했지만, 서품 전에 이 공부를 포기하였으며, 이후 다양한 의회 및 행정직을 거쳤다. 볼테르의 친구였던 그는 또한 케네, 구르네, 느무르, 그리고 생리학 학교의 다른 경제학자들과 친해졌다. 실용적인 경제 개혁에 몰두한 것 외에도, 다수의 논문과『백과전서』를 위한 몇 항목들을 썼다. 1770년에 그는『곡물 무역 자유에 관한 편지』(*Lettres sur la liberti du commerce des grains*)를 썼고, 1776년에 그는『부의 형성과 분포에 관하여』(*Riflexions sur la formation et la distribution des rickesses*) — 처음에는 1769-1770년간 저널에 실린 —를 별도의 책으로 출판했다. 그는 1774년에 해양장관으로 임명되었고, 곧바로 재정총감이 되었다. 사실상 재정장관이었던 이 직위에서 그는 경제를 강조하였고, 국가 신용을 높이는 데 성공하였다. 처음에는 왕의 지지를 받았지만, 특권의 폐지, 모든 계급의 과세, 옥수수 무역의 자유에 대한 그의 계획은 많은 적들에 대해 그의 승리를 가져왔지만, 교육제도와 가난의 구제에 대한 그의 계획은 왕에게 너무 벅찬 것임이 확인되었다. 결국 그는 1776년에 사임할 수밖에 없었다. 생애 나머지를 그는 연구에 전념하였다.

경제학자로서 튀르고는 토지를 부의 원천으로 보고, 산업과 상업에서의 완전한 자유를 주장하는 케네의 생각들을 공유하였다. 그러나 그는 경제학자 이상의 인물이었다. 예를 들면『백과전서』의 현존(existence)에 관한 항목에서 그는 실증주의적 해석을 발전시켰다. 주어진 것은 현상들의 다양성이고, 그것들의 상호 관계는 끊임없이 변화한다. 그러나 어떤 집단들에서는 조정의 관계가 비교적 지속적이다. 이 집단 중 하나는 우리가 자아라고 부르는 것, 즉 쾌락과 고통의 지각이나 감정에 관계하는 특

제1부 프랑스의 계몽주의

수한 지각 집단이다. 외부 세계의 현존을 확인하는 것은 직접적으로 주어지는 것이든 아니면 요청되는 것이든 다른 집단의 현상들이 자아와 공간적 또는 인과적 관계를 맺는 것을 확인하는 것이다. 그래서 현존은 우리에게는 공간적, 인과적 관계 체계 속에 있는 주체로서의 현존이나 주체를 위한 현존을 의미한다. 공간적, 시간적 관계와 인과적 관계의 체계를 도외시한다면, 현존 그 자체가 무엇이고, 현존하는 사물은 무엇인가의 문제는 우리가 대답할 능력이 있는 문제가 아니다. 다른 말로 하면 우리는 형이상학적 문제를 해결할 수 없다. 과학은 현상을 서술하는 일에 관계하지, '궁극적인 질문들'에 관계하지 않는다.

튀르고는 실증주의적 해석의 발전에서 중요한 인물이다. 동물의 역사와 구별되는 인간의 역사에는 한 세대의 지적 성취가 다음 세대로 이어지고, 다음 세대에 의해 확장되며 능가된다는 의미에서 진보가 존재한다. 각각의 문화의 시대에서 우리는 사실상 어떤 반복되는 모형을 찾을 수 있다. 그러나 대체로 인류의 지적 진보는 세 가지 주요 국면, 즉 종교적 국면, 철학적 또는 형이상학적 국면, 과학적 국면을 통과한다. 이 세 번째 국면에서 수학과 자연과학은 사변적 형이상학에 승리하게 되고, 그 이상의 과학적 진보와 새로운 형태의 사회적, 경제적 삶의 기초를 놓는다. 따라서 튀르고는 오귀스트 콩트(Auguste Comte)가 다음 세기에 가서야 설명했던 역사 해석을 예측하였다. 경제학의 관점에서 보면 그는 케네 및 다른 중농주의자들과 함께 분류되어야 하지만, 더 넓은 철학적 관점에서 보면, 그는 『백과전서』의 편집인들, 즉 달랑베르 및 디드로와 함께 분류될 수 있다.

━━━━━━━ **6. 프랑스 계몽주의의 결론**

프랑스 계몽주의는 당연히 의심할 바 없이 종종 조야한 유물론과 엘베시우스, 라메트리, 돌바크와 같은 사람들의 반종교적 논쟁과 연결된다. 그리고 이것은 당연히 18세기 영국 철학의 실제적 측면이다. 그러나 그 운동의 정신은 아마도 달랑베르, 디드로, 튀르고와 같은 사람들에 의해서 더 잘 대변된다. 이들은 궁극적 실재에 관한 독단적 선언을 하는 것을 삼가는 경향이 있고, 과학적 진보와 관용의 성장이 새롭고 더 합리적인 형태의 사회적, 정치적 삶을 가져올 것이라고 기대했다. 18세기의 프랑스 철학은 의심할 바 없이 프랑스 대혁명을 위한 길을 준비하는 데 도움이 되었다. 그러나 철학자들 자신은 피비린내 나는 혁명이 아니라 지식의 확산과 사회 개혁에서의 지식의 보급을 목표로 삼았다. 나는 철학자들의 철학적 전망이 적절했다거나 내가 그들의 반 형이상학적 관점에 동의했다는 것을 말하고 있는 것이 아니다. 동시에 특정한 작가들의 독단적 유물론에 비추어서 단순하게 그들을 바라보는 것은 잘못이다. 이미 지적되었듯이 이렇게 하는 것은 그들 작품의 프로그램에 입각한 측면, 즉 경험적으로 검증된 지식의 영역을 그것이 갈 만큼 확장하고자 하는 프로그램을 간과하는 것이다. 예를 들어 거친 점은 차치하더라도, 그들은 경험 심리학과 생물학의 성장, 사회학 연구의 발전, 그리고 정치 경제학의 부상을 기대하였다. 다음 세기에 관념론자들은 종교적, 형이상학적, 과학적 전망을 조화시키고 종합할 필요성을 느꼈다. 그러나 이러한 이성은 당연히 과학적이고 실증주의적 전망을 전제하는 것이며, 그것을 마련하는 데 도움을 주었다는 의미에서 18세기의 철학자들은 상당히 중요성을 지니고 있었다. 19세기의 관념론자들이 보았듯이 과학적 전망은 부정을 요구하는 것이 아니라, 광범위한 종합으로 통합함으로써 수정을 요구하는 것이었다. 그들이 이런 종합을 제공하는 데서 성공했는지의 여부는 당연히 다른 문제이다.

제3장

루소(1)

1. 생애와 저작

장 자크 루소(Jean Jacques Rousseau)는 1712년 6월 28일 제네바(Geneva)에서 시계 수리공의 아들로 태어났다. 1725년에 그는 5년간 시계공의 도제로 보내졌다. 그러나 얼마 안 가서 도망쳤다. 제네바 인근 마을 콘피곤(Confignon)의 성직자는 그 아이를 드 바랭 부인(Baronne de Warens)에게 보냈다. 그녀의 영향 아래 루소는 가톨릭으로 개종했고, 1728년에 토리노(Turin) 교회 세례 준비생의 숙소에 들어갔다. 그 시설은 그의 『고백』(Confessions)에서 가장 좋지 않은 모습으로 그려지고 있다. 방황과 불안의 시절을 보내고 난 후 1731년 그는 바랭 부인을 다시 만났다. 처음에는 샹베리(Chambéry)에서, 그 후에는 레 샤르메트(Les Charmettes)에서 그녀와 함께 지낸 삶을 그는 후일 목가적인 삶으로 이상화하였다. 그가 어릴 때 받았던 체계적이지 못한 교육의 결함을 독서를 통해 메꾸려고 노력했던 것은 이 시기였다.

1738년에서 1740년까지 루소는 드 마블리(de Mably) 부인의 아이들 가정교사를 하였고, 이 직업에 종사하는 동안 콩디야크와 알게 되었다. 1742년에 그는 파리로 갔고, 1743년에 새 프랑스 대사인 몽테구의 콩트(Comte de Montaigu)의 비서 자격으로 베네치아(Venice)에 갔다. 두 사람은 사이가 좋지 않았다. 다음 해에 루소는 무례함 때문에 해고되었고, 파리로 복귀하였다. 1745년에 그는 볼테르를 처음 만났고, 1749년에 디드로는 루소를 초청하여 『백과전서』(*Encyclopaedia*)의 음악 관련 항목들을 쓰게 하였다. 또 그는 돌바크의 살롱에 소개되었다. 같은 해에 디종 아카데미(Academy of Dijon)는 예술과 학문의 진보가 도덕을 순수하게 하는 경향이 있는지 아니면 타락시키는 경향이 있는지를 묻는 현상 공모를 하였다. 루소의 『예술 학문론』(*Discourse on the Arts and Sciences*)이 최고상에 당선되었다. 이 논문은 1750년도에 출판되었다. 작가는 단박에 저명인이 되었다. 그러나 그는 문명에 대해 공격했고, 문명이 인간을 결과적으로 타락시켰다는 주장을 하게 되었을 때, 그의 견해는 당연히 철학자들(*les philosophes*)의 강력한 반대에 부딪혔다. 그리고 말싸움이 계속되었다. 루소는 이미 돌바크 학단과 단호하게 결별하는 길을 걷고 있었다. 그러나 반대에도 불구하고 그는 디종 아카데미가 제공한 다른 상에 공모하기로 결정하였다. 이번의 공모는 인간 불평등의 기원은 무엇이며, 그 불평등은 자연법이 허용하는 것인가에 관련된 것이었다. 그의 『인간 불평등기원론』(*Discourse on the Origin and Foundation of Inequality among Men*)은 상을 받지 못했지만, 1758년도에 출판되었다. 그 책에서 자연적 인간 또는 자연 상태에 있는 인간 즉 문명의 장식과 누적이 벗겨졌을 때의 인간 모습이 그려졌다. 인간은 자연적으로는 선하지만, 문명이 그것에 불평등을 가져다주었고, 결과적으로 나타난 악의 주인이 되었다. 같은 해인 1755년에 『백과전서』에서 루소가 맡은 정치경제학의 항목이 출판되었다. 1758년에 그 항목은 『정치경제론』(*Discourse on Political Economy*)으로 분리되어 출판되었다. 일반 의지라는 개념은 이 저술에서 처음 나왔다.

　　루소는 얼마 동안 파리의 생활에 염증을 느꼈고, 그 염증은 그의 앞의 『인간 불평등기원론』과 『정치경제론』 모두에 영향을 끼쳤다. 그리고 그의 마음은 그의 고향을 향하고 있었다. 그래서 1754년에 그는 프랑스 수도를 뒤로 하고, 제네바에 정착하였다. 그곳에서 그는 개신교로 돌아갔다. 사실상 이러한 변화가 종교적 격변을 의미하는 것은 아니었다. 왜냐하면 루소가 관찰하고 있듯이, 파리에서의 그의 철학 친구들이 그를 위해 다른 일을 하지 않았다고 가정하더라도, 그들은 그가 한때 가톨릭 교의에 대해 가졌던 믿음에 대해서는 적어도 타격을 주었기 때문이다. 개신교로 형식적으로 돌아간 주된 이유는 그가 인정했듯이 제네바 시민권을 재취득하기 위한 바람이었다. 그러나 그 철학자는 제네바에서 오래 머물지 않았다. 1754년 10월에 파리로 돌아가서 『인간 불평등기원론』(*Discourse on Inequality*)의 사본을 볼테르에게 보냈고, 볼테르는 '인류를 적대시하는 당신의 새로운 책'이라고 감사의 글을 그에게 썼으며, 이 사본은 이듬해에 출판되었다.

1756년에서 1762년까지 루소는 몽모랑시(Montmorency)에서 은퇴 생활을 하였다. 이 시기에 그는 왕성한 문학적 활동을 하였다. 1758년에 그는 『달랑베르에게 보내는 연극에 관한 편지』(*Lettre à d'Alembert sur les spectacles*)를 썼다. 이 달랑베르의 편지는 『백과전서』의 제네바 항목에 관한 것인데, 이 항목에서 달랑베르는 제네바의 극장 공연의 금지를 비판하였다. 1761년에 루소의 소설인 『신 엘로이즈』(*Nouvelle Héloïse*)가 출판되었다. 그리고 1762년에 그의 가장 유명한 저서인 『사회 계약론』(*Social Contract* (*Du contrat social*))뿐만 아니라 그의 교육론인 『에밀』(*Émile*)도 출판되었다. 이 시기에 루소는 이미 디드로와 논쟁을 하고 있었다. 철학자들과 그가 결정적으로 결별한 내용은 그의 『도덕에 관한 편지』(*Lettres morales*)에서 나타난다. 그러나 이 편지는 1861년까지 출판되지 않았다.

1762년 『사회 계약론』과 『에밀』의 출판 결과로 루소는 스위스로 피신하였다. 그러나 제네바에서의 그의 활동에 대한 반응은 적대적이었으며, 1763년 그는 형식적으로 제네바 시민권을 포기하였다. 1765년에 그는 베를린(Berlin)에 정착하였지만 도중에 영국으로 가기로 결정하였다. 그리고 1766년 1월에 그는 영국 해협을 건너 데이비드 흄을 만났다. 흄은 그에게 영국에서의 안식처를 제공하였다. 이 방문은 말하자면 성공적이었다고 말할 수는 없다. 이 시기에 루소는 언제나 감성이 예민하였고 의심이 많아졌으며, 피해망상에 시달렸고, 흄이 자신의 적들과 한편이 되었다고 확신하기에 이르렀다. 루소가 비정상적인 정신 상태라는 점을 알지 못한 흄은 특히 그가 친구를 위한 왕실의 연금을 조달하는 일을 하고 있었기 때문에 대단히 화가 났다. 그리고 반대의 충고를 무시하고 흄은 런던과 파리에서 이 일에 대해 발설하였다. 1766년 5월에 루소는 프랑스로 돌아갔으며, 그곳에서 그는 콘티 왕자(Prince de Conti)의 손님이 되었다. 1770년 방황 끝에 그가 체포될 가능성이 농후하다는 사실을 무시하고 파리로 돌아갔다. 그러나 사실 그는 경찰의 방해를 받지는 않았지만, 특히 그림

(Grimm)과 디드로에 의해서 문학비방 캠페인에 시달렸다. 1778년 5월에 그는 지라르댕 후작(Marquis de Girardin)의 손님으로 초대받아 에르메농빌(Erménonville)로 향했으며, 그곳에서 7월 2일에 죽었다. 그의 『고백』과 『고독한 산책자의 몽상』(*Rêveries du Promeneur Solitaire*)은 유작으로 출판되었다(1782-1789). 『폴란드 정부론』(*Considerations on the Government of Poland*)은 1782년에 출판되었다.

루소의 성격과 삶은 심리학자에게 풍부한 자료를 제공했다. 사실상 몇몇의 불화는 육체적인 병약함에 기인하였다. 그는 몇 년간 방광에 관련된 질병을 앓았고, 아마 거의 확실하게 요독증으로 죽었을 것이다. 그러나 애초에 사회적 조절 능력이 부족했다. 그리고 비록 그가 깊은 애정과 애착을 가질 수 있었지만, 그는 지속적인 우정을 유지하기에는 너무나 감정적으로 민감하였고, 의심이 많았으며, 참을성이 부족했다. 자기분석에 너무 많이 몰두한 사람으로서 그는 자신이나 다른 사람을 이해하는 데 종종 실패하였다. 그러나 철학자로서 그는 고도의 정서적 기질을 소유했으며, 정서와 사고, 심정과 정신 사이의 긴장으로 주의를 끌었다. 그 점이 그를 괴롭혔다. 낭만적이고, 다감하였으며, 진정한 종교적 감정을 소유했지만, 자기중심적이고 심적으로 불안정한 감정을 가지고 있었기에, 루소가 철학자들과 결별했던 일은 결코 놀랄 일이 아니다. 돌바크는 흄에게 루소가 자신의 가슴 안에 독사를 키울 생각을 가지고 있다고 충고를 하기도 했다. 그리고 흄은 뒤에 루소를 모든 인간 중 가장 특이한 인간이라고 말했지만, 루소가 자신의 전 생애에 걸쳐 단지 느끼기만 했으며, 그에게서 감수성은 예상치 않은 최고점에 도달했다고 날카롭게 언급하였다. 그러나 물론 이 모든 것은 철학사에서 루소의 중요성에 결코 영향을 주지 못한다.[1]

---

1   이 장과 다음 장에서 다음과 같은 약어가 사용될 것이다. *D. A.*은 『예술 학문론』, *D. I.*는 『불평등기원론』, *D. P.*은 『정치경제론』, *É.*은 『에밀』, *S. C.*은 『사회 계약론』을 가리킨다. 독자의 편의를 위하여 쪽 인용은 『사회 계약론』, 『불평등기원론』, 『정치경제론』, 『에밀』에 대한 *Everyman's Library*의 판본이 사용될 것이다. 쉽게 이용될 수 있다는 것이 그 이유이다.

'인간이 자신의 노력에 의해서 소위 허무로부터 벗어나서 자신을 높이는 것을 아는 일은 고귀하고도 아름다운 광경이다.'[2] 이 표현은 루소의 『예술 학문론』의 제1부의 서두에 나온다. 그리고 자연스럽게 우리는 이 표현에 뒤이어서 문명이 베푼 축복에 대한 찬미의 설명이 나올 것이라고 기대한다. 예를 들어 만약 이 표현이 달랑베르에 의해 쓰였다면, 우리의 기대는 의심할 바 없이 충족되었을 것이다. 그러나 루소의 경우에는 그렇지 않았다. 우리는 곧바로 '정신은 육체와 마찬가지로 욕망을 지닌다. 육체의 욕망은 사회의 기초가 되며, 정신의 욕망은 사회의 장식이 된다'는 이야기를 듣게 된다.[3] 이 표현은 모든 비육체적인 욕망의 충족이 사회의 비본질적 장식에 불과하다는 것을 함축하는 것처럼 보임에도 불구하고, 그것은 사실상 악의가 없는 의미로 여겨질 수 있다. 그러나 곧바로 우리는 예술, 문학, 학문이 쇠사슬 위에 꽃장식을 넓힌다는 점을 알게 된다. 이 쇠사슬은 인간을 억누르면서 이들 예술, 문학, 학문이 거기에서 탄생했음직한 자유의 감정을 인간의 가슴 안으로 짓누르고 있다. 이러한 '장식들'은 사람들에게 그들의 노예를 사랑하게 만든다. '필요는 왕좌(王座)를 구축했다. 예술과 학문은 그 왕좌를 견고하게 했다.'[4]

그렇게 해서 소위 문명사회에 대한 수사학적인 공격을 위한 길이 준비된다. 루소는 사회적 삶의 인위성에 특별히 주목한다. 더 기본적인 사회 형태에서 인간의 본성은 근본적으로 지금보다 더 낫지 않았을 수도 있었다. 그러나 인간은 진실했고, 개방적이었으며, 자신들을 있는 그대로 보이도록 허용하였다. 그런데 '우리는 더 이상 우리의 진정한 모습을 볼 엄두가 나지 않으며, 영구적인 제약 아래 놓이게 된다.'[5] 인간 무리는 매우 강력하게 동기를 부여하는 개입이 없는 한 모두 같은 방식으로 행동한다. 그리고 진정한 우정과 참된 신뢰는 추방된다. 관습적인 예절의 베일은 모든 종

---

2   *D.A.*, p. 130.
3   같은 곳.
4   같은 책, p. 131.
5   같은 책, p. 132.

류의 부끄러운 태도를 덮어버린다. 다시 말한다면 우리는 저속한 맹세로 신의 이름을 헛되이 하지 않는다. 오히려 진정한 신성모독은 우리를 어지럽히지 않는다. 우리는 지나친 오만에 빠지지 않는다. 대신에 우리는 교묘하게 다른 사람들의 장점을 헐뜯고, 교활하게 그들을 중상한다. '다른 민족들에 대한 우리의 증오는 감소하지만, 애국심은 그 증오와 함께 죽어버린다. 무지는 멸시되지만, 위험스러운 회의론은 그 무지를 대신했다.'[6] 루소는 계몽주의의 세계주의 정신을 싫어했고, 그것을 인정하지 않았다.

문명사회에 대한 묘사에서 루소는 파리에서의 그의 경험을 분명히 보편화하고 있다. 그곳에서 그는 그때까지는 자신의 장점에 의거해서가 아니라, 다른 사람에 의존하는 굴욕적인 위치에서 사교계에 등장하였다. 그러나 그가 말하는 것의 일부는 의심할 바 없이 충분히 옳은 것이며, 설교를 위한 자료를 제공하였다. 예를 들어 지성계에서 지나친 오만은 바보스러운 것으로 여겨지지만, 같은 목적이 다른 사람들을 교묘하게 멸시하는 도구로 사용된다는 것도 사실이다. 그러나 루소는 이러한 사태가 예술과 학문의 성장에 기여하는 것으로 생각했다. '우리의 정신은 예술과 학문이 개선되는 것에 비례해서 부패했다.'[7] 그리고 학문적 진보는 '공허한 호기심'[8]에 기인한다. 그러나 18세기 사회에서 어떤 어두운 면들에 주목하는 것과 예술 및 학문을 이러한 결함들의 원인으로 돌리는 것은 별개이다.

확실히 루소는 역사를 인용함으로써 자신의 논제를 뒷받침한다. 흔히들 이집트는 철학의 어머니(대단히 의심스러운 명제)가 되었고, 정교한 예술이 되었다고 말해지지만, 곧바로 이집트는 캄비세스(Cambyses)에 의해 정복되었고, 이어서 그리스, 로마, 아라비아, 결국 터키에 의해서 정복되었다. 루소에 따르면 그리스에서 학문의 진보가 곧이어서 방종한 방식들을 낳았으며, 마케도니아 지배의 짐을 지게 되었다. '데모스테네스(Demosthenes, 옮긴이 주. 고대 그리스 웅변가. 기원전 384-??)의 웅변으로써도 사치와

---

6   같은 책, p. 133.
7   같은 곳.
8   같은 책, p. 134.

예술이 유약하게 만들어 놓은 육체에 생기를 되찾게 할 수는 없었다.[9] 우리는 초기의 페르시아인과 스키타이인의 덕들을 이와 비교해서 고려할 수 있지만, 그것은 로마인들을 정복한 게르만족의 '단순성, 순결성, 덕'[10]을 말하는 것은 아니다. 그리고 우리는 '학문의 공허함을 영구히 증명하는'[11] 스파르타를 잊어서는 안 된다.

『예술 학문론』의 제2부에서 우리는 '천문학은 미신에서, 웅변술은 야심, 증오, 거짓, 아첨에서 태어났다. 기하학은 탐욕에서 태어났고, 물리학은 게으른 호기심에서 태어났으며, 심지어 도덕철학은 인간의 자만에서 태어났다는 사실을, 그래서 예술과 학문은 악덕에서 비롯되었다'[12]는 이야기를 노골적으로 접하게 된다. 예술과 학문은 악에서 생겨났고, 결국 악한 귀결로 이어진다. 그것들은 사치를 낳고 나약함을 생산한다. 로마인들의 군사적 덕들은 그 덕들이 정교한 예술들을 계발하는 데 비례해서 소멸하였다. 그리고 '학문의 계발이 군사적 성질들에 해롭다고 한다면, 그 계발은 도덕적 성질들에 대해서 그러하다'.[13] 교사가 도덕적 정직과 고결 외에 모든 것을 가르치는 값비싼 교육이 제공된다. 문학적, 예술적, 학문적 숙달은 찬양되지만, 도덕적 덕은 보수가 없다. 『예술 학문론』의 말미에서 루소는 사실상 자신이 디종의 아카데미에 응모한 사실과 자신이 문예상을 수상했다는 사실을 떠올리게 한다. 그리고 그는 프랜시스 베이컨, 데카르트, 뉴턴과 같은 '인류의 그러한 교사들'[14]을 옹호해서 무언가를 이야기하는 것이 현명하다고 생각한다. 그러나 그는 자연 스스로 자신의 제자로 의도했던 이러한 천재들과 '초보적인 작가들'[15]을 대비시켰다. 이 초보적인 작가들은 무분별하게 과학 성전의 문을 열어 제치고, 없는 것이 차라리 나은 그런 정보와 개념들을 하잘 것 없는 대중에게 허용하였다. 루소가 누구를 염두에 두고 있는지는 의심의 여지가 없다.

---

9   같은 곳.
10 같은 책, p. 135.
11 같은 책, p. 136.
12 같은 책, p. 140.
13 같은 책, p. 140.
14 같은 책, p. 152.
15 같은 곳.

루소의 비판자들은 그의 역사적 지식의 결핍을 보여주는 일에, 그리고 도덕적 퇴보가 예술과 학문의 성장에서 기인했다는 주장을 옹호하는 그의 논증들의 취약함을 보여주는 일에 어려움을 느끼지 못했다. 만약 그가 오늘날 살아 있다면, 그는 의심할 바 없이 군사적 필요가 특정한 분야에서 과학적 연구의 발전을 어떻게 고무했는지를 지적할 것이다. 그리고 그는 의심할 바 없이 그러한 진보가 인간의 악덕에서 생겨났고 악의 결과로 이어진다고 주장할 것이다. 그러나 분명히 말해서 그 그림의 다른 측면이 있다. 예를 들어 원자 물리학의 진보가 비록 어떤 의미에서 전쟁으로 인해 이루어졌다 하더라도, 그 연구의 결실은 파괴적 목적과는 다른 목적에 이용될 수 있다. 다시 말하자면 루소가 아테네인들의 가치를 무시하고 스파르타를 이상화한 것 그리고 게르만족의 덕을 칭찬한 것을 비판하기는 쉽다. 그러나 루소 자신은 분명히 저술에서의 논리와 순서의 결여와 논증의 취약함을 인정했다. 그러나 그의 분명한 약점에도 불구하고, 이『예술 학문론』은 예술과 학문이 일반적인 의미에서의 인간의 진보를 보여준다는 백과전서파들의 가정에 대한 강한 반대로서 그 중요성을 가지고 있다. 사실상 그것은 문명화된 사회의 완전하고도 대대적인 거부로서 간주되어서는 안 된다. 그것은 감정의 표현, 즉 갑작스러운 계몽의 힘을 가지고 루소에게 나타났던 관념의 빛 안에서 채택된 태도의 표현이었다. 그러나 나중에, 무엇보다도『사회 계약론』에서 그는 인간의 원초적 상태에서부터 조직을 이룬 사회로의 이행을 정당화하고자 시도하고, 어떤 형태의 사회 제도가 인간의 자연적 선과 가장 일치할 수 있는지, 그리고 인간을 타락시키고 부패시키는 일을 최소화할 수 있는지를 탐구한다. 더욱이 1750년 또는 1751년에 루소는『정치제도』에 관한 책을 구상하기 시작했으나, 그 뒤 그의 노트에서『사회 계약론』의 요지를 발췌한 이후에 그 책을 포기하였다. 그리고 이 상황에서 그는 그가『예술 학문론』을 저술했을 그때조차도 문명사회는 본질적으로 악하기 때문에 완전히 거부되어야 한다는 생각을 거의 진지하게 할 수 없었다. 동시에 루소가 예술과 학문에 대해서 자신이 언급한 것에서 진지함이 없었다고 결론내리는 것은 아주 잘못일 것이다. 인간은 인위적인 문명의 성장과 합리론에 의해 타락하게 되었다는 일반적인 착상이 비록 그에게 남아 있었다 하더라도, 그의 철학을 올바르게 이해하기 위해서, 우리는 국가와 그것의 기능에 관한 그의 긍정적인 이론과

제1부 프랑스의 계몽주의

그 착상을 균형 있게 가져갈 필요가 있다. 그의 후기 저술들에서 사실상 어떤 태도의 변화가 있다. 그러나 그것은 그의 초기 저술들의 대대적인 철회를 의미하는 것은 아니다.

─────── 3. 불평등의 기원

만약 인간이 인위적인 문명으로 인해 타락했다고 가정하면, 인간에게서 사라졌던 자연 상태는 무엇인가? 다시 말하면 '자연 상태'라는 용어가 가지는 긍정적 의미는 무엇인가? 이러한 물음을 루소는 『인간 불평등기원론』에서 다룬다. 물론 우리는 자연 상태를 관찰할 수 없다. 왜냐하면 우리는 단지 사회 안에 있는 인간만을 알 뿐이기 때문이다. 인간의 실질적인 원초적 조건은 경험적 탐구를 벗어나 있다. 그러므로 우리의 해석은 가설적 설명의 형식을 취해야 한다. '그렇다면 문제에 영향을 미치지 않는 사실들은 제외하고 시작하자. 우리가 이 주제를 다룸에 있어 들어가게 되는 탐구는 역사적 사실로서 고려되어서는 안 되고, 단지 단순한 조건적이고 가설적인 추리로서 고려되어야 하며, 이러한 추리는 사물들의 자연[본성]의 실제적 기원을 확인하기보다는 그런 본성을 설명하는 것으로 기획되며, 이것은 마치 우리의 물리학자들이 매일 세계의 형성에 관해 제안하는 가설과 같은 것이다.'[16] 사실상 이것은 인간을 우리가 아는 바대로 간주해야 한다는 것, 그리고 난 다음 모든 초자연적인 재능을 도외시하고, 그리고 인간이 사회적 발전의 긴 과정에서만 획득할 수 있는 능력들을 도외시한다는 것을 의미한다. 사실상 우리는 사회 그 자체를 도외시해야 한다.

우리가 이런 식으로 처리하면, 우리는 인간이 '한 그루의 떡갈나무 밑에서 배를 채우고, 시냇물을 발견하면 곧 목마름을 해결하고, 끼니를 제공해 주었던 바로 그 나무 밑에서 잠자리를 발견하는 일을 생각한다. 이리하여 그의 욕망은 채워진다는 사실

---

16   *D.I.*, 서론, pp. 175-176.

을'[17] 발견한다. 그러한 인간은 솜씨에서 충분하지는 않지만, 동물을 능가하기 때문에 동물에 비해서 육체적으로 건강하고 동물을 두려워하지 않으며, 질병의 원인이 적고 약이 거의 필요하지 않고 의사의 도움도 거의 필요로 하지 않는다. 그의 주 관심사는 자기 보존일 것이다. 그의 시각, 청각, 후각은 세련되지만, 촉각과 미각은 그렇지 않으며, 후자는 부드러움과 관능성에 의해서 완성된다.

원시인은 동물과 어떻게 다른가? '인간과 짐승 간의 종적 차이를 이루는 것은 지성이라기보다는 인간의 자유의 성질이며, … 특히 자유에 대한 그의 의식에서 그의 영혼의 영성이 나타난다. 왜냐하면 물리학은 어느 정도 감각 기관의 메커니즘과 관념의 형성을 설명해야 하지만, 의지의 힘 아니 오히려 선택의 힘에서, 그리고 이러한 능력을 느끼는 데서는 역학의 법칙에 의해서는 아무것도 설명하지 못하는 순수하고 영적인 행위만 발견할 수 있기 때문이다.'[18] 그래서 루소는 유물론적이고 기계론적인 인간 해석의 적합성을 철저하게 거부한다. 인간을 짐승과 구별시키는 그 밖의 성질은 인간의 자기 개선의 능력, 즉 그가 완성될 수 있음이다. 그러나 인간은 처음에는 직접적인 욕망에 의해 그리고 본능과 감정에 의해 지배되었다. '바라거나 바라지 않는 것, 욕망하는 것과 두려워하는 것은 처음에는 그리고 거의 인간 영혼이 유일한 작용임이 틀림없고, 이러한 일은 새로운 환경이 그의 능력의 새로운 발전을 야기하기 전까지 계속된다.'[19] 원시인의 욕망은 결코 자신의 육체적 욕망을 넘어서지 않는다. '그가 세계에서 알고 있는 유일한 욕망은 음식, 이성(異性), 휴식뿐이다. 그가 두려워하는 유일한 불행은 고통과 굶주림이다.'[20]

루소는 '산업도, 언어도, 주거도 없는 채로 숲을 오가며 방황하는 인간, 전쟁에 대해서도 동맹에 대해서도 똑같이 낯설어하는 사람, 동포도 필요하지 않고 동포를 해칠 의사도 없는 사람'[21]을 상상한다. 그러므로 인간은 사회적 삶이 없고, 아직 반성의

---

17   같은 책, p. 177.
18   같은 책, p. 184.
19   같은 책, p. 185.
20   같은 책, p. 186.
21   같은 책, p. 203.

제1부 프랑스의 계몽주의

수준에 도달하지 못한 존재로 묘사된다. 우리는 그런 사람에 대해 그가 도덕적 성질을 가지고 있다고 말할 수 있을까? 엄격하게 말한다면 그럴 수 없다. 그러나 이런 사실에서부터 자연 상태에 놓인 인간이 사악하다고 말해질 수 있다는 결론이 나오는 것은 아니다. 우리는 가장 원시 상태에 있는 인간이 결코 선의 관념을 가지지 않기 때문에 그가 악하다는 결론을 내려서는 안 된다. 다시 말해서 '내 것'과 '네 것'이 없다면 정의와 불의에 대한 어떤 명확한 개념은 존재하지 않는다. 그러나 이런 개념들이 없다고 해서 반드시 인간이 폭력적이고 무자비한 방식으로 행동할 것이라고 말할 수는 없다. 자연 상태를 만인에 대한 만인의 투쟁으로 묘사하는 홉스는 정당화되지 않았다. 홉스는 자기애가 근본적인 충동이라고 말한 점에서는 옳았다. 그러나 자기 보존에 대한 충동이라는 의미에서의 자기애는 그것만으로 악함과 폭력을 포함하는 것은 아니다. 애초에 개인은 동료들에 대해 관심이 없었다. 그가 관심을 기울였을 때, 동정심이라는 자연적이거나 본유적인 감정이 작동했다. 그런 감정은 모든 반성에 선행한다. 심지어는 짐승도 때로는 그것을 보여준다. 이 자연적 동정심과 자기애와 그 동정심의 관계에 대해서 나는 이 장의 결론에 해당하는 절에서 다룰 것이다. 그것을 다루기 전에 루소에서 원시적인 자연 상태에서의 인간은 선하다는 점을 주목하는 것으로 충분하다. 인간이 비록 엄격하게 도덕적인 의미에서 선하다고 불려질 수 없다 하더라도, 도덕성은 단지 인간의 자연적 감정과 충동들의 발전일 뿐이다. 그러므로 1763년에 출간된 파리의 대주교인 보몽(Christophe de Beaumont)에게 보낸 편지에서 루소는 근본적인 인간이 자연적으로 선하다는 것 그리고 인간 본성에 원죄라는 것은 존재하지 않는다는 것이 윤리적 원리라고 솔직히 이야기한다.

　　루소가 원시 상태의 인간이 언어를 가지고 있지 않다고 묘사했다는 사실은 앞에서 언급했다. 그리고 『인간 불평등기원론』의 제1부에서 루소는 언어의 기원에 관해 그리고 인간의 지적 발전에서 언어의 중요성에 관해 논의하고 있다. 언어는 '자연의 단순한 외침'[22]에서 비롯되었다. 그러나 시간의 경과에 따라 관습적인 기호들이 공동의 합의에 의해 확립되었다. 그래서 특수한 이름이 특수한 사물에 붙여졌다. 그러

나 루소는 이 단계의 언어적 발전에서 일반적인 관념들을 표현하는 일반적인 용어들을 사용하는 발전 단계가 어떻게 해서 생겨났는지 설명할 수 있다고 공언하지 않는다. '일반적 관념들은 단어들의 도움 없이는 정신 안에 들어올 수 없고, 또한 지성은 명제의 도움 없이는 그런 관념들을 파악할 수 없다.'[23] 그러나 단어들은 관념이나 사고를 요청하는 것처럼 보인다. 그러므로 우리는 하나의 문제를 안게 된다. 또한 언어와 사회의 관계 문제가 존재한다. '나는 그 문제를 떠맡은 사람이 누구든 그에게 어려운 문제에 대한 논의를 남겨 둔다. 그 문제는 반드시 답해야 할 문제로서 언어의 발명을 위해 사회가 존재하는지 아니면 사회의 존재를 위해서 언어가 발명되는지의 문제이다.'[24] 그러나 그런 문제들에 대한 답들이 무엇이든 간에, 인간의 지적인 삶의 발전은 언어의 발전을 떼어놓고는 생각될 수 없을 것이다.

『인간 불평등기원론』의 제2부에서 루소는 자연 상태에서 조직화된 사회의 상태로 이행하는 문제를 다룬다. 그는 사람들이 어떻게 해서 점차 공동의 사업으로 인해 이익을 얻는다는 점을 경험하게 되었는지, 따라서 어떻게 해서 적어도 각각의 경우에 그들이 사회적 결속감을 발전시키게 되었는지를 상상한다. 그러나 루소가 특별히 강조하고 있는 점은 사적 소유권의 확립이다. '**이것은 나의 것**이라고 말하는 것을 스스로 생각해내고, 자신을 믿을 만큼 단순한 사람들을 발견한 최초의 인간은 시민 사회의 진정한 창시자였다.'[25] 사적 소유권은 도입되었고, 평등은 사라졌으며, 숲은 개간되었고, 농작물과 함께 노예와 불행이 발생했다. '야금(冶金)과 농업은 이 거대한 혁명을 낳는 두 기술이었다.'[26] 정의와 불의 간의 도덕적 구별도 생겨났다. 그러나 이렇게 이야기한다고 해서 인간이 과거의 자연 상태보다 더 나아졌다고 말하기는 어렵다. '부자의 찬탈과 가난한 자의 강도질, 그리고 둘 모두의 방종한 정념이 자연적인 동정심의 외침과 아직 약하디약한 정의의 소리를 질식시켜 사람들을 탐욕스럽고, 야심 차며, 사악하게 만들었다. … 그래서 새로 탄생한 사회 상태는 전쟁의 공포스러운

---

23   같은 책, p. 192.
24   같은 책, p. 194.
25   같은 책, p. 207.
26   같은 책, p. 215.

상태에 자리를 양보했다.'[27] 다른 말로 하면 사유재산은 인간이 그의 원초적 단순성의 상태에서 이탈한 결과였으며, 사유재산은 그런 이탈이 진행되는 과정에서 말할 수 없는 악들을 가져왔다.

우리는 루소가 말하는 자연의 원초적 상태가 홉스가 말하는 자연 상태와 일치하지 않았다는 점을 보았다. 루소의 원초적 상태는 인간은 인간에 대해 늑대(*Homo homini lupus*)라고 말하는 것이 사실일 상황이 아니었다. 그러나 방금 묘사된 사회의 형태를 루소는 전쟁의 상태와 연결했고, 비록 다른 중요한 점에서는 그것은 홉스의 자연 상태와 유사하지 않지만, 이런 관점에서는 홉스의 자연 상태와 유사하다. 예를 들면 루소에서 도덕적 구별은 시민 사회의 상태에서 생겨난다. 그리고 이 시민 사회는 추상적으로 고려한다면 정치사회의 형성에 선행한다.[28] 반면에 홉스에서 도덕적 구별은 계약의 뒤에 나온다. 이런 계약에 의해서 정치사회와 정부가 수립된다.

사적 소유권 제도의 확립과 발전에 수반한 불안전과 다른 악폐들이 주어진다는 점을 고려하면, 정치사회, 정부, 법률의 확립은 필연적인 귀결이었다. '자신들의 자유를 보장해줄 것이라는 희망으로 황급하게 자신을 얽어맬 쇠사슬을 향해 달려갔다. 왜냐하면 그들은 정치제도의 이익을 느낄 만한 이성은 가지고 있었지만, 그 위험을 내다볼 만한 경험이 없었기 때문이다. 그 폐해를 가장 잘 예감할 수 있었던 것은 바로 이를 이용하려고 했던 자들이었다.'[29] 그래서 정부와 법률은 공동의 협약에 의해 수립되었다. 그러나 루소는 이러한 발전에 열광하는 사람이 아니다. 반대로 정치사회 제도는 '빈곤층에게는 새로운 멍에를 가져다주었고, 부자에게는 새로운 힘을 주었다. 회복할 수 없을 정도로 자연의 자유를 파괴하였고, 재산과 불평등의 법률을 영구화했으며, 교묘한 찬탈을 불변적인 권리로 포장했고, 소수의 야심 있는 개인들을 위해 전 인류를 영구 노동, 예속, 빈곤에 처하게 했다.'[30]

그러므로 루소는 자신이 공통의 의견을 채택하고, 정치사회의 수립을 '국민들

---

27 같은 책, p. 219.
28 다음 세기의 헤겔은 시민 사회와 국가를 구별했다.
29 *D. I.*, p. 221.
30 같은 곳.

과 그들이 선택한 책임자들 사이의 실제 계약, 즉 두 당사자에게 법률을 준수하게끔 하며, 거기에서 표현된 법률이 그들의 유대를 형성하게 하는 계약'[31]으로 간주하는 것에 만족한다고 천명한다. 그러나 우리가 정치사회의 발전 과정은 무엇인가라는 질문을 계속할 수 있을까? 그것은 제멋대로의 권력과 전제주의에서 시작되었는가, 아니면 전제주의가 나중에 발전한 것인가? 이 질문에 대한 루소의 대답은 명확하지 않다. '그러므로 나로서는 다음 일이 확실하다고 생각한다. 바로 정부는 단순히 전제적인 권력으로부터 시작된 것만은 아니며, 그와 같은 권력은 정치의 부패이고, 마지막에 다다르게 될 극한에 불과하며, 결국은 정부를 단 하나의 최강의 법으로까지 이끌게 된다.'[32]

자연 상태에서는 단지 자연적 또는 육체적 불평등만이 존재했다. 그러한 불평등은 그것이 육체적이건 정신적이건 자연적 선물과 재능의 불평등에서 성립한다. 그리고 불평등의 원천은 무엇인가 하고 묻는 것은 소용없는 일이다. 왜냐하면 불평등이라는 바로 그 명칭은 그것이 자연(Natur)에 의해 확립된다는 점을 보여주고 있기 때문이다. 그러므로 『인간 불평등기원론』의 주제는 루소가 '도덕적 또는 정치적 불평등'[33]이라 부른 것이다. 이것은 원초적으로 우리의 능력들의 발전에 기인한다. 그것은 '소유권과 법률의 제정에 의해 안정화되고 합법화된다.'[34] 부가하자면 우리는 그것이 자연적이거나 물리적인 불평등과 비례하지 않을 때마다, 그것은 자연권과 상충한다고 말할 수 있다. 예를 들면 '수많은 사람들이 굶주리고 있어 필요한 것도 부족한 상황에서 불과 얼마 되지 않는 사람들에게 여분의 것이 남아돌고 있다는 것'[35]은 옳지 않다. 그리고 우리가 전제주의에 도달할 때, 우리는 말하자면 원점으로 되돌아온 것이다. 모두 노예로 전락한 신민들은 최초의 평등 상태로 되돌아간다. 그리고 그들의 주인은 억제되지 않기 때문에, 모든 도덕적 구별과 평등의 원리는 사라진다. 그런 다음 인간

---

31 같은 책, p. 228.
32 같은 곳.
33 같은 책, p. 174.
34 같은 책, p. 238.
35 같은 곳.

은 자연 상태로 되돌아갔다. 그러나 그런 상태는 원초적인 자연 상태와는 다르다. 왜냐하면 후자는 순결과 단순함의 상태였던 반면에, 전자는 타락의 결과이기 때문이다.

이미 살펴본 것처럼 루소는 『인간 불평등기원론』을 사실을 도외시하고 가설, 즉 불평등 기원에 대한 가설적 설명으로부터 시작할 것을 제안한다. 그리고 그의 가설에 따르면 도덕적 또는 정치적 불평등은 인간 능력의 개선에 기인할 뿐 아니라 또한 그리고 무엇보다도 처음에는 사적 소유권 그리고 난 다음 정치사회, 정부, 법률의 수립에 기인할 수 있다. 결국 우리는 한편으로는 원시인의 자연적 선과 단순성, 다른 한편으로는 문명화된 인간의 타락과 조직화된 사회의 폐악 사이의 날카로운 반정립을 가지게 된다. 동시에 완전성은 짐승과 구별되는 인간의 독특한 표지 중 하나로 자리매김하였다. 그러므로 우리는 필로폴리스(Philopolis)라는 필명으로 글을 쓴 샤를 보네(Charles Bonnet, 1720-1793)가 제기한 반대를 이해할 수 있다. 그는 완전하게 될 수 있음이 인간의 자연적 속성이라면, 문명사회는 자연적이라고 이의를 제기한다. 그리고 이것은 분명히 말해서 『인간 불평등기원론』에 반대해서 제기될 수 있는 유일한 이의제기는 아니다.

그러나 루소가 『예술 학문론』에서 논의하였던 진보의 관념에 대한 공격을 이 『인간 불평등기원론』에서 반복하고 있음에도 불구하고, 말미에 가서 그는 사회를 파괴한다는 황당한 관념을 주장하지 않았다는 점을 분명히 한다. '그럼 뭘 해야 하는 거야? 사회가 완전히 폐지되어야 하는가? 나의 것(*meum*)과 너의 것(*tuum*)은 사라져야 하는가? 그래서 우리는 숲으로 돌아가 곰과 더불어 살아야 하는가?'[36] 원하는 사람들은 숲으로 돌아갈 수 있지만, 루소처럼 도토리에 의지해 살 수도 없고 법률이나 행정장관의 의지 없이 살 수도 없는 사람들은 문명의 신조에 대해 건전한 경멸을 보내면서도 사회 개혁에 관심을 보인다. 그래서 길은 정치사회의 보다 적극적인 이론을 향하게 된다. 그리고 사실상 루소의 주요 사상 중 하나는 즉 사회 또는 정치 계약의 사상은 우리가 보았던 것처럼 『인간 불평등기원론』에서 나타난다.

---

36 같은 책, p. 245.

루소의 주요 개념 중 하나, 즉 일반 의지의 개념은 『정치경제론』(*Discourse on Political Economy*)에서 나타난다. 국가와 가족을 구별하면서 루소는 국가는 '의지를 소유한 도덕적 존재'[37]라고 말한다. 이러한 '일반 의지는 전체와 각 부분의 보존과 복지를 언제나 지향하고, 법률의 원천이 되며, 국가의 모든 구성원들에게 그들의 상호 관계와 국가에 대한 관계에서 정의와 불의의 규칙이 된다.'[38] 예를 들어 스파르타의 어린이들이 사소한 음식을 얻고자 훔치는 행각을 할 때, 그 어린이들이 도덕적으로 절도의 죄를 저질렀다고 말하는 것은 한심한 일이다. 왜냐하면 그 어린이들은 도시국가인 스파르타의 일반 의지에 따라서 행동했기 때문이다. 그리고 이것은 그들에게는 정의와 부정의, 옳고 그름의 척도였다.

『정치경제론』이 『인간 불평등기원론』과 거의 같은 시기에 저술되었다고, 심지어는 후자보다 직전에 저술되었을 가능성도 있다는 점을 기억한다면, 이 두 저술들 사이에 논조의 차이가 있다는 사실에 대해서 놀랄 수도 있다. 그러나 이 장의 제2절에서 언급되었듯이, 정해진 주제들에 대한 수사적 저작들을 저술함으로써 디종 아카데미가 제공한 상을 타기 이전까지는 국가에 대해 긍정적인 관념을 가지고 있었던 듯이 보인다. 『인간 불평등기원론』에서 자연 상태의 개념과 조직화된 사회에로의 이행의 개념이 논의되고, 계약에 의존하는 정치사회론이 나타난다. 그러나 이 최초의 두 저서 중 어떤 것도 정치이론에 관한 체계적인 논문으로 기획된 것은 아니었다. 그렇기 때문에 우리는 『정치경제론』에서 일반 의지 이론의 개요를 발견한다. 사실상 이 저서는 앞의 두 저서에 비해서 『사회 계약론』의 정신에 더 가깝다는 인상을 주지만, 일반 의지의 개념은 루소가 처음에 생각해내었던 그런 식으로 제안된 것은 아니다.

일반 의지의 이론으로 되돌아가자. 우리가 국가 안에서 특수한 사회, 예컨대 종교체를 생각해본다면, 이 사회는 그 구성원들과의 관계 속에서 일반 의지를 가진다.

---

37 *D.P.*, p. 253.
38 같은 곳.

다시 말한다면, 그 사회는 사회의 목적들의 달성을 지향하는 공동 의지를 가지고 있다. 그러나 만약 그 의지가 국가의 일반 의지와의 관계 안에서 고려된다면, 이런 의지는 특수하게 된다. 그런데 도덕적 선은 누군가의 특수 의지와 일반 의지의 일치를 포함한다. 그러므로 인간은 예를 들어 어떤 종교체에서는 훌륭한 구성원이지만, 나쁜 시민이 될 수도 있다는 결론이 나온다. 왜냐하면 비록 그의 의지가 종교체의 일반 의지와 일치할 수도 있겠지만, 이러한 일반 의지는 종교체를 자신 안에 가지고 있는 국가의 일반 의지와는 다를 수 있을 것이기 때문이다.

루소는 일반 의지가 공동선이나 공동이익을 지향하며, '가장 일반적인 의지는 언제나 가장 정의롭기도 하고, 국민의 목소리는 사실상 신의 목소리'[39]라고 가정한다. 국가의 일반 의지는 국가 내의 어떤 다른 사회의 일반 의지보다 더 일반적이기 때문에 우월함에 틀림없다. 왜냐하면 그런 일반 의지는 더 정의롭고 더 보편적인 선을 지향하기 때문이다. 그러므로 우리는 '합법적인 정부 또는 국민의 정부, 즉 그 목적이 국민의 선을 지향하는 정부의 제1의 그리고 가장 중요한 규칙은 … 모든 것에서 일반 의지를 따르는 것'[40]이라고 결론 내릴 수 있다. 다시 말해서 '만약 여러분이 일반 의지가 실현되기를 원한다면, 모든 특수 의지들을 그 일반 의지와 일치하도록 하라. 다른 말로 하면 덕은 특수 의지와 일반 의지의 이러한 일치 외에 다름 아니기 때문에, 덕이 지배하도록 하라.'[41] 그러나 만약 덕이 일반 의지와 일치하는 것 이외에 다른 것이 아니라면, 덕의 통치를 수립하는 것은 모든 특수 의지를 일반 의지에 일치시키는 것 이외에 다른 것이 아닐 수 있다. 그러므로 루소가 그 필요성을 강조하고 있는 공교육은 반드시 이러한 일치를 촉진하고, 이런 일치를 보장하는 것이어야 한다.

루소는 주권과 정부를 구별한다. 주권은 입법권을 소유하는 권력이다. 정부의 기능은 집행적이고 행정적이다. 즉 법을 집행하는 것이다. '입법자의 제1의 의무는 법률을 일반 의지에 합치하도록 하는 것이다.'[42] 그리고 '일반 의지는 언제나 공공의

---

39   같은 책, p. 254.
40   같은 책, p. 255.
41   같은 책, p. 260.
42   같은 책, p. 258.

이익에 가장 유리한, 즉 가장 공평한 편에 있기 마련이다. 그래서 일반 의지를 따르는 것을 확실하게 하기 위해서는 다만 공정하게만 행동하면 될 뿐이다.'[43]

그러면 일반 의지란 무엇인가? 무오류적 일반 의지와 회의체에서 투표로 표현되는 국민의 목소리를 동일시하여 루소를 해석하고자 하는 자연스러운 유혹이 있다. 그러나 루소는 이 둘을 같은 것으로 보지 않는다. 거대한 국가에서 전체 국민의 그와 일반적인 회의체는 만들어질 수 없다. 그러나 일반적인 회의체가 만들어질 수 있다 하더라도, '회의체가 내린 결정이 반드시 일반 의지의 표현일 것이라고 확신할 수는 없다'.[44] 물론 누군가가 분명히 표현될 필요가 있는 이상할 정도로 신비스러운 국가의 일반 의지에 대해 이야기한다면, 그 사람은 반드시 그 의지를 입법자의 표현된 결정이나 국민의 가정된 대변자의 표현된 의지와 동일시하고자 하는 경향을 가지게 된다. 그리고 이러한 경향은 루소에서 분명히 나타난다. 그의 전제들을 고려한다면, 그렇게 될 수밖에 없다. 그러나 그것은 경향에 불과하다. 그것은 그가 공식적으로 채택한 입장이 아니다. 예를 들면 그는 주권적인 입법기관의 실제 결정이 일반 의지의 참된 표현일 수 없다는 점을 분명히 한다. 그것은 이런저런 이유 때문에 잘못되게 우세한 세력이 되는 사적 이익의 표현일 수도 있다. 그러므로 예를 들어 일반 의지가 정의와 불의의 기준이라고 말하는 것은 국가의 법률을 정의롭지 못하다고 해서 비판하는 것이 불가능하다고 말하는 것과는 다르다. 왜냐하면 루소에 따르면 입법자의 최초의 의무는 법률을 일반 의지에 일치시키는 것이고, 일반 의지를 확실하게 따르는 것이 정의롭게 행동하는 유일한 필요조건이기 때문이다. 그러한 진술들은 법률이 반드시 일반 의지의 참된 표현은 아니라는 사실, 그리고 심지어 일반적인 회의체의 공동 결정조차 도덕적 비난의 면제 대상이 아니라는 사실을 가정한다.

『정치경제론』에 관한 한, 루소는 분명히 국가 이상의 그 어떤 것이 있다고 가정한다. 우리는 그에 따르면 보다 일반적인 의지가 또한 가장 정의롭다고 하는 점을 살펴보았다. 그러므로 안에 있는 개인의 의지와 특수한 사회의 의지가 국가의 일반 의

---

43   같은 책, p. 259.
44   같은 곳.

지와의 관계에서 특수한 의지인 것과 마찬가지로, 개별 국가의 의지는 만약 그것이 '거대한 세계 국가'와의 관계에서 고려된다면, 그 의지 역시 특수한 의지라고 말할 수 있다. '그 거대한 세계 국가의 일반 의지는 항상 자연의 의지이며, 그 거대 세계 안에 있는 여러 국가들과 국민들은 개별 구성원이 된다'.[45] 다른 말로 하면 루소의 정신 배경에는 인간들의 정신 안에 새겨져 있는 자연적인 도덕법이라는 전통 개념이 그리고 이 법에 복종할 경우 반드시 인간의 행복과 복지가 귀결한다는 개념이 자리 잡고 있는 것처럼 보인다. 그리고 정치사회의 일반 의지는 말하자면 선을 보편적으로 지향하는 일반 의지의 특수한 계열이다. 입법자의 임무는 법률을 이러한 일반 의지에 일치시키는 것이다. 그리고 시민들의 임무는 자신의 특수한 의지를 일반 의지와 조화롭게 만드는 것이다.

이러한 일반 의지가 어떤 정치사회에서 인간의 선을 지향하는 인간 의지의 보편적 방향을 나타낸다면, 그 일반 의지는 그 사회의 모든 구성원이 '실제로' 무엇을 바라고 있는지를 나타낸다. 이로써 루소는 사회의 구성원과 법에 대한 복종이 자유의 억제와 감소를 가져온다는 반대에 대답하였다. 인간은 본성상[자연에 의해서] 자유롭다. 그리고 인간은 사회 안에서 자신들의 사유재산과 생명뿐만 아니라 자신들의 자유를 확보하기 위해서 단결한다. 그러나 사실상 그들은 조직화된 사회들을 형성할 때 구속되기 마련이다. 그리고 그들은 주인이 아니라 종복이 된다. 그리고 인간이 종복이 됨으로써 자유롭게 되거나 자유를 보존하게 된다고 말하는 것은 극단적으로 가면 역설적(paradoxical)이지 않은가? 루소는 법의 관념에 호소함으로써 이에 대답한다. '인간은 법에 의존해서만 정의롭고 자유롭게 된다'.[46] 그러나 이러한 대답은 법이 일반 의지를 표현하고, 일반 의지가 모든 사람들의 '실제적' 의지를 나타내며, 모든 사람의 이성이 '실제로' 무엇을 명령하는가를 나타내는 한에서만 유효할 수 있을 뿐이다. 법을 따름으로써 인간은 자신의 이성과 판단을 따르고 자신의 실제적인 의지를 따른다. 그리고 자신의 판단과 의지를 따르는 일은 자유롭게 되는 것이다. 그러므로 복종하는

45　같은 책, p. 253.
46　같은 책, p. 256.

시민은 진정으로 자유로운 사람이다, 왜냐하면 그는 자신의 실제적인 의지를 표현하는 법을 따르기 때문이다. 이러한 사상은 루소 이후의 철학에서 상당히 중요하게 다루어졌다.

그러므로 이미 언급되었듯이 최초의 두 저서와 논조에서 현저하게 다른 『정치경제론』에서 우리는 『사회 계약론』의 가장 중요한 이론, 즉 일반 의지의 이론을 강조하고 있다는 사실을 확인한다. 그 이론은 상당한 난점과 문제점들을 야기한다. 그러나 그 이상의 논의는 다음 장에서 다루어진다. 그러나 이 장의 결론을 구성하는 절은 루소의 일반적인 개관을 좀 더 이해하는 데 도움을 줄 수도 있다.

『정치경제론』의 마지막 몇몇 쪽에서 루소는 과세라는 주제를 다룬다. 그의 의견에 따르면 가장 공정한 과세 체계는, 따라서 자유로운 인간들의 사회에 가장 적합한 과세 체계는 어떤 사람이 생활필수품을 초과해서 소유하는 사유재산의 양에 비례해서 인두세(人頭稅)를 매기는 것이다. 생활필수품만을 소유하는 사람들은 면세되어야 한다. 다른 시민들에 대해서 말하자면 세금은 과세 재산에 대한 단순한 비율에 따라서가 아니라 그들의 조건 차이와 소유의 잉여에 대한 복합비율에 따라서 부과되어야 한다. 재산이 많은 사람이 더 많은 세금을 내는 것은 완벽하게 정의롭다. 예를 들면 부유한 사람은 사회 계약으로부터 큰 이익을 얻는다. 사회는 그들의 소유물들을 보호하고, 그들에게 신분과 권력의 유리한 위치에 쉽게 접근하게 해준다. 그들은 가난한 사람들이 누리지 못한 많은 이점을 누린다. 그러므로 누군가가 부유하면 할수록 그는 국가로부터 많은 것을 얻게 된다. 말하자면 그는 그의 부의 정도에 따라서 과세되어야 한다. 모든 사치품에 대해 중과세가 매겨져야 한다. 왜냐하면 그렇게 할 때 부자들은 사회적으로 쓸모없는 사치품 대신에 사회적으로 유용한 것을 선택하게 되거나 아니면 국가는 높은 세금을 징수하게 될 것이기 때문이다. 그 어느 경우가 되든 국가에게는 이익이 될 것이다.

만약 우리가 루소의 생각을 현대적 용어로 번역한다면, 그는 누진 소득세의 체계를 창안한 셈이고, 이런 세금에 따라서 심각한 저소득자는 세금을 전혀 내지 않는 반면에, 어떤 수준을 넘어서는 소득자는 소득의 크기에 따라서 많은 세금을 내어야 한다. 물론 이것은 그가 말한 것과 정확히 일치하는 것은 아니다. 왜냐하면 그는 소득

제1부 프랑스의 계몽주의

의 항목보다는 사유재산과 '사치품'의 항목을 고려하고 있기 때문이다. 그러나 이것은 그가 제안한 정신을 보여준다. 그리고 그는 이러한 제안들이 점차 '모든 부를 국가의 진정한 힘을 창출하는 중간 계층에 좀 더 집중시키는'[47] 경향이 있다고 말하고 있는데, 이는 매우 의미심장한 이야기다.

─────── 5. 루소의 감정 철학

인간의 근본 충동은 자기애라는 것이 루소의 계속된 주장이다. 우리의 욕망은 우리의 정념을 일으킨다. 원시인의 욕망은 순수하게 육체적인 것이기 때문에, 자기 보존은 '인간의 주요하고 거의 유일한 관심사'[48]였다. 『에밀』에서 '우리의 최초 의무들은 우리 자신에 관한 것이고, 우리의 최초 감정들은 자신에 집중되어 있으며, 우리의 모든 본능은 처음에는 우리 자신의 보존을 향해 있다가 계속해서 우리 자신의 복지로 향한다'[49]는 루소의 주장을 듣게 된다. 다시 말하면 '우리의 정념의 기원, 나머지 모든 정념의 뿌리와 원천, 인간이 살아있는 한 결코 그를 떠나지 않는, 인간과 함께 태어난 유일한 것은 자기애이다. 이 정념은 원시적이고, 본능적이며, 나머지 모든 것에 앞선다. 나머지 모든 것은 어떤 의미에서 그것의 변형물에 지나지 않는다'.[50]

그러나 자기애라는 이 근본적인 정념은 이기주의와 혼동되어서는 안 된다. 왜냐하면 이기주의는 사회에서만 생겨나는 감정이고, 인간을 언제나 다른 사람보다 자신을 우선하도록 만드는 감정이기 때문이다. '진정한 자연 상태에서 이기주의는 존재하지 않는다.'[51] 왜냐하면 원시인에게는 이기주의에 필요한 비교가 불가능하기 때문이다. 그것만을 놓고 본다면, 자기애는 '언제나 선하고, 언제나 자연의 질서를 따른

---

47   같은 책, p. 286.
48   *D. I.*, p. 183.
49   *É.*, II, p. 61.
50   같은 책, IV, p. 173.
51   *D. I.*, p. 197. 각주 2.

다.'[52] 파리의 대주교에게 보낸 편지에서 루소는 자기애란 '그 자체로 선과 악과는 무관한 정념이고, 그것은 우연적으로 그리고 그것이 전개되는 상황에 따라서만 선 또는 악이 된다'.[53] 그러나 그것을 선이라 부르든 아니면 무관심한 것이라 부르든, 그것은 분명히 악은 아니다. 그리고 자기애는 이기주의라 부르는 것과 동일한 것이 아니다.

원시인은 또한 자연적 연민이나 동정심에 의해서도 움직인다고 묘사된다. 루소는 이런 자연적 연민이나 동정심을 '모든 종류의 반성에 앞서는 순수 정서'[54]라고 서술한다. 이러한 감정은 물론 어떤 사람이 어떤 의미에서 자신의 동료에 주목했을 때에만 작동한다. 그러나 그는 동정심이 바람직하다고 추리하지는 않는다. 그는 그것을 느낄 뿐이다. 그것은 자연적 충동이다.

루소는 때때로 동정심이 자기애와 다른 그리고 자기애와 근본적으로 관계없는 감정이나 정념이라고 생각하는 것처럼 보인다. 그래서 그는 동정심을 '각 개인에서 격렬한 자기애를 완화함으로써 전체 종(種)의 보존에 기여하는 자연적 감정'[55]이라고 말한다. 그리고 그의 계속된 주장에 의하면 자연 상태라는 가설에서 동정심은 법률, 도덕, 덕의 장소를 제공한다. 그러나 우리가 자기애와 동정심을 구별할 수 있다 하더라도, 동정심은 실제로 자기애에서 파생된 것이다. 『에밀』에서 언급된 바에 따르면, '어린이의 최초 감정은 자기애이며, 자기애에서 파생된 제2의 감정은 그를 가까이하는 사람에 대한 사랑이다'.[56] 사실상 루소는 여기서 자연적 연민이나 동정심을 넘어서는 무언가를 언급하고 있다. 그러나 그 뒤에 그는 '자연의 질서에 따라서 인간에게 감동을 주는 최초의 상대적 감정'[57]인 동정심이 어떻게 해서 생겨났는지를 강변하면서 설명한다. 개인은 자신보다 행복한 사람이 아니라 자신보다 불행한 사람, 그리고 자신이 면역력이 있다고 믿지 않는 병으로 고통받는 사람에 대해서만 공감하거나 동정심을 느낀다는 사실을 우리는 알게 된다. 다른 말로 하면, 고통을 겪는 사람과 자신을

---

52 *É.*, IV, p. 174.
53 *Œuvres*, 1865, III, p. 647.
54 *D. I.*, p. 198.
55 같은 책, p. 199.
56 *É.*, IV, p. 174.
57 같은 책, p. 184.

동일시하기 때문에 사람들은 근원적으로 연민을 느낀다. 그러나 이 경우에 자기애의 근원적 충동이 연민과 동정심이라는 독립된 자연적 감정을 동반하거나 그런 감정에 의해서 변형된다기보다는, 연민과 동정심이라는 독립된 자연적 감정이 자기애 안에 포함되며, 인간이 자신의 동료를 주목하게 될 때 그 자기애에서부터 성장한다. 이런 의미에서 자기애는 '최초의 상대적 감정'인 것이다.

그런데 모든 도덕성은 이러한 자연적 감정들에 기초해 있다. 파리의 대주교에게 보낸 편지에서 루소는 자기애는 단순한 정념이 아니라고 말한다. 왜냐하면 인간은 감각과 지성을 겸비한 복합적 존재이기 때문이다. 감각적 탐욕은 육체의 선을 향하고, 반면에 인간의 지성적 부분, 즉 질서에 대한 욕망이나 사랑은 영혼의 선을 향한다. '개발되고 활동이 이루어지게 된 이 마지막 사랑은 양심이라는 이름을 가지게 된다.'[58] 그러나 양심의 작동, 질서에 대한 사랑은 질서에 대한 지식을 요청한다. 그러므로 인간이 자신의 동료들을 주목하고 관계를 이해하며 비교를 하기 시작했을 때 비로소 그는 정의와 질서와 같은 그런 관념들을 갖게 되고, 양심이 작동할 수 있게 된다. 반성이 주어졌을 때만 반드시 도덕적 개념이 형성되고 덕과 악덕이 발생한다. 그러나 이 모든 것은 인간의 근본적인 감정들에 기초해 있다. 예를 들어 정의의 개념은 자기애에 기초한다. '그리하여 최초의 정의 개념은 우리가 다른 사람에 대한 의무에서부터 생겨나는 것이 아니라, 우리 자신의 의무에서부터 생겨난다.'[59] 다시 말하면 동정심이라는 자연적 정서로부터 '그(맨더빌, Mandeville)가 인간이 소유하고 있다는 것을 부정한 그런 모든 사회적 덕이 생겨난다. 관대, 인자, 인간애라는 것은 약자, 죄인, 또는 인류 일반에 적용되는 동정심 외에 무엇이겠는가?'[60] 그리고 우리가 보았듯이 양심은 자기애에 기초해 있고, 이 자기애는 지적이거나 이성적 존재로서의 인간 안에서 나타난다.

우리의 전체적인 도덕적 삶이 우리의 근본적인 충동이나 정념에 의존해 있다면, 도덕교육이 그런 충동이나 정념들을 파괴하는 데서 성립한다고 주장하는 사람들

---

58   *Œuvres*, 1865, III, p. 64.

59   *É.*, II, p. 61.

60   *D. I.*, p. 199.

을 루소가 공격하고 있다는 사실을 발견하는 것은 그다지 놀라운 일이 아니다. '우리의 정념은 자기 보존의 주요 도구들이다. 따라서 그런 정념들을 없애려고 시도하는 것은 어리석기도 하고 소용없는 일이기도 하다. 이런 일은 자연을 거역하는 것이고, 신의 작품을 개조하는 것이다.'[61] 도덕적 발전은 자기애라는 근본적인 정념을 직선 방향으로 확장하는 것이다. '다른 사람을 향해 자기애를 확장하라. 그것은 곧 덕으로 변형된다. 그리고 이 덕은 우리 모두의 정신 안에 뿌리내리고 있다.'[62] 자기애는 모든 인간에 대한 사랑으로 발전할 수 있으며, 진실로 유덕한 모든 사람들의 관심의 대상이 되는 일반적 행복의 증진으로 발전할 수 있다.

그래서 도덕성은 인간의 자연적 정념과 감정의 훼손되지 않고 방해받지 않는 발전이다. 악덕은 인간에게 자연적인 것이 아니다. 악덕은 인간 본성의 왜곡이다. '우리의 자연적 정념들은 몇 가지 안 된다. 그것들은 자유의 도구이다. 그것들에는 자기 보존의 성향이 있다. 우리를 억압하고 파멸하게 하는 모든 정념은 다른 곳에서 온 것들이다. 자연은 우리에게 그런 것들을 주지 않는다. 우리는 자연의 뜻을 무시하고 그것을 우리의 것으로 만들었던 것이다.'[63] 예를 들어 문명이 발달하면서 인간의 욕망과 필요가 증대하였고, 이로 인해 이기심이 생겨났으며, '미움의 정념과 성냄의 정념이 생겨났다'. 그러므로 자연에 가장 가까이 있는 사람, 그의 감정과 정념이 인위적인 문명화에 의해 적게 훼손된 사람, 양심의 목소리를 가장 잘 들으려는 사람은 꾸밈없는 사람이라는 루소의 주장은 이해하기 쉽다. '오오, 소박한 영혼의 숭고한 지식인 덕이여! 도대체 그대를 알기 위하여 이토록 많은 노고와 준비가 필요하단 말인가? 그대의 원리는 만인의 가슴속에 새겨져 있는 것이 아닌가? 그대의 법도를 배우는 데는 자기 자신을 반성하고, 정념을 가라앉히고, 양심의 소리에 귀를 기울이는 것만으로 충분하지 않은가? 이것이야말로 참된 철학이고, 그 철학과 함께 우리는 만족하는 법을 배우지 않으면 안 된다.'[64] 그리고 루소는 사부아(Savoyard) 신부의 주장을 인용한다. '그러

---

61   *É.*, IV, p. 173.
62   같은 책, p. 215.
63   같은 책, p. 173.
64   *D.A.*, pp. 153-154.

므로 우리 정신의 바탕에는 정의와 덕이라는 본유적 원리가 존재한다. 우리는 자신의 준칙과는 무관하게 그 원리에 근거하여 우리의 행동과 타인의 행동에 대해 선인지 아니면 악인지를 판단한다. 내가 양심이라는 이름을 붙이는 것은 바로 그 원리이다.'[65] '현존하는 것은 느끼는 것이다. 우리의 감정이 지성에 앞선다는 사실은 이론의 여지가 없다. 그리고 우리는 우리가 관념을 가지기 전에 감정을 가졌다. … 선을 안다는 것은 그것을 사랑한다는 것이 아니다. 이러한 앎은 인간 안에 선천적으로 있는 것이 아니다. 그러나 그의 이성이 인간에게 선을 알게 하자마자, 그의 양심은 그에게 그것을 사랑하도록 만든다. 선천적인 것은 바로 이 감정이다.'[66] 그러므로 비록 루소가 이성과 반성이 도덕성의 발전에 일정한 역할을 하였다는 것을 부정하지 않고 오히려 주장하였음에도 불구하고, 그는 감정을 강조한다. '내가 좋다고 느끼는 것은 모두 좋으며, 내가 나쁘다고 느끼는 것은 모두 나쁘다. … 사람들이 번쇄한 추론을 사용하는 것은 그들이 양심을 매수하려고 할 때뿐이다.'[67] 이러한 낱말들이 단순한 사부아 신부의 입에 들어 있는 것은 사실이지만, 그러나 그것들은 루소의 사상에서 실질적으로 중요한 것을 표현한 것이다.

'감정'이란 낱말은 바로 앞의 인용에서 사용될 때 당연히 연민의 감정이 하나의 감정이라는 의미에서의 감정을 의미한다기보다는 직접적인 파악 또는 직관을 의미하고 있다. 그리고 그 낱말은 사부아 신부가 그것을 신의 현존의 인식과 관련하여 사용할 때와 같은 의미를 다소간 가지고 있다. 세계는 상호연관된 실재들의 질서 잡힌 체계이다. 이 사실은 신의 지성이 존재한다는 것을 드러낸다. '내면의 감정의 목소리에 귀를 기울여보자. 건전한 정신이라면 내면의 감정의 증언을 부인할 수 있겠는가?'[68] '그러므로 나는 세계가 지혜롭고 강력한 의지에 의해 지배된다고 믿는다. 나에게는 그것이 보인다. 더 정확하게 이야기한다면 그것은 나에게 느껴진다. 그리고 이

---

65   *É.*, IV, p. 252.
66   같은 책, p. 253.
67   같은 책, p. 249.
68   같은 책, p. 237.

러한 사실을 아는 것은 내게 중요한 일이다.'[69] '나는 어디를 가나 만나는 그의 작품들 속에서 신을 깨닫는다. 나는 나 자신 안에서 그를 느낀다.'[70] 다시 말하면 나는 내가 자유롭고, 능동적이 존재자임을 안다. '누가 이 사실을 아무리 부인하려고 해도 나는 능동적임을 느낀다. 내게 말을 하는 그 감정은, 그 감정을 공박하는 이성보다 더 강하다.'[71]

우리는 인간이 자신의 동료와의 관계를 인식하기 시작할 때 도덕성이 전개된다는 사실을 살펴보았다. 그러므로 루소는 다음처럼 말할 수 있다. '사회는 개인 안에서 연구되어야 하고, 개인은 사회 안에서 연구되어야 한다. 정치학과 도덕을 서로 분리해서 다루고자 하는 사람들은 결코 그 어떤 것도 이해할 수 없을 것이다.'[72] 누군가가 『사회 계약론』만을 안다면, 아마도 그는 이러한 진술을 다음처럼 해석하게 될 것이다. 도덕적 구별은 실정적인 입법 안에서 표현되는 일반 의지에 의해서만 이루어진다는 것을 의미하는 것으로 해석한다. 그러나 우리는 그 진술의 첫째 부분, 즉 사회는 개인 안에서 연구되어야 한다는 것을 염두에 두어야 한다. 지금까지 우리가 언급했던 것은 루소에서 자연(Natur) 그 자신은 인간을 위한 선을 향하게끔 우리의 의지에 대해 지시한다는 점을 보여준다. 그러나 우리는 이러한 선에 대한 어떤 본유적인 관념을 가지고 있지 않다. 그러므로 우리는 선에 대한 잘못된 관념들을 만들 수 있다. 그러므로 개개의 시민이 비록 그들이 회의체에서 함께 모여 있을지라도 실제로 공동선이라고 생각한 것이 공동선이라는 보장은 존재하지 않는다. 동시에 모든 왜곡된 정념과 잘못된 관념들의 기저에는 선에 대한 의지의 보편적이고 자연적인 방향이 존재한다. 그러므로 이러한 의지를 해석하고 법률을 이러한 의지와 일치시키는 것은 입법자의 업무이다. 이것이야말로 루소가 『사회 계약론』에서 왜 '일반 의지는 항상 옳고 공공의 이익을 지향한다'고 말할 수 있는 이유이다. '그러나 이러한 사실에서부터 국민의 심의가 언제나 그처럼 공정하다는 결론이 나오는 것은 아니다. 사람은 언제나 자기에

---

69   같은 책, p. 239.
70   같은 곳.
71   같은 책, p. 242.
72   같은 책, p. 197.

게 좋은 것을 원하지만, 그것이 무엇인지를 항상 알지는 못한다. 국민은 절대로 매수되지 않지만, 종종 속아 넘어간다. 국민이 나쁜 것을 원하는 것처럼 보이는 것은 이때뿐이다.'[73]

나는 여기서 루소의 일반 의지 이론, 즉 상당 부분 자연법의 전통 개념에 의거하고 있는 이론의 이러한 측면은 정치이론의 역사적 발전의 관점에서 가장 의미 있는 측면이라고 제안하지는 않는다. 그리고 다른 측면들은 다음 장에서 다루어질 것이다. 그러나 우리가 무오류적인 일반 의지의 개념과 다른 저작들에서 발전된 루소의 도덕 이론 사이의 관계를 염두에 둔다면, 그가 어떻게 해서 최초로 이러한 개념을 제안하게 되었는가를 쉽게 이해하게 된다.

루소가 직관, 내면의 느낌 또는 감정(*sentiment intérieur*)을 평가한 것은 18세기 후반에 드물지 않았던 건조한 합리론에 대한 혐오감을 표현한 것이었다. 그러한 평가는 또한 이러한 저항에 강력한 추동력을 제공하였다. 직관과 감성의 숭배는 많은 부분 루소의 영향 아래에서 탄생하였다. 사부아 신부의 신앙고백에 관해 말하자면, 그리고 그런 고백에서 신과 불멸성은 단순한 추리에 기초하기보다는 감정에 기초하고 있다는 것에 관해 말하자면, 이것은 로베스피에르(Robespierre)와 그의 추종자들에게 상당한 영향을 미쳤다. 그러나 결국 루소의 정서적 이신론(理神論)은 아마도 가톨릭에 저항하기 위해서보다는 가톨릭의 부흥을 위해서 더 많은 역할을 했다.

---

73   *S. C.,* II, 3, p. 25.

제4장

루소(2)

────────── **1. 사회 계약**

루소는 『사회 계약론』에서 고려된 최초의 문제를 다음처럼 진술한다. '인간은 자유롭게 태어나지만, 어디에서나 쇠사슬에 얽매여 있다. 자신이 다른 사람들의 주인이라고 믿는 사람은 그들보다 더한 노예이다. 이러한 변화가 어떻게 해서 일어났는지 나는 모른다. 이런 변화를 어떻게 정당화할 수 있는가? 이 질문에 대해서는 내가 답변할 수 있을 것 같다.'[1] 원초적 자연 상태에서 인간이 자유롭다는 가설을 제안하면서 루소는 인간의 원초적 자유가 더는 존재하지 않는 사회적 질서를 비난하고 사람들이 가능한 한 빨리 자신들의 속박을 털어버려야 한다고 말하거나, 아니면 그런 질서를 어떤 방식으로든 정당화해야 할 의미를 느끼고 있다. 첫째 과정은 제외된다. 왜냐하면 '사회적 질서는 다른 모든 권리들의 기초가 되는 신성한 권리이기 때문이다'.[2] 그러므로 루소는 사회적 질서가 정당하고 합법적이라는 것을 보여주지 않으면 안 된다.

이러한 문제를 해결하면서 루소는 우리가 이미 홉스와 로크의 철학에서 다른

────────────

1   *S. C.*, I, 3, p. 5.
2   같은 곳.

형식으로 만났던 계약 이론에 의거했다. 그에게는 사회적 질서를 힘에 기초하고 싶은 생각이 없다. 왜냐하면 힘은 권리를 부여하지 않기 때문이다. '힘은 물리적 능력이다. 나는 힘의 행사가 도덕에 어떤 영향을 줄 수 있는지를 전혀 알지 못한다. 힘에 굴복하는 것은 의지에 따른 행위가 아니라 필요에 따른 행위이다. ─ 기껏해야 신중함에 따른 행위이다. 그것은 어떤 의미에서 의무가 될 수 있을까?'[3] 만약 시민들에게 복종의 의무가 있다면, 그것은 단지 복종을 강요하는 하는 사람이나 사람들에 의한 권력의 소유에 근거할 수는 없다. 동시에 사회에는 입법하는 자연적 권리가 존재하지 않는다. 왜냐하면 사회와 자연 상태는 별개의 것이기 때문이다. 그러므로 합법화되거나 정당화된 사회적 질서는 합의나 관습에 기초해야 한다.

루소는 사람들이 자연 상태에서 자신들의 보존에 방해가 되는 것들이 이 상태에서 자신들을 유지하기 위한 방책들보다 더 큰 지점에 도달했다는 가설을 제안한다. 그러므로 인간은 일치하여 연합을 형성해야 한다. 그러나 문제는 단순하게 사람들과 그들 구성원 각자의 재산을 보호할 연합의 형성을 발견하는 것에 그쳐서는 안 된다. 또한 발견해야 하는 것은 각 구성원들이 여전히 스스로 복종하지만 이전처럼 자유로운 상태를 유지하는 그런 연합을 발견하는 일이다. '이것이 바로 근본 문제로서 사회 계약이 그에 대한 해결책이 된다.'[4]

본질에서 사회적 약속이나 계약은 다음처럼 표현될 수 있다. '우리 각자는 자신의 육체와 모든 능력을 공동으로 일반 의지의 최고 지휘 아래 두며, 우리는 전체에서 분리될 수 없는 부분인 각 성원을 한 몸으로 받아들인다.'[5] 이러한 연합의 행위는 즉각적으로 도덕체와 집합체, 공공의 인격, 공화정 또는 정치체를 낳는다. 그것은 수동적으로 고려될 때는 국가라 불리고, 능동적으로 고려될 때는 주권이라 불리며, 다른 유사한 체제들과 비교될 때는 권력이라 불린다. 그것의 구성원들은 집합적으로는 국민이고, 개별적으로는 주권의 권력을 나누어 갖는다는 점에서는 시민이라 불리며, 국가 법률의 지배를 받는다는 의미에서는 복종자[신민]라 불린다.

3　같은 책, I, 3, p. 8.
4　같은 책, I, 6, p. 14.
5　같은 책, I, 6, p. 15.

이러한 사회 계약론은 분명히 홉스의 그것과 다르다. 홉스의 이론에 따르면 개인들은 그 계약의 당사자가 아니라 그 계약 바깥에 있는 주권자에게 자신의 권리를 넘기는 데 동의한다. 그리하여 정부는 조직화된 사회를 창조하는 동일한 협약에 의해서 세워진다. 사실상 정치체의 존재는 실제로 주권자와 자신의 관계에 의존한다. 그런데 이 주권자는 사실상 개인이 아니라 회의체일 수는 있지만, 계약 당사자와는 구별될 수 있다. 그러나 루소의 이론에서는 원초적 계약이 주권을 낳는데, 이 주권은 집합적으로 취해진 계약 당사자들과 동일하며, 정부에 대해서는 아무런 언급이 없다. 루소에서 정부는 단지 주권적 회의체 또는 정치체에 자신의 권력을 의지하고 있는 행정권에 불과하다. 홉스의 문제는 사회적 유대의 문제였다. 인간과 자연의 상태에 대한 그의 관점을 고려했을 때, 그는 인간 본성 안에 있는 원심력과 효과적으로 균형을 이루는 힘을 발견하는 작업에 직면한다. 또는 더 구체적으로 이야기한다면, 사회의 가장 거대한 악, 즉 내전에 대한 효과적인 치유책을 발견하는 문제에 직면한다. 그는 중앙집권적 정부, 즉 무엇보다도 정부의 지위를 강조했던 주권 이론에서 해결책을 찾았다. 그리고 그는 자연 상태라는 가설을 채택했기 때문에 그는 정부에 대한 이런 강조를 계약에 대한 그의 설명 안으로 편입시키지 않으면 안 되었다. 그렇게 함으로써 자연 상태에서부터 조직화된 사회의 상태로 이행하는 일이 이루어진다. 그러나 루소의 문제는 달랐다. 자유에 대한 그의 주장을 고려한다면, 그리고 자연의 상태에서부터 조직화된 사회로의 변화가 단순한 안전을 위해서 자유를 희생시키고 노예 신분을 선택한 것이 아니라는 점을 보여주고자 하는 그의 열망을 고려한다면, 그는 자연의 상태에서 누렸던 자유보다 사회에서 더 고귀한 형태의 자유가 획득된다는 점을 보여주지 않으면 안 된다고 느꼈다. 그러므로 사람들은 그가 사회 계약에 대한 그의 설명에서 정부의 개념을 강조하기를 기대하거나 자신의 권리를 다루는 계약 당자자들이 계약의 바깥에 있는 주권과 계약한다는 개념을 강조하기를 기대하지는 않을 것이다. 그 대신에 우리는 그가 계약 당사자들 사이의 상호 합의를 강조하고 있다는 사실을 알게 된다. 그 계약 당사자들은 새로운 도덕적 실재를 창조하며, 이런 도덕적 실재 안에서 각 구성원은 자신이 자연 상태에서 할 수 있었던 것보다 더 풍부하게 자신을 실현하게 된다.

분명히 이것은 최초의 두 저술, 즉 『예술 학문론』, 『인간 불평등기원론』과 『사회 계약론』 사이에 태도와 논조가 상당히 달라졌다는 것을 의미한다. 사실상 우리는 『인간 불평등기원론』의 마지막 장에서 언급되었던 것처럼 루소의 성숙된 정치이론 중 일부 요소들이 나타나고 있음을 알 수 있다. 그러나 『예술 학문론』은 불가피하게 루소에서 정치사회는 악이라는 인상을 주는 반면에, 『사회 계약론』에서 우리는 인간의 참된 본성이 말하자면 사회적 질서 안에서 성취된다는 점을 확인하게 된다. 그는 '어리석은 열등 동물에서 지성 있는 존재, 즉 사람'[6]이 된다. 사실상 『예술 학문론』과 『사회 계약론』 사이에는 순수한 의미에서 모순이 존재하는 것은 아니다. 『예술 학문론』에서 루소는 실제로 존재했던 바의 문명화된 사회, 특히 프랑스 사회의 악들에 대해 이야기한다. 반면에 『사회 계약론』에서 그는 오히려 당연히 그렇게 되어야 할 정치사회에 대해 이야기한다. 그리고 심지어 『사회 계약론』에서 사회 계약에 의해 인간이 얻게 되는 이익들을 격찬하는 반면에, 그는 '이 새로운 [사회] 상태의 악용이 그가 빠져나온 원래의 [자연] 상태 이하로 그를 타락시킨다'[7]고 언급한다. 동시에 논조와 강조점에서 현저한 변화가 있다는 사실은 거의 부인될 수 없다. 그리고 동일한 사정이 『사회 계약론』과 『인간 불평등기원론』의 관계에도 적용된다. 『인간 불평등기원론』이 주는 인상은 인간, 즉 자연적으로[본성상] 선한 인간은 점진적 발전 과정 동안에 엄격한 의미에서의 도덕적 이상과 도덕적 품성들을 획득한다. 이러한 발전 과정에서 시민사회는 느슨한 사회적 유대라는 의미에서 조직화된 정치사회의 형성에 선행한다. 그러나 『사회 계약론』에서 루소는 마치 정치사회의 제도를 통해서 인간이 비도덕적 상태에서 도덕적 상태로 단번에 이행하는 것처럼 이야기한다. '자연 상태에서 사회 상태로의 이행은 사람에게 매우 주목할 만한 변화를 가져온다. 사람의 행위에서 본능을 정의로 바꾸어 놓고, 그때까지 빠졌던 도덕성을 그 행동에 부여한다.'[8] 국가는 정의의 원천과 권리의 기초가 된다. 여기서도 아마 단순한 모순은 없을 것이다. 사회 계약은 흄이 제기했듯이 결국 철학적 허구 이외에 다른 것이 아니다. 만약 우리가 바란다면

6　　같은 책, I, 8, p. 19.
7　　같은 곳.
8　　같은 책, p. 18.

우리는 루소를 사회 안의 인간과 사회를 도외시하여 고려한 인간 사이의 역사적 구별보다는 이론적 또는 논리적 구별을 한 사람으로 간주할 수 있다. 단지 고립된 개인으로서의 인간은 그 자신에서는 사악하거나 나쁘지 않지만, 진정한 의미에서 도덕적 존재자는 아니다. 인간의 지적이고 도덕적인 삶은 사회에서만 전개된다. 바로 이 점이 루소가『인간 불평등기원론』에서 언급했던 것이다. 동시에 논점의 변화도 존재한다. 사실상 이런 논조의 변화는 목적의 차이에 의해서 대체로 설명될 수 있다.『인간 불평등기원론』에서 루소는 불평등의 기원에 대해서 관심을 가졌고, 그는 자신이 '도덕적 또는 정치적 불평등'이라고 말한 것의 기원을 사회 제도에 돌리고 있다.『인간 불평등기원론』이라는 제목이 보여주듯이 불평등에 강조를 두고 있다.『사회 계약론』에서 루소는 인간이 사회 제도로부터 얻는 이익들, 즉 단순히 '자연적인' 자유 대신에 시민적이고 도덕적 자유가 주어지는 그런 이익에 관심을 가진다. 그러나 비록 논조의 변화가 목적의 차이에 의해서 대체로 설명될 수 있다 하더라도, 그럼에도 그런 변화는 존재한다.『사회 계약론』에서 루소의 정치이론의 새롭고 보다 중요한 측면이 나타난다.

그러므로『사회 계약론』의 제1장의 첫 구절이 루소의 입장의 적절한 진술로 간주된다면, 그런 구절을 잘못 읽는 일이 어떻게 이루어지는지를 우리는 알 수 있다. '인간은 자유롭게 태어났다. 그리고 곳곳에서 그는 사슬에 묶여 있다.' 이 구절은 문제의 진술이지, 해명의 진술이 아니다. 해명은 자연적 자유가 시민적이고 도덕적인 자유로 변형된다는 착상에서 발견된다. '사람이 사회 계약으로 인해 잃는 것은 그의 자연적 자유와 그가 손에 넣을 수 있는 모든 것에 대한 무제한적인 권리이다. 반면에 사람이 얻는 것은 시민으로서의 자유와 그가 가진 모든 것에 대한 소유권이다.'[9] 자연적 자유는 개인의 힘에 의해서만 제한된다. 시민적 자유는 일반 의지에 의해서만 제한된다. 그 일반 의지와 함께 사회의 각 구성원들의 실제적 의지가 하나로 된다. 단순한 소유는 힘의 결과 또는 최초 점유권의 결과이다. 그러나 재산권은 적극적 권리에 기초해 있으며, 이 권리는 국가가 제공하는 권리이다. '이 외에도 우리는 사람을 스스

---

9   같은 책, p. 19.

제1부 프랑스의 계몽주의

로의 참된 주인으로 만들어주는 유일한 것, 다시 말해 도덕적 자유까지도 사람이 사회 상태에서 얻는 것들 속에 포함할 수 있다. 왜냐하면 단순한 탐욕의 충동을 따르는 것은 노예 상태이며, 스스로 부과한 법을 따르는 것은 자유이기 때문이다.'[10] 몇몇 형태의 사회에서, 예를 들어 포악하고도 변덕스러운 독재체제에서 인간은 사실상 노예 상태로 전락하고, 자연 상태에 있는 것보다 더 열악해진다. 그러나 이것은 우연적이다. 왜냐하면 그것은 국가의 본질에서부터 나오는 것이 아니기 때문이다. 만약 우리가 국가를 그것의 본질에서 고려한다면, 우리는 이 제도가 인간에게는 헤아릴 수 없는 이익이라고 말해야 한다.

계약 이론을 수용하면서 루소는 당연히 로크가 직면했던 것과 같은 난관에 부딪혔다. 우리는 원초적 계약 당사자들이 자신들뿐만 아니라 자신들의 후손까지도 구속했다고 말해야 할까? 그리고 만약 구속했다면, 이런 진술이 어떻게 정당성을 가지는가? 비록 루소가 국가의 시민들이 언제든 그 계약을 해제하는 데 동의할 수 있다는 것을 명확히 했음에도 불구하고, 루소는 이 문제를 분명하게 다루지 않았다. '기본법이나 사회 계약이라 하더라도, 전 국민이라는 단체에 의무를 지우는 일은 없고, 또 지울 수도 없는 것은 분명하다.'[11] 다시 말해서 '국가에는 폐지할 수 없는 기본법이란 없고, 사회 계약도 마찬가지이다. 왜냐하면 온 시민이 모여서 만장일치로 이 계약을 파기한다면, 이 파기가 합법적이라는 것은 의심할 여지가 없기 때문이다.'[12] 각각으로 고려된 개인에 관해서 이야기하자면, 루소는 개인이 자신의 국가 구성원이 되는 것을 포기할 수 있으며, 국가를 떠남으로써 자연적 자유를 회복할 수 있다는 그로티우스(Grotius)의 견해를 인용한다. 그는 '그런데 각 개인이 따로따로 할 수 있는 일을 모든 시민이 모인 회의체에서 할 수 없다면 그것은 터무니없는 일이다'[13]라고 덧붙임으로써 이러한 견해를 지지하는 듯이 보인다. (루소는 도움이 필요한 시기에 자신의 의무를 회피하기 위해 나라를 떠나는 것이 범죄적이고 처벌 가능한 행위라는 메모를 첨부했다.) 추측하건대 그는

---

10   같은 곳.
11   같은 책, I, 7, p. 17.
12   같은 책, III, 18, p. 89.
13   같은 곳.

사회 계약이 새로운 도덕적인 존재자를 존재하게 만들었기 때문에, 몇몇 구성원들이 죽고 새로운 구성원들이 태어난다는 사실에도 불구하고, 구성원들이 그들의 주기적인 회의체들 중 하나에서 계약을 집단적으로 해산하지 않는 한, 이러한 도덕적인 존재자는 계속 존재한다고 생각했다. 국가 구성원의 자격은 후자가 도덕적 존재로서 지속적으로 존재하는 것에 대해 아무런 영향을 미치지 못한다.

━━━━━━ **2. 주권, 일반 의지 그리고 자유**

우리는 루소에 따라서 개인들의 연합에 의해서 사회 계약을 통해서 형성된 공적 인간이 능동적으로 고려될 때 주권이라 불린다는 점을 살펴보았다. 이것은 사실상 주권이 입법 즉 법률의 원천으로서 국민의 전체라는 것을 의미한다. 그런데 법률은 의지의 표현이다. 그러므로 루소는 주권이 '일반 의지의 행사 외에 다른 것이 아니다'[14]라고 말할 수 있다. 각 시민은 이중의 능력이 있다. 법의 원천인 도덕적 존재자의 구성원으로서 그는 주권의 구성원이다. 법 아래 있고, 법을 준수해야 할 의무가 있다는 점을 고려한다면, 그는 복종자[신민]이다. 물론 개인은 특수 의지를 소유하고, 이것은 일반 의지와 다를 수 있다. 자신의 특수 의지를 주권의 일반 의지에 따르도록 하는 것은 그의 시민적 의무이다. 그리고 그는 그 자신 주권의 한 구성원이다.

루소의 주장에 따르면 주권은 양도할 수 없다. 왜냐하면 주권은 일반 의지의 행사에서 성립하고, 이러한 의지는 양도하거나 넘길 수 없기 때문이다. 사람들은 권력을 넘길 수는 있지만, 의지를 넘길 수는 없다. 바로 이것이 루소가 뒤에 국민은 그 낱말의 완전한 의미에서 대표들을 선출할 수 없다고 주장한 이유이다. 그가 다만 선출할 수 있는 것은 대리인뿐이다. '주권은 양도될 수 없다. 마찬가지 이유로 주권은 대표될 수 없다. 주권은 본질상 일반 의지 속에 존재한다. 게다가 일반 의지는 결코 대표될 수 없는 것이다. 일반 의지는 그 자체이거나 다른 것이므로 거기에 결코 중간은

---

14   같은 책, II, 1, p. 22.

없다. 그러기에 국민의 대의원은 일반 의지의 대표자가 아니며 그렇게 될 수도 없다. 그들은 국민의 심부름꾼에 지나지 않는다. 그들은 무엇하나 확실하게 결정 내리지 못한다. 국민 스스로 승인하지 않은 법률은 모두 무효이며 결코 법률이 아니다.'[15] (루소는 영국의 국민은 의회의 구성원에 대한 선거 기간에만 자유롭고, 그런 다음에는 노예 상태로 전락한다고 결론 내린다.)

같은 이유 때문에 주권은 나누어질 수 없다. 왜냐하면 의지 즉 주권이라 불리는 의지의 행사는 일반 의지이고, 이것은 나누어질 수 없기 때문이다. 그것을 나눈다면, 당신은 단지 특수의지들만을 가질 뿐이며, 결국 어떤 주권도 가지지 못한다. 우리는 주권을 여러 권력들, 즉 입법권, 행정권 등으로 나눌 수 없다. 행정권 또는 정부는 주권 또는 그것의 일부가 아니다. 그것은 법률의 집행에 관심을 가지며, 주권의 단순한 도구일 뿐이다. 그러므로 루소에서 주권은 입법적이며, 이것이야말로 곧 국민이다. 어떤 국가에서 명목상의 주권은 국민이 아니라 개인 또는 개인들일 수도 있다. 그러나 참된 주권은 언제나 국민이다. 말할 필요도 없이 '국민'이라는 말을 루소는 국가에서의 다른 계급 또는 다른 계급들과 구별되는 특정한 계급으로 이해하고 있지 않다. 그가 이 말로써 이해하는 바는 시민들 전체이다. 또한 우리는 그가 자신의 전문 용어를 사용하여 '입법자'라는 낱말을 사용하고 있음을 주목할 수 있다. 이 경우 입법자는 리쿠르고스(Lycurgus)가 스파르타 사람들을 위해 법률을 제정했듯이 법률을 제정하는 사람을 의미한다. 그러나 이런 의미에서의 입법자는 당연히 주권을 가지지 않는다. 그의 기능은 조언 또는 설명이다. 왜냐하면 그의 업무는 주권적 국민들에게 뜻을 설명하는 것이며, 따라서 국민은 지금 그리고 여기서 공통의 관심사가 실제로 무엇인지에 관한 분명한 관념에 따라서 행위 할 수 있기 때문이다.

그러므로 주권은 일반 의지의 행사라고 말해진다. 그리고 주권은 국민이고, 국민 안에 이러한 의지가 존립한다. 그러나 일반 의지란 무엇을 의미하는가?

물론 '일반 의지'라는 용어를 일차적으로 입법적 기능이란 측면에서 의지를 가진 신민, 즉 주권적 국민과의 관계 속에서 이해하고자 하는 자연적 유혹이 있을 수 있

---

15   같은 책, III, 15, p. 83.

다. 그렇게 되면 쉽게 우리는 일반 의지가 무엇보다도 회의체의 다수결에서 표현된 결정과 동일시될 수 있다고 생각하는 데 이를 수 있다. 그리고 이런 의미로 루소를 해석한다면, 우리는 루소가 무오류적인 것으로 그리고 언제나 공공의 이익을 향하는 것으로 일반 의지를 서술하는 것이 불합리하고 유해하다고 쉽게 논평할 것이다. 왜 불합리하냐면 대중집회가 제정한 법률이 실제로 공공의 이익이 되리라는 어떤 보장도 없기 때문이다. 왜 유해하냐면 그런 법률은 전제와 무관용을 촉진하기 때문이다. 그러나 이러한 결론들을 근거로 삼고 있는 해석은 정당하지 않다. 어쨌든 그런 해석은 잘못된 지점에 방점을 찍는 것이다.

우리는 무엇보다도 먼저 루소가 제시하고 있는, 일반 의지(*volonté générale*)와 전체 의지(*volonté de tous*) 간의 유명한 구별을 떠올려야 한다. '전체 의지와 일반 의지 사이에는 때로 상당한 차이가 있는 법이다. 일반 의지는 공통의 이익만을 생각하는 반면, 전체 의지는 사사로운 이익만 생각하는 특수 의지의 총화일 뿐이다.'[16] 사실상 일반 의지는 그것이 보편적 신민, 즉 주권적 국민의 의지라는 의미에서 일반적이다. 그러나 루소가 강조한 것은 대상의 보편성, 즉 공동의 관심사, 혹은 공동선, 혹은 공동의 이익이다. 그리고 이 일반 의지는, 과반수 또는 심지어 만장일치 투표에서 나타난 특수 의지의 총화와 더 이상 일치하지 않는다면, 확인될 수 없다. 왜냐하면 투표의 결과는 공동선이 포함하고 있으며 요구하고 있는 것에 대한 잘못된 생각을 나타낼 수도 있기 때문이다. 그리고 투표의 결과로 제정된 법률이 공공의 이익에 해로울 수도 있기 때문이다. '국민은 항상 유익한 것을 원하지만, 그러나 무엇이 유익한 것인지 언제나 알고 있는 것은 아니다. 일반 의지는 언제나 옳지만, 일반 의지를 이끄는 판단이 언제나 현명하다고는 볼 수 없다. … 공중은 유익한 것을 바라지만, 그것이 무엇인지 알지 못한다.'[17] '입법자를 필요하게끔 만드는'[18] 것은 바로 이러한 사실이다.

그러므로 '전체 의지'가 무오류인 것은 아니다. 무오류이면서 언제나 옳은 것은 '일반 의지'뿐이다. 그리고 이것이 의미하는 것은 일반 의지는 언제나 공동선을 지향

---

16 같은 책, II, 3, p. 25.
17 같은 책, II, 6, p. 34.
18 같은 곳.

한다는 것이다. 내 생각으로는 루소가 인간이 자연 상태에서 선하다는 자신의 개념을 사회 계약을 통해서 생겨난 새로운 도덕적 존재자로 확장하고 있다는 것이 분명하다. 자기애에 의해서 근본적으로 촉구되는 개인은 (우리가 기억하듯이 자기애는 도덕적으로 평가절하된 의미를 가진 이기심과 동일시되어서는 안 된다) 자연스럽게 자기 자신의 선을 추구한다. 그렇다고 해서 그가 그런 선의 참된 본성을 명확하게 파악한다는 결론이 반드시 나오는 것은 아니다.[19] 사회 계약이 현존하게 만드는 '공적 인간'(public person)도 언제나 불가피하게 자신의 선, 즉 공동선을 추구한다. 그러나 국민이 어디에 자신의 참된 선이 있는지를 항상 이해하는 것은 아니다. 따라서 일반 의지가 올바로 드러나기 위해서는 국민에게 계몽된 설명이 필요하다.

논의를 위해서 국가가 의지를 가질 수 있는 도덕적 실체라고 말하는 것이 타당하다고 가정해보자. 만약 우리가 국가의 의지, 즉 일반 의지가 언제나 옳다고 말한다면, 그리고 우리가 한편으로는 일반 의지와 다른 한편으로는 특수 의지의 총화로서 고려된 전체 의지를 구별한다면, 일반 의지가 무오류라고 하는 진술을 하더라도, 그로 인해 대중 집회에 의해 통과된 모든 법률이 주어진 상황에서 공공의 이익에 필연적으로 가장 도움이 되는 법률이라고 우리가 말할 수 있다는 결론이 나오지는 않는다. 아마도 정당한 비판의 여지는 항상 남아 있다. 동시에 우리는 동어반복의 표현에 빠지는 위험에 처할 수도 있다. 왜냐하면 만약 우리가 일반 의지가 언제나 옳다고 말한다면, 그리고 우리가 이런 진술을 일반 의지가 언제나 공동의 선을 지향하는 것으로 이해한다면, 공동선을 향한 의지가 공동선을 향한 의지라는 것 이상을 과연 이야기하고 있는지의 문제가 생겨나기 때문이다. 즉 우리가 일반 의지를 보편적 대상, 다시 말하면 공동선 또는 공동의 이익에 의해서 규정하는지 어떤지의 문제가 생겨난다. 그러므로 다음처럼 주장될 수도 있다. 즉 공공 집회의 입법적 결정을 무비판적으로 숭배하고 있다는 루소에 대한 비난을 구원할 수 있는 것은 그가 말하는 것을 단지 동어반복으로 환원하는 것 이외 달리 도리가 있을 수 없다는 것이다.

19　우리는 인간이 무엇을 원하든 간에 선의 형식 아래에(*sub specie boni*) 있기를 원한다는 스콜라철학의 가르침과 비교할 수 있다.

그렇다면 실제로 필요한 것은 국가에 대해 의지를 가진 도덕적 실재라고 말하는 것이 무엇을 의미하는지에 대한 분명한 설명이라는 의견이 제기될 수 있겠다. 이런 의지가 전체 의지와 동일한 것이 아니라면, 그것은 정확하게 무엇인가? 그것은 모든 특수한 의지를 넘어선 어떤 것인가? 아니면 그 의지의 소유자들의 정신에서 특정한 선의 개념이 지시하는 의지들이라기보다는, 집합적으로 취해진 그리고 선을 향한 그들의 자연적 방향에 따라서 고려된 특수한 의지들인가? 첫째 경우, 즉 특수한 의지를 넘어선 것인 경우 우리는 존재론적 문제에 직면하게 된다. 말하자면 우리는 지속적인 일반 의지의 존재론적 위상의 문제에 직면하게 된다. 둘째 경우, 즉 집합적으로 취해지고 선을 향한 그들의 자연적 방향에 따라서 고려된 특수한 의지들의 경우, 루소가 처음에 취한 개인주의에 대해서 그가 다시 고려할 필요가 있는 것처럼 보인다. 왜냐하면 A의 의지는 A의 선을 향해 있으며, B의 의지는 B의 선을 향해 있기 때문이다. 그러므로 만약 우리가 선을 향한 자신들의 자연적 방향 속에서 고려된 A, B, C 등의 의지들이 집합적으로 일반 의지(그것은 공동선을 향해 있다)를 형성한다고 말하고자 한다면, 사람들은 본성상 그리고 시작 단계부터 사회적 존재자이고, 그들의 의지는 자연적으로 그들의 사적인 선을 향해 있을 뿐만 아니라, 공동선을 향하거나 공동선 안에 포함되어 있는 또는 공동선에 기여하는 것으로서 그들이 가지고 있는 사적 선들을 향해 있다고 우리는 주장해야 하는 것처럼 보인다. 내 생각으로는 이 중 무언가가 루소의 마음속 깊은 곳에 있었다. 그러나 처음에는 인간의 개인주의적 모습을 우리에게 보여줌으로써, 그런 다음 그 자신의 의지를 가지고 있는 새롭고 도덕적인 공공의 인간 관념을 전개함으로써, 루소는 일반 의지의 정확한 본성과 그 의지와 특수 의지 간의 정확한 관계를 모호하게 남겨 두었다. 루소가 이러한 문제들에 대해 그 문제들이 필요로 하는 장기간에 걸친 숙고를 하였다는 징후는 거의 없다. 우리는 그의 정치 철학에서 여러 가지 사상 노선들을 확인할 수 있는데, 이런 노선들이 조화를 이루기는 어렵다. 가장 중요한 사상 노선은 의심할 것 없이 국가를 자기 자신의 의지를 가진 유기적 실체로서 간주하는 것이다. 자기 자신의 의지는 어떤 오히려 막연한 의미에서 그 국가의 각 구성원의 '참된' 의지이다. 이런 개념에 대해서 나는 곧 다루게 될 것이다.

제1부 프랑스의 계몽주의

나는 루소에서 일반 의지와 주권적 국민의 입법적 활동 사이에 아무런 연관이 없다고 주장하고 싶은 생각은 없다. 그가 하고 있듯이 전체 의지와 일반 의지 간에 종종 상당한 차이가 있다고 이야기하는 것과 그 두 의지가 전혀 일치하지 않는다고 이야기하는 것은 별개이다. 그리고 정치이론가로서 루소가 가지고 있는 문제 중 하나는, 이것이 가능하게 될 수 있는 한, 무오류의 일반 의지가 법률 안에서 구체적으로 표현된다는 것을 보장하는 수단들을 제시하는 것이었다. 그가 제시한 수단 중 하나, 즉 현명한 '입법자'의 활용은 이미 주목했던 바다. 또 다른 수단은, 그것이 실행 가능한 한, 국가 내의 부분적인 사회들이 생겨나는 것을 방지하는 것이다. 핵심은 다음과 같다. 만약 각 시민들이 완전히 독자적으로 투표를 한다면, 루소에 따를 경우 그들 간의 차이는 없어지고, '일반 의지는 차이들의 합계로서 남게 된다.'[20] 그러나 만약 (상대적으로 말해서) 일반 의지를 가지고 있는 각각의 파벌과 당파가 형성된다면, 그 차이는 사소하게 되고, 그 결과는 덜 일반적이고, 일반 의지를 더 적게 표현한다. 더 나쁜 경우를 말하자면, 하나의 연합이나 정파가 너무나 강력하거나 다수여서 그것의 의지가 불가피하게 다른 시민들의 의지를 넘어서 지배적이게 된다면, 그 결과는 어떤 방식으로 국가의 일반 의지를 표현하지 못하고, 단지 특수 의지(즉 연합이나 정파의 구성원들과의 관계에서는 일반적이지만 국가의 일반 의지와의 관계에서는 특수한)만을 표현한다. 루소의 결론은 '그러므로 일반 의지가 충분히 표현되려면 국가 안에 부분적 사회가 존재하지 않고, 시민 한 사람 한 사람이 자기 자신의 의견만을 말하는 것이 중요하다'[21]는 것이다.

물론 이것은 왜 루소가 그리스도 교회에 대한 혐오를 보여주고 있는지의 한 가지 이유이다. '성직자가 단체를 구성하는 곳이라면 어디에서든 그 단체가 그 영역 내의 지배자이자 입법자이다. … 모든 그리스도교 저술가들 중 철학자 홉스만이 그 폐해와 해법을 정확히 파악한 사람이다. 그는 독수리의 두 머리를 다시 하나로 만들고 모든 것을 정치적 통일로 되돌릴 것을 주창했다. … 그러나 그리스도교의 지배적인 정신은 자신의 체계와 양립할 수 없다는 것, 또 성직자의 이익은 언제나 국가의 이익

---

20 *S. C.*, II, 3, p. 25.
21 같은 책, p. 26.

보다 강하다는 것을 홉스는 깨달아야 했다.'[22] 사실상 루소가 그리스도교 교회에 반대해서 그리고 순수한 시민 종교를 편들어서 이야기할 때, 그는 일반 의지와 그것의 표현을 논의하는 데 직접적으로 관여하지 않았다. 그러나 그의 언급은 그럼에도 불구하고 분명히 적절한 것이다. 왜냐하면 만약 교회가 자신을 유사 주권자로 설정한다면, 교회의 영향은 불가피하게 참된 주권, 즉 국민의 일반 의지의 표현에 끼어드는 것이기 때문이다.

　　만약 시민들이 충분히 계몽되어 있다면, 그리고 국가 안에서의 부분적인 사회들이 억제된다면 (또는 이것이 가능하지 않은 경우에는, 이러한 부분적인 사회들이 너무나 많아져서 그들의 다양한 이익과 영향이 사라진다면), 다수의 투표는 불가피하게 일반 의지를 표현할 것이라는 점을 루소가 어떻게 피력했는지를 주목해야 한다. '국민이 충분한 정보를 가지고 심의할 때, 만일 시민이 서로 의사를 전하지 않는다면, 다시 말해 정파를 만드는 따위의 일이 없다면 사소한 차이들이 모여 언제나 일반 의지를 만들어 낼 것이고, 토론의 의결은 언제나 좋은 것이 될 것이다.'[23] 다시 말하면 '본질적으로 만장일치를 필요로 하는 법은 단 하나밖에 없다. 바로 사회 계약이다. … 이 원시 계약을 제외하면 다수의 의견이 언제나 다른 모든 것을 구속한다. … 일반 의지는 표의 집계를 통해서 표명된다'.[24] 이것은 엄밀하게 말해서 일반 의지와 전체 의지 사이의 구별에 관해 루소가 언급하고 있는 것과 모순되지 않는다. 왜냐하면 그 구별은 사적 이익들의 가능성, 특히 회의체에서 사람들의 결의를 결정하는 정파와 연합의 이익의 가능성을 허용하는 것을 의미하기 때문이다. 그리고 이러한 남용이 생겨난다면, 투표의 결과는 일반 의지를 표현하지 않는다. 그러나 그러한 남용이 회피된다면, 그 결과는 확실하게 일반 의지를 표현하게 될 것이다.

　　물론 한 가지 의미에서 이것은 분명히 옳다. 왜냐하면 다수의 의지는 소수의 의지에 비해 더 일반적이기 때문이다. 그러나 이것은 진부한 이야기이다. 그리고 그것은 루소가 생각했던 것이 전혀 아니다. 왜냐하면 그에게 있어 일반 의지를 표현하는

22　　같은 책, IV, 8, p. 116.
23　　같은 책, II, 3, pp. 25-26.
24　　같은 책, IV, 2, p. 94.

　　　　　제1부 프랑스의 계몽주의

법률은 공동선 또는 공동이익을 보장하거나 보호하는 성향을 가지기 때문이다. 그러므로 만약 집단 이익의 영향이 회피된다면, 회의체에서 표현된 의지는 의심할 바 없이 공공의 선에 도움이 된다. 회의체에서 표현된 의지에 대한 비판은 사적인 정파와 집단 이익에 의한 부당한 영향에 근거해서만 합법적인 것처럼 보인다. 만약 우리가 각 시민이 '자신의 뜻으로 생각하고' 불법적인 압력에 노출되지 않는다고 가정한다면, 루소의 전제들에 따를 경우, 비록 회의체가 단지 다수의 투표에 의해서만 표현되더라도 회의체가 표현한 의지를 비판할 어떤 근거도 남아 있지 않는 것처럼 보인다. 다수는 결정될 사안의 중요성에 비례해서 전원일치에 근접해야 한다고 루소가 주장하고 있는 것은 사실이다. 그러나 이렇게 이야기한다고 해서 '일반 의지는 표의 집계를 통해서 표명되며, (그리고) 일반 의지의 모든 특징은 여전히 다수 속에 있다'[25]는 사실이 바뀌지는 않는다.

　　일반 의지에 관한 루소의 논의는 자유의 문제와 밀접하게 연관된다. 우리가 이미 보았듯이 루소는 자연이라는 가설적 상태에서부터 조직화된 정치사회의 상태로 이행하는 것을 정당화하고자 하였다. 인간은 자연적으로 자유롭고, 자유는 평가할 수 없는 가치라고 믿으면서, 그는 국가를 낳는 사회 계약을 통해서 인간은 자유를 잃어버리는 대신에 더 고상한 종류의 자유를 획득한다는 점을 보여주어야만 한다고 느꼈다. 왜냐하면 '자유를 포기하는 것은 사람이기를 포기하는 것'[26]이기 때문이다. 그러므로 루소는 사회 계약에 의해서 자연적 자유가 시민적 자유로 대체된다고 주장했다. 그러나 사회 안에서 인간이 준법을 강요받게 된다는 것은 분명하다. 만약 사람들이 그렇게 하지 않는다면, 그는 처벌된다. 그리고 이러한 상황에 처하게 되면, 다음과 같이 주장하는 것이 가능하겠는가? 즉 인간이 행위 하기 위한 자연적 능력을 가지는 것이라면 무엇이든 그것을 할 자유가 인간에게 있었던 자연 상태를 정치사회의 상태로 대체함으로써, 인간은 이전에 비해서 더 자유롭게 되고, 덜 자유롭게 되지 않았다거나, 적어도 그가 더 참되고 더 충분한 자유를 획득했다고 주장하는 것이 가능하겠는

25　　같은 곳.
26　　같은 책, I, 4, p. 10.

가? 이러한 문제를 루소가 취급한 것은 경축할 일이다.

첫째로, 사회 계약은 일반 의지를 따르고자 하는 그리고 이런 일을 하기를 거부하는 누구든 강제 처분되어야 한다는 것에 따르고자 하는 무언의 약속을 포함하는 것으로 이해되어야 한다. '시민은 심지어 자기 뜻에 맞지 않게 통과된 법률과 자기가 어느 하나라도 감히 위반하면 처벌받게 되는 법률까지 포함해 모든 법에 동의한다.'[27]

둘째로, 그리고 이것은 현저한 핵심 사항인데, 일반 의지는 사람들 각자의 실제적인 의지이다. 그리고 일반 의지의 표현은 각 시민들의 실제적 의지의 표현이다. 그런데 자기 자신의 의지를 따르는 것은 자유롭게 행위 하는 것이다. 따라서 자신의 의지를 일반 의지에 따르도록 강요받는 것은 자유롭도록 강요받는 것이다. 그것은 사람들이 각자 '실제로' 바라는 것을 그가 바라는 상태로 가져오는 것이다.

여기서 우리는 루소의 유명한 패러독스를 보게 된다. '사회 계약이 허무한 공식이 되지 않게 하기 위해서, 이 계약은 누구든지 일반 의지에 복종하기를 거부하는 자가 있으면 단체 전체가 강제로 복종시킬 것이라는 약속을 암묵적으로 표현한다. 이것은 개인이 자유로워지도록 강요될 뿐임을 의미한다.'[28] 다시 말해서 ' … 일반 의지는 표의 집계를 통해서 표명된다. 따라서 내 의견과 상반된 의견이 우세하다면, 내가 틀렸으며 내가 일반 의지라고 생각한 것이 일반 의지가 아니었다는 증거일 뿐이다. 만약 나의 개인적인 의지가 일반 의지를 이겼다면, 내가 바라던 것과는 다른 것을 한 셈이 될 것이다. 그 경우 나는 자유로운 사람이 아니었을 것이다'.[29]

나 자신의 견해와 다른 어떤 견해가 다수의 투표에 의해 이긴다는 사실이 어떻게 해서 내가 틀렸다는 것을 '증명'하는 것인지를 알기는 어렵다. 루소는 단지 그렇다는 것을 가정했을 뿐이다. 그러나 이런 점을 무시한다면, 우리는 **자유**라는 단어의 이중 의미적인 사용에 주목할 수 있다. 또 다른 사람은 만약 자유가 자기가 하기를 원하는 그리고 육체적으로 할 수 있는 무엇이든 할 자유를 의미한다면, 사실상 그 자유는 국가의 구성원 자격에 의해서 축소된다고 말하는 것에 만족할는지도 모른다. 그러나

---

27   같은 책, IV, 2, p. 93.
28   같은 책, I, 7, p. 18.
29   같은 책, IV, 2, p. 94.

법률에 의한 개인의 자유의 축소는 사회의 행복에 본질적인 것이고, 사회의 이익이 사회의 불이익보다 중요하다는 사실을 고려한다면 그러한 축소는 그 유용성이란 것 이외에 다른 어떤 정당화도 필요 없다. 관련된 유일한 문제는 공동선이 요구하는 최소한으로 그것을 제한하는 것이다. 그러나 이처럼 순수하게 경험적이면서 공리주의적인 접근은 루소의 취향이 아니었다. 그는 자유의 분명한 축소가 실제로는 전혀 축소가 아니라는 점을 보여주고 싶었다. 따라서 그는 우리가 자유롭게 강요될 수 있다고 주장하는 역설적 입장에 처하게 된다. 그리고 그 입장이 즉시 사람을 역설적으로 타격한다는 바로 그 사실은 **자유**라는 단어에 그것이 무엇이든 간에 그것이 일반적으로 지니고 있는 의미 또는 의미들과는 다른 의미가 주어져 있다는 것을 암시한다. 이 단어를 강요 받는 사람에게 적용하는 것은, 예를 들어 어떤 법률을 준수하도록 하는 것은 그 단어의 의미를 명료화하는 데 도움이 되지 않는다. 그것은 단어의 정상적인 의미 범위 밖에 적용함으로써, 힘과 강제가 실제로는 힘과 강제가 아니라는 것을 암시하는 것이다.

언어적 비판은 어떤 사람들에게는 지루하고 피상적인 것처럼 여겨질 수 있다. 그러나 이러한 비판은 사실상 상당히 실제적인 중요성을 가진다. 왜냐하면 칭찬의 명칭이나 통칭을 그것들의 정상적인 의미 범위를 벗어난 상황으로 전이시키는 것은 이러한 상황을 좀 더 받아들일 수 있게 해주기를 원하는 정치 선전가들의 선전 장치이기 때문이다. 그래서 **민주주의**라는 명칭은, 아마도 '참된' 또는 '실제적인'이라는 수식어가 붙어 있는 이 명칭은 때때로 소수가 힘이나 공포의 도움으로 많은 사람들을 압제하는 사건들에 적용된다. 그리고 강요를 '자유롭게 강제되는 것'이라고 말하는 것은 동일한 종류의 한 사례이다. 후일 우리는 로베스피에르가 자코뱅당의 의지가 일반의지라고 말하고, 혁명 정부를 자유의 전제주의라고 부르고 있음을 목격하게 된다. 언어적 비판은 이러한 난관에 절실히 필요한 빛을 던져줄 수 있다.

물론 이런 언급들은 루소 자신이 어쨌든 전제나 독재나 공포의 친구였다는 점을 암시하려고 의도된 것이 아니다. 그의 패러독스는 인간들에게 흑을 백으로 믿게 하려는 열망에서가 아니라, 사회적 삶의 정상적인 특징을 정당화하는 데서 나타나는 난점에서, 즉 루소가 자연 상태에 대해 제시하였던 소묘에 직면해서 인간의 변덕스러움을 보편법에 의해서 제한하는 것에서 나온 것이다. 그리고 이러한 역설을 사용하는 데 내재되어 있는 위험들을 지적하는 것이 다만 적절한 것이기는 하지만, 내가 언급했던 그런 종류의 언어적 비판에만 자신을 한정시키면 루소의 일반 의지의 이론과 그 이론이 전개될 수 있는 여러 다른 요소들의 역사적 중요성을 주목할 수 없게 된다는 것도 사실이다. 이것은 아마도 그러한 비판이 왜 지루하고도 피상적인 것으로 여겨질 수 있는지의 이유일 것이다. 그러나 루소의 이론에 대한 그 이상의 언급은 이 장의 마지막 절에서 다루게 될 것이다. 그동안 나는 정부라는 주제에 눈을 돌리고자 한다.

━━━━━ 3. 정부

루소에 의하면 모든 자유로운 행위는 두 가지 원인의 동시 작용에 의해 야기된다. 하나는 도덕적 원인, 즉 행위를 결정하는 의지이고, 다른 하나는 육체적 원인 즉 행위를 실행하는 육체적 힘이다. 두 원인 모두 필요하다. 육체가 마비된 사람은 달리고자 의욕하지만 그렇게 할 수 있는 육체적 힘이 없으므로, 그는 그 자리에 머무르게 된다.

이러한 구별을 정치체에 적용하기 위해서 우리는 입법권, 즉 주권적 국민과 행정권 혹은 정부를 구별하여야 한다. 입법권은 일반 의지를 보편법 안에서 표현하며, 특수한 행위나 사람들에는 관심이 없다. 행정권은 법률을 적용하고, 집행한다. 그러므로 그것은 특수한 행위나 사람들에 관심이 있다. '나는 행정권의 합법적 행사에 **정부** 혹은 최고 행정기관이라는 이름을 부여하며, 그 행정을 책임진 사람이나 단체에 군주 또는 행정장관이라는 이름을 부여한다.'[30]

국민을 군주 아래 두는 행위는 계약이 아니다. '그것은 전적으로 위임이다.'[31]

---

30   같은 책, III, 1, p. 50.
31   같은 곳.

이로부터 주권은 행정권을 자신이 원하는 대로 제한하거나 변형하거나 회복할 수 있다. 실제로 루소는 두 개의 물음이 별도로 투표되어야 하는 주권 국민의 주기적인 회의체를 구상했다. '주권자는 현재의 정부 형태를 유지하기를 원하는가?' 그리고 '국민은 현재 행정을 책임지고 있는 사람들에게 그대로 행정을 맡기기를 원하는가?'[32] 명백하게 루소는 여기서 스위스의 칸톤(cantons. 옮긴이 주 — 스위스의 주나 그것보다 더 작은 지역 단위)과 같은 작은 국가를 구상하고 있다. 이런 국가에서 사람들이 주기적으로 함께 만나는 것은 물리적으로 가능하다. 그러나 정부는 단순히 주권 국민의 도구 또는 장관에 불과하다는 일반 원리는 모든 국가들에 타당하다. 물론 국민들이 행정권을 '회복할' 수 있다고 말하는 것은 그것이 이런 행정권 자체를 행사하기로 결정할 수 있다는 것을 의미하는 것은 아니다. 아무리 작은 스위스의 칸톤에서조차도 국민들이 매일매일 행정을 집행할 수 있는 것은 아니다. 그리고 루소의 원리에 따르면 주권 국민은 어쨌든 입법에 관계하며, 행정에 관계하는 것은 아니다. 만약 주권 국민이 현재의 정부 행정에 만족하지 못한다면, 그것을 해산하고 행정권을 다른 정부에 맡길 자격이 이 주권 국민에게 주어져 있다는 의미에서는 예외가 허용된다.

루소에 따르면 행정권은 '개별적 자아, 그 구성원들이 공유하는 감정, 힘, 정부의 보존을 지향하는 자체 의지'[33]를 소유한다. 그러나 이것은 다음과 같은 사실을 바꾸지는 못한다. '국가는 스스로 존재하고 정부는 주권자를 통해서만 존재한다.'[34] 이러한 의존성은 사실상 정부가 활력을 가지고 기민하게 행위 하는 것을 막지는 못하지만, 정부의 지배적인 의지는 법률에서 표현된 일반 의지이어야 한다. 만약 정부가 주권자의 의지보다 더 능동적이고 강력한 별도의 특수 의지를 갖게 되면, '소위 두 개의 주권자, 곧 법적인 주권자와 사실상의 주권자가 [별도로] 존재하게 된다면, 사회적 연합은 즉각 사라지고 정치체는 해체될 것이다'.[35] 루소는 변덕스럽고 전제적인 군주

---

32   같은 책, III, 18, p. 89.
33   같은 책, III, 1, p. 53.
34   같은 곳.
35   같은 곳.

들이나 정부들의 친구가 아니었다.[36] 그들은 국민의 종복이어야 하고, 주인이어서는 안 된다.

루소가 비록 정부의 형태를 논의하고 있지만, 이 주제에 대해서 많은 언급을 하는 것은 불필요하다. 왜냐하면 모든 국민과 정황에 적합한 단 하나의 이상적인 정부 형태가 있다는 것을 루소가 거부한 것은 꽤 현명한 일이기 때문이다. '"절대적인 의미에서 최선의 정부란 어떤 정부인가"라는 물음은 막연해서 대답하기 힘든 문제가 된다. 이에 대해서는 국민의 절대적 위치와 상대적 위치의 결합이 가능한 조합의 수효만큼 많은 올바른 답변이 있을 수 있다.'[37] 다시 말해서 '국민은 언제나 최선의 정부 형태에 관해 많은 논의를 했다. 그러나 모든 정부 형태가 어떤 사례에서는 최선의 정부이고 다른 사례에서는 최악의 정부라는 것을 고려하지 못했다.'[38] 그러나 우리는 민주정은 작은 정부에 적합하고, 귀족정은 중간 규모의 정부에 적합하며, 군주정은 큰 정부에 적합하다고 말할 수 있다. 그러나 모든 형태의 헌법은 남용되고 변질될 수 있다. '만약 신들의 국민이 존재한다면, 그들은 민주적으로 스스로를 다스릴 것이다. [그러나] 그렇게 완전한 정부는 인간에게는 적합하지 않다.'[39] 루소는 여기서 글자 그대로의 의미에서의 민주주의를 이야기하고 있다. 모든 형태의 헌법 중 민주주의는 당쟁과 내전을 야기할 가능성이 가장 높은 헌법이다. 군주제가 남용되기 쉽다는 것은 분명한 사실이다. '가장 좋고 가장 자연스러운 질서'는 '가장 지혜로운 사람들이 다수를 통치하는 것이다. 단, 그들이 자신의 이익이 아니라 다수의 이익을 위해 다스릴 것임이 확실하면 말이다.'[40] 그러나 당연히 이것은 확실한 사실은 아니다. 다른 정부 형태와 마찬가지로 귀족정은 타락할 수 있다. 사실상 타락하는 성향은 모든 형태의 헌법에서 자연적이고 불가피한 것이다. '정치체는 인체와 마찬가지로 태어나면서부터 죽

---

36 전제적이란 낱말은 여기서 일상적인 의미로 사용되고 있다. 그러나 루소의 전문적인 언어에서는 폭군은 왕의 권위를 찬탈하는 사람인 반면에, 독재자는 주권을 찬탈하는 사람이다. '그러므로 폭군은 독재자가 될 수 없지만, 독재자는 언제나 폭군이다'(*S.C.*, III, 10, p. 77).

37 같은 책, 9, p. 73.

38 같은 책, 3, p. 57.

39 같은 책, 4, p. 59.

40 같은 책, 5, pp. 60-61.

기 시작하며, 스스로를 파괴하는 원인을 내포하고 있다.'[41] 사실상 사람들은 가능한 한 정치체를 건강한 조건 아래에서 유지하도록 노력해야 한다. 이것은 사람들이 자신의 육체에 대해서 노력해야 하는 것과 같은 이치이다. 그리고 이러한 일은 행정권과 입법권을 분명히 분리함으로써 그리고 다양한 헌법적 기구에 의해서 가장 잘 수행될 수 있다. 그러나 최선의 헌법을 가진 국가조차도 뜻하지 않은 환경과는 별개로 다른 국가들에 비해서 좀 더 길게 존립할 수 있겠지만, 언젠가는 종말을 고하게 될 것이다. 이것은 마치 건강하고 튼튼한 육체가 그 자신의 힘으로 그리고 뜻하지 않은 사고와는 별개로 분명 병들고 쇠약한 육체보다 오래 사는 경향이 있을지라도 결국 죽게 되는 것과 마찬가지이다.

—————— 4. 결론

　　루소가 『사회 계약론』에서 말하고 있는 것의 일정한 부분은 그가 살았던 제네바와 같은 작은 공화국에 대한 그의 선호와 분명 연관되어 있다. 예를 들어 시민들이 서로 주기적으로 만나고 그들의 입법 기능을 행사하는 일이 가능한 것은 단지 대단히 작은 정부에서뿐이다. 그리스의 도시국가와 소규모의 스위스 공화국은 루소에게 크기에 관련해서 국가에 대한 그의 이상을 제공하였다. 게다가 당시 프랑스를 추하게 만들었고, 루소를 분노하게 했던 부와 가난의 양극화는 스위스 국민들의 보다 단순한 삶에서는 볼 수 없었던 것이었다. 다시 말해서 루소가 동의하지 않았던 대표 체제는, 비록 '그것이 인류가 타락하고 사람이라는 이름이 더러워진 불공정하고 불합리한 정부인 봉건 정부에서 유래'[42]했을지라도, 정부가 커짐으로써 촉진된다. 분명하게도 루소는 매우 작은 규모 국가가 방어 그 자체에서의 어려움과 같은 불리함을 겪는다는 것을 충분히 이해하였으나, 그는 작은 국가들의 연맹체에 대한 이념을 수용하였다.

41　같은 책, 11, p. 77.
42　같은 책, 15 p. 83.

그러나 작은 국가들에 대한 루소의 선호는 비록 그의 정치이론의 측면에서 아름다운 것이었을지라도 상대적으로 중요하지 않은 부분을 이룬다. 예를 들어 루소는 프랑스가 다수의 작은 국가들로 축소될 수 있다거나 그러한 국가들의 연방으로 축소될 수 있다고 가정할 만큼 공상적인 사람은 아니었다. 어쨌든 국민의 주권에 대한 그의 사상과 국민을 위한 정부라는 그의 이상은 국가의 적절한 규모에 관한 그의 사상들 중 어떤 것보다도 더 중요하고 더 큰 영향력을 가졌다. 대중의 주권이라는 사상은 로베스피에르와 자코뱅당에 약간의 영향을 주었을 뿐이다. 그리고 우리는 자유, 평등이라는 슬로건이 유럽에 퍼져나갔을 때, 루소 자신은 비록 혁명의 주창자가 아니었지만, 퍼져나간 것은 부분적으로는 루소의 사상이었다. 루소는 세계시민주의자가 아니었다. 그는 계몽주의의 세계시민주의를 싫어했고, 스파르타, 초기의 로마 공화정, 스위스 국민의 특성이었던 애국심과 국가 사랑의 결핍을 증오하였다. 그러므로 우리는 적어도 민족적인 통속적 주권이라는 루소의 사상이 국제적 사회주의와는 구별되는 것으로서 민족적 민주주의의 성장과 약간의 유사성을 지닌다고 말할 수 있다.

그러나 정치적, 사회적 발전에 대한 루소의 저술들이 끼친 실제적 영향을 평가하는 것은 거의 가능하지 않다. 우리는 다소간 일반적인 지적에 국한될 수밖에 없다. 물론 그의 이론이 다른 철학자들에게 끼친 영향을 추적하는 것은 더 쉽다. 그리고 당장 마음에 떠오르는 두 사상가는 칸트와 헤겔이다.

루소의 사회 계약론은 이런 측면에서 거의 또는 전혀 중요하지 않다. 사실상 그의 주요한 정치적 저술의 제목이 분명히 보여주고 있듯이 그는 이 이론을 두드러지게 만들었지만, 그것은 단지 자연의 가설적 상태에서부터 정치사회의 상태로의 이행을 정당화하기 위하여 다른 저술가들에게서 넘겨받은 인위적인 장치에 불과하였다. 그것은 어떤 미래를 가지는 이론이 아니었다. 훨씬 더 중요한 것은 일반 의지의 이론이었다. 그러나 이 이론은 적어도 두 방법으로 전개될 수 있었다.

『사회 계약론』의 초고에서 루소는 일반 의지를 각각의 사람 안에 있는 지성의 순수 활동이라고 말하고 있다. 이러한 순수 활동은 누군가가 자신의 이웃에 대해 무엇을 요구할 수 있는지 그리고 그의 이웃이 그에게 요구할 권리가 어디에 있는지를 고려한다. 의지는 여기서 이성적인 것으로 묘사된다. 여기에다 우리는 『사회 계약론』

에서 다음과 같이 표현된 이론을 추가해보자. '오직 탐욕의 충동만을 따르는 것은 노예 상태이며, 우리가 스스로에 대해 정한 법[칙]에 복종하는 것은 자유이다.'[43] 따라서 우리는 자율적이고, 이성적인 의지 또는 실천이성을 가지게 되며, 이것에 의해서 인간은 자신의 더 높은 본성에서 소위 자신에 대해 법칙 수립을 하고, 자신이 더 낮은 본성에서 종속되는 도덕법칙을 선포한다. 그리고 이러한 도덕법칙은 보편적이다. 왜냐하면 이성은 옳은 것을 지시하고, 적어도 암시적으로, 모든 사람이 동일한 정황에서 무엇을 해야 할지를 지시한다. 도덕적 영역에서 입법하는 자율적인 의지의 개념은 칸트 윤리학을 예견하게 한다. 칸트의 의지는 순수하게 이성적인 반면에, 루소는 법칙이 인간의 심장 속에서 지워지지 않는 성격들로 새겨지지 않는다면 이성은 행위의 안내로자로서 역할을 하지 못한다는 점을 강조했다는 반대가 제기될 수 있다. 이성적 의지에게는 인간의 근원적 충동 안에 있는 동기의 힘이 필요하다. 이것은 사실이다. 또한 사실인 것은 루소가 인간의 도덕적 삶 안에 내면의 감정(*le sentiment intérieur*)이 행하는 역할을 강조한다는 점이다. 그러나 루소의 일반 의지 이론과 칸트의 실천이성 이론이 하나이고 동일하다고 제안할 의도는 없다. 중요한 점은 루소의 이론에서 칸트의 방향으로 쉽게 전개될 수 있는 요소들이 있다는 사실이다. 그리고 칸트는 분명하게 루소의 저작들로부터 영향을 받았다.

그러나 일반 의지는 그것의 대상과 관련해서만 보편적인 것은 아니다. 왜냐하면 루소에서 그것은 그것의 주관과의 관계에서도 보편적이기 때문이다. 다시 말하면 일반 의지는 사회 계약에 의해서 존재하게 되는, 주권적 국민의 의지, 도덕적 존재의 의지 또는 공적인 인간의 의지이다. 그리고 우리는 여기서 헤겔이 전개한 유기적 국가이론의 기원을 갖게 된다. 헤겔은 사회 계약론을 비판하고 거부하였다. 그러나 그는 루소가 의지를 국가의 이론으로서 제안했다는 점을 칭찬하였다.[44] 물론 헤겔은 루소의 국가이론과 일반 의지 이론을 물려받은 것은 아니었지만, 그는 루소를 연구하였고 자신의 정치이론을 전개하면서 루소의 영향을 받았고, 자극을 받았다.

---

43 같은 책, I, 8, p. 19.
44 다음을 참조. *Philosophy of Right*, translated by T. M. Knox, Oxford, 1942, pp. 156-157.

우리는 루소가 작은 정부에 대한 선호를 표명했다는 점을 살펴보았다. 그가 이상으로 삼았던 그런 종류의 정치사회에서 일반 의지는 우리가 진정 민주주의적 방식이라고 부를 수 있는 것에서, 말하자면 대중 회의체에서 시민들이 투표하는 것에 의해서 분명히 드러날 것이다. 그러나 만약 우리가 큰 국가를 가정한다면, 그런 국가에서는 그런 회의체들이 전혀 실행될 수 없을 것이며, 따라서 일반 의지는 직접적 입법에서 표현될 수 없을 것이다. 그것은 주기적으로 이루어지는 선거에서 부분적으로 표현될 수 있지만, 입법적 표현을 위해서 그것은 주권적 국민이 아니라 어떤 개인 또는 다수의 사람들의 해석을 필요로 한다. 그리고 어떤 지도자들의 입술을 통해서 발음되는 표현을 발견하는 무오류의 민족적 의지의 개념에 이르는 길은 그리 멀지 않다. 나는 루소가 자신의 이론에 대한 그러한 해석을 용인했으리라 생각하지 않는다. 오히려 그 해석은 그에게 혐오를 일으킬 것이다. 그리고 그는 동시에 그의 저술들에서 그런 해석에 대해 저항하는 자신의 몇몇 절들을 적시할 수 있다. 동시에 명확한 표현을 추구하는 유사 신비적 의지의 개념은 이러한 종류의 오판에 적합하다.

그러나 일반 의지의 이론이 전개될 수 있는 또 다른 길이 있다. 우리는 어떤 국가를 다음과 같은 것으로 생각할 수 있다. 즉 국가란 그것의 역사, 전통, 제도들에서 부분적으로 표현되며, 그것이 고형화되어 표현된 이상이 아니라는 점에서 가변적이지만, 그러나 점차 구축되고 그 국가의 발전이라는 빛 속에서 변형과 재구성을 요구하는 어떤 작동적 이상을 소유하는 것이다. 그리고 이때 우리는 아마도 입법자와 정치이론가의 임무를, 적어도 부분적으로나마 이러한 이상에 구체적인 표현을 주고, 그래서 그 이상이 '진정으로 원하는' 것이 무엇인가를 국가에 보여주고자 노력하는 것이라고 말할 수 있다. 나는 이러한 개념이 비판에서 자유롭다고 제안하는 것은 아니다. 내가 강조하는 점은 해석의 기관을 무오류적 대변자로 생각하도록 강요하지 않더라도 일반 의지에 대한 이론을 제안하는 것이 가능하다는 것이다. 입법부와 정부는 그것의 전통, 제도, 역사적 환경에 비추어서 국가에게 최상의 것이 무엇인지를 보여주려고 노력할 수 있다. 그러나 이로부터 최상의 것에 대한 해석이 옳은 것으로 간주되거나 간주될 필요가 있다고 하는 귀결이 나오는 것은 아니다. 자신에게 최선인 것을 원하는 국가의 관념 그리고 이러한 의지를 표현하고자 하거나 표현하려는 의무

제1부 프랑스의 계몽주의

아래 있는 것으로 정부와 입법부를 보고자 하는 관념을, 해석이나 표현에서 무오류적 기관이 있는 것을 전제하지 않고서도, 유지하는 일은 가능하다. 다른 말로 하면 루소의 이론을 우리의 서구 문화에서 발견되는 것과 같은 민주적 국가의 삶에 적용하는 것은 가능할 것이다.

　　루소의 이론의 다양한 전개가 무엇 때문에 가능한지의 한 가지 주요한 이유는 물론 그 이론에 대한 그의 진술에서 발견될 수 있는 이중성이다. 한 가지 중요한 이중성은 다음과 같다. 루소가 사회적 질서는 모든 권리의 기초라고 말할 때, 그의 진술은, 만약 우리가 '권리'를 법적 권리로 이해하는 한 문제가 없는 의미로 받아들여질 수 있다. 이 경우 이 진술은 자명하다. 그러나 입법권은 도덕성을 낳는다고 그가 말할 때,[45] 이것은 국가가 도덕적 구별의 원천이라는 것을 의미한다. 그리고 만약 우리가 이것을 부분적인 사회들에 대한 그의 공격과 시민 종교-교회에 의해서 매개되는 계시종교와 구별되는 것으로서의 시민 종교에 대한 그의 방어와 짝지어본다면, 루소의 정치이론이 전체주의의 방향으로 나아간다는 견해가 어떻게 제시될 수 있는지를 이해하기는 쉽다. 그러나 그는 실제로 도덕성이 단순하게 국가에 의존한다고 생각하지는 않는다. 결국 그는 국가 자체가 선하게 되려면 유덕한 시민들이 필요하다고 주장하였다. 그러므로 그는 플라톤의 딜레마에 직면하였다. 훌륭한 시민 없이 훌륭한 국가는 존재할 수 없다. 그러나 만약 국가가 그것의 입법부와 정부에서 시민들을 타락시키는 경향을 가진다면, 시민들은 훌륭하게 되지 않을 것이다. 바로 이것이 루소가 솔론(Solon)이나 리쿠르고스(Lycurgus)의 스타일을 추구하는 계몽된 '입법자'에 의지했던 한 가지 이유이다. 그러나 그가 이러한 딜레마에 직면했다는 단순한 사실은 그가 도덕성이 단순하게 국가에 의존한다는 점을 생각하지 못했다는 사실을 보여준다. 왜냐하면 국가가 옳은 것이라 선언하는 모든 것은 옳기 때문이다. 게다가 그는 자연법이 인간의 심장 안에 쓰인 것이라고 믿었다. 그리고 만약 어떤 조건이나 예방책이 주어지는 경우 이 자연법은 확실히 주권 국민의 선언 의지 안에 분명한 표현을 발견할 것이라고 그가 생각했다면, 이러한 낙관주의는 윤리적 실증주의가 아니라 인간

45　*S. C.*, IV, 7, p. 111.

의 자연적 선함에 대한 그의 믿음에 근거한 것이었다. 그러나 그의 진술들이 입법부와 사회적 견해로부터 도덕성을 도출하는 것을 함축하고 있는 것으로 여겨진다는 점에서 그가 윤리적 실증주의의 냄새가 나는 진술들을 했었다는 점을 부인할 수는 없다. 다른 말로 하면 전체로서 고려된 그의 이론은 이중적이다. 인간은 언제나 선을 의욕하지만, 그러나 그는 본성과 관련해서 실수를 할 수 있다. 도덕법의 해석자는 누구인가? 그 답은 이중적이다. 우리는 때로는 그것이 양심이라고들 하고, 때로는 그것이 입법이라고들 한다는 이야기를 듣게 된다. 한편으로는 입법부의 목소리가 반드시 무오류적인 것은 아니다. 그것은 이기적인 관심들에 의해서 영향을 받을 수도 있고, 그래서 일반 의지를 표현하지 못한다. 양심이 추정컨대 결정적인 요인이어야 한다. 다른 한편 인간은 스스로 주권적 국민의 결정을 따라야 한다. 필요하다면 그는 자유롭도록 강제되어야 한다. 여기에 이중성이 없다고 하는 주장은 있을 수 없다. 따라서 루소 자신이 인간의 심장과 양심의 목소리에 지울 수 없는 문자들로 새겨진 법률에 대해 강조했음에도 불구하고, 우리는 그의 이론에서 모순된 요소들이 존재한다는 주장을, 그리고 자연적인 도덕법칙이라는 전통적 개념을 제거하는 경향이 새로운 요소라는 주장을 이해할 수 있다.

마지막 언급을 한다. 우리는 루소를 프랑스 계몽주의의 일반적인 항목 아래에서 고려하였다. 그리고 루소 스스로가 백과전서파와 돌바크 학단에서 이탈했다는 사실을 고려할 때, 이것은 적절하지 않은 분류인 것으로 여겨진다. 더 나아가서 문학의 발전에서 루소는 프랑스뿐만 아니라 독일 문학에 대해서도, 특히 질풍노도(疾風怒濤) 시대(Sturm und Drang period)의 독일 문학에 대해서도 강력한 영향을 미쳤다. 그리고 이것은 그를 프랑스 계몽주의로부터 분리하기 위한 추가적 이유인 듯이 보인다. 그러나 비록 루소가 감성의 문학에 강력한 자극을 제공했다 하더라도, 그는 감성의 문학의 창시자가 아니었다. 또한 그는 인간의 삶에서 정념과 감정의 중요성을 강조한 점에서 18세기 프랑스 철학자들과 저술가들 사이에서 독보적인 사람도 아니었다. 예를 들어 우리는 보브나르그를 생각하는 것으로 족하다. 상황은 다음과 같은 것으로 여겨진다. 만약 우리가 프랑스 계몽주의의 주요한 특징들로서 무미건조한 합리론, 종교적 회의론, 유물론적 경향을 선정한다면, 우리는 당연히 루소가 계몽주의를 극복했거나 아니면 그 이상을 통과하였다고 말해야 한다. 그러나 마찬가지로 우리는 루소를 포함하도록 그 시대에 대한 우리의 개념을 개정할 수 있다. 즉 우리는 프랑스 계몽주의 안에서 무미건조한 합리론, 유물론, 종교적 회의론 이상의 어떤 것을 발견할 수 있다. 그러나 문제의 사실은 그가 18세기 프랑스에서 사상의 일반적인 운동에 그의 뿌리를 두고 있었지만, 그는 철학과 문학의 역사에서 너무 뛰어난 인물이어서 그에게 단순한 분류표를 부여하고, 그 후 모든 정당성을 만족시켰다고 생각하는 것은 별로 적절하지 않다는 것이다. 그는 어떤 유형의 단순한 사례가 아니라, 장자크 루소이며 장자크 루소로 남아 있다. 사회 계약론과 같은 그의 이론 중 몇몇은 그의 시대의 전형이자 바로 역사적 관심인 것이다. 정치적, 교육적, 심리학적이라는 그의 사상의 다른 측면에서 보면, 그는 미래를 내다 보았다. 그리고 그의 문제점들 중 일부는, 예를 들어 개인과 국가 사이의 관계와 같은 문제는, 그가 자신의 문제들에 각각의 다른 공식을 부여하였음에도 불구하고, 그가 저술했을 때와 마찬가지로 현재도 분명히 현실적인 것이다.

제2부

독일의 계몽주의

THE GERMAN ENLIGHTENMENT

A HISTORY OF PHILOSOPHY
WOLFF TO KANT

제5장

독일의 계몽주의(1)

━━━━━━ 1. 크리스티안 토마지우스

　　독일 계몽주의의 첫째 국면에서 대표적인 인물은 아마 라이프니츠의 스승 중한 사람인 야콥 토마지우스(Jakob Thomasius)의 아들인 크리스티안 토마지우스(Christian Thomasius, 1655-1728)일 것이다. 젊은 시절 토마지우스는 철학의 영역에서 독일에 비해 프랑스가 우위에 있다고 강조하였다. 독일은 공동선도 개인의 행복도 증진하지 못하는 형이상학적 추상에 경도되었다. 형이상학은 실재에 대한 인식을 낳지 않는다. 게다가 대학교에서 가르친 '학문적' 철학은 이성적 반성의 목적이 추상적 진리 자신만을 위한 관조라는 사실을 전제한다. 그러나 이러한 전제는 잘못된 것이다. 철학의 가치는 그것의 유용성 속에, 즉 사회적 선 또는 공동선과 개인의 행복이나 복리에 기여하는 경향 속에 놓여 있다. 다른 말로 하면 철학은 진보의 도구이다.

　　형이상학과 순수 지성주의에 대한 이러한 적개심은 어느 정도 경험론에 근거해 있다. 토마지우스에 따르면, 정신은 편견과 선입견, 특히 아리스토텔레스주의와 스콜라주의의 그러한 특성들에서 벗어나 순화되어야 한다. 그러나 비록 그가 아리스토텔레스주의와 스콜라주의 형이상학을 거부했지만, 그는 그 자리에 다른 형이상학을 대체해 넣기 위해서 그렇게 한 것은 아니었다. 그러므로 토마지우스는 예를 들어 데카르트와 스피노자의 영향을 받아 철학에서 수학적 방법의 적용을 옹호했고, 진리의 달성을 인간 삶의 가장 고귀한 이상으로서 칭찬했던 치른하우스(Tschirnhaus, 1651-1708)의 『정신의 의학』(*Medicina mentis*)을 공격하였다. 토마지우스에 있어서 자연에 관한 우리의 지식이 감각 기관에 의거하고 있다는 사실은 분명하다. 우리는 어떤 본유 관념도 가지고 있지 않으며, 순수하게 연역적인 방법에 의해서는 세계에 관한 진리를 발견할 수 없다. 경험과 관찰은 지식의 유일하게 신뢰할 만한 원천이고, 이런 지식의 한계는 우리의 감각 기관에 의해서 설정된다. 한편으로는 감각 기관에 어떤 인상도 남길 수 없을 만큼 너무나 미세한 사물이 있다면, 우리는 그것에 대해 알 수 없다. 다른 한편으로는 우리의 정신 능력을 너무나 능가할 만큼 큰 사물이 있다. 예를 들면 감각 기관의 대상들이 제1원인(First Cause)에 의거한다는 사실은 우리가 알 수 있다. 그러나 우리는 적어도 철학에 의해서는 이 원인의 본성을 알 수 없다. 우리의 정신이 감각 지각에 의거한다는 것은 그리고 그로 인해 우리의 지식의 범위가 제한되어 있다는 것은 형이상학적 사변의 공허함을 보여준다. 우리는 감각 기관의 신뢰성을 의심함으로써, 따라서 감각 기관의 신뢰성에 대한 철학적 증명을 제시함으로써 우리 자신이 형이상학으로 후퇴하게 되는 것을 허용해서도 안 된다. 실로 그 의심은 우리의 심적 삶 안에 자신의 본래의 자리를 차지한다. 왜냐하면 인간에게 어떤 유용성도 증명하지 못했던 과거의 의견에 대해 의심해야 하기 때문이다. 그러나 건전한 양식(良識)에 대해서는 의심하기가 힘이 든다. 우리는 회의론나 형이상학에 말려드는 일을 회피해야 한다. 오히려 우리는 지식을 위해서가 아니라 지식의 유용성을 위해서 감각 기관이 제공했던 세계에 관한 지식에 도달하는 일에 전념해야 한다.

그러나 『이성론 입문』(*Einleitung zur Vernunfilehre*)과 『이성론 실행』(*Ausübung der Vernunfilehre*)(두 권 모두 1691년 출간)에서 나타나는 토마지우스의 철학 개념이 비록 어느 정도 경험론적 시각의 표현이라 하더라도, 그런 시각을 사회적 발전뿐 아니라 프로테스탄트의 종교개혁의 시각과 연관시킨 역사학자들이 있다면, 그들의 시도는 아마 적절한 것일 것이다. 물론 만약 공동선을 강조하는 것이 중산층의 부상의 표현이라고 우리가 단순히 단언한다면, 과장된 표현을 했다는 혐의를 받게 될 것이다. 왜냐하면 공동선이라는 관념은 예를 들어 중세철학에서 강조된 것이기 때문이다. 동시에 공동선의 증진을 위해 자신의 능력을 사용하는 계몽된 이성의 관념에 관심을 집중시키고 있는 공리주의 철학 개념이 중세 이후 사회 구조와 어느 정도 관련이 있다는 것은 아마도 사실일 것이고, 공리주의 철학을 '부르주아 철학' — 이 단어가 악용되는 용어로 사용되지 않는다면 — 이라고 말하는 것이 불합리한 것은 아니라는 것은 아마도 사실일 것이다. 종교적 연관에 관해 말한다면, 이러한 부르주아 철학은 프로테스탄트 종교 개혁적 시각의 세속화된 연장선인 듯 여겨진다. 신에 대한 참된 섬김은 영원한 진리들에 대한 고립된 묵상에서나 금욕주의와 고행을 위해 세계를 외면하는 데서 발견되는 것이 아니라, 사회적 삶의 일상적인 형태들 안에서 발견되어야 한다. 엄격하게 종교적인 설정과 분리된 이러한 관념은 쉽게 현세에서의 사회적 진보와 개인의 성공이 신의 은총의 표지라는 결론으로 이어진다. 그리고 루터(Luther)가 생각했듯이 만약 철학적 반성이 신학적 영역에서 거의 또는 전혀 권능을 갖지 못한다면, 철학적 반성은 사회적 선과 개인의 세속적인 행복의 증진에 몰두해야 한다는 결론이 뒤따르는 것처럼 보인다. 진리 그 자체를 위한 관조가 아니라 바로 유용성이 그러한 반성의 주요한 동인이 될 것이다. 말하자면 철학은 형이상학과 신학에 관심을 두기보다는 윤리학, 사회적 조직화, 법률의 문제에 관심을 둘 것이다. 철학은 인간을 중심으로 돌아갈 것이다. 그러나 인간을 고려할 때 철학이 가지는 주요한 목표는 철학적 인간학을 존재(Being)의 일반 형이상학으로 통합하는 것이라기보다는 인간의 세속적 선을 증진하는 것일 것이다. 인간은 형이상학적이거나 신학적 관점에서가 아니라 심리학적으로 고려될 것이다.

물론 이것은 철학이 반(反) 종교적이어야 한다는 것을 의미하는 것은 아니다. 이미 우리가 보았던 것처럼 프랑스 계몽주의 철학은 자주 가톨릭에 대해 적대적이었고, 어떤 사상가들에게는 사회적 진보의 적으로 여겨졌던 종교 일반에 대해 적대적이었다. 그러나 이러한 관점은 분명히 말해서 독일 계몽주의 일반에 대한 특징도 아니었고, 토마지우스 개인에 대한 특징도 아니었다. 토마지우스는 비종교적 인간과는 거리가 먼 사람이었다. 오히려 그는 경건주의와 관련이 있었거나 관련을 갖게 되었다. 경건주의는 17세기 말엽 루터 교회에서 일어났던, 그리고 새로운 경건한 삶을 종교체에 주입하는 것을 목표로 삼았던 운동이다. 그러나 경건주의가 종교를 단순히 감정으로 환원시켰다고 말하는 것이 정당화될 수는 없겠지만, 경건주의는 형이상학이나 스콜라주의 신학과는 아무런 공감대를 가지지 않았고, 오히려 개인의 신앙과 내면을 강조하였다. 그러므로 경건주의는 경험론과 마찬가지로 이유는 다르지만 철학이 형이상학과 자연 신학을 외면하게 하는 데 기여했다.[1]

『이성론』의 결론은 형이상학이 쓸모없고, 이성은 인간의 선을 증진하기 위해 사용되어야 한다는 것이다. 토마지우스의 윤리 이론은 『도덕론 입문』(*Einleitung zur Sittenlehre*, 1692)과 『도덕론 실행』(*Ausübung der Sittenlehre*, 1696)에서 전개된다. 그러나 그 이론은 호기심을 끄는 변질을 겪게 된다. 우선, 인간의 최고선은 이성이 지목하는 길인 영혼의 평온이고, 의지는 사람들을 선에서 외면하게 하는 능력이라고 말해진다. 이것은 개인주의적 이상인 듯이 보인다. 그러나 토마지우스는 인간이 본성상 사회적 존재자라고, 그리고 올바로 이야기한다면 사회의 구성원일 때 비로소 그는 인간이라고 계속 주장한다. 이런 사실에서부터 인간은 사회적 연대가 없다면, 즉 동료애가 없다면, 영혼의 평온을 얻을 수 없으며, 개인은 공동선을 위해 자신을 희생해야 한다는 귀결이 뒤따른다. 서로 사랑함으로써 단순히 사적이고 이기적인 의지를 초월하는 공동 의지가 생겨난다. 이런 사실에서부터 의지는 나쁜 것으로 생각될 수 없다는 귀결이 도출된다. 왜냐하면 '이성적 사랑'은 의지의 나타남이고, 이성적 사랑에서 덕이 생겨나기 때문이다. 그렇지만 토마지우스는 인간의 의지가 악하다고 주장하고 싶어 한다. 의지는 부, 명예, 쾌락과 같은 것을 욕망하는 근원적 충동의 노예이다. 사심 없음은 우리 자신의 노력으로는 얻어질 수 없다. 인간의 선택과 행위는 오로지 죄만 낳을 뿐이다. 인간을 그의 도덕적 무력에서 구원할 수 있는 것은 오로지 신의 은총뿐이다. 다른 말로 하면 토마지우스의 윤리 저술들에서 최종의 언어를 가지게 되는 것은 경건주의다. 그리고 그는 분명히 인간이 자신의 힘으로 자연적 도덕성을 발전시킬 수 있다는 자신의 과거의 생각에 대해 자신을 비난한다.

---

[1] 이러한 진술은 경건주의가 토마지우스와 그의 계승자들에 끼친 직접적인 영향에 관한 한 옳다. 왜냐하면 경건주의에는 종교와 신학을 철학적 반성의 영역에서 제거하는 경향이 있었기 때문이다. 그러나 이 진술이 제한될 필요는 있다. 예를 들어 경건주의에 대한 어떤 인식은 본 전집의 다음 권[제7권]에서 나타나듯이 헤겔 사상을 이해하기 위해서는 필수적이다.

토마지우스는 법학과 국제법에 관련된 저술들로 가장 잘 알려져 있다. 1688년에 그는 『신법학(神法學) 개요』(*Institutionum jurisprudence divinae libri tres, in quibus fundamenta juris naturae secundum hypotheses ill. Pufendorfii perspicue demonstrantur*)를 출간하였다. 제목이 보여주듯이 이 저술에서 그는 유명한 법학자인 사무엘 푸펜도르프(Samuel Pufendorf, 1632-1694)에 의거하고 있다고 진술했다. 그러나 그는 그의 후기 출판물인 『자연법과 국제법의 기초』(*Fundamenta juris naturae et gentium ex sensu communi deducta*, 1705)에서 상당한 정도의 독창성과 독립성을 보여주었다. 그 책에서 그는 성격상 형이상학적인 것이 아니라 심리학적인 인간을 고려하는 데서 출발하였다. 그는 인간에게서 세 가지의 근본적인 충동을 발견한다. 가능한 오래 그리고 행복하게 살고자 하는 욕망, 죽음과 고통의 본능적 회피, 부와 권력에 대한 욕망이 그것이다. 이성이 이러한 충동들을 제어하지 않는 한, 인간 사회의 자연 상태가 존재한다. 이러한 상태는 전쟁과 평화가 혼재되어 있으며, 언제나 전쟁으로 전락하려는 경향을 가진다. 이러한 상황은 단지 이성적 반성이 우위에 있고, 가능한 가장 오랜 그리고 가장 행복한 삶을 인간에게 보장하는 것을 지향할 때만, 치유될 수 있다. 그러나 행복한 삶이란 무엇인가? 첫째, 그것은 공정한 삶이다. 그리고 정의[공정]의 원리는 다른 사람들이 우리에게 하기를 우리가 바라지 않는 것을 그들에게 행해서는 안 된다는 것이다. 좁은 의미의, 즉 외적 평화 관계의 유지를 지향한다는 의미에서의 자연법은 이러한 원리에 기초해 있다. 둘째, 행복한 삶은 예의 바름(*decorum*)의 특징을 가진다. 예의 바름의 원리는 또는 적절한 것의 원리는 다른 사람이 우리에게 해주기를 우리가 바라는 것을 다른 사람에 대해 행해야 한다는 것이다. 자비의 행위에 의해서 평화의 증진을 목표로 하는 정치학은 이러한 원리에 기초해 있다. 셋째, 행복한 삶이란 덕과 자기 존중(*honestum*)을 요구한다. 이 원리는 다른 사람들이 자신의 능력에 부합되게 스스로에게 행하기를 우리가 바라는 것을 우리 자신에게 행해야 한다는 것이다. 내적 평화의 달성을 목표로 하는 윤리는 이 원리에 기초해 있다.

우리는 여기서, 인간이 도덕적 삶을 자신의 노력으로는 발전시킬 수 없다는 것에 관해 『도덕론 실행』에서 언급된 것들에 의해서 제안된 것과는 좀 다른 견해를 가지게 된다. 왜냐하면 『자연법과 국제법의 기초』에서 그는 자연법이 인간의 이성에서 도출될 수 있고, 이성의 행사에 의해서 인간이 자신의 이기적 충동을 극복하며, 유용성 즉 공동선을 증진할 수 있다는 입장을 분명히 취하고 있기 때문이다. 푸펜도르프 역시 자연법을 이성에서 도출하였다. 그러나 토마지우스는 푸펜도르프가 했던 것보다 더 날카롭게 자연법을 형이상학 및 신학과 분리했다. 그러므로 우리는 이성이 인간 삶의 상처를 치유할 수 있고, 이성의 행사가 사회적 선을 목표로 해야 한다는 계몽주의 독특한 관념을 발견하게 된다. 개인은 자신의 이기적 욕망과 갈망의 극복에서 그리고 자신을 사회의 선에 종속시키는 데서 자신의 선을 발견해야 한다. 이것은 토마지우스가 종교에 대한 믿음 또는 초자연적인 것에 대한 믿음을 버렸다는 것을 의미하는 것은 아니다. 그러나 그는 믿음, 감정, 헌신의 영역에 속하는 종교를 철학적 반성의 영역과 분리하려 했다. 공동체에 대한 칼뱅주의적 강조는 세속화된 형식으로 나타난다. 그러나 그것은 토마지우스가 볼 때 루터주의적 경건주의와 공존하고 있다.

───────── **2. 크리스티안 볼프**

독일 계몽주의의 둘째 국면의 주요 대표자는 크리스티안 볼프(Christian Wolff, 1679-1754)이다. 그러나 볼프에서 우리는 토마지우스와는 전혀 다른 모습을 발견한다. 경건주의와 결합한 형이상학에 대해 느끼는 토마지우스의 적대감은 완전히 사라진다. 대신에 우리는 학문적 철학과 학단 형이상학의 부활 및 철저한 합리론을 발견하게 된다. 그렇다고 해서 이로부터 볼프가 반(反) 종교적이라는 의미에서 합리론자였다는 것이 도출되지는 않는다. 그는 그런 류의 사람이 아니었다. 그러나 그는 형이상학과 자연 신학을 포함했던 완전한 이성적 철학 체계를 발전시켰다. 그러한 철학 체계는 대학에서 강력한 영향을 가졌다. 실로 그는 철학의 실천적인 목적을 강조하였으며, 그의 목표는 지성과 덕이 인간들 가운데 퍼져나가는 일을 증진하는 것이었다. 그러나 그의 사고의 독특한 점은 신에 대한 형이상학적 인식을 포함하는 형이상학의 영역에서 확실성에 도달할 수 있는 능력이 인간 이성에게 있다는 점을 그가 신뢰하고 강조했다는 것이다. 이러한 합리론은 그의 독일어 저술들의 제목에서 나타난다. 그 제목은 자주 '…에 대한 이성적 사고(*Vernunjtige Gedanken von*…)'라는 말과 함께 시작한다. 예를 들면 『신, 세계, 인간의 영혼에 대한 이성적 사고』(*Rational Ideas of God, the World and the Soul of Man*, 1719)가 그것이다. 그리고 그의 라틴어 저술들은 함께 '이성 철학'(*Philosophia rationalis*)을 형성한다. 이성의 영역에서 신앙의 영역을 갈라놓는 경건주의적 태도와 형이상학을 불확실하고 무용한 것으로 제거하려는 태도는 볼프의 정신에서는 대단히 낯선 것이었다. 이런 의미에서 그는 르네상스 이후 대륙 철학의 거대한 합리론적 전통을 이어갔다. 그의 저술은 상당 부분 라이프니츠에 의존했다. 라이프니츠의 사상을 그는 스콜라주의적이고 학문적인 형식으로 표현하였다. 그러나 그가 라이프니츠와 그의 다른 주도적 선배들에 비해서 독창성을 결여하였음에도 불구하고, 그는 독일 철학에서 중요한 인물이다. 그리고 칸트가 형이상학과 형이상학적 증명들을 논의할 때, 그가 염두에 두었던 것은 종종 볼프의 철학이다. 왜냐하면 비판기 이전에 칸트는 볼프와 그의 계승자들의 사상을 연구했고, 흡수하였기 때문이다.

볼프는 브로츨라프(Breslau)에서 태어났고, 비록 그가 라이프치히(Leipzig) 대학교에서 철학에 전념했고, 철학에 대해 강의를 했음에도 불구하고, 처음에는 신학 연구를 할 처지였다. 치른하우스의 『정신의 의학』에 관한 몇몇 주석이 그를 라이프니츠와 접촉하도록 했고, 볼프가 할레(Halle) 대학교의 수학 교수로 지명된 것은 라이프니츠의 추천에 의한 것이었으며, 그곳에서 그는 수학뿐만 아니라 철학의 여러 분야에 대해 강의하였다. 그러나 그의 견해는 경건주의파 동료들의 반대를 불러일으켰는데, 이들은 그가 신앙이 없다고 비난하였으며, 프리드리히 빌헬름 1세(Frederick William I)는 그의 자리를 박탈하도록 설득했다(1723). 참으로 볼프는 죽을 정도의 고통 속에 이틀 안에 프로이센을 떠나라는 명령을 받았다. 그는 마르부르크(Marburg) 대학교에서 받아들여졌다. 그곳에서 그는 강사와 저술가로서 활동을 계속했지만, 그의 사례는 독일 전반에 걸쳐서 생생한 논란을 야기했다. 1740년에 그는 프리드리히 2세(Frederick II)에 의해 할레 대학교 교수로 소환되었으며, 이어서 그는 교수 직위를 획득했다. 그런 가운데 그의 사상의 영향은 독일 대학교들을 통해서 퍼져나갔다. 그는 1754년에 할레에서 죽었다.

어떤 점에서 볼프는 철저한 합리론자였다. 그래서 그에게 이상적인 방법은 연역적 방법이었다. 형식 논리학과 순수 수학 이외에 연역적 방법을 사용하는 것은 최상의 원리, 즉 무모순의 원리가 모든 실재하는 것에 적용된다는 사실에 의해서 가능하게 된다. 이러한 원리에서부터 우리는 충분한 이유의 원리를 도출한다. 이 원리는 무모순의 원리와 마찬가지로 단순히 논리적 원리가 아니라 존재론적 원리이다. 그리고 충분한 이유의 원리는 철학에서 아주 중요하다. 예를 들어 세계는 초월적 존재자, 즉 신 안에서 자신의 충분한 이유를 가져야 한다.

물론 볼프는 연역적 방법만이 철학 체계를 구축하는 데 충분한 것이 아니라 점을 알고 있었으며, 더더구나 그런 방법만으로 경험과학을 발전시키는 일은 전혀 할 수가 없다는 점을 알고 있었다. 우리는 경험과 귀납 없이는 경험과학에서 진전할 수 없으며, 철학에서조차 우리는 경험적 요소를 요구한다. 그러므로 우리는 가끔 개연성에 만족하지 않으면 안 된다. 몇몇 명제들은 절대적으로 확실하다. 왜냐하면 우리는 그런 명제의 반대를 모순 없이 주장할 수 없기 때문이다. 그러나 무모순의 원리로 환원될 수 없는 많은 명제들이 있다. 이런 명제들은 개연성의 다양한 등급을 만족시킨다.

다른 말로 하면 볼프는 이성의 진리와 사실의 진리를 구별한 라이프니츠의 견해를 받아들였다. 이성의 진리의 반대는 모순 없이 주장될 수 없으며, 이 진리는 필연적으로 참이다. 사실의 진리는 필연적으로가 아니라 우연적으로 참이다. 그는 이러한 구별을 예를 들어 다음과 같은 방식으로 적용했다. 즉 세계는 서로 관계없는 유한한 사물들의 체계이고, 그것은 마치 어떤 방식에서 필연적으로 작동하거나 운동하는 기계와 같다. 왜냐하면 세계는 현재 있는 그대로의 모습이기 때문이다. 그러나 이러한 필연성은 조건적이다. 만약 신이 그렇게 원했다면, 세계는 지금 있는 그것과는 달리 있을 수 있기 때문이다. 이로부터 세계에 관한 많은 참된 진술들이 있다는 결론이 나온다. 세계에 관한 진리는 절대적으로 필연적인 것은 아니다. 동시에 세계는 궁극적으로 실체들로 구성되어 있으며, 이 각각의 실체는 적어도 이상적으로는 명석한 관념 속에서 이해될 수 있고, 정의될 수 있는 본질을 예시하고 있다. 그리고 우리가 만약 이러한 본질들에 대한 인식을 가진다면, 우리는 일련의 필연적 진리를 연역할 수 있다. 왜냐하면 우리가 본질을 이해할 때, 우리는 구체적인 존재를 추상하고, 특정한

제2부 독일의 계몽주의

세계에 대한 신의 선택과는 무관하게 가능성의 질서를 생각하기 때문이다. 참으로 세계는 현재 있는 대로의 것과 다를 수 있다는 볼프의 견해는 그의 본질 이론에 적합하지 않다는 주장이 가능하다. 왜냐하면 세계를 구성하는 본질이 주어질 때, 세계 질서는 단지 현재 있는 그대로일 수 있을 뿐이라고 주장될 수도 있기 때문이다. 그러나 내가 여기서 주장하고자 하는 핵심은 볼프의 합리론이, 즉 명석 판명하게 정의될 수 있는 관념에 대한 그리고 연역에 대한 그의 강조가 그를 가능적인 것의 학문, 모든 가능적 사물들의 학문, 즉 모순을 포함하지 않는 어떤 것도 가능한 것의 학문을 철학으로 서술하도록 인도하고 있다는 것이다.

볼프는 라이프니츠를 언급하였고, 따라서 라이프니츠의 철학이 볼프의 사상에 현저한 영향을 끼치고 있다는 것은 이론의 여지가 없다. 우리는 이러한 영향의 사례들을 짤막하게 살펴볼 것이다. 그러나 본질의 관념으로 돌아가면 볼프는 분명 스콜라주의자들을 참조하고 있으며, 당시 스콜라주의에 대한 광범위한 비난이 퍼져 있었다는 점을 고려했을 때, 비록 그가 스콜라주의의 관념들을 개선하고 있다는 주장을 조심스럽게 하고 있음에도 불구하고, 그는 라이프니츠를 추종하면서 스콜라주의자들의 견해와 작품에 대한 전반적인 비난에 동조하지 않았다. 그리고 사실상 아주 분명한 점은 그가 스콜라주의자들에게서 영향을 받았다는 사실이다. 그러나 볼프가 본질로서 존재에 대해 관심을 집중한 것은 아퀴나스의 정신보다는 스코투스의 정신을 염두에 둔 것이다. 그의 사상에 영향을 끼친 것은 토마스주의 체계가 아니라 후기 스콜라주의였다. 그래서 그의 『존재론』(Ontology)에서 그는 수아레즈(Suárez)의 승인을 요청하였다. 수아레즈의 저술들은 독일의 대학들에서, 심지어는 프로테스탄트 계열의 대학들에서 큰 성공을 거두었다.

스콜라주의의 영향은 볼프의 철학 분류에서 알 수 있다. 물론 아리스토텔레스에까지 소급되는 기본적인 분류는 이론 철학과 실천 철학의 분류이다. 이론 철학 또는 형이상학은 존재자 그 자체를 다루는 존재론, 영혼에 관심이 있는 이성적 심리학, 우주 체계를 다루는 우주론, 신의 존재와 속성들을 주제로 삼는 이성 신학 또는 자연 신학으로 세분된다. (실천 철학은 아리스토텔레스에서는 윤리학, 경제학, 정치학으로 세분된다). 존재론 또는 일반 형이상학을 자연 신학과 명백하게 분리하는 것은 중세까지 소급되지 않으며, 그것은 때때로 볼프 자신의 것이었다. 그러나 그 분리는 '존재론'(ontology)이 아니라 '존재학'(ontosophy)이라고 언급했던 데카르트주의자인 클라우베르크(Clauberg, 1622-1665)가 이미 제안했던 것이다. 그리고 존재론은 스콜라주의자인 장 밥티스트 뒤아멜(Jean-Baptiste Duhamel, 1624-1706)이 『보편철학』(*Philosophia universalis*)에서 사용했던 용어였다. 게다가 『존재론』에서 볼프는 스콜라주의자들이 제시한 정의들과 스콜라주의자들이 존재자로서의 존재자에 관해 다루는 것을 개선하려는 목표를 분명히 하였다. 그리고 그의 철학 분류가 비록 가령 성 토마스 아퀴나스의 그것과 다르다고 하더라도, 볼프의 분류 계층 배열은 분명히 스콜라주의의 영향 아래에서 발전된 것이었다.[2] 이것은 별로 중요한 문제가 아닌 듯이 여겨질 수도 있다. 그러나 스콜라주의의 전통이, 비록 엄격한 토마스주의의 견해에서 볼 때 그것은 볼프의 철학에서 보금자리를 찾은 스콜라주의의 다소 저급한 형식이었음에도 불구하고, 독일 계몽주의의 선도적인 특징 중 하나라는 생각에서 계속된 생명력를 발견했다는 사실을 관찰하는 것은 적어도 흥미로운 일이다. 분명히 이것은 질송(Gilson) 교수와 함께 아퀴나스와 그의 충실한 계승자들의 '존재주의'를 후기 스콜라주의의 '본질주의'에 대비시키는 사람들이 생각한 것이다.[3]

　　라이프니츠의 영향력은 볼프의 실체 취급에서 분명히 간파될 수 있다. 비록 볼프가 '모나드'(monad)라는 용어를 피했음에도 불구하고, 지각할 수 없는 단순한 실체들의 존재를 요청하였다. 이런 실체는 연장 또는 형태 없이 존재하며, 완전히 유사한 실체들은 전혀 존재하지 않는다. 우리가 물질세계에서 지각하는 사물들은 이러한 실체들 또는 형이상학적 원자들의 집합체이며, 연장은 라이프니츠와 함께 현상적 질서에 속한다. 물론 인간의 육체도 실체들의 집합체다. 그러나 인간 안에는 단순 실체인 영혼 그리고 그것의 현존이 의식, 즉 자기의식과 외부 세계에 대한 의식에 의해서 증명될 수 있는 영혼이 존재한다. 참으로 영혼의 현존에 관한 한, 자기의식을 가진 모든

2　　우리는 볼프의 철학 분류가 그 뒤에 나오는 스콜라주의의 저술들에 상당한 영향을 미쳤다는 사실을 덧붙여야 한다.

3　　이 주제에 대해서는 질송의 저서 『존재와 몇몇 철학자들』(*Being and Some Philosophers*), 제2판(수정 증보판), Toronto, 1952 참조.

사람에게 그것은 직접적으로 명료하다.

볼프는 의식을 매우 강조하였다. 단순 실체로서의 영혼은 능동적 힘을 소유한다. 그러나 이러한 힘은 영혼이 스스로 세계를 표상하는 능력 안에 있다. 그리고 영혼의 상이한 능동성들은, 이러한 표상력의 상이한 표시에 불과하다. 이런 능동성 중 두 가지 기본 형식은 인식하는 것과 욕망하는 것이다. 영혼과 육체의 관계에 관해서 말하자면, 그것은 예정 조화에 의해서 서술되어야 한다. 라이프니츠에 대해 말한다면, 영혼과 육체 간에는 직접적인 상호작용이 존재하지 않는다. 신은 영혼이 스스로 자신의 육체의 감각 기관에서 야기하는 변양들에 따라서 세계를 표상하도록 사물들을 배열했다.

볼프에서 신 존재의 주요 증명은 우주론적 논증이다. 세계 즉 상호 관계를 맺는 유한한 사물들의 체계는 그것의 존재와 본성에 대한 충분한 이유를 요구한다. 그리고 이러한 충분한 이유는, 비록 신의 선택이 또한 자신의 충분한 이유, 즉 신이 생각한 최선의 매력적인 힘 안에 있다는 이유를 가지고 있다 하더라도, 신적 의지인 것은 틀림없다. 물론 이것은 볼프가 라이프니츠의 변신론의 주요 노선을 따르고 있음이 틀림없다는 것을 의미한다. 라이프니츠와 마찬가지로 그는 자연적 악, 도덕적 악, 형이상학적 악을 구별하였다. 형이상학적 악은 유한성에 필연적으로 수반되는 불완전성이기 때문에 세계와 분리될 수 없다. 자연적 악과 도덕적인 악에 관해서 말한다면, 세계는 적어도 그것들의 가능성을 요구한다. 실제로 문제는 신이 악 없이 세계를 창조할 수 있는가가 아니라, 악 또는 적어도 악의 가능성이 없을 수 없는 그런 세계를 창조할 충분한 이유가 있는가 하는 것이다. 볼프의 대답은 신이 인간에 의해서 인정되고, 존경받으며, 찬양된다는 관점에서 세계를 창조했다는 것이다.

이 모든 점은 인간의 정신에는 형이상학과 자연 신학에서의 진리를 획득할 능력이 없다는 토마지우스의 견해와 분명 상당히 다르다. 신의 현존에 대한 자신의 우주론적 증명 이외에, 볼프는 라이프니츠와 자신에 의해 이루어진 존재론적 논증의 발전이 비판주의의 통상적인 노선에서부터 그 논증을 벗어나게 했다는 점을 확신하면서, 이 존재론적 논증을 받아들였다. 볼프에게 제기된 무신론에 대한 비난은 불합리한 것이었다. 그러나 경건주의자들인 그의 적들이 그가 신앙의 자리에 이성을 집어

넣었고, 자신들의 종교 개념의 토대를 무너트렸다고 생각했다는 점은 이해할 만한 일이다.

볼프가 형이상학적 영역에서 인간의 지성이 무능하다는 이론을 거부한 것과 마찬가지로, 그는 인간의 도덕적 무능력 이론, 즉 홀로 남겨진 인간은 죄를 짓는 것 말고는 아무것도 할 수 없다는 이론을 거부하였다. 그의 도덕 이론은 완전성 관념에 기초했다. 선은 우리와 우리의 조건을 더 완전하게 만드는 것으로 정의되며, 악은 우리와 우리의 조건을 더 불완전하게 만드는 것으로 정의된다. 그러나 볼프는 우리가 선으로, 즉 어떤 점에서 우리를 완전하게 하는 것으로 간주하는 것만을 원한다는 점과 우리가 악이라고 간주하는 것은 아무것도 원하지 않는다는 점을 이미 '고대인들'이 알고 있었다는 것을 인정한다. 다른 말로 하면 그는 인간이 언제나 선의 형식 아래에서(sub specie boni) 선택을 한다는 스콜라주의자들의 진술을 인정한다. 따라서 분명하게도 그는 그 용어의 넓은 의미에서의 선, 즉 의지가 선택하는 대상이 되는 모든 것을 포함하는 것으로서 선과, 도덕적 의미에서의 선, 즉 우리가 추구하거나 선택해야 하는 것 사이를 구별하는 어떤 기준을 발견해야 한다. 사실상 그는 우리의 본성의 완전성에 대한 관념을 강조한다. 그러나 우리를 도덕적 행위와 부도덕한 행위 사이를 구별하게 하는 어떤 일정한 만족이 이러한 개념에 주어져야 한다는 것은 분명하다. 이러한 일을 시도하면서 볼프는 이성의 규칙과 인간의 내적 · 외적 조건들의 규칙 아래에서 인간 본성의 다양한 요소들을 조화시킨다는 관념을 강조한다. 몇몇 저술가들은 볼프가 최고선(summum bonum) 또는 인간의 도덕적 노력의 목적에 외적(外的) 선을 포함시킴으로써 '프로테스탄트의 윤리'를 표현하고 있었다고 주장하였다. 그러나 수세기 전에 아리스토텔레스는 외적인 선의 충분성을 인간의 선에 포함하였다. 어쨌든 볼프가 자기완성의 윤리학과 연관되는 것으로 보이는 개인주의를 회피하고자 노력했다는 사실은 유념해야 한다. 그러므로 그는 인간이 자신의 동료들을 돕고 인간의 순수하게 이기적인 충동에 굴하지 않으려고 노력하는 한에서만 자신을 완성할 수 있다는 사실을 강조한다. 신의 영광과 공동선의 촉진은 자기완성의 관념에 속한다. 그러므로 '자연법'은 우리가 우리 자신, 우리의 조건, 다른 사람들의 조건을 더 완전하게 하는 것을 행해야 하고, 우리는 우리 자신을 또는 다른 사람을 더 불완전하게 만드는 일을 하지 말아야 한다는 점을 명령한다.

볼프는 자유를 도덕적 삶의 조건이라고 주장한다. 그러나 만약 자유가 인간이 그가 실제로 선택했던 것 말고 다른 선택을 할 수 있다는 것을 의미한다면, 자유가 어떻게 가능한지를 설명하는 일은 그로서는 결코 쉬운 일이 아니다. 왜냐하면 우리가 이미 살펴보았던 것처럼 그는 자연(Nature)을 기계와 유사한 것으로 간주하기 때문이다. 이 기계 속에서 모든 운동은 결정되어 있고, (가설적으로) 필연적이다. 그러나 이런 난점에도 불구하고 볼프는 사람은 자유롭다는 주장을 계속한다. 이런 입장을 정당화하면서 그는 영혼과 육체 사이의 예정 조화론에 호소한다. 영혼과 육체 사이에는 직접적인 상호작용은 존재하지 않는다. 그래서 예를 들어 육체적인 조건과 감각적 충동들은 영혼의 선택을 결정할 수 없다. 영혼의 선택은 그 자신의 자발성에서 생겨나고, 그러므로 그런 선택은 자유롭다.

그러나 볼프는 또한 지성과 도덕적 삶에서의 의지의 관계라는 난점에 휘말린다. 그에 의하면 자연적 도덕법칙에 일치하는 것만을 하려는 항구적인 의지는 덕의 시작과 기초이다. 그러나 의지의 이러한 항구적인 방향은 지성 또는 이성, 즉 도덕적 선, 악의 인식에 의해서 산출될 수 있을까? 이러한 산출은 의지 자체의 행위여서는 안 되는가? 객관적인 도덕적 선을 향한 의지의 항구적인 방향이 시작부터 주어진 것이 아니기 때문에, 그리고 그것이 지성에 의해서만 어떻게 산출될 수 있는지를 보여주는 데 난점이 존재하기 때문에, 볼프는 도덕적 삶의 필요와 도덕적 삶에서 교육의 역할의 중요성을 강조한다. 동시에 그가 강조한 것은 지적인 교육, 즉 명석 판명한 관념들의 형성이다. 따라서 볼프가 비록 인간이 그 자신의 노력에 의해서 어떻게 진정한 도덕적 삶을 영위할 수 있는가의 문제에 대해 완전하고도 만족할 만한 대답을 제공하고 있지는 못하지만, 합리론이 그에게 있어 결정적인 의미가 있다는 것은 분명하다. 교육의 주요 목적은 의지를 향한 동기로서 역할을 하는 인간의 도덕적 소명에 대한 명료한 관념을 산출하는 것이다. 인간의 마음속에 있는 것이 무엇인지는 아주 분명한 것처럼 보인다. 의지는 자연적으로 선을 찾는다. 그러나 인간은 선에 대한 잘못된 관념을 가질 수 있다. 그래서 참되고, 명료하며, 적합한 관념들을 발전시키는 일은 중요하다. 의지는 지성에 의해서만 올바른 방향을 정할 수 있다. 볼프는 어떻게 해서 지성이 의지를 통제할 수 있고 올바른 욕망을 낳을 수 있는지를 정확하게 설명하는 데 성공하지 못했을는지는 모르지만, 그의 견해 속에 그러한 사상이 포함되어 있다는 것은 의심의 여지가 없다.

볼프는 때때로 정신 교육의 목표가 마치 유용한 관념들을 산출하는 것인 양 말하고 있다. 그리고 만약 우리 자신 및 이웃들에 대한 우리의 의무에 관해 이야기할 때, 인간은 일을 해야 하고, 이런 수단들에 의해서 자신을 유지하며, 공동선을 증진한다는 그의 주장을 우리가 염두에 둔다면, 아마 우리는 그의 도덕적 이상이 단지 예의 바르고 열심히 일하는 시민들의 그것 이외에 아무것도 아니라는 결론을 도출하고자 하는 유혹에 빠질 수 있다. 다른 말로 하면 그는 자신이 인간의 도덕적 소명에 대한 철저하게 부르주아적인 개념, 즉 현세에서 인간의 소명에 대한 프로테스탄트적 개념의 세속화된 형식으로 서술될 수 있는 개념을 가지고 있다고 결론 내릴 수 있다. 그러나 이런 개념이 그의 사고 속에서 한 가지 요소를 형성할 수도 있겠지만, 그것은 그런 요소에만 그치는 것은 아니다. 왜냐하면 그는 '유용한'이라는 용어에 광범위한 의미를 부여하고 있기 때문이다. 사회에 유용한 것은 단순히 육체노동이나 어떤 종류의 공적인 일로서 충실히 역할을 하는 것을 의미하는 것은 아니다. 예를 들어 예술가와 철학자는 각자의 잠재성을 개발하고, 스스로를 완전하게 하며, 그렇게 해서 사회에 '유용하게' 된다. 삶을 위한 교육은 좁은, 즉 교양을 포함하지 않는 교육의 의미로 받아들여져서는 안 된다. 볼프는 넓은 의미에서의 교육과 자기완성의 관념을 공동선에 봉사하는 의미라는 주장과 결합하려고 노력한다. 그는 공동선을 자신의 도덕철학의 독특한 특징으로 간주된다.

인간은 도덕적 완전성을 추구해야 하는 책무를 가지고, 이러한 완전성은 유한한 시간 안에 도달될 수 없다는 칸트의 관념을 고려할 때, 칸트 이전의 볼프에서 도덕적 완전성은 여기서 그리고 지금 명확하게 도달될 수 있는 것이 아니라는 점을 언급하는 것은 가치가 있는 일이다. 인간은 그의 목적에 도달할 수 없고, 따라서 말하자면 제자리에서 멈추고 만다. 도덕적 완전성을 추구하는 책무는 그것을 향해서 지속적으로 갈구해야 하는 책무를 포함한다. 그런 책무는 끊임없이 이성의 규칙 아래에서 충동과 감정의 완전한 조화를 추구한다. 그리고 이러한 책무는 개인과 관련되어 있으면서 또한 인류 공동체와 관련되어 있다.

인간의 권리는 그의 의무에 기초해 있다. 본성상 모든 인간은 평등하며, 인간으로서 동일한 의무를 갖는다. 그러므로 인간은 동일한 권리를 갖는다. 왜냐하면 우리는 우리의 자연적 의무를 수행하도록 우리에게 강요하는 모든 것에 대한 자연권을 가지기 때문이다. 물론 획득된 권리도 존재한다. 그러나 자연권에 관한 한 모든 인간은 평등하다.

볼프는 계약에 기초해서 국가를 설명한다. 그러나 국가는 인간이 스스로 충분할 정도로 삶의 재화를 획득할 수 있고, 침략에 항거하여 재화[선]를 지킬 수 있는 것은 대규모의 사회에서만 가능하다는 사실 속에 국가는 자연적 정당성을 갖는다. 그러므로 국가는 공공의 재화[공동선]를 증진하기 위해 존재한다. 정부에 관해 말한다면, 정부는 궁극적으로 시민들의 합의에 의거하며, 그 시민들은 최고 권력을 스스로 유지하거나 그 권력을 어떤 형태의 정부에 넘긴다. 정부의 권력은 공공의 재화를 획득하는 데 관계하는 시민들의 활동에만 관계한다. 그러나 볼프는 시민들의 육체적, 정신적 안녕을 목표로 하는 광범위한 감독권을 정부가 가지는 것을 용인한다. 왜냐하면 볼프는 공공의 재화를 순전히 경제적인 관점에서가 아니라 인간의 완전성이라는 관점에서 해석한다.

볼프의 『국제법』(*Jus Gentium*)[4]에서 국가는 '자연의 상태에서 살아가는 개개의 자유로운 인간들'로서 간주되어야 한다. 그리고 개인을 구속하고 권리를 부여하는 자연적인 도덕법(칙)이 존재하는 것과 마찬가지로, 불변적이면서 평등권을 부여하는 자연적 국가법 또는 필연적 국가법도 존재한다. 이러한 법은 국가에 적용되는 자연적 도덕법이다.

게다가 모든 국가는 추정된 합의에 따라 최상의 국가를 함께 형성한 것으로 이해되어야 한다. 왜냐하면 자연 자체가 국가들에게 자신들의 공공 재산을 위한 국제적인 사회를 형성하도록 강제하기 때문이다. 그러므로 우리는 전체로서의 국가가 개개의 국가에게 더 큰 사회를 향한 자신들의 책무를 수행할 것을 강제하는 권리를 소유

---

4   *Jus Gentium, Prolegomena*, 2.

하고 있다고 추론해야 한다. 그리고 민주주의 국가에서 다수의 의지가 전체 국민의 의지를 대표한다고 간주되어야 하는 것과 마찬가지로, 최상의 국가에서는 국가들의 다수의 의지가 모든 국가의 의지를 대표하는 것으로 간주되어야 한다. 그러나 국가들이 서로 개인들의 단체에서 가능한 방식으로 함께 만날 수 없을 경우에는 다수의 의지가 어떻게 표현될 수 있는가? 볼프에 따르면 우리는 모든 국가들이 올바른 이성을 따를 경우 그들이 동의하게 되는 것을 모든 국가의 의지라고 간주해야 한다. 그리고 이러한 사실에서부터 그는 '보다 문명화된 국가들'에 의해 승인된 것이 국제법이라고 결론 내린다.

국가들로 이루어진 사회라는 개념에서 도출된 법을 볼프는 '자발적 국제법'이라 부른다. 그리고 그는 그 법을 '실정적 국제법'이라는 일반적인 항목 아래 둔다. 그리고 국가들의 명시적인 합의에 기초해 있는 약정법과 국가들의 암묵적인 합의에 기초해 있는 관습법도 실정적 국제법 항목 아래에 있다. 그러나 허구적인 통치지를 상정한 최상의 국가라는 이념에 대해 있을 수 있는 비판과는 별도로 볼프가 자발적인 국제법(*jus gentium voluntarium*)이라 부르는 것을 실정법(*jus positivum*)의 항목 아래 두기보다는 자연적 국제법(*jus gentium naturale*)의 항목 아래 두는 것이 더 자연스러운 것처럼 보인다. 왜냐하면 두 번째 분류는 추정된 국가 사회보다 현실적으로 최상인 또는 보편적인 사회의 존재를 요구하는 것처럼 보이기 때문이다. 그러나 '자발적인 국제법'의 존재를 주장하면서 볼프는 그로티우스(Grotius)에게 영향을 받았다. 볼프는 그로티우스가 자발법, 약정법, 관습법을 적절하게 구별하지 않았다는 점에서 그로티우스의 잘못을 지적했지만, 그러나 볼프는 그로티우스에 의지하였다. 어쨌든 국가들의 사회라는 이념은, 볼프가 그런 이념을 사용한 것을 우리가 용인하건 거부하건 간에 관계없이, 나무랄 바 없는 가치이다.

볼프를 데카르트, 스피노자, 라이프니츠와 같은 사상가들과 비교하면, 의심할 바 없이 볼프는 철학사에서 덜 중요한 인물에 해당한다고 볼 수 있다. 그러나 만약 독일 사상의 발전이라는 문맥에서 본다면, 사람들의 판단은 달라질 것이다. 라이프니츠는 별도로 하더라도, 독일은 철학 분야에서 크게 기여한 바가 없다. 독일 철학의 위대한 시기는 뒤에 나타난다. 그러나 그 사이에 볼프는 그의 국가의 철학 교사 역할을 담당하였다. 가끔 그는 정당성이 없는 건 아니지만 무미건조함, 독단론, 형식주의로 비난받는다. 그러나 그의 체계의 광범위함, 형식적이면서 질서 있는 배열 때문에, 그의 체계는 독일 대학교의 강단 철학을 제공할 수 있었다. 그의 영향은 독일 전체에 걸쳐 있고, 독일을 넘어서 있으며, 그의 사상은 칸트의 비판주의가 부상하기 전까지는 독일 대학에서 독보적이었다고 말해질 수 있다. 그 자체로 대단한 성취를 이루었던 체계는 따라서 철학적 반성의 성장에 자극제가 되었다. 비록 칸트와 그의 계승자들의 철학이 그의 철학을 극복했지만, 그는 자신의 신학적 반대자들에 승리하였다. 다른 말로 하면 그는 독일 사상사에서 중요한 위치를 점하고 있으며, 독창성의 결여나 형식주의에 대한 어떤 비난도 그런 중요한 위치를 박탈할 수 없다.

─────── 3. 볼프의 계승자와 반대자

볼프 스스로 거부한 '라이프니츠-볼프 철학'이라는 용어는 빌핑거(Georg Bernhard Bilfinger, 1693-1750)가 만들었다. 빌핑거는 잠시 상트 페테르스부르크 대학교의 철학 교수를 역임하였고, 그 뒤에 (1731년부터) 튀빙겐 대학교의 신학 교수를 역임하였다. 『신, 인간의 영혼, 자연 세계 일반에 관한 철학적 해명』(*Dilucidationes philosophicae de Deo, anima humana, mundo et generalibus rerum affectionibus,* 1725)은, 비록 빌핑거가 모든 점에서 볼프를 계승하지는 않았지만, 볼프의 체계를 확장하는 데 도움을 주었다. 볼프의 다른 제자들 중에서 우리는 볼프와 같은 시기에 할레 대학교의 교수직을 상실했던 튀미히(Ludwig Philipp Thümmig, 1697-1728)와 문학 비판에서 볼프의 철학을 활용하려고 시도했던, 『모든 세계 진리의 제일 근거』(*Erste Gründe der gesamten Weltweisheit,* 1733)의 저자인 고트셰트(Johann Christoph Gottsched, 1700-1766)를 거명해야 한다. 또 거명해야 할 인물은 크누첸(Martin Knutzen, 1713-1751)이다. 거명할 다른 이유는 없고, 단지 그는 1734년부터 쾨니히스베르크 대학교의 논리학과 형이상학 교수였으며, 그의 청강생 중에는 칸트도 있었다는 것이 거명 이유이다. 그는 철학자이기도 했지만 또한 수학자이자 천문학자였으며, 뉴턴 과학에 대한 칸트의 관심을 불러일으키는 데 도움이 되었다. 철학의 영역에서 그는 라이프니츠와 볼프의 영향을 받았으나, 동시에 독자적인 사상가이기도 했다. 그래서 그는 작용인을 옹호하면서 예정 조화론을 포기하였다. 말할 필요도 없이 크누첸은 칸트의 비판철학에 대해 기여한 바는 없지만, 그의 강의는 칸트의 비판기 이전의 철학적 견해를 형성하는 데 기여한 요인들 중 하나였다. 종교에서 크누첸은 경건주의로 기울었지만, 볼프의 영향 아래서 경건주의 운동의 특징 중 하나였던 자연 신학 또는 철학적 신학의 거부를 크게 수정하였다. 사실상 그는 『그리스도교의 진리에 대한 철학적 증명』(*Philosophical Proof of the Truth of the Christian Religion*, 1740)을 출판하였다. 다른 말로 하면 그는 경건주의 정신을 볼프의 '합리론'과 결합하려고 노력하였다.

더 중요한 인물은 바움가르텐(Alexander Gottlieb Baumgarten, 1714-1762)이다. 그는 볼프 철학을 확장하고 발전시킨 다수의 교과서를 저술했고, 프랑크푸르트 안 데어 오데르(Frankfurt on the Oder) 대학교의 교수를 역임하였다. 예를 들어 그의 『형이상학』(*Metaphysics*)은 칸트가 그의 강의에서 사용했다. 그러나 물론 그 내용에 대해 비판이 없었던 것은 아니었다. 그러나 바움가르텐의 중요성은 기본적으로 칸트와 그의 관계에 있는 것도 아니고, 라틴어 용어들에 대한 그의 번역으로 독일 철학의 어휘를 풍부하게 만든 데 있었던 것도 아니다. 그의 중요성은 그가 독일 미학 이론의 실제적인 창시자였다는 사실에 있다. 『시에 대한 반성』(*Reflections on Poetry*)이란 제목으로 영어로 번역되었던 그의 저서(*Meditationes philosophicae de nonnullis ad poema pertinentibus*, 1735)에서 그는 '미학'(*aesthetica*)이라는 용어를 창안했으며, 자신의 두 권으로 구성된 『미학』(*Aesthetica*, 1750-1758)에서 자신의 이론을 발전시켰다.

미학에 대한 바움가르텐의 접근은 상당 부분 볼프의 철학에 의해서 확정된 것이었다. 볼프 철학은 의도적으로 예술과 미에 관한 취급을 빠뜨렸다. 왜냐하면 그 주제는 그의 철학의 틀과 어울리지 않았기 때문이다. 그는 '판명한'(distinct) 개념들, 즉 낱말들로 전달될 수 있는 개념들에 관심이 있었다. 그는 '명석'(clear)하지만 판명하지 않은 개념들, 즉 명석하지만 특정한 색깔의 개념처럼 낱말들로 전달될 수 없는 개념들에 대해서는 관심이 없었다. 그리고 미를 즐기는 것과 관련된 개념들은 판명하지 않다고 그가 믿었기 때문에, 그는 미학을 취급하지 않았다. 게다가 인간의 능력들이

나 기능들을 고려할 때 그는 모든 점에서 '더 낮은 능력'(*vires inferiores*)을 제쳐두고, '더 높은 능력'(*vires superiores*)에 관심을 집중하였다. 따라서 미적 즐거움은 더 낮은 능력의 기능, 즉 감각의 기능이라는 그의 믿음은 미학 이론을 고려하지 않는 이유가 되었다. 그러므로 볼프 철학에서 틈이 생겨났고, 바움가르텐은 이 틈을 메웠다. 그리고 볼프의 제자였기 때문에 그는 인간의 감성적 능력에 대해 고려하였다. 그것을 고려하고 싶은 욕구는 영국 경험론의 지식이 독일에서 증가함으로써 더욱 격렬하게 되었다.

바움가르텐의 미학 관념은 성격상 인문주의적이었다. 왜냐하면 그것은 인간에 관한 견해와 결합해 있었기 때문이다. 『미학』의 서두에서 그는 '철학자는 인간 중의 인간이다. 철학자는 올바르게도 인간 인식의 상당 부분이 자신과 멀리 떨어져 있다고 생각하지 않는다'[5]고 언급한다. 철학자는 감성의 인식을 추구해야 한다. 그런 인식은 인간의 삶에서 아주 중요한 역할을 한다. 철학자는 비록 미를 예술가처럼 창작할 수는 없지만, 미에 관한 체계적인 지식을 찾아야 한다. 참으로 바움가르텐은 미학을 아름다움의 학문과 아름다운 사물의 학문으로 정의한다. 그러나 아름다움은 감성의 영역 또는 감각 기관의 인식에서의 완전함이다. 따라서 미학은 감각 기관의 인식의 완전성에 관한 학문이다. '미학의 목표는 감각 기관의 인식 그 자체의 완전성이다. 그리고 완전성은 아름다움이다.'[6]

미학은 또한 바움가르텐에 의해 아름답게 사고하는 기술(*ars pulchre cogitandi*)이라고 묘사된다. 이처럼 불운한 묘사 또는 정의는 분명히 미학 자체를 오도하거나 오용하게 만든다. 그러나 바움가르텐은 미에 관한 학이 '아름다운 사고들'을 어떻게 생각하는지를 인식하는 데서 성립한다고 말하지 않는다. 그는 소위 낮은 기능들을 그 기능들의 '완전함'에 관해서 올바로 사용하는 기술에 대해 언급했다. 그리고 만약 우리가 그의 다양한 정의들 또는 서술들을 함께 고려한다면, 우리는 그가 미학을 감각의 심리학, 감각 기관의 논리학, 미학 비평을 위한 체계를 제공하는 것으로 간주했다고 말할 수 있다.

---

5   *Aesthetica*, 6절.
6   같은 책, 14절.

감각 기관의 논리학이라는 관념은 중요하다. 볼프의 계승자로서 바움가르텐은 철학적 학문들을 계층적인 질서로 자연스럽게 배열하였으며, 꼭 같이 자연스럽게 미학을 하위 위치에 두었다. 왜냐하면 미학은 하위의 능력과 하위의 인식에 관한 것이기 때문이다. 미학은 만약 그것이 도대체 학문이라면 사유의 활동이어야 한다. 그러나 미학은 판명한 관념들의 영역을 다루지 않기 때문에, 미학은 소위 인식의 사다리에서 아랫부분을 차지해야 한다. 동시에 바움가르텐은 미학이 미적 직관을 순수하게 논리적인 사고의 형식으로 다루지는 않을 것이라고 보았다. 미적 직관은 어쨌든 논리적 사고의 표준을 준수하지 못한다. 그러나 미적 직관은 '비논리적인 것'은 아니다. 미적 직관은 자신의 내적 법칙, 자신의 논리를 가진다. 이것이 왜 그가 미학을 이성과 유사한 기술이라고 말하고 있는지의 이유이다. '미학(인문학, 하위의 지식, 아름답게 생각하는 기술, 이성과 유사함의 이론)은 감성적 인식의 학문이다.[7] 바움가르텐은 자신이 미적 직관 그 자체에 대해 이야기하고 있는지 아니면 그런 미적 직관에 대한 우리의 반성적이고 개념적인 표상에 대해 이야기하고 있는지에 대해 늘 분명하게 이야기하고 있는 것은 아니다. 그러나 최소한 두 가지가 언급될 수 있겠다. 첫째, 감성은 '감각 기관의 인식'이 순수하게 논리적이거나 수학적 인식이 아니라는 근거에서 인식의 영역에서 배제되어서는 안 된다. 둘째, 감성은 특수한 종류의 인식이다. 왜냐하면 감성을 다루면서 우리는 특별한 인식론, 즉 하위의 인식 또는 하위의 인식이론(gnoseologia inferior)을 요구하기 때문이다. 왜냐하면 미적 직관을 지배하는 법칙은 판명하고 순수하게 논리적인 개념들로 표현될 수 없기 때문이다. 미적 직관은 '이성의 유사물'이다. 순수 논리학은 추상을 의미하고, 추상은 구체적이고 개별적인 것이 추상적이고 보편적인 것의 선호로 인해 희생된다는 의미에서 공허함을 의미한다. 그러나 미적 직관은 개별자와 보편자, 구체적인 것과 추상적인 것 사이의 틈을 연결해준다. 미적 직관의 '진리'는 구체적 성질들 안에서 발견된다. 그리고 아름다움은 추상적 개념들로는 표현될 수 없는 어떤 것이다.

미학의 일반적 항목 아래에서 다양한 주제들을 포함시킴으로써 바움가르텐은

7　같은 책, 1절. 또한 *Prolegomena*, 1을 참조할 것.

명료한 일반화를 만드는 일을 촉진하지 못했다. 그러나 그의 미학 이론의 두드러진 부분은 아름다움과 같은 개념들은 자신들의 독특한 용법을 가진다는 사실에 대해 그가 인식하고 있다는 점이다. 그래서 그는 미학을 철학적 탐구의 독립적인 분과로 확립했다. 예를 들어 시의 언어에 대해 이야기할 때, 그는 우리가 모든 언어를 동일한 틀 안에서 사용하는 것을 강제할 수 없으며, 그런 사용법들을 같은 방식으로 해석하도록 강제할 수 없다는 사실을 분명히 하고 있다. 시에서 단어들은 말하자면 직접적인 감각적 내용으로 침투된다. '감각 기관의 완전한 언어는 시이다.'[8] 시의 언어는 말하자면 자연과학의 언어와 달라야 한다. 단어들은 동일한 방식으로 기능하지 않는다. 그러나 이로부터 시적인 진술들이 난센스하다는 귀결이 나오는 것은 아니다. 시적인 진술들은 비합리적이지 않은 생생한 직관을 표현하고 불러일으키지만, 자기나름의 이성의 유사물을 소유한다. 바움가르텐의 진술에서 시적인 진술은 '인식의 생명'(*vita cognitionis*)을 가진다.

분명히 우리는 바움가르텐의 중요성을 과장해서는 안 된다. 첫째, 그는 '미학의 아버지'가 아니다. 역사적으로 계속 소급해 올라간다면, 예를 들어 샤프츠베리(Shaftesbury)와 허치슨(Hutcheson)이 이미 영국에서 이러한 주제에 대해 저술하였다. 둘째, 그의 성취에 대해 과도한 칭찬이 때때로 주어졌다. 그에 대한 해결책으로 우리는 크로체(Benedetto Croce)의 판단을 고려하는 것으로 충분하다. '제목과 최초로 그가 내린 정의들을 제외한다면, 바움가르텐의 『미학』은 고풍스러움과 평범함의 주물로 덮혀 있다.'[9] 동시에 독일 미학 이론의 발전에서 그의 중요성은 부정할 수 없다. 크로체가 언급하고 있듯이 바움가르텐은 미학사에서 '미학 형성에서 … 입맛을 맞추는(*condita*) 미학이 아니라, 입맛을 맞추어야 하는(*condenda*) 미학'[10]을 주창한 점에서 중요한 인물이지만, 적어도 그는 미학에 관한 철학과 같은 것이 있다는 것을 인정했을 뿐만 아니라, 미학이라는 언어가 그 자체의 독특함을 지닌다는 점도 인정했다. 의심할 바 없이 그는 볼프 철학의 빛 안에서 그 주제를 해석했고, 예를 들어 '인식에 의해서', '진리'와

---

8   *Meditationes philosophicae de nonnullis ad poema pertinentibus*, 9절.
9   *Aesthtic*, translated, D. Ainslie, p. 218.
10 같은 책, p. 219.

같은 너무나 지적인 용어들을 사용했다고 비난받았다. 그러나 언급되어야 할 점은 바움가르텐이 미적 직관과 즐거움에 관한 순수하게 합리론적 설명이 부적합하다는 것을 느꼈다는 것이고, 그가 미학 이론의 진전을 위한 길을 열었다는 것이다. 바움가르텐의 결점이 무엇이었던 간에, 그는 인간 삶과 활동의 한 측면이 있다는 점을 간파하였다. 이 측면은 철학적 고려에 적합한 대상이지만, 철학에서 완전히 배제된다는 고통을 각오하고 이런 측면을 추상적인 논리적 사고의 영역에 끌어들이고자 결심한 사람은 결코 이런 측면을 이해할 수 없다.

바움가르텐의 제자 중 한 사람인 마이어(Georg Friedrich Meier, 1718-1777)는 그의 스승이 할레 대학교에서 주장한 학설을 상술하였으며, 세 권으로 이루어진『모든 미적 학문의 원리』(Anfangsgründe aller schönen Wissenchaften, 1748-1750)와 1757년에『모든 미적 예술과 학문의 제1원리에 관한 고찰』(Betrachtungen über den ersten Grundsetzen aller schönen Künste und Wissenchaften)을 출간하였다. 미학 이론에 관한 한 다음 장에서 다시 다루게 될 멘델스존(Moses Mendelssohn, 1729-1786) 역시 바움가르텐의 영향을 받았다. 그러나 바움가르텐의 제자들의 목록에 이름을 올리는 것은 의미가 없다. 18세기 후반에 미학에 관한 풍부한 저술들이 있었다고 말하는 것으로 충분하다. 참으로『미학의 역사와 문헌에 대한 소묘』(Sketch of the History and Literature of Aesthetics, 1799)에서 콜러(J. Koller)는 애국심이 강한 젊은이들은 독일이 다른 어떤 나라들보다 미학적 주제에 관한 많은 문헌을 생산했다는 사실에 대해 주목하고서 기뻐할 것이라고 주장하였다.

볼프의 적대자와 비판자들에 눈을 돌린다면, 우리는 할레 대학교의 랑게(Joachim Lange, 1670-1744)를 언급할 수 있다. 그는 정통성과 경건주의라는 명목으로 볼프를 대학에서 추방하는 데 있어 주요 인물 중 하나였다. 그보다 더 철학적 정신을 가진 사상가는 뤼디거(Andrew Rüdiger, 1673-1731)였다. 그는 할레 대학교와 라이프치히 대학교에서 강의했고, 수학적 방법이 철학에서 적용될 수 있다는 주장을 공격하였다. 수학은 가능적인 것의 영역에 관계하는 반면에, 철학은 실재적인 것에 관계한다. 그러므로 철학자는 감각 지각과 자기의식에 주어진 것, 즉 경험을 기초로 삼아야 하고, 이러한 원천에서부터 자신의 기본적인 정의와 공리를 도출해야 한다. 예를 들어 뤼디거는 영혼과 육체의 예정 조화론을 공격하였다. 영혼은 연장을 가지고 있으며,

　　　　　　제2부 독일의 계몽주의

따라서 영혼과 육체 사이에 물리적인 상호작용이 존재한다.

　　볼프의 또 한 사람의 적대자는 크루지우스(Christian August Crusius, 1715-1775)였
다. 그는 라이프치히 대학교의 철학과 신학 교수였으며, 라이프니츠-볼프 철학의 낙
관주의와 결정론을 공격하였다. 세계 안에는 자유로운 존재자들, 즉 인간들이 존재하
기 때문에, 우리는 세계의 체계를 예정 조화로 해석할 수 없다. 더 나아가서 라이프니
츠와 볼프가 사용한 충분한 이유의 원리를 비판하였다. 그러나 이런 비판을 했음에도
불구하고, 그는 그 자신의 근본적인 원리, 즉 생각될 수 없는 것은 거짓이고 거짓이라
고 생각될 수 없는 것은 참이라는 명제를 사용할 수밖에 없었다.[11] 이러한 설명적 명
제에서부터 그는 세 가지 다른 원리들을 도출하였다. 그것은 무언가가 존재하면서 동
시에 존재할 수 없는 것은 불가능하다는 모순의 원리, 분리해서 생각될 수 없는 사물
들은 분리되어 존재할 수 없다는 불가분리의 원리, 결합된 것으로 생각될 수 없는 사
물들은 결합의 상태에서 존재할 수 없다는 양립 불가능한 것들의 원리가 그것이다.
명백하게도, 비록 크루지우스가 볼프의 독특한 주제들의 일부를 거부했기 때문에 볼
프의 적대자인 것처럼 당시 사람들에게 여겨졌다 하더라도, 그는 볼프 철학의 정신을
실제로 반대하지는 않았다. 덧붙여서 이야기하자면, 비록 칸트는 크루지우스의 형이
상학 개념을 비판했음에도 불구하고, 크루지우스를 높이 평가했다.

11　예를 들어 이 원리는 크루지우스가 다음과 같은 방법으로 사용하고 있다. 세계의 비존재는 생각할 수 있
　　다. 그러므로 세계는 창조되었음이 틀림없다. 그러므로 신은 존재한다.

제6장

독일의 계몽주의(2)

─────────── **1. 개요: 프리드리히 대제, '통속 철학자들'**

(i) 볼프와 그의 추종자들의 철학은 한 가지 의미에서 독일 계몽주의의 정점이었다. 이 철학은 말하자면 인간의 정신적 활동의 모든 영역을 이성의 법정 앞에 두기위한 기획을 형성하였다. 당연히 이것은 경건주의 루터 신학자들이 볼프에 반대한 이유였다. 왜냐하면 이 신학자들은 볼프의 합리론이 신앙의 적이라고 생각했기 때문이었다. 볼프의 체계는 또한 교육받은 중산층의 부상을 보여주었다. 예를 들어 이성은 신에 관한 신앙에서 받아들일 수 있는 것과 받아들일 수 없는 것을 판정해야 한다. 군주나 지역 주권자의 개인적 확신이 국민의 종교를 결정하는 주요 요인이 되어서는 안 된다. 다시 말하면 '취미'와 미적 판단은 귀족이나 천재의 특권이 아니다. 철학적이성은 자신의 영향력을 미학적 분야를 포함하는 데까지 확장할 수 있다. 사실상 철학은 비교적 소수의 사람에 의해서만 수행된다. 그러나 이성은 그 자체적으로 보편적이다. 신앙, 도덕, 국가와 정부 형태, 미학, 이 모두는 이성의 불편부당한 판단의 주제이다.

볼프 철학의 이런 측면들과 볼프 철학의 파생물들은 볼프 철학을 계몽주의의 일반적 운동과 연결한다. 동시에 우리가 보았던 것처럼 볼프의 체계는 라이프니츠의 사상과 밀접하게 연관되어 있으며, 유럽 대학의 르네상스 이후의 철학에서 합리론적 형이상학 운동과 밀접하게 연관되어 있다. 그래서 볼프의 체계는 어떤 점에서 프랑스와 영국에서 분명하게 드러나는 계몽주의 정신과는 동떨어져 있다. 그러나 이 장에서 간략하게 다루어질 계몽의 국면에서 프랑스와 영국 사상의 영향은 더 뚜렷하게 된다.

(ii) 만약 우리가 이러한 영향의 상징성을 발견하고자 한다면, 프리드리히 대제 (Frederick the Great, 1712-1786)보다 더 좋은 경우를 발견할 수 없다. 프랑스인 가정교사들에게 양육되었기 때문에, 프리드리히 대제는 프랑스 사상과 문학에 심취했고, 이는 독일 문학에 대한 어떤 경멸, 즉 프랑스어로 말하고 쓰는 것을 더 좋아하는 것을 통해 보여주는 경멸을 동반하였다. 실로 그는 한때 라이프니츠와 볼프의 철학에 대해 강력한 공감대를 가지고 있었다. 그리고 이미 바로 앞 장에서 보았다시피, 그는 볼프를 할레 대학교에 복직시켰다. 프리드리히는 프리드리히 빌헬름 1세(Frederick William I)의 볼프 면직을 확실하게 했던 루터파 신학자들에 대해서는 어떤 공감대도 가지지 않았다. 종교적 믿음에 관한 한 그는 상이한 독단적 체계뿐만 아니라 합리론, 불가지론, 심지어 무신론까지 강력하게 관용을 베풀었다. 볼프처럼 명성이 있는 사람이 경건주의의 신봉자가 아닌 이유로 프러시아에서 추방되어야 한다는 사실을 국왕은 묵과할 수 없었다. 그러나 시간이 경과하면서 사상가 볼프에 대한 그의 견해는 변하였고, 그는 프랑스와 영국 사상의 주된 지배하에 있게 되었다. 프랑스 계몽주의를 다루었던 장들에서 우리는 프리드리히 대제가 볼테르, 모페르튀이와 같은 철학자들을 포츠담(Potsdam)으로 어떻게 초대했는지를 살펴보았다. 포츠담에서 그는 철학과 문학의 주제에 대해 그들과 대화를 즐겼다. 영국의 사상에 관해서는, 그는 로크를 높이 평가했으며, 할레 대학교에서 로크의 철학을 가르치는 강좌를 개설하였다.

비록 프리드리히 대제가 신을 믿었다고 하더라도, 그는 회의론에 강하게 이끌렸으며, 베일을 저술가로 매우 높게 평가하였다. 왕은 대단한 자유사상가였다. 동시에 그는 스토아 철학자이자 황제인 마르쿠스 아우렐리우스(Marcus Aurelius)를 존경하였으며, 스토아 철학자들과 마찬가지로 그는 의무감과 덕의 감각을 크게 강조하였다. 그러므로 『도덕의 원리로서 고려된 자기애』(*Essay on Self-love considered as the Principle of Mor-*

als, 1770)에서 인간의 참된 선인 덕의 획득과 실천을 통해서만 자기애가 만족될 수 있다는 점을 보여주려고 노력하였다.

프리드리히 대제의 군사적 업적이라는 관점과 프러시아의 정치적, 군사적 위상을 제고하기로 한 그의 성공적인 결정이라는 관점에서 보면, 우리는 그가 자신을 그렇게 불렀듯이 냉소적 시각을 가진 '걱정 없는 철학자'로 보려는 유혹에 빠질 수도 있다. 그러나 그가 마르쿠스 아우렐리우스를 칭찬하는 것은 단순히 게으른 말장난이 아니었다. 누구도 이 프러시아 군주를 시성(諡聖) 받지 못한 성인으로 묘사하고 싶지는 않을 것이다. 그러나 그는 의심할 바 없이 강한 의무감과 책임감을 소유하였다. 그리고 『반마키아벨리즘』(*Antimachiavell*, 1740)에서 군주 스스로를 신민들의 제1공복으로서 간주해야 한다는 그의 진술은 중대한 의미를 갖는 것이었다. 그는 독재자였을는지 모른다. 그러나 그는 계몽된 독재자였다. 예를 들어 그 자신 불편부당한 법무(정의) 행정을 강화하고 초등 교육에서부터 프러시아 학술원(Prussian Academy)를 재조직화하고 발전시키는 데까지 교육의 확장을 촉진하는 데 관심을 가진 독재자였다.[1] 교육에 관한 이러한 관심을 통해서 프리드리히 대제는 독일 계몽주의의 선도적 인물 중 하나가 되었다.

(iii) 독일에서 철학적 관념들의 확산은 소위 '통속 철학자들'에 의해 촉진되었다. 이들은 창조적 사상가들은 아니었지만, 교육받은 공민들에게 철학을 제공하려고 노력했다. 그래서 가르베(Christian Garve, 1742-1798)는 퍼거슨(Ferguson), 페일리(Paley), 아담 스미스(Adam Smith)와 같은 영국 모랄리스트들의 많은 저술들을 독일어로 번역하였다. 리델(Friedrich Justus Riedel, 1742-1785)은 단순한 편집에 불과하다고 불렸던 『미적 예술과 미학 이론』(*Theory of the Fine Arts and Sciences*, 1767)에 의해서 미학적 관념들이 확산하는 데 일조하였다. 니콜라이(Christian Friedrich Nicolai, 1733-1811)는 우선 『미학의 문헌들』(*Bibliothek der schönen Wissenschaften*, 1757-1758), 그 다음에는 『최신 문헌에 관

---

1   프리드리히(Frederick) 대제가 자신의 영지에서 예수회를 억압하는 교황 클레멘트 14세(Pope Clement XIV)의 칙서의 출판을 허용하지 않은 까닭은 교육에 대한 그의 관심으로 인한 것이었다. 그는 예수회 수사들에 의해서 유지되던 학교들의 해산을 원하지 않았다.

한 서한집』(*Briefe, die neueste Litieratur betreffend*, 1759-1765), 마지막으로『독일 문헌 전집』
(*Allgemeine deutsche Bibliothek*, 1765-1805)에 관한 편집자의 지위를 통해서 상당한 영향력
을 행사하였다. 니콜라이는 출판 비용을 조달하는 데 성공했다. 비록 비란트(Christoph
Martin Wieland, 1733-1813)는 학술적 의미에서는 거의 철학자라 할 수 없지만, 우리는
그에 대해 우선 경건주의자로, 다음으로는 셰익스피어(Shakespeare)의 22권의 희곡을
번역했고, 그의 자전적 소설인『아가톤』(*Agathon*, 1766)에서 주로 여러 다른 철학들의
잇따른 영향들을 통해서 한 젊은이가 자기를 개발하는 역사를 추적하였던 문인이자
시인으로 언급할 수 있다.

━━━━━ 2. 이신론: 라이마루스, 멘델스존

영국과 프랑스 사상이 독일 사상에 끼친 영향의 한 가지 결과는 이신론의 부
상이었다. 1741년에 틴달의『창조만큼이나 오래된 그리스도교』(*Christianity as old as the
Creation*)는 독일에서 출판되었고, 그 세기가 시작되는 바로 그 순간에 톨란트(John To-
land)는 하노버와 베를린의 궁전들을 얼마간 방문하기도 했다.

(i) 독일 이신론자 중 독보적인 인물은 함부르크(Hamburg) 김나지움의 히브리
(Hebrew)어와 동방 언어 교수였던 라이마루스(Hermann Samuel Reimarus, 1694-1768)였
다. 그의 주요 작품은『신에 대한 이성적 숭배자들을 위한 변론 또는 옹호』(*Apologie oder
Schutzschrift für die vernunftigen Verehrer Gottes*)였다. 라이마루스는 이 작품을 출판하지 않았
지만, 1774-1777년에 레싱(Lessing)이『볼프주의자들의 단편집』(*Wolffenbüttel Fragments*)
이라는 제목 아래 그 일부를 출판하였다. 레싱은 저자의 이름을 명시하지는 않았지
만, 볼프주의자들의 이러한 단편들을 자신이 발견한 것처럼 주장하였다. 다른 부분은
1786년에 슈미트(C. A. E. Schmidt)라는 익명으로 베를린에서 출판되었으며, 1850-
1852년에 그 밖의 발췌본들이 출판되었다.

한편으로 라이마루스는 순수하게 유물론적 기계론에 반대하였다. 예지적 체계

로서의 세계는 신의 자기 계시이다. 즉 세계 질서는 신 없이는 설명될 수 없다. 다른 한편 그는 초자연적 종교의 강력한 반대자였다. 세계는 그 자체 신의 계시이며, 소위 다른 계시들은 인간의 발명품들이다. 게다가 인과적으로 상호 관계적인 기계적 체계라는 세계 관념은 근대 사상의 위대한 업적이다. 그리고 우리는 더 이상의 기적적이며 초자연적인 신의 계시라는 관념을 수용할 수 없다. 기적은 신에게는 가치 없는 것이다. 왜냐하면 신은 이성적으로 예지적인 체계를 통해서 자신의 목적을 달성하기 때문이다. 다른 말로 하면 라이마루스의 자연 신학은 친숙한 이신론적 패턴을 따르고 있다.

(ii) 레싱의 친구였으며 칸트와 편지를 주고받았던 유대 철학자 멘델스존(Moses Mendelssohn, 1729-1786)은 계몽주의의 종교적이고 철학적인 관념들을 통속화하는 데 도움을 주었다는 의미에서 '통속 철학자' 중 한 명으로 생각될 수 있다. 그러나 그 사람 자체가 흥미 있는 인물이다.

1755년 레싱과 멘델스존은 적어도 언뜻 보기에는 『형이상학자 포프!』(*Pope ein Metaphysiker!*)라는 놀라운 제목의 저술을 출판하였다. 프러시아 학술원은 알렉산더 포프가 주장한 철학 체계라는 주제에 대해 현상 논문을 공모하였다. 모페르튀이는 이 철학 체계를 라이프니츠 철학의 축소판이라고 간주하였다. (그 목적은 분명히 라이프니츠의 명성에 간접적인 타격을 주는 것이었다.) 그러나 레싱과 멘델스존은 포프가 시인이거나 형이상학자 중 어느 한 편에 속하며, 둘 다에 해당하는 것은 아니라고 주장하였으며, 또한 사실상 포프는 어떤 철학적 체계도 가지지 않았다고 주장하였다. 철학과 시는 완전히 다른 것이다. 개념적인 것과 미적인 것 사이의 이러한 차이는 멘델스존이 자신의 『감각에 관한 편지』(*Briefe über die Empfindungen*, 1755)에서 보다 일반적인 용어로 표현하였다. 그가 『다섯 번째 편지』에서 말하고 있듯이 우리는 개념의 완벽한 적절성에서 성립하는 '천체의 비너스'와 '지상의 비너스' 또는 아름다움 간을 식별해야 한다. 아름다운 것에 대한 경험은 지식의 문제가 아니다. 우리는 분석과 정의의 과정에 의해서 아름다운 것을 파악할 수 없다. 우리가 만약 더 완벽한 인식 능력을 소유한다 하더라도, 우리가 더 완전한 미적 즐거움을 경험한다고 생각하는 것은 잘못이다. 또

제2부 독일의 계몽주의

한 아름다운 것은 욕망의 대상이 아니다. 어떤 것이 욕망의 대상이 되는 한, 비록 그것이 욕망의 대상이 되어 왔다 하더라도, 그것은 미적 숙고와 즐거움의 대상이 될 수는 없다. 그러므로 멘델스존은 자신이 '용인 능력'(Billigungsvermögen)이라고 칭한 독특한 능력을 요청한다. 그가 『아침 시간』(Morgenstunden)(7)에서 말하고 있듯이 그것은 아름다움의 특별한 기호 즉 우리가 그것을 소유하든 소유하지 않든 간에 '고요한 쾌락'(calm pleasure)에 대해 숙고하는 것이다. 미적 관조의 무관심적 성격에 대한 그러한 주장에서 멘델스존은 영국 미학 이론의 영향을 받아 저술하고 있다.

종교의 영역에서 멘델스존은 신의 현존은 엄격하게 증명될 수 있다고 주장하였다. 『아침 시간』(1785)에서 제시된 그의 증명은 다소간 볼프 체계의 노선을 따르고 있었다. 그는 존재론적 증명을 수용하였고, 옹호하였다. 신은 가능하다. 그러나 한갓 된 가능성은 가장 완벽한 존재자의 관념과 양립할 수 없다. 그러므로 신은 존재한다.

『파이돈 또는 영혼의 불멸성에 관하여』(Phädon oder über die Unsterblichkeit der Seele, 1767)에서 멘델스존은 플라톤을 현대화하려고 노력하였고, 영혼은 육체의 단순한 조화도 아니고, 말하자면 버려질 수 있거나 사라질 수 있는, 훼손될 수 있는 사물도 아니다. 게다가 영혼은 자기완성을 향한 자연적이고 지속적인 충동을 가지고 있다. 그리고 인간의 영혼을 자연적 충동을 가지고서 창조하는 것은, 그래서 영혼을 무로 만들어 버리는 것을 허용함으로써 인간 영혼의 수행을 불가능하게 하는 것은 신의 지혜 및 신의 선과 양립하지 않을 것이다.

그러므로 철학자는 자연종교의 기초가 되는 신의 현존과 영혼의 불멸성을 증명할 수 있다. 그렇게 함으로써 철학자는 홀로 남겨진 인간 정신이 자발적으로, 적어도 혼란된 방식이긴 하지만, 인식하는 진리들의 이론적 정당화를 단순히 제시하고 있을 뿐이다. 그러나 이로부터 특수한 종교적 믿음의 획일적인 수용을 강제하는 국가가 정당화된다는 사실이 도출되는 것이 아니다. 자신의 구성원들에게 믿음의 획일성을 요구하는 어떤 종교체도 이러한 목적을 달성하기 위해서 국가의 도움을 요구할 자격이 없다. 국가는 행위들에 관심을 가지며, 신앙에는 관심을 가지지 않는다. 그리고 물론 이것이 사상의 자유를 훼손하지 않는 한, 국가는 바람직한 행위에서 생겨나는 경향이 있는 관념들의 형성을 장려해야 하지만, 그렇다고 해서 국가는 자신의 강제권을 행위의 영역에서 사상의 영역으로 확장해서는 안 된다. 로크가 보았듯이, 비록 우리가 관용 대신에 불관용을 대체하려고 노력하는 사람들을 관용할 수 없다 하더라도, 관용은 이상적이다.

멘델스존은 스피노자와 범신론에 관해 야코비(Jacobi)와 저 유명한 논쟁을 벌였다. 그러나 이것에 관해서는 레싱을 다루는 절에서 언급될 것이다. 왜냐하면 이러한 논쟁은 레싱이 주장한 스피노자주의와 연관해서 생겨났기 때문이다.

——— 3. 레싱

레싱(Gotthold Ephraim Lessing, 1729-1781)이 라이프치히 대학교에 입학했을 때, 신학생의 자격이었다. 그러나 그는 곧 신학 공부를 포기하고, 문학 경력을 쌓았다. 그는 물론 희곡 작가로 잘 알려져 있고, 문학과 예술 비평가로도 잘 알려져 있다. 그러나 그는 철학사에서 한 자리를 차지해야 한다. 왜냐하면 비록 그가 볼프와는 달리 결코 전문적이고 체계적인 철학자가 아님에도 불구하고, 그는 철학적 문제들에 깊은 관심을 가졌으며, 그의 다소 단편적인 관념들은 상당한 영향을 미쳤다. 그러나 개개의 관념이나 주제보다도 더 중요한 것은 그의 저술들이 계몽(*Aufklärung*)의 통일된 정신의 문학적 표현을 형성하는 경향이 있다는 사실이다. 이것은 그의 저술들이 단순하게 마치 거울과 같이 다른 사람들의 사상을 반영했을 뿐이라는 것을 의미하는 것으로 여겨져서는 안 된다. 그의 저술들은 물론 어느 정도 이런 일을 하고 있다. 예를 들면 『현자 나탄』(*Nathan der Weise*, 1779)은 계몽의 지배적인 성격인 종교적 관용의 이상을 극적인 방식으로 표현하였다. 그러나 동시에 그는 다른 사상가들에게서 넘겨받은 관념들을 발전시켰다. 예를 들어 그가 어느 정도 라이마루스의 이신론에 영향을 받았지만, 부분적으로 그는 이신론에 의해서 통상 이해되는 것보다는 후기 관념론을 염두에 두는 방향에서 스피노자에 대한 자신의 이해에 고무되어 라이마루스의 이신론을 발전시켰다.

이미 언급된 것처럼 레싱은 라이마루스의 주요 저작의 일부를 『볼프주의자들의 단편집』이라는 제목으로 출판하였다. 그리고 이러한 행동으로 인해 그는 당연히 몇몇 작가들, 특히 레싱 자신이 작가라는 것을 의심했고 동시에 『볼프주의자들의 단편집』에서 나오는 견해들에 대해 동의를 하지 않았던 작가들에게 공격을 받았다. 그러나 사실상 레싱의 종교관은 라이마루스의 종교관과 달랐다. 라이마루스는 자연종교의 근본적인 진리는 엄격하게 증명될 수 있다고 확신한 반면에, 레싱은 어떤 종교적 신앙의 체계도 보편적으로 타당한 논증들에 의해서 증명될 수 없다고 믿었다. 신앙은 이론적인 증명에 근거하는 것이 아니라 내적인 경험에 근거하고 있다.

다시 말해서 레싱은 당시의 교의적인 종교에 대한 라이마루스의 태도에 동의하지 않았다. 우리는 이성에 의해 증명될 수 있는 자연종교의 진리와 계몽주의에 의해서 거부되어야 하는 소위 계시종교의 교의 사이에 대해 이성적 이신론자들이 제시한 과격한 구분을 수용할 수 없다. 물론 나는 레싱이 정통적 의미에서의 계시 관념을 수용했다고 제안할 의도는 없다. 예를 들어 그는 의문의 여지가 없는 계시로서의 성경의 관념을 거부하였으며, 그는 자칭 19세기에 상당히 유행하였던 고차원의 비판주의의 선구자였다. 그러나 종교적 관념과 믿음의 가치는 그런 관념과 신앙이 행위에 미치는 결과나 바람직한 방식으로 행위에 영향을 끼치는 그것들의 능력에 의해 판정된다는 것이 그의 확신이었다. 그리스도교적 삶의 방식은 신약의 규범이 확정되기 이전뿐만 아니라 복음서들이 저술되기 전에도 이미 존재했었다. 그리고 기록들에 대한 비판은 그리스도교적 삶의 방식의 가치에 영향을 미칠 수 없다. 그러므로 명백한 일이지만, 만약 모든 종교적 믿음이 궁극적으로 경험에 의존한다면, 그리고 그런 믿음의 가치가 일차적으로 믿음이 도덕적 완전성을 촉진하는 성향에 의해서 평가되어야 한다면, 자연종교의 이성적으로 증명될 수 있는 진리와 사람이 만든 그리스도교의 교의 사이의 이신론적 구별은 사라져버리는 경향을 가진다. 그리스도교의 교리에 대한 레싱의 해석은 정통적인 해석이 아니었다. 그러나 동시에 레싱의 해석은 합리론적 이신론자들이 줄 수 있었다고 느꼈던 것보다는 더 긍정적인 가치를 그리스도교에 주었다.

물론 레싱은 특정한 종교적 또는 철학적 입장을 받아들이는 데 있어서 다른 이유보다 더 나은 이유가 어떤 경우에도 없다고 말할 의도를 가진 것은 아니었다. 그러나 그에 있어서 그것은 어떤 주어진 순간에 궁극적이며 보편적인 타당성을 갖는 절대적 진리에 도달하는 문제라기보다는 상대적인 진리의 등급의 문제와 절대적 진리를 향한 끝없는 근접의 문제였다. 이러한 견해의 핵심은 다음과 같은 그의 유명한 언급에 의해서 상징화되었다. 즉 만약 신이 자신에게 오른손으로 완벽한 진리를 제시하면서 왼손으로는 진리에 대한 끝없는 탐색을 제시한다면, 비록 자신이 후자를 택할 경우 자신이 언제나 오류에 빠질지라도, 자신은 후자를 택할 것이다. 순수하고 궁극적인 진리의 소유는 신에게만 해당한다.

이러한 태도는 다양한 근거에서 자연스럽게 비판을 받았다. 예를 들어 절대적이고 불변적인 진리를 인간이 소유한다는 사실을 레싱이 부정했을 때 그는 진리의 독특한 등급의 기준을 가지고 있지 않았다는 반대가 종종 제기되었다. 참으로 그는 진리의 등급들은 그 등급들이 행위의 상이한 노선을 촉진하는 경향들에 의해서 판정되어야 한다고 주장할 수 있다. 그러나 명백하게 문제는 다소 바람직한 행위의 유형들을, 그리고 도덕과 부도덕을, 그리고 다른 것들을 구별하는 것에 관련해서 다시 나타나게 된다. 그러나 여기서 이런 문제들을 다루는 것은 가능하지 않다. 그러한 문제들이 일어난다는 사실을 지나가면서 지적하는 것으로 충분하다. 레싱의 사상을 묘사하는 것과 관련된 점은 이신론자들의 합리론적 태도로부터 '역동적' 진리 관념으로 나아가는 것이다. 여기서 역동적이라는 것은 유동적이라는 것을 의미하는 것은 아니다. 역동적인 진리 관념은 레싱 사상의 진리 관념과 대단히 다른 문맥에서 그 뒤에 다시 나타난다.

레싱의 진리 관념은 그의 역사 관념과 밀접하게 연관되어 있다. 『인류의 교육』(Die Erziehung des Menschengeschlechts, 1780)에서 그는 '교육이 개인에 관한 것이라면, 계시는 전 인류에 관한 것이다'[2]라고 주장한다. 교육은 개인에게 만들어진 계시이고, 반면에 계시는 인류의 반복적인 교육이다. 그러므로 레싱에 있어서 계시는 역사에서 인류에 대한 신의 교육을 의미한다. 계시는 언제나 계속되어왔던 과정이고, 여전히 자리를 점하고 있는 과정이며, 미래에 계속될 과정이다.

---

2   제1절.

게다가 인류 일반의 교육으로서의 계시는 개인의 교육과 유사하다. 어린아이는 감각적인 보상과 처벌에 의해서 교육된다. 그리고 인류의 유아기에서 신은 '신의 백성들이 복종이나 불복종을 통해서 이 지상에서 행복이나 불행에 대한 희망이나 두려움을 가지도록 하는 방식과는 다른 방식의 종교나 법률을 줄 수 없다'.[3] 그러므로 인류의 유아기는 구약 성경에서 묘사된 사건들과 다소 유사하다. 그 다음에 인류의 소년기나 청년기가 오는데, 이 시기는 신약 성경에 상응한다. 지상의 처벌과 보상보다는 도덕적 행위에 대한 더 고귀한 동기가 표면화된다. 즉 내세에서의 영혼의 불멸과 영원한 보상과 처벌이 가르쳐진다. 동시에 이스라엘의 신으로서의 신 개념은 보편적 아버지의 개념으로 발전하고, 천국에 대한 준비로서 마음을 내적으로 순수하게 해야 한다는 이상은 속세의 번영을 획득한다는 관점을 가지고 있는 법률의 단순한 외적 준수를 대신 한다. 분명한 일이지만, 그리스도 교도들은 그리스도의 가르침에다 자신들의 신학적 사변을 추가하였다. 그러나 우리는 그러한 사변들에서 긍정적인 가치를 인식해야 한다. 왜냐하면 그러한 사변들은 이성의 실천을 자극하였고, 그러한 사변을 통해서 인간은 스스로 영적인 사물들에 관해 생각하는 습관을 가지게 되었다. 레싱은 어떤 특정한 교의를 언급하고 합리화한다. 그러나 중요한 점은 그가 그 교의들을 합리화했다는 것이 아니라 그가 그 교의들 안에서 긍정적인 가치를 발견했다는 것이다. 이런 점에 관련해 그는 이신론자보다는 헤겔 쪽을 향해 있다. 마지막으로 인류의 성년기가 있다. '분명히 인류는 새롭고, 영원한 복음의 시대에 이르게 된다. 이 복음의 시대는 새로운 계약의 기초 서적들 안에서 우리에게 약속된 것이다.'[4] '기초 서적들'이라는 용어는 경시하는 용어가 아니다. 레싱에 있어서 구약 성경의 책들은 신약 성경과 비교해 볼 때 기초 서적들(*Elementarbücher*)이 되는 반면에, 신약의 책들은 신의 계시의 더 새로운 국면과 비교할 때 기초 서적이 된다. 이러한 세 번째 계시의 국면에서 인간은 지상의 것이든 천체의 것이든 보상을 위해서가 아니라 선을 위해서 선을 행할 것이다. 그러므로 레싱은 인류의 도덕교육을 강조한다. 이것은 끝이 없는

---

3   『인류의 교육』(*Education of the Human Race*), 제17절.
4   같은 책, 제86절.

과정이며, 심지어 레싱은 윤회설 또는 영혼재래설을 제안한다. 그가 이 이론을 주장한다고 말하는 것은 너무 많은 것을 말하는 것이다. 그는 그 이론을 일련의 질문 안에서 제안한다. '왜 개인은 이 세상에서 한 번 이상 존재하지 않을 수 없었을까? 이 가설은 가장 오래된 것이기 때문에 우스꽝스러운 것인가? … 왜 내가 새로운 지식, 새로운 능력을 얻을 때만큼이나 자주 윤회해서는 안 되는가?'[5]

1783년에 야코비(그의 사상은 다음 장에서 개괄될 예정이다)는 멘델스존에게 쓴 편지에서 자신이 레싱의 죽음에 임박해서 그를 방문했을 때 레싱은 분명히 자신이 스피노자주의자였음을 인정했다는 점을 밝히고 있다. 야코비에게는 이러한 사실은 충격적인 자백이었다. 왜냐하면 레싱은 범신론이 단지 다른 이름의 무신론에 불과하다고 주장했기 때문이다. 멘델스존에 관해 이야기한다면 그는 범신론자가 아니었다. 멘델스존은 야코비의 편지를 보고는 성이 나서 마음이 뒤집혔다. 그는 이 편지를 레싱에 대한 공격으로 간주했을 뿐만 아니라, 간접적인 방식이기는 했지만 자신에 대한 공격으로 간주했다. 왜냐하면 멘데스존은 당시 레싱의 저작들의 편집 계획을 갖고 있었기 때문이다. 그러므로 그는 『아침 시간』에서 계속해서 야코비를 공격하였다. 야코비는 이에 대한 답변과 멘델스존과 주고 받았던 서신을 묶어서 출판하였다(1785). 헤르더(Herder)와 괴테(Goethe) 둘 다 논쟁에 휘말렸고, 그들은 야코비가 스피노자의 이론을 무신론과 동일시하는 것에 동의하지 않았다.

레싱이 야코비에게 말했던 것은 다음과 같은 것처럼 보인다. 신에 대한 정통 사상들은 자신에게 더는 소용이 없었다는 것, 신은 하나이면서 모두라는 것, 만약 자신을 누군가의 제자라고 묻는다면, 자신은 스피노자라는 이름밖에 들 수 없다는 것이다. 그리고 우리가 레싱이 야코비에게 충격을 주면서 쾌감을 느꼈을 가능성을 허용한다 하더라도, 레싱이 스피노자에게 영향을 받았다는 사실과 레싱이 자신의 후기 신 관념과 위대한 유대 철학자[스피노자]의 관념 사이에 어떤 유사성이 있다는 것을 인정했다는 사실은 의심의 여지가 없는 것처럼 보인다. 예를 들어 레싱은 인간 행위가 결정되어 있다는 점을 믿었다. 세계는 하나의 체계이며, 그 체계 안에서 신은 궁극적으

---

5   같은 책, 제84-98절.

로 보편적 원인이 되는 것이다. 더 나아가 그는 모든 것은 신 존재자 안에 포괄되어 있다는 점을 분명히 제안한다. 이런 점을 파악하기 위해 우리는 예를 들어 멘델스존에게 쓴 짧막한 에세이인 『신 바깥의 사물들의 실재성에 관하여』(On the Reality of Things outside God)라는 제목의 책에 나오는 몇몇 문장들을 검토하는 것으로 충분하다. 존재하는 사물들이 이들 사물에 대한 신의 관념과 다르다는 이론을 언급하면서, 그는 다음처럼 묻는다. '실재하는 사물들에 대해 신이 가지고 있는 관념들은 왜 이러한 실재적인 사물들 그 자체가 아니어야 하는가?' 이렇게 되면 신의 불변적인 본질 안에 우연적인 사물들이 존재한다는 반대가 있을 수 있다. 그러나 '우연적 사물들에 대한 관념을 신에게 귀속시킬 수밖에 없는 당신은 우연적 사물들의 관념이 우연적 관념들이라는 것을 전혀 생각해 본 적이 없는가?' 의심할 바 없이 레싱은 스피노자보다도 개별성에 더 가치를 부여하였으며, 우리가 보았듯이 그는 역사가 목적, 즉 도덕적 완전성의 목적을 향해 나아가고 있다는 점을 크게 강조하였다. 그러므로 그의 이론들은 스피노자로 역행하고 있다기보다는 어느 정도 역사적 발전을 강조하는 후기 관념론을 예상하게 한다. 그러나 문제는 레싱이 스피노자를 올바로 해석했는가 하는 것이 아니라, 레싱이 야코비에 대한 언급에서 어떤 자전적인 진실이 있는가 하는 것이다. 그리고 그런 진실이 있었다는 점은 분명한 것처럼 보인다.

물론 어떤 의미에서 소위 범신론 논쟁(Pantheismusstreit)은 그렇게 유익한 것은 아니었다. 범신론이 또 다른 이름의 무신론인가의 문제는 그 용어를 정의할 때 가장 잘 다룰 수 있는 문제이다. 그러나 그 논쟁은 스피노자 철학에 대한 자극적인 관심, 즉 막연하고 부정확한 관념이라는 결과를 낳았다.

미학 이론의 분야에 관해서 레싱 자신은 『라오콘』(Laokoon, 1766)에서 시와 조형 예술, 즉 회화와 조각 사이의 특수한 차이점을 분석하였다. 위대한 비평가 빙켈만(Winckelmann, 1717-1768)은 바티칸(Vatican)에 있는 라오콘의 예술적 효용은 『아이네이스』(Aeneid)에서 베르길리우스(Virgil)가 라오콘 이야기를 묘사한 것의 효용과 같은 것이라고 언급하였다. 레싱은 이런 언급을 출발점으로 삼았다. 이미 우리는 포프와 연관해서 그가 어떻게 철학과 시를 날카롭게 구별했는지를 살펴보았다. 『라오콘』에서 그는 시는 인간 행위를 표현하는 것과 연관되며, 그런 행위를 통해서 영혼의 삶을 표현하는 것과 연관된다고 주장하였다. 이런 이유로 그는 회화적으로 묘사된 시를 비난하였다. 그러나 조각은 육체의 표현과 연관되며, 특히 이상적인 육체적 아름다움의 표현과 연관된다. 더 나아가서 레싱은 다른 예술에서 사용되는 소재가 어떻게 해서 그 예술의 성격을 규정하는가를 보여주고자 한다.

만약 인간 행위가 시의 특수한 주제라면, 이것은 특히 희곡, 즉 레싱이 『함부르크 희곡론』(Hamburgische Dramaturgie, 1767-1769)에서 관심을 가졌던 주제에 대해 참이다. 이 작품에서 그는 희곡의 통일성, 즉 행위의 통일성 안에서 본질적으로 성립하는 통일성을 강조하였다. 레싱에 따르면 그리스의 위대한 비극들에 대한 반성의 결실인 아리스토텔레스의 『시학』(Poetics)은 '『에우클레이데스(Euclid)의 원론』(Elements of Euclid) 만큼이나 오류가 없는 책이다'(『함부르크 희곡론』, 마지막 장). 동시에 그는 프랑스인이 '세 가지 통일들'에 집착하고 있음을 강하게 공격하였다. 그들은 자신들이 시간과 장소의 통일을 희곡의 본질적 성격으로 주장하였을 때 아리스토텔레스를 곡해하였다. 만약 그들이 옳았다면, 셰익스피어는 진정한 희곡 작가가 아닐 것이다. 레싱은 또한 비극의 목적이 '연민과 공포의 제거'라는 아리스토텔레스의 진술 언급하면서, 문자 그대로의 의미로 연민을 동정심으로, 공포를 자기 존중으로 해석했다. 게다가 아리스토텔레스는 모방에서 예술의 본질을 발견한 점에서 옳았다. 희곡은 인간의 행위들을 모방하고, 비극은 연민과 공포의 정념을 일깨우며 '정화하는 것'을 통해서 인간을 품위 있는 자로 만드는 식으로 인간 행위의 통일성을 모방하거나 표현한다. 그러므로 그것은 도덕적 목적을 가진다.

이러한 다소 임의적이고, 어떤 경우든 단조로운 관찰로 인해 레싱은 사실상 미학 이론에 대한 작가이자 순수 예술에 대한 비평가로서 매우 부적절한 방식의 묘사를 하고 있다. 참으로 그는 철학 또는 미학 이론에서 새로운 관념들을 제시하는 사람이라는 의미에서 독창적인 사상가는 아니었다. 미학 이론의 영역에서 그는 프랑스, 영국, 스위스 작가들의 영향을 상당히 받았으며, 희곡에 관해서는 아리스토텔레스의 영향을 상당히 받았다. 그러나 비록 그의 관념들 대부분은 다른 곳에서 같은 노선을 걷고 있지만, 그는 이러한 관념들을 생생하게 만드는 재능을 가지고 있었고, 적어도 이런 의미에서 그는 독창적이고 창조적이었다. 『라오콘』의 서문에서 그는 다음처럼

제2부 독일의 계몽주의

말한다. '우리 독일인들에게 체계적인 책들이 부족하지 않다.' 그의 진술에 따르면 그 자신의 작품은 바움가르텐의 그것만큼 체계적이지도 않고 간명하지도 않지만, 그는 바움가르텐이 그의 『미학』에서 인용된 많은 예를 게스너(Gesner)의 작품들에서 가져왔다는 점을 그도 인정하였지만, '나 자신이 들고 있는 예들의 원천은 바움가르텐의 그것보다 더 독자적'이라고 자찬하고 있다. 다른 말로 하자면, 그는 우리가 그 자신 희곡 작가이자 시인이었던 사람에 대해 기대하듯이, 자신의 미학적 반성들을 실제적인 예술과 문학 작품의 고려 위에 기초를 두고자 노력하였다. 그래서 레싱 자신은 형식주의에서 벗어났다는 것, 그리고 그가 아무리 그의 개인적 관념들에서 다른 작가들에 의존해 있다 하더라도, 무언가 다른 점이 있다면 그가 좀 깊은 반성을 자극하는 방식으로 자신의 관념들을 나타냈다는 것은 의심할 바 없이 사실이다. 동일한 점이 형이상학과 역사 철학의 영역과 관련된 그의 고찰에 대해서도 참이다.

────────── **4. 심리학**

계몽(*Aufklärung*)의 시대는 독일에서 심리학 연구의 시작을 목격했다. 이 분야의 중요한 인물은 한때 킬(Kiel) 대학교의 철학 교수였던 테텐스(Johann Nikolaus Tetens, 1736-1807)였다. 1789년에 그는 코펜하겐(Copenhagen) 대학교 교수직 초빙을 수락하였다.

테텐스 사상의 일반적 성향은 영국의 경험론 철학과 대륙의 합리론 철학을 매개하는 것이었다. 그는 결코 반-형이상학자가 아니었다. 사실상 그는 형이상학과 신의 현존에 대한 저술들을 출판하였다. 이 저술들에서 그는 형이상학 및 형이상학적 증명의 가능성과 타당성을 주장했던 반면에, 동시에 그는 왜 형이상학적 입장들이 그렇게 보편적으로 받아들여지기 어려웠는지를 규명하려고 노력하였다. 그러나 그는 심리학에서 우리가 형이상학적 전제들에서 출발해서는 안 되고, 심리적 현상의 분석이 비록 영혼에 대한 형이상학적 반성의 기초를 이룰 수 있음에도 불구하고, 심리적 현상의 분석에서 출발해야 한다고 주장하였다. 여기서 우리는 방금 암시했던 중재적 성향의 사례를 보게 된다.

테텐스에 따르면 내성(內省)은 과학적 심리학의 기초를 이루어야 한다. 그러나 영혼은 자신의 활동에서만 자신을 의식하고, 그런 활동들이 심리적 현상의 산물인 한에서만 자신의 활동을 의식한다. 영혼은 그 자신의 직관의 직접적인 대상이 아니다. 그러므로 영혼의 능력과 기능을 분류할 때, 그리고 영혼 자신의 본성을 자신의 활동의 근거로서 규정하려고 시도할 때 우리는 필연적으로 가설에 의존하게 된다.

지성, 즉 사고하는 것으로서의 그리고 심상의 산물로서의 영혼의 활동, 그리고 의지, 즉 그것에 의해서 영혼이 그 자신 심리적인 표상이 아닌 변화(예를 들어 육체적 운동)를 산출하는 활동과 함께, 테텐스는 감정을 독자적인 활동으로 인정한다. 그러므로 우리는 영혼의 세 가지 능력, 즉 지성, 의지, 감정을 구별할 수 있다. 감정은 영혼의 수용성 또는 변양(變樣)으로 기술된다. 그러나 그는 이 세 가지 능력들이 궁극적으로 하나의 근원적인 능력, 즉 완성을 향해 나아갈 수 있는 감정과 자기 활동의 능력으로 환원될 수 있다는 가설을 제안한다. 인간이 동물과 다른 점은 영혼 활동이 완전하게 될 가능성이 있다는 데서 각별하게 드러난다.

테텐스의 『인간 본성과 그것의 발전에 관한 철학론』(*Philosophical Essays on Human Nature and Its Development*, 2 vols., 1777)은 심리학에 관한 탁월한 분석을 보여주었다. 다소 다른 접근은 크로이츠(Karl Kasimir von Creuz, 1724-1770)의 『영혼론』(*Essay on the Soul*, 1753)에 의해서 표현되었다. 그의 이후에 나온 테텐스와 마찬가지로, 크로이츠는 영국과 대륙의(라이프니츠의) 영혼 철학을 중재하려고 노력하였다. 그리고 다시 테텐스와 마찬가지로 그는 심리학의 경험적 기초를 강조하였다. 그러나 그는 단순 실체 또는 모나드로서의 영혼에 대한 라이프니츠의 견해와 흄의 현상론적 자아 분석을 조화시키는 데 관심을 가졌다. 크로이츠는 우리가 연장을 가지지 않는다는 점과 유사한 형이상학적 자아를 발견할 수 없다는 흄의 주장을 받아들였다. 동시에 그는 자아가 별개의 분리된 현상으로 분해될 수 있다는 것을 허용하지 않았다. 사실상 자아는 부분들을 가지고 있으며, 이런 의미에서 연장(延長)을 가진다. 그러나 부분들은 분리될 수 없다. 그리고 영혼의 부분들의 이러한 분리 불가능성은 영혼을 물질적 사물과 구별하게 해주며, 영혼의 불멸성에 대한 주장의 궁극적 근거가 비록 신의 계시에서 발견된다 하더라도, 그런 주장의 이유를 구성하게 된다.

이 두 사람 중 테텐스가 심리학의 발전에서 더 중요한 것은 분명하다. 우리가 보았듯이 그는 정확한 분석적 접근을 강조하였다. 그러나 동시에 그는 분석 심리학을 인간 본성과 그것의 발전에 대한 일반 철학과 연결하였다. 이 점은 그의 주요 저술의 제목이 시사하는 것이다. 그의 견해에 따르면, 우리는 예를 들어 경험 안에 인간의 관념이 기원하고 있다는 점을 연구하는 데 그쳐서는 안 되고, 동시에 인간의 지성적 삶의 전 성장을 여러 다른 과학들이 표현하는 데 이르기까지 연구하여야 한다. 다시 말하면 독자적인 '능력'으로서의 감정에 대한 그의 주장은 예술과 문학의 세계에서의 감정과 감성의 삶을 표현하는 것에 관한 연구를 지향한다.

5. 교육이론

계몽주의 시기 동안에 루소의 『에밀』이 독일의 교육이론에 끼친 영향은 상당하다. 예를 들면 다른 교육 서적들 중에서도 일종의 교사들의 백과사전으로서 그리고 부모들과 아이들을 위한 교재로서 기획된 방대한 분량의 『기본서』(Elementarwerk, 1774)의 저자인 바제도우(Johann Bernhard Basedow, 1723-90)도 이 점을 느꼈다. 그러나 바제도우가 루소의 '자연' 교육 사상에 의해 고무되었던 반면에, 그의 교육이론은 문명이 인간에 대해 끼치는 유해성에 관한 전제들로 복잡해지지는 않았다. 그래서 그는 공동선을 위한 애국적이며 행복한 삶을 아이들의 교육 준비를 위한 목적으로서 제안할 수 있었다. 교수 방법에 관한 그의 사상에서 그는 『대교수학』(The Great Didactic)의 저자인 코메니우스(Comenius, 1592-1671)의 영향을 받았다.

또한 루소가 끼친 고무적인 영향은 스위스의 교육학자 페스탈로치(Johann Heinrich Pestalozzi, 1746-1827)에 의해서도 느껴졌다. 그는 독일의 초등학교(Volksschulen)의 발전에 영향을 끼쳤다. 그러나 바제도우에서와 같이 페스탈로치에서도 우리는 사회생활을 위한 교육에 대한 강조를 발견하게 된다. 그는 가족과 지역 공동체의 교육, 그리고 일반 교육을 사회 개혁의 최상의 도구로서 크게 강조하였다. 당연히 그런 교육은 단순히 지성적인 발달만을 양육하는 것이 아니라 도덕적인 발달도 양육하는 것이다.

바제도우는 한때 도덕철학의 교수였지만, 페스탈로치는 거의 철학자로 불릴 수 없다. 비록 페스탈로치가 교육이론의 역사에서 아무리 명성이 자자할지라도, 교육학의 영역에 관련하여 그의 특수한 사상을 여기서 논의하는 것은 적절하지 않을 것이다. 다른 곳에서와 마찬가지로 독일에서의 계몽주의가 계몽주의 교육 이론가들을 낳았다는 것을 주목하는 것으로 충분하다. 영국에서는 로크가, 프랑스에서는 루소가, 독일과 스위스에서는 바제도우와 페스탈로치가 있었다. 그리고 바제도우와 페스탈로치에 의해서 대표되는 사회생활을 위한 교육 이념은 계몽주에서의 일반적 사상 방향과 일치를 이루었다.

제7장

계몽주의와 단절

━━━━━ 1. 하만

볼프가 죽었을 때 그와는 전혀 다른 유형의 인물인 하만(Johann Georg Hamann, 1730-1788)은 24세였다. 볼프는 위대한 체계주의자였지만, 하만은 철학적 체계를 사용하지 않았다. 볼프는 추상과 논변적인 이성의 힘을 표현하였다. 하만은 자신이 한 편으로 치우친 추상으로 간주했던 것을 싫어했으며, 논변적 이성의 폭정을 거부하였다. 볼프는 명석 판명한 관념들을 추구하였다. 하만은 그에게 북방의 마법사(또는 마술사)라는 칭호를 얻는 데 도움을 준 예언자적인 연설들을 사용하였다. 다른 말로 하면 하만은 신의 이성보다는 악마의 힘을 그에게 보여주었던 계몽주의의 합리론을 외면하였다.

쾨니히스베르크 토박이인 하만은 한 연구 분야에서 다른 연구 분야로 그리고 한 직업에서 다른 직업으로 즉 가정 교사직에서 상업계의 작은 직책으로 전환했던 변덕스러운 성격이었다. 한때 극심한 가난과 정신의 내적 고통에 직면했을 때, 그는 성경 공부에 몰두했으며, 그의 글의 특징인 극단적 경건주의를 전개하였다. 그의 친구 중에는 헤르더(Herder)와 야코비를 꼽을 수 있으며, 칸트가 그의 독단적 선잠에서 깨어나 그의 『비판서들』(*Critiques*)을 출판하기 시작하였을 때 하만이 칸트를 단호하게 비판하였지만, 칸트와도 친분을 유지하였다.

이 북방의 마법사는 철학사에서 적절하지 않은 인물인 것처럼 보인다. 그러나 그는 비록 체계적이지 않고 과장된 표현이기는 하지만 계몽주의에 대한 반동의 특성을 지니는 사상들을 표현하였다. 그리고 그는 분명히 특히 헤르더에 대한 그의 영향력이 몇몇 역사가들에 의해 과장된 측면이 있기는 하지만, 그는 분명히 헤르더에 대해 상당한 영향력을 끼쳤다.

합리론에 반대하는 하만의 주요 특징 중 하나는 그것의 종교적 배경이었다. 예를 들어 언어에 관한 논쟁을 살펴보자. 비록 언어가 일종의 기계적 산물임에도 불구하고, 인간이 언어를 만들었다는 합리론적 견해에 반대해서 헤르더는 언어란 인류와 그 기원을 같이 한다고 주장하였다. 하만은 언제나 같은 의견을 표방하였다. 그러나 그는 언어란 인간 이성의 인위적인 창안물이 아니라고 말한 다음 언어를 어떤 다른 경험적 원인이나 원인들에 돌리는 것에 만족하지 않았다. 그의 견해에 따르면 언어란 어떤 신비적인 방식으로 신과 소통하는 것, 즉 신의 계시였다. 다시 말하면 하만은 특히 시가 이성의 산물이 아니라고 확신하였다. 오히려 그가 '호두껍질 속의 미학'(『문헌학자의 십자군』(*Crusades of a Philologist*, 1762)의 한 부분임)에서 말한 바와 같이 시는 인류의 모국어이다. 원시인의 언어는 감각과 정념이었고, 그들은 심상(心象) 외에 다른 어떤 것도 이해하지 못했다. 원시인들은 음악, 노래, 시에서 자신을 표현하였다. 게다가 위대한 시는 우수한 이성의 산물이 아니다. 위대한 시는 우수한 이해 규칙과 관찰 규칙에 귀속해서는 안 된다. 호메로스와 셰익스피어는 지성적으로 이해된 규칙의 사용에 의해서가 아니라 천재에 의해서 자신들의 작품들을 창조하였다. 그러나 천재란 무엇인가? 천재란 예언자이며, 그의 영감은 신적(神的)인 것이다. 언어와 예술은 계시의 산물이다.

물론 그러한 진술들은 간명하고 상식적인 해석을 제공할 수 있다. 예를 들어 괴테가 언급하였듯이, 신이 인간을 창조하였다는 것이 진실이며, 언어가 동물과는 달리 인간에게 자연스러운 것이 진실이라 한다면, 신이 언어를 창조했다는 것은 진실이다. 이와 유사하게 어떤 일신론자(또는 그 문제에 관해서는 범신론자)도 천재를 신의 창조적인 작품에 돌릴 준비가 되어 있을 것이다. 그러나 하만은 신비적인 색깔을 입혀 신탁의

제2부 독일의 계몽주의

스타일로 자신을 표현했다. 이것은 그가 무얼 의미했는지 정확히 말하기는 어렵더라도 뭔가 더 의미가 있다는 걸 암시한다.[1] 어쨌든 그는 예를 들어 인간 언어의 자연적 성격을 주장하면서, 그것이 이성에 의해 발명된 관념과 분리한 것에 만족하지 않고, 더 나아가서 언어가 신적인 기원을 갖는다는 점을 주장하였다.

다시 말하면 하만은 논변적 이성의 폭력과 그 이성의 전능한 체하는 태도를 공격하는 것만으로 만족하지 않았고, 신에 대한 신앙과 신적 계시 안에 인간의 삶의 자리를 허용하는 것만으로 만족하지 않았다. 그의 경건주의는 그가 이성을 평가절하하도록 만들었고, 이성의 능력을 제한하는 데서 쾌감을 발견하도록 만들었다. 그에게 있어서 과학적인 천재는 존재하지 않고, 시적인 천재가 존재한다는 것은 의미심장한 일이다. 우리는 위대한 과학자를 천재라고 말할 수 없다. 왜냐하면 그들은 이성에 의해 활동하고, 이성은 영감의 기관이 아니다. 그리고 종교의 영역에서 볼프식의 자연신학이 부적절한 것에 그치는 것은 아니다. 그런 자연 신학은 신앙의 이름으로 내팽개쳐져야 한다. 다시 말하면 역사를 말에 대한 주석으로 또는 신의 자기 표현으로 보는 하만의 견해가 헤르더의 정신에 강력한 영향력을 발휘한 반면에, 하만은 헤르더가 신을 모독하는 자료를 활용하고, 과학적 방법을 역사 해석에 사용하려는 시도를 한 것에 의해 오히려 당혹해 하였다. 하만의 눈에는 성경과 같은 역사는 이성의 인내심이 강하고 지치지 않는 노력에 의해서 얻어진다기보다는, 신에 의해서 계시되는, 내적으로 신비하거나 '진실된' 의미를 갖는다. 다른 말로 하면 하만은 프로테스탄트의 개념을 역사 이해에 적용하려는 경향이 있었다. 프로테스탄트의 개념은 침묵하면서 기도하는 개인 신앙자에게 성령이 계시한다는 것을 성경의 진실된 의미라고 본다. 심오한 해석은 그것이 성경의 해석이든 역사의 해석이든 신의 작품일 뿐이다.

그러나 우리는 하만을 단순한 경건주의자로 치부할 수는 없다. 여기서 단순한 경건주의자란, 철학자의 고려 대상이 될 자격이 조금은 있겠지만, 누군가가 자신의 적대자에게 관심을 가질 수도 있다는 의미에서만 고려 대상이 될 자격이 있는 사람

---

[1] 하만이 말하고 있는 것은 최초에 자연(Nature)의 모든 현상이 인간에게는 기호, 상징, 신과의 소통의 보증, 생생한 말이었다는 사실이다. 언어는 신의 말로서 자연의 지각에 대한 자연적 반응이다.

을 말한다. 헤르더와 공유한, 신의 계시로서의, 즉 신의 섭리의 작품으로서의 역사라는 그의 관점은 가까운 미래에 상당한 중요성을 갖는 것이었다. 왜냐하면 이러한 견해는 사실상 하만에게는 합리론의 무관용적 표현인 것처럼 보이는 사변 철학의 체계로 변모하면서 헤겔 역사 철학의 필수적인 부분을 형성하게 되었기 때문이다. 게다가 하만의 이러한 반 합리론은 추상의 증오와 연결될 수밖에 없었다. 추상의 증오는 단순한 편견의 산물이 아니었다. 그리고 이 주제에 대해 짤막한 언급되어야 할 것이 있다.

괴테는 인간이 착수하는 모든 일이, 그것이 언어에 의한 것이든 행위에 의한 것이든 또는 어떤 다른 방식에 의한 것이든 간에, 인격성의 전체적이며 통일된 능력들에서 기원한다는 원리로 헤르더의 진술들이 환원될 수 있다고 언급하였다.[2] 태초에 인간은 시인이자, 음악가이자, 사상가였으며, 신앙인이었다. 그러나 계몽주의의 합리론자들은 하만의 관점에서 보았을 때는 '이성'과 이성의 수행에 관해 말하면서 마치 이성이 그 자체 무언가이며, 그리고 마치 인간 삶의 이상이 모든 영역에서 이성이 승리하는 것에서 이루어지는 것인 양 이성을 실체화하였다. 그래서 합리론자들은 인간에게 인간과 인간의 활동에 대한 거짓 개념을 부여하는 경향이 있었다. 그들은 인간 행위 중 하나의 기능을 추출해서 그 기능을 전체로 만들어 버렸다.

그가 거짓 혹은 일방적인 추상으로서 간주했던 것에 대한 이러한 적개심은 칸트의 『순수이성비판』에 대한 하만의 비판에서 분명히 드러난다. 『순수이성의 순수성에 대한 메타 비판』(Metacritique on the Purism of Pure Reason)[3]에서 하만은 칸트가 이성, 지성, 감각 기관을 분류한 점과 감각과 개념에서 형식과 질료를 분류한 점을 공격하였다. 칸트는 추상[추출]을 다룬다. 예를 들어 '추리'라 하는 능동성[활동성]은 분명히 존재하지만, '이성' 또는 '지성'과 같은 것은 존재하지 않는다. 하나의 존재자, 하나의 기관, 하나의 사람에 의해서 수행되는 서로 다른 활동들만 존재할 뿐이다. 분명히 말해서 이러한 비판 노선으로 인해 『순수이성비판』이 폐기되지는 않았지만, 그러나 하만은

---

2   『시와 진리』(Dichtung und Wahrheit), 3, 12.

3   『메타 비판』(Metacritique)에서 헤르더가 이용했던 이 작품은 하만이 살아 있을 동안에는 출판되지 않았다. 이 작품은 『순수이성비판』이 출판된 해인 1781년에 저술되기 시작되었다.

중요한 점을 보여주고 있다. 이 점은 일반적인 개관이 북방의 마술사의 개관과는 거리가 멀리 떨어져 있는 철학자들에 의해서 다른 문맥들 속에서 자주 제시되고 있다.

─────── 2. 헤르더

하만은 분명히 계몽주의의 합리론적 성격에 반대하였다. 그러나 헤르더에 주목하게 될 때, 우리는 계몽의 관점에서 출발하면서('하나의' 관점에 관해 이야기한다면 그것은 옳겠지만) 또한 그 관점을 벗어나려고 애쓰는 사람을 발견하게 된다. 그러므로 역사학자들은 그가 계몽주의와 단절했다고 말할 자격이 충분히 있지만, 반면에 그가 계몽주의 운동 안에서 몇몇 사상 노선을 전개하였다고 말하는 것도 가능하다. 이러한 문제에 관해 우리가 어떤 선택을 할 것인지는 당연히 어느 정도는 우리가 어떤 용어들을 정의하는 방식에 달려 있다. 만약 우리가 계몽주의라는 말을 볼프식 합리론과 다수 사상가들의 개인주의로 이해한다면, 헤르더가 계몽과 단절했다는 것은 분명한 사실이다. 그러나 그 단어에 광범위한 의미를 부여한다면, 그 단어 안에 헤르더가 표명했던 입장들의 첫 번째 맹아나 씨앗이 포함되었다는 의미에서, '단절'이라는 단어는 너무 날카롭게 보일 수 있다. 그러나 우리가 전통의 관행에 따라서 헤르더를 계몽주의에 반대했고 계몽주의와 단절했던 사람으로 이해한다면, 그 의미는 명확해진다.

헤르더(Johann Gottfried Herder, 1744-1803)는 동 프러시아의 모룽겐(Mohrungen in East Prussia)에서 경건주의자인 교장의 아들로 태어났다. 그가 비록 곧 신학으로 전공을 바꾸었지만, 1762년에 그는 쾨니히스베르크 대학교의 의학부 학생으로 입학했다. 그는 전통적인 볼프 철학을 해설하고 천문학과 지리학 과정을 개설했던 칸트의 강의를 들었다. 그리고 칸트는 그에게 루소와 흄의 저술들을 소개했다. 쾨니히스베르크 대학교에서 하만과도 교분을 가졌으나, 그에게서 깊은 영향을 받은 적은 거의 없었다. 왜냐하면 그가 1764년에 리가(Riga)로 옮겼을 때, 그는 계몽주의 기관지에 에세이와 평론을 기고하였기 때문이다. 1765년 그는 개신교 목사로 임명되었다.

1766년에 라이프치히에서 헤르더의 『최근의 독일 문학 단편』(*Über die neuere*

deutsche Literatur: Fragmente) 중 두 편이 최초로 익명으로 출간되었다. 이 저서는 1767년으로 출간 날짜가 되어 있는데, 그 해는 그 책이 완성된 때였다. 이 책의 저술 과정에서 헤르더는 언어에 관한 문제, 즉 그의 사상의 상당 부분을 차지했던 주제를 논의하였다. 멘델스존, 레싱과 마찬가지로 그는 시적 언어와 과학적(그의 용어로는 철학적) 언어의 구별을 주장하였다. 그러나 그러한 구별에는 발생학적 또는 역사적 배경이 있었다. 헤르더는 언어적 발전의 국면을 넷으로 나누었다. 이 네 국면은 인간 성장의 유비, 즉 루소가 제안한 유비에 따라서 분류된다. 첫째 국면은 언어가 정념과 감정의 기호로 이루어진 유아기에 해당한다. 둘째로 시와 노래가 하나인 언어의 시적 시대, 즉 청년기가 존재한다. 셋째로 여전히 시적 요소를 가지고 있지만 산문의 발전을 특징으로 하는 장년기가 존재한다. 넷째로 그리고 마지막으로 인생과 풍요가 현학적인 정밀성의 제물이 될 때, 즉 언어의 노년기 즉 철학 시기가 존재한다.

이 언어 이론이 나타난 문맥에서 독일어에 관한 논의가 이루어졌다. 여기서 우리는 이러한 논의를 상론할 수 없다. 시적 언어와 철학적 언어의 차이에 대한 그의 주장 때문에, 헤르더는 독일 시가 요구하는 것이 논리적 명료성을 발전시키는 것이라는 개념을 거부하였다는 점을 언급하는 것으로 충분하다. 이러한 사상은 예를 들어 슐쩌(J. G. Sulzer, 1720-1779)에 의해 제안되었다. 슐쩌에서 시는 사변철학과 사람들의 매개자였다. 또한 헤르더는 독일어가 외국 문학의 모방에 의해서 개선되리라는 것을 부인하였다. 독일 시는 그것이 국민들의 자발적 시작(詩作)에서 성장할 때 그리고 국민적 천재의 결실물이 될 때 위대해질 수 있다. 그 뒤 헤르더는 민속 시의 관심을 부활시키는 데 많은 기여를 하였다. 이러한 마음가짐으로 그는 독일어를 멸시하고 독일 문학의 유일한 희망은 '모방'에 있다고 생각한 계몽 사상가들에 반대하였다.

이 모든 것은 철학과 별 관계가 없는 것으로 보인다. 그러나 헤르더(당연히 헤르더 단독은 아니지만)가 여러 유형의 언어를 어떻게 구별했는지를 관찰하는 것은 흥미로운 일이다. 나아가 헤르더는 용법의 문제가 아주 중요하다고 보았다. 헤르더에 따르면, 만약 우리가 다른 유형의 언어의 기원을 탐구한다면, 우리는 언어들의 용법을 더 용의주도하게 다루기 위해서 그렇게 탐구한다. 그리고 언어의 용법들은 현대의 영국 철학에서 분명히 상당할 정도로 논의되고 있는 주제이다. 다시 말하면, 독일어에 대한 헤르더의 강조는 그리고 시 문학의 발전을 위한 기초로서 사람들이 자발적인 시작을 해야 한다는 것에 대한 헤르더의 강조는 그의 후기 문화 철학과 역사 철학이 성장하는 초기 국면으로 간주될 수 있다. 그의 문화 철학과 역사 철학은 언어가 극히 중요한 역할을 하는 전체성들로서 간주되는 국가 문화의 발전을 강조하였다.

『비판적 숲』(*Kritische Wälder*, 1769)에서 헤르더는 레싱의 『라오콘』을 출발점으로 삼았다. 그러나 그는 자신이 뛰어난 극작가로 인정했던 레싱 이외에 다른 비평가들을 염두에 두고 있었다. 자신의 저술에서 헤르더는 예를 들어 조각과 회화를 구별하고, 사실상 호메르스는 그리스의 가장 위대한 시인이었지만, 그의 시적 천재의 창조는 역사적인 제약을 가지고 있다는 점, 그리고 그의 시작이 규범으로서 여겨질 수 없다는 점을 주장하는 등 다양한 관점을 가지고 문제를 다루었다. 이것은 우리에게 아주 분명한 사실이다. 그러나 헤르더의 관점은 역사적 발전과 순수하게 추상적이며 합리론적인 비판의 거부에 대한 그의 의미가 가지는 한 측면을 보여주고, 그것을 이론화할 때 유의미해진다.

살아 있을 때 출판되지 않았던 『비판적 숲』의 네 번째 갈래에서 헤르더는 『순수 예술과 과학이론』(*Theory of the Fine Arts and Sciences*, 1767)의 저자인 리델(Friedrich Justus Riedel, 1742-1786)의 사상을 신랄하게 비판하였다. 리델은 세 가지 절대자들, 즉 진, 선, 미에 상응하는 정신의 세 가지 기본 기능들, 즉 양식[공통감각], 양심, 취미가 존재한다고 주장하였다. 예를 들어 헤르더는 인간에게 추리의 과정 없이 직접적으로 절대적 진리를 파악하게 하는 '양식'이라 불리는 기능이 존재한다고 가정하는 것은 무의미한 일이라고 주장하였다. 이러한 유형의 반-볼프적인 개념들은, 만약 그것을 받아들일 수 있다고 생각하는 사람이 있다면, 그를 볼프 철학으로 회귀하도록 만들 것이다. 다시 말하면 즐겁게 만드는 것은 무엇이나 아름답다거나 적어도 사람들을 즐겁게 만들면 만들수록 더 아름답다는 취미의 기능 이론은 그것이 함축하는 것과 함께 불합리하다. 바움가르텐은 논리학과 미학을 구별했지만 동시에 인간의 철학에서 중요한 부분을 차지하는 미학의 학문, 감각의 학문이 있을 수 있고, 있어야 한다고 주장했을 때 올바른 노선에 더 가까이 있었다. 헤르더에서 미학은 예술적인 상징화의 논리를 다룬다. 바움가르텐과 마찬가지로 그는 미학이 추상적인 논리학이나 과학과는 구별되어야 한다고 보았다. 그러나 그가 접근하는 방식은 훨씬 역사적이었다. 필요한 것은 서로 다른 문화들의 역사적 분석과 이 문화들이 각각 가지고 있는 미학적인 이성들의 발전과 본성에 대한 역사적 분석이었다. 그러나 헤르더는 한편으로는 취미의 보편적 기능이 절대적으로 아름다운 것에 상응한다는 리델의 이론을 거부했지만, 다른 한편으로는 절대적인 아름다움에 대한 자신의 논의를 주저하고 있다. 그의 역사적 접근이라는 이념은 심리학적이고 생리학적인 탐구를 수반하면서 상대주의적 아름다움 개념에 이르게 되는 것처럼 보인다. 그리고 사실상 헤르더는 상이한 문화들에 따라서 그리고 이 문화들의 상이한 시기들에 따라서 예술적 아름다움이 상대화된다고 보았다. 동시에 그는 역사적 접근을 통해서는 공통분모를 발견하는 것은 불가능할 것이라고 주장하는 것처럼 보인다. 왜냐하면 역사적 접근은 예술적 아름다움의 상이한 개념들을 단순히 기록하는 것만을 의미하는 것은 아니기 때문이다. 이 접근은 이러한 개념들을 규정하면서 동시에 심리학적이고, 생리학적이며, 환경적인 요인들을 검토해야 한다. 리델이 크루지우스(Crusius)의 기능 심리학의 영향을 받았던 다리에스(Johann Georg Darjes, 1714-1791)의 심리학을 활용하여 미학에 대한 심리학적 접근을 옹호했다는 것은 사실이다. 그러나 헤르더의 핵심은 심리학적 접근이 역사적 접근으로 통합되어야 한다는 것이었다. 우리는 모든 문화에서 균일하게 작동하고, 절대적이고, 보편적이며, 불변하는 이상과 상관되는 어떤 하나의 기능을 요청함으로써 합법적으로 지름길을 갈 수 있는 것은 아니다.

1769년에 헤르더는 리가에서의 목사직을 사임하였고, 낭트(Nantes)로 항해를 했으며, 그 후 파리를 거쳐 스트라스부르(Strasbourg)로 갔다. 그는 스트라스부르에서 젊은 시절의 괴테와 교류하였다(1770-1771). 낭트로의 여행을 통한 문학적 결실은 그의 『여행기』(Travel Diary)였다. 비록 출판을 목적으로 한 것은 아니었지만, 이 작품은 저자의 심경의 변화를 보여주는 것으로서 상당히 중요하다. 되돌아보면서 그는 자신의 생명력 없는 미학 비평의 기교에 대해 만족하지 못했다는 점을 표현하였고, 자신의 『비판적 숲』을 쓸모없고, 미숙하며, 초라한 것으로 묘사하였으며, 스스로 프랑스어, 자연과학과 역사과학의 연구에 매진하고자 했다. 즉 세계와 인간에 대한 실증적 지식의 획득에 매진하고자 했다. 그에 따르면 자신이 이런 식으로 행동하였더라면,

잉크병과 인쇄물 창고로 전락하지 않았을 것이다. 앞날을 내다보면서, 그는 새로운 형태의 학교와 교육의 자연적 환경에 익숙해지는 것에서부터, 지리학, 민속학, 물리학, 역사학에 대한 구체적인 발표를 거쳐, 그러한 학문들의 체계적이고 더 추상적인 연구에 이르는 순차적인 단계에 의해 아이들이 인도되는 새로운 형태의 학교와 교육을 구상하고 있다. 그래서 구체적인 것에서 추상적인 것으로 나아감으로써 귀납적인 방법이 활용되었으며, 따라서 추상 관념은 경험에 기초하게 될 것이다. 종교교육과 도덕교육은 당연히 일반적인 계획의 필수적인 부분을 이룰 것이다. 그리고 목표로 하는 결과는 충분하면서도 균형 잡힌 인격성을 개발하는 것이다. 다른 말로 하면 『여행기』에 나타난 헤르더의 정신은 실증적 지식과 교육의 관념에 의해 지배된다.

스트라스부르에서 헤르더는 민속 시와 민족적인 문화유산에 대한 자신의 관심과 평가의 일부를 괴테에게 전하는 데 성공하였다. 또한 그는 『언어 기원론』(*Abhandlung über den Ursprung der Sprache*)을 저술하였다. 1770년 말에 쓰인 이 작품은 베를린 학술원(Berlin Academy)이 공모한 상을 1771년 초에 수상하였다. 한편으로는 언어의 신적(神的) 기원의 매우 상반되는 견해들을 거부하고, 다른 한편으로는 언어의 '발명'에 관한 이론도 거부하면서, 헤르더는 언어의 기원에 관한 문제는 그것이 어떤 의미를 가지기 위해서는 언어의 발전과 용법 또는 용법들에 관한 경험적 증거를 기초로 해서만 해결될 수 있는 것이라고 주장하였다. 그 문제는 독단적 진술들과 아프리오리한 이론화에 의해서는 해결될 수 없다. 그의 논의 과정에서 그는 기능 심리학을 공격하였고, 원초적 언어와 원초적 시는 하나라고 주장하였으며, 시의 사회적 기능을 강조하였다.

헤르더는 스트라스부르를 좋아하지 않았으며, 1771년 뷔케부르크(Bückeburg)로 가서 샤움부르크-리페(Schaumburg-Lippe)의 궁정 설교사로 일했다. 제임스 맥퍼슨(James Macpherson)의 오시안 위작들(Ossianic forgeries)에 고무되어 헤르더는 『독일인의 기질과 기예에 관하여』(*Von deutscher Art und Kunst*, 1773)라는 제목의 책에 오시안과 민요들에 관한 논문과 셰익스피어에 관한 다른 논문을 기고하였다. 이때 헤르더는 계몽주의가 역사 발전의 정점이며, 중산층이 실천적인 면에서 계몽된 분별력의 유일한 원천이라는 계몽주의의 전형적인 이념들에 대해 혐오감을 느꼈다. 또한 그는 데카르트,

스피노자, 라이프니츠 등의 위대한 합리론 체계들은 시적 허구라고 주장했으며, 버클리의 시가 더 위대하고 더 지속성을 가졌다고 덧붙였다. 그러므로 헤르더는 계몽주의와의 단절, 즉 『또 하나의 역사 철학』(*Auch eine Philosophic der Geschichte*, 1774)에 의해서 상징화된 단절을 완수하였다.

이 책에서 헤르더는 인간의 아동기라는 황금시대로부터 전진하는 일련의 인간 시대에 대한 설명을 제공한다. 그러나 이러한 틀은, 사람들이 하나의 전체적인 시대 또는 전체적인 국민들을 묘사할 때 그들에게 남는 것은 하나의 일반적인 단어라는 점을 헤르더가 단호하게 이야기하고 있다는 사실에서 분명하듯이, 너무 진지한 의미로 받아들일 필요는 없다. 일반적인 특징을 가지고 묘사하는 일은 본래 취약하다. 사실상 역사적 시대들에 대한 헤르더의 설명에는 상당한 아이러니가 존재한다. 왜냐하면 로마는 인류의 성년기를 나타낸 것으로 언급되기 때문이다. 그리고 계몽주의 인간들에 의해 찬양된 18세기는 노령기를 나타낸다는 의미를 지닌다. 그리고 헤르더는 망설이지도 않고 18세기를 편들면서 만들어진 몇몇 주장들의 헛소리에 주목한다. 예를 들면 숭고한 이념과 원리들은 계몽적 인간에 의해 만들어지고 표현된다. 그러나 고귀함과 친절로써 살아가고자 하는 성향과 충동은 허약한 것이다. 다시 말하면 계몽된 유럽은 자신의 자유를 떠벌리지만, 계급에 따른 보이지 않는 노예는 침묵 속에서 외면되고, 유럽의 악들은 다른 대륙들로 옮겨간다.

그러나 철학적 관점에서 보았을 때 계몽주의 인간들의 자기만족에 대한 헤르더의 공격보다 더 중요한 것은 계몽주의 인간들의 역사편찬에 대한 그의 공격이다. 그러한 인간들은 하나의 전제, 즉 역사는 종교적 신비주의와 미신에서부터 자유롭고 비종교적인 도덕성으로 나아가는 상승 운동을 표현한다는 전제와 함께 역사에 접근한다. 그러나 우리가 그러한 전제들의 관점에서 역사를 연구한다면, 우리는 역사를 그것의 구체적인 실제에서 이해하는 데 결코 성공하지 못할 것이다. 우리는 각 문화와 그것의 국면을 그 자체의 가치 안에서 연구해야 하며, 문화의 복잡한 생명력 안으로 천착하여, 가능한 한 더 낫고 더 못한 것에 관한 판단을 배제하고, 더 행복하고 덜 행복한 것에 관한 판단 내에서 문화를 이해하려고 노력해야 한다. 헤르더의 진술에 의하면 각각의 민족은 자신 안에 자신의 행복을 수행하고, 동일한 것이 각 민족의

제2부 독일의 계몽주의

발전의 각 시대에 대해서도 참이다. 우리는 일반적으로 청년기가 유년기보다 행복하다거나 노년기가 청년기보다 불행하다고 말할 수 없다. 또한 민족들의 발전 과정에서 민족들에 관해 유사한 일반화를 시도하는 것은 불법이다.

물론 이러한 태도 안에는 어떤 역사 결정론이 존재한다. 그러나 만약 우리가 진정으로 인간의 역사적 발전을 이해하고자 한다면, 우리는 반드시 선입견의 도식이라는 개개의 사정을 무시한 침대 안으로 들어오도록 역사적 자료를 강요해서는 안 된다는 중요한 진리를 헤르더는 분명히 주장하고 있다. 이것은 지금 우리에게 충분할 정도로 분명한 듯이 보이지만, 역사를 활용하여 하나의 주장, 게다가 의구심이 드는 주장을 증명하고자 하는 계몽주의의 일반적 성향을 고려한다면, 그가 그런 주장을 했을 때 헤르더의 관점은 결코 진부한 것이 아니었다.

1776년 헤르더는 비케부르크에서 바이마르(Weimar)로 갔으며, 그곳에서 그는 루터 교회의 일반 감독 또는 수장으로 지명되었다. 1778년 그는 『인간 영혼의 인식과 감각에 관하여』(*Vom Erkennen und Empfinden der menschlichen Seele*)를 출판하였다. 그 책에서 그는 각각의 모든 단계에서 생리학이 아닌 어떤 심리학도 가능하지 않다는 자신의 견해를 표방하였다. 이런 진술은 비록 헤르더가 생리학에서 생명력을 요청했음에도 불구하고 분명하게 행동주의적인 면을 가진다. 또한 그는 민요와 그것의 문화적 의미와 같은 문학적 주제에 대해, 신학적 문제에 대해, 몇몇 성경들에 대해 그리고 히브리(Hebrew)의 시 정신에 대해 방대한 저술을 남겼다. 그러나 이 시기에 두드러진 작품은 그의 『인간사의 철학 이념』(*Ideen zur Philosophie der Geschichte der Menschheit*)이었다. 이 책은 1784년에서 1791년에 이르는 기간 동안 4부로 구성되었으며, 이 책의 출판은 이탈리아 여행(1788-1789)으로 중단되었다. 제5부를 계획했지만, 저술되지 않았다. 나는 특히 역사 철학의 부상을 다루는 다음 장에서 이 책을 논할 것을 제안하기 때문에, 여기서는 그 내용을 다루지 않겠다.

1793년에서 1797년 기간 동안 헤르더의 『인간성의 진보에 관한 편지』(*Briefe zur Beförderung der Humanität*)가 나왔는데, 이 책은 서로 다른 다양한 주제들을 다루고 있다. 이 책에서 그가 표현했던 한두 가지 관점은 『인간사의 철학 이념』과 연관해서 나중에 다룰 것이다. 이 책의 일반적 이론은 '인간성', 즉 우리 인종의 이상적 특성은 마치 잠재성이나 성향인 것처럼 우리 안에 내재해 있고, 인간성은 형성 교육을 통해 발전되어야 한다는 것이다. 과학, 예술, 모든 다른 인간 제도의 목적은 인간을 '인간답게 만드는 것', 즉 인간성의 완전함을 발전시키는 것이다. 헤르더는 이러한 발전이 초인을 낳는 것 혹은 인간 종 바깥에 있는 존재자를 낳는 것으로 이어진다는 반대를 제기하지만, 그러나 그는 완전한 인간은 초인이 아니라 단지 '인간성'의 실현일 뿐이라고 말함으로써 이런 반대에 대해 해명한다. 헤르더의 교육적 이상은 단순히 이론과 저술에 제한되어 있지 않았다는 점에 유념해야 한다. 왜냐하면 그는 바이마르 공국(公國)에서 그가 할 수 있는 한 교육 개혁을 계획하고 실행하려고 노력하였기 때문이다.

만년에 헤르더는 다수의 신학 저작을 출판하였다. 특히 주목할 만한 것은 『그리스도인의 글들』(*Christian Writings*, 1794-1798)인데, 이 책은 일반적 측면에서 놀랄 만큼 합리론적이며, 하만의 친구에게 기대하는 것 이상으로 계몽주의 인간에 대해 기대한다. 또한 그는 자신이 강력하게 비난하고 있는 칸트의 비판철학에 대해 반대하면서 글을 이어나갔다. 1799년 그는 『순수이성비판의 메타 비판』을 출판하였다. 이 책은 칸트의 작품이 말들의 사기, 언어적 괴물, 기능 심리학의 비뚤어진 영속화를 포함한다고 주장하였다. 이것 때문에 우리는 헤르더의 비판이 이해할 수 없는 매도로 이루어졌다고 생각할 수는 없다. 오히려 그것은 칸트 이론의 합리적인 검토로 이루어져 있다. 예를 들면 수학 명제는 종합적이라는 칸트의 이론에 반대하면서 그는 수학 명제가 '동일한 것' 즉 비트겐슈타인(Wittgenstein)이 '동어반복'(tautologies)이라 부른 것이라고 주장하였다. 다시 말해서 헤르더는 칸트의 공간, 시간론에 반대했다. 기하학자는 공간의 아프리오리한 형식을 분석하지 않는다. 왜냐하면 그런 형식은 존재하지 않기 때문이다. 그리고 기하학자가 무엇을 분석하는지를 헤르더가 분명히 설명하지 않음에도 불구하고, 헤르더의 주장 안에는 기하학자가 자신의 공리와 기본적인 요청들이 무엇을 함의하는지를 분석하고 있는 것으로 여겨진다. 그러나 수학에 관한 헤르더의 설명은 단지 칸트에 관한 그의 비판의 단지 하나의 특정한 사례에 불과하다. 그의 주요한 사상 노선은 칸트의 전체 기획이 잘못된 이해에 근거한 것이라는 것이다. 심지어 '이성'이라고 하는 독립된 기능이 존재한다 하더라도, 이성을 '비판한다'고 말하는 것은 정신 나간 일이다. 오히려 우리는 언어와 함께 시작하여야 한다. 왜냐하면 추리가 언어의 모든 사용과 동연적(同延的)이라 할 수는 없지만, 추리는 언어로 표현될 뿐만 아니라, 또한 언어에서 분리될 수 없기 때문이다. 헤르더에 따르면 생각하는 것은 내적으로 말하는 것이고, 일상적인 의미에서의 말하는 것은, 당신이 어느 쪽을 원하든, 소리 내어 말하는 것이거나 소리 내어 사고하는 것이다. 실재로서의 '이성'이란 존재하지 않는다. 단순히 과정, 즉 전체적 개인으로서의 인간의 활동만 존재할 뿐이며, 언어는 이러한 과정의 불가분리적인 도구이다. 언어는 이 과정과 하나이다. 결국 헤르더에 따르면 『순수이성비판』은 심리학적 오류에 기초해 있다.

1800년에 헤르더는 칸트의 『판단력비판』에 대한 비판서인 『칼리고네』(*Kalligone*)를 출판하였다. 그의 견해에 따르면 칸트는 미학에 대한 참된 이해를 가지고 있지 못했다. 헤르더는 『실천이성비판』에 대한 비판서는 쓰지 않았다. 그러나 이것이 그가 이 책에 대해 동의한 것을 의미하는 것은 아니었다. 그는 그 책을 공격하고자 마음 먹었으나, 그런 마음을 접었다. 부분적으로는 그가 그런 일을 하지 말라는 조언을 받았기 때문이며, 그것보다는 그가 다른 작품에 몰두했기 때문이다. 그래서 그는 새로운 문학 정기 간행물인 『아드라스티아』(*Adrastea*, 1800-1804)의 편집에 착수하였다. 그는 이 잡지에 에세이와 시적 희곡의 형식으로 쓴 글의 주요 기고자였다.[4] 이 정기 간행물의 제5권은 『시드의 노래』(*Romances of the Cid*)(스페인 판을 참조한 프랑스 번역본으로 만들어진)의 독일어 번역의 일부를 포함하였다.

헤르더는 1803년 12월 18일 바이마르에서 죽었다. 앞서 말한 그의 삶과 행동을 보면, 그는 매우 흥미로운 사람임이 분명하다. 그리고 비록 위대한 체계적인 철학자는 아니었지만, 그는 독일인의 삶과 사상에 커다란 영향력을 끼친, 상상력이 풍부한 작가였다. 그는 독일 문학에서 질풍노도 운동의 교사라 불렸다. 그러나 그는 또한 분명히, 민요의 중요성에 대한 그의 주장을 통해서, 문화와 미학적 의식의 발전에서 언어가 매우 중요한 역할을 한다는 그의 사상을 통해서, 신의 계시라는 그의 역사관을 통해서, 범신론 논쟁에서 스피노자를 옹호함으로써 성공적인 낭만주의 운동에 영향을 끼쳤다. A. W. 슐레겔(A. W. Schlegel, 1767-1845)과 F. 슐레겔(F. Schlegel, 1772-

---

4   1803년의 제5권은 1804년 헤르더의 사후에 출판되었다. 제6권(1804년) 역시 유작으로 출판되었다.

1829)은 모두 헤르더에게 빚졌다. 그러나 독일 문학사가들이 언급하고 있듯이, 낭만주의 운동에 가장 영향을 미쳤던 사람은 계몽운동 합리론의 반역자인 청년 헤르더였다. 그의 만년에 헤르더는 문학 영역에서 괴테의 영향력에 필적할 수 없었다. 괴테와 의견을 달리하는 사람들조차 그의 영향력을 필연적으로 느꼈다.[5]

―――――― 3. 야코비

범신론 논쟁과 관련하여 이미 야코비에 대해서는 언급된 바가 있다. 뮌헨 과학 아카데미의 의장이 되었던 야코비(Friedrich Heinrich Jacobi, 1743-1819)는 신앙심이 깊은 철학자였다. 그는 철학의 학술적 체계를 구성하는 일에 관심이 없었다는 사실을 강조하였다. 오히려 그의 저술들은 그의 내적 삶과 경험의 표현이었으며, 말하자면 그가 말한 것처럼, 더 높고 저항할 수 없는 힘이 그에게 강요한 것이었다.

야코비는 스피노자를 연구하였으며, 그의 견해로는 스피노자의 철학은 유일한 논리적 체계였다. 왜냐하면 인간의 이성은 그것이 진리를 증명하는 과정에서 단지 제약된 것에서부터 제약된 것으로 이행할 수 있을 뿐이기 때문이다. 이성은 제약된 것을 넘어서서 초월적 신으로 올라갈 수 없다. 그러므로 현존재의 궁극적 근거에 관한 모든 형이상학적 입증은 일원론에, 즉 야코비가 멘델스존과의 편지에서 주장했던 것처럼 무신론과 동일한 하나의 세계 체계의 개념에 이를 수밖에 없다. 그러나 이렇게 이야기한다고 해서 스피노자주의가 수용되어야 한다고 주장하는 것은 아니다. 오히려 그런 주장은 사변적 이성의 일이라기보다는 마음(Gemüt)의 일인 신앙의 이름으로 거부되어야 한다.

---

5   만년에 헤르더는 괴테와 소원해졌다. 괴테는 헤르더가 '까다로운 자가당착'으로 괴로워했다는 점을 알게 되었다. 독일 고전주의의 다른 위대한 대표자였던 실러(Schiller)에 관해 이야기하자면, 그는 결코 헤르더에 매력을 느끼지 못했다. 쉴러는 칸트를 찬양한 사람으로 비판철학에 대한 헤르더의 공격에 대해 기분이 상했다. 이러한 헤르더의 공격은 사실상 유행에 뒤떨어진 것이었으며, 헤르더를 고립시키는 데 일조하였다.

물론 이런 입장의 결과는 한쪽으로는 철학, 다른 쪽으로는 신앙의 영역을 완전히 분리하는 것이다. 신의 현존을 증명하려는 시도는 신을 제약된 존재자로 격하하려는 시도와 동일하다. 그래서 결국 사변적 형이상학은 무신론으로 귀결할 수밖에 없다. 만약 우리가 신앙에 모든 타당성을 부여하고자 한다면, 오히려 형이상학의 거짓 주장을 폭로한 흄의 역할을 인정하는 것이 더 나을 것이다. 우리가 외부 세계의 현존을 증명하지 않고, 오히려 감각 대상의 현존에 대한 감각 지각의 직접적인 직관을 얻는 것과 꼭 마찬가지로, 우리는 우리가 '신앙'이라고 부르는 초감각적 실재에 대한 직접적인 직관을 가진다(또는 가질 수 있다). 후기 저술들에서 야코비는 고차의 이성(지성(*Verstand*)과 구별되는 이성(*Vernunft*))에 의해 우리가 초감각적 실재를 직접적으로 파악한다고 말했다. 만약 어떤 사람이 신의 현존재를 부정한다면, 우리는 그에게 이러한 현존재를 증명할 수 없다. 그러나 그의 부정에서 그는 인간 경험의 하나의 전체 측면을 외면하고 있다. 혹은 오히려 그의 부정은 물질적 세계에 대한 우리의 지각과 유한한 사물들간의 관계에 대한 우리의 인식 이외에 모든 것에 대해 그가 눈을 감고 있음으로써 나타난 결과이다. 빛은 초감각적 실재의 영역에서 우리에게 오는 것이지만, 일단 논변적 이성을 통해 이 빛을 파악하고 또한 그 빛에 의해 더 상위의 또는 직관적인 이성에 보이는 것을 파악하고자 한다면, 그 빛은 희미해지고 사라지게 된다.

야코비는 어느 정도 칸트와 의견을 같이 하였다. 그래서 그는 인식의 영역, 즉 과학적 또는 이론적 인식의 영역은 가능한 경험의 영역에 제한되어 있으며, 이 영역에서 경험은 감각 경험을 의미한다고 믿었다. 그리고 그는 이성이 초감각적 실재들의 현존재를 증명할 능력이 없다고 주장한 점에서 칸트와 의견을 같이 했다. 그러므로 여기까지 그는 신앙을 위한 여지를 남겨 두고 있는 비판철학을 받아들였다. 그러나 그는 실천이성의 요청들에 관한 칸트의 이론을 거부하였다. 예를 들어 신에 대한 믿음은 실천적인 요청이 아니라, 신앙의 귀결, 즉 고차의 이성의 내적 조명의 귀결이다. 다시 말하면 야코비는 그가 칸트의 현상론으로 간주했던 것을 거부하였다. 우리가 지각하는 것은 직관의 주관적 형식들과 지성의 범주들이 서로 연결된 현상들이 아니다. 그 현상들은 실재하는 사물 그 자체이다. 더 나아가서 그는 도덕 직관의 또는 도덕감의 직접성을 주장하였다. 즉 그는 칸트의 정언명령을 공허한 형식주의라고 간주하여 이에 반대하였다. 야코비가 칸트를 오해했다는 주장이 있을 수 있다. 그러나 비판철학에 대한 그의 비판을 언급하는 것의 핵심은 첫째, 그는 논변적 이성이 감각의 영역을 초월하는 능력을 가지고 있지 않다는 자신의 생각을 비판철학이 보여주고 있는 한에서 그것을 받아들였다는 사실과, 둘째, 신과 도덕적 가치에 대한 직접적인 파악을 배제하는 것처럼 보이는 한에서 그것을 거부했다는 사실을 주목하는 것이다. 또한 주목해야 할 점은 야코비의 견해로는 칸트의 물자체 이론이 변칙이라는 것이다. 그런 까닭은 초현상적 실재가 존재하지 않는다는 의미에서가 아니라, 칸트 철학에서 물자체에 대한 주장이 단지 인과율을 사용할 때만 정당화된다는 의미에서이다. 칸트에 따르면 인과율은 주관적 근거를 가지는 원리이며, 따라서 단지 현상에만 적용될 수 있는 데도 말이다.

━━━━━ 4. 결론적 고찰

이 장에서 우리가 다루었던 세 사상가 모두 계몽운동의 합리론을 반대했을 뿐만 아니라, 칸트의 새로운 비판철학에 대한 비판적 입장에 서 있었다는 점을 살펴보았다. 그러나 19세기 전반 독일 사변적 관념론의 위대한 운동의 부흥은 칸트에서부터 비롯되었다. 분명한 일이지만, 그들이 칸트에 대해 반대했던 것 중 일부는 관념론자들이 공유한 것이었다. 예를 들어 물자체에 대한 칸트의 주장은 그의 범주 이론과 결합할 때 칸트를 불가능한 위치에 있게 만들었다는 야코비의 반대는 피히테(Fichte)에 의해서도 제기된 것이었다. 그러나 사변적 관념론이 취한 발전의 노선은 하만이나 헤르더나 야코비가 인정했던 노선이 전혀 아니었다. (야코비는 셸링(Schelling)이 자신의 사상의 스피노자주의적 결과들을 숨기려고 하였다는 점에서 그를 비판하였다.) 이런 의미에서 그들은 물살을 거슬러 헤엄쳤으나, 그 물살은 그들이 증명하기에는 너무나 버거운 것이었다. 동시에 역사를 인간성의 점진적 교육으로서 그리고 섭리의 현현으로서 보는 헤르더의 사상은, 문화적 영역과 심리학적 영역에서 분석적 학파에 반대하여 유기적 총체성이라는 보는 그의 사상과 함께, 특히 헤겔의 체계에서 관념론 운동으로 통합되었

제2부 독일의 계몽주의

다. 하만 역시 역사 관념을 일종의 신적 로고스(*logos*)에 대한 일종의 주석이라고 주장하였다는 것은 사실이다. 그러나 그의 주장은 너무나 수수께끼 같아서 헤르더의 사상에 영향을 미치지 못했다. 그러므로 역사적으로 언급할 때 헤르더는 세 사람 중 가장 중요한 인물로 다뤄져야 한다.

이 세 사람을 우리는 그 뒤에 이어지는 철학적 발전과의 연관에서뿐 아니라, 그들 스스로가 가지는 가치 때문에 관심을 가져야 한다고 말할 수 있다. 그들 자신의 가치는 합리론적 계몽운동이 무시하는 성향이 있었던 인간의 정신적 삶의 여러 측면을 그들이 주장하면서, 이런 삶에 주목하는 유용한 기능을 그들이 수행했다는 것을 인정한 점에 놓여 있다. 이것은 분명 진실이다. 동시에 하만과 야코비가 제안한 신앙과 철학의 이분법과 같은 그런 종류의 것에 인간의 정신이 만족하리라 기대할 수는 없다. 헤르더가 주장하듯이 만약 종교가 인간의 문화의 필수적인 부분이라면, 그리고 계몽운동을 전개한 사람들의 일부가 믿고 있었듯이 인간이 벗어나야 할 어떤 것이 아니라면, 인간은 자신의 문화적 발전을 이해하려는 시도에서 종교를 이해하려고 노력해야 한다. 그리고 이것은 당연히 헤겔이 하고자 시도했던 것 중 하나이다. 그런 시도를 하면서 헤겔은 사변적 이성을 신앙의 직접성 위에다 올려 두었고, 그렇게 함으로써 그는 하만과 야코비의 입장에 반대되는, 그리고 키르케고르(Kierkegaard)가 신앙을 다시 정립하도록 고무했던 입장을 채택하였다. 그래서 우리는 계몽운동의 합리론에 반대하는 하만과 야코비의 반동을, 그리고 그 뒤에 헤겔의 합리론 형식에 반대한 키르케고르의 반동을 보게 된다. 이것은 하만과 야코비가 18세기 후반에,[6] 그리고 키르케고르가 19세기에 중요한 사실을, 즉 인간의 삶에서 신앙이 하는 역할을 표현한다는 점을 시사하고 있다. 그러나 또한 그것은 더 만족스러운 즉 이성적으로 만족스러운 신앙과 철학의 종합이 이러한 무미건조한 합리론 또는 사변적 지성에 전념하는 것에 대항해서 개신교도들이 제안된 어떤 종합보다도 더 필요하다는 점을 시사한다.

---

6   야코비의 활동은 19세기 초반에도 계속되었다.

제3부

역사 철학의 부상

The Rise of The Philosophy of History

A History of Philosophy
Wolff to Kant

제8장

보쉬에와 비코

1. 개요: 그리스 철학자들, 성 아우구스티누스

아리스토텔레스는 『시학』(*Poetics*)[1]에서 시가 '역사보다 더 철학적이고 조소적(彫塑的)인 의미를 가지는 것이다. 왜냐하면 역사의 언어들이 개별적인 것인 반면에, 시의 언어들은 오히려 보편적인 것의 본성을 가지고 있기 때문'[2]이라고 말했다. 과학과 철학은 보편적인 것이 관심의 대상이지만, 역사는 개별적이고 우연적인 것의 영역이다. 당연히 시는 철학이나 과학이 아니다. 그러나 시는 역사에 비해 '더 철학적'이다. 아리스토텔레스가 아마 역사 철학의 주제 아래에서 분류될 수 있는 역사 발전에 관한 일반적인 진술을 하고 있다는 것은 사실이다. 왜냐하면 그에 앞선 플라톤과 마찬가지로 그는 『정치학』(*Politics*)에서 여러 제도하에서 일어나는 경향이 있는 여러 종류의 혁명, 그것들의 원인, 그것들을 막는 수단, 여러 유형의 헌법에서 다른 유형의 헌법으로 전향하는 성향들에 대해 언급하고 있다. 그러나 그러한 언급들은 역사가들 자신에 의해서 완벽하게 잘 만들어질 수 있는 그런 종류의 역사에 대한 일반적 반성임

---

1   1451b, 5-8.
2   시에 관한 한 이 진술의 의미는 이 전집 제1권 pp. 361-362를 참조할 것.

이 분명하다. 만약 역사 철학을 역사적 탐구에 의해 인식된 역사적 발전이 이성적 모형을 따르고, 어떤 계획을 수행하며, 어떤 보편적이고 필수적인 법칙들을 예화하는 것이라는 사실을 보여준다는 것을 의미하는 역사 발전의 전체적 관점으로 이해한다면, 우리는 그리스 철학자들이 역사 철학에 공을 들였다고는 거의 말할 수 없다. 당연히 그리스인 중에는 투키디데스(Thucydides)와 같은 역사가들이 있었지만, 이것은 다른 문제이다. 진실로 세계사에서 주기적 회귀의 개념은 충분히 일반적이었으며, 사실상 이 이론은 역사 철학이라 불릴 수 있다. 그러나 그리스인들이 그 이론을 상론했다고 주장하기는 힘들다. 그리고 우리가 궁극적으로 그리스 철학을 지배하게 되었던 전통, 즉 플라톤적 전통에 주목한다면, 우리는 역사적 발전의 중요성을 축소하려는 독특한 경향, 즉 당연히 생성의 영역과는 대조되는, 참된 존재자의 영역으로서 불변하는 정신적 실재에 대한 플라톤의 주장과 연관된 경향을 발견하게 된다. 이러한 경향의 가장 인상적인 표현은 아마 플로티노스(Plotinus)[3]에서 발견된다. 즉 플로티노스는 역사적 사건들을 연극에서 자주 공연되는 사건들로 묘사한다. 연극은 내면의 삶과, 즉 신을 향한 영혼의 영적 귀환과 극명하게 대비됨이 틀림없다. 사실 플로티노스는 법칙과 '섭리'의 규칙에서 역사를 제외하지 않았다. 그리고 인간의 역사에 대한 그의 관점은, 그것이 그의 일반적 철학적 관점과 밀접하게 연결되어 있는 한에서 역사 철학으로 설명되어야 한다. 이것은 그의 체계의 일부이다. 이는 마치 일련의 순환으로서 우주를 보는 스토아 철학자들의 역사관이 그들의 체계의 일부인 것과 같다. 그러나 플로티노스의 경향은 역사가들이 일치하여 두드러진 것으로 보는 사건들을 경시하는 것이다. 그리고 어쨌든 역사 안에서 그리고 역사를 통해서 달성되는 목표를 향한 발전이라는 인간 역사 일반에 대한 관념은 존재하지 않는다.

일련의 주기가 아니라 궁극 목적을 향하여 점진적으로 발전하는 과정이라는 역사 관념은 그리스 사상의 특징이 아니라 유대 사상과 그리스도교 사상의 특징이다. 그러나 이러한 역사관, 유대교에서의 메시아 이론, 그리스도교에서의 육화(肉化) 이론과 유대적 그리스도적 종말론 사이의 밀접한 연결은 그것이 신학 교의를 전제하고

---

3   *Enneads*, III, 2.

있다는 의미에서 성격상 신학적인 역사 발전 이론을 지향한다. 물론 특히 그리스도적 역사 철학의 가장 현저한 예시는 『신국론』(De Civitate Dei)에서 나타나는 성 아우구스티누스의 이론이다. 이 저서에서 유대 민족의 역사와 그리스도 교회의 기초와 성장은 중요한 역할을 한다. 나는 여기서 내가 이 전집의 제2권에서[4] 성 아우구스티누스의 역사 철학에 관해 언급했던 것을 재론하고 싶지는 않다. 신학과 철학 사이의 체계적인 구분에 의해서보다는 전체적인 '그리스도교적 지혜'에 의해서 그가 생각했던 것만을 언급하는 것으로 충분하다. 그러므로 대체로 그의 역사관이 구약 성경에서 나타나는 유대인들에 대한 신의 섭리적 취급에 관한 신학적 해석이며, 육화에 관한 그리고 교회, 즉 그리스도의 신비적 몸 안에서 소위 그 육화가 연장되는 것에 관한 신학적 해석이라는 사실은 그의 일반적 시각과 일치한다. 그리고 사실상 적어도 그리스도적 관점에서 볼 때 다음과 같은 두 가지 점이 주장될 수 있다. 첫째, 어떤 일정한 목표를 향한 발전 과정으로서 역사를 해석하는 것이 신학적 해석 이외 다른 것일 수 없다는 점, 둘째, 비신학적 역사 해석은, 그것이 타당할 수 있는 한, 역사가들 스스로 만들 수 있는 역사에 관한 일종의 진술들로 환원될 수 있다는 점이 주장될 수 있다. 다른 말로 해서 그리스도교적 관점에서 본다면, 역사 철학이라는 용어가 일정한 목표를 향해서 지성적으로 운동하는 것으로 전체 역사를 해석하는 것으로 이해된다면, 그리고 철학과 신학 사이의 체계적인 구별이 전제된다면, 역사 철학과 같은 것은 있을 수 없다고 주장될 수 있다. 그러나 이런 의미에서 역사 철학과 같은 것이 있을 수 없다고 주장된다면, 그 주장이 유효한 역사 철학으로 이해되어야 한다는 것은 분명하다. 왜냐하면 신학적 교의를 전제하지 않은 역사 철학이 존재했고 현재에도 존재한다는 것은 아주 분명한 사실이기 때문이다. 마르크스의 역사 철학이 그 한 가지 사례이다. 그리고 우리가 이 책에서 마르크스에 관한 관심을 가지지 않는다 하더라도, 우리는 신학적 역사 해석에서 비신학적 역사 해석으로 나아가는 일에 대해 관심을 가진다.

4　이 전집 제2권, pp. 85-89 참조.

──────── 2. 보쉬에

자크베니뉴 보쉬에(Jacques Bénigne Bossuet, 1627-1704)는 처음에는 콩동(Condom)
의 주교였고, 그 후 모(Meaux)의 주교가 되었던 위대한 설교가였으며, 『보편사론』(*Dis-*
cours sur l'histoire universelle, 1681)에서 역사에 관한 신학적 해석을 상론하였다. 왕세자인
도팽(Dauphin)에게 헌정된 그 책의 서문에서 그는 보편사의 두 측면, 즉 종교의 발전
과 제국의 발전에 대해 강조하였다. 왜냐하면 '종교와 정치적 정부는 인간의 일들이
의존하는 두 핵심'[5]이기 때문이다. 역사연구를 통해서 왕은 종교의 계속되는 형식 속
에서 종교가 지속적으로 현존하고 중요하다는 점을 알 수 있게 되고, 정치적 변화의
원인 및 하나의 제국에서 다른 제국으로의 이행의 원인을 알게 될 수 있다.

분명한 사실이지만, 이 두 주제는 아무런 신학적 전제를 하지 않는 비종교적 역
사가가 다룰 수 있다. 그러나 『보편사론』에서 보쉬에는 호교론을 고려하고 있었다.
제1부에서 그는 열두 시대를 개괄한다. 아담 또는 창조. 노아 또는 대홍수. 아브라함
의 소명. 모세 또는 율법. 트로이 함락, 솔로몬 또는 사원의 건축. 로물루스 또는 로마
의 건설. 키루스 또는 유대의 재건설. 스키피오 또는 카르타고의 정복. 예수 그리스도
의 탄생. 콘스탄티누스 또는 교회의 평화. 샤를마뉴 또는 새로운 제국의 건립. 다른
말로 하면 보쉬에는 선민(選民), 그리스도교의 예비로서의 로마제국의 확장, 육화, 교
회와 그리스도교 사회의 수립에 대한 신의 섭리적 취급에 관심을 가졌다. 동방의 제
국들은 유대민족들과 그들의 관계라는 기능에서만 역사에 등장할 수 있다. 인도와 중
국은 빠졌다. 창조, 신의 섭리, 육화에 관한 신학적 교의는 저자의 역사적 도식의 틀
을 형성한다. 그리고 이 열두 시대는 일곱의 '세계의 시대'에 속하는데, 그리스도의
탄생이 일곱 번째이자 마지막 시대에 해당한다.

종교의 발전을 다루고 있는 제2부에서 호교론의 고려들이 다시 현저하게 나타
난다. 우리는 창조로부터 족장의 시대를 거쳐 모세 율법의 계시에 이르게 되고, 왕과
예언자들로부터 그리스도의 계시에 이르게 된다. 보쉬에는 유대교 및 그리스도교와

---

5   *Dessein général.*

는 다른 로마와 이집트의 종교 등을 다룬다. 그러나 그의 언급은 주로 그의 주 주제, 즉 그리스도교는 종교의 완전한 발전이라는 주제와 주로 관련된다. '언제나 공격받았으나 결코 정복되지 않았던 이 교회는 영원한 기적이며, 신의 계획의 불변성에 대한 두드러진 증거다.'[6]

신의 섭리라는 관념은 『보편사론』의 제3부에서도 두드러지게 나타난다. 제3부는 제국의 운명을 다룬다. 그래서 '이러한 제국들은 대부분 신의 백성의 역사와 필연적으로 결합되어 있다'[7]고 이야기된다. 신은 유대인들을 벌하기 위해 아시리아인과 바빌로니아인들을 활용하였으며, 유대인들의 나라를 다시 세우도록 하기 위해 페르시아인들을 활용하였고, 유대인들을 보호하기 위해 알렉산드로스와 그의 첫 후계자들을 활용하였으며, 시리아의 왕들로부터 유대인들의 자유를 확보하기 위해 로마인들을 활용하였다. 그리고 유대인들이 그리스도를 거부했을 때, 신은, 이 동일한 로마인들이 비록 예루살렘의 파괴가 가지는 의미를 이해하지 못했지만, 유대인들을 응징하기 위하여 로마인들을 활용하였다. 물론 보쉬에는 그러한 일반적으로 친숙한 진술만을 한 것은 아니었다. 그는 다수의 제국들과 이집트에서 로마에 이르는 국가들의 몰락의 특수한 원인들을 논의하고 있고, 이러한 논의를 통해 도팽에게 교훈을 주려고 노력하였다. 그의 최종 결론은 누구도 자기 자신의 계획과 희망에 따라 역사 과정을 통제할 수 없다는 것이다. 군주는 자신의 행위에 의해서 어떤 결과를 만들고자 의도할 수 있으나, 실제 나타난 결과는 다를 수 있다. '자기 자신에도 불구하고, 자기 자신의 계획과는 다른 계획에 봉사하지 않는 인간 권력은 존재하지 않는다. 신만이 모든 것을 자신의 의지에 환원하는 방법을 알 뿐이다. 우리가 특수한 원인들만을 고려한다면, 이것이야말로 모든 것이 놀라운 이유이다. 그러나 모든 것은 질서 있는 발전에 따라서 진행된다.'[8] 다른 말로 하면 역사적 변화들은 자신들의 특수한 원인들을 가지고 있으며, 이러한 원인들이 작동하는 방식은 언제나 인간에 의해서 예견되거나 원해지는 것은 아니다. 그러나 동시에 신의 섭리는 이러한 특수한 원인들 안에서 그리고 그

---

6   *Discourse*, Part II, 13.
7   같은 책, Part III, 1.
8   같은 책, Part III, 7.

런 원인들을 통해서 완수된다.

그러므로 우리는 아마 보쉬에에 있어 말하자면 두 가지 역사적 차원이 있다고 말할 수 있을 것이다. 역사가들이 고려하는 특수한 원인들의 차원이 있다. 예를 들어 역사가들은 바빌로니아 제국이나 로마제국의 몰락을 가져왔던 특수한 원인들을 규정할 수 있다. 그러나 또한 신학적 해석의 차원이 있다. 그런 해석에 따르면 신의 섭리는 역사적 사건들 안에서 그리고 그런 사건들을 통해서 수행된다. 그러나 우리는 어떻게 해서 신의 섭리가 역사의 원인에서 그렇게 수행되는지에 대한 인식에 제한되어 있다. 그리고 이것은 분명히 말해서 보쉬에가 이집트, 아시리아, 바빌로니아, 페르시아를 유대인과 관련하여 생각한 이유이기도 하다. 왜냐하면 이 경우 그는 구약 성경의 가르침에 의지하고 있기 때문이다.

그래서 보쉬에는 역사 철학을 전개하고자 한 성 아우구스티누스의 시도를 17세기에 재현했다. 그러나 이미 언급되었듯이, 그리고 보쉬에가 의심할 바 없이 잘 알고 있었던 바와 같이 이런 종류의 역사 철학을 말하자면 신의 섭리의 관념에 의해서 발전시키는 우리의 능력은 대단히 제한되어 있다. 그의 『보편사론』의 주요 의미는 아마도 그것이 철학적 반성의 주제로서의 인간의 역사에 주목하는 것에 도움을 주었다는 것이다.

───────── **3. 비코**

역사 철학의 부흥에서 훨씬 중요한 인물은 가장 위대한 이탈리아 철학자 중 한 명인 잠바티스타 비코(Giambattista Vico, 1688-1744)였다. 비코의 생애를 통해서 현저하게 많은 역사적 연구가 수행되었다. 종교개혁과 반종교개혁은 모두 비코의 작업을 북돋우었다. 역사가들이 주목했듯이 계속된 추동력이 민족 국가의 등장과 왕조의 관심에 의해서 제공되었다. 그래서 라이프니츠는 브런스윅 가문(House of Brunswick)의 역사 저술에 참여한 반면에, 18세기 전반기에 모데나 공국(Duke of Modena)의 사서였던 이탈리아의 무라토리(Muratori)는 에스테 가문(옮긴이 주 — 중세 이후의 유럽의 유명한 왕후

가문, House of Este)의 역사를 준비하기 위해 그의 후원자에 의해 위촉되었다.[9] 그러나 역사연구와 역사 저술을 위한 자료의 축적이 역사편찬과 같은 것은 아니다. 역사편찬이나 역사 저술은 역사 이론이나 역사 철학과 같은 것이 아니다. 역사 철학을 위해서는 비코에게 눈을 돌려야 한다.

1699년에 비코는 나폴리 대학교의 수사학 교수가 되었으며, 1741년까지 그 직을 유지하였다.[10] 그리고 이러한 자격으로 그는 다수의 공개 강의를 했다. 초기의 강의들은 데카르트주의의 영향을 보여주지만, 1708년의 강의에서 그는 다른 태도를 취하였다. 그에 따르면 근대인들은 어떤 과학들에서, 예를 들어 물리학에서 위대한 발전을 이루었다. 그러나 그들은 그 주제가 인간 의지에 달려 있는, 예를 들어 수학과 같은 방법이 다룰 수 없는 학문 분과들을 과소평가했다. 이러한 학문들은 시, 역사, 언어, 정치학, 법학을 포함한다. 게다가 근대인들은 입증적인 수학적 방법을 과학들에 적용하는 일을 확장하려고 노력했다. 과학들에서 이러한 방법은 명료한 입증만을 산출할 수 있다.

이러한 관점은 『이탈리아인들의 고대적 지혜』(De antiquissima italorum sapientia, 1710)에서 매우 충분히 전개되었다. 이 저서에서 비코는 데카르트의 철학을 공격하였다. 첫째, 나는 생각한다, 그러므로 존재한다(Cogito, ergo sum)는 회의론에 대한 합당한 논박으로 사용될 수 없으며 또한 과학적 인식의 기초로 사용될 수 없다. 왜냐하면 사람들이 사고하는 확실성은 무반성적 의식의 수준에 속하는 것이며, 과학의 수준에 속하는 것이 아니기 때문이다. 둘째, 관념의 명석·판명은 진리의 보편적 기준으로서의 역할을 할 수 없다. 그것은 수학에서 진리의 기준으로서 역할을 할 수 있는 듯이 보인다. 그러나 예를 들면 기하학이 구성적 과학이며 그런 과학 안에서 정신은 자신의 실재들을 구성하거나 만들 수 있기 때문에, 그것은 기하학에 적용될 수 있다. 수학적 실재들은 자연과학이 대상들이 실재인 것과 같은 의미에서의 실재는 아니다. 수학적 실재는 인간이 만든 허구이다. 수학적 실재는 사실상 명석·판명하다. 그러나 그

---

9   무라토리의 방대한 저작은 *Rerum italicarum scriptores*이었다.
10   1723년에 비코는 민법위원장직을 두고 경합했는데, 그 직을 얻지 못하였다.

것들은 정신 자신이 그것들을 구성했기 때문에 명석 · 판명한 것이다. 그러므로 대상의 구성은 명석 · 판명에 비해 더 근본적이다. 그리고 그 구성은 우리에게 진리의 기준을 제공한다. '진리의 규칙과 기준이 진리를 만들었다.'[11] 그러나 대상의 구성은 정확하게 말해서 예를 들어 순수 기하학에서처럼 물리학에서 같은 것을 의미하지는 않는다. 순수 기하학에서 대상들은 비실재적 실재물이다. 즉 정신적 허구들이다. 물리학에서 대상들은 비실재적 실재물이 아니다. 물리학에서 대상의 구성은 실험적 방법의 사용을 의미한다. 우리가 물리학에서 증명할 수 있는 것들은 우리가 그것에 따라서 유사한 무언가를 수행할 수 있는 것들이다. 그리고 가장 명석한 자연적 사물들의 관념들은 우리가 자연을 닮은 실험에 의해서 뒷받침할 수 있는 관념들이다.

그러므로 '베룸 팍툼(*verum factum*)' 원리의 진술, 즉 진리의 기준이 진리를 만들었다는 진술은 기하학적 방법이 모든 과학에서 보편적으로 적용될 수 있다는 결론에 이르지 못한다. 또한 그 진술은 정신이 수학적 실재를 창조하는 것과 같은 의미로 정신이 물리적 대상들을 창조한다는 것을 의미하는 것으로 여겨져서는 안 된다. 우리는 비코를 사물들이 정신적 허구이거나 단순한 관념에 불과하다고 주장하는 사람으로 해석해서는 안 된다. 대상을 만든다거나 구성한다는 것은 존재적 의미라기보다는 인지적 의미로 이해되어야 한다. 정신이 대상의 요소들에서 대상의 구조를 재구성할 때, 정신은 바로 그 재구성의 행위에서 진리의 확실성을 획득한다. 이런 의미에서 안다는 것과 만든다는 것은 동일하며, 진리(*verum*)와 만듦(*factum*)은 하나이다. 모든 것들을 창조하는 신은 필연적으로 모든 사물들을 명석하게 안다. 그리고 이런 진리와 엄격하게 유사한 점이 대상이나 실재가 정신적 허구인 인간의 수학적 인식에서만 발견된다. 우리는 존재적 질서에서 자연(Nature)을 창조하지 못한다. 동시에 우리가 말하자면 대상의 구조를 인지적 질서 안에서 다시 만드는 한에서만 우리는 자연에 대한 과학적 인식을 가지게 된다. 그리고 우리는 실험적 방법의 도움이 없다면 이런 일을 정확하게 하고 있다는 것을 알 수 없다. 우리 자신이 창조한 순수하게 추상적인 개념들에서 연역한다고 해서, 비록 이런 개념들이 명석 · 판명할지라도, 현존하는 자연의

---

11   *Opere*, I, 136; *Bari*, 1929.

인식이 보장될 수 있는 것은 아니다.

　이러한 관념들을 역사에 적용하는 일은 『이탈리아인들의 고대적 지혜』에서 다루어지지 않지만, 비코의 사상이 취급하였던 일반 노선을 예상하기는 쉬운 일이다. 인간의 역사는 인간에 의해서 만들어진다. 그러므로 그것은 인간에 의해서 이해될 수 있다. 역사학의 원리들은 인간 정신의 양상 즉 인간의 본성 안에서 발견되어야 한다. 사실상 역사는 물리적 자연보다 더 쉽게 과학적 탐구와 반성에 도움을 준다. 자연은 신이 만든 것이며, 인간이 만든 것이 아니다. 그러므로 신만이 자연에 대한 충분하고도 정확한 지식을 가질 수 있다. 그러나 인간 사회, 인간의 법, 언어, 문학은 모두 인간이 만든 것이다. 따라서 인간은 그것들과 그것들의 발전 원리들을 진정으로 이해할 수 있다. 여기서 우리는 데카르트의 입장의 반전을 보게 된다. 데카르트가 물리학을 지지하면서 여러 과학들을 경시했지만, 이제 이 과학들에게 물리학보다 더 우월한 지위가 주어진다.

　이러한 새로운 과학의 원리들은 비코가 그의 방대한 저서인 『민족의 공통 본성에 관한 새로운 과학의 원리들』[*Principi di una scienza nuova d'intorno alla comune natura delle nazioni*, 1725, 제2판(1730), 제3판(1744)]에서 논의되었다. 자서전에서 비코는 어느 시점까지는 자신이 플라톤과 타키투스를 누구보다도 더 찬양했다고 언급한다. '왜냐하면 비교할 수 없을 정도의 형이상학적 정신을 가지고서 타키투스는 인간을 현재 있는 그대로 고려하고, 플라톤은 인간을 그렇게 되어야 할 존재로 고려하고 있기 때문이다.'[12] 그리고 우리는 이 두 사람에 대한 그의 칭찬을 『민족의 공통 본성에 관한 새로운 과학의 원리들』에서의 그의 목표와 연결할 수 있다. 이 책은 역사의 보편적이고 영원한 법칙과 이 영원한 법칙이 개별 인간들의 역사에서 작용하는 방식들을 규정하고 있다. 플라톤의 '비밀스러운 지혜'는 타키투스의 '상식적 지혜'와 결합한다. 그러나 비코는 그가 특별한 빚을 졌다고 인정하는 다른 두 사람의 이름을 추구한다. 그중 첫째 인물은 베이컨이다. 베이컨의 『학문의 진보』(*De augmentis scientiarum*)와 『신기관』

12　『비코의 자서전』(*The Autobiography of Giambattista Vico*), translated by M. H. Fisch and T. G. Bergin, Cornell U.P., 1944, p. 138.

(*Novum organum*)에서부터 그는 자신의 새로운 과학의 발전에 대한 강력한 착상을 얻었다. (자신의 책에서 나오는 새로운 과학이라는 명칭은 베이컨의 『신기관』에서 제시된 것이었다.) 둘째 인물은 그로티우스이다. 베이컨은 그의 시대에 존재하고 있는 지식의 총계는 보완되고 개정될 필요가 있지만, 법칙에 관한 한 인간 역사에 관한 법칙을 밝혀내는 데 자신이 성공하지 못했다고 보았다. '그러나 그로티우스는 철학과 문헌학의 전체를 보편적 법칙의 체계 안에 포함시켰다. 이 체계는 문헌학의 두 부분, 즉 한편으로는 신화적이고 실제로 일어난 사실들과 사건들의 역사를 포함하고, 다른 한편으로 세 언어, 즉 히브리어, 그리스어, 라틴어의 역사를 포함한다. 이 세 언어는 그리스도교에 의해서 우리에게 전해졌던 고대의 학문적인 언어이다.'[13] 비코는 그로티우스의 저작을 계속 천착하고 싶어 했다. 그리고 우리는 그로티우스와 푸펜도르프(우리는 홉스도 추가할 수 있다)와 같은 자연법 철학자들에 대한 그의 독법을 대부분 문명의 기원에 관한 문제로서의 역사 문제에 대한 그의 이론과 결합시킬 수 있다. 이것은 그가 『민족의 공통 본성에 관한 새로운 과학의 원리들』에서 특별히 주목한 주제이다.

비코는 『민족의 공통 본성에 관한 새로운 과학의 원리들』의 제1판, 제1권의 서두에서 그 문제를 보여주고 있듯이, 홉스의 '방탕하고 폭력적인 인간들', 그로티우스의 '고독하고, 나약하며 궁핍한 숙맥들', 또는 푸펜도르프의 '신의 배려나 도움 없이 세계에 내던져진 방랑자들'과 함께 출발하고 싶은 생각이 없었다. 말하자면 그는 이런 조건들의 인간들과 절대적으로 함께 시작하고 싶지 않았다. 왜냐하면 창세기는 아담이 원시적으로 예를 들면 홉스가 묘사하고 있는 자연 상태에서 있었다는 점을 보여주고 있지 않기 때문이다. 그래서 비코는 말하자면 그리스도교인들에게서 인간의 최선화가 발생하는 과정을 위한 시간의 경과를 허용한다. 그리고 이때 어떻게 문명이 발전했는가 하는 문제가 발생한다.

비코는 문명의 최초 시작이 정착민과 함께 왔다고 가정한다. 하늘의 신의 우레와 번개가 남자를 여자와 함께 동굴의 대피소로 몰아넣었다. 그리고 이러한 원시적 주거는 문명의 첫째 단계의 시작을 가능하게 했다. 이 단계는 가족의 아버지가 왕, 사

---

13 같은 책, p. 155.

제, 도덕적 중재자, 재판관이었을 때 '신들의 시대', 또는 '가족 국가'였다. 문명의 이 가족 단계에는 세 가지 원리, 즉 종교, 결혼, 시신의 매장이 있었다.

그러나 문명의 이 원시 단계에서는 긴장과 불평등이 늘 존재하였다. 유랑민, 예를 들어 아직 신을 숭배하고 공동 경작했던, 정착 가족으로 형성되지 못했던 사람들 가운데 일부는 강했지만 일부는 약했다. 그리고 사람들은 약자들이 더 강하고 폭력적인 동료들에게서 자신들을 구하기 위해 종속인 또는 농노의 자격으로 정착된 가족을 대피처로 삼는 모습을 묘사할 수 있다. 그렇다면 우리는 농노에 대응하여 단결하는 가족들의 아버지를 상상할 수 있다. 즉 귀족적 질서와 평민의 질서가 점점 형성되었고, 그래서 '영웅의 국가들'이 탄생했으며, 이러한 국가에서 행정장관들은 귀족적 질서에 속했다. 이것이 문명 발전의 둘째 단계였다. 그것은 '영웅들의 시대'였다.

그러나 이 단계는 본래 불안정했다. 귀족들 또는 고귀한 사람들은 자연스럽게 사회 구조가 현재와 같이 유지되기를 원했다. 왜냐하면 그들은 자신들의 지위와 특권이 본래대로 유지되기를 원했기 때문이다. 그러나 마찬가지로 자연스럽게 하층민들은 사회의 구조가 바뀌기를 원했다. 그리고 시간이 경과하면서 그들은 그들의 결혼에 대한 법적인 인정에서부터 시민권과 공직의 자격에 이르기까지, 계속해서 하나의 특권의 몫을 얻는 데 성공했다. 그래서 영웅의 시대는 점차 '인간의 시대'에 자리를 내주었다. 이 인간의 시대는 민주 공화국의 특징을 지닌다. 그것이 인간의 시대인 까닭은 이성적 존재자로서의 인간이 인간다운 존엄을 더 크게 가지고 있다는 점이 인정되었기 때문이다.

그러나 문명의 발전에서 이 셋째 단계는 자신 안에 자신의 부패의 씨앗을 간직하였다. 처음부터 나타났던 그리고 인간이 문명화된 조건으로 상승하는 데서 가장 중요한 요소가 되었던 종교는 이성의 개화와 함께 철학과 메마른 지성주의에 자리를 내주는 경향이 있었다. 평등은 공적 정신의 저하와 방종의 성장을 낳았다. 법들은 확실히 더 인도적이 되었고, 관용은 확장되었다. 그러나 쇠망은 결국 사회가 내부에서 붕괴하거나 외부적 공격에 굴복할 때까지 이러한 인간화의 과정을 동반하였다. 이러한 일은 로마제국의 몰락에서 야만으로 복귀하는 것으로 귀결되었다.

주기가 완료된 후 새로운 주기가 시작된다. 그리하여 서구에서 그리스도교의 도래는 신들의 새 시대를 예고하였다. 중세는 새로운 주기에서 영웅들의 시대를 보여주었다. 그리고 17세기, 즉 철학들의 세기는 인간들의 부활된 시대의 국면이었다. 우리는 개인들의 역사에서 주기를 발견한다. 그리고 개인들의 특수한 주기들은 보편적인 법칙의 산물이다. 그러나 비코가 귀납적으로 확증된다고 믿었던 이러한 주기론은 오해되어서는 안 된다. 비코는 역사적 사건들이 결정되어 있다거나 매우 유사한 일련의 특정한 사건들이 각 주기에서 발생한다는 것을 의미한 것은 아니다. 예를 들어 그는 그리스도교가 하나의 특정한 주기와 관련된 가치를 소유하는 일시적인 종교적 현상이며, 따라서 그리스도교는 미래에 다른 종교에 그 지위를 넘겨주어야 한다는 것을 의미한 것은 아니다. 되풀이되는 것은 특수한 역사적 사실들이나 사건들이 아니라, 오히려 사건들이 발생하는 일반적 구조이다. 또는 더 정확하게 말한다면, 그것은 되풀이되는 정신들의 주기이다. 그러므로 감각, 상상력, 정념의 언어로 표현되는 일차적인 정신성의 뒤를 이어 점진적으로 반성의 합리성이 등장하게 된다. 이것은 이제 말하자면 인간 본성의 다른 층들과 단절되어, 회의적 이성의 용해될 수 있는 비판으로 발전하는 경향이 있다. 그리고 사회의 해체는 인간이 신과의 새로운 접촉, 즉 종교의 갱신을 가져오는 원시적인 정신성을 되찾을 때까지 저지되지 않는다. 문명은 '모든 경우에 종교와 함께 시작했으며, 과학, 학문, 예술에 의해 완료되었다'.[14] 정신성들의 주기, 즉 역사적 발전 형식들의 주기가 있을 뿐, 내용들의, 즉 개별적 역사적 사실들과 사건들의 주기는 없다. 사실상 비코의 사상은 그리스의 주기적 반복 이론을 상기시킨다. 그러나 그에게는 유사한 개별적 사건들의 필수적인 반복이라는 숙명론적 이론을 주장할 의도는 없었다. 또한 그의 주기 이론이 모든 진보를 배제한 것도 아니다. 예를 들면 그리스도교는 새로운 주기에서 비코가 신들의 최초의 시대의 '대단한 종교들'이라 부르는 것에 상응한다. 그러나 그렇다고 해서 그리스도교가 그러한 종교들보다 우월하지 않다는 결론이 나오는 것은 아니다.

　　비코가 그의 역사 철학에서 주기 이론 이외에 아무것도 제공하지 않았다고 생각하는 것은 큰 실수이다. 그의 역사 철학에는 각 민족과 국가의 발전을 보여주는 깔

14　*Opere*, III, 5.

끔한 지도 이상의 것이 있다. 한 가지 점에서 우리는 그의 저작에서 인간과 인간의 역사에 대한 지나친 주지주의적 해석이라는 의미에서의 합리론에 대한 건강한 반대기류를 발견할 수 있다. 비코에 의하면 철학자들은 사회의 기원에 대한 참된 관념을 스스로 만들어낼 수 없다. 왜냐하면 철학자들은 과거로 되돌아가서 사물을 바라보는 자신의 방식을 끊임없이 독해하고자 하며, 이성의 작업이 아닌 것을 자신들이 이성이라는 단어에 부여한 의미로 합리화하는 경향이 있기 때문이다. 그러므로 자연법의 철학자들은 자연 상태에 있는 우리 인간에 대해 사회를 일으키는 계약을 맺는 사람으로 묘사한다. 그러나 사회의 진정한 기원은 이런 종류의 것일 수 없다. 방랑자들을 동굴과 그런 종류의 원시적 주거지로 내몰았던 요인들은, 그 주거지에서 다소 정착의 주거를 마련하도록 내몰았던 요인들은 공포였다. 또는 더 일반적으로 말하면 체감된 결핍이었다.

　　이러한 생각은 17세기 철학자들에게뿐 아니라 고대 세계의 철학자들에게도 적용될 수 있다. 고대의 철학자들은 그들을 근대에서 계승한 자들과 같은 합리화의 경향을 가지고 있었기 때문에 스파르타의 리쿠르구스(Lycurgus)와 같은 계몽된 입법가에게 국가들의 법을 귀속시켰다. 그러나 시간의 경과하고 문명이 발전함에 따라 법률들이 이성에 의해서 개정되긴 했지만, 법률들은 반성적 이성의 산물로서 시작한 것은 아니었다. 문제는 철학자들이 반성적 이성을 숭배하면서 이 이성 속에서 인간의 본질을 발견하는 것이다. 철학자들은 이성만이 사람들을 결합하고 공동 유대로서 행위 하며, 따라서 이성은 통합적 요소인 법률의 원천임이 틀림없다고 생각한다. 상상력, 감각 기관, 정념은 인간을 서로 분리한다. 그러나 실제로는 인간은 발전의 첫 단계에서 반성적 이성에 의해서보다는 상상력과 감정에 의해서 지배되었다. 사실상 이성이 있었지만, 그것은 상상력과 감정에 고유한 형식들 안에서 자신을 표현했다. 심리학적으로 고려한다면 원시 종교는 공포와 무력감의 자발적 산물이었으며, 철학적 의미에서의 이성의 산물은 아니었다. 그리고 원시적 법률은 원시 종교와 밀접하게 연결되어 있었다. 그 둘은 철학적 이성의 산물이 아니라, 감정과 상상력의 논리의 산물이었다. 법률은 그 기원에서 자연적 성장으로서의 관습이었으며, 기획된 지성의 산물은 아니었다.

비코는 시와 신화를 크게 강조하였다. 사실상『민족의 공통 본성에 관한 새로운 과학의 원리들』의 제3권에는『참된 호메로스의 발견에 관하여』(*On the Discovery of the True Homer*)라는 제목이 붙어있다. 만약 우리가 종교, 도덕, 법률, 사회적 조직화, 경제의 초기 단계를 연구하고자 한다면, 우리는 단순한 추상적 이론화를 그만두고 이른바 시와 신화라는 문헌학의 자료를 연구하여야 한다. 그리고 예를 들어 호메로스의 시 해석에서 우리는 두 가지 잘못된 생각을 회피해야 한다. 첫째, 우리는 신화를 고의적 사기, 즉 플라톤이『국가론』에서 추천한 유형의 유용한 거짓말로 보아서는 안 된다. 둘째, 우리는 신화를 마치 그것의 저자들이 분명히 이해된 그리고 합리적으로 형성된 관념과 이론들에 대해 우화적인 표현을 제공하고 있는 것처럼 합리화해서는 안 된다. 오히려 신화는 사람들의 '통속적인 지혜' 즉 '시적인 지혜'이다. 신화는 우리에게 신화가 태어난 시기의 사람들의 사고방식에 대한 핵심을 제공한다. 예를 들면 호메로스의 시는 '시적 특성 안에서' 종교, 관습, 사회조직, 경제, 심지어는 영웅시대의 그리스인들의 과학적 사고를 표현한다. 시는 말하자면 그것이 발전하는 시대에 따라 사람의 정신성과 삶의 자발적인 문학적 표현이거나 산물이다. 그러므로 시의 위대한 기치는 역사를 재구성하는 데서 온다. 분명히 말해서 우리는 모든 것을 문자 그대로의 진리로서 수용하도록 요구받지 않는다. 예를 들면 제우스는 그와 그의 활동이 호메로스의 시에서 묘사되었던 형태에서 실제 인간은 아니었다. 동시에 제우스는 신성의 어떤 추상적인 철학적 개념을 상징화하는 단순한 문학적 장치는 아니다. 오히려 그는 신과 만나는 초기 단계의 상상적 표현이다. 반성적 이성에서 분명히 형성되었던 것은 신에 대한 단절된 시적 묘사가 아니라, 신에 대한 철학적 이론이었다. 그 시대의 종교 사상은 시적인 사상이었다. 그것은 자신의 논리를 가졌지만, 이것은 철학자의 추상적 논리라기보다는 상상력과 감정의 논리였다.

비코의 역사 철학에서 주목해야 할 또 한 가지 점은 각 문화적 시대에 대한 복합적 통일성을 그가 강조하고 있다는 것이다. 주기에서의 각 '시대' 또는 단계에는 자신의 고유한 종교, 법률, 사회적 조직화, 경제가 있다. 의심할 바 없이 비코는 과도하게 도식화하였다. 그러나 그는 말하자면 역사연구를 위한 계획을 제공하였다. 이 역사연구는 왕조, 정치, 군사적인 사건들의 서사에 국한되지 않고, 사람들의 삶을 그들의 역사의 연속적인 관계들에서 파헤치고, 종교, 도덕, 관습과 법률, 사회적·정치적 조직, 경제, 문학과 예술 간의 연결들을 드러내면서, 그것들의 모든 영향 안에서 삶을 천착하는 것이다. 동시에 그는 인간 정신성 일반과 특수한 과학과 예술, 이 두 가지의 발전에 대한 비교 연구를 위한 계획을 개관하였다.

그러므로 역사는 우리에게 인간의 본성을 드러낸다. 우리는 인간을 '인간의 시대'의 두 번째 시기에서 인간이 있는 그대로 단순하게 고려하는 것으로서는, 혹은 철학자를 표준으로 선택하는 것으로서는 인간의 본성에 대한 지식을 획득할 수 없다. 우리는 역사에서, 인간의 시에서, 인간의 예술에서, 사회·법률 등등의 인간 발전에서 인간 본성이 점차 드러나고 있다는 점에 눈을 돌려야 한다. 역사는 인간이 만드는 것이다. 그러므로 역사는 인간에 의해 이해될 수 있다. 그리고 역사연구에서 인간은 자신의 본성에 대한 반성적 자각, 즉 본성의 과거, 현재, 미래에 대한 반성적 자각을 획득한다. 이성의 시대, 즉 철학자의 시대의 성취를 칭찬하고, 과거와 원시시대를 폄훼하는 것은 어리석은 일이다. 왜냐하면 역사의 전 과정은 인간의 드러남이기 때문이다. 신들의 원시시대에서 우리는 감각을 통해 인간을 본다. 영웅의 시대에서 우리는 상상력을 통해 인간을 본다. 인간의 시대에서 우리는 이성을 통해 인간을 본다.

그렇지만 우리가 인간의 행위를 고려하든 예술과 문학 또는 제도의 기념비들을 고려하든 역사가 인간에 의해 만들어진다는 사실은 역사가 신의 섭리와 단절되고 역사가 어떤 의미에서 신의 업적이 아니라고 하는 것을 의미하는 것은 아니다. 그러나 비코에서 신의 섭리는 일차적으로 인간의 정신과 의지를 통해서 작동한다. 즉 자연적 수단을 통해서 작동하지, 일차적으로 기적적인 개입에 의해서 작동하지 않는다. 인간은 종종 하나의 목적을 의도했고, 그리고 다른 목적을 달성했다. 예를 들면 '아버지들은 농노들에 대해서 아버지다운 권력을 제한 없이 행사할 것을 의도했으며, 도시를 탄생시켰던 시민권에 자신들을 종속시켰다. 귀족들로 이루어진 지배 계급은 평민들에 대한 자신들의 군주적인 자유를 남용하고자 의도했고, 귀족들은 대중의 자유를 확립했던 법률에 종속해야만 했다.'[15] 개인들이 무엇을 의도했던 간에 그들의 행위를

---

15 같은 책, IV, 2, 164.

통해서 문명이 생겨났고 발전하였다. 그리고 인간의 시대의 둘째 국면에서 예를 들면 자유사상가들이 종교를 말살하고자 했을 때, 그들은 사회의 해체에 기여했고, 문화적 주기의 종말에 기여했으며, 따라서 종교의 재탄생에 기여했다. 종교의 재탄생은 인간이 자신의 이기주의적 정념들을 정복하는 일을 촉진하는 데 있어 주요한 요소이며, 새로운 문화의 성장으로 이어진다. 인간은 자유롭게 행위 하지만, 그들의 자유로운 행위는 신의 섭리의 영원한 목적을 실현하는 수단이다.

비코의 『민족의 공통 본성에 관한 새로운 과학의 원리들』이 그의 동시대인들에 의해 완전히 무시되었다고 말하는 것은 그다지 정확하지 않다. 왜냐하면 어떤 특별한 주제들은 논의의 대상이 되었기 때문이다. 그러나 그의 관념의 일반적인 중요성은 분명히 말해서 평가되지 못했다. 그리고 비코는 19세기까지 제대로 평가되지 않았다. 1787년 괴테는 나폴리를 방문하였고, 『민족의 공통 본성에 관한 새로운 과학의 원리들』은 그의 주목을 받았다. 이 위대한 시인은 야코비에게 그 책을 빌려주었고, 1811년에 야코비는 비코가 칸트의 출현의 예고라고 자신이 생각했던 것에 관해 언급하였다. 이 구절은 콜리지(Coleridge)가 『인생론』(*Theory of Life*)(1848년 출판)에서 사용하였다. 이어지는 몇 년간 그는 비코에 대해 약간 열광적으로 언급하였다. 프랑스에서 미슐레(Michelet)는 비코의 주저에 대한 축약 번역을 출판하였으며(1827), 1835년에 그 책을 재간하였는데, 이때 자서전의 번역과 어떤 다른 저술들의 번역이 추가되었다. 이탈리아에서 로스미니(Rosmini)와 지오베르티(Gioberti)는 비코에 대해서 관심을 가졌으며, 스파벤타(Spaventa)와 같은 관념론자들도 비코가 독일 철학의 선구자였다는 근거에서 그에게 관심을 가졌다. 스파벤타는 헤겔주의의 이탈리아 진입이 말하자면 자신의 고향으로 비코가 귀환한 것이라 주장하였다. 그러나 비코에 대한 관심이 근대에서 확산된 것은 무엇보다도 비코를 '시와 시의 참된 본성을 발견한, 말하자면 미학을 창안한'[16] 사람이라고 표현한 크로체(Benedetto Croce)에 의해서였다.

---

16   B. Croce, *Aesthetic*, translated by D. Ainslie, London, 2nd edition, 1929, p. 220.

————— 4. 몽테스키외

몽테스키외(Montesquieu, 1689-1755)는 그의 출판된 저술들에서 비코에 관해 언급하고 있지 않다. 그러나 그가 1728년에, 즉 로마인들의 위대함과 쇠망의 원인에 관한 그의 유명한 저작들(1734)과 법의 정신에 관한 유명한 저술들(1748)이 나오기 이전 이탈리아를 여행했을 때『민족의 공통 본성에 관한 새로운 과학의 원리들』을 알게 되었을 가능성이 높다. 그가 사회, 법률, 정부에 관한 비교 연구를 역사적 발전의 원리들을 확인하는 관점들을 가지고서 착수했다는 사실은 즉시, 적어도 자극에 의해서 비코가 그의 정신에 얼마간의 영향을 끼쳤다는 사실을 암시한다. 비록 그러한 자극이 그런 영향이 있었다는 것을 그 자체로 증명하는 것은 아니지만. 그러나 몽테스키외의 개인 비망록은 비코의 주기 이론과 문명의 쇠퇴 이론이, 그 범위가 거의 확인될 수는 없지만, 그의 정신에 약간의 영향을 주었다는 것을 보여주는 것처럼 보인다.

몽테스키외의 사상이 이미 이 책의 제1장에서 개괄되었기 때문에, 여기에서는 그것들에 대해 더 이상의 언급은 하지 않을 것이다. 비코와 몽테스키외, 이 둘과 함께 우리가 비교 역사 방법의 관념을 발견하고 이 두 사람이 역사적 자료를 사람들의 역사적 발전을 규정하는 기초로 사용하기로 했다는 점을 지적하는 것으로 충분하다. 두 사람 중 자유에 대한 열정을 가지는 계몽 사상가인 몽테스키외는, 그의 시대에 한정하여 말한다면, 비교할 수 없을 정도로 큰 성공을 거두었다. 비코는 계몽주의가 작동하기 전까지는 실제로 큰 빛을 보지는 못했다.

제9장

볼테르에서 헤르더까지

───────── **1. 개관**

18세기의 계몽사상의 개관은 역사적이지 않다는 주장이 종종 제기되었다. 만약 이런 주장이 어떤 역사도 쓰이지 않았다는 것을 의미하는 것으로 간주된다면, 그 진술은 명백하게 거짓이다. 우리는 몽테스키외의 『로마인들의 위대함과 쇠망의 역사』(*Histoire de la grandeur des Romains et de leur décadence*, 1734), 기본(Gibbon)의 『로마제국의 쇠망사』(*Decline and Fall of the Roman Empire*, 1776-1781), 볼테르의 『카를 12세의 역사』(*Histoire de Charles XII*, 1731)와 『루이 14세 시대의 역사』(*Histoire du siècle de Louis XIV*, 1751), 흄의 역사적 저작들에 관해서만 생각해야 한다. 18세기의 역사편찬은 단지 전쟁, 외교, 정치적 투쟁, '위대한 사람들'의 업적에만 관심을 갖는다고 말해질 수는 없다. 오히려 우리는 인간 문명의 역사로서의 역사 관념의 발현을 보게 된다. 『루이 11세의 역사』(*Histoire de Louis XI*, 1745)와 『금세기 관습에 대한 고찰』(*Considerations sur les mœurs de ce siicle*, 1750)의 저자인 샤를 피노 뒤클로(Charles Pinot Duclos)는 자신이 전쟁이나 정치보다는 사람들의 풍습과 관념에 관심이 있다는 점을 분명히 했다. 이런 태도에서 그는 볼테르와 입장이 같았다. 18세기는 분명히 역사 관념의 확장을 목격했다.

18세기 계몽사상의 개관이 역사적이지 않다고 말할 때, 그 진술은 부분적으로 어떤 작가들이 역사를 순수문학(*belles-lettres*)의 형식으로 다루고, 자료에 대한 실제적인 지식이나 이해 없이 너무 성급하게 판단함으로써 보여주는 경향을 말하는 것이다. 더 중요한 것은 그 진술은 이성의 시대와 계몽주의 및 계몽주의의 이상을 판단의 일종의 절대적 표준으로 다루고, 과거가 철학자들(*les philosophes*)의 시대에 선행하는 것으로 해석될 수 있을 때를 제외하고는 과거를 무시하는 경향을 말하는 것이다. 이러한 정신 태도는 역사를 어떤 주제를 증명하는, 즉 18세기 일반의 우월성과 특히 철학자들의 우월성을 증명하는 것으로 사용하려는 경향을 수반하면서, 분명히 말해서 과거에 대한 객관적 이해에 도움이 되지 않는다. 사실상 모든 계몽 사상가들이 소박한 진보 이론을 상술하였다고 시사하는 것은 과장된 것이다. 어떤 비관주의는 볼테르에게서조차 나타난다. 그러나 대체로 철학자들은 진보와 해방된 이성의 승리가 동의어라고 확신하였다. 그리고 그들의 이성 관념은 그들에게 원시적인 정신성이나 또는 예를 들어 중세를 이해하기 어렵게 만들었다. 원시인의 모습을 그리고 싶을 때, 철학자들은 자신들 앞에 근대인을 세우고는, 문명에 기인할 수 있는 자질과 습관들을 근대인에게서 제거하면서, 이성의 행사 ─ 근대인을 사회 계약으로 들어갈 수 있게 만드는 ─ 를 조심스럽게 그 근대인에게 맡겨버렸다. 사실 비코는 이 분석적 방법의 인위성을 알았고, 그는 초기 시대의 정신성을 이해할 수 있는 안전한 기반을 제공하기 위해 시, 노래, 예술, 관습의 기록과 종교적 준수를 검토하였다. 그러나 비코는 계몽 정신과는 다소 동떨어졌던, 그리고 동시대의 그렇게 많은 사람들의 과장된 합리론과 지성주의에 의도적으로 반대했던 천재였다. 자신의 시대에 대한 그의 평가는 분명히 보통 철학자(*philosophe*)의 그것은 아니었다. 중세에 대해 말하자면, 계몽 정신을 가진 사람들은 중세의 문화와 사고방식에 대해 결코 공감적으로 이해할 수 없었다. 중세는 그들에게는 암흑으로 나타났는데, 이성의 빛은 그 암흑으로부터 점차 떠오르는 것이다. 그래서 그들이 역사 연구의 관념을 확대하였고, 역사편찬의 미래에 가치 있는 기여를 했음에도 불구하고, 그들은 어떤 주제를 증명하고, 계몽주의를 찬미하기 위해 역사를 너무 많이 사용하는 경향이 있었으며, 그들의 편견은 그들이 그들 자신과 매우 다르다고 느끼고 또한 그들이 경멸하는 경향이 있는 문화와 관점에 대한 공감적 이해를 하는 일을 어렵게 만들었다. 우리는 계몽의 정신성이 '비역사적'이라는 비난을 이해하게 되는 것은 이런 의미에서이다.

━━━━━━━━ **2. 볼테르**

이 책의 제1장에서 그의 일반적인 철학적 입장이 논의되었던 볼테르는『풍속론』(*Essai sur les mœurs*, 1740-1749, 1756년에 출판)이 보쉬에의 작업의 연속으로 의도된 것이라고 주장하였다. '저 유명한 보쉬에는 그의 보편사의 부분에 대한 강론에서 참된 정신을 파악하였는데, 이는 샤를마뉴 대제(Charlemagne)에서 종료되었다.'[1] 볼테르는 보쉬에가 더 이상 쓰지 않은 곳에서부터 이어나가기를 원했고, 그래서 그의 책의 전체 제목은『샤를마뉴 시대에서 우리 시대까지의 여러 민족의 일반사, 풍속, 정신에 관한 논의』(*An Essay on General History and on the Manners and Spirit of Nations from Charlemagne up to Our Days*)이다. 그러나 사실상 그는 훨씬 더 멀리까지 가서, 중국에서 시작하여 인도, 페르시아, 아라비아를 거쳐, 샤를마뉴 이전의 동서교회에 이르게 된다.

그러나 비록 볼테르가 보쉬에의 작품을 이어나갈 의향을 밝혔음에도 불구하고, 그의 역사관은 무의 주교[보쉬에]의 역사관과는 매우 다르다는 것은 분명한 사실이다. 보쉬에에게는 역사의 중요한 사건들은 창조, 유대민족에 대한 신의 조치, 육화, 교회의 성장이며, 그는 창조에서 최후의 심판일까지의 인간 역사를 인간의 자유 선택에 의해서도 섬겨지는 신의 섭리의 현현으로서의 통일이라고 상상한다. 볼테르에서는 성 아우구스티누스와 보쉬에의 신학적 관점이 결여되어 있다는 점이 눈에 띈다. 역사는 인간의 의지와 정념이 상호 작용하는 장이다. 진보는 인간이 동물적 조건을 넘어서는 한에서, 그리고 이성이 지배하는 한에서, 특히 이성이 유일하게 참된 사회 개혁을 가능하게 하는 계몽된 전제주의의 형식을 취할 때, 가능하게 된다. 그러나 신의 계획을 수행하는 것으로서의, 그리고 초자연적 목적을 향해서 움직이는 것으로서의 역사관은 사라진다. 그리고 그것과 함께 역사의 통일성과 연속성에 관한 모든 강

---

1   *Avant-propos.*

력한 신념도 사라진다.

　물론 부분적으로 볼테르는 독단적인 전제 없이 역사에 관한 경험적 연구의 이념을 단지 제안하고 있을 뿐이다. 그는 『역사 철학』(*Philosophie de l'histoire*, 1765)을 썼으며, 이 책은 『풍속론』의 1769년 판 앞부분에 다시 수록되었다. 그러나 그 책 안에는 철학이라는 용어의 일상적 의미에서 본다면 철학은 별로 없었다. 그가 철학적 정신에서 역사를 써야 할 필요성에 관해 이야기할 때, 그는 전설과 요정의 이야기들을 배제할 필요에 대해 언급하고 있다. 예를 들어 이것은 『역사 고찰』(*Remarques sur l'histoire*)에서 분명하게 드러나는데, 이 책에서 그는 18세기에 태어난 양식 있는 인간에게 델피의 신탁에 관해 진지하게 말하는 것이 허용될 수 있는가를 묻고 있다. 그러나 물론 볼테르는 초자연적 설명이 완전히 배제되어야 한다는 점을 궁극적으로 요구하고 있다. 철학적 정신에서 역사를 서술하는 것은 철학자 즉 계몽 인간의 정신에서 서술하는 것이다. 그리고 '유명한 보쉬에'는 철학자가 아니었다.

　전설적인 일화와 허황한 이야기로 자신의 독자를 환대하는 것이 역사가의 임무가 아니라는 확신은 왜 볼테르가 사람들에게 고대의 역사보다는 근대의 역사를 충고했는가의 여러 이유 중 하나이다. 『역사에 대한 새로운 관점』(*Nouvelles considérations sur l'histoire*)에서 그는 고대의 역사를 다루는 것은 천 개 거짓에 두세 개의 진실을 섞는 것이라고 말한다. 그러나 분명한 사실은 고대의 역사가가 헤로도토스(Herodotus)의 잡담조의 수다스러운 방식을 답사해 쓰거나 모든 우화와 전설을 진실된 것으로 받아들여서는 안 된다는 사실이다. 비코는 보았지만 볼테르는 보지 못했듯이, 그러한 전설의 연구와 심지어는 델피의 신탁의 연구는 진지한 역사가에게 큰 도움이 될 수 있다는 사실과는 별개로, 불확실하고 터무니없는 역사를 교정하는 일은 인내심이 필요한 연구이다. 그러나 물론 볼테르에게 근대의 역사를 선호하는 다른 이유, 즉 근대 세계의 우월성, 특히 철학자들의 우월성에 대한 확신이 있었다. 짤막한 『역사 고찰』에서 그는 젊은이들이 '그 역사 연구가 우리에게 실제로 흥미 있는 시기에서, 즉 내가 보기에는 15세기의 말엽을 향한 시기에서' 진지한 역사연구를 시작해야 한다는 바람을 표현한다. 그때 유럽은 외견상 변화하기 시작하였다. 다른 말로 하면, 중세는 우리에게 어떠한 실질적인 흥미를 주지 못했다.

이러한 관점은 볼테르의 저술들 여러 곳에서 나타난다. 과거의 시간은 마치 그것들이 결코 존재한 적이 없는 것과 같다는, 그리고 고대 유대인들의 세계는 우리의 세계와는 너무 달라서 그 세계로부터 오늘날에 적용될 수 있는 어떤 행위 규칙도 도출할 수 없다는, 그리고 근대 시기의 연구가 필수적인 데 반해서 고대 시기의 연구는 호기심을 만족시키는 데 불과하다는 등등의 이야기가 들린다. 이러한 태도는 분명히 역사가와 역사 철학자로서의 볼테르의 약점으로 드러난다.

그럼에도 당연히 볼테르에게는 장점이 있다. 그는 소논문『역사에 대한 새로운 관점』에서 3, 4천 개 정도의 전쟁 이야기와 수백 개의 조약 내용을 읽고 난 후에도 그 이전보다 자신이 더 현명해졌다는 것을 발견하지 못했다고 언급한다. '나는 카를 마르텔(Charles Martel)의 전투에 의해서 프랑스와 사라센(Saracen)을 알지 못하는 것과 마찬가지로, 티무르(Tamerlane)가 바예지트(Bajazet)에게 승리한 것에 의해서 타타르(Tartars)와 터키(Turks)를 알지 못한다.' 전쟁과 왕의 왕실 행사의 서사 대신에 우리는 역사에서 민족들의 주요 덕과 악덕에 대한 설명, 그 민족들의 힘 혹은 연약에 대한 설명, 예술과 산업의 확립과 성장에 대한 이야기를 발견해야 한다. 결국 역사를 '시민과 철학자로서' 읽고 싶은 사람들에게는 '풍속과 법률에서의 변화가 그의 위대한 연구 대상이 될 것'[2]이다. 이와 유사하게『풍속의 정신』(Esprit des mœurs)의 제69장의 서두에서 볼테르는 다음처럼 이야기한다. '그렇게 많은 재난과 전투, 즉 (보통) 역사의 치명적인 주제들, 인간의 악의에 대한 진부한 예들을 되풀이하기보다는 나는 그 당시(13세기와 14세기) 인간 사회가 어떠했는지, 사람들이 가족생활에서 어떻게 친밀함 속에서 살아왔는지, 어떤 예술이 장려되었는지를 보여주고 싶었다.' 그 철학자는 정치적이고 군국적인 역사의 중요성을 과소평가했을는지 모르지만, 그러나 그는 확실히 지금은 일반적으로 역사가의 주제의 중요한 부분으로서 여겨지는, 그러나 장군, 군주, 영웅의 행적에 매혹된 연대기 기록자에 의해서 간과되었던 인간 생활의 여러 측면에 주목했다.

역사에 관한 그의 일반적인 관념들에서 볼테르는 비코는 고사하고 그가 공격

---

2 *Nouvelles considérations sur l'histoire.*

했던 몽테스키외만큼도 깊이가 없었다는 것은 분명한 사실이다. 그러나 사회적 역사 편찬에 대한 그의 개념에서 우리는 부르주아 의식의 발전이 표현되고 있음을 볼 수 있다. 그에게 역사는 더 이상 권력자의 경우에 따른 영광 또는 비방의 도구인 왕조사가 아니어야 하고, 오히려 18세기의 생활, 예술, 문학, 과학의 출현에 대한 설명 또는 좀 과감하게 이야기한다면 시대를 관통하는 인간 사회생활의 출현에 대한 설명이어야 한다.

　　마지막으로 르네상스 이전의 세계에 대한 볼테르의 경멸에 관해서 언급되었던 것의 균형을 맞추기 위해, 『풍속의 정신』에서 그가 그 책에 부가한 부분을 포함해서 그가 거대한 캔버스에 그림을 그리고 있다는 점이 추가되어야 한다. 그는 유럽뿐 아니라 극동과 미국에 대해서, 그리스도교 세계뿐만 아니라 무슬림 세계와 동방 종교들의 세계에 대해서 언급하고 있다. 사실상 그의 지식에는 종종 결함이 있다. 그러나 이것이 그의 기획의 영역을 변경하지는 못한다. 어떤 의미에서 그의 역사는 보쉬에의 역사보다 덜 보편적이었다. 왜냐하면 보쉬에의 신학적 구조는 인류의 전체 역사를 이해 가능한 통일성 속에서 묶어낸다. 그러나 다른 의미에서는 그리고 보다 분명한 의미에서는 볼테르의 『풍속의 정신』은 보쉬에 주교의 『보편사론』보다 더 보편적이다. 말하자면 후자가 다루지 않았던 민족들과 문화들에 대해서 전자가 다루고 있기 때문이다.

——————— 3. 콩도르세

　　이 책 제2장의 중농주의자들에 대한 절에서 우리는 튀르고가 제안한 진보 이론에 주목하였다. 그는 19세기에 오귀스트 콩트(Auguste Comte)가 상술한 역사관을 앞지른 인물이었다. 사실상 튀르고는 볼테르보다 진보에 관한 믿음이 더 큰 인물이었다. 왜냐하면 계몽주의 시대의 우월성에 대한 그의 확신에도 불구하고, 볼테르는 인간 역사를 지배하는 법칙들에 대한 믿음을 가지고 있지 않았다. 그러나 나는 튀르고에 대해서 이미 언급되었던 것을 재론하고 싶지 않다. 그래서 나는 대신에 18세기의 후반부에서 진보의 관념을 선도적으로 주창한 인물, 즉 콩도르세에 관심을 돌린다.

콩도르세(Marie Jean Antoine Nicolas Caritat, Marquis de Condorcet, 1743-1794)는 철학자이지만 수학자이기도 했다. 22세 어린 나이에 그는 적분학에 대한 논문을 작성하였다. 이 논문으로 그는 달랑베르에게 존경을 받았다. 달랑베르에게도 그렇지만 콩도르세가 그들의 일생을 썼던 (튀르고의 그것은 1786년에, 볼테르의 전기는 1787년에 나왔다) 볼테르나 튀르고에게도 큰 칭찬을 받았다. 그는 『백과전서』의 준비 과정에서 일정한 역할을 했고, 과학 아카데미(1769)와 프랑스 아카데미(1782)의 회원으로 선임되었다. 1785년에 확률에 관한 논문을 출판했고, 개정되고 확장된 제2판은 1804년에 『확률계산의 요소들과 이 요소들을 기회 복권 및 남성들의 판단 게임에 적용함』(*Éléments du calcul des probabilités et son application aux jeux de hasard, à la loterie et aux jugements des hommes*)의 제목으로 출판되었다.

콩도르세 역시 튀르고의 영향을 받아 옥수수 자유 무역을 방어하는 경제 문제에 관심을 보였다. 정치적으로 그는 열정적인 민주주의자이자 공화주의자였다. 그는 혁명을 환영했고 의회에서 의원으로 선출되었다. 그러나 그는 그처럼 엄혹한 시대에 오래 살기에는 너무나 자존심이 강한 사람이었다. 그는 자신이 후원했던 사람을 지지하면서 의회가 채택한 헌법을 비판했다. 그는 지롱드당원들의 체포에 대해 비난했으며, 그리고 사형제도에 원칙적으로 반대하였다. 로베스피에르, 마라(Marat), 당통(Danton)이 이끄는 좌익그룹인 산악파의 행동에 반대했다. 그의 비판적인 태도로 인해 공화국의 적과 위법자로 선포되었다. 한동안 그는 과부인 마담 베르네(Madame Vernet)의 집에 숨어있었다. 그러나 그 집은 감시당하고 있으며, 자신을 돕는 이가 위험에 처할 것이라는 확신이 들자, 도망을 갔다. 결국 그는 부흑-라-헨느(Bourg-la-Reine)의 시골집에서 체포되어 죽었다. 그가 맞아서 죽었는지, 아니면 타인에 의해 독살되었는지, 또는 음독자살 했는지는 분명치 않다.

프랑스 혁명으로 콩도르세가 그의 적들을 피해 숨어있는 동안 철학자로서 명성을 얻게 되는, 진보에 관한 작품을 썼는데, 그 제목은 『인간 정신의 진보에 관한 역사적 개관』(*Esquisse d'un tableau historique des progrès de l'esprit humain*, 1794)이다. 그의 주된 사상은 인간의 완전하게 될 수 있음, 인류 역사, 어둠에서 빛으로의 진보, 야만에서 문명으로, 미래에로의 무한한 진보에 대한 것이었다. 따라서 비록 그가 단두대의 위협 아래서 작품을 썼지만, 그 작품은 낙관주의의 정신으로 가득 차 있었다. 당시의 폭력과 악이 주로 통치자와 신부들이 만든 나쁜 제도와 법에 기인한다고 설명했다. 왜냐하면 그는 실제로 모든 군주뿐만 아니라 실로 모든 종교에서의 사제들의 적이었기 때문이다. 그는 헌법 개혁과 교육을 진보를 추진하는 주요 수단이라 보았다. 1792년에 그는 국가의 세속적 교육 조직을 위한 계획을 의회에 제출한 사람 중 한 사람으로, 그것은 이후 의회에 의해 채택된 계획의 기초가 되었다. 그의 계획에 따르면, 수학, 자연, 기술, 도덕 및 정치 과학은 더 진전된 교육에서의 중요 교과가 되고, 현대어든 사어든 언어에 대한 학습은 강의계획에서 비교적 작은 위치를 차지하였다. 다시 말해 자연과학과 인간과학에 중점이 주어질 것이다.

과거 역사에 대한 콩도르세의 해석은 과학적 문화라는 개념에 비추어 개발되었다. 그는 시대 구분을 아홉 단계로 구분한다. 최초의 시기에서는 동물과 육체적으로만 다른 야만적 상태에서 나타난 인간은 가족과의 관계를 인식하고 언어를 사용하여 수렵과 어로 생활로 집단생활을 영위하였다. 발전의 두 번째 또는 목가 단계에서 불평등과 노예 제도가 일부 원초적 예술 양식과 함께 등장한다. 세 번째 기간인 농경의 시대에는 더 진전이 있었다. 초창기의 이 세 원시 시기는 분명히 추측에 따른 것이다. 그러나 문자의 발명으로 우리는 추측에서 역사적인 사실로 넘어간다. 콩도르세는 그리스의 문화를 네 번째 시대로, 로마의 문화는 다섯 번째 시대로 나타낸다. 그리고는 중세를 두 시대로 나눈다. 여섯 번째는 십자군 원정으로, 일곱 번째는 인쇄술의 위대한 발명으로 끝난다. 여덟 번째 시대는 다소간 르네상스와 동의어로서 인쇄술의 발명으로 시작하여 데카르트가 철학에 부여한 새로운 전환으로 끝을 맺는다. 아홉 번째 시대는 1789년의 혁명으로 끝난다. 그것은 새로운 자연의 체계에 대한 뉴턴의 발견, 인간 과학 즉 인간 본성에 대한 로크가 각성, 그리고 인간 사회 시스템에 대한 튀르고(Turgot)와 루소 그리고 프라이스(Price)의 발견을 불러왔다.

그런 다음 콩도르세는 미래이자 열 번째 시대를 예측한다. 그는 그 시기에 국가 간 평등, 계급 간 평등, 그리고 개인의 육체적, 도덕적, 지적 개선으로 진보가 진행될 것이라고 말했다. 그에게서 평등은 수학적 평등을 의미하는 것이 아니라 오히려 권리의 평등을 수반하는 자유를 의미한다.

　　따라서 과거의 진보는 미래의 진전으로 이어지는 것으로 간주된다. 이렇게 낙관적 신념을 정당화하는 것은 분명히 말해서 과거에서부터 미래의 추론을 허용하는 일종의 진보 법칙이나 인간 발전 법칙이 있다는 가정이다. 그러나 콩도르세가 미래의 진전을 보증하는 것으로서 가장 강조하는 요소는 불가피하게 작동하는 가설적인 법칙이 아니라, 교육, 즉 이성적 계몽, 정치 개혁 및 도덕적 형성이다. 그의 견해로는 우리는 인간의 진보와 완전하게 될 수 있음에 미리 제한을 둘 수 없다. 열 번째 시대를 다룰 때, 그는 도덕 과학(예를 들어 자기 이익과 공동선의 화해)뿐만 아니라 물리 과학, 기술 과학, 심지어 (디드로의 견해에 반대하여) 수학에서까지 무한한 진보가 가능하다고 주장한다.

　　분명히 튀르고와 콩도르세가 제시한 역사 해석은 오귀스트 콩트의 실증주의 체계를 위한 길을 준비했다. 과학적 이성의 빛이 강해짐에 따라 신학은 사라지는 것으로 여겨진다. 과학 법칙의 종합을 연역할 수 있다는 것 말고는 형이상학적 철학도 마찬가지 운명이다. 콩도르세가 철학자들을 숭배했고, 그들을 역사적 진전의 정상으로 간주했다고 말할 수는 없다. 그는 볼테르를 존경했으며, 그와 함께 성직자들의 참여를 격렬하게 반대했었다는 점은 분명하다. 그러나 그는 계몽된 전제주의에 대한 믿음이나 시민들에 대한 경멸을 공유하지는 않았다. 그는 민주적이고 과학적인 문명을 기대했다. 그리고 그의 『수상록』(Essay)이 도식적 체계를 가졌다는 점과 많은 특정 진술의 표현들에서 결함이 있다는 점에도 불구하고, 그는 볼테르보다 훨씬 더 근대적이었다. 그는 미래를 가리키는 지점으로서 18세기를 그렇게 추앙하지는 않았다. 불행하게도 그는 현실과 인간의 중요한 측면을 알지 못했다. 그러나 이러한 무지는, 물론 그의 19세기의 후계자들도 가지고 있는 것이었다. 그리고 진보의 교의에 관해서 말하자면, 이것은 20세기에 이르러 심각한 좌절을 겪게 된다.

──────── **4. 레싱**

진보의 관념은 독일에서 레싱에 의해서 주장되었다. 그러나 우리가 이 책의 제6장에서 살펴본 바와 같이, 역사에 있어서 그의 진보 이론은 신학적 성격을 갖는다. 『인류의 교육』(1780)에서 그는 교육이 개인에 관한 것이라면, 계시는 인류 전체에 관한 것이라고 주장하였다. 진보는 가장 먼저 신에 의해 이루어지는 인류의 도덕교육이다. 사실상 레싱의 역사 개념은 성 아우구스티누스 및 보쉬에의 역사 개념과는 매우 다르다. 왜냐하면 그는 그들과 달리 그리스도교를 인간에 대한 신의 결정적인 계시로 간주하지 않았다. 구약 성경이 신약 성경에 비해 '기초적인 책'으로 구성된 것처럼, 신약 성경은 인간이 현세에서나 내세에서나 보상을 위해서가 아니라 그 자체로 선한 행위를 하라고 교육받을 때 더 진전된 단계의 신의 계시를 가지고 있는 '기초적인 책'들로 구성되어 있다. 상벌의 교의를 가지고 있는 그리스도교 도덕을 넘어서는 이 사상에서 레싱은 계몽주의적 성격을 가진 도덕 이론의 일반적 흐름과 일치하였다. 동시에 역사를 진보적인 신의 계시로서 간주하는 그의 사상은 적어도 그 사상과 성 아우구스티누스와 보쉬에의 역사 철학 사이에 어떤 유사성이 있음을 허용한다. 레싱의 사상은 18세기의 특징을 분명히 지니고 있었다. 그러나 콩도르세의 사상과는 분명히 다르다. 콩도르세에서 역사적 진보란 신의 역사(役事)가 아니라 종교로부터의 자유다.[3]

──────── **5. 헤르더**

헤르더의 역사 철학에 눈을 돌릴 때, 우리는 계몽주의의 특징적인 이론들과는 중요한 차이점을 발견하게 된다. 우리는 이 책의 제7장에서 보았듯이,[4] 헤르더는 계

---

3   레싱에 대한 더 많은 정보에 관해서는 이 책의 제6장 pp. 172-179를 참조할 것.
4   제7장에서 독자들은 헤르더에 대한 더 자세한 설명을 참조할 수 있다.

몽 정신의 자기만족, 즉 역사가 진보적 발전의 과정에 의해 자신들의 시대에 이르게 되었다고 생각하는 18세기 철학자들의 성향을 공격하였다. 그러나 또한 우리가 보았던 것처럼, 단순히 계몽사상에 대한 그들의 해석과 불일치했다는 이유로 그가 이러한 공격을 한 것은 아니었다. 그는 역사에 대한 그들의 일반적인 접근을 공격하였다. 왜냐하면 그의 견해에 따르면 그들은 전제와 함께 역사에 접근하였으며, 역사를 결정 이론(a preconceived thesis)을 증명하기 위해서 사용하였기 때문이다. 이들의 견해는 보쉬에의 견해와 분명히 달랐다. 그럼에도 불구하고 역사가 종교적 신비주의와 미신에 대한 굴종으로부터 자유와 비종교적 도덕성으로 향하는 상승 운동을 의미하는 것은 바로 결정 이론이었다. 확실하게도 계몽주의 철학자들은 자신들의 해석이 전제에 의존하는 것이 아니라 귀납에 의존한다고 대답하였다. 그러나 헤르더는 일반적인 해석의 기초를 만들기 위해 사실들을 취사선택하는 그들의 일은 그 자체가 전제에서 나온 것이라고 응수하였다. 그리고 그의 핵심적인 지적 사항은 다음과 같은 것이었다. 역사에 대한 그들의 접근법 때문에 그들은 각각의 문화 자체가 가지는 정신과 복합적 통일에 따라서 각각의 문화가 갖는 장점을 연구하고 이해할 수 없게 되었다는 것이다. 『또 하나의 역사 철학』(1774)에서 헤르더 자신은 역사를 시대 혹은 시기로 구별하였다. 그러나 그는 또한 그런 식의 구별이 갖는 위험성에 주목하였다. 우리가 '시대'의 범위를 정하여, 그것을 간략한 일반화로 기술할 때, 사람들의 존재, 풍부한 삶은 우리에게서 사라져 버리고, 우리는 단순한 말들과 함께 남게 된다. 우리에게 사람들의 발전을 이해하게 해주는 것은 인내심 있고 철저한 자료 연구뿐이다. 그리고 우리가 보았듯이 그 자신은 사람들의 시와 초기 민요를 인간 정신의 발전을 이해하는 중요한 원천으로 강조하였다. 사실상 언어와 문학의 발전에 관한 이해를 강조하는 것이 계몽주의 관념과 모순되었다고 이야기하기는 힘들다. 그러나 헤르더는 인간과 그의 역사를 해석하는 데서 비교적 원시적인 것이 중요하다는 사실에 대해 주목하였다. 만약 우리가 18세기 철학자들의 그것들을 합리론적 이상들과 전제들에 기초한 표준을 참조하여 판단하는 것만을 고집한다면, 우리는 초기 문화적 국면의 의미를 평가하지 못할 것이다.

헤르더의 위대한 저서 『인간사의 철학 이념』(1784-1791)은 대규모로 착상되었

　　　　　　　　제3부 역사 철학의 부상

다. 왜냐하면 그의 저작의 각 부가 5권으로 이루어진 첫 두 부에서 그는 인간의 물리적 환경과 조직을 인간학과 함께, 아주 역설적이게도 인간 발전의 선사(先史) 시기와 함께 다루고 있기 때문이다. 그가 역사를 기록하고 로마제국의 몰락까지 다루기 시작한 것은 단지 11-15권을 포함하는 제3부에서뿐이다. 이러한 설명은 1500년경까지 제4부(16-20권)에서 계속되었다. 제5부는 쓰이지 않았다. 그러나 그의 작품은 야심차게 계획되었지만, 헤르더는 그 작품을 위해서 터무니없는 주장을 하지는 않았다. 『인간사의 철학 이념』이라는 바로 그 제목에서 겸손함이 드러난다. 그리고 그 저자는 그 작품이 '여러 세기가 지나서야 완성될 수 있는 건축물의 돌들'[5]로 구성되어 있다고 진술한다. 그는 자신이 그 건축물을 완성할 수 있다고 생각할 만큼 바보는 아니었다.

인간의 물리적 환경, 즉 물리적 우주의 힘과 지구의 위치와 역사에 대해 다루고 난 후에, 헤르더는 유기적 생명체 및 인간 자신의 주제를 다루게 된다. 그는 인간이 동물의 어떤 종에서 진화했다는 의미에서의 진화를 전개한 것은 아니었다. 그러나 그는 유와 종이 마치 피라미드 구조를 형성하는 것으로 간주했으며, 피라미드의 정점에 인간이 위치한다. 헤르더에 따르면 모든 유기체의 생명에 걸쳐서 우리는 생명력(아리스토텔레스의 엔텔레키(*entelechy*)에 분명히 상응한다)의 발현을 발견한다. 이 생명력은 유와 종의 관계가 거듭됨에 따라 기능의 끝없는 분화 속에서 자신을 드러낸다. 헤르더가 생각한 이러한 분류 체계는 솔직히 성격상 목적론적이다. 상승하는 질서에서 하위에 있는 종들은 개념적 사고를 할 수 있는 존재, 즉 이성적이며 자유로운 존재자로서의 인간의 출현을 위한 길을 준비한다. 그의 출현에서 인간은 자연, 즉 신의 목적을 수행한다. 그러나 헤르더는 순수 본능의 수준에서는 유기체의 근본적인 충동이 오류가 없는 방식으로 기능하는 반면에, 오류의 가능성은 의지의 성장과 함께 증가한다는 점에 주목하고 있다. '본능이 약하면 약할수록 그것은 자의적 의지(또는 변덕)의 지휘 아래 놓여 있게 되고, 그래서 오류에 빠지게 된다.'[6]

헤르더에서 역사는 시간과 장소에 따라서 변형하는 인간 능력, 행위, 성향의 자

---

5   서문, XIII, p. 6. 『인간사의 철학 이념』의 인용은 헤르더의 전집의 권수와 쪽수이다. A. Suphan, Berlin, 1877-1913.
6   같은 책, p. 102.

연사이다. 이러한 변형된 형태의 진화론이 상술되지도 않고, 분명한 방식으로 드러나지도 않았지만, 그는 말하자면 인간의 물리적 환경과 생명의 낮은 형식들을 지닌 인간의 지속성을 강조한다. 또한 그는 인간의 조직을 강조한다. 인간은 이성과 자유'로 조직되어' 있다. 인간은 이성을 배우고, 자유를 획득하기 위해 세계로 나왔다. 그러므로 인간은 인간 안에 잠재해 있는 인간성(*Humanität*)을 발전되어야 할 어떤 것이라고 말할 수 있다. 얼핏 보기에, 누군가가 인간성이 인간 안에 잠재해 있는 것이라 말한다면, 용어상 모순인 것처럼 보인다. 그러나 헤르더는 인간성이라는 용어를 두 가지 의미로 사용한다. 이 용어는 인간이 도달할 수 있는 이상을 의미하거나 아니면 그것은 이러한 이상에 도달하기 위한 잠재성을 의미한다. 그래서 이 이상은 인간 안에 잠재되어 있다. 그래서 헤르더는 인간성을 위해서 조직되어 있는 것으로서의 인간에 대해 말할 수 있는 것이다. 물론 물리적 존재로서 인간은 이미 거기에 있다. 그러나 인간은 인간의 완성을 위한 즉 '인간성'을 위한 잠재성을 가지고 있다.

인간은 종교를 위해 조직되어 있다고 말해진다. 사실상 종교와 인간성은 밀접하게 연결되어 있어서, 전자는 최상의 인간성이라고 서술된다. 헤르더에 따라서 종교의 기원에 관해 말하자면, 이것은 가시적 현상들에서 그 현상들의 비가시적 원인에 이르는 인간의 자발적 추론에 의거한다. 종교가 공포(예를 들면 적개심을 유발하거나 위험스럽거나 위협적인 기상 현상들에 대한 공포)에 기인한다고 말하는 것은 완전히 부적절한 원인으로 돌리는 것이다. '공포가 거의 모든 사람들의 신을 발명하게 했다고 말하는 것은 아무것도 말하지 않는 것과 같다. 왜냐하면 그렇게 간주된 공포는 어떤 것도 발명하지 않기 때문이다. 그것은 단지 지성을 일깨울 뿐이다.'[7] 거짓 종교조차도 인간이 신에 대한 인식 능력이 있다고 증언한다. 그는 그가 생각하는 대로 현존하지 않는 그런 존재자들의 현존을 추론할 수 있지만, 가시적인 것에서 비가시적인 것으로, 즉 현상에서 숨겨진 원인으로 나아가는 그의 추론은 정당하다.

제7장에서 헤르더를 다룰 때, 우리는 『인간 영혼의 인식과 감각에 관하여』(1778)에서 각 단계마다 생리학이 아닌 어떤 심리학도 가능하지 않다는 그의 진술을

---

7   같은 책, p. 162.

언급했었다. 그러므로 『인간사의 철학 이념』 제1부의 제5권에서 헤르더가 인간 영혼이 영적이며 불멸이라고 분명히 주장하고 있다는 사실을 언급하는 것은 가치 있는 일이다. 그는 정신을 통일체로 서술한다. 관념들의 연합이라는 현상은 그 반대의 증명으로 사용될 수 없다. 연합된 관념들은 '자신의 에너지로부터 기억들을 소환하고, … 어떤 외적인 메커니즘에 따라서가 아니라 내적인 매력과 혐오에 따라서 관념들을 결합하는'[8] 존재에 속한다. 영혼에게 그것의 활동을 수행하게 하고 그것의 개념을 결합하게 하는 순수 심리학적 법칙들이 있다. 이것은 분명히 유기적 변화와 결합해서 생겨난다. 그러나 이것은 영혼이나 정신의 본성을 바꾸는 것은 아니다. '도구가 쓸모없다면, 기술자는 아무것도 할 수 없다.'[9] 다른 말로 하면 헤르더는 자신의 반 유물론의 입장을 분명히 한다.

헤르더의 『인간사의 철학 이념』의 제2부는 계몽 사상가들이 원시적인 것을 경멸하는 경향에 대해 지속적인 논박을 가하는 것으로 간주될 수 있다. 분명하게 더 원시적인 것에서부터 덜 원시적인 것으로의 발전, 즉 물리적 환경에 대한 반동(몽테스키외와 더불어)이 중요한 요인이 되었던 발전이 존재했다. 그리고 헤르더는 가족에서 씨족으로, 씨족에서 선출된 지도자를 가진 부족으로, 부족에서 세습 군주를 가진 사회로 발전한다는 것을 추정적으로 설명하고 있다. 그러나 원시인들이 어떤 문화도 가지지 않았다고 가정하는 것은 난센스이다. 그리고 그들이 18세기의 가정된 특권을 공유하지 못했기 때문에 불행했으며 비참했다고 가정하는 것은 더 큰 난센스이다.

더 나아가 헤르더는 역사가 근대 국가로 나아가는 진보의 운동이라고 해석되어야 한다는 관념을 공격하였다. 그에게는 적어도 근대 국가의 발전이 이성과 거의 관계가 없다는 것, 그것은 오히려 순수하게 역사적 용인에 달려 있다는 생각이 있었다. 부족의 구성원들은 거대한 근대 국가의 많은 거주민들에 비해 훨씬 행복했음이 분명하였다. 근대 국가에서는 '수많은 사람들이 굶주리지만, 누군가는 우쭐거리고 사치에 빠진다'.[10] 그리고 헤르더가 권위적인 정부를 싫어했다는 것은 분명한 사실이다.

---

8 같은 책, p. 183.
9 같은 책, p. 182.
10 같은 책, p. 340.

그가 제2부를 출판했을 때, 그는 최고의 통치자는 통치자를 불필요하게 만드는 데 가장 많이 기여하는 사람이고, 정부는 환자를 지속적으로 필요로 하는 식으로 치료하는 나쁜 의사들과 같다는 말을 생략해야만 했다. 그러나 그가 말했던 것은 아주 분명하였다. 그의 견해에 따르면 '군주를 필요로 하는 사람은 동물이다. 그가 인간이 되는 순간 그는 더는 군주를 필요로 하지 않는다'.[11] 계몽된 전제주의의 이상에 대해서는 이쯤 하기로 한다.

이 모든 것에서 헤르더는 칸트에 대한 간접적 공격에 부분적으로 관여했다. 칸트는 『인간사의 철학 이념』의 제1부에 대해 반대하는 견해를 발표하였고, 제2부에서 헤르더는 칸트의 『세계시민적 관점에서 본 보편사의 이념』(*Idee zu einer allgemeinen Geschichte in weltburgerlicher Absicht*, 1784)을 간접적으로 공격할 기회를 가졌다. 칸트는 사회 조직화의 모든 단계들이 합리적 국가의 발전에 공헌하는 것으로 간주될 수 있는 경우를 제외하고는, 그 모든 단계들을 무시하기로 마음먹었다. 그리고 합리적 국가는 '군주'를 가져야 한다. 왜냐하면 인간은 너무나 결함이 많아서 군주 없이는 사회에서 살아갈 수 없기 때문이다. 칸트는 이 점에 대해 옳았을는지 모른다. 그러나 헤르더는 인간의 본성적 선함과 완전하게 될 수 있음에 대해 믿고 싶었다. 어쨌든 헤르더는 역사가 현대 국가를 향한 진보로 유리하게 해석될 수 있다는 주장을 거부하기로 마음먹었다. 사회조직의 다른 모든 형식은 그런 관점에서 판정되어야 한다.

『인간사의 철학 이념』 제3부에서 헤르더는 기록된 역사를 다룬다. 역사가에 대한 그의 일반적인 원리는, 역사가의 정신은 가설에서 자유로워야 하며, 역사가는 다른 사람들을 경멸하거나 하찮게 보면서 어떤 특정한 국가나 사람들을 좋아해서는 안 된다는 것이다. 인류를 다루는 역사가는 '마치 인류의 창조자'[12]처럼 불편부당하고 공평하게 판정해야 한다. 일반적으로 말하면 헤르더는, 페니키아 문명에 대해서는 관대함을 보여주고 있고, 로마에 대한 반감이 드러나고 있음에도 불구하고, 이 원리에 부응해서 살아가려고 노력하고 있다.

---

11   같은 책, p. 383.
12   같은 책, XIV, p. 85.

헤르더는 자신을 유럽에 제한하지 않고, 비록 예를 들어 중국이나 인도에 대해 당연히 지식이 부족함에도 불구하고 또한 중국, 인도, 이집트, 유대의 문화를 고려하고 있다. 그리스에 이르러,[13] 헤르더는 완전한 문화적 주기, 즉 한 국민의 흥망을 발견하고, 그것을 일반적 결론을 도출하는 데 사용한다. 모든 문화는 무게중심을 가지고 있으며, 이 무게중심이 문화의 살아 있는 활동력의 균형에서 깊이가 있을수록, 그 문화는 견고하고 지속적이게 된다. 그러므로 문화의 정점은 그것의 활동력이 가장 균형을 유지할 때 발견된다고 말할 수 있다. 그러나 이러한 정점은 당연히 한 점이다. 즉 무게중심은 불가피하게 움직이는 것이며, 균형은 동요하는 것이다. 활동력은 효율적으로 사용될 때 균형은 일시적으로 회복되지만, 균형은 영원히 지속될 수 없다. 쇠망은 조만간 반드시 온다. 헤르더는 마치 문화의 생명이 자연법칙에 의해서 결정되는 것처럼 이야기한다. 문화의 생명은 생물학적 유기체의 생명과 유사하다. 로마의 운명은 신의 고안에 의해서가 아니라, 자연적 요인에 의해서 예정되었다. 환경은 로마사람들에게 군대의 국민이 되게끔 강요했고, 이러한 발전은 그들의 역사, 즉 그들이 강대해지고 결국 쇠망해지는 그런 모습을 결정했다. 제국은 균형을 잃게 되고, 스스로 유지할 수 없게 되었다.

『인간사의 철학 이념』의 제4부에서 헤르더는 계속해서 로마제국의 쇠망에서부터 유럽의 역사를 설명한다. 여기서 그는 유럽 문화의 발전에서 그리스도교가 담당했던 역할을 강조한다. 사실상 우리는 경제적 요인의 중요성을 인식한다. 십자군에 대한 헤르더의 설명은 이 경우이다. 그리고 그는 기술적 발명과 새로운 과학적 지식의 중요성을 잘 알고 있었다. 그러나 그는 계몽의 정신과는 거리가 먼 사람이다. 계몽의 정신은 문명화의 바람직한 발전을 종교에서 멀어지게 하는 운동으로서 간주하였다. 헤르더는 자유로운 그리스도인이었을 가능성이 있지만, 인간 문화에서 종교의 불가피한 역할을 깊게 확신하였다.

헤르더가 부족 집단, 민족, 문화를 강조하였기 때문에, 그리고 그리스도교 문화의 흥기에서 독일 민족들에 의해서 행해진 역할을 강조하였기 때문에, 예를 들어 나

---

13   괴테는 헤르더를 그리스 문화의 권위자로 보았다.

치와 같은 오도된 사람들은 자신을 민족주의자라고, 심지어는 종족 이론의 신봉자라고 묘사하고자 시도하였다. 그러나 이러한 해석은 완전히 틀렸다. 그는 어디에서도 독일 사람들이 다른 민족들을 통치해야 한다고 제안하지 않는다. 사실상 그는 예를 들어 튜턴족 기사들(Teutonic knights)이 독일 동쪽의 이웃들에 대해 취한 행동을 비난한다. 그리고 그의 저술들에서 그는 자주 군국주의와 제국주의를 공격한다. 그의 이상은 민족 문화들의 조화로운 전개의 그것이었다. 개인이 자유롭지만 사회 속에서 결합하는 것처럼, 그리고 결합해야 하는 것처럼, 서로 다른 민족들은 각자 '인간성'의 발전에 기여함으로써 가족을 형성해야 한다. 종족 이론에 관해서 말하자면, 헤르더는 부족 집단화가 국가를 위한 가장 자연적 기초를 이루고 있다고 믿었다. 그리고 그의 견해에 따르면 로마를 불안정하게 만든 요인 중 하나는 정확하게 말해서 다른 민족들에 대한 정복이 그것의 부족적 통합을 깨뜨렸던 방식이었다. 그러나 옳고 그르든 이런 사상은, 만약 이 사상이 한 인종이 다른 인종보다 본질에서 우월하고 그들을 통치할 권리가 있다는 생각을 의미한다면, 종족 이론과는 아무런 관련이 없다. 유대 민족에 관해서는 헤르더는 반(反) 셈족과는 거리 먼 사람이었다. 그러나 이 주제에 대해 더 논하는 것은 시간 낭비에 불과하다. 어떤 합리적이고 객관적인 역사가도 민족 문화의 발전으로서의 헤르더의 역사 이론이 경멸적인 의미에서의 민족주의, 군국주의, 제국주의, 또는 주어진 민족의 고유한 우월성에 대한 이론과 관련이 있다고 가정하지 않는다. 당연하게 어떤 의미에서 그는 민족주의자였지만, 다른 민족들에 대해서는 전혀 양보할 생각이 없는 권리를 자신의 민족의 편에 서서 주장했다는 의미에서의 민족주의자는 아니었다.

헤르더의 역사 철학은 약간 복잡하다. 첫째, 그는 선입견에서 벗어나 각각의 문화들에 대해 그것들이 지니고 있는 장점들을 객관적이고 냉정하게 검토할 필요가 있다는 점을 강조하였다. 이것은 분명하게 역사가에게는 탁월한 규칙이다. 둘째, 그는 문화의 생명이 유기체의 생명과 유사하다는 이론을 제안하였다. 이 이론은 비코의 주기 이론을 연상시키는 방식으로 해석하는 특징을 보여주고 있는 듯하다. 셋째, 그러나 그는 '인간성'의 관념을 가지고 있으며, 이것은 주기 이론보다는 진보 이론과 더 잘 어울린다. 그러나 조화는 의심할 바 없이 가능하다. 각 문화는 자신의 주기를 가지

제3부 역사 철학의 부상

지만, 일반적인 운동은 '인간성'을 향한 인간의 내재적 잠재성을 실현하는 방향으로 움직인다.

인간성의 이상을 향한 진보적인 접근이 헤르더에 있어 불가피한 것인가 아닌가 하는 것은 전혀 명료하지 않은 것처럼 보인다. 『인간사의 철학 이념』에서 그는 '궁극적 목표의 철학은 자연사에 어떤 도움도 주지 않는다'[14]고 언급한다. 예를 들어 로마인들의 나쁜 행위가 불가피했으며, 로마 문화가 발전하고 절정에 다다를 수 있기 위해서 필요했다고 제안하는 것은 불합리하다. 동시에, 역사의 모든 행위들이 어떤 특수한 섭리적 기획의 수행을 위해서 필요한 것이라는 근거에서 우리가 그 행위들을 합법적으로 정당화할 수 없음에도 불구하고, 분명히 헤르더는 '인간성'의 점진적 발전이 불가피하다고 말하는 것처럼 보인다. 그래서 그는 주어진 민족적, 시간적, 공간적 환경들 안에서 일어날 수 있는 어떤 것도 일어난다고 그의 독자들에게 이야기한다.[15] 그리고 이것은, 만약 인간성의 이상을 향한 진보적 접근이 가능하다면, 그 접근은 불가피하게 일어난다는 점을 함축하는 것처럼 보인다. 사실상 우리는 모든 파괴적인 힘은 궁극적으로 전체의 발전을 위해 보존하는 힘과 작용에 굴복한다는 이야기를 듣는다.[16]

『인간성의 진보에 관한 편지』(Briefe zur Beförderung der Humanität, 1793-1797)의 여러 편에서 유사한 이중 의미가 나타난다. 헤르더가 인류의 진전에 기여하는 정치적 변화의 능력을 이전에 인식했던 것보다는 더 많이 준비하고 있다는 것을 보여주는 이 서한집에서,[17] 그의 일반적인 관점은, 대체로 인간성의 이상의 실현을 향한 진보적 운동이 존재하고, 또한 존재하리라는 것이다. 동시에 그는 인간의 본유적 잠재성을 개발하기 위하여 교육이 필요하다는 것을 주장한다. 이 끊임없는 형성적 교육 없이는 인간은 동물성으로 되돌아갈 것이다.[18] 그리고 그러한 진술은 진보의 불가피성을 함

---

14   같은 책, XIV, p. 202.
15   같은 책, p. 144.
16   같은 책, p. 213.
17   예를 들어 그는 프리드리히 대제의 개혁 조치들을 더 높이 평가한다. 그리고 공포정치의 출현이 그에게 이 부분들을 생략하게 했지만, 그는 처음에는 프랑스 혁명을 낙관적으로 쓰려고 했다.
18   같은 책, XVII, p. 138.

축하고 있는 것으로 보이지 않는다. 헤르더에 따르면, 유럽 정신의 발전에서 세 국면을 구별할 수 있다. 첫째, 종교적 조직과 정치적 조직을 낳았던, 유럽의 로마와 게르만 문화의 혼합이 있었다. 둘째, 르네상스와 종교개혁이 있었다. 셋째, 현재의 국면이 있는데, 그것의 결과를 우리는 예측할 수 없다.[19] 여기서도 다시 미래에 대한 약간의 의혹이 있다. 그러나 이 의혹은 당연히 인간성의 행진이 인간성의 최상의 잠재성의 궁극적인 발전을 향하여 이루어질 것이라는 일반적인 믿음과 조화를 이룰 수 있다.

아마 상황은 다음과 같은 방식으로 표현될 수 있다. 그의 시대의 문명화에 비추어서 모든 문화를 재단하려는 경향에 대해 적개심을 가지고 있는 역사가로서의 헤르더는 진보의 교의와는 거의 어울리지 않았던 역사 결정론과 상대주의에 강하게 이끌렸다. 그러나 인간의 본성적 선함과 완전하게 될 수 있음에 대해 믿을 뿐만 아니라 인간의 행동 안에서 그리고 행동을 통해서 신의 섭리가 작동한다고 믿는 철학자로서의 헤르더는 인간의 최고의 잠재성이 온갖 방해에도 불구하고 결국 현실화할 것이라는 결론에 자연스럽게 이끌렸다.

---

19 이 국면과 연관해서 헤르더는 세계 정신(*Weltgeist*)를 언급하는데, 이 용어는 헤겔을 떠올리게 한다.

제3부 역사 철학의 부상

제4부

칸트

KANT

A HISTORY OF PHILOSOPHY
WOLFF TO KANT

제10장

칸트(1): 생애와 저작

칸트의 지적 발전의 역사와 이 발전의 결과를 고려하지 않는다면, 우리는 칸트의 생애에 관한 사실들을 이야기하는 데 많은 시간을 쓸 필요가 없다. 왜냐하면 칸트의 생애는 매우 평범했고, 극적 사건이 없었기 때문이다. 사실상 모든 철학자의 생애는 공적인 삶의 무대에서 외형적으로 활동하는 데 치중하지 않고, 일차적으로 반성에 몰두한다. 철학자는 야전 사령관이거나 북극 탐험가가 아니다. 그리고 소크라테스(Socrates)처럼 강제로 독배를 마시거나 브루노(Giordano Bruno)처럼 말뚝에 묶여 화형에 처해지지 않는 한에서, 철학자의 생애는 자연스럽게 극적이지 않을 가능성이 높다. 그러나 칸트는 라이프니츠처럼 세계를 돌아다니는 여행가도 아니었다. 왜냐하면 그는 자신의 모든 생애를 동 프러시아(East Prussia)에서 보냈기 때문이다. 또한 후일 헤겔(Hegel)이 베를린 대학교에서 보냈던 것처럼 수도의 대학교에서 독보적인 철학적 위상을 가지지도 못했다. 단지 그는 지방 도시의 잘 알려지지 않은 대학교에서 한 명의 탁월한 교수였을 뿐이다. 또한 그의 성격은 키르케고르(Kierkegaard)나 니체(Nietzsche)의 경우처럼 정신분석가들에게 흥미로운 사냥터를 제공하는 그런 성격도 아니었다. 만년에 그는 삶의 일관된 규칙성과 시간 엄수로 주목을 받았다. 그러나 그를 비정상적인 인물로 생각하는 사람은 거의 없을 것이다. 그러나 우리는 그의 조용하고 비교적 평범한 삶과 그의 영향력의 위대함 사이의 대조가 그 자체 극적인 성질을 가지고 있다고 말할 수 있다.

이마누엘 칸트(Immanuel Kant)는 1724년 4월 22일 쾨니히스베르크(Konigsberg)에서 마구상(馬具商)의 아들로 태어났다. 가정에서 그리고 그가 1732년에서 1740년까지 수학했던 프리드리히 김나지움(Collegium Fridericianum)에서 아동기를 보냈으며, 경건주의 운동의 정신 안에서 양육되었다. 그는 전 생애에 걸쳐서 진실한 경건주의자들의 선한 품성을 계속 높이 평가하였다. 그러나 그가 대학에서 따라야만 했던 종교적 규율들에 대해서 예민하게 반응했다는 것은 분명한 사실이다. 그의 정규 교육과정에 관련해서 말한다면, 그는 라틴어에 관한 훌륭한 지식을 습득하였다.

1740년에 칸트는 자신의 고향에서 대학 공부를 시작하였고, 매우 광범위한 주제에 관한 강좌를 수강했다. 그러나 그의 정신에 끼친 주요 영향을 끼친 사람은 논리학과 형이상학의 교수인 크누첸(Martin Knutzen)이었다. 크누첸은 볼프(Wolff)의 제자였지만, 자연과학에 특별한 관심을 가졌다. 그래서 그는 철학뿐만 아니라 물리학, 천문학, 수학을 강의하였다. 그리고 교수의 서재를 즐겨 사용했던 칸트는 그 교수의 격려에 힘입어 뉴턴 과학에 관한 지식을 얻게 되었다. 사실상 칸트의 최초 저작들은 대부분 과학적 성질의 것이었고, 그는 언제나 그 주제에 대해 깊은 관심을 견지하였다.

대학 공부의 끝 무렵에, 칸트는 재정적인 사유로 동 프러시아의 가정교사 자리를 얻을 수밖에 없었다. 그의 생애 중 이 시기는 7, 8년간 지속되었고, 이것은 우리가 박사라고 부르는 것을 획득하고, 시간 강사(*Privatdozent*) 또는 대학 강사로서 활동하도록 허가를 받은 1755년에 끝났다. 1756년에 그는 크누첸의 사망으로 인해서 공석이 된 크누첸의 자리를 얻고자 노력하였다. 그러나 크누첸은 '특별' 교수였으며, 정부는 재정적인 것을 고려하여 그 자리를 충원하지 않았다. 1764년 칸트는 시학 교수직을 제안받았으나, 의심할 바 없이 현명하게도 그 제안을 거부하였다. 1769년에 그는 예나(Jena) 대학교의 유사한 제안도 거부하였다. 마지막으로 1770년 4월에 그는 쾨니히스베르크 대학교의 논리학과 형이상학의 '보통' 교수로 임용되었다. 따라서 시간 강사로서의 그의 경력은 1755년에서 1770년까지 지속하였고, 그러나 이 기간의 마지막 4년 동안 보조 사서로서의 직을 맡아 추가적인 재정 지원을 받았다(1772년에 그는 그의 교수직 수행과 함께 할 수 없어 그 직을 사임하였다).

일반적으로 칸트의 비판기 이전의 시기라고 부르는 것에 속하는 이 15년 동안, 칸트는 광범위한 종류의 주제들에 대하여 엄청난 횟수의 강좌들을 개설하였다. 그래서 여러 시기에 걸쳐 그는 논리학, 형이상학, 도덕철학뿐 아니라 물리학, 수학, 지리학, 인간학, 교육학, 광물학에 대해 강의하였다. 사람들의 전언에 따르면 그는 탁월한 강사였다. 교과서를 상술하는 것이 교수와 강사의 규칙이었고, 칸트도 물론 이 규칙을 따라야 했다. 그래서 그는 바움가르텐의 『형이상학』을 사용했다. 그러나 그는 망설이지 않고 이 교과서를 벗어나거나 그것을 비판하였고, 그의 강의는 유머로 가득 찼으며, 심지어는 이야기들로 가득 찼다. 그의 철학 강의에서 그의 주된 목적은 학생들에게 스스로 생각하도록 격려하고, 그들 자신의 힘으로 설 수 있도록 격려하는 일이었다.

칸트가 은둔자였다고 생각해서는 안 된다. 그는 만년에 시간을 절약하지 않으면 안 된다는 사실을 알았지만, 강사와 교수직 수행 시기에는 지역 사교계에 자주 드나들었다. 사실상 그의 전 생애를 통해서 그는 사교적 모임을 즐겼다. 게다가 그는 여행을 좋아하는 사람은 아니었지만, 다른 나라들을 경험했던 사람들과 만나는 데서 즐거움을 느꼈고, 때때로 당연히 독서에 의해서 얻은 것이기는 하지만 그 자신의 지식에 의해서 그들을 놀라게 했다. 그의 관심사는 매우 광범위하였다. 그래서 루소 저술들의 영향으로 인해 그는 자신의 정치적 견해를 급진적인 방향으로 발전시켰을 뿐만 아니라 교육 개혁에 매우 관심을 갖게 되었다.

물론 칸트 사상의 비판기 이전이 끝나고 비판기 시기가 시작되는 정확한 시점을 표시하는 일을 기대하기는 어렵다. 다시 말해서 칸트가 언제 라이프니츠-볼프의 철학 체계를 거부하고, 그 자신의 체계를 세우기 시작했는지를 정확하게 말할 수 있다고 기대하는 것은 터무니없는 일이다. 그러나 일반적인 목적을 위해서 우리는 1770년 교수로 지명되었던 때를 편리한 시기로 택할 수 있겠다. 그러나 『순수이성비판』(*Critique of Pure Reason*)은 1781년까지 출판되지 않았다. 11년간 칸트는 자신의 철학을 구상하였다. 동시에 (또는 오히려 포괄적으로 보아 1796년까지) 또한 강의를 계속하였다.

그는 계속해서 볼프의 철학 교과서를 사용하였으며, 또한 비 철학적인 주제들, 즉 인간학, 자연지리학 등 특히 대중적인 주제들에 대해 강의를 계속하였다. 학생들이 우리의 지식에서 경험이 하는 역할을 이해하기 위해서 이러한 종류의 사실적 지식을 배울 필요가 있다는 것이 그의 확신이었다. 『순수이성비판』을 피상적으로 보면 그 책이 공허한 철학적 이론화라고 보일지는 몰라도, 철학적으로 공허하게 이론화하는 일은 결코 칸트의 이상이 아니었다.

『순수이성비판』의 제1판[초판]이 1781년에 일단 나타나자마자, 칸트의 다른 유명한 저작들이 잇달아 계속 이어졌다. 1783년 그는 『학문으로 등장할 수 있는 미래의 모든 형이상학을 위한 서설』(*Prolegomena to any Future Metaphysics*), 1785년에 『도덕형이상학 정초』(*Fundamental Principles of the Metaphysics of Morals*), 1786년 『자연과학의 형이상학적 기초원리』(*Metaphysical First Principles of Natural Science*), 1787년 『순수이성비판』의 제2판[재판], 1788년 『실천이성비판』(*Critique of Practical Reason*), 1790년 『판단력비판』(*Critique of Judgment*), 1793년 『이성의 오롯한 한계 안의 종교』(*Religion within the Bounds of Reason Alone*), 1795년 작은 논문인 『영원한 평화를 위하여』(*On Perpetual Peace*), 1797년에 『도덕형이상학』(*Metaphysics of Morals*)을 출판하였다. 그러므로 이러한 막중한 기획으로 칸트는 자신의 시간을 절약해야 했다는 것은 이해할 만한 일이다. 그리고 그가 교수로서 자신의 시간을 철두철미 준수했던 그의 일과 순서는 유명하게 되었다. 아침 5시 직전에 기상하여, 5시에서 6시까지 차를 마시고, 담배를 피우며, 그날의 일과를 생각하면서 시간을 보냈다. 6시부터 7시까지 자신의 강의를 준비했는데, 이 강의는 계절에 따라 7시 혹은 8시에 시작하여 9시 혹은 10까지 계속되었다. 그런 다음 그는 점심을 먹을 때까지 저술 활동을 했고, 점심시간을 언제나 동료와 함께했으며, 점심은 그가 대화를 즐겼기 때문에 여러 시간 계속되었다. 그 후 그는 매일 1시간쯤 산책을 하였고, 저녁 때는 독서와 사색을 하였다. 그는 10시에 잠자리에 들었다.

단 한 번 칸트는 정치적 권위와 충돌하게 되었다. 이것은 그의 『이성의 오롯한 한계 안의 종교』와 관련되어 있다. 1792년 '인간 본성의 근본악에 관하여'라는 제목이 붙은 이 책의 제1부는 칸트의 다른 저작들과 마찬가지로 일반 독자를 위해서 의도된 것이 아니라는 근거로 검열을 통과하였다. 그러나 제2부인 '선의 원리와 악의 원리의 충돌에 관하여'는 그것이 성경의 신학을 공격하였다는 근거로 검열을 충족시키지 못했다. 그러나 4부로 구성된 전체 저작은 쾨니히스베르크 대학교의 신학부와 예나 대학교의 철학부에 의해 승인되었으며, 1793년에 출판되었다. 그런 다음 불화가 생겨났다. 1794년 프리드리히 대제(Frederick the Great)의 후계자로 프러시아 왕위에 오른 프리드리히 빌헬름 2세(Frederick William II)가 이 책에 대해 불쾌함을 표하였고, 성경과 그리스도교의 많은 기본적 원리들을 곡해하고 비방하였다는 이유로 칸트를 고발하였다. 왕은 만약 다시 이러한 과오를 반복할 경우 처벌을 할 것이라고 그를 위협하였다. 칸트는 자신의 견해를 철회하지는 않았지만, 강연에서나 저술 활동에서 자연종교나 계시종교를 더는 공적으로 언급하지 않겠다고 약속했다. 그러나 왕이 죽자 칸트는 그가 자신의 약속에서 풀려났다고 생각하여, 1798년에『학부논쟁』(The Conflict of the Faculties)을 출판하였다. 이 책에서 그는 성경적 신앙이라는 의미에서의 신학과 철학 또는 비판 이성 간의 관계를 논하였다.

칸트는 1804년 2월 12일에 죽었다. 그는 유명한 첫 번째 책『순수이성비판』을 출간하였을 때 이미 57세였다. 그러므로 1781년에서 그가 죽을 때까지 그의 저작 활동은 놀라운 성취를 이룬 것이었다. 만년에 그는 자신의 철학을 재구성하는 일에 몰두하였고, 자신의 체계의 수정본을 위한 자료로서 계획된 노트들은 1920년 아디케스(Erich Adickes)에 의해『칸트의 유작』(Kants opus postumum)이란 제목의 비판본으로 출판되었다.

칸트의 성격에서 두드러진 특성은 아마도 그의 도덕적 성실함과 의무의 관념에 대한 그의 헌신, 즉 자신의 윤리적 저작들 안에서 이론적으로 표현된 헌신이었을 것이다. 우리가 보았던 것처럼 그는 사교적인 사람이었다. 그는 또한 친절하고 호의적인 사람이었다. 결코 부유하지 않았으나, 그는 돈 문제에서는 매우 조심스러운 인물이었지만, 다수의 가난한 사람들을 정기적으로 후원하였다. 그의 절약 정신은 확실히 이기심이나 비정함에서 비롯된 것은 아니었다. 거의 감상적인 성격의 소유자는 아니었지만, 그는 진실되고 충실한 친구였으며, 그의 행위는 다른 사람에 대한 예의와 존경으로 나타났다. 칸트는 종교에 관한 한 평소의 종교 활동에 전념하지 않았다. 누구도 그가 신비주의에 기울어졌다고 주장할 수 없다. 그는 엄밀하게 말해서 정통 그리스도인이 아니었다. 그러나 분명히 그는 신에 관한 진정한 믿음이 있었다. 도덕성의 원리가 자연적이든 계시적이든 신학에서 도출되지 않는다는 의미에서 도덕성이 자율적이라고 주장했음에도 불구하고, 그는 또한 도덕성이 신에 대한 믿음을 함축하고 있거나 궁극적으로 포함하고 있다고 확신하였다. 이에 대한 의미는 뒤에 설명될 것이다. 그가 종교적 경험의 관념을 전혀 갖고 있지 않다고 말하는 것은 과장일 것이다. 그리고 누군가가 이렇게 말했다면, 우리는 분명히 분개하여 저 위 별이 빛나는 하늘과 인간 정신 안에 있는 도덕법칙에 대한 칸트의 경외심에 대해 언급할 것이다. 그리고 동시에 예배와 기도의 행위에 대해 그리고 바론(Baron von Hügel)이 종교에서 신비적 요소라고 불렀던 것에 대해 진정한 평가를 하지 않았다. 그러나 이것은 물론, 비록 종교에 대한 그의 접근이 특히 도덕적 의무를 의식하면서 이루어졌다 하더라도, 그가 신에 대한 외경심을 가지지 않았다는 것을 의미하는 것은 아니다. 사실 칸트는 예를 들어 음악에 대한 개인적이고 생생한 취미를 가지지 않고도 미학과 미학적 경험에 대해 저술했던 것처럼, 또한 그는 그리스도교의 경건함이나 예를 들어 동양의 신비주의에 대한 깊은 이해가 없이도 종교에 관해 저술했던 것처럼 보인다. 그는 종교적 헌신의 특성보다는 도덕적 성실의 특성을 소유한 사람이었다. 이 진술은 그가 신앙이 없는 사람이라는 것, 신에 대한 믿음을 그가 주장하는 것이 진실되지 못하다는 것을 의미하는 것으로 이해되어서는 안 된다. 그는 출석을 요구하는 형식적인 경우에만 교회 의례에 참석하였고, 도덕적 선에 대한 진전이 이루어지면 기도가 필요없다고 친구에게 말했다는 사실을 고려해 볼 때, 그의 성격의 일단이 드러난다.

정치에서 칸트는 공화제에 기울었다. 이때 이 공화제라는 용어는 제한된 입헌군주제를 포함하는 것으로 여겨진다. 그는 독립전쟁을 벌이는 미국인들에 공감했으며, 그 뒤 프랑스 혁명의 적어도 그 이상에 대해서는 공감을 했다. 군국주의와 국수주의(國粹主義)는 그의 정신과 거의 어울릴 수 없는 것이었다. 『영구평화론』의 저자는 나치가 그럴듯하게 이용할 수 있는 그런 종류의 사상가가 아니었다. 그의 정치적 이념은 당연히 그의 자유롭고 도덕적인 인격이라는 가치 개념과 밀접하게 연결되었다.

2. 초기 저작들과 뉴턴의 물리학

우리가 보았듯이 과학 문제에 대한 칸트의 관심은 쾨니히스베르크 대학교의 크누첸에 의해 자극받았다. 또한 분명한 것은 그가 동 프러시아의 가정 교사로 보냈던 시기에 그는 과학 문헌들을 폭넓게 읽었다는 사실이다. 왜냐하면 그가 1755년에 대학에 제출한 박사학위 논문은 『불에 관한 성찰의 간략한 서술』(De igne)이었기 때문이다. 같은 해에 그는 『일반 자연사와 천체이론』(Allgemeine Naturgeschichte und Theorie des Himmels)을 출판하였다. 이 저술은 앞선 두 개의 논문(1754)에서 발전된 것이었다. 이 중 하나는 지구의 자전에 관한 것이고, 다른 하나는 지구가 노화하는지에 관한 물리학적 물음에 관한 것이다. 『일반 자연사와 천체이론』에서 그는 최초의 성운설(星雲說)을 예고했으며, 이것은 후일 라플라스(Laplace)에 의해 발전되었다.

그러므로 칸트가 라이프니츠-볼프 체계의 영향 아래 있었던 비판 이전의 시기와 그가 자신의 독자적인 철학을 고안하고 표현한 비판의 시기로 칸트의 지적 삶을 둘로 나누는 관습적인 구분법 대신에, 어떤 역사가들은 세 시기 구분법을 선호한다. 다시 말하면 그 역사가들은 칸트가 과학적 성격의 문제들에 주로 관심을 가졌던 최초의 시기가 존재한다는 것을 인정해야 한다고 생각한다. 이 시기는 1755년 또는 1756년까지 계속되었을 것이고, 비판기 이전의 철학적 시기는 1760년대쯤에 해당할 것이다.

물론 이런 세 시기 구분법을 선호하는 근거가 있다. 왜냐하면 이 구분법에 의해서 칸트의 초기 시절의 저서가 현저히 과학적 성격을 띠고 있음을 주목하게 되기 때문이다. 그러나 일반적인 목적을 위해서 전통적 두 시기 구분법이 나로서는 아주 충분한 듯이 보인다. 결국 칸트는 어떤 다른 종류의 물리학을 위해서 뉴턴 물리학을 버리지는 않았다. 그러나 그는 독창적인 철학을 위해서 볼프의 철학적 전통을 버렸다. 그리고 이것은 그의 정신적 발전에서 중요한 요소로 남아 있다. 더 나아가 세 시기 구분법은 오해를 낳을 수 있다. 한편으로 칸트의 초기 저술들은 비록 현저하게 과학적이지만 완전히 과학적인 것은 아니었다. 예를 들어 1755년 『불에 관한 성찰의 간략한 서술』에 이어서 라틴어로 쓰인 다른 논문인 『형이상학적 인식의 제1원리들에 관한 새로운 해명』(*Principiorum primorum cognitionis metaphysicae nova dilucidatio*)이 나왔으며, 이 논문은 대학에서 시간 강사로 강의할 수 있는 허가를 받기 위해 집필되었다. 다른 한편 칸트는 비판기 동안에도 몇몇 과학 논문들을 출간하였다. 그리하여 1785년에 그는『달의 화산』(*Über die Vulkane in Monde*)이라는 저술을 출판하였다.

그러나 이 문제를 더 다루는 것은 시간 낭비일 것이다. 중요한 점은 칸트가 비록 실질적인 물리학자나 천문학자는 아니지만, 뉴턴 과학의 지식을 알고 있었다는 점과 세계의 과학 개념의 타당성은 그에게 있어 확고한 사실로 남아 있었다는 사실이다. 물론 과학적 인식은 논의를 개방적으로 만드는 본성을 지니고 있었다. 과학적 범주와 개념들을 어느 범위까지 설정할 것인지가 하나의 문제였다. 그러나 칸트는 뉴턴 물리학의 일반적 타당성을 그 자체의 영역 내에서 전혀 의심하지 않았다. 그리고 후일 그의 문제는 이러한 확신에 기초해서 생겨났다. 예를 들면 각 사건이 결정되는 원인과 결정하는 원인을 가진다는 법칙 지배적인 체계로서의 과학적 세계라는 개념과 자유를 함축하는 도덕적 경험의 세계를 어떻게 조화시킬 수 있는가? 다시 말하면 과학적 세계개념에서 모든 합리적이고 이론적인 정당화를 박탈하는 것처럼 보이는 데이비드 흄의 경험론에 직면해서 과학적 진술들의 보편성을 위한, 그리고 과학적 예측의 타당성을 위한 어떤 이론적 정당화를 찾을 수 있을까? 나는 그러한 문제들이 처음부터 칸트의 정신 안에 있었다는 것을 주장하고자 한 것은 아니다. 나는 이 지점에서 그의 비판철학의 후기 국면에서 생겨났던 문제에 대한 논의를 예상하고 싶지도 않다. 그러나 그의 독특한 문제를 평가하기 위해서 그가 뉴턴 과학의 타당성을 받아들였고 계속해서 받아들였다는 것을 처음부터 이해하는 것이 중요하다. 이러한 뉴턴 과학의 수용을 감안하고, 흄의 경험론을 감안해 보았을 때, 칸트는 시간이 경과하면서 과학적 인식의 본성에 관한 문제들을 제기하지 않을 수 없었다는 점을 자각하였다. 다시 말해서 세계의 과학적 개념의 수용을 감안하고, 동시에 도덕적 경험의 타당성의 수용을 감안했을 때, 칸트는 시간이 경과하면서 자유의 세계와 필연성의 세계를 조화시키려는 논의를 하지 않을 수 없었다는 점을 자각하였다. 마지막으로 과학적 진보의 사실과 고전 물리학의 일반적 수용이라는 사실을 감안했을 때, 칸트는 비교할 만한 진보가 형이상학에서 일어나지 않고, 어떤 형이상학적 체계든 그것에 대한 일반적인 수용도 일어나지 않는다는 사실로 인해 형이상학의 본성과 기능에 대한 우리의 관념들이 철저하게 수정될 필요가 있는 것은 아닌지 묻지 않을 수 없다는 점을 자각하였다. 칸트는 이러한 문제들을 뒤에 다루었다. 그러나 이러한 취급은 초기 저술들에서 나타난 뉴턴 과학의 수용을 전제하였다.

──────── 3. 비판기 이전의 철학 저작들

우리가 칸트의 지적 발전에서 비판기 이전의 시기를 언급할 때, 당연히 그것은 그 자신의 독창적인 철학의 개념과 완성에 앞서는 시기를 뜻한다. 다른 말로 하면 그 용어는 '무비판적'이라는 의미에서가 아니라, 기술적인 의미로 받아들여야 한다. 이 시기에 그는 얼마간 볼프 철학의 입장을 고수하였다. 그러나 그는 결코 맹종적이고 무비판적으로 이 철학을 수용하지는 않았다. 1755년에 이미 그는 라이프니츠와 볼프의 몇 가지 이론, 즉 충분한 이유의 원리를 활용한 이론을 자신의 라틴어 저서인 『형이상학적 인식의 제1원리들에 관한 새로운 해명』(*A New Explanation of the First Principles of Metaphysical Knowledge*)에서 비판하였다. 이 시기에 라이프니츠 철학에 대한 그의 지식은 볼프와 그의 추종자들에 의해서 상론된 라이프니츠 철학의 학술적인 형식과는 달리 제한적이며 불충분한 것이었다. 그러나 1760년의 저술들에서 우리는 라이프니츠-볼프의 학설에 대한 비판적인 태도가 점증하고 있다는 것을 확인할 수 있다. 그러나 1760년대 말까지도 그 용어의 기술적 의미에서 비판적 관점은 나타나지 않았다.

1762년에 칸트는 『삼단논법에서 네 가지 격에서 나타난 잘못된 정교함』(*Die falsche Spitzfindigkeit der vier syllogistischen Figuren*)을 출판하였다. 이 저술에서 그는 삼단논법을 네 개의 격으로 논리적 구분을 하는 것은 너무 세밀하고 불필요한 것이라고 주장하였다. 그리고 그해 말에 『신의 현존을 입증하기 위한 유일하게 가능한 증명 근거』(*Der einzig mögliche Beweisgrund zu einer Demonstration des Daseins Gottes*)를 출판하였다. 이 저술은 몇 가지 흥미로운 점이 있기 때문에, 여기서 간략하게 언급할 수 있겠다.

이 저술의 말미에 칸트는 '신이 존재한다는 것을 확신하는 일은 절대적으로 필요한 일'이지만, '우리가 신의 현존을 입증해야 하는 일이 반드시 필요한 것은 아니'[1]라고 말한다. 왜냐하면 신의 인식에 이르게 되는 유일한 길은 형이상학적 논증의 방법이어야 한다는 것을 섭리는 원하지 않기 때문이다. 사실이 그러하다면, 우리는 비참한 곤경에 빠지게 되어야 한다. 왜냐하면 수학의 입증과 유사한 정도의 확실성을 부여할 정도의 진정으로 설득력 있는 입증은 아직 제공되지 않았기 때문이다. 그러나 신의 현존에 대한 엄밀한 입증이 가능한지 여부를 전문 철학자가 탐구해야 하는 것은 자연스러운 일이다. 그리고 칸트의 의도는 이러한 탐구에 기여하는 것이다.

신의 현존에 대한 모든 증명은 가능적인 것의 개념에 의존하거나 현존하는 것에 대한 경험적 관념에 의존하거나 둘 중 하나여야 한다. 게다가 각 부류는 두 개의 하위 부류로 나뉜다. 첫째, 우리는 근거로서의 가능성에서 귀결로서의 신의 현존으로 논증하려고 시도하거나 또는 귀결로서의 가능성에서 이 가능성의 근거로서의 신의 현존으로 논증하려고 시도할 수 있다. 둘째, 즉 우리가 기존의 사물과 함께 출발한다면, 두 개의 과정이 우리에게 열려 있다. 우리는 이 사물들의 제1의 그리고 독립적인 원인의 현존을 증명하고자 할 수 있고, 그런 다음 그러한 원인은 그 원인을 신이라고 부르는 것을 당연하게 만드는 어떤 속성들을 소유해야 한다는 것을 보여줄 수 있다. 또는 우리는 동시에 신의 현존과 속성들 모두를 증명하려고 시도할 수 있다. 칸트에 따르면[2] 신의 현존에 대한 어떤 증명도 이 네 가지 형식 중 하나를 택해야 한다.

언급된 논증의 첫째 노선, 즉 근거로서의 가능성에서 귀결로서의 신의 현존으로 나아가는 노선은, 신의 관념에서부터 신의 현존으로 나아가는 소위 존재론적 논증에 상응한다. 이 논증은 여러 형식으로 성 안셀무스(St. Anselm)와 데카르트(Descartes)에 의해서 제안되었으며, 라이프니츠에 의해서 재진술되어 수용되었다. 그것은 칸트에 의해서 『신의 현존을 입증하기 위한 유일하게 가능한 증명 근거』에서 거부된다. 왜냐하면 그가 주장하듯이 그 논증은 현존이 술어라는 것을 전제하고 있는데, 이것은

---

1   『신의 현존을 입증하기 위한 유일하게 가능한 증명 근거』, 3. 5; W., II, p. 163. 문자 W 앞에 나오는 권수와 쪽수의 참조는 프러시아 학술원판(*Prussian Academy of Sciences*)의 칸트 전집을 지시한다. 참고 문헌을 참조할 것.

2   같은 책, 3. 1; W., II, pp. 154-155.

거짓된 전제이기 때문이다. 칸트가 뒤에 우주론적 논증이라 부르는 것에 상응하는, 그리고 칸트에 의하면 볼프 학파의 철학자들이 많이 사용하는 논증의 셋째 노선은 우리가 제1원인이 신이라고 부르는 것이지 않으면 안 된다는 것을 입증할 수 없기 때문에 제외된다. 목적론적 증명 또는 설계로부터의 증명에 상응하는 논증의 넷째 노선에 대해서, 그가 그 후에 계속 보여주는 것처럼, 칸트는 유기체의 내재적 목적론에 강조가 주어진다는 점에서, 상당한 존경을 표하고 있다. 그렇지만 그 노선은 신의 현존을 입증하는 데에 이르지 못하고, 이를 수도 없다. 왜냐하면 그 노선은 우리에게 창조자를 보여주는 것이 아니라, 기껏 해봐야 체계, 질서, 목적론을 세계 안에서 생산하는 신의 정신 또는 신의 예지를 보여줄 뿐이기 때문이다. 다른 말로 하면 그 노선은 우리에게 이원론, 즉 한편으론 초지상적인 정신과 다른 한편으로는 형상화된 물질을 남겨 놓기 때문이다. 이 논증만 놓고 본다면, 우리에게 이 물질이 신에게서 독립해 있는지 아니면 신에 의존해 있는지에 대한 의심만 남게 된다.

그러므로 논증의 둘째 노선이 남게 된다. 그 노선은 귀결로서의 가능성에서 그것의 근거로서의 신의 현존에 이르는 논증이다. 그리고 이 논증 노선은 칸트가 신의 현존의 입증을 위한 유일하게 가능한 기초로 제안하는 것이다. 그가 우리에게 이야기하듯이 모든 현존을 전부 부정하더라도 어떤 내적 모순이 생겨나지 않는다. 그러나 우리가 합법적으로 할 수 없는 것은 가능성을 긍정하면서 동시에 가능성의 현존 근거가 있다는 것을 부정하는 것이다. 그리고 우리는 가능성을 인정해야 한다. 왜냐하면 우리는 생각하지 않고서 그것을 부인할 수 없고, 생각하는 것은 가능성의 영역을 은연중에 긍정하는 것이기 때문이다. 그리고 칸트는 이 존재가 하나이고, 단순하며, 불변하고, 영원하고, 정신적이며, 형이상학에서 사용하는 '신'이라는 용어의 의미 안에 포함된 그 밖의 모든 것이어야 한다고 계속 논증해 간다.

중세철학에 관한 한, 이 논증 노선은 성 토마스 아퀴나스보다 신의 현존과 속성들을 가능성에서 논증하고자 했던 둔스 스코투스를 더욱 많이 떠올리게 한다. 사실상 그의 세 번째 길에서 아퀴나스는 자신의 논증을 '가능한 존재들'의 개념에 두고 있다. 그러나 아퀴나스의 가능성 개념은, 어떤 사물들은 존재하게 되고 사라지게 되며, 따라서 '가능적'(스콜라 철학자들은 일반적으로 '우연적'이라 부른다)이라는 경험적 사실에서 도출된다. 그리고 칸트는 우연적 사물들의 현존이 신의 현존을 드러낸다고 주장하기보다는 신의 현존은 모든 사고가 함축하고 있는 것이라고 논증한다. 아마도 칸트가 요구하는 것은 라이프니츠의 영원한 진리로부터의 논증이 엄밀한 입증으로 전환되어야 한다는 것이라고 말할 수 있다. 어쨌든 그의 사유 노선이 비록 존재론적 논증의 그것과는 다르지만, 가령 설계로부터의 논증과 비교할 때 아프리오리한 특성을 가지고 있다는 점과 그의 사유 노선이 비 경험적인 과학으로서의 라이프니츠 형이상학의 견해를 전제하고 있다는 점을 고찰하는 일은 흥미로운 일이다. 그러나 이것은 칸트가 수학과 형이상학 사이의 어떤 본질적인 차이도 보지 못했다는 것을 의미하고 있지는 않다. 이제 언급하게 될 책에서 이 차이는 분명히 확인된다.

『신의 현존을 입증하기 위한 유일하게 가능한 증명 근거』에서 칸트는 형이상학을 '깊이를 알 수 없는 심연'과 '해안도 없고 등대도 없는 캄캄한 대양'이라고 표현했다.[3] 『자연신학의 원칙과 도덕 원칙의 명확성에 관한 연구』(*Untersuchung über die Deutlichkeit der Grundsätze der natürlichen Theologie und der Moral*, 1764)에서 우리는 형이상학의 본성에 관해 더 명시적인 것을 듣게 된다. 앞선 해에 베를린 학술원(Berlin Academy)은 '형이상학적 진리 일반과 특히 자연 신학과 도덕의 제1원칙이 기하학의 진리와 같은 입증적 확실성과 동일한 정도의 확실성을 갖는가, 만약에 그렇지 않다면 형이상학적 진리가 가지고 있는 독특한 본성과 확실성의 정도는 어떠한가, 그리고 이러한 정도가 충분한 확신을 정당화할 만큼 충분한가'의 문제에 대한 논문을 현상 공모하였다. 칸트의 논문은 상을 타지 못했고, 그 상은 멘델스존의 논문에 주었으나, 칸트의 논문은 자연스럽게 상당한 흥미를 끌었다.

칸트는 수학과 형이상학 사이의 근본적인 차이점이 있다고 주장한다.[4] 그래서 수학은 '종합적으로' 나아가고 그것의 정의를 임의적으로 구성한다는 의미에서 구성적 과학이다. 기하학적 도형의 정의는 이전에 소유한 개념이나 관념을 분석한 결과

---

3   같은 책, 「서문」, *W.*, II, p. 66.
4   논문 『부정량 개념을 철학에 도입하는 시도』(*versuch den Begriff der negativen Größen in die Welteisheit einzuführen*, 1763)에서 칸트는 수학적 진리들이 철학적 연관성을 지니고 성과가 많다고 주장했음에도 수학적 방법이 철학에서 사용되어야 한다는 주장을 이미 분명히 거부했다(*W.*, II, pp. 167-168).

물이 아니다. 이 개념은 정의를 통해서 생겨난다. 그러나 철학에서 (칸트는 철학을 '세계 지혜'(*Weltweisheit*)라 부른다) 정의는, 분석에 의해 획득된다. 즉 우리는 가장 먼저 무언가의 관념을 가지고 있으며 — 비록 이 관념이 혼돈되거나 부적절하더라도 — , 다음으로 우리는 그 관념의 적용 사례를 비교하고 추상의 작업을 수행함으로써 그 관념을 명확하게 하려는 노력을 하게 된다. 이런 의미에서 철학은 종합적으로 나아가는 것이 아니라 분석적으로 나아간다. 차이를 예시하기 위해서 칸트는 시간의 예를 든다. 우리가 시간에 대한 철학적 탐구를 하기 전에 이미 우리에게는 그것에 대한 어떤 관념과 인식이 있다. 그리고 이러한 탐구는 적절하고 추상적인 개념을 형성할 목적으로, 시간 경험의 다양한 사례들을 비교하고 분석하는 형식을 취한다. '그러나 내가 여기서 종합적으로 시간의 정의에 이르고자 한다면, 이 개념이 우리에게 주어진 그 관념을 온전히 표현하는 바로 그 개념이기 위해서 얼마나 큰 행운이 있어야 하겠는가.'[5] 다시 말하면 만약 내가 시간의 정의를 마치 기하학자가 자신의 정의를 구성하듯이 임의로 구성한다면, 다른 사람과 마찬가지로 내가 이미 소유하고 있는 구체적인 시간 관념에 명시적이고 추상적인 표현을 하는 일이 발생하는 경우, 그것은 단순한 행운의 문제일 것이다.

철학자들은 사실상 '종합적으로' 정의를 구성한다고 말할 수 있을 수도 있겠다. 예를 들어 라이프니츠는 단지 모호하거나 혼란된 표상만을 가지는 단순 실체를 스스로 생각해내었으며, 그 단순 실체를 잠자는 모나드라고 불렀다. 이것은 정확하게 말해서 사실이다. 그러나 핵심은 철학자들이 정의를 임의적으로 구성할 때 이러한 정의는 정확히 말하자면 **철학적인** 정의가 아니라는 것이다. '어떤 낱말의 의미를 그런 식으로 규정하는 것은 결코 철학적 정의가 아니다. 그런 규정들이 도대체 정의라고 불린다면, 그것은 단지 문법적 정의에 불과할 뿐이다.'[6] 내가 원한다면 나는 어떤 의미에서 내가 '잠자는 모나드'라는 용어를 사용하고자 했는지 설명할 수 있다. 그러나 이때 나는 철학자로서보다는 문법학자로서 행동하고 있는 것이다. 라이프니츠는 '이 모

---

5   『자연신학의 원칙과 도덕 원칙의 명확성에 관한 연구』, 1, 1; *W.*, II, p. 277.
6   같은 곳.

나드를 정의한 것이 아니라 생각해낸 것이었다. 모나드 개념이 그에게 주어진 것이 아니라 그가 만들어냈기 때문이다'.[7] 이와 유사하게 수학자들은 종종 철학적으로 분석은 가능하겠지만, 단 임의로 구성할 수 없는 개념들을 충분히 다룬다. 공간 개념이 좋은 예이다. 그러나 그러한 개념은 수학자가 받아들인 개념이다. 엄밀히 말하자면 그러한 개념들은 가령 다각형의 개념과 같은 의미에서 수학적 개념이 아니다.

그렇다면 우리는 다음처럼 말할 수 있다. 수학에서 나는 그 정의가 대상을 제공하기 전까지는 그 대상에 대한 개념을 전혀 갖지 못하겠지만, 형이상학에서[8] 비록 혼란스러운 것이긴 하지만 이미 나에게 주어진 어떤 개념이 있고, 나는 그것을 명확하고 명료하며 분명하게 하려고 시도해야 한다.[9] 성 아우구스티누스가 말한 것처럼 나는 누구라도 나에게 정의를 묻지 않는 한 시간이 무엇인지 잘 알고 있다. 그리고 형이상학에서 나는 사유의 대상에 관해 어떤 진리들을 잘 알 수 있으며, 대상을 정의할 수 없더라도 이러한 진리에서부터 타당한 결론을 도출할 수 있다. 칸트는 욕망의 예를 제시한다. 나는 욕망을 정의할 수 없더라도 욕망의 본성에 대해 참되게 말할 수 있는 많은 것이 있다. 간단하게 말하자면, 수학에서 우리는 정의와 함께 시작하는 반면에, 형이상학에서는 그 반대이다. 그리고 칸트의 결론에 의하면, 확실성이 형이상학에서 획득되기 위해 지켜야 할 원리는, 우리가 문제시되고 있는 주제에 관해서 직접적으로 그리고 확실하게 알고 있는 것이 무엇인가를 확인하고, 이 인식이 야기하는 판단들을 규정하는 것이다.

따라서 형이상학은 수학과 다르다. 동시에 우리는 철학적 이론이 대부분 유성처럼 밝았다가 얼마 지나지 않아 그 수명이 다했다는 점을 인정해야 한다. '형이상학은 의심할 바 없이 모든 인간 통찰 중 가장 어렵다. 그러나 아직 어떤 형이상학도 쓰이지 않았다.'[10] 필요한 것은 방법의 변화이다. '형이상학의 진정한 방법은 근본적으

---

7   같은 곳.
8   칸트의 서술에 의하면 형이상학은 '우리의 인식의 제일 원리에 대한 철학과 다름없는 것'(같은 책, 2; *W.*, II, p. 283)이다.
9   같은 곳.
10   같은 곳.

로 뉴턴이 자연과학에서 도입했고 거기에서 아주 유익한 결실을 낳는 방법과 기본적으로 같다.'[11] 형이상학자는 '내적 경험'의 어떤 현상들에서 출발해야 하며, 그런 현상들을 정확하게 기술하고, 그것들이 야기하고 우리가 확신하는 직접적 판단을 확인해야 한다. 형이상학자는 그 뒤 다양한 현상들이 가령 중력의 일반법칙과 유사하게, 하나의 개념 또는 정의 아래에 함께 통합될 수 있는지 여부를 탐구할 수 있다. 우리가 보았듯이 칸트는 철학에서 볼프의 교과서를 사용했으며, 형이상학에서는 바움가르텐의 교과서를 사용하였다. 그런데 바움가르텐의 방법은 대단히 일반적인 정의와 함께 출발해서, 그런 다음 더 특수한 것으로 나아가는 것이다. 그리고 칸트가 거부한 것은 바로 이 방법이다. 형이상학자는 순수하게 논리적이고 형식적인 의미에서의 근거와 귀결의 관계에 대해 일차적으로 관심이 없다. 형이상학자는 '실재적 근거'에 관심을 가지며, 주어진 것과 함께 출발해야 한다.

자연 신학과 도덕에 관한 베를린 학술원에 제안한 특수한 문제들에 관련해서 말한다면, 칸트는 여전히 『자연신학의 원칙과 도덕 원칙의 명확성에 관한 연구』에서 자연신학의 원칙은 확실하고 또는 확실할 수 있다고 주장한다. 그리고 그는 신의 현존을 가능성의 현실적 근거로서 입증하는 문제에 관해 짤막하게 언급한다. 그러나 도덕에서 상황은 다소 다르다. 우선 한 가지 이유로 우리는 도덕적 삶에서 감정이 하는 역할을 인지해야 한다. 칸트는 '허치슨(Hutcheson)과 몇몇 다른 사람들을 참조하고 있고, '진리를 표상하는 능력은 **인식**인 반면에, 선을 지각하는 능력은 **감정(느낌)**이라는 것, 이 두 가지는 서로 혼동되어서는 안 된다는 것을 사람들이 알기 시작했다는 사실이 우리 시대에서 가장 중요한 것'[12]이라고 이야기한다. (영국의 모랄리스트와 미학 저술가들의 영향은 칸트의 『아름다움과 숭고의 감정에 관한 고찰』(*Beobachtungen über das Gefühl des Schönen und Erhabenen*, 1764)에서도 잘 드러난다.) 그러나 도덕적 삶에서 감정의 역할을 한다는 것 말고는, 도덕의 제1원리들은 충분할 정도로 분명히 밝혀진 적이 없었다. 우리는 그가 '개연적 필연성' (목적 X에 도달하기 위해서는 당신은 수단 Y를 가져야 한다)과 '합법적 필연성'

---

11   같은 책, 2: *W.*, II, p. 286.
12   같은 책, 4, 2; *W.*, II, p. 299.

(당신은 다른 그 무엇의 수단으로서가 아니라 목적으로 이것을 할 의무가 있다)을 구별했다는 점에서 칸트의 후기 윤리를 어느 정도 예상한다. 동시에 그는 우리에게 많은 생각 끝에 도덕적 강제의 제1형식적 원리는 '당신에게 가능한 가장 완전한 것을 행하라'[13]라는 결론에 이르게 되었다고 이야기한다. 그러나 만약 '실질적' 제1원리가 주어지지 않는다면, 우리는 이러한 원리에서부터 특정한 의무들을 연역할 수 없다. 우리가 도덕의 제1원리들에게 최상급의 철학적 확실성을 부여할 수 있기 이전에 이러한 주제들은 모두 조심스럽게 검토되어야 하고, 전반적으로 고려되어야 한다.

『자연신학 원칙과 도덕 원칙의 명확성에 관한 연구』에서 우리의 시간 관념을 명료하게 하는 것에 관한 칸트의 언급을 접하게 되며, 아마도 현대의 영국 독자는 그가 철학을 '언어 분석', 즉 용어들의 사용에 대한 분석으로 환원하는 데 노력을 기울이고 있다는 인상을 받게 된다. 그러나 그는 형이상학의 존재가 중요하다는 것을 부인할 의도가 없었다. 예를 들면 그가 자연신학에 대해 언급해야 하는 내용을 살펴보면 이것은 명백하다. 이 저작에서 그의 핵심은 실제로 수학적 방법을 사용하는 형이상학은 형식적 의미 관계를 보여주는 데 국한될 것이라는 점이다. 만약에 형이상학자들이 실재에 관한 우리의 지식을 확대하고자 한다면, 그는 수학자의 흉내 내기를 그만두고, 오히려 자연과학에서 뉴턴이 성공적으로 사용하였던 것과 유사한 방법에 눈을 돌려야 한다. 사실상 그는 경험의 혼란된 개념들을 명료화하고, 그 개념들에 합당하고 추상적인 표현을 제공하는 일에서부터 시작하여야 한다. 그러나 그런 다음 그는 추론하는 일과 형이상학을 건설하는 일로 나아갈 수 있다. 그러나 이로부터 칸트가 우리의 이론적 인식을 과학의 영역 너머로 확장하는 일을 형이상학이 할 수 있다는 큰 믿음을 갖고 있다는 귀결이 나오는 것은 아니다. 그리고 우리가 이미 그의 사상의 후기 발전을 깨닫게 될 때, 『자연신학 원칙과 도덕 원칙의 명확성에 관한 연구』의 몇 가지 언급은 우리에게 그의 후기 관점을 자연스럽게 어렴풋이나마 예상하게 한다. 그런 언급은 형이상학이 우리 인식의 제1원리와 연관된다는 진술이다. 그러나 이 단계에서 칸트를 비판적 관점을 개시하고자 했다고 간주하는 것은 정당하지 않다. 우리

---

13 같은 책, p. 299.

가 말할 수 있는 것은 수학적 방법 대신에 뉴턴주의를 채택하라고 형이상학자들에게 그가 권유했다는 사실을 고려할 때, 사변적 형이상학의 허세에 관해 그가 점점 더 회의적 태도를 보여주고 있다는 사실에 대해 우리가 눈 감아서는 안 된다는 것이다. 사실상 그 권유는 부분적으로는 이런 회의론의 표현이거나 적어도 의심의 표현이다. 왜냐하면 그것은, 세계에 관한 우리의 지식을 확장한다는 자연과학의 주장은 성공한 반면에, 형이상학은 아직 그렇지 못하다는 확신과 연결되어 있기 때문이다. 그리고 어째서 그런가에 대해 칸트가 문제를 제기했다는 사실이 칸트가 사변적 형이상학의 주장에 몰두하고 있다는 것을 의미하는 것은 아니다. 사실상 그는 곧바로 그렇지 않다는 점을 분명히 하고 있다.

1766년에 칸트는 익명으로 (저자의 신분이 비밀에 부쳐진 것은 아니었지만) 부분적으로는 진지하고, 부분적으로는 유머스러운 『형이상학의 꿈으로 해명한 영을 보는 사람의 꿈』(*Träume eines Geistersehers, erläutert durch Träume der Metaphysik*)이란 제목의 책을 출판하였다. 한동안 그는 이마누엘 스베덴보리(Immanuel Swedenborg)의 몽상적인 경험에 관해 호기심을 가졌다. 그리고 그는 스베덴보리의 『천계의 신비』(*Arcana coelestia*)를 연구하였고, 그의 반성의 결과가 『형이상학의 꿈으로 해명한 영을 보는 사람의 꿈』이다. 몽상적 경험에 관하여 칸트는 영적 세계가 끼치는 영향에서 그런 경험이 기원할 수 있다는 점을 단호하게 받아들인 것도 거부한 것도 아니다. 한편으로 그는 우리에게 자신이 '신비로운 철학의 단편'[14]이라 부르는 것을 제공하고 있다. 그 철학에서 영적 세계에 대한 (증명되지 않은) 가정을 고려할 때, 그는 영적인 것이 인간의 영혼에 미치는 영향이 상상적 환영에서 투사될 수 있는 방법을 제안한다. 다른 한편 그는 이 일을 '상식 철학의 단편'[15]에까지 이어간다. 그 철학에서 그는 스베덴보리의 경우와 같은 경험들에 대해 설명한다. 스베덴보리의 경험은 그것의 주제를 의학적 주의와 치료를 필요로 사람들에게 적합하도록 만든다. 어떤 설명을 선택할지는 독자의 몫이다. 그러나 주요한 점은 몽상적 경험에 대한 칸트의 논의가 아니라, 오히려 사변적 형이상학

---

14   『형이상학의 꿈으로 해명한 영을 보는 사람의 꿈』, 1, 2; *W.*, II, p. 329.
15   같은 책, 1, 3; *W.*, II, p. 342.

이 경험을 초월한다고 우쭐대는 한에서 그 형이상학이 스베덴보리의 몽상보다 더 강한 지위에 있는지에 대한 칸트의 질문이다. 그리고 그의 의견에 의하면 형이상학은 더 약한 지위에 있다는 점을 분명히 한다. 영적 세계가 증명될 수 없더라도 그런 세계와 접촉함으로써 스베덴보리의 몽상이 생겨날 수도 있다. 그러나 형이상학 이론은 합리적으로 증명될 수 있다고 가정된다. 그리고 이것은 영적인 존재에 관한 형이상학적 이론들이 할 수 없는 일이다. 우리는 심지어 영적인 것에 대한 적극적 개념조차 가질 수 없다. 사실상 우리는 영적인 것들을 부정의 도움을 받아 서술하고자 시도할 수 있다. 그러나 칸트에 따르면 이런 절차의 가능성은 경험에도 합리적 추론에도 의존할 수 없다. 그것은 우리의 무지에, 우리의 인식의 한계에 의존해 있다. 결론은 영적인 것의 이론이 형이상학에서 배제되지 않으면 안 된다는 것이다. 형이상학은 만약 그것이 도대체 학문으로 성립하려면 '인간 이성의 본성을 통해서 정해지는 인식의 한계'[16]를 결정하는 데서 존립하지 않으면 안 된다.

형이상학에 대한 이러한 태도를 취했을 때, 칸트는 흄의 비판에 영향을 받았다. 이것은 『형이상학의 꿈으로 해명한 영을 보는 사람의 꿈』이 인과관계에 대해서 언급하고 있는 것을 고려할 때 아주 분명해지는 것처럼 보인다. 이것은 논리적 함축 관계와 혼동되어서는 안 된다. 원인을 긍정하면서 결과를 부정하는 데에는 어떤 논리적 모순도 포함되지 않는다. 원인과 결과는 경험을 통해서만 인식될 수 있다. 그러므로 우리는 경험(즉 감각 경험)을 초월하기 위해서 그리고 초감각적 실재에 대한 인식을 획득하기 위해서 인과성의 관념을 사용할 수 없다. 칸트는 초감각적 실재가 있다는 사실을 부정하지 않는다. 그가 부정한 것은 과거의 형이상학자들이 가능하다고 생각했던 방식으로 형이상학이 초감각적 실재의 문을 열 수 있다는 것이다.

칸트의 언급에 따르면 도덕 원리가 영혼의 불멸성과 내세에서의 신의 상벌과 같은 형이상학적 진리에 의존한다는 의미에서 전통적 형이상학이 도덕성에 필요하다고 말하는 것은 썩 바람직한 것이 아니다. 도덕 원리들은 사변적 형이상학에서 도출된 결론이 아니다. 동시에 도덕 신앙(der moralische Glaube)은 충분히 경험 세계에 대한

---

16   같은 책, 2, 3; *W*., II, p. 369.

초월을 지향한다. '미래 세계에 대한 기대를 좋은 성품을 지닌 영혼의 감각에 기초 짓는 것이, 이와 반대로 훌륭한 품행을 다른 세계에 대한 희망에 기초 짓는 것보다 인간의 본성과 도덕의 순수성에 더 적합한 것처럼 보인다.'[17]

그러므로 『형이상학의 꿈으로 해명한 영을 보는 사람의 꿈』에서 우리는 칸트의 후기 견해를 미리 보게 된다. 전통적 유형의 사변적 형이상학은 과학적, 입증적 지식의 원천이 아니고, 원천일 수 없다. 도덕성은 형이상학이나 신학과 별개의 것이며, 형이상학이나 신학에 의존하는 것이 아니다. 말하자면 도덕 원리들은 형이상학적 전제나 신학적 전제들에서 도출된 결론이 아니다. 동시에 도덕성은 도덕적 경험이 형이상학자들에 의해서 입증될 수 없는 어떤 진리에 대한 (합리적) 도덕 신앙을 낳는다는 의미에서 자신 너머를 지향할 수 있다. 그러나 형이상학이 인간 지식의 한계에 관한 학의 형식을 채택해야 한다는 제안을 한 것 말고는, 칸트는 아직 그의 독특한 철학 개념에 도달하지 못했다. 그의 사고의 소극적인 측면이 여전 두드러지게 나타난다. 즉 사변적 형이상학에 대한 회의적 비판에 그치고 있다.

칸트가 아직 비판적 입장에 도달하지 못했다는 것은 예를 들어 1768년에 출판한 공간에 관한 논문을 볼 때 분명하다. 이 논문에서 그는 칸트가 크게 칭찬했던 오일러(Leonard Euler, 1707-1783)의 몇몇 관념들을 발전시켰으며, '절대 공간은 모든 물질의 현존으로부터 독립해서 고유한 실재성을 가지고 있다…'고 주장하였다.[18] 동시에 그는 공간은 독립적이고 객관적인 실재라는 이론이 갖는 난점들을 그 자신이 의식하고 있음을 보여준다. 그리고 그는 절대 공간이 외적 지각의 대상이 아니라 외적 지각을 가능하게 하는 근본 개념이라는 점을 언급한다.[19] 이러한 관점은 그의 교수취임논문에서 전개되고 있다.

---

17   같은 책, p. 373.
18   『공간에서 방향의 제1 구분 근거』, *W.*, II, p. 378.
19   같은 책, p. 383.

4. 1770년의 교수취임논문과 그 내용

자신의 독단적인 선잠을 깨운 최초의 사람은 데이비드 흄이었다는, 『미래의 모든 형이상학에 대한 서문』의 서론에서 나타나는 칸트의 진술은 너무나 자주 인용되거나 언급되어서 사람들은 라이프니츠의 영향을 간과하거나 과소평가하는 경향이 있다. 1765년 라이프니츠의 『신 인간 지성론』(*New Essays concerning the Human Understanding*)이 마침내 출판되었고, 1768년 라이프니츠-클라크(Leibniz-Clarke)의 편지들을 포함하는 듀턴(Duten)의 라이프니츠의 저술들에 대한 편집본이 출간되었다. 이러한 출판이 이루어지기 전에 칸트는 볼프 철학을 매개로 해서 그의 위대한 선배들의 사상을 상당히 간파했고, 라이프니츠에 드리워진 신선한 빛이 칸트의 정신에 깊은 영향을 주었다는 것은 분명하다. 그의 반성의 첫 번째 결과물이 그의 교수취임논문, 즉 『감성계와 지성계의 형식과 원리』(*De mundi sensibilis atque intelligibilis forma et principiis*, 1770)에서 나타났다.

특정한 한 가지 점에서 출발해보자. 라이프니츠-클라크의 편지에 관해서 말하자면, 칸트는 라이프니츠가 뉴턴과 클라크에 반대해서 공간과 시간은 물자체의 절대적 실재나 속성일 수 없다고 주장한 점에서 옳았다고 확신하였다. 만약 우리가 클라크의 입장을 견지하고자 한다면, 우리는 우리 자신이 절망적으로 이율배반(antinomies)에 빠져버릴 것이라는 점을 발견할 것이다. 그러므로 칸트는 공간과 시간은 현상적이고, 공간과 시간은 물자체의 속성이 아니라는 라이프니츠의 견해를 수용하였다. 동시에 그는 공간과 시간은 혼란된 관념들 또는 표상들이라는 라이프니츠의 주장을 받아들일 준비가 되어 있지 않았다. 왜냐하면 이 경우에 예를 들면 기하학은 현재처럼 정밀하고 확실한 과학이 되지 않을 것이기 때문이다. 그러므로 칸트는 공간과 시간을 '순수 직관'이라고 말한다.

이런 입장을 이해하려면 우리는 더 거슬러 올라가야 한다. 그의 교수취임논문에서 칸트는 인간 인식을 감각적 인식과 지성적 인식으로 나눈다. 이러한 구분은 혼란된(confused) 인식과 판명한(distinct) 인식 사이에 있는 것으로 이해되어서는 안 된다. 왜냐하면 감각적 인식은 그러한 인식의 원형인 기하학의 경우에서처럼 완벽하게 판명할 수 있기 때문이다. 그리고 지성적 인식은 형이상학의 경우에서처럼 자주 혼란될 수 있다. 이 구분은 오히려 대상들에 의해서 이해되어야 한다. 즉 감각적 인식의 대상들은 주관의 감성(*sensualitas*)을 촉발(觸發)할 수 있는 감성적 대상들(*sensibilia*)인데, 여기서 감성은 대상의 현존에 의해서 촉발되어 대상의 표상을 낳을 수 있는 주관의 수용성 또는 능력이다.

잠시 지성적 인식을 제외하고 감성적 인식에 주목하면서 우리는 감성적 인식에서 질료와 형식을 구별해야 한다. 질료는 주어진 것, 즉 감각이고, 감각될 수 있는 대상들의 현존에 의해서 산출되는 것이다. 형식은 질료를 조직한다. 형식은 말하자면 인식하는 주관에 의해 제공되고, 감각적 인식의 조건이 된다. 두 가지 조건이 있다. 즉 공간과 시간이 그것이다. 교수취임논문에서 칸트는 공간과 시간을 '개념들'이라고 말한다. 그러나 공간과 시간이 그 **아래에서** 감성적 사물들이 집단을 이루는 일반 개념이 아니라, 그 **안에서** 감각 가능한 것들이 인식의 대상이 되는 단일 개념이라는 점을 칸트는 조심스럽게 고찰하고 있다. 이러한 '단일 개념들'은 '순수 직관'이라 기술된다. 신적 직관은 사물들의 원형이며, 능동적 원리이다. 그러나 이것은 수동적이라고 일컬어지는 우리의 직관과 다르다. 순수 직관의 기능은 단지 수용적인 감각들을 조정하여, 감성적 인식을 가능하게 하는 것이다. '**시간은 객관적이고 실재적인 어떤 것이 아니며**, 즉 실체도, 속성도, 관계도 아니며, 모든 감각 가능한 것들을 특정한 법칙에 따라 정돈하는, 인간 정신의 본성상 필연적인 주관적 조건이자, **순수 직관**이다. 왜냐하면 실체들도 우연적 속성과 마찬가지로 동시성 및 잇따름에 준해 오로지 시간 개념에 의해서만 정돈되기 때문이다. …'[20] 또한 '**공간은 객관적이고** 실재적인 **어떤 것이 아니며**, 실체도, 속성도, 관계도 아니며, 하나의 확장된 법칙에 따라 외적으로 지각된 모든 것들을 전반적으로 정돈하는 정신의 본성으로부터 생겨난 도식과 같은 것으로 주관적이고 관념적이다.'[21] 그래서 시간의 순수 직관은 모든 감성적 인식의 필연적 조건이다. 예를 들어 나는 시간 안에서만 나의 내적 욕망을 의식할 수 있다. 공간의

---

20   『감성계와 지성계의 형식과 원리』, 3, 14, 5. *W.*, II, p. 400.
21   같은 책, 3, 15, D. *W.*, II, p. 403.

순수 직관은 외적 **감각**의 모든 인식의 필연적 조건이다.

그러므로 우리가 공간과 시간이 독립적이고 절대적인 실재라고 주장하거나 공간과 시간이 사물들의 실재적이고 객관적인 속성이라고 주장할 때 빠지게 되는 난점과 이율배반을 피하기 위해서, 칸트는 공간과 시간이 주관적이고 순수한 (말하자면 그 자체 어떤 경험적 내용도 가지고 있지 않은) 직관들이라고 주장한다. 이 직관들은 감각들, 즉 감각적 인식의 질료와 함께 그가 교수취임논문에서 '현상'(apparentiae)이라 칭했던 것을 형성한다. 그러나 이것은 분명히 인간이 의식적으로 그리고 의도적으로 이러한 순수 직관을 감각에다 적용한다는 것을 의미하는 것으로 받아들여져서는 안 된다. 형식과 질료의 결합은 모든 반성(reflection)에 선행한다. 말하자면 인간 주관은 그것이 바로 주관이기 때문에, 공간과 시간 안에서 감성적 대상들을 필연적으로 지각한다. 형식과 질료를 구별하는 행위는 철학적 반성의 작업이다. 그러나 우리의 첫 번째 의식에 관한 한, 비록 이어서 오는 반성에서 우리가 감성적 대상의 현존에 의거하는 것과 주관이 기여하는 것 사이를 구별할 수 있다 하더라도, 그 결합은 주어진 어떤 것이다.

우리는 칸트의 관점을 다음과 같이 해석할 수 있다. 흄과 같이 감각 인식에 있어서 주어진 것은 궁극적으로 인상이나 감각들로 이루어져 있다고 가정해보자. 경험의 세계는 분명히 단순하게 인상이나 감각이나 감각 소여 안에서만 존립하는 것은 아니다. 그러므로 궁극적으로 주어진 것이 어떻게 경험 세계를 형성하기 위해서 종합되는가의 문제가 생겨난다. 교수취임논문에서의 칸트 언어 용법으로써 말한다면, 감성적 세계의 형식과 원리는 무엇인가? 우선 (즉 논리적 선행성 관점에서 볼 때 첫 번째) 주어진 요소들은 공간과 시간의 순수 직관 또는 '개념들' 안에서 지각된다. 공간적 시간적 조정이 존재한다. 그런 다음 우리는 '현상'을 가지게 된다. 그리고 나서 정신은 칸트가 지성의 논리적 사용이라고 부르는 것을 통해서 감각 직관의 소여를 조직하는 반면에, 그 소여들의 근본적으로 감각적인 성격은 그대로 남겨둔다. 그런 다음 우리는 현상적인(phenomenal) '경험' 세계를 갖게 된다. '현상에서 경험으로 나아가는 길은 오직 지성의 논리적 사용에 따른 반성에 의한 길뿐이다.'[22] 지성의 논리적 사용이나 기

---

22   같은 책, 2, 5, *W.*, II, p. 394.

능 안에서 정신은 단지 감각적 직관의 소여를 조직할 뿐이며, 그런 다음 우리는 경험 (experience)의 경험적(empirical) 개념을 가지게 된다. 그래서 경험과학은 지성의 논리적 사용에 의해 가능하게 된다. 경험과학은, 지성이 이러한 과학에서 사용되지 않는다 (이것은 불합리한 생각일 것이다)는 의미에서가 아니라, 지성이 자기 자신의 원천에서 새로운 개념들을 제공하지 않는다는 의미에서, 다시 말하면 지성은 단지 감각적 원천에서 나온 재료들을 논리적으로 조직할 뿐이라는 의미에서, 감각적 인식의 영역에 속한다. 지성의 논리적 사용은 사실상 감각적 원천에서 나오는 재료의 조직화에 제한되지 않는다. 그러나 지성의 논리적 사용이 이런 식으로 사용된다면, 그것의 사용은 감각적 인식을 지성적 인식 ─ 칸트가 자신의 교수취임논문에서 이 용어들을 사용하고 있는 의미에서의 지성적 인식으로 전환하지 못한다.

그렇다면 칸트가 지성적 인식과 지성계라는 낱말을 통해서 의미하는 것이 무엇인가? 지적 또는 이성적 인식은 감각 기관에 영향을 미치지 않는 대상들의 인식이다. 즉 그것은 감성적 대상(sensibilia)의 인식이 아니라 지성적 대상(intelligibilia)의 인식이다. 그리고 지성적 대상이 합해질 때 지성계가 형성된다. 감각적 인식은 현상하는 대상의 인식, 즉 칸트가 '감성의 법칙' 즉 공간과 시간의 아프리오리한 조건이라 부르는 것에 속하는 대상의 인식이며, 거기에 반해 지성적 인식은 실재적으로 있는 바대로의(sicuti sunt) 사물에 대한 인식이다.[23] 경험과학은 감각적 인식의 표제 아래 들어오는 반면에, 형이상학은 지성적 인식의 으뜸 사례이다.

그런데 이것은 분명히 형이상학에서 정신은 감각을 초월하는 대상들을, 무엇보다 신을 파악한다는 것을 암시한다. 그러나 우리에게 정신적 실재들에 대한 직관이 있는가? 칸트는 분명하게 이것을 부인한다. '지성적 대상의 **직관**은 인간에게 주어지는 것이 아니라, 단지 **상징적 인식**일 뿐이다.'[24] 즉 우리는 직접적인 직관이 아니라 일반 개념에 의해서 초감성적 대상들을 생각한다. 그렇다면 초감성적 실재들에 대한 우리의 개념적 표상이 유효하다고 생각할 수 있는 근거는 무엇인가?

---

23   같은 책., 2, 4, W., II, p. 392.
24   같은 책, 2, 10, W., II, p. 396.

이러한 어려움은 다음처럼 말해질 수 있다. 우리가 이미 본 것처럼 칸트는 지성의 논리적 사용, 즉 지성의 기능에 대해 다시 말하면 감각적 원천이건 초감성적 원천이건 이 원천에서 나온 재료들을 비교하고 조직하는 것에 대해 말했다. 감각적 원천에서 나오는 재료의 경우 지성은 자신이 작업할 대상, 즉 감각 직관에서 나오는 소여, 즉 말하자면 감각들과 공간·시간의 순수 직관의 결합에서 나오는 자료를 가지고 있다. 그러나 우리가 초감성적 실재에 대한 직관을 갖지 못한다면, 지성은 아무 일도 할 수 없는 것처럼 보인다. 왜냐하면 지성의 논리적 사용에서 지성은 재료들을 공급하지 않고 재료들을 논리적으로 조직하기 때문이다.

문제는 다음처럼 전개될 수 있다. 칸트는 지성의 논리적 사용과 지성의 '실재적 사용'을 구별하였다. 그것의 실재적 사용에 따르면 지성은 스스로 개념을 만들어낸다. 즉 비경험적 성격을 가지고 있는 개념들을 형성한다. 라이프니츠는 『신(新) 인간 지성론』에서 로크의 경험론을 비판하였다. 우리는 로크가 주장했던 것처럼 모든 우리의 개념을 경험적으로 도출하지 않는다. 비록 라이프니츠를 따라서 본유 관념을 언급하지는 않았지만, 이 문제에 관해서 칸트는 라이프니츠의 편을 들었다. '형이상학에서 경험적 원리들은 전혀 발견되지 않으므로 형이상학에 등장하는 개념들은 감각 기관들이 아니라 순수 지성의 본성 자체에서 찾을 수 있는데, 이 개념들은 **본유적인** (connati) 것들이 아니라, 정신에 심겨 있는 법칙들로부터 (경험을 발생할 때 정신의 활동들에 주목함으로써) 이끌어 낸 것, 따라서 **획득된 것**들이다. 이런 종류의 개념들로는 가능성, 현존성, 필연성, 실체, 원인 등의 개념들과 이것들에 반대되는 개념들 및 이것들과 연관된 개념들이 있다.'[25] 그러므로 예를 들면 실체와 원인의 개념은 감각 경험에서 도출되는 것이 아니라, 경험이 발생할 때 정신 자체에서 도출되는 것이다. 그러나 지성계에 관한 한 직관적 재료들이 없는 경우 이러한 개념들이, 우리가 초감성적 실재들에 대해서 적극적이고 확실히 참된 진술을 할 수 있는 방식으로 그런 실재들을 파악하기 위해서 사용될 수 있는지 여부의 문제가 생겨난다. 다른 말로 하면 지적 대상에 대한 인식의 구현에 대해 타당한 요구를 하는 독단적 형이상학이 존재할 수 있

---

25 같은 책., 2, 8; *W.*, II, p. 395.

는가?

칸트가 인식을 감성적 인식과 지성적 인식으로 나눌 뿐만 아니라 세계를 감성계와 지성계로 나눈다는 점을 살펴보았다. 그리고 이것은 감성적 인식이 감각 대상에 대한 인식이듯이 지성적 인식은 지적 대상에 대한 인식이라는 사실을 자연스럽게 암시한다. 그리고 초감성적 실재가 지적 대상의 부류에 속하는 한, 우리는 인식된 진리의 체계로 간주되는 독단적 형이상학이 가능하다고 칸트가 주장하기를 당연히 기대할 것이다. 그리고 사실상 라이프니츠의 영향 아래에서 제안된, 인식과 인식 대상이라는 이 이중적 도식으로 인해 그는 독단적 형이상학을 저 밖으로 던져버리기 어렵게 되었다. 동시에 그는 교수취임논문에서 독단적 형이상학의 입장을 상당히 약화시키고, 그 형이상학의 주장에 대해 의심을 하는 발언을 하고 있다. 그러나 그는 그 형이상학을 철저하게 거부하지는 않았으며, 그렇게 많은 말로 거부하지는 않았다. 그리고 칸트의 사상의 발전에서 중요한 이 점을 짤막하게 검토하는 것은 가치 있는 일이다.

첫째, 우리가 보았던 것처럼 칸트는 지성적 대상의 영역에서 지성의 '실재적 사용'은 우리에게 단지 상징적 인식을 줄 뿐이라고 주장한다. 그리고 이것은 토마스적 전통에서 훈련받은 사람들에게는, 비록 이러한 인식이 성격상 유비적이긴 하지만 우리가 초감성적 실재에 대한 타당한 인식을 가질 수 있다고 칸트가 말하고 있다는 것을 암시할 수도 있다. 그러나 그가 뜻하고 있는 것처럼 보이는 것은 직관적 재료가 없을 때 지성의 '실재적 사용'(경험이 발생할 때마다 자신의 개념과 공리들을 자신으로부터 산출하는 것으로서)을 독단적 사용으로까지 확장하는 것은 우리에게 단지 초감성적 실재들에 대한 상징적 지시만을 제공할 뿐이며, 따라서 예를 들면 제1원인으로서 신을 기술하는 것은 상징주의의 한 예시다. 그리고 이러한 입장에서 칸트의 후기 입장까지의 거리는 그리 멀지 않다. 다시 말하면 원인 및 실체와 같은 개념의 일차적 기능은 감각 직관의 소여를 더욱 종합하는 것이며, 그러한 개념들을 초감성적인 실재들에 적용하는 것은 당연히 심리적으로는 가능하다 하더라도, 이러한 적용이 이러한 실재들에 대한 과학적 인식을 낳지 않을 것이라고 주장하면서 한 발걸음 앞으로 나아가는 것은 쉬운 일이다.

둘째, 칸트는 다음과 같은 중요한 점을 논의하고 있다. 감각 직관이 소여 또는 재료를 공급하고, 지성이 자신의 논리적 사용(즉 소여를 논리적으로 비교하고 조직하지, 개념이나 공리를 자신의 내적 본성에서 공급하지 않는)에 따라서만 사용되는 자연과학과 수학에서 '사용은 방법을 제공한다'.[26] 다시 말하면, 이런 과학들이 이미 어느 정도의 발전을 이룩한 후에야 비로소 우리는 사용된 방법이 어떻게 해서 세밀하게 개선될 수 있는지에 관해 고려하면서 그 방법에 대해 반성하고 그 방법을 분석한다. 상황은 언어의 경우에 일어나는 것과 유사하다. 인간은 처음부터 문법적 규칙들을 정교하게 만들고, 그런 다음 언어를 사용하기 시작하는 것이 아니다. 문법의 발전은 언어의 사용에 선행하는 것이 아니라 후속하는 것이다. '그러나 형이상학과 같은 순수 철학에서 원리에 관한 **지성의 사용**은 **실재적**이다. 즉 사물들과 관계들에 대한 근원적 개념들과 공리들 자체가 순수 지성 자체를 통해 근원적으로 주어지며, 또 이런 것들이 직관이 아니기 때문에 오류에서부터 벗어나지 못한 형이상학과 같은 순수 철학에서는 **방법이 학문 전체에 선행하며**, 또한 이러한 학문의 지침들이 철저하게 검토되고 확고하게 확정되기 이전에 시도된 것은 모두 경솔하게 착안된 것이며 정신의 공허한 장난에 불과한 것처럼 보인다.'[27] 감각 기관에 영향을 미치는 물질적인 것들을 다루면서 우리는 먼저 과학적 방법을 활용하지 않고도 그것들에 대해 많은 것을 알게 될 수 있다. 그러나 우리가 신과 같은 초감성적인 실재들에 대해 다루거나 물자체가 감각 직관에서 우리에게 현상하는 방식과 구별되는 것으로서 물자체를 다룰 때, 우리가 그것들을 어떻게 알 수 있게 되는가를 우선 확인하는 것이 본질적이다. 왜냐하면 직관이 없을 때 방법의 문제는 가장 중요하기 때문이다.

칸트가 말하고 있듯이 방법의 주요 규칙은 감성적 인식의 원리들이 감성적인 실재로부터 초감성적 실재로 확장되지 않는다는 점을 아는 것이어야 한다. 우리가 살펴본 것처럼 칸트는 인간 인식에서 감성적 차원과 지성적 차원을 예리하게 구별하였다. 그리고 그는 우리가 초감성적 실재에다 감성적 인식의 영역에서만 적용될 수 있

---

26   같은 책, 5, 23; *W.*, II, p. 410.
27   같은 책, p. 411.

는 개념을 적용하지 않도록 조심해야 하며, 감성적 지식의 원리를 보편적 원리들에 돌리지 않도록 조심해야 한다고 주장한다. 그는 한 가지 예로서 존재하는 것은 무엇이나 어딘가에 존재하고 어느 시간에 존재한다는 공리를 들고 있다. 우리는 이것을 보편적으로, 따라서 예를 들어 신을 공간적-시간적 영역 안으로 끌고 들어와 진술할 자격이 없다. 그리고 칸트가 지성의 '비판적 사용'(usus elencticus)이라고 부르는 것에서 지성은 그러한 보편적 진술의 정당화할 수 없는 성격을 폭로하는 임무를 지닌다. 따라서 자신의 비판적 사용에서 지성은 말하자면 감성적 인식에 고유한 개념과 원리를 적용함으로써 초감성적 실재의 영역을 오염시키는 일을 방지할 수 있다.

그러나 지성의 비판적 사용은 지성의 독단적 사용과 구별되어야 한다. 예를 들어 신은 공간 또는 시간 안에 있지 않다고 우리가 말할 수 있다는 사실은 반드시 우리가 순수 지성에 의해서 신에 관한 적극적이고 확실한 인식에 도달할 수 있는 것을 의미하는 것은 아니다. 그리고 이미 언급되었듯이, 독단적 형이상학을 신, 인간 영혼의 불멸과 같은 초감성적 실재에 관한 확실한 진리 체계로 이해한다면, 순수 지성의 일차적 개념들의 인식적 기능은 독단적 형이상학을 배제하기 위해 감각 직관의 소여를 더욱 종합하는 것이라고 칸트는 이야기하고 있을 뿐이다. 엄밀하게 이야기한다면, 예를 들어 원인의 개념은 신에게 적용될 수 없을 것이다. 심리학적으로 말한다면, 우리는 당연히 그것을 그런 식으로 적용할 수 있다. 그러나 원인의 개념은 우리에게 신에 관한 과학적 지식을 제공하는 것이 아니라, 단지 신에 관한 상징적인 시사만을 우리게 제공할 뿐이다.

칸트는 초감성적 실재들이 존재하지 않는다고 주장하지 않으며, 실제로 결코 주장한 적이 없다. 그리고 독단적 형이상학에 대해 칸트가 의심했다는 점을 감안한다면, 그러한 실재들이 존재한다고 칸트가 주장했다는 근거가 없다고 이의를 제기할 수도 있다. 그러나 교수취임논문에서 그는 많은 말을 하고 있지만, 명시적이고 분명한 어휘를 가지고서 독단적 형이상학을 거부하지 않는다. 나중에 그가 독단적 형이상학을 거부하였을 때, 또한 그는 도덕법칙의 요청 이론을 전개하고 있었다. 이 주제는 교수취임논문에서는 다루지 않았음이 틀림없다.

교수취임논문에서 칸트는 지성의 독단적 사용을 순수 지성의 일반 원리의 확장으로서 이야기하고 있다. 이것은 완전한 지성체 또는 순수하게 지성적인 실재를 모든 실재들의 척도로서 이해하기 위한 것이다. 이론적 영역에서 (즉 존재, 즉 존재하는 것의 영역에서) 이러한 척도 혹은 범형은 신, 즉 최고 존재자이다. 실천적 영역에서 (자유의 행위를 통해서 그 결과가 나타나야 하는 것의 영역에서) 이 척도는 도덕적 완전성이다. 그러므로 도덕철학은 그것의 기본적인 원리에 관한 한 순수 철학에 속한다고 말해진다. 칸트는 이러한 원리들이 이성 자체에 의존하며, 감각 지각에 의존하지 않는다고 말하고 있다. 칸트는 우리가 도덕 원리를 감각 지각에 정초할 수 없다고 주장한 점에서 흄과 의견을 같이 한다. 동시에 그는 도덕 원리를 감정의 표현으로 만들지 않았고, 순수이성적인 기초를 그런 원리에 부여하려는 시도를 포기하지 않았다. 따라서 에피쿠로스는 신랄한 질책을 받을 만하다. 또한 어느 정도는 에피쿠로스를 따랐던 '샤프츠베리 및 그의 추종자들과 같은'[28] 사람들도 신랄한 질책을 받을 만하다. 그러나 칸트는 이 주제를 발전시키지 않았다. 그의 도덕철학에 대한 역작은 후일에 이루어진다.

─────── 5. 비판철학의 개념

1770년 9월 초에 칸트는 람베르트(J. H. Lambert)에게 자신이 겨울 동안 순수 도덕철학에 대한 탐구를 하려는 시도를 했다고 썼다. '순수 도덕철학에는 경험적 원리란 존재하지 않는다.'[29] 또한 그는 자신의 의도가 자신의 교수취임논문의 일부 절들을 개정하고 확장하는 것이라고 말했다. 특히 그는 비록 부정적이긴 하지만 형이상학에 선행하는 어떤 특수한 학의 개념을 발전시키고자 했다. '일반 현상학'[30]이라고 기술되는 이 학은 감성적 인식 원리의 타당한 범위를 분명히 하고, 그럼으로써 형이상학에서 이런 원리들이 부당하게 적용하는 일을 방지한다. 우리는 이미 칸트가 교수취임논문에서 이러한 학문에 대해 이야기했던 점을 살펴보았다. 이 논문에서 나중의 편지에

---

28   같은 책, 2, 9, *W.*, II, p. 396.

29   *W.*, X, p. 97.

30   같은 편지, p. 98.

서 나오는 것처럼 이 학문은 형이상학에 관련된 '예비학'으로서 언급된다.[31]

그러나 1770-1771년의 겨울 동안 여러 생각 끝에 칸트는 교수취임논문을 확장하겠다는 생각을 포기하고는 그 대신에 새로운 작품을 기획하였다. 그래서 1771년 6월에 그의 제자 중 한 사람이었던 헤르츠(Marcus Herz)에게 보낸 편지에서[32] 『감성과 이성의 한계』(*Die Grenzen der Sinnlichkeit und der Vernunft*)라는 제목의 책을 착수했다고 썼다. 이 책에서 그는 감성적 세계의 경험에 앞서서 규정되는 것으로 여겨진 근본원리 및 법칙들과 취미 이론, 형이상학, 도덕에 관련된 주제들의 관계를 다루고자 하였다. 우리는 1770년의 교수취임논문에서 칸트가 공간과 시간은 감각들의 조정의 주관적 '법칙'이라는 것을 상술하였고, 동일한 논문에서 경험이 발생할 때 순수 지성이 자신에게서 형이상학의 근본 개념을 도출한다는 이론, 또한 도덕의 근본원리들이 이성에게서만 도출된다는 이론을 채택하였다는 점을 살펴보았다. 이제 그는 주관의 본성에 기원하는, 그리고 미학, 형이상학, 도덕의 경험적 소여에 적용되는 근본 개념들과 법칙들에 대한 탐구를 착수할 것을 제안한다. 다른 말로 하면 그는 한 권 안에 결국에는 세 권의 즉 세 비판서들로 드러났던 주제들을 포함하기로 제안한다. 이 편지에서 그는 '감성뿐만 아니라 지성(*Verstand*)'[33]의 주관적 원리들에 대해 언급한다. 그런 점에서 그는 인간 인식에서 아프리오리한 요소들을 분리하는 거대한 기획을 훌륭하게 구상하는 중이었다. 인식에서 형식과 질료의 구분은 주관적 요소들이 공간과 시간의 순수 직관인 감성과의 관계에서뿐 아니라, 지성과의 관계에서 그리고 지성이 주어진 것을 종합하는 데서 행하는 역할과의 관계에서 탐구되어야 한다. 그리고 탐구의 범위는 이론적 인식뿐 아니라 도덕적 경험과 미학적 경험까지 포괄하는 것이다.

1772년 2월에 쓴 헤르츠에게 보낸 다른 편지에서 칸트는 다시 『감성과 이성의 한계』에 대한 자신의 기획된 책을 언급한다. 그의 원래의 계획에 따르면, 이 책은 두 부분으로 이루어져 있는데, 하나는 이론적인 부분이고, 다른 하나는 실천적인 부분이다. 첫째 부분은 두 하위 부분으로 나누어질 것인데, 각각의 본성과 방법에 따라 일반

---

31   앞의 책, *W.*, II, p. 395. 같은 편지, 같은 곳.
32   *W.*, IX, p. 123 참조.
33   같은 편지, p. 122 참조.

현상학과 형이상학을 다룬다. 둘째 부분도 두 하위 부분으로 구성될 것인데, 각각 취미 감정의 일반적 원리들과 도덕성의 궁극적 근거들을 다룬다. 그러나 칸트가 주목한 첫째 부분을 떠올리면서 그는 헤르츠에게 본질적인 무언가가, 즉 심적인 표상들(*Vorstellungen*)과 인식의 대상의 관계를 철저하게 다루는 것이 부족했다고 쓰고 있다. 그리고 여기서 이 주제에 대한 칸트의 언급에 대해 무언가 다루어져야 한다. 이렇게 해야 칸트가 자신의 비판적 문제에 대해 천착하고 있다는 점을 알 수 있기 때문이다.

우리의 감성적 표상은, 만약 그 표상이 대상에 의해서 주관에 촉발된 결과라면, 아무런 문제도 낳지 않는다. 참으로 감성적 대상들은 우리에게 특정한 방식으로 현상한다. 왜냐하면 바로 그렇게 되는 까닭은 우리의 본성이 그러하기 때문이다. 즉 공간과 시간이 아프리오리한 직관이기 때문이다. 그러나 감성적 인식에서 형식은 수동적으로 받아들여진 질료에 적용된다. 우리의 감성은 우리 외부의 사물들에 의해서 촉발된다. 그러므로 우리의 감성적 표상에 대한 객관적 언급에는 큰 문제가 발생하지 않는다. 그러나 우리가 지적 표상에 눈을 돌리면 상황은 달라진다. 추상적으로 말하자면, 지성이 자신의 대상을 자신의 개념들을 통해서 산출한다면, 즉 대상들을 이해하거나 생각함으로써 대상을 창조한다면, 개념과 대상의 객관적 일치는 보장될 것이다. 그러나 이런 의미에서라면 신적 지성만이 원형적 지성이다. 우리는 인간 지성이 자신의 대상들을 생각함으로써 그 대상을 창조한다고 가정할 수 없다. 칸트는 이런 의미에서 순수 관념론을 결코 받아들이지 않았다. 동시에 칸트에 따르자면 지성의 순수 개념들은 감각 경험에서 추상되지 않는다. 지성의 순수 개념은 '자신들의 기원을 영혼의 본성에서 가지지만, 그러나 그렇기 때문에 그 개념들은 대상에 의해서 생겨나지도 않고 대상을 존재하게 하지도 않는다'.[34] 그러나 이 경우에 이런 개념들이 어떻게 해서 대상들을 지시하고, 어떻게 해서 대상들이 개념들과 일치하는지의 문제가 바로 발생한다. 칸트는 그의 교수취임논문에서 질료의 부정적인 설명에 만족하였다고 진술한다. 즉 그는 '지성적 표상들은 … 대상에 의한 영혼의 변양(modifications)이 아니

---

[34] 같은 편지, p. 130.

다'[35]라고 말한 것에 대해 만족했으며, 이러한 지성적 표상들 또는 지성의 순수 개념들이 대상에 의해서 촉발되지 않을 때, 이런 표상 또는 개념들이 어떻게 해서 대상들을 지시하는지에 대한 문제를 침묵하면서 넘어간다.

칸트의 가정을 고려할 때, 즉 지성의 순수 개념들과 순수이성의 공리들[36]이 경험적으로 도출된 것이 아니라는 점을 고려할 때, 이 문제는 명백히 적절한 것이다. 그리고 그 가정이 유지되려면 결국 그것에 답하는 유일한 방법은 교수취임논문의 진술 즉 감성적 표상이 우리에게 대상들을 그것들이 현상하는 대로 우리에게 주는 반면에, 지성적 표상은 우리에게 대상들을 그것들이 있는 그대로 준다는 진술을 포기하는 것일 것이며, 그 대신에 지성의 순수 개념들이 감각 직관의 소여를 계속해서 종합하는 일을 자신의 인식적 기능으로 가진다고 말하는 것일 것이다. 다시 말하면 칸트는 지성의 순수 개념들이 말하자면 주관적 형식이고, 그 형식에 의해서 우리는 필연적으로 감각 직관의 소여를 가지게 된다(왜냐하면 그것이 바로 정신의 본질이기 때문이다). 그렇다면 대상은 우리의 개념과 일치할 것이고, 우리의 개념은 대상을 지시할 것이다. 왜냐하면 이러한 개념들은 인식의 대상들이 가능하기 위한 아프리오리한 조건이며, 비록 더 높은 수준 즉 지적인 수준에서이기는 하지만, 공간과 시간의 순수 직관의 기능과 유사한 기능을 수행하기 때문이다. 다른 말로 하면 칸트는 감각 기관과 지성 사이의 날카로운 구분을 주장할 수 있지만, 감성적 표상이 우리에게 사물들을 현상하는 대로 주는 반면에 지성적 표상은 사물들을 그것들이 있는 그대로 우리에게 준다는 주장을 포기해야 할 것이다. 그 대신에 경험적 실재성을 구성하는 상승하는 종합과정이 있을 것이다. 인간 주관의 감성적이고 지성적인 형식은 불변하지만, 사물들은 이러한 형식들에 종속되는 한에서만 인식될 수 있기 때문에, 언제나 대상들과 우리의 개념들 사이의 일치가 존재하게 될 것이다.

헤르츠에게 보낸 편지로 되돌아가자. 칸트에 의하면, 플라톤은 지성의 순수 개념과 근본원리들의 원천으로서 이전 세계에서 경험했던 신의 직관을 요청하였다. 말

---

35 같은 곳.

36 칸트의 용어는 아직 유동적이다. 그는 '지성의 순수 개념들'(*die reinen Verstandesbegriffe*), '지적 표상들'(*intellectual [sic] Vorstellungen*), '순수이성의 공리들'(*die axiomata der reinen Venunft*)에 대해 언급한다.

브랑슈(Malebranche)는 신 관념에 대한 현재의 그리고 영속하는 직관을 요청하였다. 크루지우스(Crusius)는 신이 영혼 안에 어떤 판단의 규칙들과 예정 조화에 따라서 대상들과 일치하게 될 그런 개념들을 심어 놓았다고 가정하였다. 그러나 그런 식의 모든 이론은 기계 장치로 [연극 무대에] 내려온 신(*Deus ex machina*, 옮긴이 주 — 문학 작품에서 결말을 짓거나 갈등을 풀기 위해 갑자기 사건을 일으키는 플롯 장치이다. 호라티우스는 『시학』(*Ars Poetica*)에서 시인은 이야기를 풀어가기 위해 신을 등장시켜선 안 된다고 했다. 신고전주의 문학 비평에서 갑작스러운 기적으로 풀리는 이야기는 나쁜 연극의 특징이다.)에 의지했고, 문제를 해결하기는커녕 많은 문제를 야기하였다. 그러므로 개념과 대상 사이의 일치에 대한 몇 가지 다른 설명들이 찾아져야 한다. 그리고 칸트는 헤르츠에게 자신의 '선험철학'(transcendental philosophy, 즉 순수이성의 개념들을 몇몇 범주로 환원하려는 자신의 시도)에 대한 탐구가 이제는 한 권으로 된 『순수이성비판』(*eine Kritik der reinen Vernunft*)[37]을 자신이 제시하기에 충분할 정도로 진척되었다고 알리고 있다. 칸트의 진술에 따르면 이 책은 이론적 인식과 실천적(도덕적) 인식 모두의 본성을 다루리라고 예정된다. 이 책의 제1부는 3개월 안에 출판될 것이며, 그것은 형이상학의 근원, 방법, 한계를 다룰 것이다. 후일 출판될 이 책의 제2부는 도덕성의 기본 원리를 다룰 것이다.

　　그러나 작업은 칸트가 처음에 생각했던 것처럼 빠르게 진행되지 못했다. 자신의 문제와 씨름할 때마다 그는 점점 그 문제들이 복잡하다는 점을 알게 되었다. 얼마 후에 그는 하나의 비판에서 다루기를 희망했던 문제를 나누어야 한다는 점을 알게 되었다. 결국 그는 지연이 걱정되어 사오 개월 뒤에 『순수이성비판』(*Kritik der reinen Vernunft*)을 편집하였다. 그것은 1781년에 나타났다. 이 유명한 저작에서 칸트는 수학적 인식과 과학적 인식을 다루었으며, 데이비드 흄의 경험론에 직면해서 이런 인식의 객관성을 정당화하고자 하였다. 칸트는 '코페르니쿠스적 혁명' 즉 정신이 대상을 따르는 것이 아니라 대상이 정신에 따른다는 이론을 제안함으로써 이 일을 한다. 인간 감성과 인간 정신의 구조는 불변하기 때문에, 대상은 언제나 특정한 방식으로 우리에게 현상한다. 그래서 우리는 현실적 경험에 대해서 타당할 뿐만 아니라 가능적 경

---

[37]　앞의 편지, p. 132.

험에 대해서도 타당할 보편적인 과학적 판단을 할 수 있게 된다. 그래서 뉴턴 과학은 경험론의 해결 불가능한 경향에도 불구하고 이론적으로 정당화된다. 그러나 이러한 입장에서 지성의 순수 개념은 우리가 물자체들(things in themselves) 또는 초감성적 실재들을 파악할 수 없게 만드는 반면에 그것들이 우리에게 현상된다는 귀결이 나오게 된다. 그리고『순수이성비판』에서 칸트는 전통적 유형의 사변적 형이상학이 어떻게 해서 생겨났는가, 그리고 왜 그 형이상학이 실패할 운명을 가졌는가에 설명하고자 한다.『순수이성비판』의 기초에 놓여 있는 문제들은 다음 장에서 다루어질 것이다.

　칸트는『순수이성비판』이 오해되었고, 그것의 불명료성 때문에 불만이 있었다는 점을 깨달았다. 그래서 그는『학문으로 등장할 수 있는 미래의 모든 형이상학을 위한 서설』(*Prolegomena zu einer jeden künftigen Metaphysik*, 1783)을 출판하였는데, 이 책은 『순수이성비판』의 보충판이 아니라 일종의 서론 또는 설명의 역할을 하는 것으로서 고안된 짤막한 책이었다. 1787년 그는『순수이성비판』의 제2판을 출판하였다. 인용할 때 제1판은 A라고, 제2판은 B라고 표기된다.

　그 사이에 칸트는 도덕의 근본원리에 대해 관심을 돌렸다. 그리고 1785년 그는『도덕형이상학 정초』(*Grundlegung zur Metaphysik der Sitten*)를 출판하였다. 그리고 이 저작에 이어서 1788년에『실천이성비판』(*Kritik der praktischen Vernunft*)이 출판되었지만, 그 사이에 그는『순수이성비판』의 제2판뿐만 아니라『자연과학의 형이상학적 기초원리』(*Metaphysische Anfangsgründe der Naturwissenschaft*, 1786)를 출판하였다. 칸트의 도덕 이론은 뒷장에서 다루어질 것이다. 여기서는『순수이성비판』에서 그가 과학적 인식의 아프리오리한 요소들을 따로 떼어내서 그 요소들에 대한 체계적인 설명을 제시하고자 노력하였던 것과 마찬가지로, 도덕에 관련된 저작들에서 그는 도덕성의 아프리오리하거나 형식적인 요소들을 따로 떼어내서 그 요소들에 대한 체계적 설명을 제시하고자 노력했다는 것을 밝히는 것으로 충분하다. 그래서 그는 의무 및 도덕법칙의 보편성을 감정에 기초하려고 하지 않고, 실천이성, 즉 인간 행위에 관해 입법하는 것으로서의 이성에 기초하려고 노력했다. 이것은 갑남을녀가 자신의 삶에서 마주치게 되는 모든 구체적인 의미를 그가 이성에서만 연역하려고 했다는 것을 의미하는 것이 아니다. 또한 그는 우리가 일련의 구체적인 도덕법칙들을 작성할 수 있고, 경험적으로 주어진 자료를 전혀 참고하지 않고서 그 법칙들로써 인간 그 자신을 구속할 수 있다고 결코 생각하지 않았다. 그러나 그는 도덕 판단에서 말하자면 실천이성에서 도출될 수 있고, 경험적으로 주어진 자료에 적용되는 '형식'이 존재한다고 믿었다. 그래서 도덕의 상황은 어느 정도 과학의 상황과 유사하다. 과학과 인간의 도덕적 삶 모두에서, 즉 이론적 인식과 실천적 인식 모두에서 주어진 것, 즉 '질료'가 존재하며, '형식적인' 그리고 아프리오리한 요소가 존재한다. 그리고 칸트가 주로 자신의 윤리적 저술들에 관심 가졌던 것은 후자이다. 이런 의미에서 그는 도덕의 '형이상학'에 대해 관심을 갖는다.

그러나 또한 칸트는 자신의 윤리적 저작들에서 또 다른 의미의 형이상학에 대해 관심을 갖는다. 왜냐하면 그는 도덕법칙의 요청으로서 자유, 불멸성, 신이라는 큰 진리들을 확립하고자 하였기 때문이다. 그래서 『순수이성비판』에 따르면 과학적으로 입증할 수 없는 주요 진리들은 후일 도덕 신앙 또는 실천적 신앙의 요청으로서 다시 도입된다. 이러한 이론은 칸트 철학의 단순한 부록이 아니며, 불필요한 부산물은 더욱 아니다. 왜냐하면 뉴턴 과학의 세계와 도덕적 경험의 세계 및 종교적 신앙의 세계를 조화시키는 것이 칸트의 시도의 본질적 부분이기 때문이다. 지성의 순수 개념들이 우리에게 물자체와 초감성적 세계의 이론적 인식을 줄 수 있다는 주장은 『순수이성비판』에서 배제되었다. 동시에 '신앙'의 여지가 만들어졌다. 그리고 윤리적 저작들 안에 인간의 자유, 불멸성, 신의 현존이 과학적으로 입증될 수 있는 것으로서가 아니라 도덕법칙의 함의로서 도입된다. 왜냐하면 도덕적 강제라는 사실을 인정하는 것은 이러한 진리들에 대한 실천적 신앙을 요구하거나 요청하는 것으로 간주되기 때문이다. 그래서 칸트는 여전히 초감성적 영역이 있다고 주장한다. 그러나 칸트는 초감성적 영역에 대한 핵심을 독단적 형이상학에서가 아니라 도덕적 경험에서 발견한다.

『감성과 이성의 한계』라는 이름으로 기획한 저작에서 칸트는 형이상학과 도덕을 다룰 뿐만 아니라, 취미 이론(die Geschmackslehre)의 근본원리들을 다루고자 의도하였다는 사실이 기억될 것이다. 미적 판단 또는 취미판단은 1790년에 출판된 제3비판서인 『판단력비판』(Kritik der Urteilskraft)에서 충분히 다루어졌다. 이 저작은 두 주요 부분으로 이루어져 있는데, 첫째 부분은 미적 판단력을 다루고, 둘째 부분은 목적론적 판단력 또는 자연에서의 합목적성의 판단력을 다룬다. 그리고 이 저작은 상당히 중요하다. 왜냐하면 이 저작에서 칸트는 최소한 우리의 의식에 관한 한 자연과학에서 나타나는 기계론적 자연의 세계와 도덕성, 자유, 신앙의 세계 사이의 틈을 연결하고자 하기 때문이다. 다시 말하면 그는 정신이 하나의 영역에서 다른 하나의 영역으로 어떻게 이행하는지를 보여주고자 시도한다. 그리고 그는 이러한 이행이 독단적 형이상학의 공허함에 관해, 그리고 초감성적 세계에 접근하는 우리의 유일한 수단으로서 도덕 신앙 혹은 실천적 신앙의 지위에 관해 그가 이미 언급한 것을 동시에 번복함이 없이, 어떻게 합리적일 수 있는지를 보여주는 꽤 어려운 과제를 시도하고 있다. 이 저작의 내용은 나중에 다룰 것이다. 그러나 칸트가 과학적 관점을 도덕적 인간관 및 종교적 인간관과 조화시키는 일에 얼마나 깊이 관심을 가졌는지를 주목하는 것은 가치 있는 일이다.

1791년에 칸트는 『변신론에서 모든 철학적 시도의 실패』(Über das Mißlingen aller philosophischen Versuche in der Theologie)라는 논문을 발표했는데, 거기에서 그는 변신론 또는 철학적 신학에서 우리는 과학적으로 입증 가능한 진리보다 신앙의 문제들에 관심을 가진다고 주장하였다. 그리고 이어서 1793년 『이성의 오롯한 한계 안의 종교』(Die Religion innerhalb der Grenzen der blossen Vernunft)가 출판되었다. 나는 이 장의 앞 절에서 이 책의 출판이 야기한 불화 사건에 대해 언급했다. 또한 『영원한 평화를 위하여』(Zum ewigen Frieden, 1795)라는 짤막한 논문에 대해서도 언급한 적이 있다. 이 논문에서 도덕적 기초에 근거한 영원한 평화는 역사적이고 정치적인 발전의 실천적 이상으로서 묘사된다.[38] 마지막으로 1797년에 『도덕형이상학』(Metaphysik der Sitten)의 두 부분을 이루고 있는 두 권의 책이 출판되었다. 즉 『법론의 형이상학적 기초원리』(Metaphysische Anfangsgründe der Rechtslehre)와 『덕론의 형이상학적 기초원리』(Metaphysische Anfangsgründe der Tugendlehre)가 출판되었다.

칸트의 견해에 따르면 우리는 인간의 정신이 대상을 전체적으로 구성 또는 창

---

[38] 역사에 관련해서 칸트는 1784년 『세계시민적 관점에서 본 보편사의 이념』(Idee zu einer allgemeinen Geschichte in welibürgerlicher Absicht)을 출판하였다.

조하는 것이 아니라는 점을 살펴보았다. 다시 말하면 비록 지각되고 인식된 것으로서의 사물들이, 우리가 그것들을 단지 인간 주관의 구조 안에서 새겨진 아프리오리한 형식들을 통해서만 지각하고 인식한다는 의미에서 우리와 상관하고 있다 하더라도, 물자체는 존재한다. 그러나 이 물자체를 우리는 그것들이 그 자체로 존재하는 대로는 인식할 수 없다. 이 문제를 투박하게 다루자면, 우리는 사물들의 존재적론 현존에 따라서 사물들을 창조할 수 없는 것은 마치 빨간 안경을 쓴 사람이 자신이 보고 있는 사물들을 창조하지 못하는 것과 같다. 만약 우리가 그 안경은 결코 벗겨질 수 없다고 가정하면, 안경을 쓴 그 사람은 사물들을 빨간 것으로밖에 볼 수 없으며, 사물들의 현상은 지각하는 주관의 한 요인에 의거할 것이다. 그렇다고 해서 사물들이 지각하는 주관에 독립해서 존재하지 않는다고 하는 귀결이 뒤따르는 것은 아니다. 따라서 칸트는 피히테가 물자체를 없앤 것이 자신의 철학의 정당한 발전을 보여주었다는 점을 인정하기를 거부하였다. 동시에 『유작』(Opus Postumum)의 일부를 이루고 있는 몇몇 노트들을 살펴보면 다음과 같은 것은 결코 부정할 수 없다. 즉 그는 생애의 마지막 무렵에 『유작』에서 독일의 사변적 관념론을 예상하는 일이 당연하다는 식으로 자신의 사유를 전개해나갔다. 그럼에도 약간 다른 관점을 표방하는 다른 몇몇 노트들을 배제한 채, 한쪽 편의 노트들에 의존해서 칸트의 노년 사상의 방향을 해석하는 것은 옳지 않다. 그리고 만약 우리가 『유작』 전체를 놓고 본다면, 칸트가 자신의 사상에서 실재론적 요소들을 결코 포기하지 않았다고 결론 내리지 않으면 안 되는 것처럼 보인다. 그러나 『유작』에 대해서는 칸트 철학의 논의의 말미에서 더 언급될 것이다.

제11장

칸트(2): 『순수이성비판』의 문제들

---

1. 형이상학의 일반 문제

만약 우리가 『순수이성비판』의 제1판과 제2판의 서문과 『학문으로 등장할 수 있는 미래의 모든 형이상학을 위한 서설』의 머리말과 첫 몇몇 절을 살펴보면,[1] 우리는 형이상학의 문제를 저자가 매우 강조하고 있다는 사실을 알게 된다. 형이상학은 가능한가 가능하지 않은가? 분명히 말해서 문제는 형이상학 저술을 쓰거나 형이상학적 사변에 몰두하는 것이 가능한가의 여부가 아니다. 문제는 형이상학이 실재에 대한 우리의 인식을 확장할 수 있는가의 여부다. 칸트로서는 형이상학의 주요 문제는 신,

---

[1] 이 책의 제11장-제13장에서 칸트의 저작에 대한 인용은 다음처럼 해석된다. A는 『순수이성비판』의 제1판을, B는 『순수이성비판』의 제2판을 가리킨다. 이것들은 프러시아 학술원(Prussian Academy of Sciences)에 의해서 편집된 칸트 전집의 제4권과 3권에서 각각 발견될 것이다. A와 B 뒤에 위치하는 숫자는 이 전집에서 주어진 절들을 나타낸다(각 절들은 독일어 원본에서 매긴 쪽수와 일치한다). 번역된 구절들은 나의 책임이다. 그러나 번역에서 인용된 대부분의 구절은 B판에서 취해졌으며, 인용은 N. 켐프 스미스 교수의 B판 번역에서 일반적으로 유효하다. 왜냐하면 켐프 스미스의 번역은 위에서 언급한 절의 구분을 따르고 있기 때문이다(켐프 스미스 교수의 번역 역시 A판에 주어진 범주의 연역과 마찬가지로 A판의 서문도 포함한다). *Prol.*(『학문으로 등장할 수 있는 미래의 모든 형이상학을 위한 서설』)은 전집 제4권에 수록되어 있다. *Prol.* 다음에 나오는 숫자 표기는 독일어판의 절들을 가리킨다. 절들의 구분은 예를 들어 마하피(J.P. Mahaffy)와 버나드(J. H. Bernard)의 번역에서 유지된다.

자유, 불멸성이다. 그러므로 우리는 그 문제를 이런 방식으로 표현할 수 있다. 형이상학은 우리에게 신의 현존과 본성에 대한 확실한 인식, 인간의 자유에 대한 확실한 인식, 정신적이며 불멸하는 영혼을 가진 인간의 현존에 대한 확실한 인식을 줄 수 있는가?

이러한 종류의 문제는 분명히 의심을 전제한다. 그리고 칸트의 견해로는 처음부터 품는 그러한 의심에는, 즉 형이상학의 문제 제기에는 충분한 이유가 있다. 형이상학이 '모든 학문들의 여왕으로 불렸던' 때가 있었다. '그리고 우리가 만약 의욕을 행동과 같은 것으로 본다면, 형이상학은 분명히 형이상학의 주제가 대단히 중요하기 때문에 여왕이라는 존칭을 받을 만했다.'[2] 칸트는 형이상학이 다루는 주요 주제들의 중요성을 결코 부정하지 않았다. 그러나 이제는 형이상학의 평판이 나빠졌다고 칸트는 본다. 그리고 이러한 사실은 쉽게 이해될 수 있는 것이다. 수학과 자연과학은 발전했으며, 이러한 영역들에는 일반적으로 방대하게 승인된 지식이 존재한다. 누구도 이러한 사실에 대해 심각한 의문을 제기하지 않는다. 그러나 형이상학은 끝없는 논쟁의 각축장이 되는 것처럼 보인다. '누군가가 에우클레이데스(Euclid)의 책에 대해서는 그렇게 지목할 수는 있지만, 누군가가 한 권의 책을 지목하면서 이것이 형이상학이고, 여기서 당신은 형이상학의 가장 고상한 대상, 즉 순수이성의 원리들에 의해서 제공된 최고 존재와 내세에 대한 인식을 발견할 것이라고 말할 수는 없다.'[3] 물리학과 달리 자신의 문제를 해결하는 확실한 과학적 적용 방법을 전혀 발견하지 못했다는 것이 현재 형이상학의 실상이다. 그리고 이것은 다음과 같은 물음으로 이어진다. '형이상학에서 지금껏 학문의 안전한 길이 발견되지 않은 까닭이 무엇인가? 아마도 그 길을 발견하는 것은 불가능한가?'[4]

형이상학이 결론에 도달할 수 없다는 점, 형이상학이 지금까지 확실한 결론에 이르는 신뢰할 수 있는 방법을 발견할 수 없다는 점, 왔던 길을 끊임없이 되돌아가야 한다는 점 등의 특성들이 형이상학과 형이상학의 주장에 대한 광범위한 무관심을 낳

---

2   A. VIII.
3   *Prol.*, 4.
4   B. XV.

는 데 일조하였다. 사실상 어떤 의미에서 이러한 무관심은 정당하지 않다. 왜냐하면 '탐구의 대상이 인간 본성에 결코 무관심한 문제일 수 없는 이러한 탐구들에 대해 무관심을 표현하는 것은 무익한 일'[5]이기 때문이다. 게다가 무관심주의자들이라고 공언하는 사람들은, 비록 자신들은 사실을 의식하지는 못하지만, 자기 나름의 형이상학적 의견을 표방하는 경향이 있다. 동시에 칸트의 견해로는 이러한 무관심은 정신의 단순한 경솔의 귀결은 아니며, 오히려 그것은 환상적 지식 또는 사이비 과학에 만족하기를 거절하는 시대의 성숙한 판단력을 표현한 것이다. 그러므로 그것은 형이상학을 이성의 법정으로 소환하여 형이상학의 비판적 탐구를 착수하게 하는 자극제의 역할을 할 것이다.

　　이러한 비판적 탐구는 어떤 형태를 취해야 하는가? 이러한 물음에 대답할 위치에 있기 위해서는 형이상학이 칸트에게 무엇을 의미하는가를 상기해 보아야 한다. 우리가 앞 장에서 보았듯이, 칸트는 우리의 모든 개념이 궁극적으로 경험에서 나온다는 로크의 이론에 동의하지 않았다. 사실상 그는 로크의 이론과 대립하는 본유 관념 이론도 수용하지 않았다. 그러나 동시에 칸트는 경험이 발생할 때마다 이성이 자신 안에서 도출하는 개념들과 원리들이 존재한다는 사실을 믿고 있었다. 예를 든다면 어린아이는 인과성의 개념을 가지고 태어나지는 않는다. 그러나 경험할 때마다 아이의 이성은 자신 안에서 그 개념을 도출한다. 그것은 경험에서 도출되지는 않지만, 경험에 적용되며, 어떤 의미에서 경험을 지배한다는 의미에서 아프리오리한 개념이다. 그러므로 정신 자신의 구조에 근거를 갖는 아프리오리한 개념들과 원리들이 존재한다. 이러한 개념들은 그 자체로 모든 경험적 내용 또는 재료가 없다는 의미에서 '순수'하다. 그런데 형이상학자들은 우리에게 단순히 현상하는 것으로서가 아니라 초감성적 실재와 물자체를 파악하기 위해서 이성이 이러한 개념들과 원리들을 적용할 수 있다고 가정하였다. 그래서 독단적 형이상학의 다양한 체계가 생겨났다. 그러나 그 가정은 너무 성급하였다. 우리는 경험을 초월하는 데까지 이성의 아프리오리한 개념과 원리가 사용될 수 있다는 것을 당연한 사실로 받아들일 수 없다. 즉 경험에 주어지지 않

5　　A. X.

는 실재들을 인식하는 데까지 그러한 개념과 원리가 사용될 수 있다는 것을 당연한 사실로 받아들일 수 없다. 무엇보다도 우리는 순수이성 자체의 능력에 대한 비판적 탐구에 착수해야 한다. 이것은 독단적 철학자들이 무시했던 과제이다. 여기서 말하는 독단론(dogmatism)은 다음을 가정하고 있다. 즉 이성이 오랫동안 습관적으로 사용했던 원리들을 '이성이 이러한 원리들에 어떤 방식으로 무슨 권리로 도달했는가를 탐구하지 않고' 사용함으로써, 순수한 철학적 개념들에 기초해서만 인식에서의 진보를 이루는 일이 가능하다고 가정하고 있다. '그래서 독단론은 자신의 능력에 대한 선행적 비판이 없는 순수이성의 독단적 수행 절차다.'[6] 칸트가 착수하고자 제안한 것이 바로 이 비판이다.

그러므로 형이상학이 소환될 법정은 '순수이성 그 자체의 비판적 탐구 이외 다름 아니며', 이것은 '이성이 모든 경험에서 독립하여 도달하려고 노력하는 모든 인식과 관련해서 이성의 능력을 비판적으로 탐구하는 것'[7]을 의미한다. 그렇다면 문제는 '지성(understanding)과 이성(reason)[8]이 모든 경험에서 벗어나 무엇을 얼마만큼 인식할 수 있는가'[9]이다. 칸트에 따라서, 경험을 초월한다고 주장하면서 아프리오리한 개념과 원리에 의해서 순수하게 지성적인 (비감성적인) 실재들에 도달한다고 주장하는 비경험적 과학(또는 과학이라고 알려진 것)을 사변적 형이상학이라고 가정해보자. 형이상학에 대한 이런 견해를 고려한다면, 이 주장의 타당성은 정신이 경험에서부터 독립하여 무엇을 얼마나 알 수 있는가의 물음에 대답함으로써 결정되리라는 것은 분명하다.

이러한 질문에 대답하기 위해서 칸트가 제시하고 있는 것처럼 이성의 능력에 대한 비판적 탐구가 요구된다. 이것이 의미하는 것은 나의 희망 사항이지만 이 장의 과정을 거치면서 더 분명해질 것이다. 그러나 여기서 우리가 주목해야 할 사실은 칸트가 심리적 실재로서 고려되는 이성, 즉 여러 대상 중 하나의 대상으로서의 이성의 본성에 대한 심리학적 탐구를 언급하고 있지 않다는 점이다. 칸트는 이성에 대해 관

---

6   B. XXXV.

7   A. XII.

8   지성과 이성의 구분은 당분간 무시할 수 있다. 이 구분은 나중에 설명할 것이다.

9   A. XVII.

심이 있지만, 그것은 이성으로 인해 가능하게 되는 아프리오리한 인식과 관련해서이다. 말하자면 그는 그 자체로서 대상을 인식하는 인간 주관의 순수 조건들에 관심이 있다. 그러한 탐구는 '선험적'(transcendental)이라 한다.

『순수이성비판』의 주요 임무 중 하나는 이런 조건들이 무엇인가를 체계적 방식으로 보여주는 것이다. 그리고 칸트가 어떤 종류의 조건을 언급하고 있는가를 이해하는 것이 중요하다. 사물들을 지각하고, 진리를 배우는 데 분명히 경험적 조건이 존재한다. 예를 들면 나는 완벽한 어둠 속에서는 사물을 볼 수 없다. 시각을 위해선 빛이 필요하다. 그리고 도구들의 도움 없이는 발견될 수 없는 많은 과학적 진리들이 존재한다. 나아가 인식하는 주관 그 자신의 편에 선 조건이라는 의미에서 주관적인 경험적 조건이 있다. 만약 내가 심한 눈병으로 고통을 받고 있다면, 나는 사물들을 볼 수 없다. 그리고 실제적인 측면에서 이야기한다면 다른 사람들은 비교적 쉽게 이해하는 주제를 이해할 수 없는 사람들이 분명히 있다. 그러나 칸트는 경험적 조건에 관심이 없다. 그는 인간 인식 그 자체의 비경험적 또는 '순수'한 조건에 관심이 있다. 다른 말로 하면 그는 순수 의식의 형식적 요소들에 관심이 있다. 장삼이사(張三李四), 즉 자신의 한계를 가지고 있는 특정한 사람들은 이 문제에 전혀 관심이 없다. 또는 오히려 그들은 인간 그 자체가 예시로 나타날 때만 그 문제에 관심이 있다. 즉 인간 주관 그 자체에 타당한 인식 조건은 분명히 장삼이사에게도 타당할 것이다. 그러나 칸트의 관심사는 인식 대상의 필요조건이지, 다양한 경험적 조건이 아니다. 그리고 감각 경험을 초월하는 실재들이 인식 대상일 수 없다는 사실들이 이 조건들에 의해 밝혀지면, 사변적 형이상학의 주장은 공허하고 헛된 것으로 드러날 것이다.

그런데 칸트는 '모든 독단적 철학자들 중 가장 위대한 인물'[10]로 존경을 표하면서 볼프를 언급한다. 그리고 그가 독단적 형이상학에 관해 언급할 때, 그는 반드시 그런 것은 아니지만 주로 라이프니츠–볼프 체계를 염두에 두고 있다는 사실은 분명하다. 그러므로 형이상학의 가능성이나 불가능성에 대한 칸트의 탐구가 실제로는 실재에 대한 우리의 인식을 확장하는 어떤 유형의 형이상학의 능력에 대한 탐구라는, 따

---

10   B. XXXVI.

라서 그런 탐구는 너무 범위가 제한되어 있다는 이의가 제기할 수 있겠다. 왜냐하면 볼프의 형이상학 이외에도 다른 형이상학의 관념들이 존재하기 때문이다. 그러나 칸트가 다른 형이상학의 개념에 대해서 별로 관심을 가지지 않았다는 것이 사실이라 하더라도, 이런 식의 반대 노선의 중요성을 과장하는 일은 가능하다. 예를 들어 원인 및 실체와 같은 개념들은 볼프의 형이상학 외에 다른 형이상학적 체계에서도 사용되고 있다. 그러나 만약 이러한 개념들의 지위와 기능이 『순수이성비판』의 안에서 칸트가 공언했던 바로 그것이었다면, 그 개념들은 초 감성적 실재에 대한 인식에 도달하는 데 사용될 수 없다. 칸트의 이성 능력은 따라서 그것이 타당하다면 볼프의 형이상학 이외의 다른 많은 형이상학적 체계에 영향을 끼쳤을 것이다. 다른 말로 하면 칸트의 탐구 영역은, 칸트에서 형이상학이 특수한 유형의 형이상학을 의미한다는 점에서 그 출발선상에서 너무 협소할는지 모르지만, 그 탐구는 결론에서 대단히 광범위한 적용 범위에 도달하는 방식으로 발전한다.

또한 칸트가 언제나 '형이상학'이란 용어를 정확하게 같은 의미로 사용하고 있는 것은 아니라는 점을 주목할 필요가 있다. 순수 아프리오리한 인식에 관련하여 이성 능력에 대한 탐구는 비판철학이라고 하며, 반면에 순수이성의(즉 아프리오리한) 능력에 의해서 도달되거나 도달될 수 있는 철학적 인식의 전체의 체계적인 표현은 형이상학이라 한다. 형이상학이라는 용어가 이런 의미로 사용될 때, 비판철학은 형이상학의 예비학 또는 입문이며, 따라서 형이상학 밖에 있다. 그러나 '형이상학'이란 용어는 또한 순수(비경험적) 철학의 전체에 주어질 수 있다. 그래서 소위 비판철학을 포함한다. 이 경우 비판철학은 형이상학의 제1부로 여겨진다. 다시 말해서 우리가 '형이상학'이란 용어를 순수이성의 능력에 의해서 도달된 철학적 인식 전체의 체계적 표현을 의미하는 것으로 간주한다면, 우리는 '인식'이라는 말로써 엄격한 인식을 의미할 수 있거나 아니면 많은 철학자가 순수이성에 의해서 도달될 수 있다고 생각했던 거짓된 또는 환상적 인식을 포함할 수도 있다. 만약 우리가 '인식'이라는 단어를 이 두 가지 의미 중 첫 번째 것으로 이해한다면, 칸트는 분명히 형이상학을 거부한다. 반면에 그는 형이상학이 적어도 원리적으로는 체계적으로 그리고 완전하게 발전될 수 있다고 생각했다. 그리고 그 자신의 『자연과학의 형이상학적 기초원리』는 하나의 기여이다. 그러나 만약 '형이상학'이란 용어가 초감성적 실재의 거짓된 또는 환상적인 인식을 의미하는 것으로 사용된다면, 비판철학의 과제 중 하나는 이러한 사이비 과학을 지지하면서 만들어진 주장들의 공허함을 폭로하는 것이다. 마지막으로 우리는 자연적 기질로서의 형이상학과 학문으로서 고려된 형이상학을 구분해야 한다. 정신은 신과 불멸성과 같은 그런 문제들을 제기하는 자연적 성향을 가지고 있다. 그리고 비록 우리에게 왜 이런 성향이 존재하는가를 이해하고자 하더라도, 칸트는 그러한 성향을 근절하기를 원하지도 않고, 그것을 하는 것이 바람직하더라도 그것이 가능하다고 믿지도 않는다. 자연적 기질로서의 형이상학은 현실적이고, 따라서 분명히 가능하다. 그러나 학문으로서의 형이상학은, 만약 우리가 형이상학을 초감성적 존재자의 학문적 인식을 의미한다면, 칸트에 따를 경우 결코 실현된 적이 없었다. 왜냐하면 지금까지 주장된 입증은 모두 부당한 것으로 즉 사이비 입증인 것으로 밝혀질 수 있기 때문이다. 따라서 우리가 학문으로서 고려되는 형이상학이 가능한지의 여부를 묻는 것은 매우 당연한 일이다.

이 모든 것은 대단히 복잡하고 혼란스러운 듯이 보인다. 그러나 간단하게 요약하면 생각만큼 실제로 혼란스러운 것은 아니다. 첫째, 칸트 스스로 '형이상학'이란 용어의 다양한 용법에 대해 언급하고 있다.[11] 둘째, 맥락을 살펴보면 칸트가 특정한 구절에서 어떤 의미로 그 용어를 사용하고 있는지를 분명하게 알 수 있다. 그러나 그의 저술들에서 그 용어에 하나 이상의 의미가 있다는 사실은 조금 중요하다. 왜냐하면 사람들이 그 점을 모른다면, 아마도 실제로는 모순이 전혀 없는데도, 칸트가 한편으로는 형이상학을 인정하고, 다른 한편으로는 형이상학을 거부하기 때문에, 칸트 자신이 모순을 범하고 있다고 성급하게 결론 내릴 수도 있기 때문이다.

---

11 예컨대 B. 869-870 참조.

2. 아프리오리한 인식의 문제

그러나 학문으로서의 (즉 감각 경험을 초월한 것을 자신의 대상으로 삼는 학문으로서의) 형이상학의 가능성이 칸트로서는 중요한 문제일지라도, 그것은 『순수이성비판』에서 고려된 일반 문제 중 일부일 뿐이다. 이 일반적인 문제는 아프리오리한 인식의 가능성의 문제라고 말해질 수 있다.

그런데 아프리오리한 인식을 칸트는 상대적으로 아프리오리한, 즉 이런 또는 저런 경험이나 이런 또는 저런 종류의 경험과 관련된 인식을 의미한 것은 아니다. 만약 누군가가 불에 너무 가까운 곳에서 외투를 입어서 외투가 그슬리거나 탄다면, 우리는 그가 이런 일이 일어날 것이라고 아프리오리하게 인식할 수도 있다. 다시 말하면 과거의 경험에 기초해서 그 사람은 그의 행동에 앞서서 그것이 어떤 결과를 가져올 것인지에 알 수도 있다. 그는 무엇이 일어날지를 알기 위해서 기다릴 필요가 전혀 없다. 그러나 이러한 선행 인식은 특정한 경험과 관련해서만 아프리오리할 것이다. 그리고 칸트가 생각하고 있는 것은 그러한 종류의 상대적으로 아프리오리한 인식이 아니다. 그는 모든 경험과 관련해서 아프리오리한 인식에 대해 생각하고 있다.

그러나 여기서 우리는 칸트가 '이전'이라는 시간적 의미에서 경험 이전에 인간 정신에 존재한다고 가정되는 본유 관념(innate ideas)에 대해서 칸트가 생각하고 있다고 결론을 도출하지 않도록 조심해야 한다. 순수한 아프리오리한 인식은 정신이 도대체 경험을 하기도 전에 정신에 명백하게 존재하는 그런 인식을 의미하지 않는다. 그것은 비록 경험이 발생할 때에만 통상 우리가 '인식'이라 부르는 것으로서 자신의 모습을 드러낸다 하더라도, 경험에서 도출되지 않는 인식을 의미한다. 다음의 유명하고 종종 인용되는 진술을 고려해보자. '우리의 모든 인식이 경험과 함께 시작한다는 것은 결코 의심할 수 없다. … 그러나 우리의 모든 인식이 경험과 **함께** 시작하더라도, 그것이 모두 경험**으로부터** 나온다고 할 수는 없다.'[12] 칸트는 '우리의 모든 인식이 경험과 함께 시작한다'고 말하는 그 정도까지만 로크와 같은 경험론자들에게 동의한다.

---

12   B. 1.

그가 그렇게 말하는 바 인식 능력의 활동은 우리의 감각 기관이 대상에 의해서 촉발됨으로써 가능하기 때문에, 우리의 인식은 경험과 함께 시작해야 한다고 그는 생각한다. 경험의 가공하지 않은 재료, 즉 감각들이 주어진다면, 정신은 활동할 수 있다. 그러나 동시에 인식이 경험에 시간적으로 선행하지 않을지라도, 인식 능력은 감각 인상이 생겨날 때 자신 안에서 아프리오리한 요소를 공급하는 것은 가능하다. 이런 의미에서 아프리오리한 요소들은 경험에서부터 나오지는 않을 것이다.

그렇다면 도대체 아프리오리한 인식이 가능하다고 칸트가 생각한 이유는 무엇인가? 해답은 그가 그런 인식이 명백하게 존재한다고 확신하였다는 것이다. 그는 우리가 경험에서 필연성과 엄밀한 보편성[13]을 도출할 수 없다는 점에서 데이비드 흄과 의견을 같이한다. 그러므로 '필연성과 엄밀한 보편성은 아프리오리한 인식의 확실한 표지(標識)들이며, 서로 불가 분리적으로 연결되어 있다'.[14] 그리고 우리가 필연적이고 보편적인 판단에서 표현되는 인식을 소유하고 있다는 것을 보여주기는 쉽다. '만약 우리가 학문에서 예를 구하고자 한다면, 우리는 단지 수학의 명제를 살펴보는 것으로 충분하다. 만약 우리가 가장 일상적인 지성의 작용에서 그 예를 원한다면, 모든 변화는 원인을 가져야만 한다는 명제가 우리의 목적에 기여할 수 있다.'[15] 칸트의 용어법에서는 이 마지막 명제는 변화의 개념이 경험에서부터 도출된다는 의미에서 '순수하지 않다'. 그러나 그 명제는 순수 아프리오리한 인식의 예가 아닐지라도, 아프리오리하다. 그 명제는 필연적이며 엄밀한 의미에서 보편적 판단이기 때문이다.

그러므로 상당한 영역의 아프리오리한 인식이 있다. 칸트는 자신이 흄에게 빚을 지고 있음을 인정했다. '나는 몇 년 전 처음으로 나의 독단적 꿈을 방해하였으며, 사변철학의 영역에서 나의 탐구에 새로운 방향을 완전히 제공했던 것이 데이비드 흄의 사상이었다고 나는 솔직히 고백한다.'[16] 그러나 비록 칸트가 흄의 인과성의 원리에

---

13 칸트에 있어 귀납에 의존하는 보편성은 엄밀한 보편성이 아니라, '가정된 그리고 상대적인' 보편성이며 예외를 허용한다. 만약 내 개인적인 경험에 근거해 인간은 백 년 이상 살지 못한다고 말한다면, 이 판단의 보편성은 '가정된' 것이다. 엄밀한 보편성은 어떤 가능한 예외도 허용하지 않는다.

14 B. 4.

15 B. 4-5.

16 *Prol.*, 머리말.

대한 논의에 의해서 판단에서 필연성의 요소가 순수하게 경험론적인 노선에 따라서 정당화될 수 없다는 점을 확신하였지만, 그는 관념들의 연합에 의해서 그것의 기원에 대한 흄의 심리학적 설명을 받아들이기를 거부하였다. 만약 내가 모든 사건은 원인을 가져야 한다고 말한다면, 나의 판단은 아프리오리한 인식을 표현한다. 그것은 단순하게 관념들의 연합에 의해서 기계적으로 생산된 습관적 기대의 표현이 아니다. 필연성은 '순수하게 주관적'[17]이지 않다고 칸트는 주장한다. 모든 사건이나 발생이나 변화가 원인에 달려 있다는 것이 인식되며, 그것은 아프리오리한 인식이다. 다시 말하면 나의 판단은 특수한 경우들에 대한 나의 경험에서 나온 단순한 일반화가 아니며, 그것의 진리성이 인식될 수 있기 이전에 경험적인 확증이 필요하지도 않다. 그러므로 비록 흄이 사건과 원인의 필연적 관계가 경험에서 주어지지 않는다고 말한 점에서 옳다 하더라도, 필연성 관념의 기원에 대한 그의 심리학적 설명은 부적절하였다. 우리는 여기서 아프리오리한 인식의 사례를 가진다. 그러나 그것은 결코 유일한 사례가 아니다. 흄은 인과적 관계에 주로 주목했다. 그러나 칸트는 '원인과 결과의 결합 개념이 지성이 사물들 간의 관계를 아프리오리하게 생각하는 유일한 결합 개념이 아니라는 사실을 곧'[18] 알아챘다. 그러므로 아프리오리한 인식의 상당한 영역이 존재한다.

그러나 아프리오리한 인식이 확실히 존재한다면, 칸트가 그런 인식이 어떻게 가능한지를 물은 이유가 무엇일까? 왜냐하면 그런 인식이 현실적이라면, 그것은 분명히 가능하기 때문이다. 당연히 대답은, 칸트가 확신하고 있듯이 명백하게 아프리오리한 인식이 존재하는 그러한 영역들을(순수 수학과 순수 물리학)의 경우에 문제는 이러한 인식이 어떻게 **가능한가**(좀 더 나은 표현으로는 그것이 가능한지 **어떤지**)가 아니라, **어떻게** 그것이 가능한지 라는 것이다. 이런 가능성을 인정할 경우 (왜냐하면 그것은 현실적이기 때문이다) 어째서 그것이 가능할까? 예를 들어 수학에서 우리가 가지고 있는 아프리오리한 인식을 가지는 일이 어떻게 이루어지는가?

그러나 사변적 형이상학의 경우에 아프리오리한 인식을 가지고 있다는 주장은

---

17   B. 5.
18   *Prol.*, 머리말.

의심스럽다 그러므로 여기에서 우리는 그런 인식이 어떻게 가능한가보다 그것이 가능한지 어떤지를 여부를 묻는다. 만약 형이상학이 우리에게 예컨대 신 또는 불멸성의 인식을 제공한다면, 그런 인식은 칸트의 형이상학적 견해에 따르면 아프리오리한 것이어야 한다. 그런 인식은 순수하게 경험적인 판단에 논리적으로 의존하지 않는다는 의미에서 경험에 독립적이지 않으면 안 된다. 그러나 사변적 형이상학이 우리에게 그러한 인식을 제공하는가? 심지어는 원리상 그렇게 할 수 있기나 한가?

────── 3. 이 문제의 구분

이제 우리는 이러한 문제들을 더 정밀하게 검토하기로 한다. 그리고 그렇게 하기 위해서 우리는 칸트가 구분한 여러 다른 유형의 판단을 언급하여야 한다.

첫째, 우리는 분석판단과 종합판단을 구분해야 한다. 분석판단은 술어가 적어도 함축적으로 주어 개념 안에 포함되는 판단이다. 이러한 판단들은 술어가 명시적이건 함축적이건 간에 이미 그 안에 포함되어 있지 않은 어떤 것을 주어의 개념에 추가하지 않기 때문에, '설명 판단'(*Erläuterungsurteile*)[19]이라 말해진다. 그리고 이 판단들의 진리성은 모순율에 의존한다. 우리는 우리 자신이 논리적 모순에 빠지지 않고서는 이 명제를 부정할 수 없다. 칸트는 '모든 물체는 연장(延長)되어 있다'를 예시로 들고 있다. 연장의 관념은 물체의 관념 안에 포함되어 있기 때문이다. 그러나 종합판단은 어떤 주어에 대해서 그 주어의 개념 안에 포함되어 있지 않은 술어를 긍정하거나 부정한다. 그러므로 종합판단은, 주어 개념에 무언가를 부가하기 때문에 '확충' 또는 '확장 판단'(*Erweiterungsurteile*)[20]이라 한다. 칸트에 따르면, '모든 물체는 무게를 가진다'가 종합판단의 예시이다. 무게의 관념은 물체 그 자체의 개념에 포함되어 있지 않기 때문이다.

---

19   A. 7, B. 11.
20   같은 곳.

이제 우리는 종합판단의 일반적 부류 안에서 그 이상의 구분을 해야 한다. 우리가 본 것처럼 모든 종합판단에는 주어 개념에 무언가가 부가된다. 술어와 주어 사이의 연결은 긍정되지만(우리의 관심을 긍정 판단에 제한한다면), 술어는 말하자면 단순한 분석에 의해서 주어에서 도출될 수 없다. 그런데 이러한 연결은 순수하게 사실적이며 우연적이다. 그렇다면 이 연결은 경험 안에서만 그리고 경험을 통해서만 주어진다. 그리고 사실이 이렇다면, 그 판단은 아포스테리오리하게(*a posteriori*) 종합적이다. 'X 종족의 구성원은 모두 키가 작다'는 명제를 취해보자. 이것이 참된 명제라고 가정해보자. 그것은 종합적이다. 왜냐하면 우리는 작음의 관념을 X 종족의 개념에서 단순한 분석에 의해서 도출할 수 없기 때문이다.[21] 그러나 작음과 종족의 구성원임 사이의 연결은 단지 경험 안에서 그리고 경험을 통해서 주어질 뿐이다. 그리고 판단은 단지 일련의 관찰의 결과일 뿐이다. 판단의 보편성은 엄밀한 보편성이 아니라 가정되고 상대적인 보편성이다. 작지 않은 종족 구성원이 지금은 없다 하더라도, 미래의 언젠가는 하나의 또는 다수의 키 큰 구성원이 있을 수 있다. 모든 구성원이 키가 작다는 것을 우리는 아프리오리하게 알 수 없다. 그것은 단지 우연적 사실의 문제에 불과하다.

그러나 칸트에 따르면 또 다른 종합명제가 존재한다. 그 명제에서 술어와 주어의 연결은 비록 주어 개념의 단순한 분석에 의해서 알 수 있는 것은 아니지만, 그럼에도 불구하고 필연적이고 엄밀하게 보편적이다. 이런 명제는 아프리오리한 종합명제라 부른다. 칸트는 다음의 명제를 사례로 들고 있다. '발생하는 모든 것은 원인을 갖는다.'[22] 원인을 갖는다는 술어가 발생하는 것, 즉 사건의 개념 안에 포함되어 있지 않기 때문에 그 명제는 종합적이다. 그 명제는 설명 판단이 아니라 확장 판단이다. 그러나 이 명제는 동시에 아프리오리하다. 왜냐하면 그 명제는 아프리오리한 명제의 표지인 필연성과 엄밀한 보편성을 특징으로 가지고 있기 때문이다. '발생하는 모든 것은 원인을 갖는다'는 명제는, 우리의 경험이 미치는 한 모든 사건은 원인을 가졌고, 경험

---

21 물론 이 판단은 종족의 구성원임이 작음의 관념을 포함한다고 정의함으로써 분석판단으로 전환될 수 있다. 그러나 이 경우 우리는 언어적 정의와 그 정의가 함축하는 영역으로 옮겨가고 있다. 즉 우리는 경험적 실재, 즉 실제로 현존하는 것으로서의 종족을 다루는 것이 아니다.

22 A. 9, B. 13.

이 다른 경우를 보여주기 전까지는 미래의 사건들 또한 원인을 가질 것이라고 기대하는 것이 합리적이라는 점을 의미하지 않는다. 그것은 모든 사건이 어떤 가능한 예외도 없이 원인을 가질 것이라는 점을 의미한다. 그 명제는 물론 한 가지 의미에서는 경험에 의존한다. 즉 우리가 발생하는 것들, 즉 사건들을 알게 되는 것은 경험에 의해서라는 의미에서 그렇다. 그러나 술어와 주어의 연결은 아프리오리하게 주어진다. 그것은 귀납에 의해서 도달되는 경험의 단순한 일반화가 아니다. 또한 그것에는 경험적 확증이 필요하지도 않다. 우리는 아프리오리하게 또는 미리 모든 사건이 원인을 가진다는 것을 안다. 그리고 경험의 영역 안에서 들어오는 사건들의 경우에 그런 연결이 관찰되었다고 해서, 이 판단의 확실성이 증가하는 것은 아니다.

아프리오리한 종합명제에 관한 매우 논쟁적인 문제를 논의함으로써 칸트의 문제 과정을 방해하는 것은 적절하지 않다고 나는 생각한다. 그러나 그 사실을 잘 모르는 독자들의 편의를 위해서 아프리오리한 종합명제의 현존은 현대의 논리학자들에 의해서, 특히 당연히 경험론자들과 실증주의자들에 의해서 광범위하게 도전을 받고 있다는 점을 언급하는 것이 적합하다. 그들의 문제 접근은 칸트의 접근과 다소 다르지만, 나는 그 주제에 대해서 길게 논하고 싶지 않다. 주요 핵심은 분석명제와 종합명제 간의 일반적 구별이 어떤 어려움을 야기하지 않는 반면에, 많은 철학자들은 아프리오리한 종합명제가 있다는 것을 받아들이기를 거부한다는 사실이다. 어떤 명제가 필연적이라면, 그 명제는 분석적이다. 어떤 명제가 분석적이지 않다면, 그 명제는 칸트의 화법을 빌자면 아포스테리오리하게 종합적이다. 다른 말로 하면 경험론 논점은 어떤 명제가 영어의 의미를 분석하는 것 이상을 하거나 또는 상징들의 의미를 설명하는 것이 이상을 한다면, 즉 그 명제가 우리에게 비언어적 실재에 관한 정보를 제공한다면, 술어와 주어 사이의 연결은 필연적이 아니며, 필연적일 수 없다는 것이다. 결국 모든 종합명제는 칸트의 용법에 따르면 아포스테리오리하다. 칸트가 말했던 것처럼 그것의 진리성이 모순의 원리에만 의존하는 명제는 분석적이다. 그것의 진리성이 모순의 원리에 의존하지 않는 명제는 필연적 진리가 될 수 없다. 한편으로 분석적 명제이며, 다른 한편으로 경험적 명제(칸트의 아포스테리오리한 종합판단에 상응하는) 이외에 제3의 명제 부류의 여지는 없다.

그러나 칸트는 아프리오리한 종합명제들, 즉 단순히 '설명적'이 아니라 실재에 관한 우리의 지식을 확장하고 동시에 아프리오리한 명제(즉 필연적이면서 엄밀히 보편적인)가 존재한다고 확신하였다. 그러므로 어떻게 아프리오리한 인식이 가능한가의 일반적인 문제는 다음처럼 표현될 수 있다. 어떻게 아프리오리한 종합명제가 가능한가? 어떻게 우리는 실재에 대한 그 무언가를 도대체 아프리오리하게 알 수 있는가? 그러나 이 일반적인 물음은 아프리오리한 종합명제들이 어디서 발견되는가를 고려함으로써 더 특수한 몇 가지 문제들로 나뉠 수 있다.

첫째, 그런 문제들은 수학에서 발견된다. '본래의 수학적 명제들은 경험에서 얻어질 수 없는 필연성의 개념을 포함하기 때문에, 그 명제는 언제나 아프리오리한 판단이며, 경험적 판단이 아니라는 점이 무엇보다 주목되어야 한다.'[23] 7+5라는 명제는 가능한 예외들을 허용하는 경험적 일반화가 아니다. 그것은 필연적 명제이다. 그러나 동시에 이 명제는 칸트에 따르면 앞에서 서술한 의미에서 분석적이 아니다. 그것은 종합적이다. 12라는 개념은 7과 5 사이의 연합의 관념을 단순히 분석함으로써 얻어지지 않으며 얻어질 수 없다. 왜냐하면 이 관념은 연합에서 나오는 특정한 수로서 12라는 개념을 스스로 함축하고 있지 않기 때문이다. 우리는 직관의 도움을 받지 않고 12라는 개념에 도달할 수 없다. '그러므로 산술의 명제는 언제나 종합적이다.'[24] 다른 말로 하면 그 명제는 아프리오리하게 종합적이다. 왜냐하면 우리가 보았듯이 그 명제는 필연적 명제이고, 그래서 아포스테리오리하게 종합적일 수 없기 때문이다.

이와 유사하게, 순수 기하학의 명제들 역시 아프리오리한 종합명제이다. 예를 들면 '직선은 두 점 사이의 가장 짧은 선이라는 것은 종합명제이다. 왜냐하면 **직**(直)이라는 나의 개념은 분량의 개념을 포함하지 않고 오직 성질의 개념을 포함하기 때문이다. **가장 짧은**이라는 개념은 그래서 완전히 추가된 것이며, 어떤 분석에 의해서도 직선이라는 개념에서 도출될 수 있는 것이 아니다. 그러므로 직관은 여기서 도움을 주어야 하고, 그 도움에 의해서만 이러한 종합이 가능하게 된다.'[25] 그러나 이 명제

---

23 B. 14.
24 B. 16.
25 같은 곳.

제4부 칸트

는 종합적이라는 것 외에도 필연적이며, 그래서 아프리오리하다. 이 명제는 경험적 일반화가 아니다.

칸트는 기하학자들이 몇 가지 분석명제들을 사용할 수 있다고 언급하지만, 그는 본래의 순수 수학의 모든 명제들은 아프리오리한 종합명제들이라고 주장한다. 순수 수학은 라이프니츠에서와 달리 칸트에서는 모순의 원리에 의존하는 단순히 분석적인 학문이 아니다. 그것은 성격상 구성적이다. 우리가 칸트의 공간·시간 이론을 다루게 될 때, 칸트의 수학 개념에 대해 그 이상의 것이 다음 장에서 다루어질 것이다. 지금으로서는 수학의 명제가 아프리오리한 종합명제라는 칸트의 이론에서 야기되는 문제를 주목하는 것으로 충분하다. 즉 어떻게 순수 수학이 가능한가의 문제를 주목하는 것으로 충분하다. 우리는 아프리오리한 수학적 진리들을 확실하게 알 수 있다. 그러나 그렇게 아는 일이 어떻게 가능한가?

둘째, 아프리오리한 종합명제는 물리학에서도 발견된다. 예를 들어 '물체(물질) 세계의 모든 변화에서 물질의 양[질량]은 불변이다'는 명제를 예로 들어보기로 한다. 칸트에 따르면 이 명제는 필연적이며, 그러므로 아프리오리하다. 그러나 이 명제는 또한 종합적이다. 왜냐하면 물질의 개념에서 우리는 그것의 영속성을 생각하지 않고, 단지 그것이 채우고 있는 공간 안에 그것이 존재한다는 것만을 생각하기 때문이다. 당연히 물리학 일반은 단지 아프리오리한 종합명제들로 구성되어 있지 않다. 그러나 '자연과학(물리학)은 원리로서 아프리오리한 종합판단들을 자신 안에 포함한다.'[26] 그리고 우리가 이러한 원리들의 복합체를 순수 자연과학 또는 순수 물리학이라 부른다면, 다음의 문제가 생겨난다. '어떻게 순수 자연과학 또는 순수 물리학이 가능한가?' 우리는 이 영역에 아프리오리한 인식을 가진다. 그러나 우리가 그런 인식을 갖는 것이 가능한가?

칸트는 도덕에서도 아프리오리한 종합명제가 있다고 믿었다. 그러나 여기서는 『순수이성비판』에서 제기되고 논의되는 문제들을 다루고 있으므로, 이 주제는 그의 윤리 이론에 관한 장을 위해 남겨둘 수 있다. 그러므로 우리는 형이상학의 주제에 이

---

26 B. 17.

르게 된다. 그리고 우리가 형이상학을 고려하면, 우리는 그것이 개념분석만을 목표로 하지 않는다는 점을 발견한다. 형이상학은 사실상 분석명제를 포함한다. 그러나 분석명제는 적절히 말하면 형이상학적 명제들이 아니다. 형이상학은 실재에 관한 우리의 지식을 확장하는 것을 목표로 한다. 그러므로 형이상학의 명제는 종합적이어야 한다. 동시에 형이상학이 경험과학이 아니라면 (그리고 그것은 경험과학이 아니다) 형이상학의 명제들은 아프리오리하여야 한다. 그러므로 만약 형이상학이 가능하다면, 형이상학은 아프리오리한 종합명제들로 구성되어야 한다는 결론이 나온다. '그리고 따라서 형이상학은 최소한 그것의 목적상 아프리오리한 종합명제들로만 구성되어 있다.'[27] 칸트는 그 예로서 다음의 명제를 든다. '세계는 첫 시초를 가져야 한다.'[28]

그러나 우리가 본 것처럼 형이상학이 학문이어야 한다는 주장은 의심스럽다. 그러므로 문제는 어떻게 학문으로서의 형이상학이 가능한가가 아니라 형이상학이 가능한가 어떤가 여부이다. 그러나 이 지점에서 우리는 이미 설정하였던 구분, 즉 자연적 기질로서의 형이상학과 학문으로서 고려된 형이상학의 구분을 언급해야 한다. 인간의 이성이 자연스럽게 경험적으로는 대답할 수 없는 문제를 제기할 수밖에 없다고 믿고 있기 때문에, 그는 자연적 기질로서 고려된 형이상학이 어떻게 가능한가를 아주 적절하게 물을 수 있다. 그러나 자신의 고유한 문제들에 답할 수 있는 학문을 구성하여야 한다는 형이상학의 요구가 정당한지에 대해 칸트는 의문을 가지고 있기 때문에, 여기에서 제기된 문제는 실제로 학문으로서 고려된 형이상학이 가능한가의 문제이다.

그러므로 우리는 네 가지 물음에 직면하게 된다. 첫째, 순수 수학이 어떻게 가능한가? 둘째, 순수 자연과학 또는 순수 물리학이 어떻게 가능한가? 셋째, 자연적 기질로서 고려된 형이상학이 어떻게 가능한가? 넷째, 학문으로서 고려된 형이상학은 가능한가? 칸트는『순수이성비판』에서 이 물음들을 다룬다.

27　B. 18.
28　같은 곳.

━━━━━━━ 4. 칸트의 코페르니쿠스적 혁명

우리가 아프리오리한 인식이 어떻게 가능한가 또는 아프리오리한 종합판단이 어떻게 가능한가의 일반적 문제를 고려한다면, 그리고 동시에 우리가 경험적 소여에서 필연성과 엄밀한 보편성을 도출하는 것이 불가능하다는 것에 관해 흄과 의견의 일치를 보이는 칸트를 염두에 둔다면, 우리는 인식이 단지 정신과 그 대상과의 일치에서 성립할 뿐이라고 칸트가 주장하기가 얼마나 어려웠을까를 알 수 있겠다. 이것의 이유는 분명하다. 대상들을 인식하기 위해서 만약 정신이 대상을 따라야 한다면, 그리고 동시에 경험적으로 주어진 것으로서 고려된 이런 대상들에서 정신이 필연적 결합을 발견할 수 없다면, 우리가 사실의 문제로서 검증되는 그리고 우리가 미리 또는 아프리오리하게 알고 있는 것처럼 언제나 검증되지 않으면 안 되는 필연적이고 엄밀하게 보편적인 판단을 어떻게 만들어낼 수 있는가를 설명하는 것은 불가능하다. 예를 들어 우리가 경험된 사건들이 원인을 갖는다는 사실을 발견하는 것에 그치는 것이 아니라, 우리가 또한 모든 사건은 원인을 가지지 않으면 안 된다는 것을 미리 알아야 한다. 그러나 만약 우리가 경험을 단지 주어진 것에 한정시킨다면, 우리는 거기서 필연적 인과관계를 발견할 수 없다. 그러므로 단지 정신이 대상들을 따르는 데서만 인식이 성립한다는 가설에 따를 경우, 모든 사건이 원인을 가지지 않으면 안 된다는 우리의 인식을 설명하는 것은 불가능하다.

그러므로 칸트는 또 하나의 가설을 제안하였다. '지금까지 우리의 모든 인식은 대상들을 따라야 한다고 가정하였다. 그러나 개념들에 의해 그 대상들에 관한 무언가를 아프리오리하게 확인하고 우리의 인식을 확장하려는 모든 시도는 이러한 가정 위에서는 어떤 결실도 맺지 못했다. 그래서 사람들은 만약 대상이 우리의 인식을 따라야 한다고 가정함으로써, 우리가 형이상학의 과제들에서 좀 더 나은 진전이 있지 않을지 어떨지를 검토해볼 필요가 있다. 이것은 어쨌든 우리가 찾고 있는 가능성, 즉 대상들이 우리에게 주어지기 전에 그 대상들에 관한 무언가를 결정해주는 아프리오리

한 대상의 인식의 가능성과 더 잘 부합한다.'[29]

이러한 가설은 코페르니쿠스가 제안한 가설과 유사하다고 칸트는 보았다. 코페르니쿠스는, 비록 태양이 동쪽에서 서쪽으로 지구를 도는 것처럼 보이지만, 우리가 이러한 사실로부터 지구가 고정되어 있고 태양이 고정된 지구 주위를 움직인다고 결론 내리는 것은 정당할 수 없다고 보았다. 왜냐하면 만약 태양 주위를 도는 것이 지구였고, 그리고 그것의 관찰자인 인간이었다면, 태양의 관찰된 운동은 정확하게 앞의 것과 같다(즉 현상은 언제나 정확하게 같을 것이다)는 바로 그 좋은 이유 때문에 그러하다. 직접적인 현상들은 양 가설에서 동일한 것이다. 문제는 태양중심가설에서만 설명될 수 있는 천문학적 현상들이, 혹은 어쨌든 지구중심가설보다 더 잘 설명되고 더 경제적으로 설명될 수 있는 천문학적 현상들이 없는가 하는 것이다. 그리고 그 이후의 천문학적 탐구는 실제로 사실이 이러하다는 점을 보여주었다. 칸트의 제안에 따르면, 유사한 방식으로, 대상들이 인식되기 위해서 (즉 우리가 '대상'을 인식의 대상으로 이해한다면, 대상들이 **대상들이기** 위해서) 대상들은 다른 방식이 아니라 정신을 따라야 한다는 가설에서도 경험적 실재는 지금과 같이 그대로일 것이다. 그리고 만약 아프리오리한 인식이 옛날의 가설이 아니라 새로운 가설에 따라서 설명될 수 있다면, 이것은 새로운 가설에 유리한 논증이다.

칸트의 '코페르니쿠스적 혁명'은 실재가 인간의 정신과 그것의 관념에 환원될 수 있다는 견해를 함축하는 것이 아니다. 칸트는 인간의 정신이 사물들의 존재에 관한 한 사물들을 사유함으로써 그 사물들을 창조한다고 제안하지 않는다. 그가 제안하고 있는 것은, 그 사물들이 주관의 측면에서 아프리오리한 인식 조건에 종속되지 않는다면, 그 사물들을 인식할 수 없다는 것이다. 만약 인간 정신이 인식에서 순수하게 수동적이라고 가정한다면, 우리는 우리가 의심하지 않고서 소유하고 있는 아프리오리한 인식을 설명할 수 없다. 그러므로 정신이 능동적이라고 가정해보자. 이 능동성은 무로부터 존재자를 창조한다는 것을 의미하지 않는다. 오히려 그것은 말하자면 정신이 경험의 궁극적 재료에 자신의 인식 형식을 부과하고, 이러한 인식은 인간의 감

---

29   B. XVI.

성과 지성의 구조에 의해서 결정되며, 사물들은 이러한 형식의 매개를 통하지 않고서는 인식될 수 없다는 것을 의미한다. 그러나 우리가 자신의 인식 형식을 이를테면 인식 재료에 부과하는 정신에 대해 이야기한다면, 이것은 인간 주관이 의도적으로, 의식적으로, 일련의 목적을 가지고서 이 일을 한다는 것을 의미하는 것으로 간주되어서는 안 된다. 의식적 경험에 주어진 것으로서의 대상, 즉 우리가 사고하는 대상(예컨대 나무)은 이미 인간 주관이 자연적 필연성에 의해서 부과한 이러한 인지 형식에 종속되어 있다. 왜냐하면 이것이 바로 우리 인간의 인식 구조이기 때문이다. 즉 주관은 인식하는 주관이라는 자연적 구조를 지니고 있기 때문이다. 그래서 만약 '대상'이 정확하게 그 자체 인식의 대상에 관계하는 것으로 간주된다면, 인지 형식들은 대상들의 가능성을 결정한다. 만약 '대상'이라는 용어가 물자체, 인식하는 주관과의 관계와 무관하게 존재하는 사물들을 지시하는 것으로 간주된다면, 우리는 당연히 사물들은 인간의 정신에 의해서 결정된다고 말할 수 없다.

아마도 문제는 빨간색 안경을 낀 사람이라는 매우 거친 사례를 참조함으로써 좀 더 분명하게 될 수 있다. 한편으로는 빨간색 안경을 끼고 있기 때문에, 세계를 빨간색으로 보는 사람은 그가 보는 사물들을, 신이 창조자라는 의미에서, 창조한 것은 아니라는 것이 분명해진다. 그를 촉발했던, 즉 그의 시각 능력을 자극했던 사물들이 이미 존재하지 않았다면, 그는 아무것도 보지 못할 것이다. 다른 한편으로 대상이 빨간 것으로 보이지 않는다면, 그는 어떤 것도 볼 수 없다, 즉 그에게는 아무것도 시각의 대상이 될 수 없다. 동시에 유비를 적용하여 보면, 우리는 다음의 중요한 사실을 덧붙여야 한다. 빨간색 안경을 낀 사람은 의도적으로 그렇게 한 것이다. 그가 사물들을 빨간 것으로 보는 것은 그 자신의 선택 사항이다. 그러므로 우리는 그가 모든 사물들을 빨간 것으로 보도록 구성되어 있는 시각 능력을 가지고 태어난 사람을 상상해야 한다. 경험 속에서 그에게 나타난 세계는 빨간 세계이다. 이것이 실제로 그의 반성의 출발점이다. 그래서 두 가지 가설이 가능하다. 모든 것이 빨갛다고 할 수도 있고, 아니면 사물들이 서로 다른 색깔들을 가지지만,[30] 그러나 어떤 주관적 요인(실제로 유

---

30 이 유비의 목적을 위해서 나에게 매일의 일상 언어를 사용할 수 있도록 허용되어야 한다. 그것은 분명히

비의 경우처럼) 때문에 그것들이 빨간색으로 보일 수도 있다. 당연한 일이지만, 그 사람은 자연스럽게 첫째 가설을 받아들일 것이다. 그러나 시간의 경과에 따라서 그는 이러한 가설에 따라 어떤 사실들을 설명하는 데 어려움을 느낄 수도 있다. 그래서 그는 두 번째 가설을 생각하고 그것을 고려하게 된다. 그리고 모든 사물이 실제로 빨갛다는 가설에서는 설명될 수 없는 어떤 사실들이 둘째 가설에 따라서 설명될 수 있다는 것을 알게 되면, 그는 둘째 가설을 받아들일 것이다. 사실상 그는 사물들의 '실재[제]적' 색깔을 결코 볼 수 없을 것이다. 첫째 가설을 바꾸고 난 다음에도 그에게 나타나는 현상은 동일할 것이다. 이것은 마치 태양의 겉보기 운동이 태양중심가설을 받아들이는 사람에게나 지구중심가설을 받아들이는 사람에게나 꼭 같은 것과 마찬가지다. 그러나 그는 왜 사람들이 그런 식으로 현상하는지 알 것이다. 태양중심가설을 받아들이는 사람은 지구 주위를 도는 태양의 겉보기 운동이 지구의 운동과 지구와 함께 하는 그 자신의 운동에 의거한다는 것을 알 것이다. 모든 사물을 빨간 것으로 보는 사람에게는 사물들의 이런 현상이 자신의 조건에 의거한다고 가정할 이유가 있을 것이다. 유비적 관점에서 보면 칸트의 '코페르니쿠스적 혁명'을 받아들이는 사람에게는, 한번 가정해보면, 사물들이 그에게 현상하는 (예를 들면 공간적으로 결합되고, 필연적인 인과관계에 의해서 서로 결합되는 것으로서) 방식들이 인간의 주관적이며 아프리오리한 인식 조건에 의거한다고 믿을 이유가 있을 것이다. 사실상 그는 사물들을 이러한 아프리오리한 조건들이나 형식들에 종속시키지 않고서는 그 사물들을 인식할 수 없다. 그러나 그는 왜 경험 세계가 그의 의식에서 지금 있는 대로 나타나는지 알게 될 것이다.

　　우리는『학문으로 등장할 수 있는 미래의 모든 형이상학을 위한 서설』의 서두에서 칸트가 자신의 사상에 흄의 영향이 있었다는 사실을 언급한 것에 대해 이미 주목한 바 있다.『순수이성비판』의 재판의 서문에서 그는 자신의 '코페르니쿠스적 혁명'에 관한 착상을 자신에게 시사한 점에서 수학과 물리학의 영향에 대해 주목했다. 수학에서 혁명은 매우 이른 시기에 나타났음이 틀림없다. 이등변삼각형의 속성을 최초로 증명했던 그리스인이 누구였든지, 새로운 빛이 칸트의 정신에 비추어졌음이 틀

유비 또는 예시이며, 색깔들의 존재론적 지위에 관해 고려된 진술이 아니다.

림없다. 왜냐하면 그는 삼각형의 시각적 도형을 또는 삼각형의 관념을 자신의 마음속에서 숙고하는 것으로는 충분치 않다고 생각했기 때문이다. 그는 삼각형의 속성들을 능동적 구성의 과정에 의해서 입증해야 했다. 그리고 일반적으로 수학은 그것이 아프리오리한 개념들에 따라서 구성될 때만 학문이 되었다. 물리학에 관해서 말하자면, 이 영역에서의 혁명은 훨씬 늦게 나타났다. 갈릴레오(Galileo), 토리첼리(Torricelli), 그리고 다른 사람들의 실험과 더불어 새로운 빛이 물리학자들에게 갑자기 나타났다. 그들은 마침내 과학자가 사실상 자연에게 배우기 위해 자연에 접근해야 하지만, 과학자는 단순히 학생의 정신으로 다가가서는 안 된다는 것을 이해해야 한다. 오히려 과학자는 그가 제기하는 질문들에 자연이 답하라고 강요하는 방식으로 재판관처럼 자연에 접근해야 한다. 이는 마치 재판관이 어떤 계획에 따라서 증인들에게 제기하는 질문들에 답할 것을 증인들에게 다그치는 것과 같다. 과학자는 한 손에는 원리들을 가지고서, 다른 손에는 실험을 가지고서 자연에 접근해야 하며, 자신의 기획이나 목적에 따라서 제기되는 질문들에 자연이 답변하도록 해야 한다. 과학자는 어머니의 인도에 따라서 걸음마를 배우는 아이처럼 자연을 단순히 따르도록 자신에게 허용해서는 안 된다. 물리학자들이 미리 생각한 계획[31]에 자연이 따르도록 되어야 한다는 것을 물리학자들이 깨달았을 때만 과학에서의 진정한 진보가 가능하게 되었다. 그리고 수학과 물리학에서의 이러한 혁명은, 만약 정신이 대상들을 따른다기보다 대상들이 정신을 따라야 한다고 우리가 가정한다면, 형이상학에서 아마도 진보가 이루어질 것이라는 암시를 준다. 흄이 보여주었듯이 아프리오리한 인식은 둘째 가설로는 설명될 수 없다. 그러므로 만약 그것이 첫째 가설로 설명될 수 있는지를 한번 검토해보기로 한다.

'코페르니쿠스적 혁명'이 아프리오리한 인식을 설명하는 데 어떤 도움을 줄 수 있는가? 하나의 예시가 예비적인 관념을 제공하는 데 도움이 될 것이다. 모든 사건은 원인을 갖는다는 것을 우리는 알고 있다. 그러나 흄이 보여주었듯이, 개별 사건들을 아무리 많이 관찰하더라도 이런 인식을 낳는 데 도움이 되지 않는다. 이러한 사실에

---

31 분명하게 칸트는 물리학자를 자연에 관한 기존의 이론들을 단순하게 읽는 사람으로 보고 있지 않다. 그는 가설, 연역, 통제된 실험의 과정을 생각하고 있고, 그 과정에서 물리학자는 분명히 자연에게서 인상을 단순하게 수동적으로 수용하는 사람은 아니다.

서 흄은 모든 사건이 원인을 갖는다는 것을 우리가 인식한다고 말해질 수 없다고 결론 내렸다. 우리가 할 수 있는 것은 기껏 우리의 믿음이나 확신에 대한 심리학적 설명을 발견하려고 노력하는 것뿐이다.[32] 그러나 칸트의 입장에서 볼 때는 우리는 모든 사건이 원인을 가지지 않으면 안 된다는 것을 분명하게 알고 있다. 그리고 이것은 아프리오리한 인식의 사례이다. 어떤 조건에서 그것이 가능한가? 그것은 대상들이 대상들이기 위해서 (즉 인식되기 위해서) 인간 지성의 아프리오리한 개념들 또는 범주들에 종속되지 않으면 안 된다는 조건에서만 가능하다. 인과성이 바로 그 개념들 또는 범주 중 하나이다. 왜냐하면 이 경우에 인과관계를 예로 보여주지 않고는 어떤 것도 우리 경험의 영역에 들어오지 못할 것이기 때문이다. 이는 마치 앞의 예를 들어 말하자면, 모든 것을 빨간 것으로 보도록 구성된 시각 능력을 가진 사람의 시야 안으로는 빨간 것을 제외하고는 어떤 것도 들어올 수 없는 것과 마찬가지이다. 만약 경험의 대상들이 정신적인 범주를 부과함으로써 그 자체 부분적으로 결정되거나 구성되는 것이 필연적이라면, 그리고 인과성이 그런 범주 중 하나라면, 인간 경험의 전 영역 안에서 원인이 없다면, 어떤 것도 발생하지 않는다는 것을 우리는 미리 또는 아프리오리하게 알 수 있다. 그리고 이러한 관념을 인과성이라는 한 가지 사례를 넘어서 확장함으로써 우리는 아프리오리한 인식의 전 영역의 가능성을 설명할 수 있다.

그런데 나는 칸트의 '가설'에 대해 말했다. 그리고 그것의 최초의 개념은 당연히 가설이었다. '…을 가정함으로써 더 진전을 할 수 있는지 여부를 살펴보자'는 구절은 칸트가 자신의 생각을 소개할 때 사용하는 표현 방식이다. 그러나 비록 그 생각이 자연철학이나 물리학에서의 혁명에 의해서 제안되었음에도 불구하고, 물리학자가 실험을 할 수 있는 것과 유사한 방식으로 우리가 비판철학에서 대상을 실험할 수 없다는 점을 그는 주목한다. 우리는 대상과 의식 일반의 관계에 관심이 있고, 인식하는 주관이 대상들에게 어떤 영향을 미치는지 여부를 알기 위해서 인식하는 주관과 대상의 관계에서부터 대상들을 제거할 수 없다. 그런 절차는 원리상 불가능하다. 그러나

---

32 흄이 원인의 개념이 삶에서 불가피하다는 사실에 결코 의문을 품지 않았다는, 『학문으로 등장할 수 있는 미래의 모든 형이상학을 위한 서설』의 머리말에 나오는 칸트의 지적은 옳다.

동시에 만약 새로운 가설에 따라 우리가 다른 가설로는 설명될 수 없는 것을 설명할 수 있다면, 그리고 동시에 우리가 자연(경험의 가능한 대상들의 총합으로 고려된)의 기초에 아프리오리하게 놓인 법칙들을 입증하는 데 성공한다면, 우리는 처음에는 가설로 가정되었던 관점의 타당성을 증명하는 데 성공하게 될 것이다.

─────── 5. 감성, 지성, 이성과 『순수이성비판』의 구조

그런데 '인간 인식에는 두 가지 원천이 있다. 그것은 아마도 공통되지만 우리에게 알려지지 않는 뿌리, 말하자면 감성과 지성에서 나올 것이다. 감성을 통해서 대상들은 우리에게 **주어지고**, 지성을 통해서 대상들은 **사고된다.**'[33] 여기서 칸트는 감각 기관 또는 감성(*Sinnlichkeit*)과 지성(*Verstand*)을 구별하면서, 우리에게 대상은 감각 기관을 통해서 **주어지고** 지성을 통해서 **사고된다**고 말한다. 그러나 이 진술이 만약 단독으로 그리고 문맥에 대한 언급 없이 취해진다면, 그의 의미에 대한 오해를 쉽게 낳을 것이고, 따라서 몇 마디 설명이 필요하다.

칸트가 인간의 모든 인식이 경험에서 유래한다는 경험론자들에 동의하지 않는다는 점을 살펴보았다. 왜냐하면 순수하게 경험론적 원리에 따라 설명될 수 없는 아프리오리한 인식이 있기 때문이다. 동시에 그는 대상들이 감각 경험에서 우리에게 주어진다는 이 점에 대해서는 경험론자들에 동의한다. 그러나 '주어진다'는 용어는 쉽게 오해를 일으킨다. 문제를 좀 투박하게 표현한다면, 사고는 대상들이 감각 기관에 주어질 때만 대상들에 작동할 수 있다. 그러나 '주어진' 것이 이미 질료와 형식의 종합이 아니라는 결론이 나오는 것은 아니다. 왜냐하면 형식은 이미 인간의 감성에 의해서 부과된 것이기 때문이다. 그리고 주어진 것은 사실상 그러한 종합이라는 것이 칸트의 확신이었다. 그러므로 '주어진'이라는 용어는 의식에 주어진 의미로서 간주되어야 하며, 감각 기관이 물자체, 즉 인간 주관의 종합하는 활동과는 무관하게 존재하

---

33   A. 19, B. 29.

는 사물을 파악한다는 의미를 갖지 않는다. 감각 경험 그 자체는 공간과 시간의 아프리오리한 감각 직관들에서의 종합과 같은 활동을 포함한다. 물자체는 우리에게 결코 대상으로 주어지지 않는다. 말하자면 지성이 자신 앞에서 주어진 것으로 발견하는 것은 이미 형식과 질료의 종합이다. 그래서 지성은 더 나아가서 자신의 순수 (비경험적) 개념들 또는 범주들 아래에서 감각 직관의 소여를 종합한다.

그러므로 감성과 지성은, 비록 그들이 하는 일은 서로 다르지만, 경험을 구성하고 대상을 대상으로서 규정하면서 서로 협력한다. 그런데 이것은 지성(Verstand)의 순수 개념이나 범주의 기능이 감각 직관의 소여를 종합하는 것을 의미한다. 그러므로 범주들은 감각 경험에서 주어지지 않는 또는 주어질 수 없는 실재들에 적용될 수 없다. 그리고 지성의 순수 개념이나 범주(예컨대 원인과 실체의 개념과 같은)를 경험을 초월하는 데까지 사용하는 데서, 그리고 초감성적 실재를 서술하는 데까지 사용하는 데서 성립하는 어떤 형이상학도 칸트가 그렇게 이야기하듯이 학문이기를 합법적으로 요구할 수 없다는 결론이 나온다. 사실상 철학자의 임무 중 하나는 그러한 요구가 공허하다는 것을 폭로하는 것이다.

그래서 지성의 순수 개념들 또는 범주들의 기능은 감각의 다양성을 종합하는 것이다. 이런 개념들의 사용은 그것들이 감각 직관의 소여에 적용되는 데 놓여 있다. 그러나 또한 경험에서 단순히 추상되지도 않으면서, 동시에 감각 직관의 소여에 적용될 수 있는 어떤 관념들이 존재한다. 그런 관념들은 그 소여에 상응하는 경험 내에서 어떤 대상도 주어지지 않는다는 의미에서 또는 주어질 수 없다는 의미에서 경험을 초월한다. 예를 들어 그런 관념들은 정신적 원리로서의 영혼의 관념 그리고 신의 관념들이다. 그런 관념들은 어떻게 생겨나는가? 인간의 정신은 통일이라는 무제약적 (unconditioned, [무조건적]) 원리를 찾고자 하는 자연적 성향을 가지고 있다. 그래서 인간의 정신은 사고하는 주관 또는 자아로서의 영혼 관념 안에서 모든 범주적 사고의 통일성이라는 무제약적[34] 원리를 찾는다. 그리고 인간의 정신은 신, 즉 최고로 완전한 존재자의 관념 안에서 경험의 모든 대상의 통일성이라는 무제약적 원리들을 찾는다.

---

34 '무제약적'은 감성과 지성의 주관적 조건을 초월하는 것을 말한다.

칸트가 그렇게 부른 이러한 '선험적 이념들'(transcendental Ideas)은 칸트에 따르면 이성에 귀속된다. 그러므로 우리는 칸트가 이 이성이라는 낱말을 여러 등급의 엄격성과 함께 사용하고 있음을 명심해야 한다. 그가 제1비판서를 『순수이성비판』이라고 부를 때, '이성'이라는 낱말은 그 저서의 일반적인 내용을 담고 있는 것으로, 감성, 지성, 좁은 의미에서의 이성을 포함한다. 이 좁은 의미에서의 이성(Vernunft)은 지성(understanding, Verstand)과 구분되며, 감성(Sinnlichkeit)과는 훨씬 더 구분된다. 이성은 다양성에 통일을 부여하는 것으로서의 인간 지성(intellect)에 관계하면서, 그 다양성을 신과 같은 무제약적 원리에 적용한다.

그런데 그 자체로 고려된 이성의 이러한 자연적 성향은 칸트에 의해서 결코 가볍게 취급되지 않는다. 오히려 칸트는 선험적 이념들이 중요한 규제적 기능을 행사한다고 생각한다. 예를 들면 전체로서의 세계 이념, 인과적으로 연결된 현상들의 전체적 체계는 더 광범위한 과학적인 설명적 가설들을 발전시키도록 계속해서 우리를 부추긴다. 즉 현상들에 대한 더 광범위한 개념적 종합들을 발전시키도록 부추긴다. 다른 말로 하면 즉 그 이념은 이념적 목표의 한 종류로서 역할을 하며, 그 이념의 개념은 정신이 새로운 노력을 하도록 자극한다.

그러나 이러한 이념들이 규제적 기능 이상의 기능을 가지는지 하는 문제가 생겨난다. 그 이념들은 상응하는 실재들의 이론적 인식의 원천이 될 수 있는가? 그럴 수 없다는 것이 칸트의 확신이다. 그의 견해에 따르면 이러한 이념들을 학문으로서의 형이상학의 기초로 사용하려는 어떤 시도도 실패할 수밖에 없는 운명을 지닌다. 만약 우리가 그런 식으로 사용한다면, 우리는 우리 자신이 논리적 오류와 이율배반에 빠지게 된다는 점을 발견하게 될 것이다. 이러한 이념들을 우리가 소유하고 있다는 점을 고려한다면, 우리는 이런 이념들을 '초험적'(transcendent) 방식으로 사용하려는, 즉 우리의 이론적 인식을 경험의 영역 너머로 확장하려는 유혹에 빠지게 된다는 것을 쉽게 이해할 수 있다. 그러나 이것은 저지되어야 할 유혹이다.

이 절에서 개괄될 내용들을 명심한다면, 우리는 『순수이성비판』의 일반적 구조를 쉽게 이해할 수 있다. 이 저술은 두 개의 큰 부분으로 나뉜다. 그중 첫째는 「선험적 요소론」(*Transzendentale Elementarlehre*)이라 한다. 이 부분은 '선험적'[35]이란 용어가 시사하듯이 인식의 아프리오리한 요소들(형식 또는 조건들)을 다룬다. 이것은 두 주요 부분으로 세분된다. 그것은 「선험적 감성론」(*Die transzendentale Ästhetik*)과 「선험적 논리학」(*Die transzendentale Logik*)이다. 이 세분의 첫째에서 칸트는 감성의 아프리오리한 형식들을 다루고, 어떻게 수학의 아프리오리한 종합명제가 가능한지를 보여준다. 선험적 논리학은 「선험적 분석론」(*Die transzendentale Analytik*)과 「선험적 변증론」(*Die transzendentale Dialektik*)으로 세분된다. 분석론에서 칸트는 지성의 순수 개념 또는 범주를 다루고, 어떻게 자연과학의 아프리오리한 종합명제가 가능한지를 보여준다. 변증론에서 칸트는 두 가지 주요 주제들, 첫째는 형이상학의 자연적 기질을, 둘째는 형이상학(즉 전통적 유형의 사변적 형이상학)이 학문이 될 수 있는지 여부에 대한 질문을 다룬다. 이미 언급되었던 것처럼, 자연적 기질로서 간주된 형이상학의 가치를 인정하지만, 우리에게 순수하게 지성적 실재에 관한 이론적 인식을 제공하는 참된 학문을 구성한다는 형이상학의 주장을 부정한다.

『순수이성비판』의 두 큰 부분 중 둘째는 「선험적 방법론」(*Transzendentale Method-enlehre*)이라 한다. 경험을 넘어서는 실재들의 학문이라고 주장하는 사변적 또는 '초험적 형이상학' 대신에 칸트는 자연과학의 형이상학적 기초를 포함하여 아프리오리한 인식의 완전한 체계를 담고 있는 '선험적' 형이상학을 구상하고 있다. 그는 『순수이성비판』에서 이러한 선험적 체계를 제공하고 있다고 공언하지 않는다. 만약 우리가 아프리오리한 인식의 완전한 체계를 하나의 건축물로서 간주한다면, 우리는 『순수이성비판』의 첫째 큰 부분인 「선험적 요소론」은 재료와 재료의 기능을 검토하는 반면에, 「선험적 방법론」은 그 건축물의 설계를 검토하며, 또한 「선험적 방법론」은 '순수이성의 완전한 체계를 위한 형식적 조건들의 규정'[36]이다. 그러므로 칸트는 『순수이성비판』은 건축물의 설계도를 건축술적으로 그리고, 『순수이성비판』은 '선험철학의 완전

35 　나는 대상들을 다루는 것이 아니라 대상들을 인식하는 방식을, 그것이 아프리오리하게 가능한 한에서, 다루는 인식을 모두 선험적이라고 부른다(A. 11-12, B. 25).

36 　B. 735-736.

한 이념이지만, 이 학문 자체는 아니다[37]라고 말할 수 있다. 엄밀히 말해서 『순수이성비판』은 선험철학 또는 형이상학의 체계를 위한 예비학일 뿐이다. 그러나 만약 우리가 광범위한 의미에서의 형이상학이란 용어를 사용한다면, 당연히 우리는 『순수이성비판』의 내용, 즉 요소론과 방법론은 선험철학 또는 형이상학의 첫째 부분을 구성한다고 말할 수 있다.

──────── 6. 칸트 철학의 일반 문제의 맥락에서 본 『순수이성비판』의 중요성

앞 장에서 칸트가 『형이상학의 꿈으로 해명한 영을 보는 사람의 꿈』에서 형이상학을 인간 이성의 경계 또는 한계에 관한 학문이라고 선언했다는 사실을 언급하였다. 『순수이성비판』에서 칸트는 이러한 기획을 완수하고자 하였다. 그러나 이성은 이론 또는 사변이성을 의미하는 것으로 이해되어야 한다. 더 좋게는 이론적 기능에서 이성을 의미하는 것으로 이해되어야 한다. 우리는 감각 경험에서 주어지지 않은 또는 감각 경험에서 주어질 수 없는 실재자들에 대한 이론적 인식을 가질 수 없다. 당연히 이성의 자신에 대한 비판적 반성이 있으며, 이러한 반성의 결과는 기본적으로 과학적 인식의 조건들, 즉 대상들의 가능성의 조건들을 드러내는 것이다. 이성은 우리에게 초감성적 실재의 세계를 이론적 인식의 대상으로 열어 보이지 않는다.

동시에 이론적 또는 과학적 인식의 이러한 한계 설정은 예를 들면 신은 생각될 수 없다거나 신이라는 용어는 무의미하다는 사실을 보여주는 것은 아니다. 이런 식의 한계 설정이 이루어지면 자유, 불멸성, 신은 증명이나 반증의 영역을 넘어서게 된다. 그러므로 「선험적 변증론」에서 발견되는 형이상학의 비판은 도덕적 의식에 근거한 실천적 또는 도덕 신앙의 길을 열어 보인다. 그래서 칸트는 자신이 신앙에 여지를 마련해주기 위해서 인식을 없애야 한다고, 그리고 형이상학이 학문이기를 요구하는 것에 대한 그의 파괴적인 비판은 유물론, 숙명론, 무신론의 뿌리를 일소한다고 말할 수

---

37 A. 13, B. 28.

있다.[38] 왜냐하면 영적 영혼이 존재한다, 인간은 자유롭다, 신이 현존한다는 진리는 이런 진리를 부정하는 사람들에게 어떤 근거를 제공하는 오류적 논증들에 더는 기대고 있지 않기 때문이다. 그런 진리들은 실천적 또는 도덕적 이성의 영역으로 이동해 가며, 인식(이 용어는 수학과 자연과학과 연관해서 사용되는 것과 유사한 의미로 취해진)의 대상이라기보다는 신앙의 대상이 된다.

이러한 이론을 정통적이고 신앙이 깊은 사람들에 대한 환심 사기로 간주하거나 칸트의 신중함에서 나온 단순한 행위로 간주하는 것은 큰 실수이다. 왜냐하면 이 이론은 한편으로 과학의 세계, 다른 한편으로 도덕적이고 종교적 의식의 세계를 화해시키는 위대한 문제에 대한 그의 해결책의 일부이기 때문이다. 과학(즉 고전 물리학)은 자유를 허용하지 않는 인과법칙의 개념을 포함하고 있다. 그리고 과학자들이 연구한 우주 체계의 일원으로서 간주된 인간도 예외는 아니다. 그러나 과학적 인식은 자신의 한계를 가지고 있으며, 그것의 한계는 인간의 감성과 지성의 아프리오리한 형식들에 의해 결정된다. 따라서 우리의 과학적 또는 이론적 인식의 한계는 실재의 한계와 동일하다는 모든 언급에는 타당한 이유가 없다. 그리고 도덕적 의식은, 그것의 실천적 의미가 전개될 때, 우리를 감각적 영역 너머로 데리고 간다. 현상적 존재자로서 인간은 인과법칙에 종속되는 것으로 그리고 결정된 것으로 간주되어야 하지만, 그 자체로 하나의 실재인 도덕적 의식은 자유의 관념을 포함한다. 그러므로 비록 우리가 인간이 자유롭다는 것을 과학적으로 증명할 수 없지만, 자유에 대한 믿음은 도덕적 의식이 요구하는 것이다.

분명히 이러한 관점은 난점들에 둘러싸여 있다. 우리는 감성적이고 현상적인 실재와 순수하게 지성적인 실재 사이의 구분을 가질 뿐만 아니라, 특히 우리는 비록 서로 다른 측면 아래에서, 현상적으로는 결정되어 있지만 지성적으로는 자유로운 즉 동시에 결정되어 있으면서 자유로운 존재로서의 인간이라는 난해한 개념에 직면한다. 그러나 여기에서 이런 난점들을 다루는 것은 적절하지 않을 것이다. 칸트의 관점에 대한 언급에서 나의 의도는 두 가지다. 첫째, 나는 뉴턴 물리학의 세계와 실재 및

---

38   B. XXX.

종교의 세계를 화해시키는 일반적인 문제를 다시 한번 주목하고 싶다. 왜냐하면 만약 우리가 이러한 일반적 문제를 염두에 둔다면, 우리로서는 나무를 보다가 숲을 보지 못할 가능성이 줄어들 것이기 때문이다. 둘째, 나는 『순수이성비판』이 칸트의 다른 저술들과 고립해 있는 것이 아니라, 연속되는 저작들 속에 점진적으로 드러나는 전체 철학의 일부를 형성한다는 것을 지적하고 싶다. 사실상 제1비판은 자신의 문제를 가지고 있으며, 이 범위만큼 단독으로 유지된다. 그러나 아프리오리한 인식에 대한 탐구가 실천이성의 영역에서 여전히 추구되어야 한다는 사실과는 별개로, 제1비판의 결론은 모든 칸트의 사고의 토대가 되는 일반적인 문제에 대한 해결책의 단지 일부를 형성한다. 그리고 출발점에서 이런 사실을 이해하는 것이 중요하다.

제12장

칸트(3): 과학적 인식

──────── **1. 공간과 시간**

칸트는 「선험적 감성론」의 앞부분에서 우리의 인식이 대상에 직접적으로 관계할 수 있는 유일한 길은 직관에 의해서라고 말하고 있다.[1] 그리고 직관은 대상이 우리에게 주어지는 한에서만 발생할 수 있다. 신의 지성은 직관적이며 동시에 원형적이라고 말해진다. 말하자면 신적 직관은 자신의 대상들을 창조한다. 그러나 이것은 인간의 직관에는 해당하지 않는다. 인간의 직관은 대상을 전제로 한다. 그리고 이것은 인간 주관이 대상에 의해 어떤 방식으로 촉발(觸發)되어야 한다는 것을 의미한다. 그런데 대상에 의해 촉발됨으로써 대상의 표상들(*Vorstellungen*)을 받아들이는 능력은 '감성'(*Sinnlichkeit*)이라 한다. '그러므로 감성에 의해서 대상은 우리에게 주어지고, 감성만이 우리에게 직관을 제공한다.'[2]

이러한 언급들을 순수하게 단독으로만 받아들인다면, '감성'이란 용어는 단순히 인식적 수용성이거나 대상들에 의해서 촉발됨으로써 대상들의 표상을 수용하는

---

1   '직관'(*Anschauung*)이라는 낱말은 직관하는 활동을 가리키거나 직관된 것을 가리킬 수 있다. 현재의 맥락에서는 이 낱말은 첫째 의미로 사용된다. 그러나 칸트는 자주 둘째 의미로 그것을 사용한다.

2   A. 19, B. 33.

능력이라는 광범위한 의미를 갖게 된다. 그러나 우리는 칸트가 인간 직관에 정확하게 대조되는 것으로 생각되는 신적 직관을 원형적인 것으로뿐만 아니라 지적인 것으로 본다는 점을 기억해야 한다. 그러므로 인간의 직관은 감각 직관이라는 귀결이 뒤따른다. 그래서 감성은 대상에 의해서 감성적으로 촉발됨으로써 대상의 표상들을 받아들이는 능력을 의미한다. '우리가 대상에 의해서 촉발되는 한, 대상이 표상 능력에 미치는 결과가 감각(*Empfindung*)이다.'[3] 그러므로 칸트는 대상에 대한 인간의 인식에 감각이 필요하다고 말하는 범위까지는 경험론자와 의견이 같다. 정신은 말하자면 감각 기관의 촉발을 통해서 사물들과 접촉하는 일을 요구한다. 칸트는 외부 사물들이 감각 기관에 작용한다는 것을 당연하게 생각한다. 그리고 이러한 작용이 표상의 능력에 끼치는 결과는 '감각'이라 한다. 그래서 감각은 주관적 표상이다. 그러나 이것은 감각이 주관에 의해서 야기된다는 것을 의미하는 것은 아니다.

그러나 감각 직관은 단지 사물이 우리의 감각 기관에 아포스테리오리하게 촉발하는 것으로 환원될 수 없다. 경험적 감성적 직관의 대상을 칸트는 '현상(*Erscheinung*)'이라 한다. 그리고 우리는 현상을 두 요소로 나눌 수 있다. 첫째, 현상의 질료가 있다. '이것은 감각에 상응하는 것'[4]이라고 기술된다. 둘째, 현상의 형식이 있다. 그리고 이것은 '현상의 다양이 어떤 관계 속에서 질서 지어질 수 있게 하는 것'[5]이라고 기술된다. 그런데 형식은 질료와 구분되는 것으로서, 질료가 감각에 상응하는 것으로 기술된다면, 형식은 그 자체 감각일 수 없다. 따라서 질료가 아포스테리오리하게 주어지는 반면에, 형식은 주관의 측면에 놓여 있지 않으면 안 된다. 다시 말하면 형식은 아프리오리한 것이어야 하고, 감성의 아프리오리한 형식이어야 하며, 감성의 바로 그 구조에 관계하고, 모든 감각 직관의 필연적 조건을 구성한다. 칸트에 따르면, 감성의 두 순수 형식, 즉 공간과 시간이 존재한다. 사실상 공간은 모든 경험적 직관의 필연적 조건이다. 그러나 이 점은 당분간 건너뛸 수 있다. 칸트가 모든 감각 경험의 아프리오리한 요소를 발견함으로써 순수 경험론자들과 헤어진다는 것을 주목하는 것만으로

---

3   A. 19, B. 34.
4   A. 20, B. 34.
5   A. 20, B. 34. A. 20에서 표현은 조금 다르다.

충분하다.

  아마도 이 지점에서 칸트의 공간과 시간 이론의 설명을 중단하는 한이 있더라
도 칸트의 용어에 대해 몇 가지 언급을 해야 한다. 첫째, '표상'(*Vorstellung*)이라는 용어
는 다양한 인식의 상태들을 포괄하는 매우 광범위한 의미로 사용된다. 그러므로 '표
상의 능력'이라는 용어는 '정신[마음]'(*Gemüt*)과 동일한 의미를 가진다. 이 정신이라는
용어는 또한 매우 광범위한 의미로 사용된다. 둘째, 대상(*Gegenstand*)이란 용어는 하나
의 의미로 일관되게 사용되지 않는다. 그래서 앞에서 인용된 감각의 정의에서 '대상
[객관]'은 칸트가 뒤에 물자체(thing-in-itself), 즉 인식되지 않는 것이라 부른 것을 가리
켜야 한다. 그러나 '대상'은 일반적으로 인식의 대상을 의미한다. 셋째, 『순수이성비
판』의 제1판에서 칸트는 '현상'(appearance)과 '현상체'(phenomenon)를 구분하고 있다.
'현상들이 범주들의 통일에 의해 대상들로 사고되는 한에서, 그것들은 현상체들이라
한다.'[6] 그러므로 '현상'은 감각 직관의 내용이 '무규정적' 또는 범주화되지 않은 것일
때, 그런 직관의 내용을 의미해야 하는 반면에, '현상체'는 범주화된 대상을 의미한
다. 그러나 사실상 칸트는 종종 '현상'(*Erscheinung*)을 이 두 가지 의미로 혼용한다.

  좀 더 나아가자. 우리는 현상의 질료가 감각(sensation)'에 상응하는 것'으로 기
술된다는 점을 살펴보았다. 그러나 다른 곳에서 칸트는 감각 그 자체가 '감각 인식
(sense-knowledge)의 질료'[7]라 불릴 수 있다고 말한다. 그리고 아마 이 두 표현 방식은
칸트 사상에서 서로 다른 두 가지 경향의 표현이라고 생각될 수 있다. 주관을 촉발하
는 외부 사물은 그 자체 인식되지 않는다. 그러나 감각 기관을 촉발함으로써 외부 사
물은 표상을 산출한다. 그런데 칸트는 때때로 현상들이 모두 주관적 표상인 것처럼
이야기하는 경향이 있다. 그리고 이런 관점이 지배적일 때, 그가 감각 자체를 현상의
질료로 서술하는 것은 자연스럽다. 왜냐하면 감각은 우리가 보았던 것처럼 대상이 표
상 능력에 미치는 결과로서 생각되기 때문이다. 그러나 또한 칸트는 현상체들이 마치
단순히 주관적 표상이 아닌 대상인 것처럼 이야기하고 있다. 그리고 사실상 이것에서

---

6   A. 248.
7   A. 50, B. 74, *Prol.*, 11.

그의 지배적인 입장이 나타난다. 그렇다면 만약 우리가 지성의 범주가 현상들에 기여하는 바를 고려하지 않고, (용어의 좁은 의미에서의) 현상에 국한한다면, 현상의 질료를 감각에 '상응하는' 것으로 말하는 것은 자연스러운 일이다.

마지막 세 단락은, 만약 용어상 모순이 허용된다면, 본의를 벗어난 것이 아니라 텍스트에서 일련의 각주로서 기술될 수 있다. 그러나 마지막 단락의 마지막 문장에서 제안된 생각의 짧막한 전개는 칸트의 입장을 명료하게 하고, 그것에 대한 우리의 설명을 진전시키는 역할을 할 수 있다. 이 접근 방식은 칸트 자신이 제안한 것이다.[8]

분명히 공통적인 경험의 세계는 다양한 성질을 가진 사물들, 즉 서로 다양한 관계를 맺고 있는 사물들로 구성된다. 말하자면 우리는 통상 사물들의 지각에 대해 이야기하는데, 이 사물들의 각각은 성질들에 의해서 기술될 수 있고, 그리고 그것들의 각각은 다른 사물들과 다양한 관계를 맺고 있다. 그리고 이런 의미에서 지각은 분명히 지성과 감각 기관의 협동 작업이다. 그러나 경험적 직관 혹은 좁은 의미에서의 지각에 도달하기 위해서 우리는 전체 과정에서 지성이 기여한 모든 것을 도외시하고자 할 수 있다. 그런 다음 우리는 논리적 분석에 의해서 현상, 즉 우리가 아마도 감각 내용 또는 감각 소여라고 부르는 것에 이를 수 있다. 그러나 우리는 그 분석을 더 진행할 수 있다. 왜냐하면 감각 경험의 내용 안에서 우리는 질료적 요소, 즉 무규정적 감각에 상응하는 것과 형식적 요소 즉 현상의 다양[9]의 공간-시간적 관계들을 구별할 수 있기 때문이다. 그리고 「선험적 감성론」의 목표는 경험의 필연적 조건으로서 고려되는 형식적 요소들을 분리해 연구하는 것이다.

질료는 다음과 같은 식으로 표현될 수 있다. 인식이라 부를 수 있는 또는 대상들에 대한 인지라 부를 수 있는 것의 가장 낮은 방식의 이해 수준은 적어도 사물들이 우리의 감각 기관에 미치는 작용이 산출하는 표상에 대한 언급을 포함한다. 그러나 공간과 시간 안에서 표상들을 연결 짓지 않고는 감각에 대해 언급할 수 없다. 예를 들어 두 개의 감각에 대해 언급하는 것은 즉 두 개의 감각을 의식하는 것은 시간 안에

---

8   A. 20-22, B. 35-36 참조.
9   엄밀하게 말해서 우리가 보았듯이 현상(감각 또는 감각에 상응하는 것)의 형식은 현상의 다양을 어떤 관계로 질서 짓게 하는 것이다. 그러나 우리는 그 관계를 현상의 형식적 요소라 말할 수 있다.

서, 즉 시간적 계기의 질서 안에서 하나의 감각을 다른 감각에 연결하는 것을 포함한다. 하나의 감각은 다른 감각의 앞에 또는 뒤에 또는 동시에 온다. 공간과 시간은 말하자면 틀을 구성하는데, 그 틀 안에서 감각의 다양이 질서를 갖게 되거나 배열된다. 그래서 공간과 시간은 현상의 무규정적 질료를 다양화하고 통합한다(공간적-시간적 관계 안에서).

물론 이것은 우리가 먼저 질서 없는 감각을 의식하고, 그런 다음 우리는 그 감각을 공간과 시간의 아프리오리한 형식에 종속시킨다는 것을 의미하는 것은 아니다. 왜냐하면 우리는 말하자면 질서를 갖지 않는 감각들과 마주친 적이 없기 때문이다. 그런 일은 우리에게 결코 가능하지 않다. 사실상 칸트의 주요 요점은 공간과 시간은 감각 경험의 아프리오리한 필연적 조건이라는 것이다. 그러므로 경험적 직관에서 주어진 것, 즉 우리가 의식하게 된 것은 소위 이미 질서를 갖고 있다. 질서 짓는다는 것은 의식의 결과가 아니라 의식의 조건이다. 사실상 현상 안에서 우리는 논리적 추상과 분석의 과정에 의해 질료와 형식을 구별할 수 있다. 그러나 우리가 사고 안에서 현상의 주관적으로 제공된 형식을 추상하자마자, 우리가 의식하는 대상은 사라진다. 결국 감각적 또는 경험적 직관의 대상들은 의식에 주어진 것으로 이미 감성의 아프리오리한 형식들에 종속되어 있다. 질서 지움 또는 관계 지움은 감각적 직관 안에서 일어나며, 그 직관 뒤에 일어나는 것이 아니다.

이제 칸트가 외적 감각 기관과 내적 감각 기관 사이를 구별했다는 사실에 주목할 수 있다. 외적 감각 기관에 의해서 우리는 우리 바깥에 있는 대상들을 지각하고(또는 그가 이야기하고 있듯이 대상들을 우리의 외부에 있는 것으로서 표상하고), 내적 감각 기관에 의해서 우리는 우리의 내적 상태를 지각한다.[10] 공간은 '외적 감각 기관[외감]의 모든 현상들의 형식, 즉 그 아래서만 외적 직관이 우리에게 가능한 감성의 주관적 조건'[11]이라고 말해진다. 우리의 외부에 있는 모든 대상들은 공간 안에 있는 것으로 표상되

---

10 칸트는 내성(內省)에서 심리적 상태가 지각되며, 지속적인 자아나 영혼이 지각되지 않는다고 본 점에서 흄과 의견이 같다. 이 주장에 대해서는 뒤에 더 상세하게 다룰 것이다.

11 A. 26, B. 42.

고 있고, 표상되어야 한다. 시간은 '내적 감각 기관[내감]의 형식, 즉 우리 자신[12]과 우리의 내적 상태를 직관하는 형식'[13]이라 말해진다. 우리의 심리적 상태들은 서로 계기적인 것으로 또는 동시적인 것으로 시간 안에서 지각되지만, 공간 안에서 지각되는 것은 아니다.[14]

칸트가 시간은 모든 현상의 아프리오리한 형식적 조건인 반면에, 공간은 단지 외적인 현상의 아프리오리한 형식적 조건이라고 계속 말하고 있기 때문에, 그는 자기 모순을 범하고 있는 것처럼 보인다. 그러나 그의 의미는 다음과 같다. 모든 표상(Vorstellungen)은 그것이 자신의 대상으로 외부 사물들을 갖든 갖지 않든 간에 정신[15]의 규정들이다. 그래서 모든 표상들은 우리의 내적 상태에 속한다. 따라서 표상은 모두 내적 감각 또는 직관의 형식적 조건, 즉 시간에 종속되어야 한다. 그러나 그 때문에 시간은 외적 현상의 간접적 조건일 뿐이지만, 반면에 모든 내적 현상들의 직접적 조건이 되는 것이다.

그런데 우리는 공간과 시간을 감성의 순수 형식으로서 그리고 직관의 형식으로서 언급했었다. 그러나 우리는 이미 칸트가 '직관'이란 용어를 사용하는 상이한 방식들에 주목했었다.[16] 그리고 그가 공간과 시간 관념의 '형이상학적 해명'이라고 부르는 것에서, 그는 시간과 공간을 그 자체 아프리오리한 직관이라고 언급하고 있다. 그것들은 개념에서 경험적으로 도출되지 않는다. 나는 공간의 표상을 외적 현상들 사이의 경험된 관계들에서 아포스테리오리하게 도출할 수 없다. 왜냐하면 나는 외적 현상들을 공간 안에서가 아니라면 공간적 관계를 가지는 것으로 표상할 수 없기 때문이다. 또한 나는 시간의 표상이 이미 존재하는 것이 아니라면, 현상들을 동시적으로 또는 계기적으로 존재하는 것이라고 표상할 수 없다. 왜냐하면 나는 현상들을 시간 안

---

12 칸트는 정신적 영혼을 언급하고 있는 것이 아니라 경험적 자아를 언급하고 있다
13 A. 33, B. 49.
14 하나의 내적 상태를 다른 내적 상태의 왼쪽에 또는 오른쪽에 있다고 말하는 것은 적절하지 않다고 흄이 언급한 것을 상기할 수 있다.
15 'Gemüt'는 '정신'이라고 관습적으로 번역된다. 이 용어는 칸트에 의해서 대단히 광범위한 의미로 사용된다. 물론 이것은 '지성'(Verstand)과 같은 의미로 받아들여서는 안 된다.
16 이 장 각주 1을 참조할 것.

에서 동시적으로 또는 계기적으로 존재한다고 표상하기 때문이다. 나는 모든 외적 현상들을 생각에서 없앨 수 있지만, 공간의 표상은 그 현상들의 가능성의 조건으로서 여전히 남아 있다. 마찬가지로 나는 모든 내적 상태를 생각에서 없앨 수 있지만, 시간의 표상은 여전히 남아 있다. 그러므로 공간과 시간은 경험적으로 도출되는 개념일수 없다. 게다가 만약 우리가 개념을 일반적 관념으로 이해한다면, 공간과 시간은 전혀 개념일 수 없다. 우리의 공간 관념들은 그런 관념들의 필연적 기초로서 전제되어있는 단일한 공간 안에서 한계를 도입함으로써 형성된다. 그리고 여러 다른 시간들또는 시간의 연속들에 관한 우리의 관념들은 이와 유사한 방식으로 형성된다. 그러나 칸트에 따르면 우리는 이런 방식으로 일반적 개념을 쪼갤 수 없다. 공간과 시간은 일반적 개념이 아니라 개별적 개념들이다. 그리고 공간과 시간은 지각적 수준에서 발견된다. 지성의 개념이 공간과 시간을 전제하고 있으며, 공간과 시간이 지성의 개념을전제하고 있는 것은 아니다. 그러므로 우리는 공간과 시간이 감관의 수준에 있는 아프리오리한 직관이라고 결론 내려야 한다. 그러나 우리는 당연히 이것을 단일한 공간과 시간의 표상 안에서 우리가 비 정신적으로 존재하는 실재를 직관한다는 의미로간주해서는 안 된다. 공간과 시간의 표상들은 지각의 필연적 조건들이다. 그러나 그것들은 주관의 측면에서의 조건들이다.

그러므로 칸트에게 있어 공간과 시간은 비실재적인가? 이 물음에 대한 답은'실재적', '비실재적'이란 용어에 우리가 부여하는 의미에 달려 있다. 현상들, 즉 경험적 직관에 주어진 대상들은 말하자면 이미 시간화되어 있으며, 우리 바깥에 있는 것으로 표상된 현상의 경우에는 공간화되어 있다. 그러므로 경험적 실재는 공간적-시간적이며, 공간과 시간은 경험적 실재성을 소유한다고 말해져야 한다는 결론이 나온다. 공간과 시간이 실재적인가의 여부에 대한 질문이 경험적 실재가 공간 시간적 관계들의 특징을 가지는지의 여부에 대한 질문과 동일한 의미를 가진다면, 그 대답은반드시 긍정적이다. 우리는 현상만을 경험할 뿐이며, 현상들은 형식과 질료의 결합을통해서만, 즉 감성의 순수 형식의 적용에 의해서 감각의 무규정적이며 형식이 없는질료들을 질서 짓는 것만으로 경험의 가능한 대상이 되는 그런 것이다. 공간 안에 있지 않은 외적 감각 기관의 대상은 결코 있을 수 없으며, 외적 감각 기관이든 내적 감각 기관이든 간에 시간 안에 없는 어떤 대상[17]도 존재할 수 없다. 따라서 경험적 실재는 필연적으로 공간적이고 시간적인 관계들이라는 특징을 지닌다. 현상들이 공간 안에 있는 **것처럼 보인다고** 말하는 것은 적절하지 않다. 그것들은 공간과 시간 안에 **있다.** 칸트에 따르면 공간과 시간은 감성의 주관적 형식이고, 그러므로 공간과 시간은 실재적이라기보다는 관념적이라고 불러야 한다는 반대가 있을 수 있다. 그러나 핵심은 칸트에서 이러한 형식들이 부과되지 않는 경험적 실재가 존재할 수 없다는 것이다. 이러한 형식들은 말하자면 경험적 실재의 구성에 들어온다. 그래서 그 형식들은 그 자체 경험적으로 실재적이다.

그러나 동시에 공간과 시간은 인간 감성의 아프리오리한 형식이기 때문에, 그것들은 우리에게 현상하는 것으로서의 사물들의 범위까지만 적용된다. 그것들이 우리에게 현상하는 것과는 무관하게 물자체에 적용된다고 가정할 이유가 없다. 실제로 그것들은 그렇게 될 수 없다. 왜냐하면 그것들은 현상들이 가능하기 위한 본질적 조건이기 때문이다. 그러므로 예를 들어 모든 현상이 시간 안에 있다고 말하는 것은 옳지만, 모든 사물 또는 모든 실재가 시간 안에 있다고 말하는 것은 전혀 옳지 않다. 우리의 감각 기관을 촉발할 수 없고, 경험적 실재에 속할 수 없는 실재들이 존재한다면, 그 실재들은 공간과 시간 안에 있을 수 없다. 말하자면, 그러한 실재들은 공간적-시간적 관계를 가질 수 없다. 만약 그것들이 경험적 실재를 초월한다면, 그것들은 공간적-시간적 전체 질서를 초월하는 셈이다. 게다가 우리의 감각 기관을 촉발하는 그러한 실재들은, 만약 그 실재들이 그 자체로 존재하고 경험의 대상과는 별도로 존재하는 것으로 생각된다면, 공간과 시간 안에 존재하지 않는다. 사물들 안에 어떤 근거가 있을지 모른다. 그 근거에 의해서 어떤 사물은 현상으로서 어떤 공간적 관계를 가지며, 다른 관계를 갖지 않는다. 그러나 이 근거는 인식되지 않으며, 필연적으로 인식되지 않은 채로 남아 있다. 그것은 그 자체 공간적 관계가 아니다. 왜냐하면 공간과 시간은 비 현상적 실재에 적용되지 않기 때문이다.

---

17   여기서 말하는 '대상[객관]'이란 용어는 당연히 인간 인식의 대상 또는 우리의 대상이란 의미에서만 받아들여야 한다.

그러므로 칸트의 정식은 다음과 같다. 공간과 시간은 경험적으로는 실재적이지만, 선험적으로는 관념적이다. 공간과 시간은 경험에 주어진 것이 공간(주어진 것이 외적 감각 기관의 대상이라면)과 시간 안에 있다는 의미에서 경험적으로 실재적이다. 칸트의 주장에 따르면 공간과 시간은 환상이 아니다. 우리는 실재와 환상을 그의 이론에서뿐 아니라 그와 반대되는 이론에서도 구별할 수 있다. 그러나 공간과 시간은, 현상체의 영역이 공간 시간의 유일하게 타당한 영역이라는 의미에서, 그리고 공간 시간이 물자체 — 물자체들이 우리에게 현상한다는 것을 고려하지 않는다면 — 에 적용되지 않는다는 의미에서, 선험적으로 관념적이다.[18] 그러나 선험적 관념성은 공간적–시간적 질서를 가진 경험적 실재를 전혀 손상하지 않는다. 그러므로 칸트는 그의 견해가 버클리의 관념론에 동화될 수 있다는 점을 인정하지 않을 것이다. 버클리 관념론에 따르면 존재하는 것은 지각하는 것이거나 지각되는 것이다. 왜냐하면 칸트는 지각되지 않는 물자체들의 존재를 인정하였기 때문이다.[19] 태양 중심의 가설이 현상을 변경하거나 부정하는 것이 아닌 것과 마찬가지로, 칸트의 코페르니쿠스적 혁명은 경험적 세계의 경험적 실재성을 전혀 손상시키지 않는다. 그것은 현상을 설명하는 문제이지, 현상을 부정하는 문제가 아니다. 그리고 공간과 시간에 대한 그의 견해는 이러한 직관에 근거한 아프리오리한 인식을 설명할 수 있는 반면에, 다른 어떤 견해도 이러한 인식을 설명할 수 없다. 이제 우리는 이 아프리오리한 인식을 고찰해야 한다.

─── 2. 수학

칸트는 그가 공간과 시간 모두에 대한 '선험적 해명'이라 부르는 것을 제안한다. '선험적 해명'이라는 말을 나는 어떤 개념을 어떤 원리 — 그 원리에서부터 다른 아프리오리한 종합적 인식의 가능성이 확인될 수 있는 원리에 대한 설명이라고 이해

---

[18] 현상한다는 것은 감성의 아프리오리한 형식에 종속된다는 것을 의미한다는 점을 기억해야 한다.

[19] 칸트가 일관적으로 그렇게 할 수 있는지 여부는 현재로서는 우리의 관심사가 아니다.

한다. 이러한 목적을 위해서 다음과 같은 것이 필요하다. 첫째, 그러한 인식은 실제로 주어진 개념에서 나온다는 것, 둘째, 이러한 인식은 이 개념의 주어진 설명방식을 전제해서만 가능하다는 것이 필요하다.'[20] 시간에 관한 선험적 해명에서 칸트의 설명은 사실들에서 크게 벗어나 있지 않다. 칸트는 다음과 같은 두 가지를 설명하고 있다. 첫째, 변화의 개념과 운동의 개념(장소의 변화로서 고려된)은 시간의 표상 안에서만 그리고 그런 표상을 통해서만 가능하다는 사실과, 둘째, 우리는 시간이 아프리오리한 직관이라는 전제 위에서가 아니라면 일반적인 운동 이론에서 나타났던 아프리오리한 종합적 인식을 설명할 수 없다는 사실. 그러나 공간을 다룰 때, 그는 수학에 대해, 특별히 기하학에 대해 약간 길게[21] 이야기한다. 그리고 그의 일반적 주장은 성격상 아프리오리하게 종합적인 수학적 인식의 가능성은 공간과 시간이 순수 아프리오리한 직관이라는 이론에서만 설명될 수 있다는 것이다.

다음과 같은 명제를 살펴보자. '세 개의 직선을 가진 도형을 구성하는 것은 가능하다.' 우리는 직관이라는 개념과 삼이라는 숫자의 개념을 단순히 분석함으로써 이 명제를 연역할 수 없다. 우리는 그 대상(삼각형)을 구성하거나 또는 칸트가 제안하듯이 직관 속에서 어떤 대상을 우리 자신에게 주어야 한다. 이것은 경험적 직관일 수 없다. 왜냐하면 경험적 직관은 필연적 명제를 낳을 수 없기 때문이다. 그러므로 그것은 아프리오리한 직관이어야 한다. 그리고 이런 사실에서 대상(삼각형)은 물자체일 수도 없고, 말하자면 물자체의 심적 이미지일 수도 없다는 결론이 나온다. 그런 대상은 물자체일 수 없다. 왜냐하면 물자체는 정의에 따라서 우리에게 현상하는 것이 아니기 때문이다. 그리고 비록 우리가 물자체를 직관할 가능성을 인정할지라도, 이러한 직관은 아프리오리할 수 없다. 그런 일이 가능하다면, 그런 사물은 아포스테리오리한 지적 직관에서 우리에게 주어져야 한다. 또한 우리는 대상(삼각형)이 심적 이미지 혹은 물자체의 표상이라고 가정할 수도 없다. 왜냐하면 삼각형을 구성함으로써 만들 수 있는 필연적 명제들은 삼각형 그 자체에 대해 만들어져야 하기 때문이다. 예를 들면 우

---

20   B. 40.

21   즉 우리가 '공간 개념의 선험적 해명'이라고 이름 붙여진 절과 「선험적 감성론」에 대한 일반적 언급'의 관련된 부분들을 함께 다룬다는 의미에서 약간 길다.

리는 이등변 삼각형의 속성들을 이를테면 입증할 수 있다. 그리고 우리에게는 하나의 표상에 대해서 필연적으로 참인 것이 물자체에 대해서 참이라고 가정할 하등의 근거도 없다. 그렇다면 어떻게 우리가 직관 안에서 아프리오리하게 종합적인 명제들이라고 선언하게 할 수 있는 대상들을 구성할 수 있는가? 우리는 우리 안에 아프리오리한 직관 능력(Vermögen)이 있다는 조건에서만 그렇게 할 수 있다. 이 직관은 외적 직관의 대상들이 가능하기 위한 보편적, 필연적 조건이다. 수학은 개념의 내용 또는 용어의 의미에 대해서만 정보를 제공하는 순수하게 분석적인 학문이 아니다. 수학은 우리에게 외적 직관의 대상에 관한 아프리오리한 정보를 제공한다. 그러나 수학의 구성을 위해 요구되는 직관이 아프리오리한 직관에 도대체 근거를 가지지 못한다면, 이러한 일은 가능하지 않다. 여기서 아프리오리한 직관은 외적 직관의 대상 바로 그것이 가능하기 위한 필요조건이다. 그래서 '기하학은 공간의 속성들을 종합적으로, 그럼에도 아프리오리하게 규정하는 학문이다'.[22] 그러나 공간이 인간 감성의 순수 형식, 즉 외적 직관의 모든 대상들의 필요조건이 아프리오리한 순수 직관이 아니라면, 우리는 이런 방식으로 공간의 속성들을 규정할 수 없다.

『형이상학 서설』에서 수학의 객관성, 즉 대상들에 대한 수학의 적용 가능성에 대한 칸트의 논의를 언급할 때, 문제는 좀 더 분명하게 될 수 있다. 수학의 한 특수한 분야로 간주되는 기하학은 아프리오리하게 구성된다. 그럼에도 경험적 실재가 언제나 기하학의 명제들에 일치하지 않으면 안 된다는 의미에서 그런 명제들은 필연적이라는 것을 우리는 잘 알고 있다. 기하학자는 공간의 속성들을 아프리오리하게 규정하며, 그의 명제들은 언제나 경험적인 공간적 질서에 대해 참이 될 것이다. 그러나 기하학자는 외적이고 경험적인 세계에 대한 언급에서 객관적 타당성을 갖는 필연적으로 아프리오리하게 참인 진술을 어떻게 만들어낼 수 있는가? 기하학자가 그것의 속성들을 규정하는 공간이 인간 감성의 순수 형식 — 그런 형식에 의해서만 대상은 우리에게 주어지고, 물자체들이 아니라 현상에게만 적용되는 그런 형식인 한에서만, 이러한 일은 기하학자에게 가능하게 된다. 이런 설명을 우리가 일단 받아들인다면, '우리의

---

22   B. 40.

감성적 세계의 모든 외적 대상들이 기하학의 명제들이 가지고 있는 모든 엄밀성을 필연적으로 따르지 않으면 안 된다는 것을 이해하고, 동시에 그것을 논의의 여지 없이 증명하는 것은 아주 쉬운 일이다'.[23]

이런 식으로 칸트는 그의 공간과 시간 이론을 증명하는 데 수학의 아프리오리한 성격을 활용하고 있다. 그리고 그의 입장과 플라톤의 입장 사이의 관계를 주목하는 것은 흥미로운 일이다. 플라톤도 수학의 아프리오리한 성격에 대해 확신하였다. 그러나 플라톤은 '수학적 대상'의 직관, 즉 현상체가 아니라 어떤 의미에서 그 자체로 존속하는 지성적인 개체의 직관을 요청함으로써 그런 성격을 설명했다. 이러한 설명 노선은 칸트의 원리에서는 배제된다. 그리고 칸트는 플라톤이 감각 기관의 세계를 버리고, 정신이 결코 확실한 지지대를 발견할 수 없는 공허한 이념적 영역으로 날아가 버렸다고 그를 비난하였다. 그러나 아프리오리한 성격에 대한 칸트의 설명이 다르긴 하지만, 칸트는 수학적 지식의 아프리오리한 성격에 대한 플라톤의 확신을 공유하고 있다.

라이프니츠를 언급하는 일은 칸트의 수학에 대한 견해를 밝히는 데 도움이 될 수도 있다. 라이프니츠에 있어서 공리를 포함한 모든 수학적 명제들은 정의와 모순율의 도움으로 입증될 수 있다. 칸트에 있어서 근본적인 공리들은 모순율에 의거해서는 입증될 수 없다. 그리하여 기하학은 성격상 공리적이다. 그러나 칸트의 주장에 의하면 기하학의 근본 공리들은 주관적이며 아프리오리한 직관 안에서 표상되는 공간의 본질적 본성에 대한 통찰을 표현한다. 그리고 공리는 입증될 수 없다는 것과, 공리는 공간의 본질적 본성에 대한 통찰을 표현하지 않는다는 이 두 가지를 주장하는 것이 가능하다는 것은 분명하다. 왜냐하면 예를 들면 수학자인 힐베르트(D. Hilbert)의 주장처럼, 공리들은 자유로운 요청들이라고 주장될 수도 있기 때문이다.

다시 말해서 라이프니츠에 따르면 수학적 학문을 발전시키는 데 있어 정신은 분석적으로 진행한다. 우리는 정의와 모순율이 필요할 뿐이고, 그럼으로써 우리는 분석에 의해서 진행할 수 있다. 우리가 보았듯이 칸트에서 수학은 순수하게 분석적인

---

23   *Prol.*, 13, remark 1.

학문이 아니다. 수학은 직관을 요구하고, 구성적으로 진행한다는 점에서 종합적이다. 그리고 이것은 기하학에서와 마찬가지로 산술에서도 참이다. 이제 우리가 이런 견해 — 순수 수학이 원리상 어떤 일차적인 논리적 개념과 입증될 수 없는 명제들에서부터 연역된다는 점에서 궁극적으로 논리학에 환원될 수 있다는, 무엇보다도 러셀(Bertrand Russell)에 의해서 제안된 견해를 받아들이면, 우리는 자연스럽게 칸트의 이론을 거부하게 될 것이다. 우리는 이런 이론이 『수학의 원리』(Principles of Mathematics)와 『수학 원리』(Principia Mathematica)에 의해 논박된 것으로 볼 것이다. 그러나 수학을 순수하게 분석적으로 보는 러셀의 견해는 당연히 결코 보편적으로 승인된 것은 아니다. 그리고 예를 들어 우리는 브라우어르(L. E. J. Brouwer)와 더불어 수학은 사실상 직관을 포함한다고 생각한다면, 비록 공간과 시간에 대한 칸트의 설명을 받아들이지 않을지라도, 우리는 당연히 칸트의 이론에 대해 더 가치를 부여하게 될 것이다. 그러나 나는 수학자가 아니기 때문에 그 이론 안에 얼마만큼의 진리가 있는지 적절하게 결정하고자 시도할 수 없다. 나는 단지 현대의 수학 철학자들이 수학은 순수하게 분석적 학문이라는 것 — 칸트는 그렇지 않다고 말하고 있지만 — 에 대해 결코 의견의 일치를 보이지 못하고 있다는 사실에만 주목하고 싶다.

그러나 또한 칸트의 기하학 이론의 한 가지 특징에 대해 주목해야 한다. 그 특징에 대해 비평가들은 이 이론이 그 뒤 이어지는 수학적 발전에 의해서 불신되어 왔다고 주장한다. 칸트는 공간을 에우클레이데스 공간으로 이해했고, 기하학을 에우클레이데스 기하학으로 이해했다.[24] 그러므로 만약 기하학자가 공간의 속성들을 완전히 이해하게 된다면, 에우클레이데스의 기하학이 유일한 기하학이 된다는 귀결이 뒤따른다. 에우클레이데스 기하학은 필연적으로 경험적 실재에 적용될 것이기에, 다른 어떤 기하학 체계에도 적용되지 않을 것이다. 그러나 칸트의 시대 이래 비 에우클레이데스 기하학들이 발전되어왔으며, 에우클레이데스 공간은 인지될 수 있는 여러 공간 중 하나일 뿐이라는 점이 밝혀졌다. 게다가 에우클레이데스 기하학은 말하자면 실재에 적합하게 될 단 하나의 기하학이 아니다. 어떤 기하학이 사용되어야 할지는 수

---

24 라이프니츠도 공간을 에우클레이데스 공간으로 이해했다.

학자의 목적과 그가 다루는 문제들에 달려 있다. 사실상 에우클레이데스 기하학을 칸트가 선호한 편견을 가지고 있다고 그를 비난하는 것은 어리석은 일이다. 동시에 다른 기하학들의 발전에 의해 그의 입장은 유지되지 못하게 되었다.

엄격하게 이야기한다면, 칸트가 모든 비 에우클레이데스 기하학의 가능성을 배제했다고 무조건 말하는 것은 경솔하다. 왜냐하면 예를 들어 칸트가 다음처럼 말하는 것을 발견할 수 있기 때문이다. '두 직선으로 둘러싸인 도형이라는 개념에는 어떤 모순도 없다. 왜냐하면 두 직선이라는 것과 이 두 직선의 교차라는 개념들이 어떤 도형의 부정을 포함하지 않기 때문이다. 오히려 불가능성은 그 자체에서 기인하는 것이 아니라, 공간 안에서의 이 개념의 구성에서, 즉 공간 및 공간 규정의 조건들에서 기인한다. 그러나 이 조건들은 경험 일반의 아프리오리한 형식을 자신 안에 포함하고 있기 때문에 객관적 실재성을 갖는다.'[25] 그러나 우리가 이 구절을 비 에우클레이데스 기하학이 단순한 논리적 가능성에 불과하다는 의미의 언급으로 간주한다 하더라도, 칸트는 분명히 그러한 기하학이 직관에서 구성될 수 없다고 진술한다. 그리고 칸트에 있어서 이것은 실제로 비 에우클레이데스 기하학적 체계는 있을 수 없다고 말하는 것과 같다. 비 에우클레이데스 기하학은 그것이 단순하게 모순율의 적용에 의해서만 배제되지 않는다는 의미에서 생각될 수도 있다. 그러나 우리가 보았듯이 칸트에서 수학은 단지 모순율에만 의존하는 것은 아니다. 그것은 분석적 학문이 아니라 종합적 학문이다. 따라서 구성 가능성은 기하학적 체계에서 본질적인 것이다. 그리고 에우클레이데스 기하학만이 구성될 수 있다고 말하는 것은 실제로 비 에우클레이데스 기하학적 체계가 존재할 수 없다는 것을 말하는 것과 같은 것이다.

그러므로 만약 우리가 기하학의 구성적 성격을 가정한다면, 그리고 비 에우클레이데스 기하학이 구성될 수 있다면, 어쨌든 칸트의 기하학 이론이 있는 그대로 승인될 수 없다는 점이 도출된다. 그리고 만약 비 에우클레이데스 체계들이 적용될 수 있다면, 이 사실은 에우클레이데스 공간의 직관이 대상의 가능성을 위한 보편적이고 필연적인 조건이라는 칸트의 이론에 반대 의견을 표하고 있는 셈이다. 그러나 공간의

---

25   A. 220-221, B. 268.

z

q

주관성에 대한 칸트의 이론을 이어지는 수학의 발전을 허용하는 방식으로 개정하는 일이 가능할지의 여부는 내가 어떤 의견을 제안해야 한다고 느낄 그런 문제가 아니다. 순수하게 수학적인 관점에서 보면, 그것은 전혀 중요한 문제가 아니다. 철학적 관점에서 보면, 그것은 실로 중요하다. 그러나 이 경우 공간과 시간의 선험적 관념성에 관한 칸트의 이론을 부정하는 다른 이유들이 있을는지 모른다.[26]

그러나 만약 칸트가 자신의 공간, 시간 이론의 진리성을 증명했다고 우리가 가정한다면, 칸트는 어떻게 수학이 가능한가라는 자신의 첫째 질문에 대해서 답변했다고 말해질 수 있겠다. 의심할 바 없이 수학에서 가지고 있는 아프리오리한 종합적 인식의 가능성을 우리는 어떻게 설명할 수 있을까? 이것은 앞에서 기술된 의미에서 공간과 시간이 경험적으로 실재적이지만 선험적으로 관념적일 때 오직 그때에만 설명될 수 있다.

마지막 언급. 칸트가 수학을 감성의 수준에서 다루고 있다는 것은 대단히 이상한 일이라는 생각이 독자에게 떠올랐을 수도 있다. 그러나 칸트는 산술과 기하학이 지성의 사용 없이 감각 기관에 의해서 전개된다고 상상하지 않았다. 문제는 수학적 명제의 체계를 전개하는 데 있어 정신의 작업을 위한 필연적 기초가 무엇인가 하는 것이었다. 그리고 칸트에서 감성의 아프리오리한 형식, 즉 공간과 시간의 순수 직관들은 이러한 필연적 기초를 이루고 있다. 그의 견해에서 인간의 모든 직관은 감각적이며, 그리고 감각적이지 않으면 안 된다. 그는 인간의 모든 직관은 필연적으로 감각적이라고 생각한 점에서 잘못을 범했을 수도 있다. 그러나 어쨌든 그는 감각 기관이 지성의 협력 없이 수학적 체계를 구성한다고 가정하는 어리석음을 범하지는 않았다.

---

[26] 어떤 의미에서 라이프니츠도 공간과 시간의 선험적 관념성을 주장했지만, 그것은 신의 사고에 관련해서 주장한 것이었으며, 칸트에서처럼 우리 인간의 사고에 관련해서 주장한 것은 아니었다. 그리고 칸트에서 이 차이점은 매우 중요한 것이다.

3. 지성의 순수 개념 또는 범주

우리는 인간 인식에서 감각 기관과 지성이 협력한다는 이 중요한 문제를 약간 더 발전시킴으로써 「선험적 분석론」에 대한 논의를 시작할 수 있다.

인간의 인식은 정신(*Gemüt*)의 두 주요한 원천에서 생겨난다. 첫째 원천은 인상을 받아들이는 기능 또는 능력이며, 이 능력을 통해서 대상은 우리에게 주어진다. 감각 직관은 소여(data)를 제공하고, 우리는 소여로서의 대상들을 어떤 다른 방식으로도 얻을 수 없다. 인간 인식의 둘째 주요 원천은 개념에 의해서 소여를 생각하는 능력이다. 인상을 받아들이는 정신의 수용성은 감성(*Sinnlichkeit*)이라 한다. 자발적으로 표상을 산출하는 능력을 지성(*Verstand*)이라 한다. 그리고 대상의 인식을 위해 이 두 능력의 협력이 요구된다. '감성 없이는 어떤 대상도 우리에게 주어지지 않으며, 지성 없이는 어떤 대상도 사고되지 않을 것이다. 내용 없는 사고는 공허하고 개념 없는 직관은 맹목적이다. … 이 두 능력 또는 기능은 자신들의 기능을 교환할 수 없다. 지성은 직관할 수 없고, 감각 기관은 사고할 수 없다. 오직 양자가 통일됨으로써만 인식이 생겨날 수 있다.'[27]

그러나 이 두 능력의 협력이 인식을 위해 필요하겠지만, 우리는 이 양 사이의 차이를 간과해서는 안 된다. 그리고 우리는 한편으로는 감성과 그것의 법칙들, 다른 한편으로는 지성과 그것의 법칙들을 구별할 수 있다. 감성의 법칙들의 학문은 이미 고려되었다. 그러므로 이제 우리는 지성의 법칙들의 학문, 즉 논리학에 주목해야 한다.

그러나 우리가 여기서 다루는 논리학은 형식 논리학이 아니다. 형식 논리학은 단지 사고의 형식만을 고려하며, 우리가 사고할 수 있는 대상들의 종류에서의 사고 내용과 차이를 사상(捨象)해 버린다.[28] 우리는 칸트가 '선험적 논리학'이라 부른 것에 관심이 있다. 그것은 칸트가 단순히 받아들이고 있는 전통적인 형식 논리학의 대안으로 제공된 것이 아니다. 그것은 추가적이며 새로운 학문으로 제공된 것이다. 순수 형

27　A. 51, B. 75.
28　예를 들어 연역적 사고의 형식을 체계적으로 계획하는 데서, 단지 형식 그 자체에만 관심을 둔다. 그리고 모든 문제는 대상에 대한 언급 없이 기호적으로 표시될 수 있다.

식 논리학과 마찬가지로 그것은 사고의 아프리오리한 원리들에 관심이 있지만, 형식적인 학문과는 달리 인식의 모든 내용을 즉 인식과 그것의 대상 간의 관계를 도외시하지 않는다. 왜냐하면 칸트가 제공한 논리학은 지성의 아프리오리한 개념과 원리들, 그리고 그것들의 대상에 대한 적용에 관심을 가지며, 사실상 이러 저러한 구체적 대상에 대한 그것들의 적용에 관심이 없으며, 대상 일반에 대한 그것들의 적용에 관심을 갖기 때문이다. 다른 말로 하면 선험적 논리학은 대상들의 아프리오리한 인식이 지성의 작업인 한에 있어서 이 인식에 대해 관계한다. 이미 우리가 다루었던 선험적 감성론은 감성의 순수 형식들을 감각 직관에서 우리에게 주어진 대상들의 아프리오리한 필연적 조건들로서 연구한다. 선험적 논리학은 지성의 아프리오리한 개념과 원리들을 **사유되는** 대상들(즉 감각 직관의 소여)의 아프리오리한 필연적 조건으로서 연구한다.

이 문제는 다음의 방식으로 진술될 수 있다. 현상의 다양을 종합하는 아프리오리한 개념이 지성 속에 있다는 것이 칸트의 확신이었다. 인과성은 그중 하나이다. 그러므로 이런 개념들과 그 개념들에 근거한 원리들의 체계적 연구를 위한 여지가 있다. 이러한 연구를 수행하면서 우리는 인간 지성이 필연적으로 현상을 종합하고 인식을 가능하게 하는 방식들을 발견할 것이다.

「선험적 논리학」(Transcendental Logic)의 둘째 부분, 즉 「선험적 변증론」(Transcendental Dialectic)은 이러한 아프리오리한 개념과 원리들의 잘못된 사용을 다루고, 이 개념과 원리들을 감각 직관에 주어진 대상들에서 사물들 일반 — 적절한 의미에서 대상으로서 우리에게 줄어질 수 없는 그런 사물들을 포함해서 — 으로 불법적으로 확장하는 문제를 다룬다. 그러나 이 둘째 부분은 다음 장에서 고려해야 한다. 현재 우리는 첫째 부분, 즉 「선험적 분석론」(Transcendental Analytic)을 다룬다. 그리고 우리의 첫번째 작업은 지성의 아프리오리한 개념들을 확인하는 것이다(「개념의 분석론」(Analytic of Concepts)).

그러나 우리는 어떻게 이 작업을 시작해야 하는가? 분명히 말해서 우리는 모든 가능한 개념들의 완벽한 명세서를 만들고 그런 다음 아프리오리한 개념들을 감각 경험에서부터 추상된 아포스테리오리하거나 경험적인 개념들로부터 떼어내는 작업을 시도하지 않는다. 이것이 실제로 가능하더라도, 우리는 아프리오리한 개념들과 경험적인 개념들을 구별하기 위한 기준이나 방법을 소유해야 할 것이다. 그리고 만약 우리에게 어떤 개념들이 순수하게 아프리오리한가를 확인하기 위한 방법이 있다면, 우리는 그 방법을 사용하여 그러한 일반적인 목록을 만들지 않고도 우리의 목표를 달성할 수 있을 것이다. 그러므로 문제는 직접적이고 체계적인 방식으로 지성의 아프리오리한 개념들을 확인하는 방법이 실제로 있는가 하는 것이다. 우리는 어떤 원리 또는 칸트가 그렇게 표현했듯이 이러한 개념들을 발견하기 위한 '선험적 실마리'(Leitfaden)를 필요로 한다.

칸트는 판단의 능력에서 이러한 실마리를 발견한다. 이러한 판단 능력은 그에게 있어 사유능력과 같은 것이다. '우리는 지성의 모든 활동들을 판단들로 환원할 수 있으며, 따라서 지성 일반은 판단하는 능력이라고 표상될 수 있다. 왜냐하면 이미 위에서 언급된 바에 따르면 지성은 생각하는 능력이기 때문이다.'[29] 그런데 판단이란 무엇인가? 판단한다는 것은 사유하는 것과 같은 것이며, 개념에 의해서 상이한 표상들을 통일하여 하나의 인식을 형성하는 것이다.[30] 그러므로 표상들은 판단 안에서 개념들에 의해서 종합된다. 그런데 우리가 개별 판단을 일일이 고려한다면, 가능한 판단의 개수는 분명하게 말해서 무제한적으로 제시될 수 있다. 그러나 우리는 가능한 판단 방식의 개수, 즉 판단의 논리적 유형들의 개수를 결정할 수 있다. 이 유형들은 그것들의 형식에 따라서 고려된 것이다. 그리고 칸트의 견해에 따르면, 논리학자는 이미 그런 일을 해왔다. 그러나 논리학자들은 더는 그 문제들을 그 이상 진전시키지 않았으며, 왜 이러한 판단의 형식들이 가능한지 그리고 오직 이러한 판단 형식만이 가능한지의 이유를 탐구하지 않았다. 그러나 우리가 우리의 '선험적 실마리'를 발견할 수 있는 것은 정확하게 말해서 여기에서이다. 왜냐하면 판단의 각 형식은 아프리오리한 개념들에 의해서 결정되기 때문이다. 그러므로 지성의 순수한 아프리오리한 개념

---

29   A. 69, B. 94.

30   칸트에 따르면 판단은 대상의 매개적 인식, 즉 대상의 표상에 대한 표상이다. 직관을 제외한다면 어떤 표상도 대상과 직접적으로 관계하지 않는다. 개념은 단지 어떤 다른 표상 — 직관이거나 다른 개념 — 에게만 직접적으로 관계한다.

들의 목록을 발견하기 위해서 우리는 판단의 가능한 논리적 유형들의 표를 검토하는 것만으로 충분하다.

우리는 이 문제를 다음의 방식으로 제시할 수 있다. 지성은 직관하지 않고 판단한다. 그리고 판단하는 것은 종합하는 것이다. 그런데 몇 가지 종합하는 방식들(칸트가 이야기하고 있듯이 판단에서의 통일 기능들)이 존재하며, 이런 종합 방식들은 판단의 가능한 논리적 유형들이나 형식들에서 드러난다. 그리고 이런 유형 또는 형식들은 통일하는 또는 종합하는 능력으로서 고려된 지성의 아프리오리한 구조를 드러낸다. 그래서 우리는 지성의 근본적인 종합하는 기능들을 발견할 수 있다. '그래서 우리가 만약 판단들에서의 통일 기능들을 완벽하게 드러낼 수 있다면, 지성의 기능들은 전부 발견될 수 있다. 그리고 다음 절은 이러한 일이 아주 쉽게 수행될 수 있다는 점을 보여줄 것이다.'[31]

지금까지 우리는 일반적으로 지성의 순수 또는 아프리오리한 개념들에 대해 이야기했다. 그러나 칸트는 또한 그것들을 범주(categories)라고 부른다. 그리고 이것이 더 적합한 용어일 것이다. 지성은 통일하거나 종합하거나 판단하는 능력으로서 아프리오리한 범주의 구조를 가지고 있다. 다시 말해서 지성은 그것의 본질적 성격 때문에, 필연적으로 어떤 기초적인 범주들에 따라서 어떤 근본적인 방식들로 표상들을 종합한다. 이러한 종합이 없다면 대상 인식은 가능하지 않다. 그러므로 지성의 범주는 인식의 아프리오리한 조건이다. 즉 범주는 대상들이 사유되는 가능성의 아프리오리한 조건이다. 그리고 사유되지 않고는 대상은 실제로 인식된다고 말해질 수 없다. 왜냐하면 우리가 본 바와 같이, 감성과 지성의 기능들은 서로 다르고 분리해서 고려될 수 있다 하더라도, 감성과 지성은 인식의 산출에서 협력하기 때문이다.

칸트에서 판단의 유형들에 관한 표 또는 판단의 논리적 기능들에 관한 표는 이제 제시될 수 있다. 편의를 위해 나는 동시에 그의 범주표를 제시한다. 전체적인 도표는 어떤 범주가 어떤 논리적 기능에 상응하는지 혹은 상응한다고 가정되는지를 보여

---

31   A. 69, B. 94.

준다. 이 표는 「개념의 분석론」의 첫째 장에서 발견될 수 있다.[32]

판단	범주
1. 분량 (1) 전칭 (2) 특칭 (3) 단칭	1. 분량 (1) 단일성 (2) 다수성 (3) 전체성
2. 성질 (4) 긍정 (5) 부정 (6) 무한	2. 성질 (4) 실재성 (5) 부정성 (6) 제한성
3. 관계 (7) 정언 (8) 가언 (9) 선언	3. 관계 (7) 속성과 자존성(실체와 우유성) (8) 원인성과 의존성(원인과 결과) (9) 상호성(능동자와 수동자 사이의 상호작용)
4. 양상 (10) 개연 (11) 실연 (12) 필연	4. 양상 (10) 가능성-불가능성 (11) 현존성-비현존성 (12) 필연성-우연성

칸트는 이 범주표가 아리스토텔레스의 범주표처럼 무작위적 방식으로 만들어지지 않았고, 어떤 원리의 체계적 적용에 의해 만들어졌다고 언급하였다. 그래서 이 표는 지성의 근원적 순수 개념들 또는 범주들을 모두 포함한다. 사실상 지성의 다른 순수 개념들이 있지만, 이런 순수 개념들은 파생적이고 (아프리오리하게) 부차적이다. 칸트는 이런 개념들을 범주들(*praedicamenta*)과 구별하기 위해서 빈사(賓辭, *predicables*)라고 부를 것을 제안한다. 그러나 그는 빈사의 목록을 제시하지 않는다. 즉 지성의 근원적이고 파생적인 순수 개념들의 완전한 체계를 작성하지 않았다. 근원적인 개념들 또는 범주들의 목록을 제시하는 것만으로 그의 목적에 충분하였다.

그러나 칸트는 자신이 완전한 범주표를 제시했다고 생각한 점에서 지나치게 낙관적이었다. 왜냐하면 범주들이 무엇인가를 결정하기 위한 그의 원리는 그의 시대의 논리학에서 취해졌던 판단에 관한 어떤 견해들을 수용하는 것에 의존한 점이 분명하기 때문이다. 그래서 그의 후계자들은 아프리오리한 범주들에 대한 일반적인 입

---

32   A 70과 80, B. 95와 106.

장은 수용했지만, 그의 목록은 개정하였다.

아마도 칸트에 따를 경우 각각의 3개조 중 세 번째 것은 두 번째 것과 첫 번째 것의 결합에서 생겨난다는 것을 언급할 필요가 있다. 그래서 전체성은 단일성으로 간주된 다수성이고, 제한성은 부정성과 결합된 실재성이다. 상호성은 하나의 실체가 다른 실체를 상호적으로 규정하고 다른 실체에 의해서 상호적으로 규정되는 인과성이다. 필연성은 현존성의 가능성을 통해서 주어진 현존성이다.[33] 3개조의 표에 대한 이러한 해석은 다소 억지인 것처럼 보이지만, 나중에 헤겔에서 정립, 반정립, 종합을 통한 3개조의 발전이라는 관념에 의해서 핵심적인 위치를 차지하고 있다는 점을 고려할 때, 여기서 칸트의 견해를 주목할 필요가 있다.

──────── **4. 범주 적용의 정당성**

그러므로 칸트에 따르면, 12개의 지성의 아프리오리한 범주들이 존재한다. 그러나 현상의 종합에서 그런 범주들을 사용하는 것이 어떻게 정당화되는가? 범주들을 대상에 적용하는 것이 어떻게 정당화되는가? 그러한 문제는 감성의 아프리오리한 형식들의 사용과 관련해서는 생겨나지 않는다. 왜냐하면 우리가 보았듯이 공간과 시간의 형식들에 감각의 무규정적 질료가 종속되지 않고서는 어떤 대상들도 우리에게 주어질 수 없기 때문이다. 따라서 대상들에 감성의 형식들을 적용하는 것이 어떻게 정당화되는지를 묻는 것은 어리석은 일이다. 왜냐하면 이러한 형식들은 바로 대상들이 존재하기 위한 필연적 조건이기 때문이다. 그러나 지성의 범주들에 관한 상황은 다르다. 대상들은 이미 거기에 존재하며, 말하자면 감각 직관 속에 주어져 있다. 이러한 대상들 즉 현상들에 지성의 범주들이 적용될 때, 대상들이 왜곡되거나 잘못 표상되는 일은 일어나지 않을까? 그래서 지성의 범주들을 대상에 적용하는 것이 정당하다는

─────────

33 그래서 필연적 존재자의 개념은 그것의 가능성이 현존성을 포함하는, 즉 단순하게 가능한 것일 수가 없는 존재자의 개념일 것이다. 그러나 칸트에서 **이** 개념은 객관적으로 적용될 수 없다.

것을 보여줄 필요가 있다.

그렇게 정당성을 제시하는 일을 칸트는 범주의 선험적 연역이라고 부른다. '연역'(deduction)이라는 단어는 곧잘 오해될 수 있다. 왜냐하면 연역이라는 단어는 범주가 무엇인가에 대한 체계적인 발견을 시사하고 있기 때문이다. 그리고 이러한 일은 이미 행해졌다. 그러므로 현재의 맥락에서 연역은 칸트가 실제로 설명하고 있는 것처럼 정당화를 의미한다. '선험적'이란 단어에 관해서 말하자면, 그것의 의미는 '경험적'이란 단어와 대비될 때 가장 잘 이해된다. 칸트는 범주의 사용이 예를 들어 이런저런 과학에서 경험적으로 성과가 있다는 것을 보여줌으로써 범주를 정당화하는 것에 관심을 두지 않는다. 그는 범주들이 모든 경험의 아프리오리한 조건이라는 것을 보여줌으로써 그 범주들의 적용이 정당화된다는 데 관심을 둔다. 그러므로 그는 선험적 연역의 전 목표는 지성의 아프리오리한 개념들 또는 범주들이 경험이 가능하기 위한 아프리오리한 조건이라는 점을 보여주는 것이라고 말할 수 있다.

문제는 더 세밀하게 설명될 수 있다. 공간과 시간 또한 경험의 아프리오리한 조건이다. 그러나 공간과 시간은 대상들이 우리에게 주어지기 위해 필연적으로 요구되는 조건들이다. 그러므로 선험적 연역의 과제는 대상들이 **사유되기** 위해서 필연적으로 요구되는 조건들이 곧 범주들이라는 점을 보여주는 것이다. 다른 말로 하면, 대상들에 범주를 적용하는 것을 정당화하는 일은 지성의 종합하는 범주들을 통하지 않고서는 대상들이 사유될 수 없다는 점을 보여주는 형식을 취해야 한다. 그리고 대상들을 사유하는 것은 대상들을 인식하기 위해서 요구되기 때문에, 대상들이 범주를 통하지 않고서는 사유될 수 없다는 것을 보여주는 것은 대상들이 범주를 통하지 않고서는 인식될 수 없다는 것을 보여주는 것이다. 그리고 이점을 보여주는 것은 범주의 사용이 정당화된다는 것을 보여주는 것이다. 즉 범주가 객관적 타당성을 가진다는 점을 보여주는 것이다.

이러한 사고노선은 칸트의 코페르니쿠스적 혁명에 분명하게 포함되어 있다. 범주의 사용은 정신이 대상을 따라야 한다는 가정에서는 정당화될 수 없다. 그러나 인식되기 위해서 대상들이 정신을 따라야 한다면, 그리고 이것이 완전한 의미에서 대상이 대상이기 위해서 대상은 지성의 범주에 종속되어야 한다는 것을 의미한다면, 범주의 사용을 정당화하는 일은 더는 필요하지 않다.

칸트의 선험적 연역의 논증은 결코 따라잡기가 쉽지 않다. 그러나 연역의 과정에서 칸트는 중요한 관념을 도입한다. 그리고 그의 사고노선을 과도하게 단순화하는 위험을 무릅쓰고라도 연역에 대한 짧막한 설명을 제시하기 위해서 약간의 노력을 경주해야 한다. 이러한 시도를 하면서 나는 『순수이성비판』의 제2판에 주어진 연역에 한정해서 주목하고자 한다. 이 제2판에서의 연역은 초판에서 제시된 것과는 현저하게 다르다.

인식의 대상은 칸트의 규정에 따르면 '주어진 직관의 다양이 그 대상의 개념 안에서 **통일되는** 것'[34]이다. 종합이 없다면, 대상의 인식은 있을 수 없다. 말하자면 결합되지 않은 표상들의 단순한 흐름은 인식이라 할 수 없다. 그런데 종합은 지성의 작업이다. '다양의 결합(칸트가 사용한 단어는 *Verbindung*과 *conjunctio*이다)은 감각 기관에 의해서는 우리에게 결코 생길 수 없다. … 왜냐하면 결합은 표상 능력의 자발성의 작용이기 때문이다. 그리고 우리가 이 능력을 감성과 구별하기 위해서 지성이라고 불러야 하기 때문에, 우리가 그것을 의식하든 의식하지 못하든, 그것이 직관의 다양의 결합이든 여러 개념들의 결합이든, 모든 결합은 … 지성의 작용이다. 그리고 우리는 이러한 작용에 종합이라는 일반적인 이름을 부여한다.'[35]

다양의 개념과 그것의 종합의 개념 이외에도 결합의 관념은 다른 요소를 포함하고 있다. 이것은 다양의 통일의 표상이다. 그러므로 결합은 '다양의 종합적 통일(unity)의 표상이라고 기술될 수 있다.'[36]

칸트는 여기서 범주의 목록 속에 나오는 단일성(unity)이라는 아프리오리한 개념 또는 범주에 관해 언급하고 있지 않다. 그는 모든 결합은 이 범주의 적용을 포함한다고 말하고 있지 않다. 왜냐하면 어떤 범주의 적용도, 그 범주가 단일성의 범주건 어떤 다른 범주건 간에, 그가 말하는 통일성(unity)을 전제하기 때문이다. 그렇다면 칸트는 무엇을 말하고 있는가? 그는 하나의 지각하고 사고하는 주관과의 관계에서 성립

---

34   B. 137.

35   B. 129-130.

36   B. 130.

하는 통일에 대해 말하고 있다. 대상들은 범주들에 의해서 사유되지만, 이러한 통일이 없다면 대상들은 사유될 수 없다. 다른 말로 하면, 지성의 종합하는 작업은 의식의 통일 안에서만 가능하다.

이것은, 만약 지각하고 사유하는 것이 어떤 주관 속에서 결합되어 자기의식이 모든 표상에 수반될 수 없다면, 직관 또는 지각의 다양이 사유의 대상일 수 없고, 그래서 인식의 대상일 수 없다는 것을 의미한다. 칸트는 이것을 다음과 같이 표현한다. 나는 **생각한다**는 것은 우리의 모든 표상들에 수반할 수 있어야 한다. 내가 나의 지각과 사유를 언제나 **나의 것**으로 생각할 필요는 없다. 그러나 그러한 의식의 **가능성**이 없다면, 어떤 통일도 직관의 다양에 주어질 수 없다. 즉 어떤 결합도 가능하지 않다. '나는 **생각한다**는 모든 나의 표상들을 수반할 수 있어야 한다. 왜냐하면 만약 그렇지 않다면 전혀 사유될 수 없는 무언가가 내 안에서 표상될 수 있기 때문이다. 그리고 이것은 그 표상이 불가능하다거나 적어도 나에게는 아무것도 아니라고 말하는 것과 같은 의미다. … 그러므로 직관의 모든 다양은 이 다양이 발견되는 동일한 주관 안에서 나는 **생각한다**는 것과 필연적인 관계를 맺는다.'[37] 자기의식이 표상에 수반될 수 없다면, 내가 어떤 관념을 가진다고 말하는 것은 불합리할 것이다. 그리고 동일한 의식이 지각함과 사유함에 수반될 수 없다면, 지각의 다양이 사유된다고 말하는 것은 불합리할 것이다.

주관과 직관의 다양의 관계(즉 **나는 생각한다**가 그 모두에 수반될 수 있어야 한다고 말함으로써 표현되는 그런 관계)는 칸트가 '순수 통각'(pure apperception)이라 부르고 있으며, 그것은 경험적 통각과, 즉 주어진 심리적 상태를 경험적이고 우연적으로 나의 것으로서 의식하는 것과 구별된다. 여러 상이한 표상들에 동반되는 경험적 의식은 파편적이다. 어떤 순간에는 주어진 표상에 동반되는 자기의식의 경험적 작용을 행사하지만, 다른 순간에는 그런 식으로 행사하지 않는다. 경험적 의식은 그 의식에 동반되는 표상과 마찬가지로 통일되어 있지 않다. 그러나 동일한 **나는 생각한다**가 모든 표상에 수반될 가능성은 경험의 불변적 조건이다. 그리고 경험은 자기의식의 선험적 (경험적이 아닌)

---

37   B. 132.

통일을 전제한다. 자기의식의 선험적 통일은 나에게 대상으로 주어지지 않으며, 나에게서 바로 대상이 존재하기 위한 근본적이고 필연적인 조건이다. 직관의 다양이 말하자면 통각의 통일에 주어질 수 없다면, 경험, 즉 인식은 존재할 수 없다. 또는 덜 주관적으로 표현한다면, 대상은 존재할 수 없다.

물론 칸트는 내가 어떤 종합하는 일을 할 수 있기 전에 나 자신을 주관 또는 자아로서 먼저 의식해야 한다는 것을 의미하고 있지는 않다. 나는 지속적인 자기 동일적 자아라는 선행하는 의식을 가지고 있지 않다. 나는 주어진 것을 향하는 작용들을 할 때 비로소 그런 작용들을 나의 것으로 의식하게 된다. 자기의식과 자기에 인식적으로 연관된 것의 의식은 자기 안에서 함께 결합되어 있기 때문에, 자기의식은 시간적으로 경험에 선행하지 않는다. 동시에 통각의 통일(**나는 생각한다**가 모든 나의 표상들에 수반될 수 있어야 한다는 의미에서)과 의식의 선험적 통일은 경험의 아프리오리한 조건이다. 결합이 없다면 경험은 없다. 그리고 결합은 통각의 통일을 수반한다.

의식의 통일을, 즉 지각함과 사유함이 한 주관 안에서 통일된다는 것을 경험의 조건이라고 말할 때, 칸트는 무언가 명백한 것을 말하고 있는 것처럼 보인다. 그러나 그러하다면, 말하자면 주관으로서의 주관을 망각하고, 따라서 대상으로서의 경험적 자아에 초점을 맞추는 사람들이 간과하는 것처럼 보이는 명백한 사실은 그들이 자아를 일련의 심리적 사건들로 해체하거나 자아를 단지 논리적 구성 즉 그러한 사건들의 부류로 기술하는 것이 정당하다고 느낀다는 것이다. 만약 우리가 마음속에 이러한 현상론자들을 염두에 두고 있다면, 칸트는 아주 중요한 점을 주목하고 있는 듯이 보인다.

그러나 이 모든 것이 범주의 적용을 정당화하는 것과 무슨 관계가 있는가의 문제가 생겨난다. 간략히 말하면 대답은 다음과 같다. 어떤 객관적 경험도, 대상의 어떤 인식도 직관의 다양이 하나의 자기의식 속에서 결합되지 않는다면, 불가능하다는 것이다. 그러나 모든 종합은 지성이 생산하는 것이며, 그래서 표상의 다양은 지성에 의해 통각의 통일로 들어오게 된다. 이제 지성은 자신의 아프리오리한 범주들에 의해 종합하는 활동을 한다. 그러므로 범주의 적용을 통하지 않고서는 어떤 객관적[대상적] 경험도, 대상에 대한 어떤 인식도 불가능하다. 경험의 세계는 감성의 아프리오리한 형식들의 적용과 지성의 범주들의 적용 안에서 지각과 사유의 협력을 통해서 형성된다. 따라서 범주는 대상에 관계한다. 즉 객관적 관계를 갖는다. 왜냐하면 모든 대상들은 대상들이기 위해서 범주들에 따르지 않으면 안 되기 때문이다.

칸트 자신의 표현을 인용할 필요가 있다. '감성적 직관에 주어진 다양은 필연적으로 통각의 근원적 종합적 통일 하에 들어오게 된다. 왜냐하면 그렇게 함으로써만 직관의 **통일**이 가능하기 때문이다. 그러나 지성의 작용 ─ 주어진 표상들(직관이든 개념이든 간에)의 다양이 이 작용을 통해서 하나의 통각 아래 들어오게 된다 ─ 은 판단들의 논리적 기능이다. 그래서 모든 다양은, 그것이 하나의 경험적 직관 안에 주어지는 한에서, 판단의 논리적 기능 가운데 하나와 관련해서 **규정된다.** 즉 그런 기능에 의해서 그 다양은 하나의 의식 일반 아래 들어오게 된다. 그런데 **범주들**은 주어진 직관의 다양이 판단과의 관계에서 규정되는 한에서 판단의 이러한 기능들 외에 다른 것이 아니다. 결과적으로 말한다면 주어진 직관의 다양은 필연적으로 범주에 종속해 있다.'[38] 다시 말해서 '내가 나의 직관이라고 부르는 하나의 직관 안에 포함된 다양은 지성의 종합에 의해 자기의식의 **필연적** 통일에 속하는 것으로 표상된다. 그리고 이런 일은 범주에 의해 일어난다.'[39]

———————— **5. 범주의 도식론**

그러나 또 다른 문제가 생겨난다. 우리는 한편으로는 직관의 다양한 소여를 가지고 있으며, 다른 한편으로는 다수의 범주를 가지고 있다. 어떤 범주나 범주들이 적용되는지를 결정하는 것은 무엇인가? 우리는 어떤 결합 고리가 필요하다. 감각 직관의 소여들이 범주 아래 종속해야 한다면, 감각 직관의 소여와 범주 사이에는 어떤 비례 또는 동종성(同種性)이 있어야 한다. 그러나 '순수 지성 개념들은 경험적 직관들(또

---

38   B. 143.
39   B. 144.

는 심지어 감성적 직관 일반)과 비교하면 완전 이종적(異種的)이며, 따라서 순수 개념들은 어떤 직관에서도 발견될 수 없다. 그렇다면 직관이 순수 개념 아래 **포섭**되는 일이 어떻게, 따라서 포섭과 함께 범주가 현상에 적용되는 일이 어떻게 가능한가?'[40] 이것이 문제다.

이 문제를 해결하기 위해서 칸트는 지성과 감성을 매개하는 능력 또는 기능으로서 이해되는 상상력(*Einbildungskraft*, 구상력(構想力))에 의거한다. 상상력은 말하자면 **도식**(*Schemata*, 圖式)을 생산하면서 **도식**의 운반자가 된다고 말해진다. 도식은 일반적으로 형상(*image*, 形像)을 산출하는 규칙 또는 절차이다. 형상은 소위 현상에 적용할 수 있도록 범주를 도식화하거나 범위를 제한한다. 도식은 그 자체 형상이 아니라 형상을 구성하기 위한 일반적 절차를 표상한다. '하나의 개념을 그것의 형상에 제공하는 상상력의 일반적인 절차에 관한 이 표상을 나는 이 개념의 도식이라 부른다.'[41] 도식은 일반적이기 때문에 개념과 친화성(親和性)을 가지고 있으며, 형상은 개별적이기 때문에 직관의 다양과 친화성을 가진다. 그래서 상상력은 지성의 개념들과 직관의 다양을 매개할 수 있다.

물론 칸트는 형상의 매개적 기능을 강조한 최초의 철학자는 아니었다. 예를 들면 중세의 아리스토텔레스주의는 이 기능을 형상에 귀속시켰다. 그러나 칸트의 철학에서 이 주제에 대한 접근은 중세의 아리스토텔레스주의의 접근과 분명히 다르고 달라야 한다. 후자에서 형상은 감각 기관의 수준에서 나타나는 과정의 결과이고, 다른 한편으로 지적 추상의 기초로서 역할을 한다. 그러나 칸트에서는 형상은 상상력 그 자체가 생산하는 도식에 따라서 작용하는 상상력의 능력의 자발적 산물이다. 우리는 칸트에서 정신이 대상을 따라야 한다기보다는 대상이 정신을 따라야 한다는 점을 망각해서는 안 된다.

칸트는 자신이 의미하는 그런 종류의 것을 보여주기 위해서 수학에서 한두 가지 예들을 제시한다. 예를 들어 나는 · · · · · 과 같은 방식으로 다섯 개의 점을 찍

---

40 A. 137-138, B. 176.
41 A. 140, B. 179-180.

음으로써 5라는 숫자의 형상을 산출할 수 있다. 그러나 5라는 숫자의 도식은 그 자체이 형상도 아니고 다른 어떤 형상도 아니다. 그것은 방법의 표상이며, 그것에 의해서 다양성이 어떤 개념에 따라서 형상 안에서 표상될 수 있다. 도식은 말하자면 개념과 현상의 다양을 함께 가져오는 일을 허용한다. 즉 도식은 개념을 현상에 적용하는 일을 허용한다. 칸트는 또한 개의 개념이라는 비 수학적 예를 인용한다. 이 개념의 도식은 개념을 특정한 동물에 적용하기 위해 요구되는 표상을 산출하는 규칙이다.

그러한 사례들은 쉽게 오해를 낳는다. 왜냐하면 우리는 우선 여기서 수학적 개념을 다루고 있지 않으며, 개와 같은 아포스테리오리한 경험적 관념을 다루는 것은 더욱 아니며, 오히려 지성의 순수 범주를 다루고 있기 때문이다. 그리고 우리는 도식 또는 형상 산출의 규칙 ─ 우리는 이 규칙(도식)을 선택하거나 변경할 수 있다 ─ 을 다루는 것이 아니라, 아프리오리한 조건들 ─ 그 조건들하에서 범주는 어떤 다양에도 적용될 수 있다 ─ 을 규정하는 선험적 도식을 다루고 있다. 그러나 수학적 개념들과 아포스테리오리한 관념들을 지각의 소여에 적용하는 것에서 취해진 칸트의 예들은 도식의 일반적 개념을 단지 소개하기 위해서만 사용할 의도로 만들어진 것이다.

범주들의 선험적 도식은 범주가 현상에 적용될 수 있는 조건들을 규정한다. 그리고 칸트에서 이것은 범주가 현상에 적용될 수 있는 시간적 조건들을 규정한다는 것을 의미한다. 왜냐하면 시간 안에 있다는 것은 경험적 자아의 상태들을 포함해서 모든 현상들에 공통적인 유일한 특징이기 때문이다. 따라서 칸트는 '도식은 규칙들에 따르는 아프리오리한 시간 규정들 외에 다름 아니다'[42]고 말할 수 있다. 시간은 모든 표상들의 결합 또는 연결의 형식적 조건이다. 그리고 상상력의 산물인 시간의 선험적 규정은 말하자면 두 진영 모두에 뿌리를 두고 있다. 그 규정은 범주와 동종적이다. 그리고 이 규정은 그것이 보편적이고 아프리오리한 규칙에 의존한다는 점에서 범주의 도식이다. 그 규정은 시간의 다양의 모든 경험적 표상 안에 있다는 점에서 현상들과 동종적이다. '그래서 현상들에 대한 범주의 적용은 선험적 시간 규정에 의해서 가능하게 되며, 그 선험적 시간 규정은 지성 개념들의 도식으로서 후자(현상)를 전자 아래

---

[42]   A. 145, B. 184.

포섭하는 것을 허용한다.'[43]

칸트는 특정한 범주들의 특정한 도식들에 대해 그렇게 길게 논의하지 않는다. 그리고 그가 언급하고 있는 것은 몇몇 경우에 매우 이해하기 어렵다. 그러므로 해설을 장황하게 하는 일을 하고 싶지 않으므로, 나는 단지 몇 가지 예만을 언급할 것이다.

관계의 범주들에 눈을 돌려본다면, 실체 범주의 도식은 '시간 안에서 실재하는 것[44]의 불변성, 즉 실재하는 것을 경험적 시간 규정 일반의 기체(substratum)로서 표상하는 것이다. 따라서 여기서 기체는 다른 모든 것이 변화하는 가운데 그대로 지속하는 것이다.'[45] 즉 실체의 개념이 지각의 소여에 적용될 수 있기 위해서 실체의 개념은 상상력의 도식에 의해서 도식화되거나 또는 규정되어야 하고, 이러한 일은 실체를 시간에서의 변화의 불변적인 기체로서 표상하는 것을 포함한다. 이러한 도식화된 형식에만 범주는 현상에 적용될 수 있다.

원인 범주의 도식은 '실재적인 것이 임의로 정립되면, 항상 다른 무엇인가가 그것에 잇따르는 그런 실재적인 것이다. 그러므로 원인의 범주의 도식은 이러한 계기가 어떤 규칙에 종속하는 한에서의 다양의 계기에서 성립한다.'[46] 칸트는 원인성의 개념이 규칙적 계기의 개념에 불과하다고 말하고 싶지 않았다. 그가 의미하는 바는 원인의 범주가, 만약 그 범주가 상상력에 의해서 도식화되어 시간 안에서 규칙적 계기의 표상을 포함하지 않는다면, 현상에 적용될 수 없다는 것이다.

관계의 세 번째 범주의 도식, 즉 능동자와 수동자의 상호성 또는 상호작용의 도식은 '하나의 규정들(우유적(偶有的)인 것들)이 다른 것의 규정들과 일반적인 규칙에 따라서 공존[동시성](共存, coexistence)하는 것'[47]이다. 여기서 다시 칸트는 실체와 실체의 우유성들의 공존이 상호작용의 개념 속에 있는 모든 것이라는 점을 의미하고 있지 않다. 그러나 시간 안에서 공존한다는 이러한 표상이 포함되는 형식이 이 상호작용의

---

43 A. 139, B. 178.

44 우리가 성질의 범주에 관한 절에서 배웠듯이 실재성은 그 실재성의 개념이 시간 안에 있는 존재자를 지시하는 그런 것이다.

45 A. 144, B. 183.

46 같은 곳.

47 A. 144, B. 183-184.

개념에 주어지지 않는다면, 이 개념은 현상체에 적용될 수 없다.

마지막으로 양상의 마지막 두 범주를 취해보자. 현존성의 범주의 도식은 어떤 특정한 시간 안에서의 존재이며, 반면에 필연성의 범주의 도식은 모든 시간 안에서의 대상의 존재이다. 범주로서의 필연성은 단지 모든 시간 안에서의 존재를 의미하지 않는다. 앞에서 보았듯이 필연성의 범주는 현존성의 바로 그 가능성을 통해서 주어지는 현존성을 의미한다. 칸트에 따를 경우 상상력이 모든 시간 속에서 존재 또는 현존의 표상을 포함하도록 시간과의 관계 속에서 그 범주를 규정하지 않는다면, 그 범주는 적용될 수 없다. 이것은 그 범주의 적용 가능성의 필연적 조건이다. 우리는 어떤 것이라도 모든 시간 속에서 현존하는 것으로 표상하지 않고서는 그것을 필연적이라고 표상할 수 없다. 이러한 관념은 도식화된 범주에 속한다. 그리고 적용되는 것은 언제나 도식화된 범주이다.

여기서 짤막하게 지적될 수 있는 하나의 문제가 생겨난다. 우리가 보았듯이 칸트는 범주와 순수한 혹은 아프리오리한 개념이라는 용어들을 같은 것을 가리키는 것으로 사용한다. 그런데 범주들은 논리적 기능들로서 기술된다. 범주들은 종합을 가능하게 하지만 현상들에 그것들을 적용하는 것을 도외시한다면 어떤 대상도 표상하지 않는 그런 지성의 순수 형식들이다. 그리고 이 경우에 '개념'이란 낱말이 잘못된 이름이 아닌지를 물어볼 수 있다. 그리고 『순수이성비판』의 주석서에서[48] 우리는 칸트가 범주들을 이야기할 때 통상 도식을 의미한다고 켐프 스미스 교수가 주장하고 있음을 발견한다. 따라서 범주들의 도식론에 관한 장은 단지 그것들의 지연된 정의를 포함할 뿐이다. 적절한 의미에서의 범주는 지성의 순수 형식이기 때문에 단지 논리적 기능들에 불과하며, 어떤 일정한 내용이나 의미를 가지지 않는다. 예를 들어 실체의 개념은 칸트가 실체 범주의 도식이라고 부르는 것일 것이다. 말하자면 도식 안에서 규정된 실체의 개념 외에 다른 순수 실체 개념의 여지는 없다.

이런 관점에 대해서 언급되어 할 많은 것들이 분명히 존재한다. 그리고 만약 우리가 수학 개념들에 눈을 돌린다면, 삼각형의 구성을 위한 일반적 규칙이나 절차의

---

48   p. 340. 뒤의 참고문헌 참조.

표상이 삼각형의 개념**이라고** 주장될 수도 있다. 동시에 도식화되지 않은 범주들은 우리에게 대상의 개념을 주기에는 충분한 의미를 가지지 못하고, 그런 범주들은 '단지 개념들의 산출을 위한 지성의 기능들에 불과하다'[49]고 칸트는 분명히 이야기하고 있는 반면에, 이러한 내용이 대상을 표상하기에 충분하지 않더라도, 그는 그 개념들에 어떤 내용을 귀속시키고 있기도 하다. '예를 들어 만약에 우리가 지속성이라는 시간적 규정을 제거하면 실체는 다른 어떤 것의 술어가 되지 않고 주어로서 사고될 수 있는 어떤 것 이외에 다른 것을 의미하지 않을 것이다.'[50] 칸트가 이야기하고 있듯이 나는 이 관념에 대해 '아무것도 만들어 낼 수 없는' 것일 수도 있다. 그러나 이것은 내가 대상을 표상하는 데 그것을 적용할 수 없다는 것을 의미한다. 왜냐하면 대상은 경험의 가능한 대상이며, 경험은 감각적 경험이기 때문이다. 그러나 칸트에 의해서 도식화되지 않은 범주에 **어떤** 의미 또는 내용이 귀속된다는 사실이 남아 있다. 이 의미는 인식을 줄 수 있을 만큼 충분히 규정적이지 않다. 그러나 그 의미는 논리적 가능성으로서 사유될 수 있다. 칸트에 따르면, 형이상학자들은 순수 범주들을 물자체의 인식의 원천으로서 사용하려고 시도했다. 그리고 이런 식으로 순수 범주들을 사용하는 것은 그 범주들을 오용하는 것이다. 그러나 오용될 수 있다는 바로 이 가능성은 순수 범주들이 **어떤** 의미를 가진다는 것을 전제한다.

──────── **6. 아프리오리한 종합 원칙들**

그런데 지성은 객관적 경험 즉 대상 경험의 가능성의 조건을 진술하는 어떤 아프리오리한 원칙들을 산출한다. 또는 동일한 것을 다른 식으로 진술하면, 지성은 범주들의 객관적 사용을 위한 규칙들인 어떤 아프리오리한 원칙들을 산출한다. 그러므로 이런 원칙들이 무엇인가를 확인하기 위해서 우리는 단지 도식화된 범주표를 고려

---

49   A. 147, B. 187.
50   A. 147, B. 186.

하는 것으로 충분하다. '범주들의 표는 우리를 자연스럽게 원칙들(Grundsätze)의 표로 안내해준다. 왜냐하면 원칙들은 범주들을 객관적으로 사용하는 규칙들 이외에 다른 것이 아니기 때문이다.'[51]

분량의 범주에 상응하는 원칙들을 칸트는 '직관의 공리'라 부른다. 칸트는 특정한 공리들을 언급하지 않는다. 그러나 그는 우리에게 일반적인 원칙은 '모든 직관은 외연량'[52]이라고 이야기한다. 이것은 순수 지성의 원칙이며, 따라서 이 원칙은 수학적 원칙일 수 없다(그것이 수학적 원칙이라고 생각하도록 유혹되지 않을 것이다). 왜냐하면 수학적 원칙은 순수 지성 자체에서가 아니라 지성의 매개에 의해서 순수 직관들에서 파생된 것이라고 말해지기 때문이다. 동시에 칸트에 따르면 직관의 공리라는 이 원칙은 수학의 아프리오리한 종합 명제들이 왜 경험에 적용될 수 있는지를 설명한다. 예를 들어 기하학이 공간이라는 순수 직관에 대해 단언하는 것은 모든 직관이 외연량을 가진다면 경험적 직관에 대해 타당해야 한다. 사실상 그 원칙은 그 자체 객관적 경험의 조건이기 때문에, 수학의 적용 가능성 역시 객관적 경험의 조건이다. 그리고 우리는 수학의 아프리오리한 종합명제들이 왜 현상적 실재에 적용될 수 있는지를 만약 직관의 공리의 원칙이 설명할 수 있다면, 그 원칙은 또한 수학적 물리학의 가능성을 설명한다는 점을 우리는 덧붙일 수 있다.

성질의 도식화된 범주들에 상응하는 원칙들을 칸트는 '경험의 선취(先取)'라고 부른다. 이러한 선취들의 일반적 원칙은 '모든 현상들에서 감각의 대상인 실재적인 것이 내포량(內包量) 즉 정도를 가진다'[53]이다. 성질의 범주의 도식을 논의하면서 칸트는 이 도식이 강도(强度)의 표상, 즉 강함에서 증가의 가능성과 영(부정)까지 감소의 가능성을 함의하는 개념을 포함한다고 주장한다. 경험의 선취라는 일반적 원칙에서 우리는 이제 감각을 포함하는 것으로 모든 경험적 지각들은 강도를 가져야 한다는 말을 듣게 된다. 그러므로 이러한 원칙은 감각을 수학적으로 측정하는 아프리오리한 기초를 제공한다.

---

51   A. 161, B. 200.
52   A. 162, B. 202.
53   A. 166, B. 207.

만약 우리가 이 두 원칙을 함께 취한다면, 즉 직관의 공리의 원칙과 경험의 선취의 원칙을 함께 취한다면, 우리는 그 두 원칙이 우리에게 미래의 직관이나 지각들에 관한 예측을 할 수 있도록 해준다는 사실을 확인할 수 있다. 사실상 우리는 우리의 미래의 지각들이 무엇인지를 아프리오리하게 예측할 수 없다. 또한 우리는 경험적 지각(감각을 포함하는 지각)의 성질을 예측할 수 없다. 우리는 예를 들어 지각의 다음 대상이 빨갛다고 예측할 수 없다. 그러나 우리는 모든 직관이나 지각이 외연량일 것이라는 것, 그리고 감각을 포함하는 모든 경험적 지각은 내포량일 것이라는 것을 예측할 수 있다.

이 두 원칙들은 칸트에 의해서 수학적 원칙으로 함께 묶인다. 혹은 오히려 이 두 원칙은 범주의 수학적 사용의 원칙들이다. 이렇게 이야기한다고 해서 칸트가 이 두 원칙들이 수학적 명제들이라는 것을 의미하고 있는 것은 아니다. 그는 이 두 원칙들이 직관에 관계하고, 수학의 적용 가능성을 정당화한다는 것을 의미하고 있다.

관계의 도식화된 범주들에 상응하는 원칙들은 '경험의 유추'라 한다. 그리고 그것들의 기초가 되는 일반적 원칙은 '경험은 지각들의 필연적 결합의 표상을 통해서만 가능하다'[54]이다. 객관적 경험 즉 감각의 대상에 대한 인식은 다양의 종합적 통일의 의식에 현존함을 함축하는 지각의 종합 없이는 가능하지 않다. 그러나 이러한 종합적 통일은 경험을 포함하고 있으며, 주관에 의해서, 즉 아프리오리하게 제공된다. 그리고 아프리오리한 결합은 필연적이다. 그러므로 경험은 지각의 대상들 간의 필연적 결합의 표상을 통하지 않고서는 가능하지 않다.

세 유추를 칸트는 구체적 결합들을 발견하는 데서의 지성의 경험적 사용의 규칙 또는 안내로서 간주한다. 그리고 이런 유추들은 칸트가 시간의 세 양상(modi), 즉 지속, 계기, 공존이라 부르는 것에 각각 상응한다. 이것의 의미는 유추 그 자체를 고려할 때 가장 잘 이해될 수 있다. 세 유추는 다음처럼 진술된다. 첫째, '현상들의 모든 변화에서 실체는 그대로 있으며, 실체의 분량은 자연에서 증가하거나 감소하지 않는

---

54   B. 218. 이것은 초판(A. 176-177)의 형식과 다르다.

다'.[55] 둘째, '모든 변화들은 원인과 결과의 결합의 법칙에 따라서 일어난다'.[56] 셋째, '모든 실체들은 공간 안에서 공존하는 것으로[동시적으로] 지각될 수 있는 한 일관된 상호작용 속에 있다'.[57]

　　이러한 원칙들은 관계의 도식화된 범주들, 즉 실체와 우유성, 원인과 결과, 능동자와 수동자간의 상호성 또는 상호작용에 분명히 각각 상응한다. 그것들은 아프리오리한 원칙들이며, 그래서 경험에 선행한다. 그러나 비록 그 원칙들이 우리에게 관계나 비례에 대해 말해주지만, 그 원칙들은 알려지지 않은 관계를 예측하지 않으며, 우리에게 예측하게 하지도 않는다. 그러므로 칸트가 주목하듯이 이 유추들은 수학적 유추들과는 다르다. 예를 들어 첫째 유추는 자연에서 지속적인 실체가 무엇인지를 우리에게 말하지 않는다. 오히려 그 유추는 변화가 실체를 포함하는지, 실체가 무엇이든 간에 실체는 자신의 총량을 유지한다는 것을 우리에게 말해주고 있다. 이것은 우리가 경험적인 것을 근거로 하여 자연에서의 변화의 실체 또는 기체가 물질(칸트는 물질이라고 생각했다)이라고 결정하든 아니면 에너지라고 결정하든 아니면 다른 그 무엇이라고 결정하든 간에 참이다. 그 문제를 있는 그대로 다룬다면, 유추는 우리에게 자연 안의 기본적인 재료 또는 실체의 총량은 불변적으로 유지된다고 말한다. 그러나 그것은 우리에게 그것이 무엇인지를 말하지 않는다. 우리는 이것을 아프리오리하게 발견할 수 없다. 다시 말한다면, 제2유추는 우리에게 모든 변화는 인과적이며, 어떤 주어진 결과도 일정한 원인을 가져야 한다고 말한다. 그러나 우리가 그 결과를 알 수 있다 하더라도, 우리는 단순히 제2유추를 사용함으로써 원인이 무엇인지를 알 수 없다. 우리는 경험, 즉 경험적 탐구에 의존해야 한다. 유추 또는 원칙은 성격상 규제적이다. 그것은 우리에게 인과성의 범주를 사용하는 데서 안내의 역할을 한다. 셋째 유추에 관해 말하자면, 그것이 공간 안에서 어떤 것들이 공존하는지 혹은 그들의 상호작용이 무엇인지 우리에게 이야기하지 않는다는 사실은 아주 분명하다. 그러나 그것은 우리에게 우리가 무엇을 찾아야 할지를 아프리오리하게 그리고 일반적인 의미에

55　A. 182, B. 224.
56　A. 189, B. 232.
57　A. 211, B. 256.

서 이야기해준다.

양상의 범주들에 상응하는 원칙들은 '경험적 사고 일반의 요청'이라 한다. 그 원칙들은 다음과 같다.[58] 첫째, '경험의 형식적 조건(직관과 개념들)들에 일치하는 것은 **가능하다**'. 둘째, '경험(감각의 경험)의 질료적 조건들과 결합되는 것은 **실재적**[현실적]이다'. 셋째, '실재적[현실적]인 것과 함께 경험의 일반적 조건에 따라서 규정되는 그런 결합은 **필연적**이다(필연적인 것으로 현존한다)'.

칸트에 따르면 이러한 요청들은 단지 세계, 즉 경험의 대상들과 우리의 인식 능력과의 관계에 관한 것일 뿐이라는 점을 이해하는 것이 중요하다. 예를 들면 첫째 요청은 말하자면 경험의 형식적 조건들에 종속될 수 있는 것만이 가능한 존재 즉 경험적 실재 내의 존재라는 사실을 진술한다. 이 요청은 객관적 경험의 형식적 조건들을 초월함으로써 경험적 실재를 초월하는 존재나 존재들이 있을 수 없다는 점을 진술하는 것은 아니다. 예를 들어 신은 물리적 세계 내의 가능한 존재가 아니지만, 이런 진술은 신이 존재하지도 않고 존재할 수도 없다고 하는 진술과는 다르다. 무한한 정신적 존재자는 경험의 형식적 조건들의 적용을 초월한다. 그러므로 그 존재자는 물리적 또는 경험된 대상으로 가능하지 않다. 그러나 신적 존재자는 적어도 그 존재자의 관념에서 어떤 논리적 모순도 확인될 수 없다는 의미에서 논리적으로 가능하다. 그리고 그러한 존재에 대한 믿음의 근거들이 존재할는지도 모른다.

이미 진술된 것처럼 요청들은 경험적 사고의 요청들이다. 그러므로 두 번째 요청은 우리에게 그 용어의 경험적 사용에서 실재에 대한 정의 또는 설명을 제공한다. 이것에는 다음과 같은 의미가 있다. 즉 경험의 분석에 따를 경우 과학에서는 경험적 지각에, 그리고 따라서 감각에 연결되지 않은 어떤 것도 실재적인 것으로 받아들일 수 없다. 세 번째 요청에 관해서 말하자면 그것은 경험의 유추와 경험적 법칙에 따라서, 지각되는 것에서 지각되지 않은 것으로의 추론에 관계한다. 예를 들어 우리가 경험의 둘째 유추 그 자체만을 고려한다면, 우리는 어떤 변화나 사건들이 주어질 경우 그것은 원인을 가져야 한다는 것만을 진술할 수 있다. 우리는 그 원인이 무엇인지를

58　A. 218, B. 265-266.

아프리오리하게 결정할 수 없다. 그러나 만약 우리가 자연(Nature)의 경험적 법칙들을 고려한다면, 우리는 어떤 일정한 인과 관계가 필연적이며, 당연히 어떤 원인이 절대적 필연성을 가지고 존재하는 것이 아니라, 가언적인 필연성을 가지고서, 즉 어떤 변화나 원인이 발생한다는 가설 위에서 존재해야 한다고 말할 수 있다.

───── ## 7. 순수 자연과학의 가능성

그러므로 수학이 자연에 적용될 수 있을 뿐만 아니라 지성의 범주에서 도출되는, 그래서 아프리오리한 다수의 원칙들도 존재한다. 순수 자연과학은 가능하다. 좁은 의미에서 자연학[물리학]은 경험과학이다. 칸트는 우리가 아프리오리한 자연학의 전체를 연역할 수 있다고 생각한 적이 없다. 그러나 보편적 자연과학, 즉 칸트가 그렇게 부르는 것처럼 『형이상학 서설』[59]에서 자연학의 예비학이 존재한다. 그는 이런 학문을 보편 또는 일반 자연학이라 부르기도 한다.[60] 자연학의 철학적 부분 또는 자연학의 예비학에서 발견되는 모든 개념들이 다 칸트적 의미에서 순수한 것은 아니라는 것은 사실이다. 왜냐하면 몇몇 개념들은 경험에 의존하기 때문이다. 칸트는 예로서 운동, 불가입성, 관성의 개념들을 제시하고 있다.[61] 그리고 이러한 보편적 자연과학의 모든 원칙들이 다 엄밀한 의미에서 보편적인 것은 아니다. 왜냐하면 외적인 감각 기관의 대상들에만 적용되고, 내적인 감각 기관(즉 경험적 자아의 심리적 상태들)에는 적용되지 않는 원칙들이 존재하기 때문이다. 그러나 동시에 외적이건 내적이건 간에 경험의 모든 대상들에 적용되는 몇몇 원칙들이 존재한다. 예를 들어 사건들은 일관된 법칙에 따라 인과적으로 결정되어 있다는 원칙이 그것이다. 어쨌든 경험적 가설이 아니라 우리에게 자연의 과정을 예측하게 하고 아프리오리한 종합명제인 그런 명제들로 구성되어 있다는 의미에서 순수 자연과학이 존재한다.

───

59   *Prol.*, 15.
60   같은 곳.
61   같은 곳.

『순수이성비판』에서 칸트가 가졌던 주요 문제 중 하나는 이러한 순수 자연과학의 가능성을 설명하는 것이었다는 점을 유념하여야 한다. 그리고 그런 자연과학이 어떻게 가능한가의 문제는 이 장의 앞 절들에서 답변이 제시되었다. 순수 자연과학은 경험의 대상이 경험의 대상이기 위해서 필연적으로 어떤 아프리오리한 조건을 따라야 하기 때문에 가능한 것이다. 이러한 필연적 일치가 주어진다면, 우리는 직접적이거나 간접적으로 지성의 아프리오리한 범주들에서 도출되는 아프리오리한 종합 명제들의 복합체가 언제나 검증될 것임을 안다. 간단히 이야기하면, '가능한 경험의 원칙은 이 경우 동시에 아프리오리하게 인식될 수 있는 자연의 보편적 법칙이다. 그리고 이렇게 해서 우리 앞에 놓인 둘째 질문, [즉] **순수 자연과학은 어떻게 가능한가**라는 둘째 물음에 포함되어 있는 문제가 해결되었다'.[62]

우리는 그 문제를 다른 방식으로 제시할 수 있다. 대상들이 대상들이기 위해서 통각의 통일에, 즉 의식의 통일과 연관되어야 한다. 그리고 대상들은 어떤 아프리오리한 형식들과 범주들에 포섭됨으로써 연관된다. 따라서 경험의 가능한 대상들의 복합체는 의식 일반의 통일과의 연관 안에서 하나의 자연을 형성한다. 그리고 그런 식으로 대상들을 연관 짓는 필연적인 조건들은 그 자체 자연의 필연적 법칙들의 근거이다. 종합 없이는 우리에게 자연은 존재하지 않는다. 그리고 아프리오리한 종합은 자연에 법칙을 부여한다. 이러한 필연적 법칙들은 실제적 의미에서 인간 주관에 의해 부과되지만, 동시에 객관적 법칙들이다. 왜냐하면 그것들은 가능한 경험의 전체 범위에 대해 타당하고, 필연적으로 타당하기 때문이다. 즉 경험의 가능한 대상들의 복합체로서의 자연에 대해 타당하기 때문이다.

그러므로 칸트는 흄이 제기한 문제들을 해결한 데 대해 스스로 만족하였다. 뉴턴 물리학은 자연의 제일성(uniformity)을 요청한다. 그러나 경험은 자연의 제일성을 증명할 수 없다. 경험은 미래가 과거와 유사할 것이라는 사실을 보여줄 수 없다. 왜냐하면 자연의 보편적이고 필연적인 법칙이 존재한다는 것을 보여줄 수 없기 때문이다. 그러나 흄이 자연의 제일성에 대한 자연적 믿음을 우리가 가지고 있다는 사실을 관

---

62   같은 책, 23.

찰하고, 이러한 믿음의 심리학적 설명을 제시하려고 시도한 데 대해 스스로 만족해한 반면에, 칸트는 이러한 제일성을 증명하고자 하였다. 그리고 칸트는 제일성이 경험적 귀납으로는 증명될 수 없다는 점에서 흄과 의견을 같이 하기 때문에, 칸트는 가능한 경험의 대상들의 복합체로서의 자연이 객관적 경험의 아프리오리한 조건들에 일치해야 한다는 사실에서부터 제일성이 도출된다고 주장하였다. 뉴턴 물리학[63]의 기초에 놓여 있는 어떤 아프리오리한 진리들을 우리에게 알도록 해주는 것은 바로 이러한 사실이다.

　　우리가 그렇게 원한다면 우리는 칸트가 뉴턴 물리학을 정당화하고자 했다고 말할 수 있다. 그러나 당연히 '정당화한다'는 그 용어는 오해를 불러일으킬 수 있다. 왜냐하면 어떤 의미에서 과학적 체계가 필요로 하는 유일한 정당화는 그것의 결과에 달려 있기 때문이다. 즉 아포스테리오리한 정당화가 실제로 관련된 유일한 종류의 정당화라고 주장될 수 있다. 그러나 칸트는 뉴턴 물리학이 이론적으로 아포스테리오리하게 정당화될 수 없는 전제들을 포함한다고 믿었다. 그러므로 아프리오리한 이론적 정당화가 가능한지의 문제가 제기된다. 그리고 칸트는 하나의 조건, 즉 자신의 코페르니쿠스적 혁명의 관점을 받아들인다는 조건 위에서 가능하다고 확신하였다. 칸트가 말하고 있는 상당한 부분은 의심할 바 없이 낡았거나 논쟁의 여지가 크다. 그러나 자연과학이 전제들을 포함하는지 여부에 대한 문제와, 만약 포함한다면 이러한 전제들의 논리적 위상이 무엇인가의 문제는 결코 죽은 문제가 아니다. 예를 들면 『인간 인식, 그것의 범위와 한계』(*Human Knowledge, Its Scope and Limits*)에서 러셀(Bertrand Russell)은 경험에서 도출되지 않고, 경험적으로 증명될 수 없는 과학적 추론의 다수의 '요청들'이 존재한다고 주장한다. 확실히 그는 계속해서 이러한 자연적 믿음들의 발생에 관하여 부분적으로는 심리학적으로, 부분적으로는 생물학적으로 설명하고자 한다. 그리고 따라서 그는 물리학의 전제들이 객관적 연관성을 가지고 있으며, 왜 그것들이

63　칸트에서 물리학은 매우 자연스럽게 뉴턴 물리학을 의미했다. 역사적 맥락을 감안하면, 이것은 분명한 사실이다. 그리고 「원칙의 분석론」에서 열거된 칸트의 원칙들과 물리적 세계에 관한 뉴턴의 개념 사이의 연관성이 있다는 것은 분명하다. 예를 들면 모든 변화는 필연적인 인과관계에 따라서 발생한다고 주장하는 원칙은 불확정성의 개념을 인정했던 [현대] 물리학과는 어울리지 않을 것이다.

객관적 연관성을 가지고 인식을 낳는지를 보여주고자 했던 칸트의 족적을 따르기보다는 흄의 족적을 따른다. 동시에 러셀은 순수 경험론은 인식 이론으로 적합하지 않다고 주장한 점에서 흄과 칸트 모두에 동의하고 있다. 그러므로 칸트에 대한 그의 적개심에도 불구하고, 그는 칸트 스스로 직면해 있었다고 생각한 그런 **문제**가 실재한다는 점을 인정하고 있다. 그리고 이것이 내가 말하고자 한 바로 그 점이다.

──────────── **8. 현상체와 지성체**

독자들은 지성의 범주들 단독으로는 대상에 대한 어떤 인식도 우리에게 주지 못한다는 점을 주목했을 것이다. 그리고 도식화된 범주들은 각 직관의 소여, 즉 현상들에만 적용될 수 있다. 범주들은 '그것들이 **경험적 직관**에 적용될 수 있는 경우를 제외하고는' 사물들에 대한 인식을 우리에게 줄 수 없다. '즉 범주들은 **경험적 인식**을 가능하게 하는 데만 기여할 수 있을 뿐이다. 그러나 경험적 인식은 경험이라 부른다.'[64] 그러므로 사물들의 인식에 관련하여 범주들의 유일한 합법적 사용은 경험의 가능한 대상들에 범주를 적용하는 데 놓여 있다. 칸트가 말하기를 이것은 범주 사용의 한계를 규정하고, 범주들이 감각 기관의 대상들에 대해서만 타당하다는 점을 보여주기 때문에, 아주 중요한 결론이 된다. 범주들은 우리에게 감각 기관의 영역을 초월하는 실재들에 대한 이론적 또는 과학적 인식을 줄 수 없다.

물론 동일한 점이 지성의 아프리오리한 원칙들에 대해서도 적용되어야 한다. 그 원칙들은 경험의 가능한 대상들에만 즉 현상체에만 즉 경험적 또는 감각 직관 안에 주어진 것으로서의 대상들에만 적용될 수 있다. '그러므로 이 절 전체의 최종적 결론은 순수 지성의 모든 원칙들은 경험을 가능하게 하는 아프리오리한 원칙들 외 다른 것이 아니라는 것이다. 그리고 모든 아프리오리한 종합명제는 이것에 관계한다.

---

64   B. 147.

사실상 그것들의 가능성 그 자체는 전적으로 이런 관계에 놓여 있다.'[65] 그러므로 예를 들어 실체 및 일정한 원인성과 연관성을 가지는 원칙들은 현상체에만 적용된다.

그러므로 대상들에 대한 우리의 인식은 현상적 실재에 제한되어 있다. 그러나 비록 우리가 현상적 또는 경험적 실재의 한계를 넘어설 수 없고, 이러한 한계 너머에 무엇이 있는지 알지 못하지만, 우리에게는 단지 현상체만 존재한다고 주장할 권리가 없다. 그리고 칸트는 지성체의 관념, 즉 우리가 이제 반드시 검토해야 히는 관념올 도입하고 있다.

글자 그대로 말한다면 지성체(noumenon)라는 단어는 사고의 대상을 의미한다. 그리고 칸트는 때로는 지성체를 지성의 대상(Verstandeswesen)이라고 말한다.[66] 그러나 지성체가 지성의 대상을 의미한다고 말하는 것은 칸트의 이론을 이해하게 하는 데에는 다소 부족한 면이 있다. 사실상 그것은 명백히 오해를 불러일으키기 쉽다. 왜냐하면 이것은 칸트가 실재를 감성적 대상(sensibilia) 혹은 감각 기관의 대상들과 지성적 대상(intelligibilia) 또는 순수 사고에 의해서 이해된 대상들로서 고려된 지성체로 나누고 있다고 암시할 수도 있기 때문이다. 물론 지성체라는 단어는 이런 방식으로 사용될 수 있다. '현상들은 그것들이 범주의 통일에 따라 대상들로서 사고되는 한에서 현상체라 한다. 그러나 만약 내가 단순히 지성의 대상일 뿐이고 동시에 직관 —— 비록 감각 직관이 아니라 지적 직관에 —— 에 주어질 수 있는 사물들(의 존재)에 대해 가정한다면, 이러한 종류의 사물들은 지성체 또는 초감성체라 부를 것이다.'[67] 그러나 비록 지성체라는 단어가 이런 방식으로 사용될 **가능성**이 있다 하더라도, 인간들이 지성체의 지적 직관을 가진다거나 가질 수 있다는 개념은 정확하게 말해서 칸트가 가장 배제하고 싶어 한 입장 중 하나이다. 칸트에서 적어도 모든 직관은 감각 직관이다. 그러므로 모든 어원상의 고려를 버리고, 칸트가 해명하고자 애를 쓰고 있는 그런 용어에 대한 칸트의 실제적 사용에 주목하는 것이 최선이다.

『순수이성비판』의 초판에서 칸트는 '선험적 대상'과 지성체를 구별하고 있다.

---

65   B. 294.

66   *Prol.*, 32 참조. B. 309.

67   A. 248-249.

현상의 관념은 현상하는 그 무언가의 관념을 포함한다. 현상하는 것으로서의 어떤 사물의 관념은 현상하지 않는 것으로서의 어떤 사물의 관념, 즉 그것이 현상하는 것과 무관하게 그 자체로 존재하는 것으로서의 사물의 관념과 상관적이다. 그러나 만약 내가 인식의 아프리오리한 조건들과 관계를 맺는, 즉 인식의 대상들의 가능성의 아프리오리한 조건들과 관계를 맺는 모든 것을 대상에서 사상하고자 한다면, 나는 알려지지 않는 '어떤 것', 인식되지 않고, 실로 인식될 수 없는 X의 관념에 도달하게 된다. 이 인식될 수 없는 X는 완전히 무규정적이다. 이것은 단지 그 무엇 일반이다. 예를 들면 암소와 상관관계를 가지는 X의 관념은 개와 상관관계를 가지는 X의 관념과 다르지 않다. 그래서 우리는 여기서 선험적 대상의 관념을 갖게 된다. 즉 '사물 일반의 완전히 무규적인 관념'[68]을 갖게 된다. 그러나 이것은 아직 지성체의 관념은 아니다. 말하자면 선험적 대상을 지성체로 변화시키기 위해서 나는 대상이 주어질 수 있는 지적 직관을 가정해야 한다. 다른 말로 하면 선험적 대상의 개념이 단순한 한계 개념인 반면에, 지성체는 예지적 실재로, 즉 지적 직관의 대상일 수 있는 적극적 실재로 이해된다.

이런 구별을 한 후에 칸트는 우리에게 지적 직관의 능력이 없으며, 우리는 긍극적인 개념으로 그것의 가능성조차 생각할 수 없다고 말한다. 더 나아가 물자체(*ein Ding an sich*)로서의 지성체의 관념이 비록 논리적 모순을 포함하지 않지만, 우리는 지성체의 적극적 가능성 즉 직관의 가능한 대상들로서 간주될 수 있는 가능성을 볼 수 없다. 그러므로 대상들을 현상체와 지성체로 구별하는 것은 받아들여질 수 없다. 동시에 지성체의 관념은 한계 개념으로서 불가피한 것이다. 그리고 우리는 물자체들 즉 현상하지 않는 측면에서 고려되는 사물들을 **지성체**라고 부를 수 있다. 그러나 우리의 개념은 이 경우 문제가 된다. 우리는 만약 우리에게 지적 직관의 능력이 있다면 직관될 수 있는 지성체가 존재한다고 주장하지 않는다. 동시에 우리에게는 현상들이 실재하는 전체라고 단정할 권리가 없다. 따라서 감성의 한계라는 관념은 상관 개념으로서 무규정적이고 부정적인 지성체의 개념을 동반하게 된다.

---

68   A. 253.

이러한 설명의 난점은 칸트가 처음에는 **지성체**라는 단어가 선험적 대상이 의미하는 것 이상을 의미한다고 말하고는, 나중에는 이러한 그 이상의 것을 배제하면서 지성체의 해석을 제시하지만, 이 해석은 선험적 대상에 대한 자신의 해석과 전혀 다르지 않은 것처럼 보인다. 그러나 재판에서 그는 **지성체**라는 단어의 두 가지 의미를 조심스럽게 구별함으로써 이와 같은 적어도 명백한 혼란을 해소하고 있다. 그러나 우리의 인식의 범위에 관한 그의 이론은 변경되지 않은 채로 남아 있다.

첫째, **지성체**라는 단어의 소극적인 의미가 존재한다. '만약 지성체를 우리가 **우리의 감성적 직관의 대상이 아닌 한에서의** 사물로 이해한다면, 따라서 그것에 대한 우리의 직관 방식을 도외시한다면, 이것은 그 용어의 소극적 의미에서의 지성체에 해당한다.'[69] 우리가 지성체를 직관하는 방식을 도외시한다는 언급은, 칸트에 따를 경우 우리가 비 감성적 방식으로 그것을 직관한다거나 직관할 수 있다는 것을 함축하고 있는 것으로 간주되어서는 안 된다. 그가 의미하는 것은, 만약 우리가 지성체를 그것이 감성적 직관의 대상이 아닌 한에서의 사물로 이해한다면, 그리고 동시에 우리가 어떤 다른 종류의 직관의 가능성도 가정하지 않는다면, 우리에게 지성체라는 관념은 그 용어의 소극적 의미로 주어지게 된다는 것이다.

그 용어의 이러한 소극적 의미는 있을 수 있는 적극적 의미와 대비된다. '만약 우리가 그것(지성체)을 비감성적 직관의 대상으로 이해한다면, 우리는 일종의 특수한 직관 방식, 즉 지적 직관 방식을 가정하게 되지만, 그러한 직관은 우리의 것이 아니며, 그것에 대해서 우리는 심지어는 가능성조차 볼 수 없다. 그래서 이것은 그 용어의 **적극적** 의미에서의 지성체가 될 것이다.'[70] 그러므로 그 용어의 적극적 의미에서의 지성체는 지성적 대상(*intelligible*), 즉 지적 직관의 대상이 될 것이다. 그러나 칸트에 따른다면 우리에게는 그러한 직관이 없기 때문에, 우리는 당분간 그 용어의 적극적 의미를 무시하고, 그것의 소극적 의미의 사용에 눈을 돌릴 수 있겠다.

칸트의 주장에 의하면 지성체의 개념은 필수 불가결한 것이다. 왜냐하면 그 개

---

69   B. 307.
70   같은 곳.

넘은 칸트의 전 경험이론과 결부되어 있기 때문이다. '감성에 관한 이론은 또한 소극적 의미에서의 지성체의 이론이다.'[71] 만약 인간 주관이 그 단어의 완전한 의미에서 창조적인 것이라고 우리가 말할 수 있다면, 우리는 현상체와 지성체 간의 구별을 버릴 수 있다. 그러나 만약 주관이 경험의 형식적 요소들만을 제공한다면, 우리는 그 구별을 포기할 수 없다. 왜냐하면 경험의 아프리오리한 조건에 일치하는 사물들이라는 관념은 물자체의 관념을 포함하기 때문이다.

동시에 범주의 인식적 사용을 현상적 실재에 제한한다면, 우리는 지성체의 성격을 인식한다는 의미에서 지성체를 인식할 수 없을 뿐만 아니라, 지성체가 존재한다고 독단적으로 주장할 자격이 없다는 결론이 도출된다. 통일성, 다수성, 현존성은 지성의 범주이다. 그리고 우리가 비록 지성체를 존재하는 것으로 생각할 수 있다 하더라도, 범주를 이런 방식으로 그것의 적절한 적용 범위를 넘어서 적용하는 것은 인식을 산출하지 못한다. 그러므로 지성체의 현존은 문제거리로 남아 있게 된다. 그리고 지성체 또는 물자체의 관념은 한계 개념(*Grenzbegriff*)이 된다.[72] 지성은 '그 자체로 고려되고 현상체로 고려되지 않는 사물들에 지성체라는 이름을 부여함으로써' 감성을 제한한다. '그러나 동시에 지성은 자신에게 한계를 부여한다. 즉 어떤 범주에 의해서도 지성체를 인식하지 못하며, 그 지성체를 단지 알려지지 않은 어떤 것으로 사고할 뿐이다.'[73]

그런데 이 장의 제1절에서 우리는 대상들에 의해서 우리가 촉발된다는 것에 관해 칸트가 어떻게 이야기하고 있는가를 살펴보았다. 다른 말로 하면 그는 감각 — '우리가 대상에 의해 촉발되는 한에서 표상 능력에 미치는 결과'[74]인 감각을 야기하는 사물들이 주관에 결과를 낳는다는 상식적인 입장에서 출발하였다. 그러나 이러한 상식적 관점은 물자체들이 존재한다는 주장을 포함하는 듯이 보인다. 왜냐하면 그런 관점은 결과로서의 감각에서 원인으로서의 물자체에 이르는 추론을 포함하는 것처럼

---

71   같은 곳.
72   B. 311.
73   B. 312.
74   A. 19, B. 34.

보이기 때문이다. 그래서 『학문으로 등장할 수 있는 미래의 모든 형이상학을 위한 서설』에서 우리는 물자체들을 그것들이 있는 그대로 인식할 수 없지만, '우리가 물자체들을 그것들이 우리의 감성에 미치는 영향이 우리에게 조달하는 표상을 통해서 인식하게 된다.'[75] 그러나 이런 식으로 이야기함으로써 칸트는 명백하게 자신이 설정한 한계 너머로 인과성의 원칙을 적용하는 잘못을 범한다. 그러므로 물자체의 존재가 인과적 추론의 결과로서 주장되는 반면에, 칸트의 원칙에 따를 경우 원인의 범주는 단지 현상에만 적용될 수 있다는, 물자체로서 간주된 지성체의 이론에 대해 늘 반대가 제기되었다. 지성체의 존재를 감각의 원인이라고 주장하면서, 칸트는 자기모순을 범하고 있다고 이야기되었다. 즉 칸트는 자신의 원칙과 일관되지 못한다. 사실상 칸트가 이런 식으로 이야기하는 것은 이해할 만한 일이다. 왜냐하면 그는 사물들이 단순히 우리의 표상으로 환원될 수 있다고 결코 믿지 않았기 때문이다. 그러므로 그로서는 우리의 표상의 외부 원인이나 외부 원인들을 요청하는 것은 당연하였다. 그렇다고 해서 그가 악명 높을 정도로 비일관적이라는 사실이 바뀌는 것은 아니다. 그리고 만약 우리가 원인의 범주의 기능에 대한 칸트의 견해를 주장하고자 한다면, 우리는 반드시 물자체로서의 지성체의 개념을 포기해야 한다.

그러나 만약 우리가 우리의 표상들의 원인에 관한 칸트의 언급만을 고려한다면, 이러한 반대 노선이 분명히 적절하겠지만, 우리가 현상체와 지성체 사이의 구별을 명시적으로 논의할 때, 그는 다른 접근법을 채택하였다는 사실을 알게 된다. 왜냐하면 지성체의 관념은 감각의 원인에 대한 추론을 통해서가 아니라, 현상체의 관념과 분리될 수 없는 상관물로서 발생되는 것으로 표상되기 때문이다. 우리에게 한편으로는 주관적 표상들이, 다른 한편으로는 그것들의 외부 원인들이 주어져 있는 것은 아니다. 오히려 우리에게는 현상하는 대상의 관념이 주어지고, 이 관념에 상응해서 우리는 순수한 한계 개념으로서 대상의 현상과는 별개인 대상 관념을 가진다. 이 관념은 마치 현상체가 그림의 다른 측면, 즉 우리가 보지 못하고 볼 수 없지만, 우리가 보고 있는 측면의 관념을 필연적으로 수반하는 무규정적 개념인 것과 같다. 더 나아가

---

75   *Prol.*, 13, remark 2.

서 비록 칸트는 지성체가 존재한다고 분명히 믿었지만, 최소한 이론적으로는 그것들이 현존한다고 주장하지는 않았다. 그리고 이러한 접근 노선은 칸트를 마지막 단락에서 언급된 반대 노선에 직면시키고 있는 것으로 보이지는 않는다. 왜냐하면 우리가 지성체를 사유하는 데 원인의 범주를 사용하고 있다 하더라도, 이러한 사용은 확정적(確定的)인 것이 아니라, 미정적(未定的)인 것이기 때문이다. 그리고 이러한 특별한 범주 적용에는 아무런 어려움이 생겨나지 않는다. 마찬가지도 다른 범주의 경우에도 어려움이 생겨나지 않는다.

　　마지막으로 언급할 것이 있다. 이 절에서 우리는 지성체를 그것의 현상함을 무시하고, 현상하는 사물로서 고려해왔다. 다시 말해 우리는 지성체를 소위 물자체(*Ding an sich*)로 보았다. 그러나 또한 칸트는 자유롭고 비경험적인 자아와 신을 지성체로서 그리고 지성체적 실재를 소유하고 있는 것으로 말하기도 한다. 또한 그는 때때로 신을 물자체로서 말하고 있다. 이런 언급 방식은 사실상 자신의 전제 위에서 정당한 것이다. 왜냐하면 신은 현상체가 아니며 현상체적 경험적 실재를 소유할 수 없기 때문이다. 그러므로 신은 우리에게 현상하는 그 무엇으로서가 아니라 지성체로서, 즉 물자체로서 이해되어야 한다. 더 나아가 범주들을 지성체에 적용할 수 없다고 하는 모든 언급은 신에 관해서 타당하다. 동시에 만약 신이 도대체 사유된다 하더라도, 신은 단순히 시간 공간적 현상의 상관자인 것으로서 사유되는 것은 아니다. 신의 개념은, 현상하지 않는 것으로 생각되기 때문에, 현상하는 사물의 개념이 아니다. 왜냐하면 신은 현상하는 것이라고 말해질 수 없기 때문이다. 그러므로 신에게 적용된 것으로서 **지성체**와 **물자체**라는 용어는 위에서 서술된 방식으로 적용될 때 그 용어들이 가지고 있는 것과 정확하게 동일한 의미를 가지는 것은 아니다. 그러므로 다음 장에서 「선험적 변증론」(*Transcendental Dialectic*)을 다룰 때까지는 신의 관념에 대해 더 이상의 논의를 유보하는 것이 최선이다. 왜냐하면 순수이성의 선험적 이념들을 다룰 때, 『순수이성비판』의 이 부분에서 칸트는 신의 관념을 논의하고 있기 때문이다.

칸트의 **관념론**이란 낱말의 사용 방식은 그의 사상의 발전 단계마다 달라진다. 그 낱말은 하나의 불변적이고 일관된 방식으로 사용되지 않는다. 그러나 관념론이라는 표현에 대한 그의 혐오는 분명히 감소되었으며, 우리는 칸트가 자신의 철학을 선험적 또는 비판적 또는 개연적 관념론이라고 부르고 있음을 발견하게 된다. 그러나 그가 이런 식으로 이야기할 때, 그는 물자체들이 인식될 수 없다는 이론을 생각하고 있다. 그는 자신의 관점에서 단지 인간의 자아와 그 자아의 관념들만 존재한다고 주장할 의도가 없었다. 사실상 뒤에 간략하게 살펴보겠지만 이 주장은 칸트가 공격하고 있는 이론이다. 그리고 만약 우리가 칸트의 철학을 비판적 관념론이라고 말할 수 있다면, 우리는 또한 칸트의 철학을 비판적 실재론이라 말할 수 있다. 왜냐하면 그는 물자체들의 관념을 포기하는 것을 단호하게 거부했기 때문이다. 그러나 나는 칸트 철학에 대해 특정한 명칭을 부여하는 것에 관한 무익한 논의에 착수하고자 할 생각이 없다. 그리고 나는 그 대신 그의 관념론 논박, 즉 선험적 또는 형식적 관념론과 대비되는, 그가 경험적 또는 질료적 관념론이라고 이름 붙인 것에 대한 논박을 다루고자 한다. 그의 견해에 따르면 선험적 관념론의 수용은 질료적 관념론의 거부를 뜻하는 것이다.

『순수이성비판』의 초판과 재판 모두 관념론 논박을 포함한다. 그러나 나는 재판에서 주어진 논의에 국한해서 그것을 다루고자 한다. 재판에서 칸트는 두 종류의 관념론, 즉 개연적 관념론과 독단적 관념론을 구별하고 있다. 데카르트(Descartes)에 귀속되는 개연적 관념론에 따르면, 공간 안에서의 외부 사물들의 현존은 의심스럽고 입증될 수 없는 것이다. 그래서 단지 하나의 확실한 경험적 명제, 즉 **나는 존재한다**(*I am*)가 있을 뿐이다. 버클리(Berkeley)에 귀속되는 독단적 관념론에 따르면, 공간 및 모든 대상들 ― 공간은 그것들의 필수불가결한 조건이다 ― 은 불가능하며, 따라서 공간 안에 있는 대상들은 단지 상상력의 산물에 불과하다.

이러한 요약은, 만약 그런 요약이 데카르트와 버클리의 실제 입장의 요약으로서 고려된다면, 온건하게 이야기할 경우, 부적절한 것이다. 버클리는 모든 외적 대상들이 이런 서술에 자연스럽게 주어지게 되는 의미로 본다면 단순히 상상력의 산물이라고 주장하지 않았다. 데카르트에 관해 말하자면, 데카르트는 우리가 외적인 유한한 사물들의 현존에 관해 '과도하게 표현된' 의심을 품을 수 있다고 주장하고 있는 것은 확실하지만, 그는 이성이 이러한 의심을 극복할 수 있다고 주장했다. 칸트는 자아 외의 다른 유한한 사물들에 대한 데카르트의 입증은 부당하다고 주장했을는지 모른다. 그러나 이러한 확신은 개연적 관념론에 따르면 공간 안에서의 외부 사물들의 현존이 입증될 수 없다는 칸트의 진술을 정당화하지 못하며, 따라서 이 견해를 데카르트에 귀속시키는 일을 정당화하지 못한다. 그러나 칸트의 역사적 언급의 정확성은 두 입장에 대한 그의 취급과 비교해 볼 때 그렇게 중요한 것은 아니다.

독단적 관념론에 관해서 칸트는 거의 언급하고 있지 않다. 단지 그는 공간이 물자체의 속성이라고 우리가 주장한다면 독단적 관념론은 불가피하다고 언급하고 있을 뿐이다. 왜냐하면 이 경우 공간과 함께 모든 대상들 — 이 공간은 이 대상들의 필수불가결한 조건이다 — 은 비실재(*ein Unding*)이기 때문이다. 그러나 이러한 입장은 「선험적 감성론」에서 배제되었다. 다른 말로 하면 만약 공간이 물자체의 속성이라고 주장된다면, 공간의 개념은 비실재적이고 불가능한 어떤 것의 개념이라 간주될 수도 있다. 그렇게 되면 공간은 사물들을 파괴해버리고 만다. 왜냐하면 사물들은 [불가능하고 비실재적인] 공간의 속성이라고 가정되며, 따라서 상상력의 단순한 산물이라고 설명되어야 하기 때문이다. 그러나 『순수이성비판』에서 공간은 물자체들이 아니라 현상에만 적용되는 감성의 아프리오리한 형식이라는 점이 입증되었다. 물자체들은 말하자면 본래대로 남아 있으며, 반면에 공간은 경험적 실재를 소유하고 있는 것으로 여겨진다.

데카르트에 귀속되는 개연적 관념론의 취급 방식은 오히려 더 조심스럽다. 핵심은 데카르트의 접근이 완전히 틀린다는 것이다. 왜냐하면 데카르트는 우리가 외부 사물들의 경험과 무관하게 그리 그런 경험에 앞서서 우리 자신에 대한 의식을 소유하고 있다고 가정하며, 그렇다면 자신의 현존을 확신하는 자아가 어떻게 해서 외부 사물이 존재한다는 것을 알 수 있는가에 질문을 제기한다고 가정하기 때문이다. 이러한 입장에 반대하면서 칸트는 내적 경험은 외적 경험을 통해서만 가능하다고 주장한다.

사실상 칸트의 논증은 다소 복잡하다. 나는 나 자신의 현존을 시간 안에 규정되어 있는 것으로 의식한다.[76] 그러나 시간 안에서의 모든 규정, 즉 계기의 모든 규정은 지각 안에 지속적인 무언가가 현존한다는 것을 전제한다. 그러나 이 지속적인 어떤 것은 나 자신 안에 있는 무언가일 수는 없다. 왜냐하면 그것은 나의 현존의 시간 안에서의 조건이기 때문이다. 그러므로 시간 안에서 내 자신이 현존하다는 것의 지각은 단지 나의 바깥에 있는 실재하는 것의 현존을 통해서만 가능하다는 결론이 나온다. 그래서 시간 안에서의 의식은, 나의 외부에 있는 사물들의 **표상**과 단지 결합해 있는 것이 아니라, 필연적으로 외부 사물들의 **현존**과 결합해 있다.

그래서 칸트가 지적한 점은 내가 간접적인 방식 말고는, 즉 외부 사물들에 대한 직접적 의식을 통해서는 나 자신을 의식할 수 없다는 것이다. '나 자신의 현존에 대한 의식은 동시에 나의 바깥에 있는 다른 사물들의 현존에 대한 직접적 의식이다.'[77] 다른 말로 하면, 자기의식은 아프리오리한 소여가 아니다. 나는 외부 사물들을 지각할 때 나 자신을 의식한다. 따라서 외부 사물들의 현존을 추론하는 문제는 생겨나지 않는다.

여기서 분명히 칸트는 훌륭한 점을 이야기하고 있다. 즉 그는 내가 나 자신이 아닌 다른 것을 지향하는 주목의 활동들에 수반해서 나 자신을 의식한다고 이야기하고 있다. 그러나 데카르트에 반대하여 이 논점을 사용하기 위해서, 나 자신을 이런 식으로 의식하게 되는 일은, 외부 사물이 존재하지 않고 단지 나의 표상 또는 관념만이 존재한다면, 불가능하다는 점을 칸트는 보여주어야 한다. 그리고 이것을 보여주는 일은 사실상 그의 논증의 부담거리다. 그러나 결국 그는 '외부 사물들의 모든 직관적 표상은 동시에 이러한 사물들의 현존을 포함한다는 결론이 나오지 않는다는 것을 인정하지 않으면 안 된다는 점'을 알아차린다. '왜냐하면 이런 표상은 정신착란에서와 마

---

76   물론 칸트는 내가 그것의 계기적인 상태에서만 내성적(內省的)으로 지각하는 경험적 자아에 대해서 이야기하고 있다. 선험적 자아는 시간 안에서 규정되어 있지 않지만, 그러나 자기의식의 대상으로서 주어진 것은 아니다. 선험적 자아는 통각의 선험적 통일의 조건이라고 생각된다.

77   B. 276.

찬가지로 꿈에서도 상상력의 단순한 결과일는지 모르기 때문이다.'[78] 그러나 칸트는 이러한 상상력의 산물들은 선행하는 외적 지각들의 재생산물이고, 이러한 재생산물은 외적 대상이 현존하지 않으면 불가능하다고 주장한다. '여기서 우리의 임무는 내적 경험 일반은 단지 외적 경험 일반을 통해서만 가능하다는 것만을 증명하는 것이었다.'[79] 개별적 지각이 순수하게 상상적인 것인지의 여부는 경우에 따라서 결정되어야 한다.

관념론에 대한 이러한 취급에는 아직 다루어지지 않은 많은 것들이 남아 있다. 그러나 그러한 취급은 세계의 경험적 실재가 전체로서의 경험이라는 칸트의 주장을 돋보이게 한다. 경험적 실재의 영역 내에서, 독단적으로든 개연적으로든 간에 외적 대상들을 경험적 자아의 관념이나 표상으로 환원함으로써 경험적 자아에 특권적 지위를 부여하는 일은 정당할 수 없다. 왜냐하면 주관의 경험적 실재는 외부 사물의 경험적 실재와 분리될 수 없기 때문이다. 다시 말해 주관과 객관[대상]이라는 두 요소의 의식은 결코 분리될 수 없으며, 따라서 자아가 아닌 다른 대상의 존재를 추론한다고 주장하는 그 문제가 진정한 문제가 된다.

─── 10. 귀결

칸트 철학의 일반적 틀 안에서 즉 칸트의 일반적 견해를 수용하고 스스로를 칸트주의자 또는 신칸트주의자로 부르는 사람들에 의해서 만들어질 수 있는, 칸트의 경험이론에 대한 상세한 여러 비판들이 있다. 예를 들어 자신이 잘 알고 있었던 형식 논리학에서부터 몇 가지 수정을 거치면서 자신이 넘겨받았던 판단표에 기초해서 완벽한 범주표를 제공했다는 칸트의 생각에 대해 만족하지 않을 수도 있다. 그러나 그러한 불만족은 그것만으로는 범주 이론에 의해서 나타난 일반적 관점을 포기하도록 만

---

78   B. 278.
79   같은 곳.

들 수는 없다. 다시 말해서 때로는 '범주'에 대해서 때로는 아프리오리한 개념들에 대해 언급하는 칸트의 습관 속에 포함된 이중 의미(ambiguity)를 비판하는 일은 가능하다. 그러나 동시에 전체 이론을 폐기하도록 강요하지 않으면서 그 이중 의미를 해소하는 것이 가능할 수도 있다. 그러나 체계의 전체적인 틀 안에서 생겨날 수 있는 상세한 비판은 여기서 우리의 관심사가 아니다. 신 칸트주의자들에 관한 언급은 다음 권[제7권]에서 다루어질 것이다.

만약 우리가 칸트의 경험이론을 아프리오리한 종합적 인식의 가능성을 설명하는 시도로 본다면, 그 이론에 대한 우리의 판단은 분명히 우리가 아프리오리한 종합명제들의 현존을 인정하는지 아니면 거부하는지에 크게 좌우될 것이다. 만약 우리가 그러한 명제들이 없다고 생각한다면, 분명 우리는 아프리오리한 종합명제를 설명하는 문제는 생겨나지 않는다고 결론 내려야 한다. 예를 들어 기하학자는 아프리오리한 직관에서 공간의 속성들을 읽어낸다고 칸트가 생각한 점에서 우리는 칸트가 실수했다고 말할 것이다. 칸트의 용어법에 따르면 모든 명제는 분석적이거나 아포스테리오리하게 종합적이다. 그러나 만약 우리가 아프리오리한 종합명제들이 존재한다고 생각한다면, 우리는 적어도 칸트의 문제는 진정한 문제였다는 점을 인정할 것이다. 왜냐하면 **단순한** 감각 경험은 우리에게 필연적 결합과 참된 보편성을 제공하지 못하기 때문이다.

그러나 이러한 사실에서부터, 만약 우리가 아프리오리한 종합적 인식의 존재를 받아들인다면, 우리는 칸트의 코페르니쿠스적 혁명의 가설도 받아들여야 한다고 하는 결론이 나오는 것은 아니다. 왜냐하면 아프리오리한 종합명제가 존재한다는 점을 인정하고, 그리고 동시에 그러한 명제들의 근거가 되는 지적 직관이 존재한다고 주장하는 것이 가능하기 때문이다. 분명히 나는 기하학자가 공간의 직관을 가지고 있고, 그가 공간의 속성들을 읽어낸다고 하는 견해에 동의하고 싶지 않다. 나는 수학의 문제에서 완전히 벗어나 있다. 다시 말해 내가 아프리오리한 종합명제에 관해 이야기할 때, 나는 순수 수학의 명제에 대해서 생각하는 것이 아니라, 존재하게 되는 모든 것은 원인을 가진다는 원칙과 같은 형이상학적 원칙에 대해 생각하고 있다. 그리고 직관을 나는 신과 같은 정신적 실재들에 대한 직접적인 파악으로 이해하고 있지 않으며, 오히려 감각 직관의 구체적 대상에 관한 존재 판단들(existential judgments)이 함축하고 있는 존재자에 대한 직관적 파악으로 이해한다. 다른 말로 하면, 만약 정신이 감각 직관에 의존해서 존재자의 객관적이고, 지성적인 구조를 식별할 수 있다면, 정신은 물자체에 대해 객관적 타당성을 갖는 아프리오리한 종합명제를 선언할 수 있다. 나는 이러한 관점을 더 진전시키고 싶지 않다. 이것을 언급하는 나의 의도는 단지 우리가 한편으로는 경험론과 다른 한편으로는 칸트의 비판철학 사이를 선택하는 것에 제한되어 있지 않다는 점을 지적하는 것일 뿐이다.

제4부 칸트

제13장

칸트(4): 형이상학 비판

────── **1. 개관**

────── **1. 개관**

만약 우리가 제12장에서 다루고 있는 객관적 경험[1]의 분석을 전제한다면, 형이상학에 관해 실제로 더 언급될 내용이 없는 것처럼 보인다. 왜냐하면 이 주제에 관한 어떤 일반적인 결론들은 「선험적 감성론」과 「선험적 분석론」을 함께 고려할 때 직접적으로 도출되기 때문이다. 첫째, 선험적 비판주의 그 자체가 형이상학, 말하자면 객관적 경험의 형이상학이라 불릴 수 있을 때, 형이상학은 가능하고, 학문으로서 가능하다. 둘째, 순수 자연과학에 관계하는 아프리오리한 종합명제의 전 체계가 해결되었다면, 우리는 발전된 자연의 형이상학 혹은 자연과학의 형이상학을 가지게 되었을 것이다. 셋째, 도식화되지 않은 범주들이 정신에 의해서 물자체를 사유하기 위해서 어떤 논리적 모순도 포함하지 않는 관념들을 형성하기 위해서 사용될 수 있는 한, 전통적 유형의 형이상학은 심리적 가능성이다. 예를 들어 물자체를 실체로 사용하는 것은 심리적으로 볼 때 가능하다. 그러나 넷째, 이러한 절차는 합법적 적용 영역을 넘어서

---

1   말하자면 대상들에 대한 경험 또는 인식이라는 의미에서의 객관적 경험. 도덕적 경험에 대한 분석은 아직 고려되지 않았다. 그리고 도덕적 경험은 우리가 그 용어를 지금까지 사용한 의미에서의 대상 경험이 아니다.

서 범주를 적용하는 것을 포함하고 있기 때문에, 형이상학은 인식을 산출할 수 없다. 범주들의 인식적 기능은 감각 직관에 주어진 것으로서의 대상, 즉 현상에 범주를 적용하는 데서 성립한다. 물자체는 현상이 아니고 현상일 수 없다. 그리고 우리는 범주들의 초 현상적 적용을 위한 대상들을 공급할 수 있는 지적 직관의 능력을 가지고 있지 못하다. 따라서 고전적 유형의 형이상학은 그것이 객관적 인식의 가능한 원천으로서 고려될 때 배제된다. 동일한 예를 들면 실체의 범주를 물자체에 적용하는 일은 물자체에 관한 어떤 인식도 산출하지 못한다. 다섯째, 우리는 신과 같은 초감성적 존재자들의 현존을 추론하기 위해서 지성의 원칙들을 사용할 수 없다. 지성의 원칙들은 그것들의 기초가 되는 범주들과 마찬가지로 그 적용이 제한되기 때문이다. 달리 말하자면 그 원칙들은 현상에만 관계한다. 그러므로 그 원칙들은 (칸트적 의미에서) 경험을 초월하는 데 사용될 수 없다.

그러나 『순수이성비판』에서 분명한 것처럼 형이상학에 대한 칸트의 태도는 우리가 기대할 수 있는 일련의 결론보다 훨씬 복잡하다. 이미 우리가 보았듯이 칸트는 형이상학적 충동이 인간 정신의 근절 불가능한 충동이라고 믿었다. 자연적 기질로서 생각된 형이상학은 가능하다. 더욱이 그런 형이상학은 나름의 가치를 지니고 있다. 「선험적 변증론」에서 칸트는 적어도 순수이성(Vernunft)을 지성(Verstand)과 별개의 또는 구별될 수 있는 능력으로 보려고 한다. 이성은 대상들에 대한 우리의 과학적 인식을 증가시키는 데 사용될 수 없지만 동시에 적극적인 '규제적' 기능을 수행하는 선험적 이념들(transcendental Ideas)을 산출한다. 그러므로 그에게는 이런 이념들의 기원과 체계를 연구하고, 이념들의 정확한 기능들을 규정하는 일이 남겨져 있다.

더 나아가서 칸트는 전통적 사변 형이상학이 제공한다고 주장하는 인식을 단순하게 가상(假象)이라고 말하는 데 만족하지 않는다. 그는 사변적 심리학, 사변적 우주론, 자연 신학 또는 철학적 신학에 대한 자세한 비판을 통해서 자신의 주장이 진리임을 예시하고 확증하고자 원한다. 이러한 일은 「선험적 변증론」의 제2권에서 행해진다.

'선험적 변증론'에 의해서 칸트가 의미하는 것은 무엇인가? 그리스 사람들이 변증론을 궤변적 논쟁 기술로 이해했다고 그는 생각하였다. 이 단어의 역사적 용법에 대한 이러한 생각은 아주 부적절하다. 그러나 이것은 우리의 목표와는 무관한 일이다. 핵심은 칸트가 변증론을 '가상의 논리학'(eine Logik des Scheins)[2] 또는 환상이라고 생각했다는 것이다. 그러나 분명히 그는 궤변적 환상을 산출하고 싶지 않았다. 그래서 변증론은 그에게는 거짓된 또는 궤변적 추리의 비판적 취급을 의미하게 되었다. 그리고 선험적 변증론은 지성과 이성이 물자체들과 초감성적 실재에 대한 인식을 우리에게 제공한다고 주장하는 것과 관련해서 지성과 이성의 비판 또는 비판주의를 의미했다. '그러므로 선험적 논리학의 제2부는 이러한 변증론적 가상에 대한 비판이어야 한다. 그리고 이 부분은 그러한 가상을 독단적으로 산출하는 기술(불행하게도 다양한 형이상학적 사기꾼들 사이에 통용되는 기술)로서가 아니라, 지성과 이성의 형이상학적 사용에 관련해서 지성과 이성의 비판으로서 선험적 변증론이라 부른다. 선험적 변증론의 목표는 이러한 능력들의 근거 없는 월권들 속에 포함되어 있는 거짓된 가상을 폭로하고, 근거 없는 월권이 순전히 선험적 원칙들만을 가지고서도 발명과 확장에 이를 수 있다고 잘못 생각하면서 지성과 이성이 이 발명과 확장에 대해 요구하는 일을 각하하는 것이다. 이는 궤변적 환영에 대해 순수 지성을 보호하고 순수하게 평가하기 위한 일이다.'[3]

여기서 우리는 선험적 변증론의 기능에 대한 순수하게 소극적인 개념을 가지게 된다. 그러나 선험적 이념들과 원칙들의 남용은 그러한 원칙과 이념의 형성과 현존을 전제하기 때문에, 그리고 그 이념과 원칙에는 어떤 가치가 있기 때문에, 선험적 변증론은 또한 순수이성의 선험적 이념이 무엇인가를 그리고 그것들의 합법적이고 적절한 기능이 무엇인가를 체계적인 방식으로 규정하는 적극적 기능도 가진다. '순수 이성의 이념들은 그 자체로 변증법적일 수는 없다. 우리가 그런 이념들에 의해서 속임수의 가상에 빠지게 되는 일은 오직 그것들의 오용에서 생겨날 뿐이다. 왜냐하면 이 이념들은 우리 안에서 우리 이성의 바로 그 본성을 통해서 생겨나기 때문이다. 그리고 우리의 사변의 권리와 주장들을 판정하는 이 최고의 법정이 아마 자신 안에 근

---

2   A. 293, B. 349.
3   A. 63-64, B. 88.

원적인 속임이나 환상을 포함하는 일은 있을 수 없기 때문이다. 그러므로 추측하건대 이러한 이념들에는 우리의 이성의 구조에 의해서 규정되는 그것들의 건전하고 적절한 기능이 있을 것이다.'[4]

─── 2. 순수이성의 선험적 이념

칸트가 볼프와 공유하고 있는 한 가지 특징은 체계적 배열과 연역에 대한 존경 ─ 열망을 말하는 것은 아니다 ─ 이다. 우리는 그가 판단의 형식들에서 지성의 범주들을 어떻게 연역했는지를 살펴보았다. 「선험적 변증론」에서 우리는 그가 간접 추론 ─ 그에게서 삼단논법적 추론[5]을 의미하는 간접 추론의 형식들에서 순수이성의 이념들을 연역[6]하고 있음을 발견한다. 연역은 나로서는 대단히 인위적이라고 그렇게 수긍이 가는 것은 아니다. 그러나 일반적인 구상은 아래의 단계들에 의해서 이행될 수 있다.

지성(Verstand)은 현상체들을 직접적으로 다루는데, 자신의 판단들 안에서 현상체들을 통일한다. 이성(Vernunft)은 이런 식으로 현상체들을 직접적으로 다루지는 않지만, 단지 간접적으로 또는 매개적으로 다룬다. 말하자면 이성은 지성의 개념들과 판단들을 수용하고, 그것들을 더 높은 원리의 빛 속에서 통일하고자 한다. 한 가지 예로서 칸트 자신이 제시한 삼단논법을 채택해보자. '모든 인간은 죽는다. 모든 학자는 인간이다. 그러므로 모든 학자는 죽는다.' 결론은 소전제에 의해서 또는 소전제를 조

---

4   B. 697.

5   간접 추론이라고 하는 것은 삼단논법에서의 결론이 연역의 조건인 소전제에 의해서만 대전제로부터 도출되기 때문이다.

6   순수이성의 이념들의 이러한 연역은 지성의 범주들의 형이상학적 연역, 즉 판단의 형식들에서 범주들을 체계적으로 도출하는 것에 상응한다. 변증론에서는 선험적 연역, 또는 대상들에 범주를 적용하는 것의 정당화에 정확하게 상응하는 것은 없다. 왜냐하면 이념들은 대상들에 적용될 수 없기 때문이다. 그러나 이념들은 '규제적' 기능을 가지고 있기 때문에, 이러한 사실을 드러내는 일은 어떤 점에서 범주들의 선험적 연역과 근소한 유사성을 가진다.

건으로 해서 대전제에서 도출되는 것으로 생각된다. 그러나 우리는 분명히 대전제가 진리이기 위한 조건을 계속 찾을 수 있다. 말하자면 우리는 대전제, 즉 '모든 인간은 죽는다'를 보여주고자 시도할 수 있다. 이 대전제는 그 자체 전(前) 삼단논법의 결론이다. 이 대전제는 예를 들어 다음 삼단논법에서 얻어진다. '모든 동물은 죽는다. 모든 인간은 동물이다. 그러므로 모든 인간은 죽는다.' 이 경우 우리의 새로운 대전제는 '모든 인간은 죽는다', '모든 고양이는 죽는다', '모든 코끼리는 죽는다'와 같은 일련의 판단들 전체를 통일하는 것으로 간주될 수 있다. 그리고 이 경우 우리는 계속해서 '모든 동물은 죽는다'는 대전제를 유사한 과정에 종속시킬 수 있다. 즉 그 대전제를 전 삼단논법의 결론으로서 보여주고, 그래서 더 넓은 범위의 서로 다른 판단들을 통일한다.

그런데 주어진 예들에서 이성이 스스로 개념과 판단을 산출하지 못했다는 점은 분명해진다. 이성은 지성이 그것의 경험적 사용에서 기여한 판단들 사이의 연역적 관계를 다룬다. 그러나 이성이 그 자체 조건화된[제약된] 어떤 특수한 전제들에서 이 통일의 과정을 멈추는 데 만족하지 않는다는 것이 이성의 독특한 특징이다. 즉 그 전제는 그 자신 전 삼단논법의 결론으로서 나타날 수 있기 때문이다. 그것은 무제약적인 것[무조건적인 것]을 추구한다. 그리고 무제약적인 것은 경험 안에서 주어지지 않는다.

이 지점에서 우리는 「선험적 변증론」에서 드러난 사상 노선에서 칸트가 행한 중요한 어떤 구분을 언급해야 한다. 소위 전 삼단논법의 연쇄에서 위로 계속 전진하는 일은 순수이성의 논리적 준칙(maxim)이다. 말하자면 이성의 논리적 준칙은 우리가 계속해서 무제약적인 것을 향해서, 즉 그 자체 제약되지 않은 궁극적 제약[조건]을 향해서 나아감으로써 인식의 보다 큰 통일을 계속 추구하도록 강제한다. 그러나 그 자체로 취해진 논리적 준칙은 추리의 연쇄가 무제약자에 도달한다고 주장하지는 않는다. 그것은 단지 우리에게 칸트가 그렇게 이야기했듯이 우리의 제약된 인식을 부단하게 완성하는 노력을 하라고 말함으로써 마치 무제약자가 있는 것처럼 행동하라고 말할 뿐이다. 그러나 조건들[제약들]의 계열이 무제약적인 것에 도달한다고 가정할 때, 무제약적인 것이 존재한다고 가정할 때, 논리적 준칙은 순수이성의 원리가 된다. 그리고 이러한 원리가 객관적으로 타당한지 여부를 보여주는 것이 「선험적 변증론」의 주된 임무 중 하나이다. 순수하게 논리적인 준칙은 문제가 되지 않는다. 그러나 제약된 판단들의 계열이 실제로 무제약적인 것 안에서 통일된다고 주장하는 일은 정당화될 수 있는가? 아니면 이러한 가정은 형이상학에서 속임과 오류의 원천인가?

그런데 칸트에 따르면 세 가지 유형의 삼단논법적 추론이 있다. 즉 정언 삼단논법, 가언 삼단논법, 선언 삼단논법이 그것이다. 이 세 유형의 간접 추론은 관계의 세 가지 범주들, 즉 실체, 원인, 상호성 또는 상호작용의 범주에 상응한다. 그리고 세 유형의 추론에 상응해서 세 유형의 무제약적 통일이 존재하며, 이런 통일은 순수이성의 원리들에 의해서 요청되거나 가정된 것이다. 정언 삼단논법들의 상승 계열에서 이성은 언제나 주어이며 결코 술어가 되지 않는 무언가를 나타내는 개념을 향해 있다. 만약 우리가 가언 삼단논법의 연쇄에 의해서 상승한다면, 이성은 전제(presupposition)의 형식에서 무제약적 통일을 요구하지만, 이러한 전제는 더 이상 다른 아무것도 전제하지 않는다. 즉 그런 전제는 궁극적인 전제이다. 마지막으로, 만약 우리가 선언 삼단논법의 연쇄에 의해서 상승한다면, 이성은 그것이 완전한 선언지를 만드는 그런 종류의 선언지들의 집합이라는 형식에서의 무제약적 통일을 요구한다.

왜 칸트가 세 가지 유형의 삼단논법적 추론에서 세 종류의 무제약적 통일을 도출하고자 노력했는가의 이유는 내가 생각하기에 분명하다. 지성의 범주들을 연역할 때 그는 제멋대로의 연역을 피하고자 원했다. 칸트는 이런 제멋대로의 연역을 아리스토텔레스가 했다고 비난했으며, 체계적이고 완전한 연역으로 그것을 대체하고자 했다. 다른 말로 하면, 칸트는 동시에 범주가 무엇이며, 무엇 때문에 이런 범주들만 존재하며, 다른 범주들은 존재하지 않는지를 보여주고자 했다. 따라서 그는 논리적 유형의 판단들에서 범주들을 연역하고자 하였다. 칸트는 자신이 한 이런 유형의 분류가 완벽했다고 보았다. 이와 유사하게, 순수이성의 이념들을 연역하면서 칸트는 이러한 이념들이 무엇이며, 무엇 때문에 단지 이 이념들(또는 그가 이야기했듯이 이념들의 부류)만 존재하고, 다른 이념들은 존재하지 않는지를 보여주고자 하였다. 따라서 그는 이념들을 간접 추론의 세 유형에서 도출하고자 하였다. 이런 세 유형의 간접 추론은 그가 수용한 형식 논리학에 따르면 유일하게 가능한 유형의 추론이다. 전체 과정에서 우리는 체계적인 배열과 건축술적인 배열에 대한 칸트의 열정이 작용하고 있음을 보게 된다.

그러나 순수이성의 이념들을 연역하는 과정에서 칸트는 보조적인 사상 노선을 도입하였는데, 이러한 노선은 전체 문제를 상당히 이해하기 쉽게 만들어준다. 즉 그는 우리의 표상들의 가장 일반적인 관계들이라는 관념을 도입한다. 세 가지 관계가 존재한다. 첫째, 주관에 대한 관계가 존재한다. 둘째, 우리의 표상과 현상으로서의 대상의 관계가 존재한다. 셋째, 우리의 표상들과 대상들 — 그것이 현상이건 아니건 간에 — 즉 사고 일반의 대상과의 관계가 존재한다. 우리는 이러한 관계들을 따로따로 고려할 수 있다.

첫째, 우리가 앞 장에서 보았듯이 '**나는 생각한다**'가 모든 표상에 수반될 수 있어야 한다는 의미에서 모든 표상들이 통각의 통일에 관계해야 한다는 점이 경험의 가능성을 위해서 요구된다. 그런데 이성에게는 하나의 실체로서 이해된 하나의 무제약자, 즉 지속적인 자아 또는 사고하는 주관을 가정함으로써 이러한 종합을 완성하려는 경향이 있다. 말하자면 이성에게는 경험적이고 제약적인 자아를 넘어서서 무제약적인 사고하는 자아, 즉 결코 술어가 될 수 없는 실체적 주관으로 나아감으로써 내적 삶의 종합을 완성하고자 하는 경향이 있다.

둘째, 우리의 표상과 현상으로서의 대상의 관계에 주목할 때, 우리는 지성이 감각 직관의 다양을 관계의 두 번째 범주, 즉 인과관계에 따라 종합한다는 사실을 떠올린다. 그런데 이성은 인과적 계열의 전체성으로 이해된 무제약적 통일에 도달함으로써 종합을 완수하고자 한다. 지성은 말하자면 인과적 관계들을 우리에게 제공하며, 이런 인과적 관계들의 각각은 다른 인과적 관계들을 전제한다. 이성은 (동일한 질서 안에서) 어떤 다른 것도 전제하지 않는 궁극적인 전제, 즉 현상들의 인과적 계열의 전체성을 요청한다. 그래서 인과적 계열의 전체성으로 이해된 세계의 관념이 생겨난다.

셋째, 우리의 표상들과 사고 일반의 대상들의 관계와 관련해서 이성은 사고 가능한 모든 것의 가능성의 최상의 제약의 형식 안에서 무제약적인 통일을 추구한다. 그래서 하나의 존재(one Being) 안에서 모든 완전성들이 통일된다는 신의 개념이 생겨난다.[7]

---

7   칸트는 선언 삼단논법의 단순한 형식이 필연적으로 순수이성의 최상의 이념, 즉 모든 존재자들의 존재
     (*Wesen aller Wesen*)라는 이념을 포함한다는 이론이 '얼핏 보기에 지극히 역설적인 듯이 보인다'(B. 393)
     는 점을 인정한다. 그러나 그는 나중에 더 진전된 연구(선험적 이상에 관한 절들(B. 599 이하))를 할 것

그러므로 우리는 순수이성의 세 주요한 이념, 즉 지속적인 실체적 주관으로서의 영혼, 현상에 연관된 인과성의 전체성으로서의 세계, 절대적 완전성으로서, 즉 사고 일반의 대상들의 제약들의 통일로서의 신을 다루게 된다. 이 세 가지 이념은 본유적(本有的)인 것이 아니다. 동시에 그것들은 경험적으로 도출되지도 않는다. 그것들은 지성에 의해서 도달된 종합을 완성하려는 순수이성의 자연적 충동의 결과로서 생겨난다. 이것은 이미 우리가 언급했듯이 순수이성이 계속해서 범주로서 인식된 경험의 아프리오리한 조건들을 부과함으로써 대상들을 구성하는 것으로서 고려된 지성의 종합 활동을 수행한다는 것을 의미하고 있지는 않다. 순수이성의 이념들은 '구성적'이지 않다. 그러나 이성은 경험의 제약들을 통일하고자 하는 자연적 충동을 가지고 있으며, 이성은 이미 언급된 세 형식들에서 무제약자로 나아감으로써 이러한 일을 수행한다. 이런 일을 수행하면서 이성은 분명히 경험을 넘어선다. 그러므로 순수이성의 이념들은, 비록 칸트가 후일 세 번째 이념, 즉 신의 이념을 '선험적 이상'이라고 부르고 있음에도 불구하고, 칸트는 '선험적 이념'이라고 부른다. 왜냐하면 신은 최상의 그리고 절대적인 완전성으로 생각되기 때문이다.

이 세 가지 이념은 볼프식 분류에 따라서 사변 형이상학의 세 부류의 주제들에 대한 주요한 통일을 형성한다. '생각하는 주관은 **심리학**의 대상이고, 모든 현상들의 전체(세계)는 **우주론**의 대상이며, 사고될 수 있는 모든 것을 가능하게 하는 최상의 조건을 포함하는 실재(모든 존재자들의 존재자)는 **신학**의 대상이다. 그래서 순수이성은 자신의 이념들을 선험적 영혼 이론(이성적 심리학(*psychologia rationalis*)), 선험적 세계학(이성적 우주론(*cosmologia rationalis*)), 그리고 마지막으로 선험적 신 이론(선험적 신학(*theologia transcendentalis*))에 제공한다.[8]

그런데 칸트에 의하면 우리에게는 어떤 지적 직관의 능력도 없기 때문에, 이러한 이념들에 상응하는 대상들은 이런 식으로 우리에게 주어질 수 없다. 앞 장에서 서술한 의미에서 이러한 대상들은 경험을 통해 주어질 수도 없다. 실체적 영혼, 모든 현

을 약속한다. 그러나 우리는 여기서 그 문제를 더는 논의할 수 없다.

8   A. 334-335, B. 391-392.

상들의 전체성으로서의 세계, 최상의 존재자인 신, 이들 중 어떤 것도 경험 안에서 주어질 수 없다. 그것들은 현상이 아니며, 현상일 수 없다. 그리고 그것들의 이념들은 경험의 질료를 경험의 아프리오리한 조건에 종속시킴으로써 아니라, 무제약자에 관한 한 경험의 조건[제약]들을 통일함으로써 생겨난다. 그러므로 만약 이성이 칸트가 이념들의 '초험적' 사용이라고 부르는 일을 하면서 상응하는 대상들의 현존과 본성을 증명하고, 그렇게 하여 대상들에 대한 우리의 이론적 인식을 확장한다고 주장하면, 이성은 궤변적인 논증이나 이율배반에 빠지게 될 것이라는 점이 예상될 뿐이다. 사실상 이렇게 되며, 이렇게 되리라는 것이 틀림없다는 점을 보여주는 것이 바로 이성적 심리학, 사변적 우주론, 철학적 신학에 대한 칸트의 비판적 검토의 목적이다. 그리고 우리는 이제 이것들 각각을 차례로 다루어야 한다.

──────── 3. 이성적 심리학의 오류 추리

칸트는 이성적 심리학이 데카르트주의 노선에서 출발하여, '**나는 생각한다**'에서 시간 안에서 자기 동일성을 가진다는 의미에서, 즉 모든 우연적인 변화에도 불구하고 자기 동일성을 가진다는 의미에서 지속적인 단순 실체로서의 영혼을 도출하고 있다고 이해한다. 칸트의 견해에 따르면 이성적 심리학은 반드시 아프리오리하게 진행된다. 왜냐하면 이성적 심리학은 경험적 학문이 아니기 때문이다. 따라서 이성적 심리학은 경험의 아프리오리한 조건, 즉 통각의 통일에서 출발한다. '따라서 **나는 생각한다**는 이성적 심리학의 유일한 원전(原典)이며, 이것에서부터 이성적 심리학은 자신의 전 체계를 전개해야 한다.'[9]

만약 우리가 앞 장의 내용을 염두에 둔다면, 칸트의 비판주의가 어떤 노선을 취할지를 확인하는 일은 쉽다. **나는 생각한다**가 누군가의 모든 표상에 수반될 수 있어야 한다는 것은 경험이 가능하기 위한 필요조건이다. 그러나 경험의 필요조건으로서

---

9   A. 343, B. 401.

의 자아는 경험 안에서 주어지지 않는다. 그것은 경험적 자아가 아니라 선험적 자아이다. 그러므로 그런 자아를 통일적 실체로 생각하는 것이 심리적으로 가능하겠지만, 반면에 실체와 단일성과 같은 범주들의 적용은 이런 맥락에서 인식을 낳을 수 없다. 왜냐하면 이러한 인식적 기능은 지성체가 아니라 현상체에 범주를 적용하는 데서 성립하기 때문이다. 우리는 논리적 주어로서의 선험적 자아가, 만약 대상들이 대상들이기 위해서 통각의 통일에 관계하지 않는다면 경험은 이해될 수 없다는 의미에서, 경험의 필요조건이라는 결론에 이를 수 있다. 그러나 우리는 실체로서의 선험적 자아의 현존을 논증할 수 없다. 왜냐하면 이러한 일은 현존, 실체, 통일성과 같은 범주들의 오용을 포함하기 때문이다. 과학적 인식은 현상의 세계에 제한되어 있다. 그러나 선험적 자아는 세계에 속하지 않는다. 선험적 자아는 한계 개념이다. 그리하여 칸트는 비트겐슈타인(Ludwig Wittgenstein)과 더불어 '주관은 세계에 속하는 것이 아니라 세계의 한계다'[10]라고 말했을는지도 모른다.

칸트에 따르면 이성적 심리학은 근본적인 오류 추리, 즉 논리적으로 오류인 삼단논법을 포함한다. 이러한 삼단논법은 다음처럼 표현될 수 있다.

'주관으로서밖에는 달리 생각될 수 없는 것은 주관로서밖에는 달리 현존하지 않으며, 따라서 실체이다.
그런데 사고하는 존재자는 단순히 그러한 것으로 생각된다면 주관으로서밖에 달리 생각될 수 없다.
그러므로 사고하는 존재자는 단지 그런 것으로서만 즉 실체로서만 현존한다.'[11]

이 삼단논법이 오류 추리라는 것은 그것이 네 개의 개념을 포함하고 있다는 사실에서 나온다. 말하자면, '주어로서밖에는 사고될 수 없는 것'이라는 매개념은 대전제와 소전제에서 각각 다른 의미로 이해된다. 대전제에서는 직관의 대상을 포함하여

---

10   *Tractatus logico-philosophicus*, 5.632.
11   A. 348, B. 410-411 참조.

사고 일반의 대상이 언급되고 있다. 그리고 실체의 범주가 직관 안에서 주어져 있거나 또는 주어질 수 있는 대상, 그리고 술어로서 생각될 수 없다는 의미에서 주어로서만 생각될 수 있는 대상에 적용되는 것은 참이다. 그러나 소전제에서 주어로서밖에는 달리 생각될 수 없다는 것은 직관의 대상과의 관계에서가 아니라 사고의 형식으로서 자기 의식과의 관계에서 이해된다. 그래서 실체의 범주가 이런 의미에서 주어에 적용될 수 있다는 결론은 결코 도출되지 않는다. 왜냐하면 순수한 자기 의식의 자아는 직관 안에서 주어지지 않으며, 따라서 소위 범주 적용의 대상이 되지 못하기 때문이다.

주목해야 할 점은 칸트가 각각의 전제들의 진리성을 그것들이 따로 고려될 때에는 문제 삼지 않는다는 것이다. 그에 따르면 사실상 각각의 전제는 분석명제이다. 예를 들어 순수하게 그것으로서 고려되는, 소전제에서의 생각하는 존재자가 순수 통각의 자아로서 이해된다면, 그런 존재자가 주어로서밖에는 달리 생각될 수 없다는 것은 분석적으로 참이다. 그러나 이 경우 '주어'라는 단어는 대전제에서 그것이 사용되는 것과 같은 의미로 사용되는 것은 아니다. 그리고 우리에게는 순수 통각의 자아가 실체로서 현존한다는 **종합적** 결론을 도출할 자격이 없다.

그의 비판주의에서 직관의 개념이 차지하고 있는 중요한 위치를 확인하기 위해서 이성적 심리학에 대한 칸트의 논의를 더 천착하는 일은 필요하지 않다. 지속적 자아는 직관 안에서 주어지지 않으며, 이런 점에서 칸트와 흄은 의견이 같다. 그러므로 우리는 이 지속적 자아에 실체의 범주를 적용할 수 없다. 그러나 분명히 누군가는 지속적 자아가 직관 안에서 주어지지 않는다는 견해에 의문을 제기하고 싶을 수도 있다. 그리고 칸트가 해석하고 있는 것처럼 지속적 자아가 직관 안에서 주어지지 않는다 하더라도, 칸트의 직관 관념이 너무 협소하다고 우리가 생각하더라도 무리는 아니다. 어쨌든 모든 경험의 전제이며 필요조건은 정확하게 말해서 지속적 자아라고 주장할 수도 있다. 그리고 경험이 실재적인 것이라면, 경험의 필요조건은 실재적임이 틀림없다고 주장할 수도 있다. 이렇게 이야기하는 것이 범주를 그것의 적용 영역을 넘어서 사용하는 일을 포함한다면, 이러한 용법을 제한하는 일은 문제의 소지가 있다. 그러나 만약 우리가 일단 칸트의 모든 전제를 받아들인다면, 우리는 칸트의 결론을 도출할 수밖에 없다. 「선험적 변증론」의 타당성은 분명히 「선험적 감성론」과 「선험적 분석론」에 상당 부분 의존하고 있다.

주목할 필요가 있는 것은, 칸트가 모든 현상적 사건들은 인과적으로 결정되어 있다는 것을 믿고 있기 때문에, 지속적 자아를 경험을 넘어선 지성적 실재의 영역 안에서 유지하는 일이 어떤 의미에서 그의 관심사에 해당한다는 사실이다. 왜냐하면 이렇게 보는 것이 후일 칸트가 자유를 요청하는 일을 가능하게 할 것이기 때문이다. 동시에 지속적 자아를 지성적 영역에 그리고 직관의 범위를 넘어서 위치시킴으로써 칸트는 이런 의미에서 자아의 현존을 논하는 것을 불가능하게 만든다. 물론 우리는 경험적 자아의 현존을 주장할 수 있다. 이런 자아는 내적 직관 안에서 주어지기 때문이다. 그러나 경험적 자아는 심리학에서 연구되는 자아이다. 경험적 자아는 시간 안에서의 대상이며, 계기적 상태로 환원될 수 있다. 계기적 상태로 환원될 수 없으며, 주어로서밖에는 사고될 수 없는 자아는 대상이 아니며, 그러므로 단순한 실체로서 현존한다고 독단적으로 주장될 수 없다.

─────────── **4. 사변적 우주론의 이율배반**

칸트에 따르면 사변적 우주론은 현상의 인과적 연속의 전체성으로서의 세계 관념에 초점을 맞추고 있다는 사실을 이미 살펴보았다. 사변적 우주론자는 아프리오리한 종합 명제를 통해서 현상의 전체로서의 세계에 관한 우리의 인식을 확장하고자 한다. 그러나 칸트의 주장에 따르면 이러한 절차는 이율배반에 빠지게 된다. 두 개의 모순 명제들의 각각이 증명될 수 있을 때 이율배반은 생겨난다. 그리고 만약 사변적 우주론이 이런 의미의 이율배반에 불가피하게 빠지게 되면, 우주론의 전체 목표, 즉 현상의 전체로서 고려된 세계에 관한 학을 세우려는 목표가 틀렸다는 결론이 도출되지 않으면 안 된다. 사변적 형이상학의 이 분과는 학문이 아니며 학문일 수도 없다. 다른 말로 하면 사변적 우주론이 이율배반의 산물이라는 사실은 우리가 현상의 전체성으로서의 세계에 관한 선험적 이념을 학문적으로 사용할 수 없다는 점을 보여준다.

칸트는 네 가지 이율배반을 논하고 있다. 이율배반의 각각은 범주의 네 부류 중 하나에 상응한다고 가정된다. 그러나 이러한 체계적 상관관계를 고려할 필요는 없다. 나는 그것을 건너뛰어, 곧바로 네 가지 이율배반의 각각에 대한 짤막한 논의에 들어갈 것을 제안한다.

(i) 제1이율배반의 서로 대립하는 명제들은 다음과 같다. '**정립**. 세계에는 시간적으로 시초가 있으며, 공간적으로도 제한된다. **반정립**. 세계에는 시초가 없고, 공간에서의 제한도 없으며, 시간과 공간 모두에서 무한하다.'[12]

정립은 다음처럼 증명된다. 만약 세계에 시간적으로 시초가 없다면, 사건들의 무한한 계열이 발생했어야 한다. 말하자면 현재의 순간 이전에 무한한 계열이 완결되었어야 한다. 그러나 무한한 계열들은 결코 완결될 수 없다. 그러므로 세계에는 시초가 있지 않으면 안 된다. 정립의 두 번째 부분에 관해서는, 만약 세계가 공간에 관해서 제한되어 있지 않다면, 세계는 공존하는 사물들의 무한히 주어진 전체이어야 한다. 그러나 우리는 덧붙이는 일이 완수될 때까지 부분에 부분을 더하거나 단위에 단위를 더하는 일을 계속하지 않고서는 모든 가능한 공간들을 채우는 공존하는 사물들의 무한히 주어진 전체를 생각할 수 없다. 그러나 우리는 이러한 덧붙임 또는 종합을 무한한 시간에서 완결된 것으로 간주하지 않고서는 그 덧붙임 또는 종합을 완결된 것으로 간주할 수 없다. 그리고 이러한 일은 무한한 시간이 이미 지나갔다고 간주하는 일을 포함하지만, 이런 일은 불가능하다. 그래서 우리는 세계를 모든 가능한 공간들을 채우는 공존하는 사물들의 무한히 주어진 전체로 간주할 수 없다. 우리는 세계를 공간적으로 제한된 것으로 또는 유한한 것으로 간주해야 한다.

반정립은 다음처럼 증명된다. 만약 시간상 세계에 시초가 있다면, 세계가 시작되기 이전에 공허한 시간이 존재하지 않으면 안 된다. 그러나 공허한 시간 안에서는 생성이나 시작이 가능하지 않다. 공허한 시간 안에서 무언가가 존재하게 된다고 말하는 것은 의미가 없다. 그래서 세계에는 시초가 없다. 세계가 공간적으로 무한하다는

---

12   B. 454-455.

것에 관해서 말하자면, 논의를 위해서 세계는 공간상 유한하고 제한되어 있다고 가정해보자. 그러면 세계는 텅 빈 또는 공허한 공간 안에 존재하지 않으면 안 된다. 그리고 이 경우에 세계는 진공 또는 공허한 공간과 어떤 관계를 맺어야 한다. 그러나 공허한 공간은 아무것도 아니다. 그리고 아무것도 아닌 것과의 관계는 그 자체 아무것도 아니다. 그러므로 세계는 유한할 수 없고 공간적으로 제한될 수 없다. 세계는 공간적으로 무한하지 않으면 안 된다.

얼핏 보기에 칸트는 성 토마스 아퀴나스의 입장[13]과 정반대의 입장을 취하고 있는 듯이 보인다. 왜냐하면 성 토마스가 시간상 세계에는 시초가 있다거나 시간상 시초가 없다는 것이 철학적으로 입증된 적이 없다고 주장한 반면에[14], 칸트는 두 주장 모두가 입증될 수 있다고 말하는 것처럼 보이기 때문이다. 그리고 지나는 길에 우리는 시간상 세계에 시초가 있다는 정립에 대한 그의 증명은 이 정립, 즉 아퀴나스에 의해 그 타당성이 거부되었던 증명을 지지하면서 성 보나벤투라(St. Bonaventure)[15]가 전개한 것과 같은 것이라는 사실에 주목할 수 있다. 그러나 칸트가 보기에는 두 증명 모두 거짓된 가정들에 의존한다. 정립의 증명은 제약된 것이 주어지면, 제약들의 전체성이, 따라서 무제약적인 것이 또한 주어진다는 순수이성의 원리를 우리가 현상에 적용할 수 있다고 하는 가정에 근거해 있다. 반정립의 증명은 현상체의 세계가 물자체의 세계라는 가정에 의존해 있다. 예를 들어 공간은 객관적 실재라는 사실이 가정되고 있다. 이러한 가정이 주어진다면, 증명은 타당하다.[16] 그러나 두 모순된 명제들의 각각이 증명될 수 있다는 사실은 그 가정들이 보증되지 않는다는 것을 보여준다. 우리는 비판철학의 입장을 채택하고 독단적 합리론과 무비판적 상식이라는 두 입장을

---

13 여기서 중세철학에 대한 나의 언급은 칸트가 중세를 염두에 두고 있다는 의미를 담고 있는 것으로 이해되어서는 안 된다. 내가 아는 한 칸트가 중세에 대해 충분히 알고 있었다는 증거는 없다. 왜냐하면 이런 일은 심지어 가능하지 않기 때문이다. 그러나 내가 생각하기에 이러한 언급은 일반적인 관심사다.

14 아퀴나스의 입장에 관한 진술과 관련해서는 이 『철학사』의 제2권 366-367을 참조.

15 같은 책, 262-264를 참조.

16 물론 이 가정들이 타당하다는 칸트의 진술을 우리가 따라야 한다는 귀결이 나오지는 않는다. 우리는 어느 것도 타당하지 않다거나 하나는 타당하지 않고 다른 하나는 타당하다고 말하고 싶어할 수도 있다. 네 가지 이율배반에서 정립과 반정립에 관한 칸트의 증명을 논의하기 위해서 독자들은 예를 들어 켐프 스미스(N. Kemp Smith) 교수의 『칸트의 순수이성비판에 대한 주해』의 483-506을 참조할 수 있다.

포기함으로써만 이율배반을 회피할 수 있다. 바로 이러한 사실은, 비록 칸트가 그렇게 대단히 명료하게 했다고 거의 주장될 수 없음에도 불구하고, 칸트가 실제로 밝히고자 한 점이다. 그러므로 결국 칸트가 성 토마스 아퀴나스의 입장에 이르고 있다고 말하는 것은 어떤 의미에서는 사실이지만 오해를 불러일으킬 수도 있다. 왜냐하면 칸트의 관점에 따르면 세계에 시간상 시초가 있다거나 시간상 시초가 없다는 것을 철학적으로 증명하려고 노력하는 것이 본래부터 헛된 일이라는 것은 분명히 아퀴나스의 철학이 아닌 철학을 채택함으로써만 밝혀질 수 있기 때문이다.

(ii) 제2이율배반은 다음과 같다. '**정립**. 세계 안의 모든 합성된 실체는 단순한 부분들로 이루어져 있으며, 그 자체 단순하거나 단순한 부분들로 합성된 것만이 존재한다. **반정립**. 세계 안의 어떤 합성된 사물도 단순한 부분들로 이루어져 있지 않으며, 단순한 사물은 세계 안 어디에서도 존재하지 않는다.'[17]

정립의 증명은 다음의 형식을 취한다. 만약 합성된 실체들이 단순한 부분들로 이루어져 있지 않다면, 그래서 우리가 모든 합성체를 생각에서 지워버린다면, 어떤 것도 남아 있지 않을 것이다. 그러나 이러한 일은 배제될 수 있다. 왜냐하면 합성체는 단순히 우연적 관계이기 때문이다. 그러므로 합성체는 단순한 부분들로 이루어져야 한다. 그리고 이러한 사실에서부터 존재하는 모든 것은 그 자체 단순한 것이거나 단순한 부분들로 합성된 것이어야 한다는 결론이 도출된다.

반정립에 관해서 말하자면, 그것은 다음과 같은 방식으로 증명될 수 있다. 합성된 실체는 공간을 차지한다. 그리고 이 공간은 합성체 부분들이 존재하는 것만큼 많은 부분들로 이루어져 있어야 한다. 그러므로 합성된 실체의 모든 부분은 공간을 차지한다. 그러나 공간을 차지하는 모든 것은 부분들의 다양함으로 이루어져 있다. 그리고 이러한 부분들 각각은 공간을 차지할 것이고, 그래서 그 자체 부분들을 포함할 것이다. 그리고 이러한 일은 무한정으로 계속된다. 그러므로 단순한 부분들로 이루어져

---

17   B. 462~463.

있는 어떤 합성된 사물도 존재할 수 없다. 또한 어떤 단순한 사물도 존재할 수 없다.

제1이율배반에서처럼 정립은 독단적 합리론의 입장을 대변한다. 모든 합성된 실체들은 라이프니츠의 모나드와 같은 단순한 실체들로 이루어져 있다. 그리고 다시 제1이율배반에서처럼 반정립은 독단적 합리론에 대한 경험론적 공격을 대변한다. 그러나 정립은 지성체를 마치 그것이 경험에서 주어진 대상인 현상체인 것처럼 다룬다. 그리고 반정립은 연장된 물체인 현상체를 마치 그것이 지성체인 것처럼 다룬다. 다시 말해서 이율배반에서 빠져나올 수 있는 유일한 길은 비판철학의 입장을 채택하고, 현상체로서의 현상체에 참인 것이 지성체에 대해서 주장될 수 없는 반면에, 지성체에 대해서 우리는 아무런 객관적 인식도 가지지 못한다는 것을 인정하는 것이다.[18]

(iii) 제3이율배반은 자유에 의한 인과성에 관계한다. '**정립**. 자연법칙에 따르는 인과성이 세계의 현상체가 거기서 도출될 수 있는 유일한 인과성이 아니다. 현상체를 설명하기 위해서 다른 인과성, 즉 자유에 의한 인과성을 가정할 필요가 있다. **반정립**. 자유는 존재하지 않고, 세계 안에 있는 모든 것은 자연법칙에 따라서만 발생한다.'[19]

정립은 다음처럼 증명된다. 단지 한 종류의 인과성, 즉 자연법칙에 따르는 인과성만이 존재한다고 가정해보자. 이 경우 주어진 사건은 선행하는 사건에 의해서 결정되어 있고, 그런 일은 무한정적으로 반복된다. 그렇다면 최초의 시초는 있을 수 없게 된다. 따라서 원인들의 계열은 완결될 수 없다. 그러나 자연법칙은 아프리오리하게 충분히 결정된 원인이 없이는 아무것도 발생하지 않는다는 것이다. 그리고 이 법칙은 모든 원인의 인과성이 그 자체 선행하는 원인의 결과라면 성립할 수 없다. 그러므로 자연적 원인들에 따라서 선행하는 일련의 현상들을 시작하게 하는 절대적으로 자발적인 인과성이 존재하지 않으면 안 된다.

반정립의 증명은 간략하게 말하면 다음과 같다. 자발적이고 자유로운 인과성

---

18 정립은 라이프니츠의 모나드로서 해석되어야 하지만, 반면에 반정립은 공간 안에서 연장된 물체에 관계한다는 근거에서 사실상 이율배반은 존재하지 않는다는 주장이 가능하다.

19 B. 472-473.

은 선행하는 상태와 아무런 인과관계(즉 결과로서)를 맺지 않는 원인의 상태를 전제한 다. 그러나 이러한 전제는 자연적 인과법칙과 상반된다. 그리고 이러한 전제는 경험 의 통일을 불가능하게 만들 것이다. 따라서 자유는 경험 안에서 발견될 수 없으며, 사 고의 단순한 허구에 불과하다.

이 이율배반에서 우선 칸트가 무엇을 이야기하고 있는지 전혀 분명하지 않다. 정립의 증명은 자연스럽게 그가 자연적 인과적 계열이 제1원인 — 그것의 인과적 작 용은 그것이 선행하는 원인에 스스로 의존하지 않는다는 의미에서 완전히 자발적인 원인 — 에 의해서 시작한다고 생각하고 있음을 암시한다. 그리고 정립에 대한 칸트 의 고찰에서 그는 명시적으로 자신이 세계의 기원을 염두에 두고 있었음을 진술하고 있다. 그러나 그는 계속 이야기를 이어가면서, 만약 현상적인 인과적 계기의 전체 계 열에 하나의 자유로운 원인이 존재한다면, 세계 안에 서로 다른 현상적 계열들이 있 고 각각의 자유로운 원인들이 존재한다는 것을 인정하는 일은 정당하다고 주장한다.

반정립에 관해서 말한다면, 그것이 인간의 자유를 언급하고 있다고 이해하는 것이 자연스러울 것이다. 얼핏 보기에 적어도 인간 주관의 한 상태가 다른 상태에 의 해서 인과적으로 결정되어 있다고 말하는 것은 의미가 있다. 그러나 신과 관련해서 상태들 사이의 인과적 관계에 대해 문제를 제기하는 것은 전혀 의미가 없는 일이다. 그러나 반정립에 관한 칸트의 고찰에서 그는 세계 외부에 존재하는 자유 원인의 관 념을 도입하고 있다. 우리가 그러한 원인의 현존을 인정할지라도, 우리는 세계 안에 서는 자유에 의한 원인들을 인정할 수 없다고 그는 진술한다.

이 이중적 의미(ambiguity)를 고려할 때, 즉 정립과 반정립의 적용이 확정되지 않 는 범위를 고려할 때, 정립과 반정립이 서로 다른 사물들에 관계하고 있다는 것을 고 찰함으로써 이율배반이 해소된다고 주장하기는 어렵다. 그러나 정립과 반정립이 동 일한 사물들에 관계하지 않는다면, 본래의 의미에서 이율배반은 전혀 존재할 수 없다. 정립이 현상적 인과 계기의 전체적 계열들의 자유로운 원인이 증명될 수 있다고 주장 하고, 반면에 반정립이 그런 원인 존재하지 않는다는 점이 증명될 수 있다고 주장한 다면, 우리는 이율배반에 빠지게 된다. 그리고 세계 안에 자유로운 인과성이 존재한다 는 사실이 증명될 수 있다고 정립이 주장하는 반면에, 세계 안에 자유로운 인과성은 존재하지 않는다는 것이 증명될 수 있다고 반정립이 진술한다면, 우리는 다시 이율배반에 빠지게 된다. 그러나 만약에 현상적 인과적 계기의 전체적 계열의 자유로운 원인, 즉 그 계열 바깥에 존재하는 이 자유로운 원인이 있다는 점이 증명될 수 있다고 정립이 진술하는 반면에, 현상적 계열 안에는 어떤 자유로운 인과성도 존재하지 않는다고 반정립이 진술한다면, 본래적 의미에서 이율배반은 전혀 존재하지 않게 된다.

제3이율배반이 상당한 범위에서 칸트의 이율배반들의 일반적인 유형에 속하고 있다는 점을 부인하는 것이 나의 의도는 아니다. 정립이 현상적 인과적 계기의 전체적 계열의 제1원인을 언급하고 있는 것으로 이해된다면, 정립의 증명은 말하자면 우리가 세계의 선험적 이념을 우리의 이론적 인식을 확장하기 위한 전체성으로 사용하여 그 계열을 완결할 수 있다는 가정에서만 타당하다. 그러므로 정립은 독단적 합리론의 관점을 대변한다. 그리고 반정립이 전체적 계열의 제1원인의 현존에 대한 어떤 증명도 가능하지 않다고 진술한다는 것을 채택하든 아니면 그 계열 안에서 어떤 자유로운 원인도 존재할 수 없다고 진술하는 것을 채택하든 간에, 반정립은 경험론적 관점을 대변한다. 그러나 만약 이율배반이 비판철학의 관점을 채택함으로써만 해소될 수 있다면, 비판철학의 관점은 정립이나 반정립의 증명에 도입되어서는 안 된다. 그러나 이것이야말로 반정립을 증명하는 데서 칸트가 하고 있는 바로 그것이라고 적어도 주장될 수 있다. 왜냐하면 그는 자유로운 원인을 인정하는 것은 경험의 통일의 가능성을 파괴하는 것이라고 진술하고 있기 때문이다. 그리고 비록 자신만의 독특한 관점에 의해서 이 진술을 이해할 필요가 있는 것은 아니지만, 이것이 사실상 그 진술이 이해되어야 하는 방식이라는 인상을 피하기는 어렵다.

그러나 우리가 비판적 관점을 명시적으로 채택할 때 이율배반에 어떤 일이 생겨나는가? 만약 정립이 현상들의 전체적 계열의 자발적 원인에 관한 언급으로서 취해진다면, 정립의 증명은 세계에 관한 선험적 이념의 잘못된 사용에 의거하는 것으로 여겨진다. 반정립 즉 자유의 부정에 관해서 말한다면, 이것은 현상의 영역에서만 타당하다고 여겨진다. 그러므로 그 후 칸트에게는 인간은 지성체의 일원으로는 자유롭지만 현상체의 일원으로는 결정되어 있다고 말하는 일만 남겨져 있다. 만약 우리가 이러한 관점을 채택한다면, 우리는 칸트에서 정립과 반정립 모두 그것들이 올바로 이해된다면 참이라고 말할 수 있다. '자연법칙에 따르는' 인과성이 유일한 종류의 인과성은 아니라는 정립은, 비록 우리가 이것이 사실이라는 것을 증명할 수 있다는 점은 참이 아니지만, 그래도 참이다. 자유가 존재하지 않는다는 반정립은 비록 그것이 모든 실재에 대해 언급하는 것으로 간주될 때는 참이 아니더라도, 그것이 현상적 세계만을 언급하는 것으로 간주된다면 참이다. 칸트로서는 비판철학의 관점을 채택할 때만 우리는 정립과 반정립에서 거짓인 것과 참된 것을 가려낼 수 있고, 이성의 독단적 사용에서 이성이 연루되었던 일률적인 모순을 넘어설 수 있다.

(iv) 제4이율배반은 필연적 존재자의 현존에 관계한다. '**정립**. 세계에는 세계의 부분으로서든 세계 원인으로서든 절대적으로 필연적인 존재자로서 현존하는 그 무언가가 있다. **반정립**. 세계 원인으로서의 필연적인 존재자는 세계 안에서건 세계 밖에서건 어디에서도 현존하지 않는다.'[20]

정립은 필연적 존재자의 현존에 관한 한 제약들의 계열이, 무제약적인 것 — 이것은 필연적으로 현존한다 — 에 이르는 제약들의 완전한 계열을 전제한다는 사실을 가정함으로써 증명된다. 그런 다음 칸트는 이 필연적 존재자는 감각 기관의 세계를 초월하는 것으로 생각될 수 없으며, 따라서 그런 존재자는 전 우주의 계열과 또는 계열의 부분과 동일시되어야 한다.

반정립은 세계 안에서나 밖에서나 절대적으로 필연적인 존재자는 있을 수 없다는 것을 보여줌으로써 증명된다. 그 자신 필연적이며 더 이상의 원인을 가지지 않는 변화의 계열의 최초의 일원은 존재할 수 없다. 왜냐하면 모든 현상체는 시간 안에서 규정되기 때문이다. 만약 단 하나의 일원이 필연적이지 않다면, 전 우주적 계열 또한 결코 필연적일 수 없다. 그러므로 세계와 동일시되는 것으로서건 세계의 부분으로서건 세계 안에는 필연적인 존재자가 있을 수 없다. 그러나 세계의 원인으로서 세계 바깥에 현존하는 필연적인 존재자는 있을 수 없다. 왜냐하면 만약 그런 존재자가 우

---

20   B. 480-481.

주적 변화의 계열의 원인이라면, 그 존재자는 작용을 시작하여야 하기 때문이다. 그리고 만약 그 존재자가 작용을 시작한다면, 그 존재자는 시간 안에 있다. 그리고 그 존재자가 시간 안에 있다면, 그 존재자는 세계 안에 있는 것이며, 세계 바깥에 있는 것이 아니다.

제3이율배반과 제4이율배반 사이에는 상당한 정도의 중복이 명백히 존재한다. 왜냐하면 비록 제4이율배반에서 칸트가 '절대적으로 필연적인 존재자'라는 새로운 용어를 도입하기는 했지만, 현상들의 계열의 순수하게 자발적인 원인이 있어야 한다는 것을 증명하기 위해서는, 제3이율배반에서 그가 이미 사용했던 정립을 증명하는 동일한 논증 노선을 사용하고 있기 때문이다. 그래서 각각의 이율배반이 범주들의 네 부류 중 하나와 상응한다고 가정되기 때문에 4라는 숫자를 정확히 맞추기 위해서 제4이율배반을 제시했다는 견해를 지지하는 언급이 있을 법하다. 사실상 필연성과 우연성의 범주는 네 번째 부류의 범주, 즉 양상의 범주에 속하는 반면에, 인과성은 세 번째 부류의 범주, 즉 관계의 범주에 속한다. 그러나 제4이율배반의 정립을 증명하면서 칸트는 정확하게 인과 논증을 사용하고 있다.

제4이율배반의 반정립에 대한 칸트의 고찰에 따르면 정립을 증명하는 데 사용되는 동일한 근거들이 또한 반정립을 증명하는 데도 사용된다는 것은 주목할 만한 사실이다. 그러나 그런 다음 그는 이성은 가끔 동일한 대상을 서로 다른 관점에서 고려함으로써 자신과 일치하지 않게 된다고 이야기한다. 그리고 만약 정립과 반정립이 서로 다른 관점을 대변한다면, 정립과 반정립 모두가 참일 수 있다는 결론이 나오는 것처럼 보인다. 말하자면 반정립은, 그것이 세계 내의 필연적인 존재자가 세계와 동일한 것으로건 세계의 부분의 부분으로서건 세계 안에서는 필연적인 존재자가 없다고 하는 주장과 세계 바깥에는 그러한 존재자의 현존에 대한 어떤 증명도 나올 수 없다는 주장을 대변하는 한에서, 정당할 수도 있다. 그러나 정립은, 비록 우리가 이것이 사실이라는 것을 **안다**고 결코 말할 수 없을지라도, 세계 바깥에 현존하는 것으로서 그러한 존재자가 있다는 것을 진술하는 데서 참일 수도 있다.

전체로서의 이율배반들에 관련해서 정립은 독단적 합리론자들의 형이상학의 관점을 대변하고 있다고 가정되는 반면에, 반정립은 경험론적 관점을 대변하고 있는 것으로 가정된다. 그리고 물론 칸트는 그가 우리의 인식을 확장한다는 형이상학의 월권에 대한 경험론적 비판을 철저하게 건전한 것으로 간주하는 만큼 경험론의 편에 서 있다. 동시에 칸트가 스스로 경험론 철학 그 자체에 의존하고 있지 않다는 것을 이해하는 일이 중요하다. 그의 견해에 따르면 사변적 형이상학에 대한 경험론의 부정적 비판이 건전함에도 불구하고, 경험론은 그 자체 실재를 독단적으로 현상체에 제한하고 따라서 현상체를 마치 그것이 물자체인 것처럼 취급하고 있는 독단적 체계이다. 폭로되어야 하는 것은 사변적 형이상학의 월권뿐만이 아니다. 형이상학적 논증에 대한 경험론적 비판을 수용하면서 우리는 독단적 경험론(유물론과 상당 부분 같은)의 협소한 한계를 극복해야 하고, 말하자면 지성체적 실재를 위한 여지를 남겨두어야 한다. 더 나아가서 형이상학은 그 자체 도덕과 종교적 관심에 의해 유지된다. 그리고 이러한 사실은 쉽게 형이상학자들을 건전하지 않은 논증으로 나아가게 함에도 불구하고, 우리는 반드시 형이상학이 소위 소박한 경험론에 의해서 만들어질 수 없는 인간 삶의 수준을 대변한다는 점을 인정하지 않으면 안 된다. 그러나 비판철학에서 칸트는 우리가 형이상학의 오류를 피하면서 동시에 소박한 경험론의 독단적 유물론과 기계론을 회피할 수 있다고 주장한다. 우리는 인식을 그것의 적절한 영역에 제한함으로써 이율배반을 극복하는 한편, 동시에 우리는 도덕적 경험에 기초한 실천적 신앙을 위한 여지를 남기게 된다. 예를 들어 인간의 자유는 현상체의 영역 안에서 인정될 수 없다. 그러나 그러한 자유는 실재일 수 있으며, 나중에 그것은 도덕적 의식의 필연적 요청임이 드러난다.

5. 신의 현존에 대한 증명의 불가능성

순수이성의 세 번째 선험적 이념은 칸트가 선험적 이상이라 부르는 것이다. 원래 그것은 모든 개별적인 가능성들의 소여를 아프리오리하게 포함하는, 모든 가능한 술어들의 전체의 이념이다. 즉 정신은 선언 삼단논법의 계열을 올라가면서 모든 개별적 술어들의 무제약적 조건을 발견한다. 이때 이 술어들의 각각은 모든 술어들의 총합이라는 이념 속에서 모순적이거나 양립할 수 없는 술어들을 배제한다. 이것은 모든 가능한 완전함들의 총합 또는 총계의 이념이다. 그러나 이러한 총계가 모든 개별적 완전성들의 무제약적 조건으로 생각되는 한, 그 총계는 완전성들의 원형(原型)으로서 생각된다. 이때 완전성들은 그 총계로부터 도출되고 그 총계에 수렴되며, 그리고 그 총계는 모든 개별적이고 경험적인 완전성들의 합체라는 단순한 추상적 개념이 아니다. 그러므로 그 총계는 실재하는 존재자로서, 사실상 최상의 실재로서 생각된다. 가장 완전한 존재자(*Ens perfectissimum*)의 이념은 또한 가장 실재적인 존재자(*Ens realissimum*)라는 이념이다. 이 존재자는 경험적이고, 제한적이며, 때로는 상호 배타적인 완전성들의 합체 또는 병렬로 생각될 수 없다. 이 존재자는 하나의 단순한 존재자 안에서 무제한적이며 순수한 완전성들의 통일로서 생각되지 않으면 안 된다. 더 나아가 모든 가능한 제한된 완전성과 실재성의 무제약적 조건은 필연적으로 현존하는 것으로 생각된다. 그래서 우리는 개별적이고 필연적으로 현존하며 영원하고 단순하며 가장 완전한 최상의 존재자로서의 신이 관념에 도달한다. 이 최상의 존재는 유한한 실재들의 총계가 아니라 그런 실재들의 무제약적인 조건이며 궁극적인 원인이다. 그리고 이러한 이념은 자연 신학 또한 철학적 신학의 주제가 된다.[21]

　　순수이성의 절차에 대한 칸트의 개념은 명료하다. 이성은 모든 가능한 술어들의 무제약적 통일을 추구한다. 이성은 이 통일을 글자 그대로의 의미에서 경험적 완전성들의 총계 안에서 찾을 수 없으며, 제약된 것을 넘어서야 한다. 그래서 이성은 자신이 추구하는 것의 무규정적 목표를 가장 완전한 존재자로서 객관화한다. 그런 다음 그런 존재는 가장 실재적인 존재자, 즉 개별적인 존재로서 '실체화된다'. 그리고 마지막으로 그런 존재는 일신론의 신으로서 인격화된다. 그러나 이 구체화의 절차에 의해서 이성은 모든 가능한 경험을 넘어선다. 우리에게는 가장 완전한 존재자이면서 가장 실재적인 존재자가 **있다**고 주장할 권리가 없다. 즉 모든 가능한 완전성들의 전체의 표상에 상응하는 대상이 존재한다고 주장할 권리가 없다. 그리고 비록 우리가 단

21　칸트의 접근 방법은 이미 볼프 철학이 제안한 것이었다. 예를 들어 바움가르텐(Baumgarten)은 가장 실재적인 존재자와 동일시되는 가장 완전한 존재자의 관념을 통해서 신의 관념에 접근하였다.

지 최상의 존재에 대한 유비적 (또는 상징적) 인식만을 가질 수 있다고 이성이 계속 주장할지라도, 완전성의 전체의 관념을 객관화한다는 바로 그 사실은 우리가 범주들을 그것들의 고유한 적용 영역을 넘어서는 데까지 확장하고 있다는 것을 의미한다.

칸트의 전제들에서는 신의 현존에 대한 어떤 증명도 가능하지 않다는 것은 분명하다. 그러나 그는 모든 증명 방법이 오류라는 점을 보여줌으로써 이러한 불가능성을 분명하게 하고자 원한다. 이런 과제는 사람들이 생각할 수 있는 것만큼 대단한 일은 아니다. 칸트에 따르면 사변적 형이상학에서 신의 현존을 증명하는 방법은 세 가지뿐이기 때문이다. 이성은 감성적 세계의 **구조**(the how)라 부를 수 있는 것과 함께 출발할 수 있다. 즉 감성적 세계의 특성이 분명히 목적성을 드러내고 있다는 사실과 함께 출발해서, 이러한 목적성의 원인인 신으로 나아간다. 이때 우리는 '자연 신학적' 논증('physico-theological' argument)을 갖게 된다. 또한 이성은 경험적 현존에서 출발하여 이 현존의 궁극적 원인인 신으로 나아갈 수 있다. 그리고 이때 우리는 '우주론적' 논증('cosmological' argument)을 갖게 된다. 또는 이성은 신의 관념에서 신의 현존으로 나아갈 수 있다. 그리고 우리는 이때 '존재론적' 논증('ontological' argument)을 갖게 된다.

이러한 세 가지 증명 방법을 다루면서 칸트는 세 번째 방법에서 시작한다. 왜냐하면 형이상학에서 신을 향한 정신의 운동은 언제나 순수이성의 선험적 이상에 의해 인도되기 때문이다. 이러한 이상이야말로 정신의 추구 목표이다. 따라서 신의 관념에서 신의 현존으로 나아가는 아프리오리한 논증과 함께 출발하는 것이 유일하게 적절하다. 더 나아가 다른 논증 방법에 의해서 신에 도달하기 위해 이성은 결국 존재론적 논증을 사용하게 된다는 것이 칸트의 확신이다. 그래서 존재론적 논증은 근본적인 논증이며, 가장 먼저 고려되어야 하는 논증이다.

(i) 칸트가 염두에 둔 존재론적 논증의 일반적인 형식은 다음처럼 진술될 수 있다.[22] 가장 완전한 존재자라는 개념 안에는 현존이 포함되어 있다. 왜냐하면 만약 그

---

22 성 안셀무스(St. Anselm)가 제시한 존재론적 논증에 관해서는 이 철학사 제2권 161-164를 참조, 데카르트와 라이프니츠가 제시한 변형된 형식의 논증에 관해서는 이 철학사 제4권 110-115와 320-323 참조.

렇지 않다면, 그 개념은 가장 완전한 존재자의 개념이 아닐 것이기 때문이다. 그러므로 그러한 존재자 가능하다면, 그런 존재는 필연적으로 존재한다. 왜냐하면 현존은 그것의 가능성의 완전한 실현 안에 포함되어 있기 때문이다. 그러나 가장 완전한 존재자의 개념은 가능한 존재자의 개념이다. 그러므로 그러한 존재자는 필연적으로 현존한다.

또는 이 논증은 다음처럼 표현될 수 있다. 가장 실재적인 존재자라는 관념은 절대적으로 필연적인 존재자의 관념이다. 그리고 만약 그런 존재자가 가능하다면, 그 존재자는 현존한다. 왜냐하면 단순히 가능하기만 할 뿐인 (그리고 현실적으로 현존하지 않는다) 필연적 존재자는 모순적 관념이기 때문이다. 그러나 절대적으로 필연적인 존재자의 관념은 가능한 존재자의 관념이다. 그러므로 가장 실재적인 존재자, 즉 신은 현존한다.

칸트는 단지 가능하기만 할 뿐인 필연적 존재자의 관념이 모순적 관념이라고 말하는 것은 난센스라고 반박한다. 그런 존재자를 단순히 가능하다고 생각하기 위해서 나는 그것의 현존을 제거해야 한다. 그러나 그렇다면 모순을 야기할 수 있는 아무것도 남지 않는다. '만약 당신이 그것의 현존을 제거한다면, 당신은 그것의 모든 술어를 가지고 있는 그 사물을 제거하는 것이다. 그렇다면 어떻게 모순이 생겨날 여지가 있겠는가?'[23] 만약 누군가가 신이 현존하지 않는다고 말한다면, 그는 현존을 없애면서, 전능과 같은 술어들을 남겨두고 있는 것이 아니다. 그는 모든 술어를 없애고 있으며, 그 술어들과 더불어 주어를 없애고 있다. 그러므로 신이 현존하지 않는다는 판단은, 그것이 거짓이더라도, 자기모순은 아니다.

가장 실재적인 존재자라는 표현은 유일무이한 것이라고 말할 수 있다. 나는 자기모순에 빠지지 않더라도 그 어떤 다른 존재자의 현존도 부인할 수 있다. 왜냐하면 현존은 다른 존재자의 개념이나 관념에 속하는 것이 아니기 때문이다. 그러나 현존은 가장 실재적인 존재자의 개념에 속한다. 따라서 나는 가장 실재적인 존재자의 가능성을 인정하면서 동시에 그것의 현존을 부정하면 자기모순에 빠질 수밖에 없다.

---

23   B. 623.

[이런 논증에 대해] 칸트의 답변은 다음과 같이 진행된다. 첫째, 우리가 신의 관념에서 어떤 논리적 모순도 발견할 수 없다고 해서 가장 실재적인 존재자가 적극적으로 가능하다는 것이 증명되는 것은 아니다. 둘째, 가장 실재적인 존재자의 관념에서 그것의 현존으로 나아가는 어떤 논증도 가치가 없다. 왜냐하면 그러한 논증은 단순한 동어반복으로 환원될 수 있기 때문이다. 만약 내가 현존을 존재자의 관념으로 가져온다면, 그렇다면 당연히 나는 그런 존재자가 현존한다고 결론을 내릴 수 있다. 그러나 내가 말하고자 하는 것은 오직 현존하는 존재자가 현존한다고 말하는 것일 뿐이다. 그리고 이것은 참이지만 동어반복이다. 단지 나는 이미 현존을 관념에 가져 놓았고, 그래서 논점을 회피해버렸기 때문에, 단지 그 때문에 나는 존재자가 그것의 개념이나 관념에서 현존한다고 결론 내릴 수 있을 뿐이다. 내가 가능성에서 현실성으로 나아가고 있다고 말하는 것은, 만약 가능성이 현실성을 포함한다는 의미라면, 자기기만이다.

그러므로 모든 존재 명제는 종합적이며, 어떤 존재 명제도 분석적이지 않다는 것이 칸트의 주장이다. 따라서 어떤 존재 명제도 모순 없이 부인될 수 있다. 실제로 존재론적 논증의 옹호자들은 칸트가 논증의 전체 핵심을 놓치고 있다고 대답할 것이다. 모든 다른 경우에는 존재 명제는 종합적이다. 그러나 가장 완전한 존재자의 경우는 독특한 것이다. 왜냐하면 이 경우에 그리고 이 경우에서만 현존은 주어의 관념 속에 포함되어 있기 때문이다. 그러므로 그러한 존재의 현존은 그러한 존재의 관념에서 소위 분석에 의해서 도출될 수 있다. 이에 대해 칸트는 이러한 일은 단지 우리가 이미 존재를 설정하고 있고, 그래서 논점을 회피하고 있기 때문에만 가능하다고 말한다. 그러나 이 논점은 현존이 필연적으로 이 주어에 속하는 술어라는 것을 전제할 뿐이다.

그러나 칸트에서 현존은 실재적으로 전혀 술어가 아니다. 만약 현존이 술어라면, 내가 무언가의 현존을 긍정할 때, 나는 이러한 사물의 관념에 무언가를 추가하고 있다는 결론이 도출된다. 그리고 이 경우 나는 나의 관념 안에서 표상된 것과 정확히 같은 것을 긍정하고 있는 것은 아니다. 내가 무언가가 현존한다고 말할 때, 나는 단지 그것의 모든 술어를 가지고 있는 주어를 긍정 또는 정립하고 있다는 것이 핵심적인 사실이다. 따라서 만약 내가 신의 현존을 부정한다면, 나는 주어의 술어를 부정하고 있는 것이 아니다. 나는 단지 사고 안에서 전체 주어를 그것의 모든 술어와 함께 제거하고 있을 뿐이다. 그리고 이때 어떤 논리적 모순도 생겨나지 않는다.

그러므로 우리는 다음처럼 결론 내릴 수 있겠다. '단지 개념에서 최상 존재자의 현존으로 나아가는 유명한 존재론적 증명이나 데카르트적 증명에 부여되는 노고와 노동은 헛된 노고이자 노동이다. 누군가가 단순한 이념들에서부터 통찰을 더 늘리고자 해도 할 수 없는 것은, 마치 어떤 상인이 어떤 현금 잔고에 영(零)들을 추가하더라도 그의 재산이 늘어나지 않는 것과 같다'[24]

(ii) 신의 현존에 대해 칸트가 우주론적 논증을 정식화한 것은 라이프니츠에 기초하고 있다. '만약 무언가가 현존한다면, 절대적으로 필연적인 존재자 역시 현존해야 한다. 그런데 적어도 나는 현존한다. 그러므로 또한 절대적으로 필연적인 존재자도 현존한다. 소전제는 어떤 경험을 포함한다. 대전제는 경험 일반에서부터 필연적인 존재자의 현존을 추리한다.'[25]

이 논증에 대한 칸트의 비판 노선이 다음과 같이 표현되리라는 것은 아주 분명한 일이다. 그의 견해에 따르면 대전제는 인과 원리의 '초험적' 사용에 의거하고, 따라서 오용에 의거하고 있다. 모든 우연적인 것에는 원인이 있다. 이 원리는 감각 경험 영역 안에서 타당하며, 거기에서만 이 원리는 의미가 있다. 우리는 감각 경험에 주어진 세계를 넘어서 그 원리를 사용할 수 없다. 더 나아가서 칸트에 따르면 우주론적 논증은 필연적 존재자의 무제약적 통일 안에서 현상체의 계열을 완결하는 일을 포함한다. 그리고 비록 이성이 이렇게 하려는 자연적 충동을 가지고 있지만, 이런 충동에 굴복한다고 해서 우리의 인식이 증가하는 것은 아니다.

이러한 비판 노선에 더 깊이 들어가는 것은 불필요하다. 왜냐하면 그러한 비판 노선은 인간 인식의 한계에 대한 칸트의 견해에서 직접 도출되기 때문이다. 그러나 우주론적 논증에 대한 그의 취급에서 주목해야 할 하나의 핵심이 나타난다. 필연적 존재자의 관념에서 신의 현존에 대한 긍정으로 나아가기 위해서는 적어도 암암리에

---

24   B. 630.
25   B. 632-633.

존재론적 논증에 의존해야 한다는 것이 칸트의 주장이다.

필연적 존재자라는 개념은 무규정적이다. 우리가 경험에 대한 반성이 우리를 필연적인 존재자로 인도한다는 것을 인정한다 하더라도, 우리는 경험에 의해서 필연적 존재자의 속성들을 발견할 수 없다. 그러므로 우리는 필연적 존재자의 관념에 적합한 개념을 찾을 수밖에 없다. 그리고 이성은 가장 실재적인 존재자의 개념에서 요구되는 것이 무엇인지를 자신이 발견했다고 믿는다. 그러므로 이성은 필연적 존재자가 가장 실재적인 존재자, 즉 가장 실재적이거나 완전한 존재자라고 주장한다. 그러나 이런 식의 주장은 개념들만 가지고 논의하는 것이며, 이러한 개념적 논의는 존재론적 증명의 특징을 지닌다. 더 나아가 만약 필연적 존재자가 가장 실재적인 존재자라면, 가장 실재적인 존재자는 필연적인 존재자이다. 그리고 여기에서 우리는 최상으로 실재적인 또는 완전한 존재자의 개념이 현존의 절대적 필연성을 포함한다고 말하고 있는 것이다. 그것은 바로 정확하게 말해서 존재론적 논증이다.

상당수의 뛰어난 철학자나 철학사가들은 우주론적 논증이 필연적으로 존재론적 논증으로 되돌아간다는 것을 보여주려는 칸트의 시도는 별 의문 없이 성공적이라고 가정하는 것처럼 보인다. 그러나 나로서는 그것은 별로 설득력이 없어 보인다. 또는 오히려 그것은 하나의 가정 위에서만, 즉 그 경험에 의거하고 있는 논증은 필연적 존재자의 현존에 대한 긍정으로 우리를 인도하는 것이 아니라, 단지 필연적 존재자라는 모호한 **관념**으로 우리를 인도할 뿐이라는 가정 위에서만 설득력이 있다. 왜냐하면 이 경우에 우리는 칸트가 제안하듯이 현존을 자신의 내용 안에서 포함하는 규정적 개념을 찾아다녀야 하고, 그렇게 해야 현존이 필연적 존재자의 규정된 관념에서 연역될 수 있기 때문이다. 그리고 이때 우리는 존재론적 논증에 관계하게 된다. 그러나 만약 경험에 근거한 논증이 우리를 필연적 존재자의 **현존**의 긍정으로 인도한다면, 이런 존재자의 필연적 속성들을 아프리오리하게 규정하려는 시도는 존재론적 논증과는 아무 관계가 없다. 존재론적 논증은 가능한 것으로서의 존재자 관념에서 현존을 연역하는 데 주로 관심이 있으며, 그것의 현존이 가능성과는 다른 근거들에서 이미 긍정되었던 그런 존재자의 관념에서 속성들을 연역하는 일에는 관심이 없다. 경험에 기초한 논증은 우리를 필연적 존재자라는 모호한 관념으로 인도할 뿐이라는 것이 정확하게 칸트의 가정이라고 말할 수 있다. 그러나 이것은 우주론적 논증이 필연적으로 존재론적 논증으로 되돌아간다고 말할 합당한 이유가 아니다. 경험에 근거한 논증이 타당한가 부당한가의 문제는 실제로 문제가 되는 핵심과는 관계가 없다. 왜냐하면 누군가가 비록 정당하지는 않지만 자신이 이미 필연적인 존재의 현존을 그러한 존재자의 아프리오리한 가능성과는 다른 근거들에서 증명했다고 확신한다면, 이러한 존재자의 속성들을 규정하려는 그의 이어지는 시도는 존재론적 논증에서 채택되었던 절차와 동일한 것이 아니기 때문이다.

(iii) 칸트는 신의 현존에 대한 어떤 아포스테리오리한 입증도 시작부터 배제하는 일반적인 관점을 한 번 더 반복하는 일에서 자연 신학적 증명에 대한 자신의 논의를 개시한다. 예를 들면 '결과에서 원인으로 이행하는 것에 관한 모든 법칙은, 당연히 우리의 인식의 모든 종합과 확장은, 가능한 경험에만 관계하고, 그래서 감성적 세계의 대상들에만 관계한다. 그리고 감성적 세계의 대상들에 관해서만 이런 법칙들은 의미를 가진다.'[26] 사정이 이렇기 때문에 자연의 설계에서 초험적 원인으로 나아가는 어떤 논증도 아마 타당한 논증일 수 없을 것이다.

자연 신학적 논증의 주요한 단계들은 다음과 같다. 첫째, 우리는 합목적적인 배열의, 즉 목적에 대한 수단의 적합성의 명백한 표지들을 세계 안에서 관찰한다. 둘째, 이러한 목적에 대한 수단의 적합성은 그것이 사물들의 본성에 속하지 않는다는 의미에서 우연적이다. 셋째, 그러므로 적어도 이러한 적합성의 한 가지 원인이 현존하지 않으면 안 되며, 이러한 원인 또는 원인들은 지성적이며 자유로워야 한다. 넷째, 세계의 서로 다른 부분들 사이에 존재하는 상호 관계들, 즉 예술 작품과 유사한 조화로운 체계를 생산하는 관계들은 하나의 그리고 단 하나의 그러한 원인이 존재한다는 우리의 추론을 정당화한다.

그래서 칸트는 목적성에서 신의 현존을 증명하는 것이 유추 — 사람들이 구성한, 목적에 대한 수단의 적합성 — 에 기초해 있다고 해석한다. 그리고 이 증명은 사

---

26   B. 649-650.

실상 18세기에 이런 방식으로 제시되었다.[27] 그러나 이 점에 관해서 제기될 수 있는 모든 반대와는 별개로 칸트는 다음처럼 언급하고 있다. '이 증명은 기껏해야 세계 **건축가의 현존**을 확립할 수 있을 뿐이다. 그의 활동은 그가 다루는 재료가 허용하는 한계 안에 제한되고, 따라서 **세계 창조자**의 현존을 확립할 수는 없다.'[28] 이 주장은 명백히 참이다. 설계의 관념은 그것만으로도 우리를 설계자의 관념으로 안내하며, 이 설계자가 또한 유한한 감성적 사물들을 그것들의 실체에 따라서 창조한 자라는 결론으로 우리를 직접적으로 안내하지는 않는다. 그러므로 칸트는 적절한 의미에서 신의 현존을 증명하기 위해서 결국 자연 신학적 증명은 우주론적 증명의 도움이 반드시 필요하다고 주장한다. 그리고 칸트의 견해에 따르면 자연 신학적 증명은 존재론적 증명으로 되돌아간다. 그래서 자연 신학적 증명조차 간접적으로이긴 하지만 아프리오리한 또는 존재론적인 논증에 의거한다. 다른 말로 하면 어떤 다른 고려들은 별도로 하더라도 신의 현존은 존재론적 논증을 사용하지 않고는 증명될 수 없으며, 이 존재론적 논증은 오류이다. 그러므로 세 가지 모든 증명은 통상 어떤 오류를 가지고 있다. 또한 이러한 증명 각각은 자신의 오류도 가지고 있다.

자연 신학 또는 칸트가 가끔 그렇게 부르듯이 '선험적 신학'은 그것이 한 가지 특별한 관점에서 즉 신의 현존을 경험의 영역 바깥에 적용할 수 없는 선험적 관념들이나 이론적 원리들을 수단으로 입증하려는 시도라고 여겨질 때는 가치 없는 것이다. 그러나 칸트가 자연 신학을 거부했다고 간단하게 말하는 것은 그의 입장에 대한 잘못된 인상을 주기 쉽다. 사실상 그것은 참된 진술이다. 왜냐하면 그는 자연 신학을 '세계에서 마주치는 성질, 즉 질서와 통일성에서부터 세계 창조자의 속성과 현존을'[29] 추론하는 것으로 서술하고 있기 때문이다. 그리고 이렇게 하려는 시도는 '완전히 결실이 없는 것'[30]이다. 동시에 칸트가 자연 신학을 거부했다는 순수하게 부정적인 진술

---

27 물론 칸트는 팔리(Paley)의 『증거들』(*Evidences*)을 염두에 두고 있었던 것은 아니다. 왜냐하면 이 책은 1802년까지 출판되지 않았기 때문이다.

28 B. 655.

29 B. 660.

30 B. 664.

은 그가 철학적 신학을 전부 거부했다는 잘못된 인상을 줄 수도 있다. 그러나 사실상 그는 그가 때때로 '도덕 신학'[31]이라고 불렀던 것은 인정하였다. '우리는 후일 도덕성의 법칙들이 최상 존재자의 현존을 전제할 뿐만 아니라, 다른 방면의 고찰에서 이러한 법칙들이 절대적으로 필연적이기에, 그런 현존을 당연히 요청한다는 점을 보여줄 것이다(물론 단지 실천적 관점에서이긴 하지만).'[32] 그리고 우리가 신에 대한 실천적(도덕적) 신앙에 도달했을 때, 우리는 일관된 방식으로 우리의 신앙의 대상을 생각하기 위해서 이성의 개념들을 사용할 수 있다. 참으로 우리는 항상 실천적 신앙의 영역에 머무르지만, 만약 우리가 이러한 사실을 기억한다면, 우리에게는 이성적 신학을 구성하기 위해서 이성의 개념들을 사용할 자격이 있다.

이 마지막 언급들은 칸트가 자연 신학을 오히려 다른 관점에서 거부했다는 진술을 보여준다. 말하자면 이러한 언급들은 그 의미의 범위를 제한하는 데 도움을 준다. 자연 신학에 대한 비판은 두 가지 기능을 가진다. 그런 비판은 신의 현존에 대한 이론적 증명에는 오류가 있다는 것을 폭로하고, 신의 현존은 입증될 수 있는 것이 아니라는 점을 보여준다. 동시에 이 비판의 바로 그 성질은 신의 비 현존은 결코 입증될 수 없다는 것도 보여준다. 이성에 의해서 우리는 신의 현존을 증명할 수도 반증할 수도 없다. 그래서 자연 신학의 비판은 실천적 신앙 또는 도덕 신앙에 길을 열어준다. 그리고 신앙이 전제될 때, 이성은 신에 대한 우리의 개념을 올바로 세울 수 있고, 순수하게 할 수 있다. 비록 이성이 그것의 사변적 사용에서 신의 현존을 증명할 수 없겠지만, '이성은 최상의 존재자에 대한 인식을 다른 원천[도덕]에서 도출할 수 있다고 가정한다면 그러한 인식을 바로 잡고, 그 인식을 자기 자신 및 예지적 대상들에 대한 모든 다른 개념과 일치하도록 만들며, 최상 존재자의 개념과 일치하지 않는 모든 것에서부터 그리고 경험적인 제한들과 혼합되는 모든 것에서부터 그 인식을 순수하게 지킨다는 바로 그 점에서 매우 큰 효용을 갖는다.'[33]

---

31 물론 이 용어는 그리스도교 도덕 원리의 실제적 적용에 대한 연구라는 의미에의 도덕 신학을 지칭하는 것은 아니다. 그것은 도덕법칙의 요구 또는 요청에 기반한 철학적 신학 또는 신론을 지칭한다.

32 B. 662.

33 B. 667-668.

더욱이 신의 현존에 대한 이른바 증명들은, 이 증명들이 비록 오류라 하더라도, 적극적인 효용을 가질 수 있다. 그래서 칸트가 언제나 그것에 대해서 실질적 경의를 표했던 자연 신학적 논증은, 비록 그 증명이 자연 신학의 확실한 근거를 제공할 수 없을지라도, 정신이 신학적 (실천적) 인식을 위해 준비할 수 있도록 하고 정신에 '곧고 자연스러운 방향'[34]을 제공할 수 있다.

─────── **6. 순수이성의 선험적 이념들의 규제적 사용**

우리는 순수이성의 선험적 이념들이 결코 '구성적 사용'을 가지지 않는다는 사실을 이미 살펴보았다. 말하자면 이러한 이념들은 상응하는 대상들의 인식을 우리에게 제공하지 않는다. 지성의 도식화된 범주들은, 감각 직관의 소여에 적용되며, 대상을 '구성'하고, 그렇게 함으로써 우리가 대상들을 인식할 수 있도록 해준다. 그러나 순수이성의 선험적 이념들은 감각 직관의 소여에 적용될 수 없다. 또한 어떤 상응하는 대상들도 순수하게 지적인 직관에 의해서는 공급되지 않는다. 왜냐하면 우리에게는 지적 직관이라는 그러한 능력이 없기 때문이다. 그러므로 선험적 이념들은 구성적으로 사용되지 않으며, 우리의 인식을 증가시키지 않는다. 만약 우리가 그러한 이념들을 사용하여 경험의 영역을 넘어서고, 경험에 주어지지 않은 실재들의 현존을 주장한다면, 우리는 불가피하게 오류들에 빠지게 된다. 이러한 오류를 폭로하는 것이 「선험적 변증론」의 목표이다.

동시에 칸트가 그렇게 말하고 있듯이 인간의 이성은 경험의 한계를 넘어서려는 자연적 성향을 가지고 있다. 그리고 칸트는 심지어는 선험적 이념들이 '거역할 수 없는 가상'[35]의 부모라고까지 말한다. 물론 칸트는 이러한 가상들을 정정하는 것이 불가능하다고 말하는 것은 아니다. 그러나 그러한 가상들을 낳는 충동은 자연적 충동

---

34   B. 665.
35   A. 297-298 참조. B. 670.

이며, 말하자면 가상들에 자연적으로 굴복한 뒤에는 정정이 뒤따른다. 역사적으로 말해서 사변적 형이상학은 「변증론」에 선행한다. 그리고 비록 이 변증론에 의해 우리가 원리상으로는 형이상학적 가상들을 회피하는 일이 가능하지만, 「변증론」은 그러한 가상들을 낳는 충동을 파괴할 수 없으며, 그런 가상에 굴복한다. 이렇게 되는 이유는 '선험적 이념들은 (이성에 대해) 자연스러운 것이기 때문이다. 이는 마치 범주가 지성에 자연스러운 것과 같다.'[36]

그런데 선험적 이념들이 이성에 자연스러운 것이라면, 이것은 이 이념들이 적절한 사용을 가진다는 것은 암시한다. '그래서 선험적 이념들은 모든 개연성에서 그것들의 적절한 사용과 따라서 **내재적인** 사용을 갖는다.'[37] 다른 말로 하면 이러한 사용이 이념들에 상응하는 대상들을 우리가 인식하도록 하는 데서는 성립하지 않겠지만, 이 이념들은 경험과의 관계에서 사용된다. 왜냐하면 경험에는 그러한 **내재적인** 대상들은 존재하지 않기 때문이다. 그리고 만약 우리가 이념들을 초월적으로 사용한다면, 우리가 보았듯이 우리는 불가피하게 가상에 빠지고 오류를 범한다. 그러면 이념들의 적절한 사용은 무엇인가? 그것을 칸트는 '규제적 사용'이라 부른다.

이성의 특별한 임무는 우리의 인식에 체계적인 배열을 제공하는 것이다. 그러므로 우리는 '감성이 지성의 대상인 것처럼, 지성은 이성의 대상'이라고 말할 수 있다. '지성의 모든 가능한 경험적 활동에서 체계적 통일을 산출하는 것은 이성의 임무이다. 이것은 마치 지성이 개념을 수단으로 하여 현상의 다양을 결합하고, 현상들을 경험적 법칙 아래 가져오는 것과 같다.'[38] 이러한 체계화의 과정에서 이념은 통일의 규제적 원리로 작용한다.

예를 들어 심리학에서 단순하고, 지속적인 주관으로서의 자아 이념은 우리를 자극하여 욕망, 정서, 상상력의 작용 등과 같은 심리적 현상들의 통일을 계속 더 하도록 우리를 이끌어 간다. 그리고 경험적 심리학은 그러한 심리적 현상들을 법칙들 아래 가져오고 통일화된 도식을 구성하기 위해 노력한다. 이러한 임무에서 단순하고,

---

36   B. 670.
37   B. 671.
38   A. 302 참조. B. 692.

지속적인 주관으로서의 자아라는 선험적 이념은 경험적 심리학에 큰 도움을 준다. 사실상 이러한 선험적 자아는 경험 안에 주어져 있지 않다. 그리고 만약 우리가 이념이 존재한다고 주장하면서 상응하는 대상의 현존을 독단적으로 주장하는 데로 잘못 나아간다면, 우리는 합법적인 것을 넘어서게 된다. 그러나 이러한 일은 이념이 일종의 발견의 원리(heuristic principle)로서 큰 가치를 지닌다는 사실을 바꾸지는 못한다.

세계라는 우주론적 이념에 관해서 논의할 때, 만약 세계가 닫힌 전체 즉 완결된 계열이라는 주장을 포함하는 것으로 취해진다면, 이러한 이념은 과학에 장애물이 될 것이다. 그러나 이러한 주장 없이 취해진다면, 사건들의 무한정한 계열로서의 세계 이념은 정신을 고무하여 인과적 연쇄에 따라서 계속 나아가도록 한다. 칸트는 주어진 자연적 계열을 따를 때 상대적인 최초 항목을 발견하는 일이 우리에게 금지된다는 것을 자신이 의도하고 있는 것은 아니라고 설명한다. 예를 들어 만약 경험적 증거가 보증해준다면, 주어진 유기적 종의 최초의 구성원들을 발견하는 일이 우리에게 금지되어 있지는 않다. 우주론적 이념은 우리에게 과학적 탐구에 의해서 발견되는 것은 무엇이고 발견되지 않는 것은 무엇인지를 말해주지 않는다. 그 이념은 우리를 말하자면 현재의 지각에 대해 불만족스럽게 만들어, 우리에게 인과법칙에 따라서 자연적 현상들의 과학적 통일을 향해 무한정적으로 나아가도록 강요하는 어떤 자극, 즉 발견의 원리인 셈이다.

마지막으로, 최상의 예지이자 우주의 원인인 신이라는 선험적 이념은 우리에게 자연을 체계적인 목적론적 통일로서 생각하도록 인도한다. 그리고 이러한 전제는 정신이 자연을 탐구하는 일에서 정신에 도움이 된다. 물론 예를 들어 신이 어떤 목적을 위해서 어떤 피조물에게 눈을 주었다고 말한다고 해서 눈에 대한 탐구가 멈추어야 한다는 것을 칸트가 의도하고 있는 것은 아니다. 이런 식으로 주장하는 것은 어쨌든 우리가 인식하지 못하고 인식할 수 없는 무언가를 주장하는 것과 같다. 그러나 만약 우리가 자연을 **마치** 그것이 지성적인 조물주의 지성적인 활동의 작품인 것처럼 생각한다면, 칸트의 견해에 따를 경우, 우리는 자연을 인과적 법칙들 아래 포섭함으로써 과학적 탐구의 작업을 계속 수행하도록 촉구받게 될 것이다. 아마도 우리는 칸트의 의미를 이런 방식으로 해석할 수 있다. 지성적인 창조자의 작품으로서의 자연이라는 관념은 지성적 체계로서의 자연 관념을 포함한다. 그리고 이러한 전제는 과학적 탐구에 박차를 가하게 한다. 이런 식으로 최상의 존재자라는 선험적 이념은 규제적이며 내재적인 사용을 가질 수 있다.

그래서 선험적 이념들은 **애즈−이프**(as if(als ob), **마치 ∼처럼**)의 철학을 형성한다. 이 철학은 바이힝거(Vaihinger)의 유명한 저술의 제목에서 따온 것이다. **마치** 심리적 현상들이 지속적 주관과 연관되어 있는 **것처럼** 여기는 것은 심리학에서 실제로 사용하는 일이다. **마치** 세계가 인과 계열에서 무한정하게 배진(背進)하여 뻗쳐 있는 전체성인 **것처럼**, 그리고 자연이 **마치** 지성적인 창조자의 작품인 **것처럼** 여기는 것은 일반적으로 과학적 탐구에서 사용하는 일이다. 이렇게 효용성이 있다고 해서 상응하는 대상들을 이념들이 가진다는 의미에서 그런 이념들이 참이라는 것이 귀결되지는 않는다. 또한 칸트는 신이 존재한다는 진술의 진리성이 신의 이념의 '내재적인' 유용성에 있다고 말하지 않는다. 칸트는 진리의 실용주의적 해석을 제공하고 있는 것은 아니다. 동시에 실용주의자들이 어떻게 칸트를 자신들의 철학의 선구자로서 볼 수 있었던가를 간파하기는 쉬운 일이다.

─────── **7. 형이상학과 의미**

형이상학에 관한 칸트의 두 가지 질문이 다음과 같다는 것을 기억하는 것이 좋겠다. 자연적 기질로서의 형이상학은 어떻게 가능한가? 학문으로서의 형이상학은 가능한가? 이러한 물음들에 대한 대답은 사실상 이미 주어졌다. 그러나 이 대답을 순수 이성의 선험적 이념들의 규제적 사용에 관한 앞 절과 연관시키는 것은 가치 있는 일이다.

자연적 기질로서의 형이상학(즉 형이상학을 향한 자연적 기질)은 인간 이성의 바로 그 본성 때문에 가능한 것이다. 우리가 본 것처럼 인간의 이성은 그것의 바로 그 본성 때문에 지성의 경험적 인식들을 통일하고자 한다. 그리고 체계적 통일화에 대한 이러한 자연적 충동은 상이한 형식의 무제약적인 통일의 이념들을 낳는다. 이러한 이념들의 유일하게 적절한 인식적 사용은 위에서 설명된 의미에서 규제적이며, 따라서 '내재적'이다. 동시에 이념들을 객관화하려는 자연적 경향이 존재한다. 그리고 이 경우 이성은 이러한 객관화를 형이상학의 여러 분과에서 정당화하고자 한다. 이렇게 하면서 이성은 인간 인식의 한계들을 넘어선다. 그러나 이러한 위반이 이념들이 이성에 자연스럽다는 사실을 바꾸지는 못한다. 이념들은 경험에서 추상된 것이 아니다. 또한 이념들은 본유적이라는 그것의 본래적 의미에서 본유적이지도 않다. 그러나 이 이념들은 이성의 바로 그 본성에서 나온다. 그래서 단순히 그렇게 생각되는 이념들 안에서는 예외란 아무것도 없다. 더 나아가 이념들은 도덕 경험의 필수적인 요청들로 발전하는 일을 가능하게 한다. 예를 들어 선험적 이상(신의 관념)은 '도덕 신학', 즉 도덕의식을 고려하는 것에 기초한 이성 신학을 가능하게 한다. 그러므로 형이상학에 대한 자연적 충동을 그 자체로 잘못된 것이라고 치부해서는 안 될 일이다.

그러나 학문으로서의 형이상학은 불가능하다. 다른 말로 하면 사변 형이상학은 순수이성의 선험적 이념들에 상응하는 대상들에 관한 학문이라고 가정된다. 그러나 그러한 대상들은 없다. 그러므로 그러한 대상들에 관한 학문은 존재할 수 없다. 이념들의 기능은 '구성적'이 아니다. 물론 우리가 '대상'이라는 말을 인식되지 않고, 사실상 인식될 수 없는 실재들을 포함하여 단지 실재라고 말한다면, 우리에게는 지속적이고 단순한 자아와 신의 이념들에 상응하는 '대상들'은 결코 존재하지 않는다고 주장할 자격이 없다.[39] 그러나 '대상'이라는 단어는 우리의 인식과 상관관계를 맺고 있는 용어로 사용되어야 한다. 우리에게 경험 안에서 주어질 수 있는 그런 사물들이 가능한 대상들이다. 그러나 선험적 이념들에 상응하는 실재들은, 만약 그런 실재들이 존재하더라도, 지적 직관의 어떤 기능이 없다면 경험에 주어질 수 없다. 그러므로 이념들에 상응하는 대상들이 존재하지 않는다고 말하는 것은 완벽하게 정확한 표현이다. 그리고 이 경우 분명히 말해서 그러한 대상들에 관한 어떤 학문도 존재할 수 없다.

---

39 비록 칸트 자신이 영혼과 신이라고 우리가 부르는 지성적 실재들이 있다는 것을 알지도 못하고 알 수도 없다고 말하고 있음에도 불구하고, 그는 당연히 그러한 실재들이 있다고 믿었다. 영혼과 신이 존재한다는 것을 보여주는 논증들은 오류이다. 그러나 그러한 관념들만으로는 이율배반이 생겨나지 않는다. 그러나 우주론적 이념은 이율배반을 낳는다. 그리고 그런 만큼 우주론적 이념은 단독으로 분류된다.

그런데 엄격하게 말해서 선험적 이념들에 상응하는 대상들이 전혀 존재하지 않는다 하더라도, 우리는 영혼과 신의 이념들이 지시하는 실재들을 **생각할** 수 있다. 그리고 우리가 이를테면 이 이념들을 상응하는 실재들에 투사하지는 못하겠지만, 이념들은 내용을 가진다. 그러므로 형이상학은 무의미한 것이 아니다. 우리는 지속적이며 단순한 영혼이 존재한다는 것을 또는 신이 현존한다는 것을 사변적 이성에 의해서는 인식할 수 없다. 그러나 영혼과 신의 이념들에는 논리적 모순이 없다. 그 이념들은 단순히 무의미한 용어들이 아니다. 이른바 형이상학적 인식은 가짜 인식, 즉 가상이며, 인식은 전혀 아니다. 그리고 그것이 인식임을 보여주고자 하는 모든 시도는 오류이다. 그러나 형이상학적 명제들은 그것들이 형이상학적이라고 하는 그 단순한 이유로 인해 무의미하게 되는 것은 아니다.

　　이것이 말하자면 나에게는 칸트의 대표적 입장인 듯이 보인다. 그리고 그러한 입장에 의해서 그는 형이상학이 진정 무의미한 난센스라고 천명했던 현대의 실증주의자들과 구별된다. 동시에 칸트 입장의 해석은 이러한 설명이 암시하는 것처럼 그렇게 순항할 수 있는 것이 아니라는 점이 인정되어야 한다. 왜냐하면 때로는 칸트가 사변 형이상학이 무의미하다고 밝히거나 적어도 그렇게 암시하는 것처럼 보이기 때문이다. 예를 들면 그는 우리에게 '실재성, 실체, 인과성, 그리고 심지어 현존에서의 필연성 개념조차, 만약 내가 그런 개념들을 감각 기관의 영역 바깥에서 사용하려 시도한다면, 모든 의미를 잃어버리고 어떤 내용도 없는 명목상의 개념들이 되어 버린다고 이야기한다'.[40] 그리고 이것이 이런 사고노선의 유일한 사례인 것은 아니다.

　　어떤 주석가들이 제안했듯이 전통적 형이상학에서 사용한 용어들의 의미에 대해 칸트가 말하고 있는 방식에서의 외면적인 다양성은 범주에 대한 칸트의 설명에서 함축된 다양성과 연결되어 있다고 볼 수 있겠다. 범주를 칸트는 지성의 아프리오리한 개념들이라 부른다. 그리고 범주들이 개념인 한에서, 도식화되지 않은 범주조차도 어떤 내용을 가져야 한다. 그러므로 경험의 영역 바깥에 범주들을 적용하더라도, 범주들은 최소한 어떤 의미를 가진다. 그러나 순수 범주들은 또한 판단들의 논리적 기능

40　B. 707.

이라고 한다. 이런 경우에 범주들은 말하자면, 범주들이 도식화될 때에만 개념이 되고 개념을 낳는다는 귀결이 뒤따른다. 도식화되지 않은 범주들은 그 자체로 내용을 가지지 않는다. 그러므로 그런 범주들은, 경험의 영역 바깥에 적용된다면, 무의미할 것이다. **가장 실재적 존재자**, **필연적 존재자**와 같은 용어들은 내용이 없을 것이다.

그러므로 칸트의 사상이 사변 형이상학의 명제들은 무의미하다는 결론의 방향으로 향하고 있다고 주장될 수도 있다. 그러나 이러한 결론이 그의 사상의 한 가닥에서 나오는 것처럼 보일지라도, 그것은 분명히 그의 일반적인 입장을 나타내는 것은 아니다. 내가 보기에는 형이상학의 근본적인 문제들의 지속적인 중요성에 대해 주장했던 사람이, 그리고 자유, 불멸성, 신에 대한 실천적 신앙의 이성적 합법성을 보여주고자 시도했던 사람이 형이상학이 단순히 무의미한 난센스라는 사실을 진정으로 믿지 않았다는 사실은 아주 분명하다. 그러나 그가 주장했던 것은 만약 범주들이 신에 적용된다면, 그 범주들은 신에 대한 인식을 줄 수 없을 뿐만 아니라, 불확실하고 희미한 내용 때문에 범주들은 단지 인식되지 않은 것의 상징들일 뿐이라는 것이다. 사실상 우리는 신을 생각할 수 있다. 그러나 우리는 신을 단지 상징에 의해서만 생각한다. 우리는 인식되지 않는 것은 상징적 개념을 산출한다. 도식화된 범주들을 가지고서 신을 생각하는 것은 신을 감성적 세계로 데리고 가는 것과 같은 의미를 가질 것이다. 그러므로 우리는 말하자면 도식화를 생각에서 제거하고자 하고, 예를 들어 실체라는 용어를 유비적인 의미로 사용하고자 한다. 그러나 감각 기관의 세계를 나타내는 개념을 제거하는 시도와 함께 우리에게 남는 것은 단순한 상징뿐이다. 그러한 상징은 확정된 내용이 없는 공허한 것이다. 따라서 신에 대한 우리의 관념은 단지 상징적일 뿐이다.

선험적 이상의 규제적인, 소위 내재적인 사용에 관한 한, 우리의 관념의 모호성은 칸트에게 별문제가 되지 않는다. 왜냐하면 신 관념의 규제적 사용에서 우리는 이러한 관념에 상응하는 존재가 현존한다고 주장하고 있는 것이 아니다. 신이 현존하더라도, 신이 어떤 모습을 하고 있는가는 결정되지 않은 채 남아 있을 수 있다. 우리는 그 관념을 '하나의 관점'으로 사용한다. 그 관점은 이성에게 그것의 통일하는 기능을 수행하게끔 해준다. '한마디로 말하면 이러한 선험적 사물은 단지 규제적 원리의 도식에 불과하며, 이러한 원리에 의해서 이성은 체계적 통일을 가능한 한 모든 경험에

까지 확장한다.'[41]

우리는 결론에서 칸트의 종교 철학이 실천이성에 대한 반성, 즉 도덕적 사용을 하는 이성에 대한 반성에 근거해 있다고 추가할 수 있다. 그리고 일차적으로 칸트의 도덕 이론에 대해서 우리는 그가 신에 대해 생각했던 방식에 대한 관점을 찾아야 한다. 『순수이성비판』에서 그는 우리의 이론적 인식의 범위를 제한하는 데 관심이 있다. 그리고 신 관념의 규제적 사용에 대한 그의 언급 때문에 신 관념의 의미가 종교적 의식(意識)에 대한 설명이라고 여겨져서는 안 된다.

---

41   B. 710.

제14장

칸트(5): 도덕과 종교[1]

————— **1. 칸트의 목표**

　우리는 칸트가 대상들에 대한 우리의 일상적 인식과 우리의 과학적 인식을 당연한 것으로 간주하였다는 사실을 살펴보았다. 물리학은 그에게서는 뉴턴 물리학을 의미했다. 그리고 그가 고전 물리학을 어떤 다른 체계로 대체하는 것 또는 사물에 대한 모든 우리의 일상적인 인식은 전혀 인식이 아니라고 우리에게 말하는 것이 철학자의 임무라고 생각하지 않았다는 점은 아주 명백하다. 그러나 우리의 일상적인 경험과 우리의 과학적 인식을 고려하면, 철학자는 분석의 과정에 의해서 대상들에 대한 우리의 이론적 인식에서 형식적인 요소와 질료적인 요소, 즉 아프리오리한 요소와 아포스테리오리한 요소를 구별할 수 있다. 이러한 아프리오리한 요소들을 체계적인 방

1　이 장의 인용에서 *G*는 『도덕형이상학 정초』(*Groundwork of the Metaphysics of Morals*)를, *Pr.R.*은 『실천이성비판』(*Critique of Practical Reason*)을, *Rel.*은 『이성의 오롯한 한계 안의 종교』(*Religion within the bounds of Reason Alone*)를 가리킨다. 이 세 저술은 칸트의 학술원판 제4권, 제5권, 제6권에 각각 수록되어 있다. 약어 제목 다음의 숫자는 이 판본의 절이나 쪽수를 지시한다. *G.*와 *Pr.R.*의 경우에는 해당 인용의 쪽수는 애보트(T. K. Abbott)의 『칸트의 윤리 이론』(*Kant's Theory of Ethics*)(참고문헌 참조)의 것이며, 이것은 *Abb.*로서 인용될 것이다. *Rel.*의 경우에 해당 인용의 쪽수는 그린(T. M. Greene)과 허드슨(H. H. Hudson)의 번역을 *G.-H.*의 약어로 제공할 것이다.

식으로 분리하고 드러내는 것이 비판철학의 임무이다.

그런데 감각 직관에 근원적으로 주어지는 대상들에 대한 우리의 인식 이외에 도덕적 인식도 존재한다. 예를 들면 우리는 진실은 말해야 한다는 것을 인식한다고 말할 수 있다. 그러나 그러한 인식은 상황이 어떠한가, 다시 말해 사람들이 실제로 어떻게 행동하는가에 대한 인식이 아니라, 상황이 어떠해야 하는가, 다시 말해 사람들이 어떻게 행동해야 하는가에 대한 인식이다. 그리고 이러한 인식은 그것이 사람들의 실제 행동에 의존하지 않는다는 의미에서 아프리오리한 것이다. 심지어 사람들이 모두 거짓을 말할지라도, 그들이 그렇게 해서는 안 된다는 것은 여전히 참일 것이다. 우리는 사람들이 실제로 진실을 말하는지 어떤지를 검토한다고 해서 그들이 진실을 말해야 한다는 진술을 검증할 수는 없다. 그 진술은 그들의 행위와는 무관하게 참이며, 이런 의미에서 아프리오리하게 참이다. 왜냐하면 필연성과 보편성은 아프리오리함의 표지이기 때문이다. 물론 우리가 '사람들은 진실을 말해야 한다'고 말할 경우, 사람들이 존재한다는 우리의 인식은 경험에 의존한다. 그러나 그 판단에서는 최소한 아프리오리한 요소가 존재하지 않으면 안 된다. 그리고 칸트에서 도덕철학자의 일차적 임무는 우리의 도덕적 인식에서 아프리오리한 요소들을 분리하는 것이어야 하고, 그러한 요소들의 기원을 보여주는 것이어야 한다. 이런 의미에서 우리는 도덕철학자들을 도덕의 아프리오리한 종합 명제가 어떻게 가능한가를 묻는 사람으로 묘사할 수 있다.

이러한 임무의 수행은 우리의 모든 일상적 도덕 판단을 제외하고 도덕성의 새로운 상표 체계를 만드는 일을 포함하는 것은 아니다. 그것은 아프리오리한 원칙들을 발견하는 일을 의미하며, 우리는 도덕 판단을 내릴 때 이러한 원리들에 따라서 판단하게 된다. 앞 장에서 우리는 칸트에 따르면 아프리오리한 범주들과 판단 원리들이 존재한다는 사실을 보았다. 그러나 칸트는 자신이 최초로 새로운 상표의 범주표를 제공했다고 생각하지는 않았다. 그가 하고자 했던 것은 우리의 이론적 인식의 아프리오리한 종합 원리들의 근거가 되는 범주들이 지성의 구조에서 자신들의 기원을 어떻게 가지는가를 보여주는 것이다. 칸트는 이런 범주들을 순수이성('여기서 '이성'이란 단어는 그것의 넓은 의미에서 사용되고 있다)과 결합하고 싶어 했다. 그래서 지금 그는 우리가 도덕

판단을 내릴 때, 우리 모두가 그것에 따라서 판단을 내리는 근본적인 원리가 실천이 성에서 기원한다는 점을 발견하고자 한다.

물론 칸트는 우리 모두가 도덕성의 아프리오리한 원리들을 명시적으로 의식하고 있다고 말하고자 한 것은 아니다. 만약에 우리가 그렇게 의식한다면, 그 원리들을 분리하려는 임무는 쓸데없는 일일 것이다. 실제로는 전체로서 취해진 우리의 도덕적 인식은 다양한 요소들을 포함한다. 아프리오리한 요소를 모든 경험적으로 도출된 요소들에서 분리해서 그 요소를 드러내고, 실천이성에 그 요소가 기원함을 보여주는 것이 도덕철학자의 유일하게 가능한 임무는 아니지만, 일차적인 임무이다.

실천이성은 무엇인가? 그것은 이성의 실천적(도덕적) 사용 또는 기능에서의 이성[2]이다. 다른 말로 하면, '결국 하나의 동일한 이성이 있을 뿐이고, 이 이성은 적용될 때에만 구별될 수 있다'.[3] 비록 궁극적으로 하나이긴 하지만, 이성은 이른바 두 가지 방식으로 자신의 대상들과 관계할 수 있다. 첫째, 이성은 대상을 규정할 수 있고, 그 대상은 근원적으로 이성 그 자신과는 어떤 다른 원천에서 주어진다. 둘째, 이성은 대상을 실제적이게 할 수 있다. '첫째는 이성의 이론적 인식이며, 둘째는 이성의 실천적 인식이다.'[4] 이론적 기능에서 이성은 직관에 주어진 대상을 규정하거나 구성한다. 이것의 의미는 앞 장에서 설명되었다. 말하자면, 이성은 자신을 이성 자신과는 다른 원천에서 주어진 소여에 적용한다. 그러나 이성의 실천적 기능에서 이성은 자신의 대상들의 원천이 된다. 그것은 범주를 각각 직관의 소여에 적용하는 데 관계하는 것이 아니라, 도덕적 선택에 관계한다. 우리는 그 이성이 자신에서 나오는 법칙에 따른 도덕적 선택 또는 결정의 산출에 관계한다고 말할 수 있다. 그러므로 이성은 자신의 이론적 기능에서 인식 능력의 대상들에 관계하는 반면에, 자신의 실천적 사용에서 '의지의 규정 근거들'에 관계한다. '의지는 표상에 대응하는 대상을 산출하는 능력이거나 아니면 대상을 야기하도록(자연적 능력이 충분하건 아니건 간에) 자기 자신을 규정하는 능

---

2   '이성'이란 단어는 여기서 간접 추리를 하는 능력이라는 좁은 의미에서가 아니라, 『순수이성비판』과 『실 천이성비판』의 제목이 시사하는 넓은 의미로 이해되어야 한다.

3   *G.*, p. 391, *Abb.*, p. 7.

4   『순수이성비판』, B. X.

력이다.'[5] 쉽게 말하자면 이론 이성은 인식을 향해 있고, 반면에 실천이성은 도덕법칙에 따른 선택을 향해 있으며, 육체적으로 가능하다면, 그 선택을 행위에까지 이행한다. 여기서 추가되어야 할 것은 칸트가 때로는 실천이성을 마치 그것이 의지와 구별되며, 그 의지에 대해 영향을 끼치는 것처럼 이야기하면서, 또한 때때로 실천이성과 의지가 같은 것인 것처럼 말하고 있다는 사실이다. 전자처럼 말하는 방식은 실천이성이 도덕적 명령에 의해서 의지를 움직이는 것으로 묘사한다. 후자처럼 말하는 방식은 칸트에서 의지가 맹목적 충동이 아니라 이성적 능력이라는 것을 보여준다. 이 두 가지 언급 방식은 모두 필요한 것처럼 보인다. 왜냐하면 실천이성은 원리 또는 준칙[6]에 따라서 의욕하는 형식을 취하고, 우리는 관련된 것 중 인식적인 측면과 자발적인 측면을 구별할 수 있기 때문이다. 그러나 우리는 인식적 측면, 즉 도덕 원리의 인식을 너무 강조해서 의지를 배제한 채 그 인식을 실천이성과 동일시해서는 안 된다. 왜냐하면 실천이성은 자신의 대상들을 산출한다거나 그 대상들을 실제적인 것으로 만든다고 말해지기 때문이다. 그리고 도덕 개념과 원리에 따라서 선택과 행위를 산출하는 것은 의지이다.

그런데 우리는 칸트에서 도덕철학자는 도덕 판단의 아프리오리한 요소의 원천을 실천이성에서 발견해야 한다고 말했다. 그러므로 우리는 철학자가 전체 도덕법칙, 도덕 형식, 도덕 내용을 실천이성의 개념에서 도출하리라 칸트가 기대하고 있다고 말할 수 없다. 사실상 이러한 사실은, 철학자의 관심사는 도덕 판단에서 아프리오리한 요소의 원천을 실천이성에서 발견하는 일이라는 진술에서 도출된다. 왜냐하면 이 진술은 경험적으로 주어진 아포스테리오리한 요소가 존재한다는 점을 함축하기 때문이다. 물론 이것은, 내가 도덕적으로 여기서 그리고 지금 어떤 사람에게서 온 어떤 편지에 대답해야 할 도덕적 구속력이 있다는 판단과 같은 단칭 도덕 판단의 경우에, 아주 분명하다. 우리는 도덕적 의무의 개념 그 자체와 이 특수한 의무라는 경험적으로 주어진 조건들 사이를 구별할 수 있다. 더 나아가 칸트가 실천이성을 또는 이성적 의

---

5   *Pr. r.*, 29-30, *Abb*, p. 101.

6   이 두 단어 사이의 의미에서의 차이는 뒤에서 언급될 것이다.

지를 도덕법칙의 원천이라고 이야기할 때, 그는 유한한 존재자들의 종적 부류 즉 인간에서 발견되는 실천이성이 아니라, 실천이성 **그 자체**에 대해 생각하고 있다. 사실상 칸트에게는 인간 이외의 유한한 이성적 존재자들이 **있다**고 말할 의도는 없다. 그러나 그는 인간이건 아니건 간에 의무에 종속될 수 있는 모든 존재자에 관계하는 그런 도덕적 명령에 관심이 있다. 그래서 그는 인간 본성과 그것의 경험적 조건들에 대한 고려에 앞서는 것으로 여겨지는 도덕적 명령에 관심이 있다. 그리고 만약 실천이성이 이런 극단적인 추상적 방법으로 고려된다면, 도덕법칙은 인간이 존재한다는 가정에서만 의미가 있는 한, 그 법칙은 실천이성의 개념에서 연역될 수 없다는 귀결이 나온다. 예를 들어 '간음해서는 안 된다'는 계명이 순수한 정신들에게 적용된다고 생각하는 것은 어리석을 일일 것이다. 왜냐하면 그러한 계명은 육체와 결혼제도를 전제하고 있기 때문이다. 우리는 순수 윤리학 또는 도덕의 형이상학을 응용 윤리학과 구별해야 한다. 전자는 도덕성의 최상의 원리 또는 원리들을 다루고, 또한 도덕적 의무그 자체의 본성을 다루는 반면에, 후자는 인간 본성의 조건들에 최상의 원리 또는 원리들을 적용한다. 이때 후자는 '인간학'이라 칭한 것, 즉 인간 본성에 관한 지식의 도움을 요청한다.

도덕의 형이상학과 응용 윤리학 사이의 구별에 관한 일반적인 개념은 상당히 분명하다. 우리가 보았듯이 물리학은 순수 물리학 또는 자연의 형이상학과 경험적 물리학으로 분류될 수 있다. 이와 유사하게 윤리학 또는 도덕철학은 도덕의 형이상학과 응용 윤리학 또는 실천적 인간학으로 분류될 수 있다. 그러나 우리가 이러한 분류를 상세하게 논할 때, 몇 가지 난점이 발생한다. 우리는 인간 본성을 완전히 도외시한 도덕의 형이상학을 기대할 것이고, 그런 다음 소위 실천적 인간학에서 인간의 본성에 적용되는 어떤 근본적 원리들에만 관심이 있는 것으로 기대할 것이다. 그러나 『도덕형이상학』(*Metaphysics of Morals*, 1797)의 서론에서 칸트는 도덕형이상학에서조차도 우리는 종종 보편적 도덕 원리들의 귀결을 보여주기 위해서 인간 본성 그 자체를 설명해야 한다는 점을 인정한다. 사실상 이것은 도덕형이상학이 인간학에 기초할 수 있다는 것을 의미하는 것은 아니다. '도덕형이상학은 인간학에 기초할 수 없으며, 인간학에 적용될 수 있다.[7] 그러나 만약 인간 본성에 도덕 원리들을 적용하는 일이 윤리학의 형이상학적 부분에서 용인될 수 있다면, 윤리학의 두 번째 부분, 즉 도덕적 또는 실천적 인간학은 도덕적 훈계들을 이행하기 위해 선호하고 선호하지 않는 주관적 조건들에 관한 연구가 되는 경향이 있다. 예를 들어 그것은 도덕교육에 관계할 것이다. 그리고 칸트가 『도덕형이상학』의 서문에서 실천적 인간학의 기능을 서술할 때, 실천적 인간학의 관심 대상이라고 말해지는 것은 사실상 도덕교육과 같은 그런 주제에 관한 것이다.

그러므로 난점은 다음과 같다. 칸트에 따르면 모든 경험적 요인들을 도외시한 도덕형이상학이 필요하다. 그리고 칸트는 볼프가 그의 윤리학 저술에서 아프리오리한 요인들과 경험적 요인들을 뒤섞었다고 비난한다. 동시에 칸트의 입장에서도 경험적 요소들을 포함하는 것으로 보이는 도덕법칙을 윤리학의 형이상학적 부분으로 밀어 넣는 경향이 있는 것으로 보인다. 그래서 '**거짓말해서는 안 된다**는 지시명령은 인간에게만 적용되는 것이 아니라, 다른 이성적 존재자들이 이에 구애받을 필요가 없다고 해도 이들에게도 적용됨을, 또한 이외의 모든 본래적인 도덕법칙도 그러함을 누구나 인정해야 한다'[8]고 말해진다. 그러나 이러한 교훈이 인간들이 실제로 행하는 방식과 무관하게 타당하다는 의미에서 그 교훈이 아프리오리할지라도, 그 교훈이 '인간학'에 결코 의존하지 않는다는 의미에서 그 교훈이 아프리오리한지 어떤지는 의문스럽다.[9]

그러나 칸트가 제시하고자 하는 핵심은 '구속성의 기초는 인간 본성이나 인간이 처해 있는 세계 상황에서 찾아져서는 안 되고, 오로지 순수이성의 개념에서만 아프리오리하게 찾아져야 한다'[10]는 것이다. 우리는 '인간에 적용되는 경우에도 인간에 관한 인식을 조금도 빌려오지 않는다. 아니, 오히려 이 도덕철학은 이성적 존재자인

7　*W.*, VI, p. 217, *Abb.*, p. 272.

8　*G., Preface*, p. 389, *Abb.*, pp. 3-4.

9　칸트가 마음 뒤편에 인간을 기만하는 사탄의 모습을 염두에 두었다고 이해될 수 있다. 교훈은 '거짓말의 아버지'에게도 적용될 것이다.

10　*G.*, 「서문」, p. 389, *Abb.*, p. 4.

인간에게 아프리오리한 법칙을 부여하는'[11] 순수 윤리학에 천착해야 한다. 우리는 사실상 도덕 판단에서 아프리오리한 요소, 즉 도덕의 아프리오리한 종합명제들을 가능하게 하는 요소를 이성 자체에서 발견하는 일에 관심이 있다. 분명하게 이야기해서 우리는 순수실천이성의 개념에서 단순한 분석에 의해 모든 도덕법칙과 교훈을 연역하는 일에는 관심이 없다. 칸트는 이러한 일이 가능하리라고 생각하지 않았다.

그러나 비록 우리가 순수실천이성의 개념에서만 모든 도덕법칙과 교훈을 연역할 수 없을지라도, 도덕법칙은 궁극적으로 이러한 이성에 기초해야 한다. 그리고 이것은 도덕법칙의 원리들의 궁극적인 원천을 그 자체로 고려되는 이성에서, 특별한 인간 조건에 대한 참조 없이, 발견한다는 것을 의미하기 때문에, 분명히 칸트는 도덕법칙의 궁극적 기초를 인간 본성 그 자체에서 또는 인간 본성의 어떤 특징에서 또는 인간의 삶이나 사회의 어떤 요소에서 찾고자 하는 모든 철학자들과 결별한다. 『실천이성비판』에서 그는 몽테뉴(Montaigne)를 교육에 기초해서 도덕성을 설명하는 사람으로, 에피쿠로스를 인간의 육체적 감정에 기초해서 도덕성을 설명하는 사람으로, 맨더빌을 정치 제도에 기초해서 도덕성을 설명하는 사람으로, 허치슨을 인간의 도덕적 감정에 기초해서 도덕성을 설명하는 사람으로 언급하고 있다. 그런 다음 그는 이러한 추정된 모든 기초들이 '도덕성의 일반적 원리를 분명히 제공할 수 없다'[12]고 언급하고 있다. 또한 우리는 칸트의 도덕 이론이 도덕법칙을 이성에 기초함으로써 근대 정서적 윤리 이론과 양립할 수 없다는 점을 주목할 수 있다. 한마디로 말하자면 그는 경험론을 거부했으며, 그는 윤리학에서 합리론자로 분류되어야 한다. 그러나 거기에는 다음과 같은 조건이 붙는다. 즉 이 합리론자란 단어는 전 도덕법칙이 어떤 근본적인 개념에서 단순한 분석에 의해서 연역될 수 있다고 생각하는 누군가를 의미하는 것으로 받아들여서는 안 된다.

칸트의 도덕 이론에 대한 다음의 개관에서 우리는 일차적으로 도덕의 형이상학적 부분에 관심을 가질 것이다. 다시 말하면 우리는 칸트가 사변적 형이상학이 아

---

11   같은 곳.

12   *Pr.R.*, 70, *Abb.*, p. 129.

니라 도덕의 형이상학이라 부른 것에 일차적으로 관심을 둘 것이다. 왜냐하면 칸트는 도덕성이 자연 신학에 기초해야 한다고 믿지 않았기 때문이다. 그에게는 도덕법칙이 신에 대한 믿음에 기초하기보다는 신에 대한 믿음이 도덕의식에 기초하고 있다. 그리고 우리는 이 문제를 『도덕형이상학 정초』와 『실천이성비판』에 기초해서 다룰 것이다. 『도덕형이상학』이란 이름의 저작은 칸트의 도덕 이론을 간단하게 개관하는 데 필요한 것을 많이 추가하고 있지 않은 것처럼 보인다.

『도덕형이상학 정초』(Groundwork of the Metaphysics of Morals, 애보트(Abbott)는 *Fundamental Principles of the Metaphysics of Morals*라고 번역하고 있다)에서 도덕형이상학은 '우리 이성에 아프리오리하게 놓여 있는 실천적 원리들의 원천'[13]을 탐구하는 데 관심을 둔다고 한다. 『정초』 그 자체는 **도덕성의 최상 원리**를 찾아내고 확립할 뿐[14]이라고 말해지며, 그래서 그 자체로 완결된 책을 구성한다고 말해진다. 동시에 이 책은 실천이성의 완전한 비판이라고 공언하지 않는다. 그러므로 이 책은 『실천이성비판』에 연결된다. 이러한 사실은 『정초』의 주요 분류 목차가 시사하고 있다. 왜냐하면 첫째 부분은 통상적 또는 일상적 도덕 인식에서 철학적 도덕적 인식으로 나아가는 일에 관계한다. 둘째 부분은 통속적 도덕철학에서 도덕의 형이상학으로 나아가는 일에 관계한다. 셋째 부분은 도덕의 형이상학에서 순수실천이성의 비판으로 나아가는 마지막 단계에 관계한다.

『실천이성비판』의 구조는 『순수이성비판』의 구조를 떠올리게 한다. 당연한 일이지만 「선험적 감성론」에 해당하는 부분은 없다. 그러나 이 저작은 「분석론」(『순수이성비판』에서처럼 개념에서 원칙으로 나아가기보다는 원칙에서 개념으로 나아간다)과 이성의 실천적 사용에서 이성의 가상들을 다루지만 또한 적극적인 관점을 제시하는 「변증론」으로 나뉜다. 그리고 칸트는 객관적으로 실천적인 이성을 또한 주관적으로 실천적인 이성으로 만드는 방법을 다루는 「순수실천이성의 방법론」(Methodology of Pure Practical Reason)을 추가한다. 다시 말한다면 이 부분은 순수실천이성의 법칙들이 인간 정신에 접

---

13   *G.*, 「서문」, pp. 389-390, *Abb.*, p. 4.
14   *G.*, 「서문」, pp. 392, *Abb.*, p. 7.

근하고 그것에 영향을 미칠 수 있는 방법을 고려한다. 그러나 이 절은 짧막하고, 아마도 어떤 더 설득력 있는 이유 때문이라기보다는 『순수이성비판』의 「선험적 방법론」(*Transcendental Doctrine of Method*)과 상응하는 무언가를 제공하기 위해서 삽입된 것이다.

─────── 2. 선의지

『도덕형이상학 정초』를 여는 글귀가 전 시대에 걸쳐서 계속 인용되었다고 해서 한 번 더 인용되어서는 안 된다는 법은 없다. '우리가 생각할 수 있는 한에서 세계 안에서도, 심지어 세계 바깥에서도 제한 없이 선하다고 여길 수 있는 것은 **선의지**뿐이다.'[15] 그러나 칸트가 이 책을 이러한 극적인 방식으로 시작한다고 해서, 자신이 깜짝 놀랄만한 새로운 정보를 제공하고 있다고 그가 생각한 것은 아니다. 왜냐하면 그의 견해로는 그는 일상적인 도덕 인식에서 적어도 암시적으로 존재하는 진리를 명시적으로 만들고 있기 때문이다. 그러나 선의지는 무조건적으로 선한 유일한 것이라는 말에 의해서 의미한 것을 설명하는 것은 그의 몫이다.

무조건적인 선의 개념은 큰 어려움 없이 설명될 수 있다. 부유함과 같은 외적인 재산은 모든 사람이 알다시피 잘못 사용될 수 있다. 그래서 그런 재산은 조건 없이 선한 것은 아니다. 그리고 같은 것이 기민한 이해와 같은 정신적 재능들에 관해서 말해질 수 있다. 범죄자는 높은 차원의 정신적 재능들을 소유할 수 있고, 잘못 사용할 수 있다. 또한 우리는 용기와 같은 자연적 특성에 대해 같은 것을 말할 수 있다. 그것들은 악한 목적을 추구하는 데 사용되거나 나타날 수 있다. 그러나 선의지는 어떤 상황에서도 나쁘거나 악해질 수 없다. 선의지는 제한 없이 선하다.

이 진술은 그 자체로 놓고 본다면 단순한 동어반복처럼 보인다. 왜냐하면 선의지는 정의(定義)에 따라 선하기 때문이다. 그리고 선의지가 언제나 선하다고 말하는 것은 분석적으로 참이기 때문이다. 그러므로 칸트는 선의지로 그가 의미한 바를 설명

---

15   *G.*, p. 393, *Abb.*, p. 9.

해야 한다. 사실상 그는 우선, 단지 다른 어떤 것과 관련해서가 아니라 그 자체로 선한 의지에 대해 언급하고 있다. 예를 들어 고통스러운 외과 수술에 대해 그것은 선하지만 그 자체로 선하지 않고 그것이 낳기로 의도한 유익한 결과와 관계해서 선하다고 말할 수 있다. 그러나 칸트의 선의지 개념은 예를 들어 행복과 같은 어떤 목적의 산출과 단순히 관련해서가 아니라, 그것의 본래적인 가치에 의해서 언제나 그 자체로 선한 의지의 개념이다. 그러나 우리는 언제 의지가 그 자체로 선한지, 즉 언제 의지가 본래적인 가치를 가지는지 알고 싶어 한다. 칸트에 따르면 예를 들어 의지가 선한 행위들을 야기한다는 이유만으로는 그 의지가 그 자체로 선하다고 말해질 수 없다. 왜냐하면 예를 들어 나는 육체적 상황 때문에 내가 수행하지 못하는 선한 행위를 바랄[의지할] 수도 있기 때문이다. 그러나 나의 의지는 그럼에도 선할 수 있다. 무엇이 의지를 선하게 만드는가? 만약 우리가 단순한 동어반복에서 벗어나기 위해서는, 우리는 '선'이란 용어가 의지에 적용될 때, 그 용어에 어떤 내용을 주지 않으면 안 되고, 선의지는 선의지라든가 의지는 그것이 선할 때 선하다고 말하는 것에 만족해서는 안 된다.

'선'이라는 용어를 의지에 적용할 때, 그 용어의 의미를 설명하기 위해서 칸트는 자신이 도덕의식의 두드러진 특징이라고 본 의무의 개념에 관심을 돌린다. 의무 때문에 행위를 하는 의지가 선의지이다. 문제를 정확하게 진술하기 위해서는 이러한 형식으로 진술되어야 한다. 왜냐하면 신의 의지는 선의지이지만, 신이 자신의 의무를 수행하고 있다고 말하는 것은 불합리할 것이기 때문이다. 왜냐하면 의무나 강제[구속성]의 개념은 적어도 자기 정복의 가능성, 즉 장애물을 극복해야 할 가능성의 개념을 포함하기 때문이다. 그리고 신의 의지는 선한 것을 의욕함에 있어 어떤 가능한 방해물에도 종속되는 것으로 이해되어서는 안 된다. 그러므로 더 정확하게 말한다면 선의지는 의무 때문에 행위 하는 의지라고 말할 수 없다. 의무 때문에 행위 하는 의지가 선의지라고 말해야 한다. 그러나 칸트는 언제나 그리고 필연적으로 선한 신의 의지와 같은 의지를 특별한 이름을 부여하여 '성스러운 의지'라고 부른다. 그리고 만약 우리가 성스러운 의지의 개념을 벗어나서, 우리의 관심을 구속성에 종속하는 유한한 의지에 제한한다면, 우리는 선의지란 의무 때문에 행위를 하는 의지라고 말해도 좋을 듯하다. 그러나 당연히 의무 때문에 행위를 한다는 개념은 더 이상의 설명이 필요하다.

───────── **3. 의무와 경향성**

칸트는 의무에 따르는 행위와 의무 때문에 행해지는 행위를 구별한다. 그기 든 예를 살펴보면 이러한 구별의 성질을 분명히 알 수 있을 것이다. 소매상인은 언제나 자신의 고객에게 바가지를 씌워서는 안 된다고 가정해보자. 그의 행동은 분명히 의무에 따른 것이다. 그러나 이로부터 그가 의무 때문에, 즉 그렇게 행동하는 것이 그의 의무이기 때문에 이런 식으로 행위 한다는 사실이 귀결되지 않는다. 왜냐하면 그는 신중이라는 동기에서만, 예를 들어 정직이 최상의 정책이라는 근거에서 자신의 고객에게 바가지를 씌우지 않기 때문이다. 그래서 의무에 따라서 수행되는 행위의 부류들은 의무 때문에 수행되는 행위의 부류보다 훨씬 광범위하다.

칸트에 따르면, 의무 때문에 수행되는 행위들만이 도덕적 가치를 지닌다. 그는 자신의 생명을 보존하는 예를 제시한다. '자기 생명을 보존하는 것은 의무일 뿐만 아니라 더욱이나 각자는 모두 자기 생명을 보존하려는 직접적 경향성도 지니고 있다.'[16] 여기에는 두 전제가 있다. 그런데 내가 단지 그렇게 하려는 경향성을 가지기 때문에 나의 생명을 보존한다면, 칸트의 견해에 따르면 나의 행위는 도덕적 가치를 가지지 않는다. 그러한 가치를 가지기 위해서는, 나의 행위는, 나의 생명을 보존하는 일이 나의 의무이기 때문에, 즉 도덕적 강제라는 의미로부터 수행되어야 한다. 칸트는 내가 나의 생명을 보존하기를 욕망하기 때문에 그렇게 하는 것이 도덕적으로 그르다고 하는 점을 분명하게 이야기하고 있지는 않다. 왜냐하면 나의 행위는 적어도 의무에 따르고 있지만, 자살의 경우처럼 의무와 모순되지는 않기 때문이다. 그러나 그러한 행위는 도덕적 가치를 지니지는 않는다. 한편으로 그러한 행위는 도덕적 행위는 아니지만, 다른 한편으로 그것은 자살이 부도덕하다는 의미에서 부도덕한 행위라고 불릴 수

───────────

16   *G.*, p. 397, *Abb.*, p. 13.

는 없다.

　이러한 견해는 옳지 않을 수도 있다. 그러나 어쨌든 칸트는 그 견해가 도덕적 확신이 있는 모든 사람이 은연중에 유지하고 있으며, 그가 의식하는 경우에는 참이라고 인정하는 견해를 나타낸다고 생각한다. 그러나 칸트는 그의 견해를 따를 경우 의무 때문에 수행되는 행위의 도덕적 가치는 그 행위를 수행하는 경향성이 적으면 적을수록 그것에 비례해서 증가한다는 인상을 줌으로써 문제를 복잡하게 만드는 성향이 있다. 다른 말로 하면 칸트는, 그의 견해를 따를 경우 우리의 의무의 수행에서 경향성이 적을수록, 우리의 의무를 실제로 수행한다면 우리 행위의 도덕적 가치는 더 커진다는 해석을 할 수도 있는 어떤 근거를 제공하고 있다. 그리고 이러한 관점은 우리의 의무의 수행을 더 싫어할수록 그것을 수행한다면 더 훌륭하다는 이상한 결론으로 이어진다. 또는 다른 식으로 표현한다면, 우리를 극복하여 우리의 의무를 수행할수록 우리는 더 도덕적으로 된다. 그리고 만약 이것이 인정된다면, 어떤 사람의 경향성이 더 낮을수록, 만약 그가 자신의 악한 경향을 극복한다면, 그의 도덕적 가치는 더 높다는 귀결이 도출되는 것처럼 보인다. 그러나 이러한 관점은 경향성과 의무가 일치하는 통합된 인격의 소유자가 경향성과 욕망이 자신의 의무감과 갈등을 일으키는 사람에 비해 더 높은 수준의 도덕 발달을 성취한다는 통상적인 확신에 어긋난다.

　그러나 칸트가 때때로 얼핏 보기에 적어도 이러한 해석을 지지하는 방식으로 말하고 있지만, 그의 주된 요점은 단지 다음과 같다. 즉 어떤 사람이 자신의 경향성을 거슬러서 자신의 의무를 수행하는 경우와 그가 그 의무에 자연적 매력을 느껴서 그 행위를 수행하는 경우를 비교해보자. 이 경우 의무 때문에 행위를 하고 단순히 경향성에서 행위를 하지 않는 사람은 바로 전자이다. 그렇다고 해서 자신의 의무를 행할 경향성을 가지는 것보다 그러한 경향성을 가지지 않는 것이 더 선하다고 반드시 이야기할 수 있는 것은 아니다. 자선가나 박애주의자에 대해서 칸트는, 다른 사람에게 선을 베푸는 행위가 만약 동정을 베푸는 기질에서 우러나와 자연적 경향의 결과로 나온 행위라면, 그 행위는 도덕적 가치를 가지지 않는다고 주장한다. 그러나 그는 그러한 기질을 가지는 일이 무언가 나쁘다든가 바람직하지 않다고 말하고 있는 것은 아니다. 오히려 다른 사람들의 행복을 증가시키기 때문에 자연적인 만족이 생겨나는

　　　　　　　　제4부 칸트

행위는 '적절하고도 사랑스러운 것'[17]이다. 칸트는 윤리학에서 엄숙주의자였을 수도 있다. 그러나 의무 때문에 행하는 행위와 자신의 자연적 욕망과 경향성을 만족시키는 행위 사이의 차이를 밝히는 데 그가 관심이 있다고 해서, 그가 의무와 충돌하는 모든 욕망을 극복하고 변형시키는 완벽하게 유덕한 사람의 이상을 활용하지 않았다고 말해서는 안 된다. 또한 진실로 유덕한 사람은 완전히 경향성을 가지고 있지 않다고 그가 말하고자 한 것도 아니다. 복음서에서 모든 사람을 사랑하라는 계율에 대해 이야기하면서 그는 애착과 같은 사랑(그가 말하기를 '병리학적' 사랑)을 명할 수는 없지만, 누군가가 자비로운 행위에 대한 혐오가 있더라도 의무 때문에 이루어지는 자선('실천적' 사랑)을 명하는 것은 가능하다고 언급하고 있다. 그러나 분명히 칸트는 자선적 행위에 대해 혐오하는 것이, 그가 그렇게 하는 것이 자신의 의무일 때 그러한 행위를 수행한다면, 그러한 자선의 행위에 대한 경향성을 갖는 것보다 더 낫다고 말하고 있는 것은 아니다. 오히려 분명히 칸트는 자신의 의무를 기꺼이 행하는 것이 그렇지 않은 것보다 더 선하다고 주장한다. 그리고 뒤에 보게 되겠지만 칸트의 도덕적 이상은 완전한 덕, 즉 신의 신성한 의지에 가능한 가까이 가는 것이었다.

─────── **4. 의무와 법칙**

지금까지 우리는 선의지가 의무 때문에 행하는 것에 드러나 있다는 점을, 그리고 의무 때문에 행하는 것이 단순한 경향성 또는 욕망에서 행하는 것과 구별되어야 한다는 점을 알게 되었다. 그러나 우리는 의무 때문에 하는 행위가 무엇을 의미하는지에 대한 보다 적극적인 지적을 할 필요가 있다. 그리고 칸트는 우리에게 그것은 법칙, 즉 도덕법칙에 대한 존경에서 행하는 것을 의미한다고 말한다. '의무는 법칙에 대한 존경에서 나오는 행위의 필연성이다.'[18]

---

17   *G.*, p. 398, *Abb.*, p. 14.
18   *G.*, p. 400, *Abb.*, p. 16.

그런데 칸트는 법칙을 법칙 그 자체로 이해한다. 의무 때문에 행하는 것은 법칙 그 자체에 대한 존경에서 행하는 것이다. 그리고 법칙 그 자체의 본질적인 특성(형식이라고 우리가 말할 수 있는 것)은 보편성이다. 즉 예외를 허용하지 않는 엄밀한 보편성이다. 물리적 법칙은 보편적이다. 그리고 도덕법칙도 그러하다. 그러나 순수하게 자연적 사물로서의 인간을 포함해서 모든 자연적 사물들은 무의식적으로 그리고 필연적으로 자연법칙에 일치하는 반면에, 이성적 존재자는 그리고 그러한 존재자만이 법칙의 관념에 따라서 행위 할 수 있다. 그러므로 인간의 행위는 도덕적 가치를 가지려면 법칙에 대한 존경에서 수행되어야 한다. 칸트에 따르면 그런 행위의 도덕적 가치는 실제적이건 의도적이건 간에 그것의 결과에서 도출되지 않으며, 행위자의 준칙(maxim)에서 도출된다. 그리고 행위들에 도덕적 가치를 부여하는 이러한 준칙은 그 법칙을 준수하고, 그 법칙에 복종하며, 그 법칙에 대한 존경에서 나오는 것이어야 한다.

그러므로 선의지, 즉 무조건적으로 선한 유일한 의지는 의무 때문에 행하는 것에서 드러나고, 의무는 법칙에 대한 존경에서 나오는 행위를 의미하며, 법칙은 본질적으로 보편적이라고 한다. 그러나 이것은 우리에게 의무 때문에 행위 한다는 매우 추상적인 — 공허하다고 말하는 것이 아니라 — 개념을 남겨둔다. 그리고 그 개념이 어떻게 구체적인 도덕적 삶의 용어들로 번역될 수 있는가 하는 물음이 생겨난다.

이 물음에 답하기 전에, 우리는 준칙과 원리를 구별해야 한다. 칸트의 기술적 용어법에 따르면 원리란 순수실천이성에 근거한 근본적인 객관적 도덕법칙이다. 그것은 모든 사람이 순수하게 이성적인 도덕적 행위자라면 그들 모두가 그것에 따라서 행위 하게 될 원리이다. 준칙은 의욕의 주관적 원리이다. 말하자면 그것은 어떤 하나의 행위자가 그것에 따라서 실제로 행위를 하고, 그의 행위를 결정하는 원리이다. 당연히 그러한 준칙은 여러 종류가 있을 수 있고, 도덕법칙의 객관적 원리나 원리들을 따를 수도 따르지 않을 수도 있다.

준칙의 본성에 대한 이러한 설명은, 행위들의 도덕적 가치가 행위자의 준칙에 의해서 결정된다는 칸트의 견해에 대해 앞에서 언급되었던 것과 일치하지 않는 것처럼 보인다. 왜냐하면 만약 어떤 준칙이 도덕법칙과 일치하지 않을 수 있다면, 그 준칙이 그 준칙에 따른 행위들에 도덕적 가치들을 어떻게 부여할 수 있는가? 이러한 난점

제4부 칸트

을 극복하기 위해서 우리는 더 나아가 경험적이거나 실질적인 준칙들과 아프리오리하거나 형식적인 준칙들을 구별해야 한다. 첫 번째 준칙들은 욕구된 목적이나 결과들에 관계하는 반면에, 두 번째 준칙은 그렇지 않다. 행위들에 도덕적 가치를 부여하는 준칙은 두 번째 유형이어야 한다. 말하자면 그러한 준칙은 감각적 욕망의 대상이나 그 행위에 의해서 얻어지는 결과에 관계하지 않는다. 그것은 보편적 법칙 그 자체에 복종하는 준칙이어야 한다. 다시 말하면, 의욕의 주관적 원리가 보편적 도덕법칙에 대한 복종이라면, 즉 그 법칙에 대한 존경에서 나온 것이라면, 이 준칙에 의해 지배되는 행위들은 도덕적 가치를 가질 것이다. 왜냐하면 그 행위들은 의무 때문에 수행되었을 것이기 때문이다.

이러한 구별이 이루어졌기 때문에 우리는 의무 때문에 행한다는 칸트의 추상적 개념이 구체적인 도덕적 삶의 용어로 어떻게 번역될 수 있는지의 문제로 되돌아올 수 있다. '어떤 법칙을 준수할 때 의지에 일어날 수도 있는 모든 충동을 나는 그것에서 빼앗았다. 그래서 이제 남아 있는 것이라곤 행위 일반의 보편적 합법칙성이며, 이것만을 의지의 원리로 사용해야 한다. 즉 **나는 또한 내 준칙이 보편적 법칙이 되어야 한다고 바랄 수 있도록** 오로지 그렇게만 행동해야 한다.'[19] '준칙'이란 낱말은 여기서 우리가 경험적 또는 실질적 준칙이라 불렀던 것에 관계하는 것으로 여겨져야 한다. 법칙 그 자체에 대한 복종에서 행위의 형식적 준칙을 낳는, 법칙에 대한 존경은 우리가 우리의 모든 실질적 준칙을 법칙 그 자체 형식 — 보편성의 형식 — 아래로 가져올 것을 요구한다. 우리는 주어진 준칙이 보편적 법칙일 것을 바랼[의욕할] 수 있는지 여부를 물어야 한다. 말하자면 주어진 준칙은 보편성의 형식을 가정할 수 있는가?

칸트는 하나의 사례를 제시한다. 자신은 전혀 갚을 의사가 없는 약속을 함으로써 자신의 곤궁에서 스스로 벗어날 수 있는, 곤궁에 처한 사람을 상상해보자. 다시 말해 그는 거짓말을 함으로써만 구제될 수 있다. 그는 그렇게 할 수 있는가? 만약 그가 이런 식으로 행위를 한다면, 그의 준칙은 약속을 이행할 의사가 전혀 없으면서 이렇

---

19   *G.*, p. 402, *Abb.*, p. 18.

게 하는 것만이 자신의 곤궁에 처한 상황에서 자신을 벗어날 수 있게 하는 경우 그런 거짓 약속을 할 자격이 있다는 것을 의미할 것이다. 그러므로 우리는 다음과 같이 의문을 제기할 수 있다. 그는 이 준칙이 보편적 법칙이 되어야 한다는 것을 바랄[의지할] 수 있는가? 그 준칙이 보편화될 경우, 모든 사람은, 그가 결코 다른 수단에 의해서는 자신을 구제할 수 없는 난관에 자신이 처해 있음을 알게 되었을 때, 약속을 지킬 의사가 전혀 없으면서 그 약속을 한다고 (즉 누구도 거짓말을 할 수 있다고) 진술할 것이다. 칸트에 따르면 이러한 보편화는 바랄[의지할] 수 없다. 왜냐하면 그것은 거짓말하는 것이 보편적 법칙이 되어야 한다는 것을 바란다는 것을 의미하기 때문이다. 그리고 그 경우 어떤 약속도 신뢰하지 않을 것이다. 그러나 인간의 준칙은 약속에 대한 신뢰를 요청한다. 그러므로 그는 이러한 준칙을 채택할 수 없으며, 동시에 그 준칙이 보편적 법칙이 되어야 한다고 바랄 수 없다. 그래서 준칙은 보편성의 형식을 가정할 수 없다. 그리고 만약 어떤 준칙이 원리로서 보편적 법칙의 가능한 도식 안으로 들어올 수 없다면, 그 준칙은 반드시 거부되어야 한다.

이 예가 비판의 여지가 없다고 제안할 생각은 나로서는 전혀 없다. 그러나 나는 가능한 반론을 논의함으로써 칸트가 제시하고자 한 주요 요점에서 관심을 다른 데 돌릴 생각은 전혀 없다. 그것은 다음과 같은 것처럼 여겨진다. 실제로 우리 모두는 칸트가 준칙이라고 부르는 것에 따라서 행위를 한다. 말하자면 우리 모두는 의욕의 주관적 원리들을 가지고 있다. 그런데 만약 유한한 의지가 보편적 법칙에 대한 존경이나 경외심을 동기로 하지 않는다면, 그러한 의지는 선한 것일 수가 없다. 그러므로 우리의 의지가 도덕적으로 선하기 위해서는 우리는 우리의 준칙, 즉 우리의 의욕의 주관적 원리들이 보편적 법칙이 되어야 한다는 것을 바랄 수 있는지 여부를 스스로 묻지 않으면 안 된다. 만약 우리가 바랄[의욕할] 수 없다면, 우리는 반드시 이러한 준칙을 거부해야 한다. 만약 우리가 바랄 수 있다면, 즉 우리의 준칙들이 원리로서 보편적 도덕적 입법의 가능한 도식 안으로 들어올 수 있다면, 이성은 우리가 법칙 그 자체에 대한 우리의 존경에 의해서 그런 준칙들을 인정하고 존경하여야 할 것을 요구한다.[20]

---

20 보편적 법칙 그 자체의 개념에서 행동의 구체적 규칙들을 **연역하는** 데에는 여기서 아무런 문제가 없음이

지금까지 칸트는 의무 때문에 행위를 한다는 관념을 명료하게 하는 데 관심을 가졌다는 점을 주목해야 한다. 게다가 그의 견해에 따르면, 우리는 그가 공통된 인간 이성의 도덕적 인식이라고 부르는 것의 영역 안에서 움직여왔다. '실천적 법칙에 대한 순수한 존경에서 나오는 행위의 필연성은 의무를 이루는 것이며, 모든 다른 동기는 그 필연성에 자리를 내주어야 한다. 왜냐하면 그 필연성은 의지가 **그 자체로** 선한 것의 조건이며, 그러한 의지의 가치는 모든 것을 넘어서 있기 때문이다. 그렇다면 따라서 공통된 인간 이성의 도덕적 인식을 떠나지 않고서도 우리는 그것의 원리에 도달했다.'[21] 비록 사람들이 일생에서는 이러한 원리를 그러한 추상적 형식으로 인지하지 못하지만, 그것은 은연중에 사람들에 의해 인식되며, 따라서 그것은 사람들의 도덕 판단이 그것에 의존하는 원리인 것이다.

나의 준칙이 보편적 법칙이 되어야 한다는 것을 내가 또한 바랄[의욕할] 수 있는 그런 것 말고 다른 방식으로 결코 행위 해서는 안 된다는 의무의 원리는 칸트가 정언 명령(categorical imperative)이라고 칭한 것을 형식화하는 방식이다. 그리고 우리는 이제 이 주제에 눈을 돌릴 수 있다.

──────── **5. 정언명령**

우리가 살펴보았듯이 원리와 준칙의 구별이 이루어져야 한다. 도덕성의 객관적 원리는 준칙으로서 기능하는 의욕의 주관적 원리일 수도 있다. 그러나 한편으로 도덕성의 객관적 원리와 다른 한편으로 인간의 준칙 또는 의욕의 주관적 원리 간의 불일치도 존재할 수 있다. 만약 우리가 모두 순수하게 이성적인 도덕적 행위자라면, 도덕성의 객관적 원리들은 언제나 우리의 행위들을 지배할 것이다. 즉 그 원리들은 동시에 의욕의 주관적 원리가 될 것이다. 그러나 사실상 우리는 도덕성의 객관적 원

분명하다. 그 개념은 준칙들의 허용 가능성 또는 허용 불가능성의 기준으로 사용되지만, 준칙들이 그것으로부터 연역될 수 있는 전제로 사용되지는 않는다.

21 *G.*, p. 403, *Abb.*, p. 20.

리들과 양립할 수 없는 준칙에 따라서 또는 의욕의 주관적 원리들에 따라서 행동할 수 있다. 그리고 이것은 도덕성의 객관적 원리가 우리에게 지시명령 또는 명령으로 주어진다는 것을 의미한다. 그래서 우리는 강제를 경험한다. 만약 우리의 의지가 신성한 의지라면, 지시명령의 문제도 강제의 문제도 없을 것이다. 그러나 (비록 신성한 의지가 이상적이지만) 우리의 의지는 신성한 의지가 아니기 때문에, 도덕법칙은 필연적으로 명령의 형식을 취한다. 순수실천이성이 지시명령을 한다. 그리고 이러한 지시명령과 충돌을 일으키는 욕망을 극복하는 것이 우리의 의무이다.

명령(imperative)을 정의할 때, 칸트는 지시명령(command)과 명령을 구분한다.[22] '객관적 원리가 의지를 강제하는 한, 이 원리에 대한 표상은 (이성의) 지시명령이라 하고, 이 지시명령의 정식은 **명령**이라고 한다. 모든 명령은 **당위**로 표현되며, 이로써 자신의 주관적 성질로 이성의 객관적 법칙을 통해 반드시 결정되지 않는 의지와 이성의 객관적 법칙이 맺는 관계(즉 강제)를 나타낸다.'[23] 객관적 원리를 어떤 의지에 대해 '강제한다'(nötigend)고 말함으로써, 물론 칸트는 인간 의지가 법칙에 복종할 수밖에 없다는 것을 의미하는 것은 아니다. 오히려 핵심은 의지가 이성의 지시에 필연적으로 따르는 것이 아니라는 것이고, 그 결과 법칙은 그 행위자에게 외적인 무언가로 나타나고, 이 외적인 무언가는 의지에 강제와 압박을 행사한다는 것이다. 법칙이 의지에 대해 '강제한다'고 말해지는 것은 이런 의미에서이다. 그러나 의지는 법칙에 의해 '필연적으로 규정되는' 것은 아니다. 칸트의 용어 사용법은 혼란을 줄 수도 있다. 그러나 그는 결코 자기모순을 범하고 있지는 않다.

그런데 세 가지 종류의 명령이 있다. 이 세 가지 명령은 선한 행위의 세 가지 서로 다른 종류 또는 의미에 상응한다. 그리고 이러한 명령 중 오직 하나만이 도덕적 명령이다. 서로 다른 종류의 명령을 칸트가 구별하고 있다는 것을 이해하는 일은 중요하다.

우선 다음과 같은 문장을 고려해보자. '만약 당신이 프랑스어를 배우고 싶어한

---

22 그러나 칸트는 그런 구별을 많이 하지 않는다. 그래서 그것 때문에 실제로 골머리를 아파할 필요가 없다.
23 *G.*, p. 413, *Abb.*, p. 30.

다면, 당신은 이러한 수단들을 취해야 한다.' 여기서 이 문장은 명령을 나타낸다. 그러나 두 가지 주목할 사항이 있다. 첫째, 명령되는 행위들은 어떤 목적에 도달하는 데 좋은[선한] 것이라고 이해된다. 이러한 행위들은 그 행위들 때문에 수행되어야 하는 행위로서 명령되는 것이 아니라, 단지 수단으로서 명령되는 것이다. 그래서 명령은 **가언적**이라고 말해진다. 둘째, 현재 말하고 있는 목적은 모든 사람이 본성상 추구하는 목적이 아니다. 어떤 사람은 프랑스어를 배우고 싶어하지만 다른 사람은 그렇지 않다. 명령은 단지 당신이 프랑스어를 배우고 싶다면 당신은 어떤 수단들을 취해야 한다고, 즉 어떤 행위들을 수행해야 한다고 진술할 뿐이다. 명령의 이러한 유형을 칸트는 **개연적인** 가언명령 또는 숙련의 명령이라 한다.

이런 유형의 명령이 도덕적 명령이 아니라는 점을 간파하는 데 별 어려움은 없다. 우리는 프랑스어를 배우는 것의 사례를 취했다. 그러나 우리는 성공적인 도둑이 되는 예를 취해도 된다. '만약 당신이 성공적인 도둑이 되기를 원한다면, 즉 당신이 들키지 않으면서 성공적인 도둑이 되고자 한다면, 이것들은 당신이 취해야 하는 수단들이다.' 숙련의 명령 또는 우리가 그렇게 부를 수 있는 것처럼 기술적인 명령은 그 자체로 도덕성과는 아무런 관계가 없다. 명령되는 행위들은 단지 사람들이 도달하고자 원할 수도 있고 원하지 않을 수도 있는 목적의 도달에 유용하는 것으로서만 명령될 뿐이다. 그리고 그러한 추구는 도덕법칙에 일치할 수도 일치하지 않을 수도 있다.

둘째, 우리는 다음과 같은 문장을 고려해보자. '당신은 본성상 필연적으로 행복을 욕망한다. 그러므로 당신은 이러한 행위들을 수행해야 한다.' 여기서 다시 한번 우리는 가언명령에 직면하게 된다. 왜냐하면 어떤 행위들은 목적에 대한 수단으로서 명령되기 때문이다. 그러나 그것은 개연적 가언명령이 아니다. 왜냐하면 행복의 욕망은 프랑스어를 배우거나 성공적인 도덕이 되거나 목수의 기술을 획득하는 등의 일을 선택할 수 있거나 선택할 수 없는 것처럼, 우리가 원하는 대로 설정하거나 제쳐놓는 그런 목적이 아니기 때문이다. 명령은 '**만약** 당신이 행복을 욕망한다면,'이라는 식으로 말하지 않는다. 그 명령은 당신이 행복을 욕망한다고 **단언**한다. 그래서 그것은 **실연적인** 가언명령이다.

그런데 이 명령은 어떤 윤리적 체계들에서는 도덕적 명령으로 여겨지기도 하였다. 그러나 칸트는 어떤 가언명령도, 그것이 개연적이든 실연적이든 간에, 도덕적 명령이라는 점을 허용하지 않을 것이다. 나로서는 칸트가 목적론적 윤리 이론을 취급하면서 다소 잰 체하는 것처럼 보인다. 내가 의미하는 것은 그가 여러 유형의 목적론적 윤리학 간에 만들어져야 하는 구별을 충분히 고려하지 않는 것처럼 보인다는 것이다. '행복'은 어떤 행위들에 의해서 획득되는 주관적 상태로서 간주될 수도 있지만, 이러한 행위들과 구별되는 것으로서 간주될 수도 있다. 이 경우에 행위들은 어떤 목적에 대한 수단으로서만 선한 것으로 판단된다. 이때 수단은 목적에 대해 외적인 것이다. 그러나 '행복'은, 예를 들어 우리가 아리스토텔레스[24]의 에우다이모니아(*eudai-monia*)를 번역하는 관행의 방식으로 취해질 수 있다면, 인간으로서의(활동으로서의) 인간의 잠재성들을 객관적으로 현실화하는 것으로 여겨질 수도 있다. 그리고 이 경우 선이라고 판정된 행위들은 목적에 대해 단지 외적인 것은 아니다. 그러나 칸트는 아마도 이 경우 우리는 인간 본성의 완전성의 관념에 기초한 윤리학을 가지게 된다고, 그리고 이러한 관념이 도덕과 관련이 있더라도, 그 관념은 자신이 추구하고 있는 도덕성의 최상의 원리를 제공할 수 없다고 말할 것이다.

어쨌든 칸트는 개연적이건 실연적이건 간에 모든 가언명령을 도덕적 명령이란 명칭을 가질 자격이 있다고 보지 않았다. 그러므로 도덕적 명령은 **정언적**(*categorical*)이라는 대안만 남게 된다. 말하자면 도덕적 명령은 행위들에 대해서 어떤 목적에 대한 수단으로서가 아니라 선 그 자체로서 명령하지 않으면 안 된다. 그것은 칸트가 **필연적인**(*apodictic*) 명령이라고 부르는 것이다. '정언명령은 어떤 행위가 어떤 목적과도 관계없이 즉 어떤 다른 목적도 없이 그 자체 객관적으로 필연적이라고 선언하며, 필연적인 실천적 원리로서 타당하다.'[25]

이러한 정언명령은 무엇인가? 우리가 그런 명령에 대해 순수하게 아프리오리하게 말할 수 있는 것은 즉 정언명령이라는 단순한 개념을 고려함으로써 말할 수 있는 것은 단지 그 명령이 법칙 일반과의 일치를 명령한다는 것이다. 그것은 말하자면

---

24 아리스토텔레스의 윤리 이론의 개관에 관해서는, 이 『철학사』의 제1권, 제31장 참조.
25 *G.*, p. 415, *Abb.*, p. 32.

우리의 의욕 원리로서 역할을 하는 준칙들이 보편법칙에 따라야 한다는 것을 명령한다. '그러므로 단지 하나의 정언명령이 있을 뿐이다. 그리고 그것은 다음과 같다. **동시에 보편법칙이 되어야 한다는 것을 당신이 의욕할 수 있는 그런 준칙에 따라서만 행위하라.'**[26] 그러나 칸트는 곧바로 우리에게 다른 형식의 명령을 제시한다. 그것은 다음과 같다. '**당신의 행위의 준칙이 당신의 의지를 통해서 마치 자연의 보편적 법칙이 되어야 하는 것처럼 행위 하라.'**[27]

앞 절에서 우리는 소극적 형식으로 표현된 정언명법을 살펴보았다. 그리고 그보다 앞서 제14장의 각주 20에서 나는 보편법칙 그 자체의 개념에서 구체적인 행동규칙들을 연역하는 데 별 문제가 없다고 언급했었다. 따라서 여기에서도 우리는 칸트가 행동의 구체적 규칙들이, 삼단논법의 결론이 전제들에서 연역될 수 있다는 의미에서, 정언명령에서 연역될 수 있다는 것을 함축하고 있음을 의도하고 있지 않다는 점을 기억해야 한다. 명령은 단순한 분석으로 연역을 하기 위한 전제로서가 아니라 행동의 도덕적 원리들이 도덕적인가를 판정하기 위한 기준으로서 역할을 한다. 그러나 우리는 도덕법칙이 어떤 의미에서 정언명령에서 도출된다고 말할 수도 있다. 나에게 더 이상의 요구를 하는 사람이 한 사람도 없음에도 불구하고, 곤궁에 빠진 가난한 사람에게 내가 돈을 준다고 가정해보자. 나의 행위의 준칙, 즉 나의 의욕의 주관적 원리는, 나에 대해 앞의 요구를 하는 사람이 전혀 없음에도 불구하고, 그러한 도움을 실제로 필요로 하는 어떤 개인에게 내가 자선을 베풀 것이라는 원리라고 가정해보자. 나는 나 자신에게, 내가 이러한 준칙을 모든 경우에 타당한 보편법칙으로서 바랄[의욕할] 수 있는지를, 즉 사람들이 그에게 앞의 요구를 하는 사람이 한 사람도 없음에도 불구하고, 실제로 그것을 필요로 하는 사람들에게 도움을 주어야 하는 것으로 바랄 수 있는지를 물어보자. 그리고 나는 내가 그렇게 의욕할 수 있는 것으로 결정한다. 그래서 나의 준칙은 도덕적으로 정당화된다. 내가 의욕하는 도덕법칙에 관해서 말한다면, 이것은 분명히 단순한 분석으로 정언명령에서 연역될 수 있는 것이 아니다. 왜냐

---

26   *G.*, p. 421, *Abb.*, p. 38.
27   같은 곳, *Abb.*, p. 39.

하면 도덕법칙은 정언명령 속에 포함되어 있지 않은 관념들을 가져오기 있기 때문이다. 동시에 그 법칙은 그것이 정언명령을 적용함으로써 도출된다는 의미에서 정언명령에서 도출된다고 말해질 수 있다.

그러므로 칸트의 일반적인 생각은 실천법칙 또는 도덕법칙 그 자체는 엄격하게 보편적이라는 것이다. 보편성은 말하자면 도덕법칙의 형식이다. 그러므로 행동의 모든 구체적인 원리들은, 만약 그것들이 도덕적이라고 불릴 자격이 있으려면, 이 보편성에 관여하지 않으면 안 된다. 그러나 그는 자신이 준칙이 보편적 법칙이 되어야 한다는 것을 의욕 '할 수 있다'거나 '할 수 없다'는 것이 무엇을 의미하는지 전혀 분명하게 밝히지 않고 있다. 사람들은 아마도 자신이 자신의 준칙을 보편화하고자 할 때 논리적 모순의 부재 또는 존재를 언급함으로써 자신을 이해하려 하는 자연적 경향을 가지고 있을 것이다. 그러나 칸트는 구별을 제시하고 있다. '어떤 행위들은 그것들의 준칙들이 모순 없이 보편법칙으로 이해될 수조차 없는 그런 성질을 가지고 있다.'[28] 여기서 칸트는 준칙과 보편법칙으로서 그 준칙을 공식화한 것 사이의 논리적 모순을 언급하고 있는 듯이 보인다. 그러나 다른 경우들에서는 이러한 '본래적 불가능성'은 없다.'그러나 준칙이 자연법칙의 보편성에까지 제고되기를 **의욕하는**[바라는] 일은 여전히 불가능하다. 왜냐하면 그러한 의욕은 자기모순을 범할 것이기 때문이다.'[29] 여기서 칸트는 다음과 같은 경우들을, 즉 비록 법칙에서 표현되는 의욕이 어떤 목적이나 욕망 ── 그것의 성취가 법칙의 준수와 양립할 수 없는 목적이나 욕망에 확고하게 매달림으로써 자신과 대립하거나, 칸트가 표현했듯이 자신과 모순될 것이기 때문에, 우리가 이 법칙을 **의욕할** 수 없음에도 불구하고, 준칙에 논리적 모순 없이 보편적 법칙의 정식이 주어질 수 있는 경우들을 가리키고 있는 듯이 보인다.

사실상 일련의 예들이 제공된다. 이 예 중 네 번째 것이 누군가의 준칙이 보편법칙이 되어야 한다는 것을 의욕하는 일이 불가능한 두 번째 유형의 사례로서 제안되고 있는 것처럼 보인다. 어떤 사람이 대단한 번영을 누리고 있지만, 다른 사람들이

---

28   *G.*, p. 424, *Abb.*, p. 41.
29   같은 곳, *Abb.*, p. 42.

불행에 빠져 있으며, 자신이 그들을 도울 수 있다는 것을 알고 있다고 하자. 그러나 그는 다른 사람들의 곤궁함에 관심을 두지 않는다는 준칙을 채택하고 있다고 가정하자. 이런 준칙은 보편법칙으로 전환될 수 있는가? 그것은 논리적 모순 없이 이루어질 수 있다. 왜냐하면 번영하고 있는 사람들이 곤궁에 빠진 사람들에게 어떤 도움을 주어서는 안 된다는 법칙에는 아무런 논리적 모순이 없기 때문이다. 그러나 칸트에 따르면 번영하고 있는 사람은 자신의 의지 안에서 모순이나 대립 없이 이러한 법칙을 의욕할 수 없다. 왜냐하면 그의 최초의 준칙은 다른 사람들에 대한 이기적 무관심의 표현이고, 그것에는 자신이 불행한 상태에 빠지게 될 경우 다른 사람에게서 도움을 받고자 하는 확고한 욕망, 즉 해당하는 보편법칙을 의욕할 경우 무효가 되는 욕망이 동반되기 때문이다.

칸트의 두 번째 사례는 누군가의 준칙을 보편법칙으로 전환하는 데서 논리적 모순이 포함되는 사례로서 제안되는 것처럼 보인다. 어떤 사람이 돈이 필요하고, 자신이 돈을 갚을 수 없을 것이라는 것을 잘 알고 있지만, 돈을 갚겠다고 약속함으로써만 돈을 빌릴 수 있다고 가정해보자. 곰곰이 생각하면, 그가 준칙(비록 내가 돈을 갚을 수 없다는 사실을 알지만, 내가 돈이 필요할 때 나는 돈을 빌리고 그것을 갚을 것이라고 약속한다)을 모순 없이 보편법칙으로 전환할 수 없다는 점이 드러난다. 왜냐하면 보편법칙은 약속에 대한 모든 믿음을 파괴하는 반면에, 준칙은 약속에 대한 믿음을 전제하기 때문이다. 위의 사례에서부터 칸트는 다음을 생각하고 있는 듯이 보인다. 즉 그 법칙은 곤궁한 누구라도 그가 이행할 수 없는 약속을 함으로써만 구제를 받을 수 있다는 법칙이기 때문에, 법칙은 그 자체 자기모순일 것이다. 그러나 그 법칙이 칸트가 주목한 비일관성 없이는 **의욕될** 수 없다고 하더라도, 이러한 명제가 순수하게 논리적 의미에서 자기 모순적이라는 점은 확인하기는 어렵다.

물론 우리는 구체적인 예들에 너무 큰 의미를 둘 필요가 없다고 말할 수 있다. 예들은 반대에 직면하기 마련이다. 그러나 칸트가 이러한 사례들을 정식화하는 데 충분한 주의를 기울이지 않았을지라도, 그 사례들이 예시하고자 가정된 이론은 중요한 것이다. 만약 이론이 추상적으로 표현되더라도 명확하기만 하다면, 이 점은 쉽게 간파될 것이다. 그러나 나로서는 이런 경우가 아닌 것 같다. 나로서는 칸트가 누군가의 준칙이 보편법칙이 되어야 한다는 것을 '바랄[의욕할] 수' 있다거나 '바랄 수 없다'는 것의 의미를 적절하게 분명히 하지 못한 것으로 보인다. 그러나 이런 사례들 배후에서 우리는 도덕법칙이 본질적으로 보편적이라는 것, 그리고 이기적 동기에서 자신을 예외로 만드는 것은 부도덕하다는 확신을 확인할 수 있다. 실천이성은 우리에게 이기적 욕망을 그리고 법칙의 보편성과 충돌을 하는 준칙들을 넘어서라고 명령한다.

——————— 6. 목적 자체로서의 이성적 존재

우리는 칸트에 따라서 '오직 하나의' 정언명령, 즉 '동시에 보편법칙이 되어야 한다는 것을 당신이 의욕할 수 있는 그런 준칙에 따라서만 행위 하라'가 존재한다는 것을 살펴보았다. 그러나 우리는 또한 그가 정언명령의 또 다른 정식, 즉 '당신의 행위의 준칙이 당신의 의지를 통해서 마치 자연의 보편적 법칙이 되어야 하는 것처럼 행위 하라'를 제시하고 있다는 점도 살펴보았다. 그리고 그는 그 밖의 정식들을 제시한다. 모두 다섯 가지가 있는 것으로 여겨진다. 그러나 칸트는 우리에게 세 가지가 있다고 이야기한다. 그러므로 그는 '도덕성의 원리를 표현하는 위에서 언급된 세 가지 방식은 근본에서 대단히 같은 법칙의 다양한 공식이고, 그것의 각각은 다른 두 가지를 포함한다'[30]고 주장한다. 그러므로 정언명령의 여러 형식들을 제시함으로써 '오직 하나의' 그런 명령이 있다는 것에 관해 자신이 말했던 것을 취소할 의도가 있는 것은 아니다. 여러 형식들은 어떤 유비에 의해서 이성의 관념을 직관에 더 가까이, 그렇게 함으로써 감정에 더 가까이 가져가려는 의도에서 나온 것이라고 칸트는 우리에게 말한다. 그래서 '당신의 행위의 준칙이 당신의 의지를 통해서 마치 자연의 보편적 법칙이 되어야 하는 것처럼 행위 하라'는 정식은 도덕법칙과 자연법칙 간의 유비를 사용하고 있다. 그리고 다른 곳에서 칸트는 다음과 같이 그 형식을 표현한다. '당신이 당신의 의지[욕]의 가능한 대상으로서 하고자 제안한 행위가 당신 자신이 그것의 일부

---

30   *G.*, p. 436, *Abb.*, p. 54.

인 자연의 체계에서 자연법칙에 따라서 일어난다면, 그 행위를 존경할 수 있는지 여부를 자문하라.'[31] 이 공식[32]은 원래의 형식에서 정언명령과 같은 것일 수 있다. 왜냐하면 정언명령은 말하자면 그 공식의 원리이기 때문이다. 그러나 분명한 점은 자연의 체계라는 관념은 처음 표현된 정언명령에 덧붙여진 것이라는 사실이다.

그러나 이미 언급된 정언명령의 두 정식은 하나의 정식으로 여겨질 수 있다고 언급되었다는 점을 가정한다면, 우리는 칸트가 도덕성의 원리를 표현하는 두 번째 정식 또는 방식이라 부르는 것에 이르게 된다. 이 정식에 대한 그의 접근은 복잡하다.

칸트가 말하고 있는 것처럼 우리는 정언명령의 내용을 보여주었다. '그러나 우리는 아직 그러한 명령이 실제로 존재한다는 것, 다른 충동 없이 단독으로 절대적으로 명령하는 실천법칙이 존재한다는 것, 그리고 이러한 법칙을 따르는 것이 의무라는 것을 증명하는 데까지 나아가지 못했다.'[33] 그러므로 모든 이성적 존재자가 보편법칙이기를 바랄 수 있는 준칙에 따라 자신의 행위들을 언제나 판정해야 한다는 것이 그 이성적 존재자에서 실천적으로 필연적인 법칙(즉 강제를 부과하는 법칙)인지 아닌지를 따지는 문제가 생겨난다. 긍정적인 답변이 나온다면, 이성적 존재자의 의지 그 자체라는 개념과 정언명령 사이에 아프리오리한 종합적 결합이 존재하지 않으면 안 된다.

칸트의 문제 취급 방식은 따라잡기 쉽지 않고, 대단히 에둘러간다는 인상을 준다. 그는 의지의 자기규정의 객관적 근거로서 의지에 봉사하는 것은 **목적**이라고 주장한다. 그리고 만약 이성에 의해서만 (그리고 주관적 욕망에 의해서가 아니라) 제공되는 목적이 존재한다면, 그 목적은 모든 이성적 존재자에게 유효할 것이고, 그래서 모든 이성적 존재자의 의지를 구속하는 정언명령의 근거로서 역할을 한다. 이 목적은 상대적인 목적, 즉 욕망에 의해서 확정된 목적일 수 없다. 왜냐하면 그러한 목적들은 단지 가언명령만을 낳을 뿐이기 때문이다. 그러므로 그것은 목적 자체이며, 절대적 가치를 가

---

31 *Pr.R.*, 122, *Abb.*, p. 161.
32 이 공식은 정언명령을 적용한 칸트의 첫 번째 사례, 즉 희망이 없을 정도로 불행하게 되는 어떤 사람이 자살을 할 것인지를 자신에게 묻는 사례에 의해서 분명히 전제되어 있다(*G.*, pp. 421-422, *Abb.*, pp. 39-40).
33 *G.*, p. 425, *Abb.*, p. 43.

지며, 단지 상대적 가치를 가지는 것은 아니다. '그 **현존 자체**가 절대적인 가치를 가지는 그런 무언가가 존재한다는 것, 즉 **목적 자체**로서 규정적 법칙들의 근거일 수 있는 그 무언가가 존재한다는 것을 가정하면, 가능한 정언명령 즉 실천법칙의 근거는 이 목적 안에 그리고 그 안에만 놓여 있다.'[34] 다시 말하면, 인간의 의지에 대해 정언명령이 되는 최상의 실천원리가 존재한다면, '그것은 **목적 자체**이기 때문에 모두에게 필연적으로 목적인 그런 것의 개념에서 나오므로 의지의 **객관적** 원리를 구성하고 그러므로 보편적 실천법칙으로서 역할을 할 수 있는 원리이어야 한다.'[35]

그러한 목적은 존재하는가? 칸트가 요청하는 것은 인간, 그리고 실로 모든 이성적 존재자가 목적 자체라는 것이다. 그러므로 목적 자체로서의 이성적 존재자라는 개념은 최상의 실천 원리 또는 법칙의 근거로서 역할을 할 수 있다. '이 원리의 근거는 다음과 같다. **이성적 본성은 목적 자체로서 존재한다.** ⋯ 그래서 실천 명령은 다음과 같을 것이다. **너 자신의 인격에서나 다른 사람의 인격에서나 언제나 동시에 인간성을 목적으로서 대우하고 단지 결코 수단으로서만 대우하지 않도록 행하라.**'[36] '동시에' 와 '단지'라는 단어들이 중요하다. 우리는 다른 사람을 수단으로 사용할 수밖에 없다. 예를 들어 우리가 이발사에게 갈 때, 나는 그를 그 자신이 아닌, 목적에 대한 수단으로서 사용한다. 그러나 그 법칙은 심지어 그런 경우조차도 내가 이성적 존재를 **단순한** 수단으로서**만** 결코 사용해서는 안 된다는 점을 진술하고 있다. 즉 마치 그가 나의 주관적 목적에 대한 수단으로서만 가치가 있고, 그 스스로는 아무런 가치가 없는 것처럼 그를 사용해서는 안 된다.

칸트는 정언명령의 이런 정식을 그가 정언명령의 적용을 예시하기 위해서 원래 정식화한 것으로 사용했던 것과 동일한 경우들에 적용한다. 고통스러운 상황을 벗어나기 위해 자신을 파괴하는 자살자는 스스로를, 즉 하나의 인격을 상대적인 목적에 대한, 즉 죽는 마지막까지 견딜 수 있는 조건들을 유지하는 것에 대한 단순한 수단으로만 사용하고 있는 것이다. 그가 지킬 의도가 없는 데도, 또는 그가 자신이 그 약속을

---

34   *G.*, p. 428, *Abb.*, p. 46.
35   *G.*, pp. 428-429, *Abb.*, p. 47.
36   *G.*, p. 429, *Abb.*, p. 47.

지킬 입장에 전혀 놓여 있지 않은데도 이익을 얻기 위해서 어떤 약속을 하는 사람은 자신의 약속의 상대자를 상대적인 목적의 단순한 수단으로만 사용하고 있는 것이다.

우리는 지나는 길에 칸트가 『영구평화론』(*On Perpetual Peace*)에서 이 원리를 사용한다는 점을 언급할 수 있다. 자신의 영토를 확장하거나 자신의 나라의 영토를 확장하기 위해 벌인 침략 전쟁에서 군인들을 고용하는 군주는 이성적 존재자를 자신이 바라는 목적의 단순한 수단으로만 사용하고 있다. 사실상 칸트의 견해로는 죽이기 위해서 또는 죽임을 당하기 위해서 사람들을 고용하는 것은 그들을 국가의 손안에 있는 단순한 도구로만 사용하는 일을 포함하기 때문에, 그리고 그러한 일은 이성적 존재자 그 자체의 절대적 가치에 기초해 있는 인간성의 권리와 쉽게 조화할 수 없기 때문에, 상비군은 머지않아 폐지되어야 한다.

─────── **7. 의지의 자율성**

모든 이성적 의지를 목적 자체로서 존경하고, 그 의지를 누군가의 욕망의 대상을 얻기 위한 단순한 수단으로만 대우하지 않는다는 사상은 '보편적으로 법칙을 수립하는 의지가 모든 이성적 존재자의 각각의 의지라는 이념'[37]으로 우리를 인도한다. 칸트의 견해에 따르면 이성적 존재자로서 고려된 인간의 의지는 그가 보편적 구속력을 갖는다고 인정하는 법칙의 원천으로 간주되어야 한다. 이것은 타율성과 대조를 이루는 것으로 의지의 자율성의 원리이다.

의지의 자율성에 대한 칸트의 접근법 중 하나는 어느 정도 다음과 같다. 욕망이나 경향성 또는 칸트가 이야기하듯이 '이익[관심]'에 의해 제약을 받는 모든 명령은 가언명령이다. 그러므로 정언명령은 무제약적[무조건적]이어야 한다. 그리고 정언명령에 복종하는 도덕적 의지는 이익에 의해 결정되어서는 안 된다. 말하자면 그런 명령은 타율적이어서는 안 된다. 말하자면 인과적으로 결정되는 계열의 일부를 이루고 있

---

37   *G.*, p. 431, *Abb.*, p. 50.

는 욕망과 경향성에 휘둘려서는 안 된다. 그러므로 그 의지는 자율적이어야 한다. 그리고 도덕 의지가 자율적이라고 말하는 것은 그 의지가 자신이 복종하는 법칙을 자신에게 부여한다고 말하는 것이다.

그런데 정언명령의 관념은 의지의 자율성의 관념을 은연 중에 포함한다. 그러나 이 자율성은 명령의 정식에서 명시적으로 표현될 수 있다. 그리고 그렇다면 우리는 다음과 같은 원리를 갖게 된다. '준칙이 보편적 법칙임을 지속할 수 있는 준칙 외의 어떤 다른 준칙에 따라서 행위를 하지 말라는 것이고, 따라서 오로지 **의지가 자기 준칙을 통해서 자신을 동시에 보편적인 법칙 수립자로 여길 수 있는 것**에 따라 행위를 하라는 것이다.'[38] 『실천이성비판』에서 이 원리는 다음처럼 표현된다. '네 의지의 준칙이 언제나 동시에 보편적 법칙 수립의 원리로 타당할 수 있도록 행위를 하라.'[39]

칸트는 의지의 자율성을 '도덕성의 최상 원리'[40] 그리고 '모든 도덕법칙과 이 도덕법칙을 따르는 의무의 유일무이한 원리'[41]라고 말한다. 다른 한편으로 의지의 타율성은 '도덕성의 모든 거짓된 원리의 원천'[42]이다. 또한 의지의 타율성은 구속성의 기초를 제공할 수 있는 것과는 거리가 먼 것으로 '오히려 구속성의 원리나 의지의 도덕성과 대립하는 것'[43]이다.

만약 우리가 의지의 타율성을 인정한다면, 우리는 의지가 이성적 의지로서 그 자신의 법칙 수립의 귀결이 아닌 도덕법칙에 종속한다는 가정을 인정하게 된다. 그리고 칸트에 의하면 이러한 가정을 인정하는 몇몇 윤리 이론에 대해 언급이 이미 있었지만, 만약 우리가 그러한 윤리 이론을 다시 한번 간략히 살펴본다면, 그것은 칸트의 의미를 분명히 보여줄 것이다. 『실천이성비판』에서[44] 칸트는 도덕성의 원리를 교육에 기초 짓는 사람으로 몽테뉴를, 도덕성의 원리를 시민 규약(즉 법 체계)에 기초 짓는 사

---

38   *G.*, p. 434, *Abb.*, p. 52.
39   *Pr.R.*, 54, *Abb.*, p. 119.
40   *G.*, p. 440, *Abb.*, p. 59.
41   *Pr.R.*, 58, *Abb.*, p. 122.
42   *G.*, p. 441, *Abb.*, p. 59.
43   *Pr.R.*, 58, *Abb.*, p. 122.
44   *Pr.R.*, 69, *Abb.*, p. 129.

람으로 맨더빌(Mandeville)을, 도덕성의 원리를 육체적 감정(즉 쾌감)에 기초 짓는 사람으로 에피쿠로스(Epicurus)를, 도덕성의 원리를 도덕감에 기초 짓는 사람으로 허치슨(Hutcheson)을 언급하고 있다. 이 모든 이론들은 칸트가 주관적이거나 경험적 이론이라고 부르는 것이며, 첫 번째의 두 이론은 외적인 경험적 요인들에 관계하고, 두 번째의 두 이론은 내적인 경험적 요인들에 관계한다. 부가한다면, '객관적'이거나 합리론적 이론이 있다. 다시 말해 그 이론들은 도덕법칙을 이성의 관념들에 기초 짓는다. 칸트는 두 유형을 언급하고 있다. 첫째는 스토아 철학자들(Stoics)과 볼프(Wolff)에 속하는 것으로 도덕법칙과 강제를 내적 완전성의 관념에 기초 짓는다. 반면에 크루지우스(Crusius)에 해당하는 두 번째 유형은 도덕법칙과 강제를 신의 의지에 기초 짓는다. 이 이론은 모두 칸트에 의해 거부된다. 칸트는 그 이론들이 모두 도덕과는 무관하다고 말하고 있는 것이 아니다. 즉 그 이론 중 어떤 것도 윤리학 분야에서 아무런 기여도 하고 있지 않다고 말하고 있는 것이 아니다. 그가 주장하는 것은 그 이론 중 어떤 것도 도덕성과 강제의 최상의 원리를 제공할 수 없다는 것이다. 예를 들어 우리가 신의 의지가 도덕성의 규준이라고 말한다면, 우리는 여전히 왜 우리가 신의 의지에 복종해야 하는가를 물을 수 있다. 칸트는 신의 의지가 드러나더라도 우리는 그 의지에 복종해서는 안 된다고 말하고 있지는 않다. 그러나 어쨌든 우리는 우선 신에 대한 복종을 의무로서 인정해야 한다. 그래서 신에 복종하기 이전에 우리는 어쨌든 이성적 존재자로서 법칙을 수립해야 한다. 그래서 도덕적 의지의 자율성이 도덕성의 최상 원리가 된다.

분명히 말해서 도덕적으로 법칙 수립하는 의지의 자율성이라는 개념은, 만약 우리가 두 인간 즉 이성적 존재자로서 순수하게 고려되는 인간과 이성의 명령과 충돌할 수도 있는 욕망과 경향성에도 복종하는 피조물로서의 인간을 인간 안에서 구별하지 않는다면, 아무런 의미가 없을 것이다. 그리고 이러한 일은 당연히 칸트가 전제하고 있다. 그렇게 고려되는 의지 또는 실천이성은 법칙 수립을 하고, 다양한 욕망, 충동, 경향성에 종속하는 존재로서 고려되는 인간은 이러한 법칙 수립에 복종해야 한다.

의지의 자율성에 대한 이런 이론을 이해할 때, 칸트는 의심할 바 없이 어느 정도 루소의 영향을 받았다. 우리가 살펴보았듯이 루소는 언제나 옳고 도덕법칙의 실제적 원천인 '일반 의지'와 사적 의지 — 그 의지가 분리해서 고려되건 아니면 '전체 의지'로서 다른 사적 의지들과 결합해서 고려되건 — 를 구별했다. 그리고 칸트는 자신의 철학의 맥락 안에서 이러한 관념들을 활용하였다. 사실상 칸트의 윤리 이론에서 칸트가 선의지의 개념에 부여한 중심 입장이 루소에 대한 그의 연구의 영향을 어느 정도 반영하고 있다고 가정하는 것은 불합리하지 않다.

─── 8. 목적들의 나라

목적 자체라는 이성적 존재자의 관념은 이성적 의지 또는 실천이성을 도덕적으로 법칙 수립하는 것으로 보는 관념과 짝을 이루어 우리를 목적의 나라(*ein Reich der Zwecke*)라는 개념으로 인도한다. '나는 이 **나라**를 다양한 이성적인 존재자가 공동의 법칙을 바탕으로 체계적으로 결합하는 것으로 이해한다.'[45] 그리고 이러한 공통 법칙들은 칸트가 그렇게 표현하고 있듯이 이런 존재자들이 서로 목적과 수단으로서 관계한다는 점을 염두에 두고 있기 때문에, 목적의 나라라 불릴 수 있다. 이성적 존재자는 두 가지 방식 중 어느 한 방식으로 이 나라에 속할 수 있다. 그 존재자는 법칙을 제시하지만 또한 그 법칙에 종속될 때 한 **구성원**으로 그 나라에 속하게 된다. 법칙 수립을 하더라도 어떤 다른 이성적 존재자의 의지에 종속되지 않을 때 이성적 존재자는 주권자 또는 최상의 원수(*Oberhaupt*)로서 그 나라에 속한다. 아마 칸트는 모든 이성적 존재자가 구성원이면서 동시에 주권자라는 것을 의미하는 것으로 해석될 수 있다. 왜냐하면 어떤 이성적 존재자도 법칙 수립할 때 그리고 법칙 수립하므로 타자의 의지에 종속하지 않기 때문이다. 그러나 원수가 신을 지칭하는 것으로 고려되는 것도 가능하며, 아마도 가능할 것이다. 왜냐하면 계속해서 칸트는 이성적 존재자가 '의지에 적합한 자기 능력을 요구하거나 제한받지도 않으면서 완전히 독립적인 존재자'[46]일 경우

---

45   *G.*, p. 433, *Abb.*, p. 51.
46   *G.*, p. 434, *Abb.*, p. 52.

에만 최상의 원수의 지위를 차지할 수 있다고 이야기하기 때문이다.

　이 목적의 나라는 자연의 나라에 대한 유비에 따라 생각된 것이다. 목적의 나라에서 스스로에 부과하는 규칙들은 자연의 나라에서 인과법칙과 유사하기 때문이다. 목적의 나라는 칸트가 언급하듯이 '단지 이상일 뿐'[47]이다. 동시에 그 나라는 가능성이다. 그 나라는 '정언명령이 모든 이성적 존재자에게 규칙을 훈계할 때 이와 함께 하는 준칙을 통해서, **이 준칙이 보편적으로 지켜진다면**, 실제로 실현될 수 있다.'[48] 그리고 이성적 존재자들은 그들이 마치 자신들의 준칙에 의해서 목적의 나라에서 법칙을 수립하는 구성원인 것처럼 행해야 한다. (그러므로 우리는 정언명령의 다른 변형을 갖게 된다.) 역사 발전의 이상은 목적의 나라를 현실로 확립하는 것이라고 말할 수 있다.

──────── **9. 정언명령이 가능하기 위한 조건으로서의 자유**

　그런데 정언명령은 모든 이성적 존재자들(즉 명령에 적어도 복종할 수 있는 모든 이성적 존재자들)은 어떤 방식으로 행위를 해야 한다고 진술한다. 이성적 존재자들은 자신들이 모순 없이 보편법칙이 될 것을 동시에 바랄 수 있는 준칙에 따라서만 행해야 한다. 그래서 그 명령은 강제를 진술한다. 그러나 그 명령은 칸트에 따르면 아프리오리한 종합명제이다. 한편으로 강제는 이성적 의지의 개념을 단순히 분석함으로써 얻어질 수 없다. 그래서 정언명령은 분석명제가 아니다. 다른 한편 술어는 주어와 필연적으로 결합해야 한다. 왜냐하면 가언명령과 다르게 정언명령은 무제약적이고, 필연적으로 의지를 어떤 방식으로 행하도록 강제하거나 구속하기 때문이다. 사실상 정언명령은 **실천적인** 아프리오리한 종합명제이다. 다시 말한다면 이 명제는 대상에 대한 우리의 이론적 인식을 확장하지 않는다. 이러한 일은 『순수이성비판』의 논의에서 우리가 고려했던 아프리오리한 종합명제가 하는 일이다. 실천적인 아프리오리한 종합명

───────────

47　*G.*, p. 433, *Abb.*, p. 52.
48　*G.*, p. 438, *Abb.*, p. 57.

제는 행위, 즉 그 자체로 선한 행위의 수행을 향해 있는 것이며, 경험적 실재에 대한 우리의 인식을 향해 있는 것은 아니다. 그렇지만 그 명제는 모든 욕망과 경향성에 독립해 있다는 의미에서 아프리오리하며 동시에 종합적인 명제이다. 그러므로 이 실천적인 아프리오리한 종합명제가 어떻게 가능한가의 물음이 생겨난다.

여기서 우리는 『순수이성비판』과 『학문으로 등장할 수 있는 미래의 모든 형이상학을 위한 서설』에서 제안된 것과 유사한 물음에 봉착한다. 그러나 다르다. 우리가 보았다시피, 만약 우리가 일단 수학과 물리학이 아프리오리한 종합명제를 포함하고 있다고 가정한다면, 수학과 물리학의 아프리오리한 종합명제가 가능한지 어떤지를 물을 필요가 없다. 왜냐하면 과학의 발달은 그런 명제들이 가능하다는 점을 보여주기 때문이다. 유일한 관련 물음은 그 명제들이 어떻게 해서 가능한가이다. 그러나 실천적 또는 도덕적 아프리오리한 종합명제의 경우에는 칸트에 따르면 우리는 그것의 가능성을 확립해야 한다.

그 문제에 대한 칸트의 진술은 나로서는 다소 혼란스러운 듯이 보인다. 그가 어떤 물음을 묻고 있는지 정확하게 하기는 언제나 쉽지 않다. 왜냐하면 그는 그 물음을 다른 방식으로 정식화하고 있으며, 그런 방식들의 의미가 같다는 것이 언제나 곧바로 분명한 것은 아니기 때문이다. 그러나 칸트가 실천적인 아프리오리한 종합명제의 가능성을 정당화하는 일을 묻고 있다고 가정해보자. 그의 언어 용법에 따르면 이것은 술어와 주어를 결합하는, 또는 더 정확하게는 술어와 주어의 필연적 결합을 가능하게 하는 '제3의 항목'이 무엇인가를 묻는 일을 의미한다. 왜냐하면 만약 술어가 단순한 분석에 의해 주어에서 온 것일 수 없다면, 술어와 주어를 결합하는 제3의 항목은 반드시 있어야 하기 때문이다.

이러한 '제3의 항목'은 감성적 세계 안에 있는 어떤 것일 수 없다. 우리는 현상체의 인과적 계열들 안에 있는 어떤 것을 언급함으로써 정언명령의 가능성을 확립할 수 없다. 물질적 필연성은 우리에게 타율성을 주지만, 반면에 우리는 자율성의 원리를 가능하게 하는 것을 찾고 있다. 그리고 칸트는 그것을 자유의 이념에서 발견한다. 분명히 말해서 그가 하고 있는 일은 강제의 가능성의 필연적 조건과 정언명령에 따라서 오직 의무 때문에 행하는 것의 가능성의 필연적 조건을 찾는 것이다. 그리고 칸트는 자유의 이념에서 이러한 필연적 조건을 발견한다.

우리는 칸트가 '자유 안에서' 정언명령이 가능하기 위한 조건을 발견한다고 간단하게 말할 수도 있다. 그러나 칸트에 따르면 자유는 **증명**될 수 없다. 따라서 아마도 더 정확하게 말한다면, 정언명령이 가능하기 위한 조건은 '자유의 이념 안에서' 발견된다. 이렇게 이야기하는 것은 사실상 자유의 이념이 일상적 의미에서 단순한 허구라는 것을 뜻하지는 않는다. 첫째, 『순수이성비판』은 자유의 이념이 논리적 모순을 포함하지 않는다는 의미에서 자유는 소극적 가능성이라는 점을 보여주었다. 그리고 둘째, 우리가 의무 때문에 도덕적으로 행할 수 있는 것은 오직 자유 관념의 아래에서뿐이다. 강제, '당위'는 자유, 즉 법칙에 복종하느냐 마느냐를 선택하는 자유를 함축하고 있다. 또한 우리가 우리 자신을 보편법칙의 법칙 수립하는 자로서 또는 도덕적으로 자율적인 존재로서 간주할 수 있는 것은 자유 관념의 아래에서뿐이다. 실천이성 또는 이성적 존재자의 의지는 '자신을 자유로운 것으로 간주해야만 한다. 즉 이성적 존재자의 의지는 자유의 이념 아래서만 자신의 의지일 수 있다'.[49] 자유의 이념은 그래서 **실천적으로** 필연적이다. 자유의 이념은 도덕성의 필연적 조건이다. 동시에 『순수이성비판』은 자유가 지성적 실재의 영역에 속해야 한다는 것을, 그리고 그러한 영역의 존재가 논리적으로 모순이 아니라는 것을 보여줌으로써 자유가 논리적으로 모순이 아니라는 점을 밝혔다. 그리고 우리의 이론적 인식이 이러한 영역으로 확장되지 않기 때문에, 자유는 이론적 증명을 허락하지 않는다. 그러나 자유를 가정하는 일은 도덕적 행위자에게는 실천적으로 필연적인 것이며, 따라서 단순한 자의적인 허구가 아니다.

그러므로 자유 관념의 실천적 필연성은 우리 자신이 감각 기관의 세계, 즉 인과성의 결정에 의해 통제되는 세계에 속할 뿐만 아니라 또한 예지적이거나 지성적인 세계에도 속하는 것으로 우리가 보고 있다는 사실을 포함한다. 인간은 자신을 두 가지 관점에서 고려할 수 있다. 감각 기관의 세계에 속하는 것으로서 인간은 자신이 자연법칙에 종속해 있음을 발견한다(타율성). 지성계에 속하는 것으로서 인간은 오직 이

---

49   *G.*, p. 448, *Abb.*, p. 67.

성에서만 기초를 갖는 그런 법칙들 아래에 자신이 놓여 있음을 발견한다. '이렇게 해서 정언명령이 가능해지는데, 이는 자유의 이념이 나를 지성계의 일원이 되게 하며, 내가 그러한 세계의 일원이기만 하다면 내 행위는 모두 언제나 의지의 자율에 합치**하겠지만**, 동시에 나는 나 자신을 감성계의 일원으로 보기에 의지의 자유에 합치**해야**만 한다. 바로 이 정언적 당위가 아프리오리한 종합명제를 제시한다. …'[50]

그래서 문제는 다음과 같은 칸트의 말로 요약될 수 있다. '그러므로 정언명령이 어떻게 가능한가 하는 물음은 이 명령을 오로지 가능하게 만드는 유일한 전제, 즉 자유라는 이념을 우리가 제시할 수 있는 만큼만, 또 우리가 이 전제의 필연성을 통찰할 수 있는 만큼만 대답할 수 있다. 이성을 **실천적으로 사용**하려면, 즉 이 **명령의 타당성**을 확신하고, 따라서 또한 도덕법칙의 타당성도 확신하려면 전제의 필연성을 통찰하는 것만으로도 충분하다. 그렇지만 이 전제가 어떻게 가능한지는 인간의 그 어떤 이성으로도 통찰할 수 없다. 그러나 예지적 존재가 지닌 의지의 자유를 전제하는 것 아래서는 의지를 유일하게 규정할 수 있는 형식적 조건인 의지의 **자율**이 필연적으로 뒤따라 나오게 된다.'[51] 여기서 어떤 인간 이성도 자유의 가능성을 통찰할 수 없다고 말할 때 칸트는 당연히 적극적 가능성을 언급하고 있다. 우리는 지성적 실재의 영역에 대한 직관적 통찰을 가지지 못한다. 우리는 자유를 **증명할** 수 없으며, 따라서 우리는 정언명령의 가능성을 **증명할** 수 없다. 그러나 우리는 그 아래서만 정언명령이 가능한 조건을 지시할 수 있다. 그리고 이러한 조건의 관념은 도덕적 행위자에게는 실천적 필연성이다. 칸트의 견해에 따르면 이것으로도, 비록 자유를 증명하는 일이 불가능하다는 것은 당연히 인간의 이론적 인식의 한계를 보여주는 것이지만, 도덕성을 위해서는 아주 충분한 것이다.

---

50   *G.*, p. 454, *Abb.*, pp. 73-74.

51   *G.*, p. 461, *Abb.*, p. 81.

10. 실천이성의 요청들: 자유, 칸트의 완전선 관념, 영혼불멸, 신, 요청들에 관한 일반 이론

자유 관념의 실천적 필연성에 관해 우리가 이야기했던 것에서부터 우리는 실천이성의 요청이라는 칸트의 이론으로 자연스럽게 나아간다. 왜냐하면 자유는 요청 중 하나이기 때문이다. 다른 두 요청은 불멸성과 신이다. 그러므로 칸트가 형이상학의 주요한 주제라고 천명했던 그러나 그가 또한 이성의 이론적 사용에서 이성의 한계를 넘어서는 것으로 판단한 그런 관념들은 여기서 이성의 실천적 또는 도덕적 사용에서 이성의 요청들로서 다시 도입된다. 그리고 우리가 요청들 일반에 관한 칸트의 이론을 다루기 전에, 세 가지 특수한 요청들의 각각을 짤막하게 다루는 일이 더 좋을 듯하다.

(i) 자유에 대해서 더 언급하는 것은 불필요하다. 우리가 보았듯이 이성적 존재자가 자유롭다는 이론적 증명은 칸트에 따르면 인간 이성으로서는 불가능하다. 그렇지만 자유가 가능하지 않다는 점이 확인될 수 있는 일은 아니다. 그리고 도덕법칙은 우리에게 자유를 가정하도록 강제하고, 따라서 우리에게 자유를 가정하도록 할 권한을 가지고 있다. 도덕법칙은 자유의 개념과 도덕성의 최상의 원리의 개념이 '분리될 수 없을 정도로 결합해 있어서 우리가 실천적 자유를 도덕법칙만을 제외한 모든 법칙으로부터 의지의 독립성으로도 정의할 수 있을 정도이기'[52] 때문에 우리에게 자유를 가정하도록 강제한다. 이런 분리될 수 없을 정도의 결합 때문에 도덕법칙은 자유를 요청한다고 말해진다.

그러나 우리는 칸트가 처해 있는 어려운 입장에 주목해야 한다. 지적 직관의 능력이 없기 때문에 우리는 지성적 영역에 속하는 행위들을 관찰할 수 없다. 우리가 관찰할 수 있는 모든 행위들은 내적이건 외적이건 간에 내적 또는 외적 감각 기관의 대상들이어야 한다. 이것이 의미하는 것은 그 대상들이 모두 시간 안에서 주어지고 인

---

[52]   *Pr.R.*, 167-168, *Abb.*, p. 187.

과성의 법칙에 종속한다는 것이다. 그러므로 우리는 이 행위들은 자유로운 반면에 저 행위들은 결정되어 있다는 식으로 이야기함으로써 두 가지 유형의 경험된 행위들을 구별할 수 있는 것은 아니다. 그래서 만약 우리가 이성적 존재자로서의 인간이 자유롭다고 가정하면, 우리는 같은 행위가 결정되어 있으면서 동시에 자유롭다고 주장할 수밖에 없다.

물론 칸트는 이 어려운 점을 잘 알고 있다. 만약 우리가 자유를 구하고 싶다면, '유일하게 남은 길은 시간 내에서 규정될 수 있는 한에서 사물의 현존, 즉 **자연필연성** 법칙에 따른 인과성을 **순전히 현상에만** 인정하되, **자유는 사물 자체로서 동일한 존재자에게** 인정하는 것이다.'[53] 그런 다음 그는 다음처럼 묻는다. '어떻게 이 사람이 동일한 시점에 동일한 행위와 관련하여 전적으로 자유로웠다고 말할 수 있을까? 그 시점에 그 행위와 관련하여 이 사람은 피할 수 없는 자연필연성 아래 있었는데도 말이다.'[54] 그의 답변은 시간-조건에 의해 주어진다. 인간의 현존이 시간 조건에 종속되는 한에서 그의 행위들은 자연의 기계적 체계의 일부를 형성하고, 선행하는 원인에 의해 결정된다. '그러나 바로 이 동일한 주관은 다른 한편 사물 자체로서 자신을 의식하는 주관이다. 이러한 주관은 시간 조건 아래 있지 않는 한에서 자기 현존 또한 고찰한다. 그러나 자기 자신을 법칙에 따라 규정될 수 있는 것으로만, 즉 주관이 이성 자체에 의해 자신에게 부여하는 법칙에 따라 규정될 수 있는 것으로만 고찰한다.'[55] 그리고 스스로가 부과한 법칙들에 의해서만 결정될 수 있는 것은 자유로운 것이다.

칸트의 견해에 의하면 이러한 입장은 양심의 증언에 의해서 지지된다. 내가 도덕법칙에 어긋나는 나의 행위들을 과거의 것으로서 볼 때, 나는 그것들을 인과적 요인의 탓으로 돌리는 성향을 갖는다. 그러나 죄의 감정은 남아 있다. 그리고 이것의 이유는 도덕법칙, 즉 나의 초감성적이며 초시간적인 현존의 법칙이 의문시될 때 이성은 시간의 어떤 구별도 인정하지 않는다는 것이다. 단지 이성은 그 행위가 수행된 시간에 대한 언급 없이 그 행위를 나의 것으로 인정할 뿐이다.

---

53 *Pr.R.*, 170, *Abb.*, p. 189.
54 *Pr.R.*, 171, *Abb.*, p. 189.
55 *Pr.R.*, 175, *Abb.*, p. 191.

그러나 인간은 바로 그 동일한 행위에 대해서 지성적으로는 자유롭고 경험적으로는 결정되어 있다는 그 진술은 하기 어려운 말이다. 그러나 그의 전제들이 주어진다면 칸트가 피할 수 없는 말이기도 하다.

(ii) 우리가 실천이성의 두 번째 요청, 즉 불멸성에 곧바로 들어가기 전에 칸트의 최고선(*summum bonum*)의 개념, 즉 글자 그대로 번역하자면 최고의 또는 최상의 선을 의미하는 용어에 대해 무언가 이야기하는 것이 필요하다. 사실상 칸트가 이 주제에 대해 당연히 이야기하게 되는 것을 이해하지 못한다면, 우리는 두 번째 요청에 관한 이론이든, 세 번째 요청, 즉 신의 요청에 관한 이론이든 어떤 이론도 따라갈 수 없다.

이성은 그것의 실천적 기능에서조차 무제약적인 전체성을 추구한다. 그리고 이것은 그 이성이 실천이성의 **대상**의 또는 의지의 무제약적 전체성을 추구한다는 것을 의미한다. 이 대상에 최고선이라는 이름이 주어진다. 그러나 이 용어는 의미가 두 가지이다. 그것은 그 자체 제약되지 않는 선이라는 의미에서 최상의 또는 최고의 선을 의미할 수도 있고, 아니면 그것은 그 자체 더 이상 큰 전체의 일부가 아닌 전체라는 의미에서 완전선을 의미할 수도 있다. 그런데 덕은 최상의 그리고 무제약적인 선이다. 그러나 덕이 완전선 ── 이성적 존재자가 가지는 욕망들의 전체적 대상을 의미하는 ── 이라는 귀결이 나오는 것은 아니다. 그리고 사실상 행복 역시 완전선의 개념에 포함되어야 한다. 그러므로 만약 우리가 최고선을 완전선으로 이해한다면, 최고선은 덕과 행복 모두를 포함한다.

완전선의 이 두 요소들 간의 관계에 관한 칸트의 견해를 이해하는 것이 매우 중요하다. 그것들 사이의 결합은 논리적인 것이 아니다. 그것들의 결합이 논리적이거나 분석적이라면, 칸트가 이야기하듯이 유덕하기 위해 노력하는 것은, 즉 자신의 의지를 도덕법칙에 완벽하게 일치시키는 것은 행복의 합리적 추구와 같을 것이다. 그리고 이것이 칸트 주장이 의미하는 것이라면, 칸트는 행복이 도덕법칙의 근거이지도 않고 근거일 수도 없다는 그의 계속해서 반복하고 있는 확신과 모순될 것이다. 그러므로 완전선의 두 요소 간의 결합은 원인이 그것의 결과를 산출하는 것과 마찬가지로 덕이 행복을 낳는다는 의미에서 종합적이다.

최고선은 '전체, 즉 완전한 선'을 의미한다. '그러나 이 완전선에서 덕은 항상 조건으로서 최상선이다. 더는 아무 상위 조건도 갖지 않기 때문이다. 행복은 그것을 소유한 사람에게는 늘 쾌적한 어떤 것이겠지만 그 자체만으로는 단적으로 선하지 않으며 모든 점에서 선한 것도 아니다. 오히려 이 완전선에서 행복은 언제나 도덕적·합법칙적 행동을 전제한다.'[56]

그러므로 덕과 행복이 완전선의 두 요소를 구성한다는 명제가 진리라는 것은 분석에 의해서는 발견될 수 없다. 자신의 행복을 추구하는 사람은 이 관념을 아무리 분석하더라도 자신이 유덕하다는 것을 발견할 수 없다. 또한 유덕한 사람은, 스토아 철학자들이 무엇을 이야기하였든, 유덕하다는 관념을 아무리 분석하더라도 자신이 행복하다는 사실을 발견할 수 없다. 덕과 행복이라는 두 관념은 별개의 것이다. 동시에 덕과 행복이 완전선의 두 요소를 구성한다는 명제는 비록 종합적이지만 아프리오리하다. 덕과 행복의 결합은 우리가 덕이 행복을 산출해야 한다는 의미에서 실천적으로 필연적이다. 물론 우리는 행복의 욕망이 덕을 추구하는 동기이어야 한다고 말할 수 없다. 왜냐하면 이렇게 말하는 것은 의무 때문에 행위를 한다는 전체 관념과 모순되고, 의지의 자율성의 자리에 타율성을 갖다 놓을 것이기 때문이다. 그러나 우리는 덕을 행복의 작용인으로 인식해야 한다. 왜냐하면 칸트에 따르면 도덕법칙은 우리에게 최고선을 촉진하라고 명령하기 때문이다. 이 최고선에서 덕과 행복은 원인과 결과와 마찬가지로 제약[조건]과 제약된 것[조건지어진 것]으로서 관계한다.

그러나 우리는 어떻게 덕이 필연적으로 행복을 낳는다고 주장할 수 있는가? 경험적인 증거는 우리의 그런 주장을 보증하지 못하는 것처럼 보인다. 덕과 행복이 실제로 함께 발견되는 일이 때때로 발생하겠지만, 이러한 일은 순전히 우연적인 사실이다. 그래서 우리는 이율배반에 봉착하는 것처럼 보인다. 한편으로 실천이성은 덕과 행복의 필연적 결합을 요구한다. 다른 한편으로 경험적 증거는 그러한 필연적 결합이 존재하지 않는다는 점을 보여준다.

이러한 난점을 해결하기 위해서 칸트는 덕이 필연적으로 행복을 낳는다는 주

---

56   *Pr.R.*, 199, *Abb.*, p. 206-207.

장은 단지 어떤 조건 하에서만 거짓이라는 점을 보여주고자 한다. 말하자면 그런 주장은 우리가 이 세상의 현존을 이성적 존재자가 가질 수 있는 유일한 종류의 현존이라고 생각한다는 조건에서만 거짓이고, 만약 우리가 그 주장을 덕은 이 감성계에서 행복을 낳는 원인으로 작동한다는 의미로서 간주한다면 그 주장은 거짓이다. 행복의 추구가 덕을 낳는다는 진술은 **절대적으로** 거짓이다. 그러나 덕이 행복을 낳는다는 진술은 절대적으로는 아니지만, 단지 조건적으로만 거짓이다. 그러므로 만약 내가 이 감성계에서 물리적 대상으로서뿐 아니라 지성계와 초감성계에서 지성체로서 존재한다는 생각이 정당하다면, 이 진술은 참일 수 있다. 그리고 도덕법칙은, 자유의 관념과 불가분리적으로 결합되어 있기 때문에, 내가 자유의 이념을 믿어야 할 것을 요구한다. 그러므로 우리는 최고선의 실현이 가능하다는 것, 최초의 요소, 즉 덕(최상선 또는 최고선)이 둘째의 요소, 즉 행복을 직접적으로는 아니지만 적어도 간접적으로(신의 작용을 통해서) 낳는다고 생각해야 한다.

　(iii) 다른 세계가 현존한다는 개념은 이미 방금 언급되었다. 그러나 칸트는 완전선의 최초의 요소 즉 덕을 고려함으로써 불멸성의 요청에 실제로 다가간다.

　도덕법칙은 우리에게 이성적 의지의 필연적 대상인 최고선을 촉진하라고 명령한다. 이것은 도덕법칙이 우리에게 덕은 행복을 낳기 때문에 덕을 추구하라고 명령한다는 것을 의미하는 것은 아니다. 그러나 실천이성은 행복을 낳는 덕을 추구하라고 우리에게 명령한다. 그런데 덕, 우리가 그것을 추구하라고 명령을 받는 덕은 칸트에 따르면 의지와 감정이 도덕법칙과 완전히 일치하는 것이다. 그러나 이렇게 도덕법칙과 완전히 일치하는 것은 신성함이고, 이것은 '감성계의 아무런 이성적 존재자도 자기 현존의 아무 시점에 도달할 수 없는 완전함'[57]이다. 그러므로 만약 실천이성이 완전한 덕을 그것의 실천적 사용에서 명령한다면, 그리고 동시에 그것이 어떤 주어진 시점에서도 인간에 의해서 도달될 수 없다면, 완전선의 첫째 요소는 이상을 향한 무제한하고, 끝이 없는 전진의 형식 속에서 실현되어야 한다. '그런데 이 끝 없는 전진

57　*Pr.R.*, 220, *Abb.*, p. 218.

은 동일한 이성적 존재자의 **무한히** 존속하는 **현존**과 인격성을 가정할 때만 가능하다. 우리는 이것을 영혼불멸이라 일컫는다.'[58] 그러므로 최고선 ─ 도덕법칙은 이것을 추구하라고 명령한다 ─ 의 첫째 요소의 도달은 영혼이 불멸이라고 가정할 때만 가능하기 때문에, 영혼의 불멸은 순수실천이성의 요청이다. 그것은 이성의 이론적 사용에서 이성에 의해 입증될 수 없다. 이때 이성적 사용은 단지 불멸이 논리적으로 불가능한 것은 아니라는 점만을 보여줄 수 있다. 그러나 불멸의 이념은 도덕법칙과 불가분리적으로 결합되어 있기 때문에, 불멸은 요청되어야 한다. 이것을 거부하는 것은 결국 도덕법칙 자체를 부인하는 것이다.

두 번째 요청에 대한 칸트의 이론에 대해 다양한 반론이 제기되었다. 예를 들어 칸트는 자기모순을 범하고 있다는 반론이 있었다. 한편으로는 덕은 실천이성이 명령하는 것이기 때문에, 덕의 도달은 가능해야 한다. 그러므로 만약 현세에서 덕에 도달할 수 없다면, 덕에 도달할 수 있는 다른 세상이 있어야 한다. 다른 한편으로 현세에서건 어떤 다른 세상에서건 덕에 도달할 수 없다. 도달할 수 없는 이상을 향한 끝없는 전진만이 있을 뿐이다. 그러므로 도덕법칙은 불가능한 것을 명령하는 듯이 보인다. 또한 우리가 신성함의 도달을 도덕법칙의 명령으로 간주할 수 없다는 반론이 있었다. 그러나 이러한 반론들의 설득력이 무엇이든 간에, 칸트 자신은 신성함을 이상적인 목표로 명령하는 도덕법칙의 이념을 상당히 강조하였다. 그의 견해에 따르면 이런 명령을 거부하는 것은 인간 본성의 나약함에 그 기준을 낮춤으로써 도덕법칙의 격하를 가져온다.

(iv) 신성함에 도달하라는 명령에 복종하는 조건으로서 불멸성을 요청하는 일을 우리에게 요구하는 동일한 도덕법칙은 또한 우리에게 덕과 행복의 필연적이고 종합적인 결합의 조건으로서 신의 현존을 요청하도록 요구한다.

행복은 '세계 안의 이성적 존재자의 상태로, 이 존재자의 전체성에서 **모든 것이**

---

58   같은 곳.

바라고 뜻하는 것이 이루어지는 상태[59]라고 칸트는 서술한다. 그러므로 행복은 물리적 자연이 인간의 바람과 의지와 조화를 이루는 데서 성립한다. 그러나 이 세계에 존재하는 이성적 존재자는 세계의 창조자가 아니며, 또한 그는 행복이 덕에 비례하고 덕과 행복 간의 필연적 결합이 실제로 확립되도록 자연을 규제할 위치에 있지도 않다. 그러므로 행복은 자신의 조건으로서 덕을 따르며, 덕에 비례해야 한다는 의미에서 만약 덕과 행복 사이에 아프리오리한 종합적 결합이 있다면, 우리는 '자연과 구별되는, 전체 자연의 원인의 현존, 즉 행복과 도덕성의 정확한 일치인 이러한 결합의 근거를 포함하는 것'[60]을 요청해야 한다.

게다가 이 존재자는 법칙의 개념에 따라 도덕에 행복을 분배하는 것으로 생각되어야 한다. 왜냐하면 행복은 유한한 이성적 존재자들이 도덕법칙을 그들의 의지의 결정 원리로 만드는 정도에 따라 분배된다는 의미에서, 행복은 도덕에 분배되어야 하기 때문이다. 그러나 법칙의 개념에 따라서 행위를 할 수 있는 존재자는 지성적이거나 이성적이다. 그리고 그의 원인성은 그의 의지일 것이다. 그래서 자연의 원인으로서 요청되는 존재자는 반드시 지성과 의지에 따라 행위를 하는 것으로 이해되어야 한다. 다른 말로 하면 그런 존재자는 신으로 이해된다. 더 나아가서 우리는 우리의 모든 내적인 상태들을 인식하는 것으로 생각되기 때문에 신을 전지한 것으로 이해해야 하고, 행복과 덕이 정확하게 비례하는 세계를 존재하게 할 수 있는 것으로 생각되기 때문에 전능하다. 다른 속성들에 대해서도 그렇게 이야기할 수 있다.

칸트는 『순수이성비판』에서 부인했던 것을 자신이 지금 긍정하고 있는 것은 아니라는 점을, 즉 사변이성이 신의 현존과 속성을 입증할 수 있다는 점을 긍정하고 있는 것은 아니라는 점을 우리에 상기시킨다. 물론 신의 현존은 이성에 의한 용인이다. 그러나 이러한 용인은 신앙의 행위이다. 우리는 그것을 의무와 결합되어 있다는 의미에서 실천적 신앙이라고 한다. 우리는 최고선을 촉진해야 할 의무가 있다. 그러므로 우리는 최고선의 가능성을 요청할 수 있다. 그러나 우리는 신이 현존한다는 가

---

59   *Pr.R.*, 224, *Abb.*, p. 221.
60   *Pr.R.*, 225, *Abb.*, p. 221.

정 없이는 완전한 선의 실현 가능성을 실제로 이해할 수 없다. 그러므로 비록 도덕법칙이 신에 대한 신앙을 직접적으로 요구하지는 못하지만, 도덕법칙은 그러한 신앙의 기초에 놓여 있다.

(v) 칸트가 주목하고 있듯이 세 가지 요청은 다음과 같은 공통점을 지닌다. '세 가지 요청은 모두 요청이 아니라 법칙인 도덕성의 원리에서 나온다.'[61] 그러나 그 요청들이 우리의 지식을 확장한다고 말해질 수 있는지의 문제가 생겨난다. 칸트는 다음처럼 대답한다. 그러나 '오직 **실천적 관점에서만** 그렇다.'[62] 그리고 칸트의 견해를 표현하는 습관적인 진술은 요청들이 우리의 지식을 이론적 관점에서가 아니라, 단지 실천적 관점에서 증가시킨다는 것이다. 그러나 이것이 무엇을 의미하는지는 결코 곧바로 명확한 것은 아니다. 만약 칸트가 단순히 그것은 도덕적으로 유익하다는 의미에서 실용적 측면에서 유용한 것이라는 점만을 의미했다면, 마치(as if) 우리가 자유로운 것처럼, 우리가 불멸의 영혼을 가지고 있는 것처럼, 신이 존재하는 것처럼 행동하는 것은, 우리가 그것에 동의하건 하지 않건 간에, 그것을 이해하는 것과 관련해서 이야기하는 한, 큰 어려움을 낳지 않는다. 그러나 사실상 그는 이 이상을 의미하는 듯이 보인다.

사실 우리에게는 자유롭고 불멸인 영혼도 신도 직관의 대상으로서 주어지지 않기 때문에, '그러므로 이것은 **주어진 초감성적 대상들에 대한** 인식의 확장은 아니었다'[63]는 이야기를 듣게 된다. 이것은 분명 동어반복인 듯이 보인다. 왜냐하면 신과 영혼이 대상으로 주어지지 않는다면, 분명히 우리는 그것들을 주어진 대상으로 알 수 없다. 그러나 또한 우리는 신과 자유롭고 불멸인 영혼이 어떤 지적 직관의 대상으로 주어지지는 않겠지만, 초감성적인 것에 대한 이론 이성의 인식은 '이러한 대상들이 있다'[64]는 것을 인정할 수밖에 없는 범위만큼 확장된다. 더 나아가 신과 영혼의 현

---

61   *Pr.R.*, 238, *Abb.*, p. 229.

62   *Pr.R.*, 240, *Abb.*, p. 231.

63   *Pr.R.*, 243, *Abb.*, p. 233.

64   *Pr.R.*, 244, *Abb.*, p. 233.

존에 대한 실천 이성의 보증이 주어진다면, 이론 이성은 이러한 초감성적 실재들을 범주에 의해서 생각할 수 있다. 그리고 범주는 그렇게 적용될 때 '공허하지 않으며 의미를 지닌다'.[65] 분명히 칸트는 '이 규정적 사유를 규정하는 술어들이 순전히 아프리오리하게 주어진 순수한 **실천적 의도**와 이 의도의 가능성에 필연적으로 속하는 한',[66] 범주들이 초감성적인 것을 일정한 방식으로 이해하는 것에 적용될 수 있다고 주장한다. 그러나 초감성적 실재들이 직관의 대상으로서 주어지는 것이 아니라, 그 실재들과 도덕법칙이 연결되기 때문에 긍정된다고 하더라도, 사변이성에서 다시 규제적이었던 이념들은 실천이성이 제공하는 도움을 통해서 초감성적 실재들을 사유하는 방식으로 일정한 형식과 형태를 취하게 된다는 사실은 남게 된다.

그러므로 내가 볼 때 칸트가 자신이 『순수이성비판』에서 거부하였던 형이상학 대신에 새로운 유형의 형이상학을 제공하고 있다는 주장은 논의의 여지가 있는 듯이 보인다. 선험적 자아의 이념과 신의 이념의 경우에 사변이성은 말하자면 실천이성의 도움으로 이 이념들에 형태를 부여할 수 있다. 그리고 실천이성과 사변이성이 협력할 때 실천이성이 우위를 점하기 때문에 이러한 일이 가능하다.[67] '사변이성이 자신의 통찰로부터 독자적으로 실천이성에 내놓을 수 있었던 것 이상을 실천이성이 받아들여서도, 주어진 것으로 사유해서도 안 된다면 사변이성이 우위를 점한다. 그런데 만일 실천이성이 독자적으로 아프리오리하고 근원적인 원리들을 가지고, 이 원리들이 특정 이론적 정립들과 불가분적으로 결합해 있기는 하지만 사변이성의 가능한 모든 통찰에서 벗어나 있다면(그렇다고 이 원리들이 사변이성에 모순되어서는 안 되겠지만), 문제는 실천이성의 관심과 사변이성의 관심 가운데 어느 것이 최상의 관심인가 하는 것이다(어느 것이 물러나야 하는 것은 아니다. 어느 하나가 다른 하나와 반드시 상충할 필요는 없기 때문이다). …'[68] 다시 말한다면 사변이성의 관심이 우위를 점하여 그 이성이 자신 외에 어떤 다

---

65   *Pr.R.*, 246, *Abb.*, p. 234.
66   *Pr.R.*, 255, *Abb.*, p. 239.
67   물론 이런 식의 언급 방식은 잘못 이해될 수 있다. 왜냐하면 궁극적으로는 우리가 앞에서 보았듯이 이성은 기능이나 사용 방식에서 구별될 수 있겠지만 단 하나의 이성이 존재하기 때문이다.
68   *Pr.R.*, 216-217, *Abb.*, p. 216.

른 원천에서 제공되는 모든 것을 거부하거나, 아니면 실천이성의 관심이 우위를 점하여 이를테면 사변이성이 실천이성에 의해 사변이성에 제공된 명제들을 넘겨받아 '이 명제들을 자기의 개념들과 통일'[69]하려고 노력하는가가 문제이다. 칸트의 견해에 따르면, 실천이성의 관심이 우위를 점해야 한다. 확실히 말해서 실천이성이 감성적 경향성과 욕망에 의존하는 것으로 간주된다면, 이러한 것은 주장될 수 없다. 왜냐하면 이 경우에 사변이성은 모든 종류의 자의적인 공상을 동원해야 하기 때문이다. (칸트는 모하메드(Mohammed)의 낙원의 관념을 언급한다.) 다른 말로 하면 칸트는 단순히 소망이 섞인 생각을 장려하고 싶은 생각은 없었다. 그러나 만약 실천이성이 자신의 실천적 역량에서 순수이성인 것으로 간주된다면, 즉 아프리오리한 원리들에 따라서 판단하는 것으로 간주된다면, 그리고 어떤 이론적 입장들이 실천이성의 기능에 순수이성이 작용하는 것과 불가 분리적으로 결합되어 있다면, 이론적 역량에서 순수이성은 이러한 입장들을 수용하고, 그것들을 일관되게 생각하려고 시도해야 한다. 만약 우리가 실천이성의 이러한 우위성을 수용하지 않는다면, 우리는 이성 그 자체 안에 불협화음이 있음을 인정하는 것이다. 왜냐하면 순수실천이성과 순수사변이성은 근본적으로 하나의 이성이기 때문이다.

칸트가 실제로 도덕적 의식에 기초하는 형이상학을 만들고자 했다는 사실은 나로서는 그가 실천적 인식에서의 정도의 차이를 인정한 듯이 보인다는 사실에서 볼 때도 분명한 것으로 여겨진다. 자유의 이념은 도덕법칙 및 의무와 밀접하게 결합해 있기 때문에, 우리는 강제를 인정하면서 자유를 부인할 수는 없다. '나는 해야 한다'는 '나는 할 수 있다'를 함축한다(즉 나는 복종하거나 복종하지 않을 수 있다.) 그러나 우리는 강제가 자유를 함축하는 것과 정확하게 같은 방식으로 최고선이나 완전선의 개념이 신의 현존을 함축한다고 말할 수 없다. 이성은 행복이 덕에 속한다는 것이 신의 현존을 함축하는지 여부를 절대적 확실성을 가지고 결정할 수 없다. 즉 이성은 이러한 속함 관계를 가능하게 하는 사건들이 지혜롭고 선한 창조자의 가정 없이 자연법칙의 작용에 의해서 가능하게 될 가능성을 절대적으로 배제할 수는 없다. 그러므로 선택의

---

69   같은 곳.

여지가 있다. 즉 실천적 신앙이 의지의 행위에 의존하게 될 여지가 있다. 사실상 우리는 자유를 '입증'할 수 없고, 그래서 어떤 의미에서 자유는 신앙의 대상이다. 그러나 우리는 도덕법칙의 현존을 수용하면서 자유를 부인할 수 없는 여지는 남아 있지만, 반면에 도덕법칙의 현존을 수용하면서, 비록 신의 현존에 대한 신앙이 이성의 요구에 더 합치하더라도 신의 현존을 의심하는 일은 가능하다.

그러므로 칸트가 형이상학을 거부하고 있다고 간단하게 말하는 것은 잘못 읽힌다. 사실상 칸트는, 독단적 형이상학이 아프리오리한 이론적 원리들에 기초한 아프리오리한 구성으로서 고려되거나 혹은 일종의 현상체에 대한 과학적 설명의 연장 또는 확장으로서 고려될 때, 이 독단적 형이상학을 거부한다. 그러나 칸트가 요청들의 일반 이론을 '형이상학'이라 부르지 않더라도, 사정은 달라지지 않는다. 그 일반 이론은 법칙에 대한 도덕적 의식과 강제에 기초한 형이상학이다. 그것은 우리에게 초감성적 실재에 대한 직관을 제공하지 않으며, 그런 실재에 대한 주장들은 도덕적 의식의 타당성과 도덕적 경험에 대한 칸트의 분석에 달려 있다. 그러나 그럼에도 초감성적 실재에 관해서 사리에 합당한 입장들이 있다. 그리고 우리가 칸트의 '형이상학'이라고 말하는 것은 아주 합당한 일이다.

━━━━━━━━━ **11. 칸트의 종교론**

칸트에 따르면 도덕이 종교를 전제하지 않는다는 사실을 우리는 앞에서 살펴보았다. 다른 말로 하면 인간은 자신의 의무를 인식할 수 있기 위해 신의 관념이 필요하지 않다. 그리고 도덕적 행위의 궁극적 동기는 신의 명령에 대한 복종이 아니라 의무 때문에 행하는 의무이다. 동시에 도덕은 종교로 나아간다. '이런 방식으로 도덕법칙은 순수실천이성의 객관[대상]이자 궁극 목적인 최고선 개념에 의해 **종교**에, 즉 **모든 의무를 제재가 아니라 신의 명령으로 인식**하는 데 이른다. 다시 말해 모든 의무를 **어떤 다른 의지의 자의적이며 그 자체로 우연적인 지령이 아니라** 모든 자유로운 의지의 자기 자신에 대한 본질적 **법칙**으로 인식하는 데 이른다. 그러나 이 법칙은 최고 존재자의 명령으로 여겨져야만 하는데, 우리는 오직 도덕적으로 완전하고 (신성하고 자비로우며) 동시에 또한 전능한 의지로부터만 최고선, 즉 도덕법칙이 우리에게 추구할 대상으로 삼으라고 의무화하는 최고선을 희망할 수 있고, 따라서 이러한 의지와 일치함으로써만 최고선에 도달하기를 희망할 수 있기 때문이다.'[70] 도덕법칙은 행복하거나 우리 자신을 행복하게 만들기 위해서라기보다는 우리 스스로를 행복할 만한 가치가 있게 만들라고 우리에게 명령한다. 그러나 덕은 행복을 낳아야 하기 때문에, 그리고 최고선의 이러한 완성은 신의 행위를 통해서만 성취될 수 있기 때문에, 우리에게는 신의 행위를 통해서 행복하기를 희망할 자격이 주어진다. 이때 신의 의지는 신성한 의지로서 자신의 피조물들이 행복할 만한 가치가 있어야 한다는 것을 바라는 반면에, 전능한 의지로서 신은 자신의 피조물들에게 이러한 행복을 부여할 수 있다. '행복에 대한 **희망**은 오로지 종교와 함께 비로소 시작되기 때문이다.'[71]

이러한 관점은 『이성의 오롯한 한계 안의 종교』(*Religion within the Bounds of Pure Reason*, 1793)에서 다시 나타난다. 그래서 이 책의 제1판의 서문은 다음과 같이 시작한다. '도덕은 자유롭지만 동시에 스스로 자신의 이성에 의해 자신을 무제약적인 법칙에 묶는 존재자인 인간의 기념에 기초하고 있는 한, 인간의 의무를 인식하기 위해서 인간 위에 있는 어떤 다른 존재자의 이념도 필요 없으며, 또한 그 의무를 이행하기 위해 법칙 자체 이외의 어떤 다른 동기도 필요 없다.'[72] 그러나 동시에 도덕 행위의 최종적 귀결의 문제와 도덕적 질서와 자연적 질서 간의 가능한 조화의 문제는 인간 이성과 무관한 문제일 수 없다. 그리고 결국 '도덕은 불가피하게 종교로 나아간다.'[73] 왜냐하면 우리는 이러한 조화가 신의 행위를 통하는 것 외에 일어날 수 있는 다른 어떤 방식도 알 수 없기 때문이다.

칸트에서 참된 종교는 다음에서 성립한다. 즉 '우리의 모든 의무에서 우리는 신

---

70   *Pr.R.*, 233, *Abb.*, p. 226.

71   *Pr.R.*, 235, *Abb.*, p. 227.

72   *Rel.*, p. 3, *G.-H.*, p. 3.

73   *Rel.*, p. 6, *G.-H.*, p. 5.

을 경외해야 하는 보편적 입법자로 간주한다.'[74] 그러나 신을 경외한다는 것은 무엇을 의미하는가? 그것은 의무 때문에 행위를 하는 도덕법칙에 복종한다는 것을 의미한다. 다른 말로 하면 칸트는 공적이든 사적이든 예배와 기도의 표현이라는 의미에서의 종교의식(宗教儀式)에 거의 가치를 두지 않았다. 그리고 이러한 태도는 다음과 같은 자주 인용되는 말로 요약된다. '도덕적인 삶의 방식은 도외시하면서, 인간이 신을 기쁘게 할 수 있다고 스스로 믿는 모든 것은 단지 종교적 망상과 신에 대한 거짓 숭배일 뿐이다.'[75]

일상적 의미에서의 종교의식에 대한 이러한 무관심은 물론 다양한 교의 그 자체에 대한 무관심과 연결된다. 나의 생각으로는 '그 자체'라는 말이 필요하다. 왜냐하면 어떤 믿음들은 진정한 도덕성과 일치하지 않는 것으로 배제되는 반면, 다른 믿음들은 순수 이성에게 용납될 수 없을 것이기 때문이다. 그러나 종교적 진리들의 독특한 계시라는 관념도, 한층 더 나아가 계시의 관리인이자 공인된 계시 해석자라는 권위주의 교회의 관념도 칸트는 거부하고 있다. 나는 그가 성경에 기초한 신앙과 함께 눈에 보이는 그리스도교 교회의 관념을 모조리 거부했다고 보지는 않는다. 왜냐하면 그는 그렇게 하지 않았기 때문이다. 그러나 눈에 보이는 교회는 그가 볼 때 보편적이고 눈에 보이지 않는 교회의 이상의 근사치에 불과할 뿐이다. 이 보이지 않는 보편적 교회야말로 덕 안에서 모든 인간을 정신적으로 결합하고, 신에 대한 도덕적 봉사를 하고 있으며, 그렇게 할 것이다.

그리스도교의 개개의 교의에 대한 칸트의 취급을 논의하는 것이 나의 의도는 아니다.[76] 그러나 말하자면 그가 어떤 교의들의 역사적 관련을 벗겨 내버리고, 그 자신의 철학에 적합한 의미를 발견하는 강한 경향을 보여주고 있다는 점을 주목할 필요가 있다. 그래서 그는 원죄를 부인하지 않는다. 거꾸로 그는 인간이 자연적으로 완전하다고 상상하는 사람들에 반대하면서 원죄를 긍정한다. 그러나 역사적 타락과 죄

---

74 *Rel.*, p. 103, *G.-H.*, p. 95.

75 *Rel.*, p. 170, *G.-H.*, p. 158.

76 독자들은 예를 들어 C. C. J. Webb의 『칸트의 종교철학』(*Kant's Philosophy of Religion*)을 참고할 수 있다(참고문헌 참조).

를 상속받는다는 관념들은 단순한 자기애에서 행동하는, 그리고 보편적 도덕법칙에 대한 존경이 없이 행동하는 근본 성향의 개념으로 대체된다. 이러한 성향은 경험적 사실이고, 그러한 성향에 대해 성경은 그림 언어(picture-language)로 설명을 제공하고 있지만, 우리는 그것에 대해 결코 궁극적인 설명을 제공할 수 없다. 이런 식으로 칸트는 자신이 교의를 글자 그대로 인정한다는 의미에서 교의를 긍정하지만, 반면에 동시에 그는 한편으로는 인간 본성의 전면적인 타락이라는 극단적인 프로테스탄트 교의를 부정할 수 있으며, 다른 한편으로 인간의 자연적 완전성이라는 낙관주의적 이론들도 부정할 수 있다는 식으로 논의를 전개하여 그 교의를 합리론적으로 해석한다. 그리스도교 교의를 유지하면서 또한 그리스도교 교의의 내용에 대한 합리론적 설명을 제시하려는 이러한 성향은 헤겔에게서 더욱 분명하게 나타난다. 그러나 헤겔은 종교의 특징을 이루는 사고방식과 철학의 특징을 이루는 사고방식에 대한 이성에 입각한 구별을 하면서, 칸트의 그것보다 훨씬 심원한 종교 철학을 탄생시켰다.

그러므로 우리는 칸트의 종교 해석이 성격상 도덕론적이고 합리론적이라고 말할 수 있다. 동시에 이러한 진술은 오해를 낳을 가능성이 있다. 왜냐하면 이러한 진술은 칸트가 이해하는 바 참된 종교의 내용에서 우리가 신에 대한 경건이라고 부를 수 있는 것의 모든 요소가 사라진다는 점을 암시할 수도 있기 때문이다. 그러나 사실상 그렇지 않다. 실제로 그는 신비주의자들에 대해 별로 공감을 보여주지 않는다. 그러나 우리는 이미 칸트에 있어 종교는 우리의 의무를 신의 명령으로서 간주하는 것(적어도 의무의 이행은 신의 신성한 의지가 창조의 궁극적인 목적으로 바라는 목적에 합당하다는 의미에서)을 의미한다는 점을 살펴보았다. 그리고 『유작』에서 의무의 의식을 신의 나타남의 의식으로 보는 개념이 전면에 등장한다. 분명한 일이지만, 만약 그가 그렇게 할 기회가 있었더라면, 이 『유작』 노트들에 포함되어 있는 다양한 관념들을 그가 어떻게 체계화하고 발전시켰을는지는 모를 일이다. 그러나 신에 대한 신앙에 이르는 하나의 타당한 길이라는 도덕법칙의 관념이 손대지 않은 채 그대로 남아 있더라도, 칸트는 신의 내재성을, 그리고 신의 나타남의 의식으로서의 우리의 도덕적 자유와 도덕적 강제의 의식을 더 많은 강조하는 경향이 있었던 듯이 보인다.

─────── **12. 결론**

칸트의 윤리 이론에 어떤 장엄한 것이 있다는 것이 부인될 수 없다고 나는 생각한다. 의무에 대한 그의 완고한 찬양과 인간 인격의 가치에 대한 그의 고집은 분명히 존중할 가치가 있다. 게다가 그가 이야기하는 것 중 상당한 부분은 도덕적 의식에서 진정한 메아리가 되고 있다. 그래서 개인의 도덕적 확신들이 사람마다 달라질 수 있겠지만, 적어도 어떤 의미에서 결과들이 부적절한 경우들이 생겨나고, 그 결과가 어찌 되었든, 도덕법칙은 지켜져야 한다는 확신은 도덕적 의식의 공통된 특징이다. 만약 우리에게 도대체 무엇이든 도덕적 확신이 있다면, 우리 모두는 통속적인 언어를 사용하여 비록 우리가 꼭 같은 장소에 선을 긋지는 못하더라도, 어딘가에 선을 그어야 한다는 것을 느끼게 된다. 하늘이 무너져도 정의가 실현되어야 한다(*Fiat iustitia, ruat coelutn*)는 법칙은 보통 사람의 도덕적 안목에서도 쉽게 이해될 수 있다. 다시 말해서 칸트가 도덕법칙의 보편적 성격에 주목했다는 점을 옳은 일이다. 사회가 다르고 개인이 다르면 무언가 도덕적 관념이 다른 것은 사실이지만, 그 사실이 도덕 판단은 그 자체 보편적 주장을 담고 있다는 사실을 바꾸지는 못한다. 내가 이것을 또는 저것을 해야 한다고 말할 때, 적어도 나는 정확하게 같은 상황에서 다른 누구든 같은 식으로 행동해야 한다는 것을 함축하고 있다. 왜냐하면 나는 그렇게 하는 것이 옳다고 말하고 있기 때문이다. 사람들이 '정서적' 윤리 이론을 채택하더라도, 그들은 도덕판단의 이 보편적 주장을 허용할 수밖에 없다. 내가 X라는 행위를 수행해야 한다는 진술은 분명히 이런저런 측면에서 내가 올리브를 좋아한다는 진술과는 유형이 다르다. 비록 전자가 이성의 최상의 원리를 적용한 표현이라기보다는 정서의 표현 또는 태도의 편이라고 주장되더라도 그러하다.[77]

동시에 칸트의 윤리 이론이 어느 정도 도덕적 의식을 반영하고 있지만, 그 이론은 심각한 반대들에 직면한다. 그중 헤겔이 도덕성의 최상의 원리에 대한 칸트의 설

─────────

[77] 나는 정서적 윤리 이론의 옹호자들이 그 이론의 여러 발전된 형식들에서 도덕판단의 이 특징을 허용하지 않는다고 생각하지 않는다.

명을 형식주의와 추상성을 근거로 하여 어떻게 비판했는지 이해하기는 쉽다. 물론 어떤 관점에서 보면 형식주의와 '공허함'에 근거하여 칸트의 윤리 이론을 반대한 것들은 요점을 벗어나 있다. 왜냐하면 응용 윤리학과 구별되는 순수 윤리학에서 그는 경험적으로 주어진 '문제'를 제외하고, 도덕판단에서의 '형식적' 요소를 정확히 확인하는 일에 몰두했기 때문이다. 적절한 질문이지만, 형식주의적 요소 말고 다른 무엇이 형식적 요소일 수 있을까? 다시 말하면, 정언명령이 경험적으로 주어진 내용에 적용될 수는 있겠지만, 그것이 단순한 분석에 의해서 행위의 구체적인 규칙들의 연역을 위한 전제인 것으로 의도되지 않았다면, 과연 공허함을 비난하는 것은 가치 있는 일인가? 그 의미상 정언명령은 구체적인 도덕적 규칙들의 분석적 연역을 위한 전제로서가 아니라, 우리의 주관적인 의욕의 원리들의 도덕성의 시험 또는 기준으로서 역할을 한다. 사실상 그렇다면 칸트의 도덕성의 원리가 실제로 시험 또는 기준으로서 역할을 할 수 있는가의 문제가 생겨난다. 우리는 이미 이성적 행위자에 대해서 그의 준칙이 보편법칙이 될 것을 바랄 '수 있다'거나 바랄 '수 없다'고 말하는 것이 무엇을 의미하는지를 정확하게 이해하는 데에는 어려움이 뒤따른다는 점을 살펴보았다. 그리고 이 어려움이 정언명령의 추상성과 공허함과 연관되어 있을 수는 있겠다.

어떤 철학자들은 칸트의 합리론, 즉 말하자면 도덕법칙은 궁극적으로 이성에 근거한다는 것, 그리고 그것의 최상의 원리는 이성에 의해 공포된다는 사상에 반대할 것이다. 그러나 도덕법칙이 이성에 의해서 공포된다는 칸트의 견해가 옳았다고 가정해보자. 그렇다면 칸트가 생각했듯이 의무의 개념이 절대적 우위성을 갖는가, 아니면 의무의 개념은 선의 개념에 종속해 있기에 선의 개념이 우위성을 갖는가 하는 문제가 생겨난다. 그리고 어떤 다른 고려를 배제한다면, 이 이론의 둘째 대안이 도덕적 의식을 해석하기 위한 틀의 역할을 더 잘 할 수 있다고 주장될 수 있다. 사실상 예를 들어 벤담(Bentham)의 공리주의의 형식을 취하는 어떤 목적론적 윤리 이론도 특별히 도덕적인 판단을 도덕과 무관한 경험적 판단으로 바꾸어버렸다는 그리고 도덕을 배제하는 방식으로 도덕을 설명한다는 비난에 직면한다. 그러나 이것이 도덕에 관한 모든 목적론적 해석에 적용되어야 한다는 귀결이 나오는 것은 아니다. 그리고 그런 귀결이 나오는가 나오지 않는가의 문제는 최종적으로 칸트가 해결했다고 할 수는 없다.

칸트의 종교 철학에 관해서 말한다면, 그것은 분명하게 계몽주의의 영향을 받고 있다. 따라서 종교적 의식(意識)을 해석하면서 칸트는 역사적 종교들에 대해, 즉 실제로 존재했던 종교에 대해 너무 적게 그 중요성을 부여하고 있다. 그 후 헤겔은 이런 결점을 시정하려고 시도하였다. 그러나 일반적으로 고려해볼 때, 칸트의 종교 철학은 분명히 물리학의 세계, 즉 자유를 배제한 인과법칙이 지배하는 경험적 실재의 세계를 도덕적 의식의 세계, 즉 자유의 세계와 일치시키려고 칸트가 시도하고 있다는 특징을 지닌다. 이론이성 자신은 우리에게 단지 자유의 개념이 그리고 초경험적 지성적 실재의 이념이 결코 불가능한 것은 아니라는 것을 안다고 말할 뿐이다. 도덕법칙의 개념은 그것이 자유의 이념과 불가 분리적으로 연결됨으로써 우리에게 그러한 실재의 현존에 대한 실천적 보장과 우리가 이성적 존재자들로서 그것에 속해 있다는 실천적 보장을 제공한다. 그리고 우리가 지성적 실재를 가정하는 일을 실천이성이 보장하는 한, 이론이성은 이러한 보장을 근거로 해서 지성적 실재를 생각하려고 시도할 수 있다. 그러나 우리가 알 수 있는 한, 두 영역의 궁극적 조화를 실현할 수 있는 자는 신뿐이다. 그러므로 만약 실천이성의 '관심'이 우세하다면, 그리고 도덕법칙이 적어도 함축적으로라도 이 궁극적인 조화를 요구한다면, 이성이 자신의 이론적 기능에서 신이 현존한다는 것을 입증할 수 없다 하더라도, 신에 대한 신앙의 행위는 정당화된다.

그러나 종교에 눈을 돌리고 행복이 덕에 속할 그런 사태의 창조를 신에게서 희망할 자격이 우리에게 있다 하더라도, 여기서 지금 우리에게 남아 있는 것은 자연적 필연성의 영역과 자유 영역의 병렬뿐이라고 하는 것은 분명하다. 이성은 우리에게 자유가 논리적으로 불가능한 것은 아니라는 점을 이야기하고 있기 때문에, 우리는 이 둘이 논리적으로 양립할 수 있다고 말할 수 있다. 그러나 이것은 철학적 반성의 요구를 만족시키기에 충분하지 않다. 왜냐하면 자유는 경험적이고 자연적인 질서에 속해 있는 행위들 안에서 표현될 수밖에 없기 때문이다. 그리고 정신은 두 질서 또는 두 영역 간의 어떤 연결을 발견하고자 한다. 사실상 정신은 객관적 연결, 즉 자신이 이론적으로 지성적 실재의 현존을 증명할 수 있고, 경험적인 실재와 지성적인 실재가 어떻게 객관적으로 관계를 맺는가를 정확하게 보여주는 그런 연결을 발견할 수 없다. 그러나 적어도 정신은 정신 자신의 편에서 주관적 연결을, 즉 자연의 원리에 따르는 사고방식에서부터 자유의 원리에 따르는 사고방식으로 이행하는 일이 정당화된다는 의미의 연결을 추구한다.

그러나 이러한 주제에 대한 칸트의 논법을 찾기 위해서 우리는 세 번째 비판서, 즉 『판단력비판』에 눈을 돌려야 한다.

제15장

칸트(6): 미학과 목적론

━━━━━━━━ **1. 판단력의 매개적 기능**

앞 장의 말미에서 정신의 측면에서 자연적 필연성의 세계와 자유의 세계를 결합하는 어떤 원리가 필요하다는 점을 언급하였다. 칸트는 이러한 필요성을 『판단력비판』(*Critique of Judgment*)의 서론에서 언급하고 있다.[1] 자연 또는 감성적 실재의 개념 영역과 자유 또는 초감성적 실재의 개념 영역 간에는 하나에서 다른 하나로 이행하는 것이 이론 이성의 사용에 의해서는 가능할 수 없는 그런 종류의 간격이 존재한다. 그러므로 두 갈라진 세계가 존재하고, 첫째 세계는 둘째 세계에 어떤 영향도 미칠 수 없는 듯이 여겨진다. 그러나 만약 실천이성의 원리들이 행위 안에서 실현되려면 자유의 세계는 자연의 세계에 영향을 미칠 수밖에 없다. 그러므로 자유의 법칙들에 따라서 목적들이 자연 안에서 실현될 수 있다는 것과 자연이 적어도 양립될 수 있다고 자연을 생각하는 일이 가능해야 한다. 따라서 '한쪽(세계)의 원리들에 따르는 사유 방식

---

[1]   칸트 저술의 비판적 편집본의 제5권에 포함되어 있는 『판단력비판』(*Kritik der Urteilskraft*)은 각주에서 *J*.로 인용될 것이고, 숫자는 절의 수를 가리킨다. *Bd*.와 그 다음에 나오는 숫자는 버나드(J. H. Bernard)의 번역본과 그것의 쪽수를 가리킨다.

에서부터 다른 쪽의 원리들에 따르는 사유 방식으로 넘어가는 일을 가능하게 하는'[2] 통일의 어떤 근거 또는 원리가 존재해야 한다. 다른 말로 하면 우리는 칸트가 자연의 철학이라고 부르는 이론 철학과 자유의 개념에 기초해 있는 도덕철학 사이의 연결 고리를 찾고 있다. 그리고 칸트는 '철학의 두 부분을 하나의 전체로 결합하는 수단'[3] 인 판단력 비판에서 이 연결 고리를 발견한다.

칸트가 이 연결 고리를 발견하기 위해서 판단력에 대한 연구로 전환한 이유 가 무엇인지를 설명하는 일이 정신의 능력이나 기능들에 대한 그의 이론에 덧붙여져 야 한다. 『판단력비판』의 서론의 말미에[4] 주어진 표에서 그는 정신[마음]의 세 가지 능 력 또는 기능들을 구분한다.[5] 이것들은 인식 능력 일반, 쾌와 불쾌를 느끼는 능력, 욕 망의 능력이다. 이것은 동시에 감정이 어떤 의미에서 인식과 욕망 사이를 매개한다 는 점을 암시하고 있다. 그런 다음 그는 세 가지 특수한 인식 능력, 즉 지성(Verstand), 판단력(Urteilskraft), 이성(Vernunft)을 구분한다. 그리고 이것은 판단력이 어떤 의미에서 지성과 이성 사이를 매개하고, 감정과 어떤 관계가 있다는 점을 암시한다.

그런데 『순수이성비판』에서 우리는 자연의 '구성적' 기능을 행사하고 자연의 대상들에 대한 인식을 가능하게 하는 지성의 아프리오리한 범주들과 원칙들을 고려 하였다. 또한 우리는 순수이성의 이념들을 이성의 사변적 능력 안에서 고려하였다. 이때 이 이념들은 구성적 기능이 아니라 '규제적' 기능을 행사한다. 『실천이성비판』 에서 순수이성의 아프리오리한 원리가 그것의 실천적 소유 안에서 존재한다는 점이 밝혀졌다. 이 원리는 욕망의 능력에 관해서(in Ansehung des Begehrungsvermögens) 법칙을 수 립한다.[6] 그러므로 칸트가 지성과 이성 사이를 매개하는 능력이라고 말하고 있는 판 단력 안에 판단력의 아프리오리한 원리들이 있는지 여부를 탐구하는 일이 남아 있다. 만약 그런한 원리들이 있다면, 우리는 또한 이러한 원리들이 구성적 기능을 행사하는

---

2   *J.*, XX, *Bd.*, p. 13.

3   같은 곳.

4   *J.*, LVIII, *Bd.*, p. 41.

5   정신 일반에 대해 사용되는 용어는 *das Gemüt*이다. 이미 주목했듯이 칸트는 자신의 용어를 모든 심리적 능력과 활동들을 포함하는 대단히 넓은 의미로 사용한다.

6   *J.*, V, *Bd.*, p. 2.

지 아니면 규제적 기능을 행사하는지를 탐구해야 한다. 특히 그러한 원리들은 감정에 아프리오리한 규칙들을 제공하는가? 즉 쾌와 불쾌를 느끼는 능력에 이런 규칙을 제공하는가? 만약 제공한다면 우리는 훌륭하고 적절한 틀을 가지게 될 것이다. 지성은 자연에 대한 이론적 인식을 가능하게 함으로써 현상적 실재에 아프리오리한 법칙들을 제공한다. 순수 이성은 그것의 실천적 사용에서 욕망에 관해 법칙을 수립한다. 그리고 판단력은 말하자면 인식과 욕망의 중간항인 감정에 대해 법칙을 수립한다. 그것은 판단력 그 자체가 지성과 이성 사이를 매개하는 것과 같다.

그러므로 비판철학의 기술적인 측면에서 볼 때, 문제는 세『비판서들』의 목적이 유사하다는 것을 부각시키는 방식으로 진술될 수 있다. 판단력은 자신의 아프리오리한 원리 또는 원리들을 가지는가? 그리고 가진다면, 판단력의 기능이나 적용 영역은 무엇인가? 더 나아가서 지성이 인식과 관련되고 이성이 (그것의 실천적 사용에서) 욕망과 관련되는 것과 유사한 방식으로, 판단력이나 판단의 기능이 그것의 아프리오리한 원리들에 관해서 감정과 관련된다면, 우리는『판단력비판』이 있을 수도 있고 없을 수도 있는 부가물에 그치는 것이 아니라, 비판철학의 필수 부분을 형성한다는 점을 확인할 수 있다.

그러나 칸트가 이러한 맥락에서 판단력을 무엇으로 이해하고 있는가? 그에 따르면 '판단력 일반의 기능은 특수한 것을 보편적인 것 아래에 포함되어 있는 것으로 사유하는 능력이다'.[7] 그러나 우리는 규정적 판단력과 반성적 판단력을 구분해야 한다. '만약 보편적인 것(규칙, 원리, 법칙)이 주어져 있다면, 특수한 것을 그 아래에 포섭하는 판단력의 기능은 **규정적**이다. 그 능력은 판단력의 선험적 기능으로서 아프리오리한 조건들을 제공하며, 그 조건들 아래에서만 특수한 것이 보편적인 것 아래에 포섭될 수 있을 때, 이것은 또한 참이기 때문이다. 그러나 특수한 것만이 주어져 있고, 판단력이 그 특수한 것을 위해 보편적인 것을 발견한다면, 그 판단력은 **반성적**이다.'[8] 『순수이성비판』을 고려할 때, 우리는 칸트에 따르면 이러한 기능의 구조 안에 궁극

---

7   *J.*, XXV, *Bd.*, p. 16.

8   *J.*, XXVI, *Bd.*, pp. 16-17.

적으로 주어지는 지성의 아프리오리한 범주와 원칙이 존재한다는 점을 보았다. 그리고 판단력은 단순하게 특수한 것을 이 '보편적인 것들', 즉 아프리오리하게 주어진 어떤 것 아래에 포섭한다. 이것은 규정적 판단력의 사례이다. 그러나 주어져 있지는 않지만 발견되어야 하는 많은 일반적 법칙들이 분명 존재한다. 그래서 물리학의 경험적 법칙들은 아프리오리하게 주어지지 않는다. 또한 그것들은 특수자들이 그 안에서 주어진다는 의미에서 아포스테리오리한 것도 아니다. 예를 들어 우리는 모든 현상체가 인과적 계열의 구성원이라는 사실을 아프리오리하게 인식한다. 그러나 우리는 특수한 인과적 법칙들을 아프리오리하게 인식하지 못한다. 또한 그런 인과적 법칙들은 경험의 대상으로서 아포스테리오리하게 주어지지도 않는다. 우리는 그 아래에 특수자들을 포섭하는 일반적인 경험적 법칙들을 발견해야 한다. 이것은 반성적 판단력의 활동이다. 그러므로 그것의 기능은 단순하게 포섭적인 것에 그치는 것이 아니다. 왜냐하면 그것은 칸트가 지적하듯이 그 아래에서 특수자들이 포섭될 수 있는 보편자를 발견해야 하기 때문이다. 그리고 우리가 여기서 관심을 갖는 것은 이 반성적 판단력에 관해서이다.

그런데 우리의 관점에서 볼 때 적어도 경험적 법칙들은 우연적이다. 그러나 과학자는 언제나 보다 특수한 것을 보다 일반적인 경험적 법칙들 아래 포섭하고자 노력한다. 과학자는 말하자면 자신의 법칙들 사이의 관계를 확립하려는 노력은 하지 않은 채 그 법칙들을 나란히 방치해 놓고 있는 것은 아니다. 그는 상호 관계하는 법칙들의 체계를 구성하는 것을 목표로 삼는다. 그리고 이것은 그의 탐구가 예지적 통일로서의 자연 개념에 의해 인도되고 있다는 것을 의미한다. 과학의 아프리오리한 원리들은 우리의 지성에 기초하고 있다. 그러나 '특수한 경험적 법칙들은 … 마치(als ob) 우리의 지성은 아니지만 어떤 지성이 특수한 자연법칙에 따라 경험의 체계를 가능하게 하기 위해서, 우리의 인식 능력들을 위해 그런 특수한 법칙들을 부여한 것처럼 … 여겨져야 한다'.[9] 칸트는 과학자가 신의 현존을 전제해야 한다는 것을 뜻할 의도가 자신에게 없다는 점을 추가한다. 그가 의미하는 것은, 만약 자연이 신의 정신의 작품이라

---

9   *J.*, XXVII, *Bd.*, p. 18.

면, 즉 자연이 우리의 인식 기능들에 적응하는 예지적 체계라면, 얻어지게 될 것 같은 그런 종류의 자연의 통일을 과학자가 전제한다는 것이다. 신의 이념은 여기서 단지 그것의 규제적 기능에서 사용될 뿐이다. 그리고 칸트의 핵심은 실제로 단순히 다음과 같은 것이다. 즉 모든 과학적 탐구는 자연이 예지적 통일이라는 적어도 암묵적인 가정에 의해 인도된다는 것이다. 여기서 '예지적'이란 우리의 인식 기능들과의 관계 속에서 이해된다. 이러한 원리에 근거해서 반성적 판단력은 진행된다. 그것은 경험에서 도출되는 것이 아니며, 모든 과학적 탐구의 전제라는 의미에서 아프리오리한 원리이다. 그러나 그것은 「선험적 분석론」에서 고려되고 있는 원리들이 아프리오리하다는 것과 정확하게 같은 의미를 가진 아프리오리한 원리는 아니다. 다시 말하면 그것은 도대체 경험의 대상들이 존재하기 위한 필요조건이 아니다. 오히려 그것은 우리를 경험의 대상들에 대한 우리의 연구로 인도하는 필연적인 **발견의** 원리이다.

　　우리의 인식 기능들에 그 체계를 적합하게 하는 초인간적인 지성 또는 정신 안에서 자연의 법칙들의 공통 근거를 통해서 통일성을 갖는다는 자연의 개념은 자연의 합목적성의 개념이다. '이 개념에 의해서 자연은 마치 지성이 다양한 자연의 경험적 법칙들의 통일성의 근거를 포함하고 있는 것처럼 표상된다. 그래서 자연의 합목적성은 반성적 판단력의 기능 안에 자신의 궁극적인 원천을 가지는 특별한 아프리오리한 개념이다.'[10] 그리고 자연의 합목적성의 원리는 칸트의 주장에 따르면 판단의 기능 또는 판단력의 선험적 원리이다. 그것은 경험적 인식 일반의 가능한 대상들에 관계하지만, 경험적 관찰에 의존하지 않기 때문에 선험적이다. 칸트에 따르면 그것의 선험적 성격은, 만약 우리가 그 성격이 낳는 판단력의 원칙들을 고려한다면, 분명해진다. 주어진 사례 중에[11] '자연은 지름길을 택하고'(절약의 법칙, *lex parsimoniae*), '자연은 비약하지 않는다'(자연에서 연속의 법칙, *lex continui in natura*)가 있다. 그러한 원칙들은 경험적 일반화가 아니다. 오히려 그것들은 자연에 대한 우리의 경험적 탐구에서 우리를 인도하는 아프리오리한 규칙들 또는 원칙들이다. 그리고 그것들은 자연의 합목적성이라는

10　*J.*, XXVIII, *Bd.*, pp. 18-19.
11　*J.*, XXXI, *Bd.*, p. 20.

아프리오리한 일반 원리에 근거해 있다. 즉 자연의 합목적성이 그것의 경험적 법칙의 궁극적 통일에 관해서 우리의 인식 기능들에 적합하게 된다는 그러한 원리에 근거해 있다.

판단력의 이 아프리오리한 원리의 타당성은 객관적이라기보다는 주관적이다. 칸트의 용어법으로는 그것은 그 자체로 고려되는 자연에게 지시하거나 그런 자연에 대해 법칙을 수립하지 않는다. 그것은 대상이 도대체 존재하기 위한 필요조건이라는 의미에서 구성적 원리가 아니다. 그리고 그것은 존재론적인 의미에서 자연에 목적성이 있다는 명제를 수반하지 않는다. 우리는 실제로 자연에서 작용하는 목적인(目的因)들이 존재한다는 사실을 그 원리에서부터 아프리오리하게 연역할 수 없다. 그것은 자연에 관해 마치 그것이 우리의 인식 기능들에 적합하게 되는 목적적인 전체인 것처럼 반성적 판단력에게 말함으로써 반성적 판단력에 대해 법칙을 수립한다. 그리고 만약 그 원리가 자연을 가능하게 한다고 우리가 말한다면, 우리는 지성의 범주들과 원리들이 자연을 가능하게 한다는 것과 같은 의미로 그 원리가 자연을 가능하게 한다는 것을 의미하는 것이 아니라, 자연의 경험적 법칙들에 관해서 자연의 경험적 인식을 가능하게 한다는 것을 의미한다. 물론 그 원리는 실제적 의미에서 경험적으로 검증된다. 그러나 그 자체로 그 원리는 아프리오리하며, 관찰의 결과인 것은 아니다. 그 원리는 아프리오리한 원리로서, 이미 주어진 것으로 고려되는 대상들 그 자체의 필요조건이 아니라, 이러한 대상들을 탐구하는 데 반성적 판단력을 사용하기 위한 필요조건이다. 그러므로 칸트는 형이상학적 독단, 즉 자연 안에 작용하는 목적인들이 존재한다는 독단을 선언하고 있는 것이 아니다. 그는 다음처럼 말하고 있다. 반성적 판단력은 본성상, 자연에 대한 모든 경험적 탐구는 처음부터 **마치** 자연이 경험적 법칙들의 체계를 구현하고 **있는 것처럼** 자연을 간주하는 일을 포함한다. 이때 이 경험적 법칙들은 우리의 지성과는 다른 지성 안에서 그것들의 공통 근거를 통해서 통일되고, 우리의 인식적 능력들에 적합하게 된다.

물론 우리는 자연에 합목적성을 귀속시키지 않는다면, 자연을 합목적적인 것으로 간주할 수 없다. '그러나 특수한 법칙들에 따르는 자연의 질서가 우리의 이해 능력을 넘어서는, 적어도 가능한 다양성과 이종성(異種性)에서도, 이 이해력에 실제로 적합하다는 사실은 우리가 알 수 있는 한 우연적인 일이다. 그리고 이러한 질서를 발견하는 일은 지성의 과업, 즉 지성의 필연적 목적, 다시 말해 자연의 원리들을 통일하려는 목적을 의도하여 수행되는 과업이다. 이때 판단력은 이러한 목적을 부가하지 않으면 안 된다. 왜냐하면 지성은 이 점에서는 자연에 어떤 법칙도 지시할 수 없기 때문이다.'[12] 그러나 자연에 합목적성을 아프리오리하게 귀속시키는 일은 자연 그 자체에 관한 아프리오리한 독단은 아니다. 그것은 우리의 인식을 위한 귀속이다. 다른 말로 하면 판단력의 아프리오리한 원리는 이미 언급되었듯이 발견의 원리이다. 이때 우리가 우리의 경험적 탐구에서 자연이 이러한 원리에 적합하다는 사실을 발견한다면, 이것은 우리가 알 수 있는 한 순전히 우연적인 사실이다. 그것이 적합**할 수밖에 없는** 것은 판단력의 아프리오리한 가정이고, 발견의 원리인 것이다.

그런데 자연의 합목적성은 두 가지 방식으로 표상될 수 있다. 첫째, 경험의 주어진 대상의 목적성은 대상의 형식과 인식 기능 간의 일치로서 표상될 수 있다. 그러나 이 경우 대상의 형식은 대상의 일정한 인식을 위해 개념을 명시하지 않는다. 그리고 우리가 그 표상이 필연적으로 이 쾌에 의해 수반된다고 판단하고, 결과로서 그 표상은 모두에게 (여기서 지금 대상의 형식을 우연히 지각하는 특정한 주관에 대해서만 아니라) 유쾌할 수 있다고 판단할 때, 우리는 미적 판단력을 갖게 된다. 그 대상은 아름답다고 하며, 그 표상이 동반하는 쾌를 기초로 해서 보편적으로 판단하는 기능은 취미라 한다.

둘째, 경험의 주어진 대상의 목적성은 '사물의 형식이 그 사물에 선행하며 이 형식의 근거를 포함하는 사물의 개념에 따라서, 그 사물 자체의 가능성과 합치하는 것'[13]으로 표상된다. 다른 말로 하면 사물은 그것의 형식에 관해서 자연의 목적을 이행하는 것으로 표상된다. 그리고 우리가 이것이 사실이라고 판단할 때, 우리는 목적론적 판단력을 갖게 된다.

그러므로 『판단력비판』은 미적 판단력과 목적론적 판단력에 관심을 기울이면서, 이 둘을 조심스럽게 구분한다. 전자는 판단에 보편적 주장이 없다는 의미에서가

---

12   *J.*, XXXIX, *Bd.*, p. 27.
13   *J.*, XLVIII-XLIX, *Bd.*, p. 34.

아니라(왜냐하면 있기 때문이다), 어떤 대상 — 그 대상이 자연적 대상이든 아니면 예술 작품이든 — 의 형식과, 그 대상의 표상에 의해서 야기되는 감정을 기초로 하는 인식 기능들 간의 일치(대상의 형식과 개념의 지시 간의 일치가 아니다)에 관한 판단이라는 의미에서 주관적이다. 그러므로 칸트에 따르면 미적으로 판단하는 기능은 '사물들을 개념들에 따라서가 아니라 규칙에 따라서 판정하는 특수한 능력이다'.[14] 그러나 목적론적 판단력은 주어진 대상이 주관에서 어떤 감정들의 근거라고 그 판단력이 판단한다는 의미에서가 아니라 그 대상이 자연의 이해된 목적을 이행한다고 그 판단력이 판단한다는 의미에서 객관적이다. 그리고 칸트는 우리에게 그러한 판단을 내리는 능력은 '하나의 특수한 능력이 아니라 단지 반성적 판단력 일반일 뿐. …'[15]이라고 이야기한다.

마지막으로 자연의 합목적성에 관한 반성적 판단력의 아프리오리한 규제적 개념은 한편으로는 자연 개념의 영역과 다른 한편으로는 자유 개념의 영역 간의 연결 고리로서 역할을 한다. 왜냐하면 그 판단력은 지성의 범주들이나 원리들이 자연을 구성한다는 의미에서 자연을 구성하지도 않고, 실천이성의 아프리오리한 원리가 하는 것처럼 행위에 관해 법칙을 수립하지 않음에도 불구하고, 그 판단력은 우리에게 자연을 이를테면 목적들의 실현과 완전히 이질적인 것은 아닌 것으로 생각하도록 한다. 예술 작품은 지성적 가치 영역의 현상적 표현이다. 그리고 그러한 작품들에 대한 미적 평가가 우리에게 자연의 대상들 안에서 보도록 만드는 아름다움은 우리에게 자연 그 자체를 칸트가 때로는 '초감성적 기체(基體)'[16]라고 부르는 동일한 지성적 실재의 현상적 현현으로서 간주하도록 한다. 그리고 목적론적 판단력에서 표현을 발견하는 자연의 합목적성 개념은 우리에게 자연의 목적들을 자연의 법칙들과 조화를 이루는 일이 실현될 가능성을 이해하도록 만든다.

또한 칸트는 다음과 같은 방식으로 문제를 제시한다. 지성의 아프리오리한 원리들의 연구는 우리가 자연을 단지 현상체로서 인식한다는 점을 보여준다. 그러나 동시에 그 연구는 지성적 실재 또는 '초감성적 실재'가 존재한다는 것을 함축한다. 그러

---

14   *J.,* LII, *Bd.,* p. 37.
15   같은 곳.
16   *J.,* LVI, *Bd.,* p. 40을 참조.

나 지성은 이런 실재를 완전히 규정되어 있지 않은 것으로 남겨 둔다. 우리가 『순수이성비판』과 관련해서 현상체와 지성체의 개념들을 고려할 때 우리가 보았듯이, 지성체라는 용어는 그것의 소극적 의미로 이해되어야 한다. 판단력은 자연을 판단하는 자신의 아프리오리한 원리에 의해서 우리가 우리 안에서든 우리 바깥에서든 '초감성적 기체'에 근거한 지성적 실재를 지적 기능에 의해서 규정될 수 있는 것으로 생각하게끔 인도한다. 왜냐하면 그 판단력은 자연을 지성적 실재의 현상적 표현인 것으로 표상하기 때문이다. 그리고 이성은 자신의 아프리오리한 실천 법칙에 의해서 우리가 지성적 실재를 어떻게 이해하는가를 우리에게 보여줌으로써 지성적 실재를 규정한다. '그래서 판단력의 기능은 자연 개념의 영역에서 자유 개념의 영역으로 이행하는 일을 가능하게 한다.'[17]

이 절은 칸트가 『판단력비판』의 서론에서 개관한 사고 노선들에 치중했었다. 이 작품은 크게 두 부분으로 나뉜다. 첫째 부분은 미적 판단력을 다루고, 둘째 부분은 목적론적 판단력을 다룬다. 당연히 이 작품의 관심은 이 두 부분들에 놓여 있다. 그러나 사람들이 예를 들어 미적 판단력에 대한 상세한 논의에 눈을 돌릴 때, 그들은 그 판단력을 간단하게 칸트의 미학 이론, 즉 순전히 그 자체를 위해서, 마치 그것이 그의 철학의 독립된 부분인 것처럼 고려하고 싶은 유혹을 받게 된다. 이런 이유 때문에 그의 사유 노선들에 대해 약간 길게 음미하는 것이 나로서는 적절한 듯이 보인다. 이 사유 노선들은 그것들이 어떤 관련을 갖든 어쨌든 『판단력비판』이 칸트에 있어 그의 체계의 필수 부분이며, 앞선 두 비판서와 아무런 본질적인 관계도 없이 그 자체 흥미 있는 주제를 다루는 두 저술의 조합은 아니라는 점을 보여주는 역할을 할 수 있다.

---

17   같은 곳.

──── 2. 아름다움의 분석

미학에 관한 영국 작가들의 언어 사용법에 따라 칸트는 어떤 사물이 아름답다고 선언하는 판단을 취미판단(*das Geschmacksurteil*)이라고 했다. '취미'라는 낱말은 곧바로 주관성을 시사한다. 그리고 우리는 칸트의 견해에 따를 경우 이 판단의 근거가 주관적이라는 사실을 이미 살펴보았다. 다시 말하면 하나의 표상은 상상력에 의해서 주관 자신에 즉 쾌나 불쾌의 감정에 연결된다. 어떤 사물이 아름답다거나 추하다는 우리 판단의 근거는 우리가 느끼는 능력이 그 대상의 표상에 의해 영향을 받는 방식이다. 현대의 언어로 하면 우리는 칸트에 있어 취미판단은 정서적 명제라고 말할 수 있다. 이 명제는 감정을 표현하고 있으며, 개념적 인식을 표현하고 있지 않다. 칸트가 고찰하듯이 건물에 관한 개념적 인식과 그 건물의 아름다움에 대한 평가는 다른 것이다. 그러나 취미판단의 근거가 주관적임에도 불구하고, 실제로 우리가 말하는 것은 분명히 그 사물에 관한 무언가이다. 즉 우리는 그것이 아름답다고 말한다. 그런 진술의 근거는 감정에 있다. 그러나 내가 어떤 대상이 아름답다고 말할 때, 나는 단지 나의 개인적 감정에 관한 진술을 하고 있는 것이 아니다. 왜냐하면 그런 진술은 경험적으로 검증 가능한 (적어도 원리상으로는) 심리적 판단일 것이기 때문이다. 그것은 취미판단과 같은 그런 것이 아니다. 취미판단은 어떤 사물이 아름답다고 선언할 때만 생겨난다. 그러므로 아름다움[미]은 어떤 대상이 아름답다는 판단의 주관적 근거와 관계를 맺지 않고서는 그 대상의 객관적 성질로서 간주될 수 없음에도 불구하고, 아름다움의 분석(*Analytik des Schönen*)을 위한 여지가 남아 있다.

아름다움에 대한 칸트의 분석은 그가 취미판단의 네 '계기'라고 부르는 것의 연구라는 형식을 취한다. 오히려 기괴하게도 아마 이 네 계기는 판단의 네 논리적 형식, 즉 성질, 분량, 관계, 양상과 상호 관계를 맺는다. 내가 '오히려 기괴하게도 아마'라고 말하는 까닭은 취미판단은 칸트에 따를 경우 지성과 관계를 포함하고 있음에도 불구하고 그 자체 논리적 판단이 아니기 때문이다. 그러나 취미판단의 각 계기에 대한 연구 결과 아름다움의 부분적 정의가 도출된다. 말하자면 우리에게 '아름다움'이란 용어가 가지는 의미에 대한 네 가지 보완적인 해명이 주어진다. 그리고 그 주제에 대한 칸트의 논의는 네 계기와 판단의 네 가지 논리적 형식의 상호 관련성과는 완전히 무관하게 그 자체만으로 약간의 흥미를 끈다.

성질의 관점에서 취미판단을 고려할 때, 우리는 아름다움에 대해 다음과 같은 정의에 이르게 된다. '취미는 대상 또는 그 대상을 표상하는 방식을 완전히 무관심한 [이해관계가 없는] 만족이나 불만족을 통해서 판정하는 능력이다. 그러한 만족의 대상을 아름답다고 한다.'[18] 미적 평가가 '완전히 무관심한 것'(*ohne alles Interesse*)이라는 말에 의해서 칸트는 물론 그것이 따분한 것이라는 점을 의미하고 있는 것은 아니다. 그는 그것이 관조적이라는 것을 의미한다. 취미에 관한 이론의 측면에서 미적 판단력은 아름답다고 부르는 대상이 욕망, 즉 탐욕적 기능과 관계없이 만족을 야기한다는 것을 함축한다. 간단한 예를 살펴보면 칸트가 무엇을 의미하고 있는지 알기에 충분하다. 내가 과일 그림을 보고 있고, 그것이 아름답다고 말한다고 가정해보자. 과일을 먹고 싶다는 것을 내가 의미한다면, 나의 판단은 특수한 의미에서 취미판단, 즉 미적 판단력이 아닐 것이다. 그리고 나는 '아름답다'는 낱말을 잘못 사용하고 있을 것이다. 미적 판단력은 그 사물의 형식이 탐욕이나 욕망과 어떤 관련도 맺지 않고 정확하게 관조의 대상으로서 유쾌하다는 것을 함축한다.

칸트는 유쾌(*das Angenehme*), 아름다움(*das Schöne*), 선(*das Gute*)을 구분하는데, 이것들은 쾌의 감정과 불쾌 또는 고통의 감정과 맺을 수 있는 세 관계를 나타내고 있다. 유쾌는 경향성 또는 욕망을 만족시키는 것이며, 인간뿐만 아니라 동물도 경험하는 것이다. 선은 존경의 대상이며, 객관적 가치가 속해 있는 것이다. 그리고 그것은 인간이 아닌, 즉 어떤 육체도 가지지 않는 이성적 존재자가 있다면 그런 이성적 존재자를 포함해서 모든 이성적 존재자에 관계한다. 아름다움은 경향성이나 욕망과 어떤 본질적인 관계를 맺음이 없이 단순하게 기쁘게 하는 [만족을 주는] 것이다. 그것은 이성적 존재자만 경험하는 것이지만, 모든 이성적 존재자가 경험하는 것은 아니다. 즉 그것은 감각 지각을 포함하고 있으며, 따라서 단지 육체를 가진 이성적 존재자에게만 관계한다.

---

18   *J.*, 16, *Bd.*, p. 55.

더 나아가 칸트에 따르면 미적 판단력은 현존에 관심이 없다. 위에서 주어진 단순한 예를 취해본다면, 나는 과일이 실제 있고, 따라서 내가 그것을 먹을 수 있기를 원한다는 의미에서 그것의 현존에 대해 관심이 있다. 그러나 내가 그것을 미적으로 관조한다면, 그 과일이 표상되는 과일이고, 현존하고 먹을 수 있는 과일이 아니라는 사실은 아무래도 상관 없는 일이다.

마지막으로 칸트가 미적 판단력을 완전히 무관심한 것이라고 말할 때, 그는 그런 판단력이 어떤 관심도 수반할 수 없다거나 수반해서 안 된다고 말할 의도가 없다. 사회에서 사람들은 분명히 자신들이 미적 경험에서 느끼는 쾌를 전달하는 데 관심을 가진다. 그리고 칸트는 이것을 아름다움에 대한 경험적 관심이라 부른다. 그러나 그 관심은 비록 취미판단을 수반하거나 그런 판단과 결합됨에도 불구하고, 그것의 규정 근거는 아니다. 그 자체만으로 고려하면 그 판단은 무관심적인 것이다.

분량에 따른 취미판단의 연구에 눈을 돌리면 우리는 칸트가 아름다움을 '개념 없이 보편적으로 쾌를 주는 것'[19]으로 정의하고 있음을 알게 된다. 그리고 우리는 이 두 가지 특성들을 따로 고려할 수 있다.

아름다움이 완전히 무관심한 만족의 대상이라는 이미 확립된 사실은 아름다움이 보편적 만족의 대상이라는 것 또는 보편적 만족의 대상이어야 한다는 것을 함축한다. 주어진 조각상이 아름답다는 나의 판단이 완전히 무관심적인 것이라는 것을 내가 의식하고 있다고 가정해보자. 이것은 나의 판단이 나에게 독특한 어떤 사적인 조건에 의존하고 있지 않음을 내가 의식한다는 것을 의미한다. 칸트가 이야기하듯이 나의 판단을 내리면서, 한편으로는 욕망이 강제하지 않기에 그리고 다른 한편으로 도덕 명령이 지시하지 않기에 나는 '자유롭다'.[20] 그러므로 나는 내가 내 자신 안에서 경험하는 것과 유사한 만족을 다른 사람에게 귀속시킬 이유가 나에게 있다고 믿는다. 왜냐하면 만족은 나의 사적인 경향성의 충족에 근거하지 않기 때문이다. 따라서 나는

---

19   *J.*, 32, *Bd.*, p. 67.

20   도덕 명령의 관념을 도입하면서 나는 물론 그것이 경향성이 그런 것처럼 사적인 조건이라는 것을 뜻하려는 것은 아니다. 칸트가 미적 판단력과 관련하여 이 용어를 사용함에 따라 나는 '자유롭다'는 개념을 완성하기 위해 이 용어를 도입한다.

그 조각상에 대해서 아름다움이 그 조각상의 객관적 특징인 것처럼 말한다.

그러므로 칸트는 보편성과 관련해서 유쾌에 관한 판단과 아름다운 것에 관한 판단을 구분한다. 만약 내가 올리브를 먹는 취미가 유쾌하다고 말한다면, 나는 누군가가 '음, 당신은 그것이 유쾌하다고 생각하지만, 나는 유쾌하지 않다고 생각해'라고 말하는 것에 대해 분명히 준비를 하게 된다. 왜냐하면 나는 나의 진술이 개인적인 감정이나 취미에 근거해 있고, 취미에 대해서는 이견이 없다(de gustibus non est disputandum)는 것을 인정하기 때문이다. 그러나 만약 내가 어떤 예술 작품이 아름답다고 말한다면, 칸트에 따를 경우 나는 암묵적으로 그것이 모두에게 아름답다고 주장한다. 즉 나는 그 판단이 순전히 개인적인 감정에 기초해 있어서 나에게만 타당성을 갖는 것이 아니라, 내가 다른 사람들에게 귀속시키거나 그들의 요구에 귀속시키는 감정들에 기초해 있다고 주장한다. 그러므로 그 용어에 대해 칸트가 특수하게 사용하고 있는 취미판단과 우리가 보통 취미판단이라고 부르는 경향이 있는 판단을 구분해야 한다. 전자의 판단을 내릴 때 우리는 보편적 타당성을 주장하고, 두 번째 부류의 판단에서 우리는 그렇게 하지 않는다. 그리고 아름다움에 관계하는 것은 오직 첫째 유형의 판단뿐이다.

자연스러운 일이지만, 칸트는 누군가가 어떤 조각상이 아름답다고 할 때, 그는 반드시 모두가 사실상 그것이 아름답다고 판단한다고 믿는다는 것을 뜻하고 있지는 않다. 그는 그런 판단을 내림으로써 다른 사람들이 조각상의 아름다움을 인정해야 한다는 것을 어떤 사람이 주장하고 있음을 뜻하고 있다. 왜냐하면 위에서 언급한 의미에서 그의 판단이 '자유롭다'는 것을 의식함으로써 그는 다른 사람들에게 자신의 것과 유사한 만족을 귀속시키거나 다른 사람들이 그 만족을 경험해야 한다고 주장하기 때문이다.

이것은 어떤 종류의 주장 또는 요구인가? 우리는 어떤 대상이 아름답다는 것을 다른 사람에게 논리적으로 증명할 수 없다. 왜냐하면 우리가 미적 판단력의 편에서 하게 되는 보편 타당성에 대한 주장은 인식적 기능과 어떤 연관도 맺지 않고, 단지 모든 주관에서 쾌와 고통의 감정에만 관계를 맺기 때문이다. 칸트의 용어법으로는 판단은 어떤 개념에도 의존하지 않는다. 그것은 감정에 의존한다. 그러므로 우리는 논리적 논증의 과정에 의해서 그 판단의 보편적 타당성에 대한 우리의 주장을 훌륭하게 만들 수 없다. 결국 다른 사람들의 감정은 그들 자신을 대변할 것이고, 그들은 우리의 판단과 일치할 것이라고 확신하면서, 우리는 단지 다른 사람들에게 그 대상을 다시 한번 보라고, 그리고 그 대상에 더 주의를 기울이면서 보라고 설득할 수 있을 뿐이다. 우리가 그 판단을 내릴 때, 말하자면 우리는 우리가 보편적 목소리를 가지고 말하고, 우리가 다른 사람들의 동의를 요구한다고 믿는다. 그러나 그들은 단지 그들 자신의 감정에 기초해서만 이러한 동의를 할 것이고, 우리가 제시하는 어떤 개념에 의해서도 이러한 동의를 하지 않을 것이다. '우리는 여기서 취미판단에는 개념들의 매개 없는 만족과 관련하여 그러한 **보편적** 목소리[동의] 외에는 아무것도 요청되지 않는다는 점을 간파할 수 있다.'[21] 우리는 그것이 아름답다는 것을 다른 사람들에게 설득하기 위해서 그 대상의 다른 특징에 대해 우리가 원하는 만큼 주목할 수 있다. 그러나 동의는 만약 그것이 이루어진다면 개념들에 의존하는 것이 아니라 최종적으로 느껴지는 어떤 만족의 결과인 것이다.

그러나 칸트가 말하고 있는 만족이나 쾌는 무엇인가? 그는 우리에게 그것은 감동(*Rührung*)이 아니라고 말한다. 감동이란 '생명력이 단지 순간적으로 저지되었다가 곧 이어서 더욱 강하게 흘러넘침으로써 쾌적함이 생겨나는 감각'[22]이다. 이런 의미에서 감동은 숭고의 경험과 관련되어 있고, 미의 경험과는 관련이 없다. 그러나 취미판단의 규정 근거인 만족이나 쾌의 상태는 감동이 아니라고 말하는 것은 그것이 무엇인지를 설명하는 것이 아니다. 그리고 우리는 다음과 같은 형식으로 물을 수 있다. 칸트가 이야기하는 만족이나 쾌의 대상은 무엇인가? 왜냐하면 우리가 무엇이 만족을 일으키는가를 안다면, 그 만족이 무엇에 대한 만족인가를 안다면, 우리는 그가 말하는 만족이나 쾌가 어떤 종류의 것인지를 알 것이기 때문이다.

이 물음에 답하기 위해서 우리는 관계의 범주에 상응하는, 취미판단의 세 번째 계기에 대한 칸트의 연구에 눈을 돌릴 수 있다. 이 세 번째 계기에 대한 그의 논의의

---

21   *J.*, 25, *Bd.*, p. 62.
22   *J.*, 43, *Bd.*, p. 76.

결과는 다음처럼 정의된다. '아름다움은 합목적성이 **목적의 표상 없이도** 대상에서 지각되는 한에서, 대상의 **합목적성의** 형식이다.'[23] 그러나 이 정의의 의미는 아마 직접적으로 분명한 것은 아니기 때문에 어떤 설명이 필요하다.

　기본적인 생각은 파악하기 어렵지 않다. 만약 우리가 어떤 꽃, 가령 장미를 본다면, 우리는 우리가 그렇게 말하듯이 그것이 바로 옳다는 감정을 가질 수 있고, 그것의 형식이 어떤 목적을 구현하거나 충족한다는 감정을 가질 수 있다. 동시에 우리는 그 장미에서 실현되는 어떤 목적도 표상하지 않는다. 이것은 누군가가 우리에게 그 장미에서 어떤 목적이 구현되었냐고 묻는다면, 우리가 그것에 대해 어떤 분명한 설명도 할 수 없다는 것에 그치는 것이 아니다. 우리는 어떤 목적도 전혀 이해하지 못하거나 표상하지 못한다. 그러나 어떤 의미에서 개념이 없더라도 어떤 목적이 그 꽃에서 구현된다는 것을 **느낀다**. 아마 문제는 다음처럼 표현될 수 있다. 의미의 감각은 있지만, 그러나 의미를 가지는 것에 대한 개념적 표상은 없다. 목적성에 대한 의식은 있지만, 완수되는 목적의 개념은 없다.

　물론 아름다움의 경험을 수반하는 목적의 개념은 있을 수 있다. 그러나 칸트는 취미판단이 어떤 목적의 개념을 전제한다면, 취미판단이 '순수'하다는 점을 인정하지 않을 것이다. 그는 그가 '자유로운' 아름다움과 '부수적인' 아름다움이라 부르는 것을 구분한다. 만약 우리가 어떤 장미가 아름답다고 판단한다면, 아마 대개 우리는 그 꽃에서 실현되는 어떤 목적 개념도 가지지 않는다. 꽃의 아름다움은 자유롭다고 말해지고, 우리의 취미판단은 순수하다고 말해진다. 그러나 우리가 건축물, 가령 교회가 아름답다고 판단할 때, 우리는 그 건축물에서 성취되고 완전히 구현된 어떤 목적의 개념을 가질 수도 있다. 이런 것의 아름다움은 부수적인 것이라 말해진다. 그리고 우리의 판단은 그것이 단순히 만족이나 쾌의 감정의 표현에 그친 것이 아니라 개념적 요소를 포함한다는 특수한 의미에서 순수하지 않다고 말해진다. 미적 판단력은, 그런 판단을 내리는 그 사람이 어떤 목적 개념도 가지지 않는 한에서만 또는 자신이 그 판단을 내릴 때 그가 가지고 있다고 가정하는 그 개념을 도외시하는 한에서만, 순수하다.

23　*J.*, 61, *Bd.*, p. 90.

칸트는 이 점을 강조한다. 왜냐하면 그는 미적 판단력의 특별하고 독특한 특성을 주장하고 싶기 때문이다. 만약 미적 판단력이 객관적 합목적성, 즉 완전성의 개념을 포함한다면, '그것에 의해 어떤 것이 좋다고 언명되는 판단과 같이 하나의 인식 판단'[24]이 될 것이다. 그러나 사실상 미적 판단력의 규정 근거는 전혀 개념이 아니며, 따라서 그것은 일정한 목적의 개념일 수 없다. '어떤 판단이 미적이라고 불리는 까닭은 정확하게 말해서 이 판단의 규정 근거가 개념이 아니라, 마음의 능력들의 유희[작용]에서 저러한 일치 — 이것이 감정 안에서 경험될 수 있는 한에서 — 에 대한 (내적 감각 기관의) 감정이기 때문이다.'[25] 칸트는 우리가 아름다움의 표준들을 형성할 수 있고, 형성하고 있다는 점을 인정하고, 인간의 경우에 우리는 동시에 도덕적 관념들의 시각적 표현이기도 한 아름다움의 이상을 형성한다는 점을 인정한다. 그러나 칸트는 '그러한 표준에 따른 판단이 결코 순수하게 미적일 수 없으며, 아름다움의 이상에 따른 판단은 취미의 단순한 판단이 아니'[26]라고 주장한다.

아름다움의 네 번째 부분적 정의는 대상에 대해 주관이 느끼는 만족의 양상에 따라서 취미판단을 고찰하는 데서 도출된다. 그것은 다음처럼 표현된다. **'아름다움이란 것**은 아무런 개념 없이 **필연적** 만족의 대상으로 인식되는 것이다.'[27]

이 필연성은 이론적인 객관적 필연성이 아니다. 왜냐하면 그것이 그런 필연성이라면, 나는 모든 사람이 나의 취미판단에 동의를 할 것이라는 점을 아프리오리하게 알 것이기 때문이다. 그리고 분명히 사실은 다르다. 나는 나의 판단의 보편적 타당성을 주장한다. 그러나 나는 그것이 사실에서 인정될 것이라는 점을 알지 못한다. 또한 이러한 필연성은 실천적 필연성도 아니다. 즉 우리가 어떻게 행동해야 하는가를 우리에게 말하는 객관적 법칙의 귀결이 아니다. 그것은 칸트가 **예시적**(exemplary) 필연성이라고 부르는 것, '다시 말해 그것은 우리가 제시할 수 없는 보편적 규칙의 하나의

---

24 *J.*, 47, *Bd.*, p. 79.
25 *J.*, 47, *Bd.*, p. 80.
26 *J.*, 60~61, *Bd.*, p. 90.
27 *J.*, 68, *Bd.*, p. 96.

예시와 같은 것으로 간주되는 어떤 판단에 대해 **모든 사람**이 동의하는 필연성'[28]이다. 내가 무언가가 아름답다고 말할 때, 나는 모두가 그것을 아름다운 것이라고 기술해야 할 것을 요구한다. 그리고 이러한 요구는 보편적 원리를 전제하고, 판단은 이 원리의 한 예이다. 그러나 원리는 논리적 원리일 수 없다. 그러므로 그것은 공통 감각(*ein Gemeinsinn*)으로 간주되어야 한다. 그러나 이것은 그 용어의 일상적 용법에 따른 상식(*sensus communis*)은 아니다. 왜냐하면 후자는 아무리 불분명하게 표상된다 하너라노 개념들과 원리들에 의해서 판단하기 때문이다. 그 용어에 대한 미학적 이해에서 공통 감각은 '우리의 인식 능력들의 자유로운 유희에서 나오는 결과'[29]를 의미한다. 미적 판단을 내릴 때 우리는 해당하는 그 대상을 지각하는 모든 사람 안에서 그런 능력들의 상호 작용에서부터 어떤 유사한 만족이 생겨나리라는 것을 또는 생겨나야 한다는 것을 전제한다.

우리는 무슨 권리로 이런 공통 감각을 전제하는가? 우리는 그것의 현존을 증명할 수 없다. 그러나 그것은 미적 판단을 전달하기 위한 필요조건으로서 전제 또는 가정된다. 칸트에 따르면 판단들은 그것들에 수반되는 확신과 더불어 보편적 전달성을 인정해야 한다. 그러나 미적 판단들은 개념에 의해서는 그리고 보편적 논리적 규칙에 호소함으로써는 전달될 수 없다. 따라서 '공통 감각'은 그런 판단들을 전달하기 위한 필요조건이다. 그리고 이것이 바로 그러한 공통 감각을 전제하기 위한 우리의 근거인 것이다.

일반적으로 '아름다움의 분석론'에서 칸트가 미적 취미를 교육하거나 교화하기 위한 규칙이나 조언을 제공하는 데 관심이 없다는 점을 이해해야 한다. 그는『판단력비판』의 서문에서 분명히 그러한 의도를 부인한다. 그는 무엇보다도 미적 판단력의 본성에 관심이 있다. 즉 우리가 그런 판단력에 대해 아프리오리하게 말할 수 있는 것이 무엇인가에 관심이 있다. 다시 말하면 그런 판단력의 보편적이고 필연적인 특징들에 관심이 있다. 논의 과정에서 그는 명백하게 우리가 받아들이건 아니건 간에

---

28   *J.*, 62-63, *Bd.*, p. 91.
29   *J.*, 64-65, *Bd.*, p. 93.

고려할 만한 가치가 있는 관념들에 주목한다. 미적 판단력의 '무관심성'이, 그리고 목적에 대한 어떤 개념도 없는 합목적성의 관념이 그에 해당한다. 그러나 근본적인 문제는 아마도 미적 판단력이 순수 취미판단의 유일한 규정 근거라는 의미에서 감정을 표현하는가 아니면 어떤 의미에서 그것은 인식 판단인가 하는 것이다. 우리가 그 문제에 대한 칸트의 설명이 너무 주관주의적이라고 생각하고, 미적 판단력은 사실상 칸트가 허용하고 있지 않은 그런 종류의 객관적 인식을 표현한다고 생각한다면, 당연히 우리는 이런 인식이 무엇인지를 진술할 준비를 해야 한다. 만약 우리가 그것을 설명할 수 없다면, 바로 이것은 적어도 칸트의 설명이 옳은 노선 위에 있다고 생각할 명백한 근거가 된다. 그러나 이 문제에 관해서는 독자 자신의 의견에 맡긴다.

─────── 3. 숭고의 분석

버크(Edmund Burke)의 『숭고와 아름다움 관념의 기원에 대한 철학적 탐구』(*Philosophical Inquiry into the Origin of Our Ideas of the Sublime and the Beautiful*, 1756)를 칸트는 지금까지 있었던 이런 방향의 탐구에서 가장 중요한 작품으로 생각하였다. 그러나 칸트가 아름다움과 숭고를 구별하면서 버크를 따랐음에도 불구하고,[30] 그는 영국 작가의 취급이 '순수하게 경험적'이고 '생리학적'[31]이라고 생각하였고, 필요한 것은 미적 판단의 '선험적 해명'이라고 보았다. 아름다움에 관한 판단이라는 의미에서 취미판단에 대한 칸트의 연구를 이미 살펴보았기 때문에, 우리는 이제 숭고의 분석에 관심을 돌릴 수 있다. 그러나 나는 이 주제를 좀 간략하게 다루고자 제안한다.

아름다움과 숭고(*das Erhabene*)에는 몇 가지 공통 특징들이 있다. 예를 들어 둘 다 쾌를 유발한다. 그리고 어떤 것이 숭고하다는 판단은 어떤 대상이 아름답다는 판단이 그런 것처럼 어떤 규정적 개념을 전제하지 않는다. 그러나 아름다움과 숭고 간에는

---

30 이렇게 이야기했다고 해서 나는 버크가 이런 구별을 한 첫 번째 인물이었다고 말할 의도는 없다.
31 *J.*, 128, *Bd.*, p. 147.

상당한 차이들이 있다. 예를 들어 전자는 분량보다는 성질과 연관되어 있고, 후자는 성질보다도 분량과 연관되어 있다. 우리가 본 것처럼 자연적 아름다움은 대상의 형태에 관계해야 한다. 형태는 한계를 내포한다. 그러나 숭고의 경험은 한계의 부재가 전체성과 함께 표상된다면, 한계의 부재라는 의미에서 형태 없음과 관련이 있다. (그래서 폭풍우가 내려치는 바다의 압도적인 웅장함은 한계 없음으로 느껴지지만, 한계의 부재 또한 전체성으로서 표상된다.) 그래서 칸트는 아름다움을 지성과, 숭고를 이성과 연관시킬 수 있다. 아름다움에 대한 미적 경험은 우리가 살펴본 것처럼 어떤 규정적 개념에도 의존하지 않는다. 그럼에도 그런 경험은 기능들의 자유로운 상호작용을 포함한다. 이 경우에 상상력과 지성의 상호작용을 포함한다. 한정적인 것으로서의 아름다움은 상상력에 적합한 것으로서 느껴지며, 상상력은 주어진 직관에 관련하여 개념들의 기능인 지성과 일치하는 것이라 여겨진다. 그러나 숭고는 상상력에 폭력을 가한다. 숭고는 말하자면 상상력을 압도한다. 그리고 이때 숭고는 전체성이라는 무규정적 관념들의 기능으로서 여겨지는 이성과 일치하는 것으로서 표상된다. 숭고는 그것이 한계의 부재를 포함하는 것에 비례해서 우리의 상상적 표상 능력에 부적합하다. 즉 숭고는 그런 능력을 능가하고 압도한다. 그리고 이러한 한계의 부재가 전체성과 연관되어 있는 한에서, 숭고는 칸트가 그렇게 표현하듯이 이성의 한정적이지 않은 관념의 '드러남'으로 여겨질 수 있다. 또 하나의 차이는 아름다움이 낳는 쾌가 적극적인 조용한 관조 속에서 길게 가는 유쾌로서 서술될 수 있는 반면에, 숭고는 적극적인 유쾌 이상의 놀라움과 두려움을 낳는다고 말해져야 한다. 숭고의 경험은 앞 절에서 언급된 의미에서 감동, 즉 생명력이 단지 순간적으로 저지되었다가 곧 이어서 더욱 강하게 흘러 넘치는 것과 연결되어 있다. 마지막으로 아름다움은 매력적인 것과 구분됨에도 불구하고, 그것과 연결될 수는 있다. 그러나 숭고와 매력(Reiz)은 양립할 수 없다.

숭고가 상상력에 폭력을 가하는 것으로, 그리고 우리의 표상 능력과 일치하지 않는 것으로 경험된다는 사실 또는 가정된 사실에서부터, 칸트는 자연적 대상들이 숭고하다고 하는 것은 단지 부적절할 뿐이라고 결론을 내린다. 왜냐하면 그 용어는 시인(是認)을 지시하고 있기 때문이다. 어떤 의미에서 우리에게 적대적인 것으로 경험되는 것을 어떻게 우리가 시인한다고 말할 수 있을까? '그러므로 거대한 폭풍우의 바다는 숭고하다고 불릴 수 없다. 그 광경은 무서운 것이다. 그리고 사람들 자신이 그런 광경에 의해서 마음이 감각 기관의 영역을 떠나도록 그리고 높은 합목적성을 포함하고 있는 이념들에 몰두하도록 자극받음으로써 숭고한 감정에 빠지려면, 그들은 이미 많은 종류의 이념들로 자신의 마음을 가득 채워놓았어야 한다.'[32] 아름답다고 하는 것이 적절할 수 있는 많은 자연적 대상들이 존재한다. 그러나 올바로 이야기한다면, 숭고는 우리의 느낌이나 감정에 속하는 것이지, 그것들을 일으키는 대상들에 속하는 것은 아니다.

칸트는 수학적 숭고와 역학적 숭고를 구분한다. 이런 구분은 상상력이 숭고의 경험에 포함된 정신적 운동을 인식의 기능에 관련 짓는가 아니면 욕망의 기능에 관련 짓는가에 달려 있다. 수학적 숭고는 '절대적으로 큰 것'[33]이라고 말해지거나 또는 **'그것과 비교하면 다른 모든 것이 작은 것'**[34]이라고 말해진다. 많은 여러 예 중 칸트는 로마의 성 베드로 성당을 제시한다. 역학적 숭고는 예를 들어 우리가 자연의 끔찍한 물리적 힘의 광경에 마주칠 때, 그러나 동시에 우리가 우리의 정신과 이성 안에서 이 물리적 힘보다 우월한 것을 발견할 때, 역학적 숭고가 경험된다.[35]

────── **4. 순수 미적 판단력의 연역**

칸트에 따르면 순수 취미판단(즉 자연적 대상들의 아름다움에 대한 판단)은 정당화라는 의미에서 연역이 필요하다. 미적 판단은 주어진 대상의 표상에서 모두가 판단의 규정 근거가 되는 특이한 종류의 쾌(사물에 대한 객관적 인식이 아니라)를 느껴야 한다는 점을 요구한다. 미적 판단은 개별 주관에 의해서 만들어진 개별 판단이기 때문에, 그

---

32   *J.*, 77, *Bd.*, p. 103.
33   *J.*, 80, *Bd.*, p. 106.
34   *J.*, 84, *Bd.*, p. 109.
35   예를 들어 폭풍이 몰아치는 바다의 힘이나 화산 폭발의 힘의 광경은 안전하고 유리한 지점에서 바라보았을 때 유쾌함을 느끼게 한다는 칸트의 발언은 쇼펜하우어(Schopenhauer)의 빈정대는 비판을 야기했다.

리고 그것의 규정 근거는 주관적(어떤 사물의 객관적 인식이 아니라)이기 때문에, 보편적 타당성에 대한 요구를 정당화하는 것은 도대체 무엇인가? 우리는 그것을 논리적 증명에 의해서 정당화할 수 없다. 또한 우리는 사실적인 보편적 동의에 호소해서 그것을 정당화할 수도 없다. 왜냐하면 사람들이 그들의 미적 판단에서 언제나 의견의 일치를 보이지 않는다는 사실은 완전히 차치하고라도, 보편적 동의에 대한 주장 또는 요구는 아프리오리하게 만들어지기 때문이다. 그것은 판단 그 자체의 본질적 특성이고, 따라서 판단에 대한 공통된 동의 또는 동의의 결여에 관한 경험적 사실들과는 무관한 것이다. 그러므로 정당화는, 보편적 타당성을 주장하는 것으로 여겨질 때 그 판단의 진리를 확립할 것을 목표로 삼기 때문에, 논리적 연역의 형식을 취할 수도 경험적 귀납의 형식을 취할 수도 없다.

칸트가 이런 문제를 다루는 방식은 보편적 동의에 대한 주장을 정당화할 수 있는 조건들을 지정하는 식으로 이루어진다. 만약 미적 판단이 순수하게 주관적인 근거에만 의존한다면, 다시 말해 주어진 표상에 관련해서 상상력과 지성의 힘의 상호작용에서 생겨나는 쾌 또는 불쾌에 의존한다면, 그리고 만약 우리에게 모든 인간 안에서 인식력들과 그것들 사이의 관계에 관한 유사한 구조를 전제할 권리가 있다면, 미적 판단에 의한 보편적 타당성에 대한 요구는 정당화된다. 그러나 그런 판단은 순수하게 주관적인 근거들에 의존한다. 그리고 표상과 인식 일반의 전달 가능성은 판단에 관한 유사한 주관적 조건들이 모든 인간 안에 있음을 우리가 전제한다는 것을 정당화한다. 그러므로 보편적 동의에 대한 요구는 정당화된다.

나로서는 이 연역[36]은 그렇게 멀리까지 가지는 않는다. 칸트의 진술에 따르면 자연에서의 숭고에 관한 판단의 경우에는 어떤 연역도 요구되지 않는다. 왜냐하면 이것을 숭고라 부르는 것은 부적절하기 때문이다. 그 용어는 우리의 감정들을 야기하는 자연적 현상들보다는 우리의 감정들에 관계한다. 그러나 순수 취미판단의 경우에는 연역이 요구된다. 왜냐하면 그런 판단의 형식에 관해서는 어떤 주장이 제시되고, 이런

---

36   이 연역의 상세한 논의에 관해서는 독자들은 『판단력비판』(*J.*, 131 이하: *Bd.*, pp. 150 이하)을 참조할 것.

주장은 보편적 타당성에 대한 아프리오리한 요구를 포함하기 때문이다. 그리고 비판철학의 일반적 계획에 대한 신빙성을 위해 그러한 판단의 연역이나 정당화가 요구된다. 그러나 연역의 과정에서 실제로 우리가 듣게 되는 것은, 판단의 주관적 조건들이 모든 인간 안에서 유사하다는 점이 전제되는 일이 정당하다면, 보편적 타당성에 대한 요구는 정당하다는 진술들과, 전달 가능성은 이러한 전제를 정당화한다는 진술들뿐이다. 아마도 사실상 이러한 점은, 아프리오리한 종합명제로서 고려되는 미적 판단의 가능성이 주관의 편에 선 조건들에 관계하기 때문에, 비판철학의 일반적 틀에 적합할 것이다. 그러나 사람들은 대상의 편에 선 조건들에 대해 무언가 더 많은 것을 듣기를 기대할 수도 있다. 칸트에 따르면 취미판단의 규정 근거들은 주관적이다. 그러나 우리가 보았다시피 그는 자연적 대상들이 아름답다고 불리는 것이 적절할 수 있는 반면에, 숭고는 단지 자연에 대해서 부적절하게만 단언된 것이라는 점을 인정한다.

5. 미적 예술과 천재

지금까지 우리는 자연적 대상들의 아름다움에 관심을 두었었다.[37] 이제 우리는 예술의 주제에 대해 눈을 돌릴 수 있다. 예술 일반은 '제작(*facere*)이 행위함이나 작용함(*agere*)과 구별되듯이, 자연과 구별되며, 예술의 산물이나 결과는, 작품(*opus*)이 자연의 작용(*effectus*)과 구별되듯이, 행위함이나 작용의 산물이나 결과와 구별된다'.[38] 미적 기술[예술](*die schöne Kunst*)은 단순히 쾌를 야기하는 기술(*die angenehme Kunst*)과 구별되며, '그 자체로 합목적적이고, 비록 [일정한] 목적은 없지만, 그럼에도 사교적 전달을 위해 마음의 능력들의 배양을 촉진하는 표상 방식이다'.[39]

칸트에 따르면 미적 기술은 기술이며, 자연이 아니라는 점을 우리가 의식해야 하는 것은 바로 이 미적 기술품[예술품]과 관련된다. 그러나 동시에 그것의 형식의 합

---

37   칸트가 튤립을 예로 인용하는 방식에 의해 판단해보건대, 그는 이 꽃을 좋아했던 듯하다.

38   *J.*, 173, *Bd.*, p. 183.

39   *J.*, 179, *Bd.*, p. 187.

목적성은 마치 그것이 자연의 작품[산물]인 것처럼 자의적인 규칙들의 강제에서부터 자유로운 것이어야 하는 듯이 여겨진다. 물론 칸트는 예술 작품의 생산에서 어떤 규칙도 지켜져서는 안 된다는 것을 뜻하고 있지는 않다. 칸트는 그런 규칙들을 지키는 것이 고통스러울 정도로 명백해서는 안 된다는 점을 뜻하고 있다. 예술 작품은 그것이 예술 작품이기 위해서 자연의 '자유'를 소유하는 듯이 보여야 한다. 그러나 그것이 자연적 아름다움의 문제든 예술 작품의 아름다움의 문제든, 우리는 다음처럼 말할 수 있다. **'자연의 아름다움이나 예술 작품의 아름다움을 판단하는** (감각에서도 아니고 개념에 의해서도 아니다) **단순한 작용에서 쾌를 일으키는 것은 아름답다.'**[40]

미적 기술은 천재가 예술에 규칙을 부여하는 재능이나 자연의 은혜인 한에서 천재의 작품이다. 이러한 재능은 규칙들을 전제하며, 이 규칙들에 의해서 작품은 가능한 것으로 표상된다. 그러나 이러한 규칙들은 개념들을 자신의 규정 근거로 가질 수 없다. 따라서 예술가는, 참된 예술가 또는 천재라면, 개념에 의해서 자신의 규칙들을 고안할 수 없다. 그리고 자연 자체는 예술가에서 작동하는 것으로서 (그의 기능들의 조화에 의해서) 예술에 규칙을 부여함이 틀림없다는 귀결이 뒤따른다. 그러므로 천재란 '타고난 마음의 소질(*ingenium*)로서 **그런 소질을 통해** 자연은 예술에 규칙을 부여하는'[41] 것으로 규정될 수 있다.

예술과 천재에 대한 칸트의 생각을 여기서 길게 다루는 것은 적절하지 않을 것이다. 두 가지 점을 언급하는 것으로 충분하다. 첫째, 칸트가 천재에 부여하고 있는 능력 중에 그가 마음에 생기를 낳는 원리로서 기술하고 있는 정신(*Geist*)이 있다. 그것은 '미적 이념들을 나타내는 능력'[42]이다. 왜냐하면 미적 이념은, 그것에 적합한 개념이 없고, 언어에 의해서 완전히는 이해될 수 없음에도 불구하고, 많은 생각을 야기하는 상상력의 표상이기 때문이다. 그래서 미적 이념은 이성적 이념의 대응물이다. 이성적 이념은 정반대로 상상력의 어떤 직관이나 표상도 그것에 적합할 수 없는 개념이다.

---

40   *J.*, 180, *Bd.*, p. 187.
41   *J.*, 181, *Bd.*, p. 188.
42   *J.*, 192, *Bd.*, p. 197.

주목할 수 있는 두 번째 점은 천재의 독창성에 대한 칸트의 주장이다. '모든 사람은 천재가 모방의 정신에 전적으로 대립해 있다는 점에 의견을 같이 한다.'[43] 이로써 천재는 가르쳐질 수 없다는 귀결이 나온다. 그러나 천재는 모든 규칙과 기술 훈련을 생략할 수 있다는 귀결이 나오는 것은 아니다. 독창성은 예술 작품들을 생산하는 것으로 생각되는 천재의 유일한 본질적 조건인 것은 아니다.

——— 6. 미적 판단력의 변증론

우리는 칸트가 건축술에 대해 열정을 가지고 있다는 점을 알게 될 기회가 있었다. 이것은 앞의 두 『비판서』에서와 같이 『판단력비판』에서도 명백하다. 그리고 순수 취미판단의 연역을 제공한 것처럼, 그는 짤막한 「미적 판단력의 변증론」(*Dialectic of the Aesthetic Judgment*)[44]을 제공한다. 이것은 이율배반에 대한 진술과 그것의 해결을 포함한다.

이율배반은 다음과 같다. '**정립**: 취미판단은 개념들에 기초하지 않는다. 왜냐하면 그렇지 않다면 그 판단은 논쟁(증명에 의해 결정될)을 허용할 것이기 때문이다. **반정립**: 취미판단은 개념들에 기초한다. 왜냐하면 그렇지 않다면, 그 판단의 상이성에도 불구하고 우리는 그것에 관해 다툴 수 없을 (이 판단에 대해 다른 사람들의 필연적 동의를 요구할 수 없을) 것이기 때문이다.'[45]

이율배반의 해결은 정립과 반정립이 모순되지 않는다는 점을 보여주는 데서 성립한다. 왜냐하면 '개념'이란 낱말은 두 명제에서 같은 의미로 이해되어서는 안 되기 때문이다. 정립은 취미판단이 **규정적인** 개념들에 기초해 있지 않다는 것을 의미한다. 그리고 이것은 진정 참이다. 반정립에서 우리는 취미판단이 **무규정적** 개념, 즉 현

---

43   *J.*, 183, *Bd.*, p. 190.

44   그는 또한 『판단력비판』의 제1부에 '취미의 방법론'이라는 부록을 추가하고 있다. 그러나 이것은 매우 짧다.

45   *J.*, 234, *Bd.*, p. 231.

상체의 근거인 초감성적 기체의 개념에 의존해 있다는 것을 의미한다. 그리고 이것 또한 참이다. 왜냐하면 칸트에 따르면 무규정적 개념은 판단에 대하여 자연의 주관적 합목적성의 일반 근거의 개념이기 때문이다. 그리고 이것은 판단을 대신하여 보편적 타당성을 주장하는 기초로서 요구된다. 그러나 개념은 우리에게 대상에 대한 어떤 인식도 제공하지 못한다. 또한 그것은 판단에 대한 어떤 증명도 제공할 수 없다. 따라서 정립과 반정립은 모두 참일 수 있으며, 따라서 양립 가능하다. 이때 외견상의 이율배반이 사라진다.

■■■■■■ 7. 도덕적 선의 상징으로서의 아름다움

취미판단이 어떤 의미에서 현상체의 근거인 초감성적 기체라는 무규정적 개념에 의존한다는 사실은 미학과 도덕 간의 어떤 연결이 있다는 점을 암시한다. 왜냐하면 미적 판단은 간접적으로 이 무규정적 개념을 전제하며, 도덕법칙에 대한 반성은 초감성적 또는 예지적인 것이라는 이념에 무규정적 내용을 제공하기 때문이다. '아름다운 것은 도덕적으로 선한 것의 상징'[46]이며, '취미는 근본에 있어서 도덕적 이념들의 감성적 예시를 판단하는 능력(이 두 가지에 대한 우리의 반성에 포함되어 있는 어떤 유비에 의해서)'[47]이라고 칸트가 말한다고 해서 놀랄 필요는 없다.

상징(symbol)은 칸트에서 무엇을 의미하는가? 칸트 자신의 예는 그가 의미하는 바를 잘 예시해준다. 군주 국가는 만약 그것이 국민에게서 나오는 법에 의해 통치된다면 영혼이 있는 신체로 표상될 수 있고,[48] 만약 독재자의 개인적, 절대적 의지에 의해 통치된다면 기계(손절구와 같은)로 표상될 수 있다. 그러나 표상은 두 경우 모두에서 단지 상징적일 뿐이다. 전자의 국가 유형은 실제로는 신체와 다르다. 또한 후자의 국

---

46   *J.*, 258, *Bd.*, p. 250.

47   *J.*, 263, *Bd.*, p. 255.

48   내국법에 따라서(*Nach inneren Volksgesezten*)는 칸트의 어법이다. 그는 아마도 루소의 일반 의지로서의 법관념을 그의 마음의 어딘가에 두고 있을 것이다.

가 유형에도 손절구와 어떤 문자적 유사성도 없다. 동시에 규칙들 — 그 규칙들에 따라서 한편으로는 우리가 국가 유형과 그것의 인과성, 그리고 다른 한편으로는 표상적 상징과 그것의 인과성을 반성한다 — 사이에는 유사성[유비]이 있다. 그래서 칸트는 자신의 상징주의 관념을 유비에 기초하고 있다. 그리고 다음과 같은 물음이 나온다. 미적 판단과 도덕 판단 사이의 유사점들은 무엇인가? 또는 미적인 좋음과 도덕적인 좋음[선] 사이의 유사점들은 무엇인가. 여기서 이러한 유사점들은 우리가 전자를 후자의 상징으로 보는 일을 정당화한다.

아름다운 것과 도덕적인 선 사이에는 둘 다 **직접적으로** 쾌를 야기한다는 사실에서 유비가 존재한다. 다시 말하면 그 둘 모두 직접적으로 쾌를 야기한다는 사실에서 유사성이 존재한다. 그러나 동시에 차이도 있다. 왜냐하면 아름다운 것은 반성적 직관에서 쾌를 야기하는 반면에, 도덕적 선은 개념에서 쾌를 야기한다. 다시 말하면 아름다운 것은 어떤 관심[이해관계]과 무관하게 쾌를 야기하지만, 도덕적 선은 사실상 이해관계와 연결되어 있지만, 그것은 도덕 판단에 선행하는 이해관계[관심]가 아니라, 그런 판단에 뒤따라 나오는 이해관계[관심]다. 그래서 여기서도 엄격한 유사성이라기보다는 유비가 존재한다. 더 나아가 미적 판단에서는 상상력은 지성과 조화를 이룬다. 그리고 이러한 조화는 의지가 실천이성의 보편법칙에 따라서 자신과 이루게 되는 도덕적 조화 사이에 유비가 존재한다. 마지막으로, 취미판단에서 주관적 원리에 의한 보편성의 요구와 도덕의 객관적 원리에 의한 보편성의 요구 사이에도 유비가 존재한다.

칸트의 언급 방식은 때로는 미적 경험의 도덕화를 암시할는지 모른다. 그래서 우리는 '취미의 기초를 위한 참된 예비학은 도덕적 이념의 발달이고 도덕적 감정의 교화이다. 이러한 도덕 감정과 감성이 일치할 때에만 진정한 취미가 일정하고 불변적인 형식을 취할 수 있다'[49]는 이야기를 듣게 된다. 그러나 칸트는 미적 판단을 도덕 판단으로 환원하고 싶어하지 않는다. 우리가 보았다시피 그는 미적 판단의 독특한 특성들을 주장한다. 그가 하고자 하는 핵심은 미적 경험이 과학적 인식에서 나타나는 것

---

49 *J.*, 264, *Bd.*, p. 255.

으로서의 감성적 세계와 도덕적 세계에서 파악되는 것으로서의 초감성적 세계 사이의 연결 고리를 형성한다는 것이다. 그리고 일차적으로 이러한 점을 염두에 두면서 칸트는 미적인 것과 도덕적 좋음 사이의 유비들에 주목한다.

──────── 8. 목적론적 판단력

우리는 취미판단이 대상의 합목적성이 목적에 대한 어떤 표상도 없이 지각되는 한에서 그 합목적성의 형식에 관심을 둔다는 점을 살펴보았다. 그래서 그 판단은 어떤 의미에서 목적론적 판단[력]이다. 칸트의 용어법으로는 그것은 형식적이고 주관적인 목적론적 판단이다. 취미판단은 그것이 무언가의 현존을 설명하는 데 관심을 두지 않는다는 의미에서 형식적이다. 사실상 그것은 그 자체로 현존하는 사물들에 관심이 없다. 그것은 본래 표상들에 관심이 있다. 그리고 그것은 판단을 내리는 사람의 감정에 관계한다는 의미에서 주관적이다. 다시 말하면 그 판단은 어떤 대상을 목적적인 것으로 표상하는 일과 이러한 표상에 수반되는 쾌 간의 필연적 결합을 주장한다.

주관적·형식적인 목적론적 판단력 이외에도 객관적·형식적인 목적론적 판단력도 존재한다. 이것은 칸트에 따르면 수학에서 발견된다. 그의 예 중 하나는 다음과 같다. 원과 같은 아주 단순한 도형에는 다수의 기하학적 문제들의 해결 근거가 포함되어 있다고 그는 주장한다. 예를 들어 누군가가 밑변과 대각(對角)이 주어진 삼각형을 구성하고자 한다면, 원은 '이 조건에 맞는 모든 삼각형의 기하학적 장소'[50]이다. 그리고 이런 목적을 위해 원이 적합하다는 판단은 목적론적 판단이다. 왜냐하면 그런 판단은 '합목적성'을 진술하기 때문이다. 그것은 형식적인 목적론적 판단이다. 왜냐하면 그것은 현존하는 사물들과 인과관계에 관심이 없기 때문이다. 순수 수학에서는 '사물들의 현존'이 아니라, '사물들의 가능성에 대해서만'[51] 언급된다. 그러나 그것은

---

50   *J.,* 272, *Bd.,* pp. 262-263.
51   *J.,* 279, 각주, *Bd.,* p. 268, 각주.

주관적 판단이 아니라 객관적 판단이다. 왜냐하면 판단을 내리는 사람의 감정이나 욕망에 대한 언급이 없기 때문이다.

형식적 목적론적 판단력 외에도 현존하는 사물들을 언급하는 질료적 목적론적 판단력도 있다. 그리고 이러한 판단들도 주관적이거나 객관적일 수 있다. 이런 판단들은 인간의 목적을 진술한다면 주관적이다. 자연의 목적에 관심이 있다면 객관적이다.『판단력비판』의 제2부는 네 번째 부류를 다룬다. 즉 객관적이고 질료적인 목적론적 판단력을 다룬다. 그리고 칸트가 단지 '목적론적 판단력'에 관해 이야기한다면, 그가 염두에 두고 있는 것은 이러한 종류의 판단력이다.

그러나 이 이상의 구별이 있어야 한다. 우리가 자연 안에 합목적성이 있다고 말할 때, 우리는 상대적인 (또한 외적 또는 외부적이라 부르는) 목적성이나 내적 목적성을 언급하는 것이다. 만약 예를 들어 순록(馴鹿)이 에스키모인들의 먹이가 되기 위해서 북부 지방에 존재한다고 말한다면, 우리는 상대적인 또는 외적인 합목적성의 경우를 이야기하고 있다. 우리는 순록의 자연적 목적이 자신의 외부에 있는 그 무언가에 봉사하는 것이라고 말하고 있는 것이다. 그러나 만약 순록은 그 자체가 자연적인 목적이라고 말한다면 — 이때 순록은 그것의 부분들이 서로 의존하는 전체를 의미하며, 또 부분들은 전체를 위한 부분들로 존재하기 때문에 — , 우리는 내적 목적성의 경우를 언명하고 있는 것이다. 다시 말하면, 순록의 자연적 목적은 유기적 전체로서 고려되는 자신 안에 놓여 있다고 말해지며, 자신과 다른 외적인 무언가와의 관계 속에 놓여 있는 것은 아니다.

이제 첫째 판단, 즉 순록은 인간을 위해서 존재한다고 생각해보자. 이것은 순록의 존재에 대한 설명이라는 의미를 갖는다. 그러나 그것은 인과적 설명과는 다르다. 왜냐하면 인과적 설명은 (인과성의 도식화된 범주에 따라서) 단지 우리에게 순록이 **어떻게** 존재하게 되는지를 말할 뿐이다. 그것은 순록이 **왜** 존재하는가를 우리에게 이야기하지 않을 것이다. 상대적인 목적론적 판단력은 **왜**라는 물음에 대한 대답을 제공한다는 특성을 갖는다. 그러나 대답은 잘해 보아야 **가언적**일 뿐이다. 즉 그 대답은 먼 북쪽 지방까지 인간이 존재해야 한다는 것을 가정한다. 그러나 자연에 대해 아무리 연구해도 먼 북쪽 지방에 인간이 존재해야 한다는 것은 밝혀질 수 없다. 순록은 에스키모인을 위해 존재해야 하고, 풀은 양과 소를 위해 존재해야 한다고 우리가 말하고 싶겠지만, 그것은 정말 심리학적으로 이해될 수 있는 것이다. 그러나 우리의 인식에 관한 한, 우리는 잘해 보아야 순록이 우연히 거기에 존재했기 때문에 인간은 먼 북쪽 지방에 존재할 수 있다고 말할 수 있을 뿐이다. 그리고 어떤 장소에는 적절한 먹을거리가 있고 다른 장소에는 그런 것이 없으므로, 양과 소는 첫째 장소에서는 살 수 있고, 둘째 장소에서는 살 수 없다고 말할 수 있을 뿐이다. 달리 말하면 자연에서의 외적 목적성의 주장에 대해 있을 수 있는 반대들은 무시하더라도, 우리의 판단들은 결코 절대적일 수 없다. 순록은 인간을 위해 존재하고, 풀은 양과 소를 위해 존재한다고 절대적으로 말하는 것은 결코 정당화될 수 없다. 그 판단들은 아마도 참일는지 모른다. 그러나 우리는 그 판단들이 참이라는 사실을 알 수 없다. 왜냐하면 우리는 그 판단들의 진리성을 확립할 어떤 필연적인 연관도 볼 수 없기 때문이다.

그러나 내적 목적성에 관한 판단들은 절대적인 목적론적 판단들이다. 다시 말하면 이런 판단들은 자연의 어떤 산물에 대해서 그것은 그 자체로 자연의 목적(*Natur-zweck*)이라고 단언한다. 상대적 목적성의 경우에, 우리는 동등하게, 하나의 사물이 자연의 목적을 구현한다면, 이 하나의 사물을 목적으로 삼아 다른 사물이 현존한다고 말한다. 그러나 내적 목적성의 경우에 우리는 하나의 사물이 다른 사물과 관계를 맺기 때문이 아니라, 현재 있는 바의 그 사물이기 때문에, 자연의 목적을 구현한다고 말한다. 그러므로 이런 판단을 내리기 위한 필요조건들이 무엇인가 하는 물음이 생겨난다.

'나는 하나의 사물은, 비록 이중적인 의미에서이지만 **그 사물이 스스로 원인이자 결과라면**, 자연 목적으로서 현존한다고 잠정적으로 말한다.'[52] 칸트는 나무의 예를 취한다. 나무는 같은 종류의 다른 구성원을 생산하는 것에 그치는 것이 아니다. 그 나무는 자신을 개체로서 생산하기도 한다. 왜냐하면 우리가 성장이라고 부르는 과정에서 그 나무는 우리가 전 과정을 자기 생산의 하나로서 간주할 수 있는 그런 방식으로 재료를 받아들이고 조직하기 때문이다. 더 나아가서 부분과 전체 사이에는 상호 의존성의 관계가 존재한다. 예를 들어 잎은 나무에 의해서 생산된다. 그러나 동시에 잎은

---

52   *J.*, 286, *Bd.*, pp. 273-274.

반복된 낙엽이 결국 나무를 죽인다는 의미에서 나무를 보호한다.

자연의 목적으로 고려되는 하나의 사물을 더 정확하게 정의하고자 노력하면서, 칸트는 부분들이 서로 관계를 맺고 있음이 틀림없고, 따라서 그것들은 그것들의 인과성에 의해서 전체를 생산한다는 점을 관찰한다. 동시에 전체는 부분들의 유기체의 궁극적 원인으로서 간주될 수 있다. '자연의 그러한 산물에서 각 부분은 모든 다른 부분들에 **의해서** 현존할 뿐만 아니라 다른 부분들을 **위해서** 그리고 전체를 **위해서** 현존하는 것으로서, 즉 도구(기관)로서 간주된다.'[53] 그러나 이것은 충분한 서술이 아니다. 왜냐하면 시계의 한 부분은 다른 부분들을 위해서 그리고 전체를 위해서 존재하는 것으로 간주될 수 있기 때문이다. 그리고 시계는 자연의 산물이 아니다. 그러므로 우리는 부분들이 상호 서로를 생산하는 것으로 간주되어야 한다는 점을 추가해야 한다. 자연의 목적이라 부를 수 있는 것은 이런 종류의 산물뿐이다. 왜냐하면 이 산물은 조직된 존재일 뿐 아니라 자신을 조직하는 존재자이기 때문이다. 우리는 이 존재자가 자신 안에 형성하는 힘(*eine bildende Kraft*)을 소유하고 있다고 본다. 이 형성하는 힘은 시계와 같은 인위적 산물 또는 기계 안에는 없다. 시계는 형성하는 힘이 아니라 운동하는 힘(*eine bewegende Kraft*)을 가지고 있다.

그러므로 우리는 조직된 존재자들 안에서 내면적 합목적성을 판단하기 위한 원리를 가진다. '이 원리는 동시에 유기적 존재자의 정의이기도 한 것으로, **자연의 유기적 산물은 그 안에서는 모든 것이 상호 목적이면서 수단이기도 하다는 것이다.** 그런 산물에서는 아무것도 쓸데없는 것은 없고, 무목적인 것은 없으며, 자연의 맹목적 기계성에 기인할 수 있는 것은 없다.'[54] 이 원리는 그것의 형성이 유기적 존재자들의 관찰에 의해서 야기된다는 의미에서 경험에서 도출된다. 그러나 동시에 '이 원리가 그러한 합목적성에 대해서 언급하는 보편성과 필연성 때문에'[55] 그 원리는 단지 경험적 근거들에 의존할 수 없다. 그것은 아프리오리한 원리, 즉 규제적인 (구성적이 아니라) 이념인 자연의 목적의 이념에 기초할 수밖에 없다. 그리고 위에서 언급된 원리는 칸트

---

53 *J.*, 291, *Bd.*, p. 277.

54 *J.*, 295-296, *Bd.*, pp. 280-281.

55 *J.*, 296, *Bd.*, p. 281.

에 따르면 조직된 존재자들의 내적 합목적성을 판단하는, 이 규제적 이념의 사용을 위한 원칙(maxim)이라 할 수 있다.

그러나 우리가 자연 안의 이분법에 만족할 수 있는지 여부의 문제가 생겨난다. 내적 목적성 또는 합목적성은 자신을 조직하는 존재자들에서만 우리에게 검증된다고 말해질 수 있다. 왜냐하면 무슨 경우이든 단적으로 말하면, 적어도 우리는 단지 기계적 인과성에 의해서는, 즉 인과성의 도식화된 범주를 가지고서 작동하는 것에 의해서는 그러한 존재자들에 대해 합당하게 설명할 입장에 있지 않기 때문이다. 그러나 이러한 일은 비유기적 존재자들에 해당하지 않는다. 이런 존재자들에서 우리는 목적성의 개념을 요구하지 않는 듯이 보인다. 그렇다면 어떤 유형의 존재자들의 경우에는 목적인의 개념을 사용하고, 다른 경우들에는 그런 개념을 사용하지 않음으로써, 말하자면 자연 안에 분할을 만드는 일에 우리가 만족하는가?

칸트에 따르면 우리는 그러한 이분법에 만족한 채 있을 수는 없다. 왜냐하면 목적성의 이념, 자연의 목적의 이념은 자연에 대한 판단력의 해석을 위한 규제적 이념이기 때문이다. 그래서 우리는 목적들의 체계로서 자연을 보는 관점으로 이끌리게 된다. 즉 이번에는 감각 지각에서 경험적으로 주어진 것으로서의 자연을 초감성적 기체로 언급하도록 우리를 인도하는 관점으로 이끌리게 된다. 사실상 자연적 목적이라는 그 이념은 우리를 감각 경험의 세계를 넘어서도록 한다. 왜냐하면 그 이념은 단순한 감각 지각 속에서 주어지지 않기 때문이다. 그것은 지각된 것을 판단하기 위한 규제적 원리이기 때문이다. 그리고 우리에게는 자연스럽게 자연의 전체를 이러한 이념의 빛에 따라 통일하려는 성향이 있다. '우리가 일단 자연에서 단지 목적인들의 개념에 따라서만 우리에 의해 생각될 수 있는 산물들을 만들어내는 어떤 능력을 발견했다면, 우리는 더 나아가 맹목적으로 작용하는 원인들의 기계성을 넘어서 이것들을 가능하게 하는 다른 어떤 원리를 찾아내는 일을 강제하지 않는 사물들까지 또한 … 목적의 체계에 속하는 것이라고 판단해도 된다. 왜냐하면 전자의 이념[목적인들의 개념]은 그것의 근거에 관해서 이미 우리가 감성의 세계를 넘어가도록 한다. 왜냐하면 초감성적 원리의 통일성은 자연의 존재자들의 어떤 종들에 대해서뿐만 아니라, 체계로서 자연의 전체에 대해서 같은 방식으로 타당한 것으로 간주되지 않으면 안 되기 때

문이다.'[56]

　물론 자연에서 목적성의 원리가 칸트에서 반성적 판단력의 규제적 이념이며, 그것이 낳는 원칙은 발견의 원리라는 것을 이해하는 일이 중요하다. 우리는 자연과학과 신학을 혼동해서는 안 된다. 그래서 우리는 목적성을 설명하기 위해서 자연과학에 신의 개념을 끌고 와서는 안 된다. '그런데 물리학은 정확하게 자신의 한계 안에 머무르기 위해서 자연 목적들(*Naturzwecke*)이 **의도적인가 비의도적인가** 하는 물음을 도외시한다. 왜냐하면 이것은 남의 영역(즉 형이상학의 영역)에 간섭하는 것을 의미할 것이기 때문이다. 우리가 오직 목적들의 이념에 의해서만 원리로 생각할 수 있는 자연법칙에 따라서만 오직 **설명할 수 있는**, 또는 단지 이런 방식으로 내적인 형식에 관해서 심지어는 내면적으로 **인식할 수 있는** 대상들이 있다는 것으로 충분하다.'[57] 자연의 목적이라는 이념은 자연과학에 관한 한 유용한, 사실상 불가피한 발견의 원리이다. 그러나 자연의 목적론적 관점이, 자연은 목적을 위해 행동하는 예지적 존재자의 작품이라는 가정에 자연스럽게 이른다는 의미에서, 신학에 자연스럽게 이른다고 하더라도, 이런 이유로 인해 신의 현존을 자연과학의 기초에서 입증될 수 있는 결론으로 간주할 수 있는 것은 아니다. 왜냐하면 반성적 판단력의 규제적 이념과 그것의 사용을 지배하는 원칙들은 주관적 원리들이기 때문이다. 정신의 측면에서 보면 목적론적 판단력은 우리가 현상적 영역과 지성적 영역의 틈에 다리를 놓는 일을 도와준다. 그러나 그러한 판단력은 독단적 형이상학의 기초가 될 수는 없다.

━━━━━━━ **9. 목적론과 기계론**

　우리가 살펴보았듯이 칸트는 그가 내적 합목적성이라 부르는 것에 집중하고 있다. 즉 부분들이 상호 관계를 통해서 그리고 전체와의 관계를 통해서 유기적 존재

56　*J.*, 304, *Bd.*, p. 287.
57　*J.*, 307-308, *Bd.*, pp. 289-290.

안에서 드러나는 목적성에 집중하고 있다. 순수하게 기계적인 설명은 유기적 존재의 경우에 불충분하다.

그러나 물론 상황은 칸트의 입장에 대한 이러한 진술이 시사하는 것만큼 간단하지 않다. 한편으로 범주는 경험에 관해서 구성적이다. 그리고 이것은 지성적 또는 초감성적 실재에 대해 아무것도 우리에게 이야기해주지 않음에도 불구하고, 모든 현상체는 기계론적 인과성에 의해서 설명될 수밖에 없다는 점을 또는 적어도 모든 현상체는 이런 식으로 설명될 수 있는 것으로 고려될 수밖에 없다는 점을 우리에게 이야기하는 듯이 보인다. 다른 한편으로 유기적 존재자들에 대한 고려는 우리에게 그런 존재자들을 해석하는 데서 목적성의 관념을 사용하게 한다. 칸트가 이야기하고 있듯이 지성은 물체적인 사물들을 판단하기 위해 하나의 원칙(maxim)을 제시하는 반면에, 이성은 다른 원칙을 제시한다. 그리고 판단력의 두 원칙은 상호 양립할 수 없는 듯이 보인다. 그래서 이율배반 또는 적어도 외견상의 이율배반이 생겨난다. 칸트는 이 이율배반을 「목적론적 판단력의 변증론」이라는 일반 제목하에서 다루고 있다.

이율배반은 먼저 다음처럼 진술된다. '판단력의 **첫째 원칙**은 다음과 같은 **명제**이다. 물질적 사물들과 그것들의 형식들의 모든 산출은 단지 기계론적 법칙들에 따라서 가능한 것으로 판단될 수 있다. **둘째 원칙**은 **반대 명제**이다. 물질적 자연의 몇몇 산물들은 단지 기계적인 법칙들에 따라서 가능한 것으로 판단될 수 없다. (그것들의 판단은 전혀 다른 인과성의 법칙 즉 목적인들의 법칙을 필요로 한다.)'[58]

칸트는 우리가 이러한 원칙들을 대상들의 가능성에 대한 구성적 원리로 돌리면, 사실상 우리는 모순에 직면하게 된다고 말한다. 왜냐하면 우리는 다음과 같은 진술들에 이르기 때문이다. '**명제**: 물질적 사물들의 모든 산출은 단지 기계론적인 법칙들에 따라서 가능하다. **반대 명제**: 물질적 사물들의 몇몇 산출은 단지 기계론적 법칙들에 따라서 가능하지 않다.'[59] 그리고 이 두 진술은 분명히 양립할 수 없다. 그러나 판단력은 우리에게 대상들의 가능성의 구성적 원리들을 제공하지 않는다. 그리고 이

---

58   *J.*, 314, *Bd.*, p. 294.
59   *J.*, 314-315, *Bd.*, pp. 294-295.

두 진술 중 어느 것이든 그것에 관한 아프리오리한 증명은 주어질 수 없다. 그러므로 우리는 먼저 진술된 이율배반으로 되돌아가야 한다. 그 이율배반에서 우리는 자연의 경험적 법칙들에 따라서 물질적 대상들을 판단하는 두 원칙을 갖게 된다. 그리고 이 두 원칙은 사실상 서로 모순되지 않는다는 것이 칸트의 취지이다.

그 두 원칙이 서로 모순되지 않는 이유는 다음과 같다. 나는 물질적 사물들의 산출이 단지 기계론적 법칙에 따라서 (즉 목적의 관념을 도입하지 않고서) 가능하다고 판정할 수밖에 없다고 내가 말한다면, 나는 물질적 사물들의 산출이 단지 이런 방식으로만 가능하다고 말하고 있는 것이 아니다. 나는 그것들을 이런 방식으로만 가능한 것으로 고려해야 한다고 말하는 것이다. 다른 말로 하면 나는 자연에 대한 과학적 탐구에서 기계론적 설명을 그것이 갈 수 있는 데까지 밀어붙여야 없다는 원칙을 세우는 것이다. 그리고 이것은 어떤 물질적 사물들에 관해서 내가 기계론적 인과성에 의해서 합당한 설명을 제공할 수 없다고 판단하는 일을, 그리고 내가 목적인의 관념을 도입해야 한다고 판단하는 일을 막지 못한다. 그렇게 함으로써 나는 유기적 존재자들이 아마도 기계론적 인과적 법칙의 작용에 의해서 산출될 수 없다고 독단적으로 주장하지 못한다. 오히려 나는 물질적 사물들의 산출을 기계론적 인과성에 의해서 설명하는 일반적 원리가 어떻게 이 경우에 적용될 수 있는지를 알지 못한다고, 그리고 비록 자연의 목적 이념이 나에게 전체적으로 분명하지는 않지만, 나 자신이 그러한 존재자를 목적으로, 즉 자연의 목적을 구현하는 것으로 고려할 수밖에 없음을 알게 된다고 말하는 것이다.

칸트는 철학사에서 자연에서의 합목적성을 설명하는 여러 다른 방식들이 나타났다는 점을 주목한다. 그는 그런 방식들을 두 일반적 항목, 즉 관념론과 실재론 아래 묶는다. 전자는 그러한 합목적성이 설계된 것이 아니라고 주장하는 반면에, 후자는 그것이 설계된 것이라고 주장한다. 관념론의 항목 아래에 칸트는 그리스의 원자론자들의 체계와 스피노자의 체계를 포괄한다. 전자에 따르면 모든 것은 운동 법칙들의 작용에 따른다. 후자에 따르면 자연의 합목적성은 말하자면 무한한 실체의 성격에서부터 숙명론적으로 일어난다. 실재론 아래에 그는 물활론(예를 들어 세계영혼 이론)과 유신론을 포괄한다.

그 명칭들은 기묘하게 선택된다. 내가 의미하는 바는 데모크리토스와 에피쿠로스의 철학을 '관념론'이라 부르는 것이 기묘하다는 것이다. 그러나 주목해야 할 주요한 점은 칸트에 따른다면 유신론이 단연코 가장 수용 가능한 설명 체계라는 것이다. 에피쿠로스는 자연의 합목적성을 맹목적 우연에 의해서 설명하고자 한다. 그러나 이런 식으로는 '아무것도, 우리의 목적론적 판단력의 가상(假象)조차도 설명되지 못한다.'[60] 스피노자의 체계는 모든 것이 목적적이라는 결론으로 나아간다. 왜냐하면 모든 것은 필연적으로 실체에서부터 나오며, 이것이 바로 합목적성이 의미하는 것이기 때문이다. 그러나 어떤 사물이 간단하게 그것이 사물이기 때문에 목적적이라고 말하는 것은 아무것도 목적적이지 않다고 말하는 것과 같다. 칸트가 언급하고 있듯이 근원적 존재자에 대한 스피노자의 이론은 논박하기 쉽지 않다는 것은 사실이다. 그러나 이런 까닭은 그것이 우선 이해될 수 없기 때문인 것이다. 물활론에 관해서 말한다면, '생명 있는 물질의 가능성조차 생각될 수 없다. 왜냐하면 그런 물질의 개념은 모순을 포함하기 때문이다. 무생명성, 즉 관성(intertia)이 물질의 본질적 성격을 이루고 있는 까닭이다.'[61] 그러므로 우리에게는 자연의 합목적성을 예지적으로 행동하는 근원적 존재자에 관계시킨다는 점에서 다른 모든 설명 근거보다 우위에 있는 유신론만 남게 된다.

그러나 유신론이 자연의 목적성에 대한 모든 다른 설명보다 우위에 있음에도 불구하고, 그것은 증명될 수 없다. '이제 가장 완전한 목적론이라는 것이 결국 무엇을 증명하는가? 그것은 그러한 지성적 존재자가 현존한다는 것을 증명하는가? 아니다. 그 목적론은 우리의 인식 능력의 따라서는, 그리고 경험을 이성의 최상 원리들과 결합시켜서는, 우리는 그러한 세계의 가능성의 개념을 절대 이해할 수 없다는 것, 따라서 세계는 **설계에 의해서 작동하는** 그것의 최상 원인을 생각할 수밖에 없다는 것 이상을 결코 증명하지 못한다. 그러므로 우리는 지성적인 근원적 존재자가 있다는 명제를 객관적으로 주장할 수 없으며, 자연에서의 목적들에 대한 반성에서 우리의 판단력

---

60   *J.*, 325, *Bd.*, p. 302.
61   *J.*, 327, *Bd.*, pp. 304-305.

의 기능을 사용하기 위해 주관적으로만 증명할 수 있을 뿐이다. 그런데 이 자연에서의 목적들은 최고의 원인이라는, 설계하는 (의도적인) 원인성의 원리 이외의 어떤 다른 원리에 따라서는 생각될 수 없다.[62]

그러므로 한 번 더 자연의 목적(*Naturzweck*)이라는 이념은 판단력의 발견의 원칙들을 낳는 규제적 원리이다. 이런 원칙들은 유기적 존재자들을 판단하는 데 있어 유용한, 심지어는 불가피한 것으로 생각된다. 그리고 우리는 자연스럽게 첫째, 목적들의 체계로서의 자연의 전체라는 개념에 도달하게 되고, 둘째, 자연의 예지적 원인의 개념에 도달하게 된다. 그러나 우리는 여기서 객관적 증명을 다루는 것이 아니라 주관적인 규제적 이념의 의미들을 다루고 있다. 동시에 궁극적 원인은 자연 안에서 불가능하다는 점이 확인될 수 없다. 사실상 우리는 기계적 원인성과 궁극적[목적적] 원인성이 어떻게 궁극적으로 조화를 이룰 수 있는지를 적극적인 방식으로 이해할 수 없다. 즉 사물들이 말하자면 동시에 두 가지 유형을 가지는 원인의 법칙에 어떻게 종속될 수 있는지를 적극적인 방식으로 이해할 수 없다. 그러나 그것들이 자연의 '초감성적 기체' ─ 그것에 우리는 결코 접근하지 못하지만 ─ 에서 조화를 이루게 될 가능성은 남아 있다. 그리고 비록 유신론의 객관적 진리는 이론적으로 입증될 수는 없지만, 유신론은 우주를 생각하는 가장 좋은 틀을 우리에게 제공한다.

──────── **10. 자연 신학과 윤리 신학**

『판단력비판』의 끝 부분에서 칸트는 한 번 더 자연의 합목적성 또는 목적성의 이념에 기초한 신학(그는 그것을 물리 신학이라 한다)의 결점을 논의한다. 사변적 형이상학에 대한 그의 비판을 고려할 때 우리가 보았듯이, 자연에서의 설계 또는 목적이라는 경험적 증거에 기초해서 신의 현존을 논증하는 것은 기껏해야 단지 우리를 자연의 설계자, 즉 건축가의 개념으로만 인도한다. 그 논증은 우리를 우주의 현존에 관한

---

62   *J.*, 335-336, *Bd.*, p. 311.

최상 원인의 개념으로 인도하지 못한다. 또한 그 논증은 지성을 제외하고는 초인간적인 설계자의 어떤 속성도 결정하는 데 기여할 수 없다. 특히 그 논증은 이러한 존재자의 도덕적 속성들을 결정하는 데 기여할 수 없다. 이제 칸트는 자연 신학적 논증이 기껏해야 '흩어져 있는 목적들에 대한 기술적 지성(Kunstverstand)'[63]의 개념에 우리를 인도할 수 있다고 덧붙인다. 다시 말해 어떤 유형의 물질적인 존재자들(유기체들)에 대한 반성은 이들 존재자에서 드러나는 초인간적인 지성의 개념으로 우리를 인도한다. 그러나 그것은 하나의 최상의 궁극적 목적을 위해 전체 우주를 창조했던 신적인 지혜 (Weisheit)[64]의 개념으로 우리를 인도하지 못할 것이다. 한 가지 이유로 자연 신학적 논증은 경험적 소여에 기초해 있지만, 전체로서의 우주는 경험적 소여가 아니라는 것이다. 우리는 자연에서 발견하는 '흩어져 있는' 목적들을 공통의 궁극 목적의 통일에 연관시킬 수 없다.

그러나 만약 우리가 다른 관점에서, 즉 도덕적 의식의 관점에서 그 문제에 접근한다면, 상황은 달라진다. 우리가 제14장에서 보았다시피 도덕법칙은 우리가 단지 초인간적 지성이 아니라 신, 즉 모든 유한한 사물들의 최상의, 무한한 원인의 현존을 요청해야 할 것을 요구한다. 그리고 우리는 신을 궁극 목적을 위해 우주를 창조하고 유지하는 것으로 이해해야 한다. 이 목적은 무엇일 수 있는가? 칸트에 따르면 그것은 인간일 수밖에 없다. '인간이 없으면 전체 창조는 한갓 황야로서 쓸데없고 궁극 목적이 없을 것이다.'[65] 그러나 '우리는 인간이 오직 도덕적 존재자인 한에서만 창조의 목적이 성립한다는 것을 인정한다.'[66] 우리는 창조의 목적을 도덕적 목적으로 보아야 한다. 즉 창조의 목적을 목적들이 실현된 나라에서 도덕적 존재로서의 인간이 완전히 발전하는 것으로 보아야 하고, 그 결과 자연적 질서와 도덕적인 질서가 궁극적으로 조화를 이루는 것 안에 인간의 행복이 포함되는 것으로 보아야 한다.

그러므로 우리는 칸트의 견해를 따를 경우 '도덕 신학'(또는 윤리 신학)은 자연 신

---

63   *J.*, 408, *Bd.*, p. 368.

64   같은 곳.

65   *J.*, 410, *Bd.*, p. 370.

66   *J.*, 413, *Bd.*, p. 372.

학의 결함을 보완하는 것이라고 말하고 싶어할 수도 있다. 그리고 그는 때때로 이런 식으로 이야기하기도 한다. 그러나 그는 또한 도덕 신학은 자연 신학을 전제하지 않는다는 의미에서 자연 신학과는 완전히 무관하다고 주장한다. 사실상 자연 신학은 '오해된 자연적 목적론으로, 신학을 위한 준비(예비학)로서만 유용하다'.[67] 그것은 도덕 신학의 원리들의 도움을 간청할 때에만 신학이라 할 수 있다. 그 자체로는 그 신학은 신학이라 불릴 가치가 없다. 왜냐하면 그 신학은 잘 해야 또는 더 잘 되어도 초인간적인 힘이나 힘들이라는 막연한 개념인 '귀신학'(demonology)으로 나아갈 수 있기 때문이다. 다른 말로 하면 칸트는 신의 현존에 대한 자연 신학적 논증에 대한 존경을 유지하지만, 다시 한번 도덕 논증을 매우 강조하고 있다.

그러나 도덕 논증은 '신의 현존에 대한 어떤 **객관적으로** 타당한 증명을 제공하는 것이 아니다. 그것은 신이 존재한다는 것을 회의론자에게 증명하지 못한다. 만약 그가 도덕성과 일관성을 가지는 식으로 생각하기를 원한다면, 그는 이 명제의 **상정**을 그의 실천이성의 원칙 중에서 인정할 수밖에 없다는 것을 증명하는 것이다.'[68] 우리는 신의 현존이나 속성들을 입증할 수 없다. 그것은 이론적 인식의 문제가 아니라 실천적 신앙의 문제이다.

이러한 신앙은 자유롭다. 정신은 어떤 이론적 증명에 의해서도 이 신앙에 동의하도록 강요받을 수 없다. 그러나 칸트가 이 도덕 신앙이 비합리적이라고 말할 의도가 없다는 점을 주목할 필요가 있다. 거꾸로 '행위(*actus*)로서가 아니라 습성(*habitus*)으로서 신앙은 이론적 인식으로서는 도달할 수 없는 것에 대한 믿음에 관해 이성이 도덕적으로 사유하는 방식(*Denkungsart*)이다.'[69] 신에 대한 이론적 인식을 갖기 위해 우리는 지성의 범주들을 사용해야 한다. 그러나 범주들은 신을 유비적으로 또는 상징적으로 사유하기 위해서는 사용될 수 있겠지만, 범주들의 사용은 우리에게 신에 대한 인식을 줄 수 없다. 왜냐하면 범주들은 경험의 구성적 원리라는 그것들의 기능에 의해서만 대상에 대한 인식을 주기 때문이다. 그리고 신은 칸트에 있어서 경험의 가능한

---

67   *J.*, 410, *Bd.*, p. 369.
68   *J.*, 424, 각주, *Bd.*, p. 381, 각주.
69   *J.*, 462, *Bd.*, p. 409.

대상이 아니다. 동시에 신에 대한 신앙은 이성의 실천적 또는 도덕적 사용에서 이성에 근거해 있다. 그러므로 이 신앙은 비합리적이라 할 수 없다.

『판단력비판』의 말미에서 칸트가 철학적 신학의 주제로 되돌아온 것은 불필요한 반복의 경우인 것처럼 보인다. 그러나 그것이 분명히 반복을 포함하고 있지만, 그것이 실제로 불필요한 것은 아니다. 왜냐하면 이것은 다음과 같은 그의 견해를 다시 강조하는 것이기 때문이다. 즉 미적 판단력과 목적론적 판단력에 의해서 우리는 자연을 궁극적인 인과성의 가능한 장소로서 이해하겠지만, 자연의 특정 산물에서의 미적 경험이나 '객관적인' 목적성의 경험이 희미하게 함축하고 있는 이른바 지성적 실재에 대해 우리가 일정한 관념 형태를 갖는 것은 단지 실천이성에 의해서일 뿐이다.

제16장

칸트(7): 『유작』

──────── **1. 자연의 형이상학에서 물리학으로**

『판단력 비판』(*Critique of Judgment*)은 1790년에 출간되었다. 1796년부터 죽기 1년 전인 1803년까지 칸트는 자연의 형이상학에서 물리학으로 이행하는 작업을 위한 자료를 준비하는 일에 몰두했다. 왜냐하면 그의 견해에 의하면 이러한 작업은 자신의 철학의 공백을 메꾸기 위해 필요한 것이었기 때문이다. 그가 죽은 뒤 남긴 원고는 마침내 아디케스(Adickes)가 칸트의 『유작』(*Opus Postumum, Posthumous Work*)[1]으로 출판하였다. 체계적인 작업을 위한 자료로 구성된 메모들의 모음집에서 예상할 수 있듯이 많은 반복이 있었다. 또한 어떤 점들은 비교적 전개되어 있었던 반면에, 또 어떤 점들은 아직 전개되지 않은 상태로 남아 있었다. 다시 말하자면 칸트의 진술이 의미하는 것을 설명하거나 명백히 서로 다른 관점들을 조화시키는 것은 결코 쉬운 일이 아니다. 다시 말해서 그 주석가는 칸트가 자신의 사상을 발전시킬 기회를 가졌더라면, 자신의 사상을 어떻게 발전시켰을지, 즉 어떤 사상을 버리고 어떤 사상을 유지했을지, 또는

───────────

1 『유작』(*Opus Postumum*)은 베를린 학술원판 전집의 XXI-XXII권에 포함되어 있으며, 인용은 책의 권수와 쪽수에 따라 제공될 것이다.

그가 적어도 우리로서는 화해하기 어려운 관점을 얼마나 정확하게 화해시켰는지에 대해 확실성을 가지고 결정할 수 없는 경우가 자주 있었다. 그리고 메모들의 연대기를 연구하더라도 이러한 해석상의 난점들은 제거되지 않는다. 따라서 『유작』에서 드러난 칸트 정신의 움직임에 대한 어떤 설명도 그것이 가지고 있는 성격에 비추어볼 때 대체로 개연적이고 추측적일 수밖에 없다. 그러나 이것은 물론 그 작업이 별 흥미가 없다거나 단순히 노인의 비망록 정도로 치부될 수 있다는 것을 의미하는 것은 아니다.

자연의 형이상학은 공간에서의 운동[2](*das Bewegliche im Raum*)에 종속해 있는 것으로서의 물질 개념을 그리고 이런 것들이 아프리오리하게 규정될 수 있는 한에서 그것의 법칙을 우리에게 제시하고 있다. 그러나 물리학은 '물질들의 힘이 경험에서 주어진 한에서 그 물질을 움직이는 힘의 법칙'[3]에 관계한다. 얼핏 보기에는 어떤 지점에서 다른 지점을 잇는 특별한 다리나 두 점 사이의 이행이 필요하지 않은 것처럼 보일 수도 있다. 그러나 칸트의 견해는 달랐다. 왜냐하면 경험[4]은 단순히 주어지는 것이 아니라 구성되는 것이기 때문이다. 그리고 경험에서 주어진 물질의 움직이는 힘의 법칙을 다루는 것으로 여겨지는 물리학은 자연의 형이상학의 아프리오리한 개념의 도식론(圖式論, schematism) 즉 아프리오리한 개념과 경험적 표상 사이의 다리를 형성할 도식론에 상응하는 그 무엇을 전제하고 있다. '하나의 과학에서 다른 과학으로 이행하는 일은 전자에서는 주어지고 후자에서는 적용되는, 그리고 이 영역과 저 영역 모두에 속하는 특정 매개 개념들(*Zwischenbegriffe*)을 가져야 한다. 그렇지 않으면 이 과정은 규칙적인 이행(*ein gesetzmäsziger Übergang*)이 아니라 어디에 도착할지를 모르고, 그 후 뒤를 돌아보았을 때, 어디가 출발점인지를 진정 보지 못하는 비약(*Sprung*)이 될 것이다.'[5]

칸트가 찾고 있는 것처럼 보이는 것은 자연에 대한 경험적 탐구의 예비라는 의미에서 물리학의 도식이다. 만일 물리학이 과학이라면, 물질의 움직이는 힘에 대한

---

2   XXI, p. 526.
3   XXII, p. 497.
4   경험은 '감각 기관의 대상들에 대한 인식의 절대적 통일성'으로 설명된다. XXII, p. 497.
5   XXI, pp. 525-526.

단순한 경험적 관찰은 물리학이라고 부를 수 없다. 과학으로서의 물리학은 관찰의 단순한 집적이 아니라 체계를 포함한다. 그리고 체계화는 경험적 탐구의 지침을 우리에게 제공하는 아프리오리한 원리들에 따라 생겨난다. '경험적 직관에서는 우리는 우리 자신이 물리학을 위해 거기에 두었던 것 이외에는 어떤 것도 취할 수 없다.'[6] 그래서, '아프리오리한 원리들 ── 이 원리들에 따라서 움직이는 힘들은 상호 관계 속에서 (즉 형식적 요소에 따라서) 통합된다 ── 이 반드시 있어야 하겠지만, 반면에 스스로 움직이는 힘들은 (물질적 요소, 즉 대상에 따라서) 경험적으로 고려된다.'[7] 어떤 확실한 진리는 실제로 아프리오리하게 연역할 수 있다. 그러나 또한 우리는 자연의 경험적 탐구에 대한 개연적인 예측도 갖는다. 왜냐하면 경험적 검증만이 우리에게 그것이 어떤 사례인지를 알려줄 수 있을 뿐이라 하더라도, 이것이든 저것이든 필연적으로 일어난다는 것을 우리는 인식하고 있기 때문이다.

따라서 칸트의 목표는 '물질의 움직이는 힘들에 대한 판단 능력의 도식론'[8]을 정교화하는 것이다. 자연의 형이상학은 공간에서 운동에 종속되는 것으로서의 물질 개념을 우리에게 제공함으로써 물리학을 향한, 즉 자연에 대한 체계적인 경험적 이론을 기초 짓는 것을 향한 자연적 경향을 갖는다. 그러나 이것이 가능하기 위해서는 매개 개념이 필요하다. 그리고 이 개념은 물질이 움직이는 힘을 갖는 한, 물질의 개념에 의해 제공된다. 이 개념은 물질의 움직이는 힘에 대한 주관의 이해가 경험에 기초하고 있는 한 부분적으로 경험적이다. 그러나 움직이는 힘의 상호 관계가 인력(引力)과 척력(斥力)과 같은 아프리오리한 법칙을 내포하기 때문에, 그것은 또한 부분적으로 아프리오리한 것이다. 따라서 물질이 움직이는 힘을 가지고 있는 한, 물질의 개념은 순전히 아프리오리한 것과 순전히 아포스테리오리한 또는 경험적인 것 사이의 매개 개념으로 작용하는 데 적합하다. 그리고 칸트는 특별한 방식으로 물질의 움직이는 힘을 고려할 것을 제안한다. 즉 '물질의 움직이는 힘들은 범주의 배열에 따라, 즉 범

---

6   XXII, p. 323.
7   XXI, p. 291.
8   같은 곳.

주의 분량, 성질, 관계 및 양상에 따라 나누어질 때 최상이 된다.'[9]

따라서 한 가지 관점에서 『유작』은 자연의 형이상학에서 물리학으로 이행하는 일을 해결하기 위한 기획이다. 그러나 이러한 이행은 말하자면 주관이 경험을 구성한다는 일반적인 항목에 속하는 것이다. 실제로 칸트는 자신의 원고에서 이 생각을 너무 강조하여 일부 독자들에게 그가 순전히 관념론적 체계를 옹호하는 것처럼 보였다. 그리고 나는 이제 이 주제에 대해 무언가 말하고자 한다.

2. 선험철학과 경험의 구성

『유작』에서 순수이성의 이념은 독보적 위상을 차지한다. 칸트에 따르면 이념들의 체계(the system of Ideas)는 경험 전체의 가능성의 기초이다. '선험철학은 아프리오리한 개념들에 의한 종합적 인식의 체계이다.'[10] 만일 우리가 이 명제를 그것만 놓고 본다면, 우리는 그 명제를 단순히 범주들의 체계와 지성의 아프리오리한 원칙들을 언급하는 것으로 해석하고 싶을는지도 모른다. 그러나 이것은 정확히 칸트가 염두에 둔 것이 아니다. '절대적인 경험 전체의 가능성의 완전한 체계'[11]를 의미하는 '체계'라는 단어는 순수이성의 이념들의 체계이다. '사변적이고 또한 도덕 실천적인 이성의 이념들의 체계가 무제약적 전체를 구성하는 한에서, 선험철학은 이러한 이성의 이념 체계 안에서 (경험적 요소와도 수학적 요소와도 혼합되지 않은) 순수한 철학이 된다.'[12] 그리고 '세 가지 대상, 즉 신, 세계, 의무의 이념을 정립함으로써',[13] 이러한 체계는 가능하게 된다. 또는 우리는 신, 세계, '인간 ── 세계 안에서 의무의 원리들에 종속되어 있는 것으로서의 인간'[14]을 정립함으로써 이러한 체계가 가능하게 된다고 말할 수 있다. 또

---

9   XXI, p. 291.
10   XXI, p. 81.
11   XXI, p. 104.
12   XXI, p. 77.
13   XXI, p. 81.
14   XXI, p. 82.

는 인간이 세계 안에서 존재하기 때문에, 우리는 '존재자들의 전체성은 신과 세계'[15]라고 말할 수 있다. 따라서 선험철학은 '신과 세계에 관한 교의'[16]라고 말해진다. 다시 말해서 '선험철학의 최고의 관점은 **신과 세계**라는 두 상호 관련된 이념들에서 성립한다.'[17] 우리는 신의 이념에서 초감각적 또는 지성체적 실재의 전체를 생각하고, 세계의 이념에서 감성적 실재의 전체를 생각하게 된다. 각각의 이념에는 '최대(maximum)'가 포함되어 있으며, 우리는 '하나의 신과 하나의 세계가 존재한다'[18]라고 말할 수 있다.

이 두 가지 이념이 합쳐 우주의 이념이 형성된다. '사물들의 전체인 우주(universum)는 신과 세계를 포괄한다'.[19] 신과 세계를 제외하고는 어떤 것도 있을 수 없다. 그러나 이 두 가지 이념은 상호 관련되어 있는 반면에, 그 관계는 단순히 대등한 관계는 아니다. 세계는 신에게 종속되고, 감성적인 것은 초감성적인 것에 종속되며, 현상체는 지성체에 종속되는 것으로 생각된다. 신과 세계는 '대등한 것이 아니고 [세계는 신에] 종속되어 있다(entia non coordinata, sed subordinate).'[20] 더 나아가 이들 사이의 관계는 분석적이 아니라 종합적이다. 다시 말해서 이러한 이념들을 사고하고 또한 이 둘을 연관시키는 것은 생각하는 주관으로서의 인간이다. '신, 세계, 그리고 두 대상을 연결하는 주관, 즉 세계 안에 있는 생각하는 존재자. 신, 세계, 그리고 이 둘을 하나의 체계로 통합하는 것인 세계 속의 인간(mens)의 사유하는 내재적 원리.'[21] 다시 말해서, '신과 세계 그리고 세계 속의 사유하는 존재자이자 신과 세계를 연결하는 나[자아]. 신과 세계는 선험철학의 두 대상이며, (주어, 술어, 계사가 존재하듯이) 생각하는 인간, 즉 그것들을 하나의 명제로 묶어 주는 주관이 존재한다.'[22]

---

15   XXI, p. 150.
16   XXI, p. 6.
17   XXI, p. 35.
18   XXI, p. 20.
19   XXI, p. 22.
20   XXII, p. 62.
21   XXI, p. 34.
22   XXI, pp. 36-37.

칸트는 신과 세계의 이념이 경험에 주어진 대상에 대한 개념적 이해라고 보지는 않는다. 물론 어떤 의미에서 신과 세계는 대상으로, 즉 사유의 대상으로 생각되겠지만, 그것들은 대상으로 주어지지 않는다. 이념은 생각하는 주관으로서 자신을 구성하는 순수이성의 사유이다. 그것들은 '단순한 개념이 아니라 주관이 자신에 대해 지시하는 사고의 법칙, 즉 자율성(Autonomy)이다.'[23] 이러한 이념들을 생각함으로써 주관은 자신에게 대상을 부여하고 자신을 의식적인 것으로 구성한다. '이성의 첫 번째 작용은 의식이다.'[24] 그러나 '나는 내 생각의 대상을 가져야 하며, 그것들을 이해해야 한다. 그렇지 않으면 나는 나 자신을 의식하지 못하기 때문이다(생각한다, 존재한다(cogito, sum)이며 그러므로(ergo)가 들어가서는 안 된다). 그것은 순수한 이성의 자율성(autonomia rationis purae)이다. 왜냐하면 이것 없다면 나에게는 관념도 없기 때문이다. … 내가 존재한다는 것을 알지 못하는 짐승과 같은 것이다.'[25] 이념들은 말하자면 주관이 경험을 구성하기 위한 재료를 제공한다. '이러한 표상들은 한갓된 개념에 그치는 것이 아니라 개념에 의해 아프리오리한 종합 법칙에 재료(den Stoff)를 제공하는 이념이기도 하다.'[26] 신과 세계는 '나의 관념 밖의 실체'가 아니라 '아프리오리한 종합적 지각들을 통해서 우리가 대상들을 스스로 만드는 일을 가능하게 하는 사유물이며, 주관적으로는 우리가 생각하는 대상들의 자기-창조자들(Selbstschöpfer)이다.'[27]

따라서 경험의 구성은 칸트가 자기-정립, 자기-형성, 자기-구성 등이라 부르는 과정으로 표현될 수 있다. 말하자면 세계의 이념(Idea of the World)에서 아래쪽으로 말하자면 도식화의 연속적인 과정이 있으며, 이 과정은 동시에 객관화의 과정이다. 그리고 이 과정은 자기-정립하는 지성적 주관의 작업이다. 범주는 주관이 그것에 의해서 가능한 경험을 위해 자신을 대상으로 정립하고 자신을 대상으로 구성하는 작용이다. 그리고 공간과 시간은 반복해서 순수 주관적 직관이지 결코 사물이나 지각의

---

23   XXI, p. 93.
24   XXI, p. 105.
25   XXI, p. 82.
26   XXI, p. 20.
27   XXI, p. 21.

대상이 아니라고 확인되며, 상상력의 원초적 산물, 즉 스스로 만드는 직관이라고 말해진다. 주관은 자신을 대상으로, 즉 경험적 자아이자 경험적 자아를 촉발하는 대상으로 구성하거나 정립한다. 따라서 우리는 주관을 자신을 촉발하는 것이라 말할 수 있다.

그러므로『유작』이 다루고 있다고 공언하는, 자연의 형이상학에서 물리학으로 이행하는 일은 이러한 일반적인 도식에 비추어 밝혀질 수 있다. 왜냐하면 자연에서 가능한 유형의 움직이는 힘과 이러한 힘에 대한 반응에서 주관이 경험하는 가능한 유형의 성질은 도식화 과정을 통해 주관의 자기-정립에서 도출될 수 있다는 사실이 밝혀져야 하기 때문이다. 경험을 구성하는 것은 주관 그 자신이라고 주장된다면, 이러한 점이 적어도 밝혀질 필요가 있다.

칸트는 주관이 자기-정립을 통해서 경험을 구성한다는 이론이 어떤 의미에서는 관념론적 견해라는 사실을 숨기려 하지 않았다. '주관이 자신을 구성한다는 주장을 하는 한, 선험철학은 관념론이다.'[28] 더욱이 이 철학은 1794년에『전체 지식학의 기초』(Basis of the Entire Theory of Science)를 발표한 피히테의 철학과 적어도 언뜻 보기에는 현저한 유사성을 지니고 있다. 그리고 칸트가 물자체를 주관이 자신을 정립하거나 자신의 대상으로 만드는 방식으로 해석하고 있는 것을 우리가 발견할 때, 그 유사성은 더욱 두드러지게 나타난다. '대상 자체([지성체]Noumenon)는 그 표상 안에서 주관이 자신을 정립하는 단순한 사고상의 사물(Gedankending, ens rationis)이다.'[29] 그것은 '자신의 (주관의) 활동에 대한 단순한 표상'[30]이다. 주관은 말하자면 물자체라는 소극적인 관념 속에 그 자신의 통일성, 또는 그 자신의 통일하는 활동을 투사한다. 물자체의 개념은 자기-정립하는 주관의 작용이 된다. 물자체는 '실재하는 사물이 아니다.'[31] 그것은 '현존하는 실재가 아니라 단지 원리일 뿐이며'[32], '감각 직관의 다양 일반과 그것의 조

---

28   XXI, p. 85.
29   XXII, p. 36.
30   XXII, p. 37.
31   XXII, p. 24.
32   XXII, p. 34.

정의 법칙에 대한 아프리오리한 종합적 인식의 원리이다'.[33] 그리고 이 원리는 경험을 구성하는 주관에 기인한다. 현상과 물자체의 구분은 대상들 사이의 구분이 아니라, 오로지 주관에게만 유효하다.

동시에 『유작』에서 개괄되거나 적어도 암시된 바와 같은 칸트의 경험의 구성 이론과 피히테의 주관적인 선험적 관념론[34] 사이의 유사성 때문에, 칸트가 노년에 물자체 이론을 포기했으며 지성적 주관의 자기-정립에서 실재의 전체를 도출했다는 독단적 주장이 정당화되는 것은 아니다. 왜냐하면 그러한 주장을 하는 것은 특정 용어의 사용을 과도하게 강조하고, 아울러 다른 용어들을 희생시키면서 특정 진술을 강요하는 것이기 때문이다. 예를 들어 『유작』에는 『순수이성비판』에서 발견되는 물자체 이론을 단순히 재확인하는 것처럼 보이는 구절이 나타난다. 그러므로 비록 물자체는 현존하는 대상으로 주어지지는 않지만, 그리고 실제로 그렇게 주어질 수도 없지만, 그럼에도 그것은 '주어질 수는 없지만 사고되어야 하는 **인지 가능한 것**(그리고 참으로 **필연적으로 사고 가능한 것**) …'[35]이라 말해진다. 물자체의 관념은 현상의 관념과 상관적이다. 실제로 한 번인가 두 번 정도 칸트는 우리의 예상보다 실재론적인 방향으로 나아가는 것처럼 보인다. '만약 우리가 세계를 현상으로 받아들인다면, 그것은 현상이 아닌 어떤 것의 현존(*Dasein*)을 정확하게 증명해 준다.'[36] 그는 또한 때때로 물자체의 현상함을 도외시하고 고려할 때, 물자체가 단순히 현상하는 사물일 뿐임을 암시하는 것 같다. 그리고 선험철학에 대해 '관념론'이라는 단어를 사용하는 것에 관해서는 이것은 새로운 관점이나 혁명적 관점을 포함하고 있는 것으로 보이지 않는다. 왜냐하면, 선험철학은, 우리가 보았듯이, 순수이성 이념들의 체계이기 때문이다. 그리고 칸트가 『유작』에서 이러한 이념들의 개연적 (실연적이지 않은) 성격을 강조하는 것을 보면, 그는 비판서들(the *Critiques*)의 교의에서 벗어나지 않고 있다.

---

33   XXII, p. 33.
34   존재자와 인식의 궁극적 원리가 주관이라는 의미에서 '주관적'이고, 주관이 경험적 자아가 아니라 순수 또는 선험적 주관이라는 의미에서 '선험적'이며, 선험적 주관이나 자아의 자기-정립으로 궁극적으로 환원될 수 없는 요소가 전혀 없다는 의미에서 '관념론'이다.
35   XXII, p. 23.
36   XXI, p. 440.

사실상 『유작』에서 칸트는 물자체에 대한 이론이 일관성이 없고 불필요하다고 생각하는 사람들의 반대에 대해 비판철학의 틀에 안에서 대답될 수 있다는 것을 보여주고자 한 것 같다. 자신에 대한 비판가들에게 대답하고 자신의 철학이 피히테와 다른 사람들의 발전에서 유효했던 모든 것을 자신 안에 포함하고 있다는 것을 보여주는 방식으로 자신의 견해를 재구성하려는 노력을 했다고 해서, 칸트가 자신의 체계를 순수한 선험적 관념론의 하나로 변형시키는 쪽으로 상당히 멀리 갔다는 것은 사실상 논쟁의 여지가 있다. 그러나 이것을 인정하는 것과 그가 비판서들의 특징인 일반적인 관점을 분명하게 거부하거나 포기했다는 것을 인정하는 것은 별개의 문제이다. 그리고 나는 그가 그렇게 했다고 믿지 않는다.

——————— 3. 신 이념의 객관성

신의 이념으로 돌아가서, 우리는 칸트가 '신'이라는 용어가 의미하는 것이 무엇인가, 즉 신의 이념의 내용이 무엇인가라는 질문과 신이 존재하는지에 대한 질문, 즉 신의 이념에 포함되는 속성을 갖는 존재자가 존재하는지 여부에 대한 질문을 주의 깊게 구별하고 있다는 점을 우선 주목해볼 수 있다.

'신은 세계영혼이 아니다. … 신의 개념은 세계 내 사물들의 최상의 원인으로서의 그리고 하나의 인격으로서의 존재자(Being)의 개념이다.'[37] 신은 권능을 소유하고 동시에 인격인 최상의 존재, 최상의 지성, 최고의 선으로 이해된다. 다시 말하자면, '인간의 모든 의무가 동시에 인간에게 내린 명령이 되는 존재자가 신이다.'[38] 인간은 지성계의 영역에서 자신(인간)을 만드는 속성에 따라서 신을 생각한다. 그러나 신의 이념에는 이러한 속성은 말하자면 최대(maximum) 또는 절대(absolute) 수준에서 제기된다. 예를 들어 인간은 자유롭다. 그러나 그의 존재는 수용성을 포함하기에, 그의

---

37   XXI, p. 19.
38   XXI, p. 17.

자유는 절대적이지 않다. 그러나 신은 수용도 제한도 없는 최고의 자발성과 자유라고 생각된다. 왜냐하면 인간은 그가 지성계 영역과 현상계 영역 모두에 속한다는 의미에서 유한하고 혼합된 존재자인 반면에, 신은 무한한 지성적 실재로 인식되기 때문이다. 세계는 감성적 실재의 전체로 이해된다. 그러나 그것은 신의 창조적인 능력과 그의 목적적이고 신성한 의지에 종속된 것으로 생각된다. 우리가 보았듯이 신과 세계의 이념들 사이의 관계는 대등한 관계가 아니라, 세계가 신에 의존하는 것으로 이해된다는 의미에서 종속의 관계이다.

그런데 『유작』의 일부 진술은, 만약 그 진술을 독립적으로 다루게 되면, 자연스럽게 칸트가 신의 이념에 독립해서 신이 존재한다는 어떤 개념도 포기했음을 암시하는 경향이 있다. 따라서 신의 이념은 필연적이라고 하지만, 불가피하게 순수이성에 의해 이상으로 사유된다는 의미에서 그것은 '사고 상의 사물(*ens rationis*)'[39]을 나타낸다고 말해진다.[40] 사실상 '그러한 존재의 개념은 어떤 생각과 독립적으로 존재하는 실체의 개념이 아니라, 이성의 이념(자기 창조, *Selbstgeschöpf*) 즉 사고의 대상으로 자신을 구성하고, 선험철학의 원리들에 따라서 아프리오리한 명제와 이상을 산출하는 사고 상의 사물(*ens rationis*)이다. 이 이상(理想)에 관해서는 그러한 대상이 현존하는지를 물을 수 없다. 왜냐하면 그 개념은 초험적이기 때문이다.'[41]

얼핏 보기에 이 마지막 인용문은 신의 이념은 인간이 만든 이상, 즉 사고의 창조물이라는 주장과 함께, 이 이념에 상응하는 정신 바깥의 신적인 존재자는 결코 없다는 것을 분명하고도 명시적으로 진술하고 있다. 실제로 『유작』의 다른 곳에서, 칸트는 『실천이성비판』에서 이미 전개된 논증보다 단순하면서도 더 직접적인 도덕적 논증을 찾고 있는 것으로 보인다. 그리고 이러한 사실은, 특히 그가 죽을 때까지 신에 대한 믿음을 유지했음을 보여주는 다른 증거가 있음을 볼 때, 칸트가 노년에 객관적 실재로서의 신에 대한 어떤 믿음도 포기했었다는 견해와 반대된다. 실제로 『유작』은 대부분 칸트에게 떠오른 생각들과 추가적인 고려들을 위해 적힌 짧은 글들로 구성되

---

39   *Ein Gedankending.*
40   XXI, pp. 32-33.
41   XXI, p. 27.

어 있다는 것은 사실이다. 그리고 그러한 일련의 메모에서 우리가 조화시키거나 일치시킬 수 있는 위치에 있지 않은 다양한 사고방식이 나타난다고 해도 그다지 놀라운 일이 아니다. 그러나 동시에 바로 앞의 단락에서 언급된 구절에 나타난 생각은 적어도 비판서들의 것과 상당 부분 유사할 수 있으며, 비판서들에서 칸트도 신에 대한 믿음의 정당화를 제시한다는 점을 기억해야 한다. 따라서 견해들의 상이함이 『순수이성비판』에서보다 『유작』에서 더 날카롭게 나타난다고 해도, 그것은 이상한 현상이 아니다.

　　『순수이성비판』에서 칸트는 자신의 견해로는 순수이성의 창조로 여겨지는 신의 이념이 '선험적 이상(transcendental Ideal)'의 이념이라는 점을 이미 분명히 했다. 그것은 신에 대한 어떤 직관도 표현하지 않는다. 또한 우리는 이념으로부터 신의 현존을 연역할 수 없다. 그리고 이러한 견해는 『유작』에서 다시 나타난다. 우리는 신에 대한 직관을 가지지 않는다. '우리는 신(Him)을 얼굴을 맞대고 보는 것이 아니라 거울 속에서 본다.'[42] 따라서 신의 이념에서 신의 현존을 연역하는 것은 불가능하다.[43] 이 이념은 순수이성의 창조물, 즉 선험적 이념이다. 더 나아가 비록 우리는 신을 무한한 실체로 생각하지만, 신은 실체가 아니며 실체가 될 수도 없다. 왜냐하면 신은 인간 지성의 범주를 초월하기 때문이다. 그러므로 우리가 일단 이 관점을 전제한다면, 적어도 이념이 범주의 관점에서 신에 대한 생각을 포함하는 한, 신의 이념에 상응하는 신적 존재자가 존재하는지 여부를 묻는 것은 분별력이 있는 것이 아니다. 이 결론은 『순수이성비판』의 이론을 실질적으로 반복한다. 그러나 우리가 보았듯이 칸트는 계속해서 『실천이성비판』에서 신의 믿음에 대한 도덕적 또는 실천적 정당성을 제시했다. 그리고 『유작』에서 그는 이러한 사고노선을 따르거나 발전시키기 위한 몇 가지 제안을 한다.

　　『실천이성비판』에서 칸트는 신에 대한 믿음을 실천이성의 요청으로 정당화했다. 우리는 도덕법칙이 덕과 행복의 종합을 요구한다는 점에 대한 반성을 통해 신에

42　XXI, p. 33.
43　『유작』의 일부 구절은 언뜻 보기에 이 진술과 모순되는 것처럼 보인다. 그 구절들은 곧 언급하게 될 것이다.

대한 믿음에 도달하거나 도달할 수 있다. 『유작』에서 그는 도덕법칙의 의식에서 신에 대한 믿음으로 더 직접적으로 이행하는 일을 발견하는 데 관심이 있는 것으로 보인다. 그리고 정언명령은 자신 안에서 모든 인간의 의무를 신의 명령으로 보는 계율을 포함하는 것으로 나타난다. '도덕적-실천이성 안에 모든 인간의 의무를 신의 명령으로 간주하는 정언명령이 있다.'[44] 다시 말하자면, '모든 것을 신 안에서 보는 것. 정언명령. 정언명령을 통해 나의 의무를 신의 명령으로 인식한다고 선포된다'.[45] 따라서 '신의 개념은 나 자신 외부에서 주관에 부과하는 강제의 개념이다'.[46] 정언명령은 우리에게는 신의 음성이다. 그리고 신은 도덕법칙을 통해 도덕적 강제의 의식 안에서 나타난다.

확실히 칸트는 이것이 인간 정신 밖에 현존하는 실체로서의 신의 현존을 증명하는 것은 아니라고 주장한다. 그는 또한 도덕법칙을 신적 명령으로 간주함으로써 도덕법칙의 힘에 추가되는 것은 아무것도 없으며, 사람이 신을 믿지 않는다고 해도 그로 인해 정언명령의 강제력이 제거되는 것은 아니라고 주장한다.[47] 그리고 그러한 진술들에 주의를 집중하는 사람들은 '신'이라는 단어가 칸트에게 단순히 정언명령 자체에 대한 이름이거나 도덕을 통해 말하는 목소리의 순전히 주관적인 투사에 대한 이름이라는 결론을 내리는 경향이 있다는 것을 이해하기는 쉬운 일이다. 그러나 우리가 살펴본 바와 같이, 칸트의 전제에 따를 경우 신이 특정한 실체로서 현존한다는 증명은 아마 가능하지 않을 것이다. 그리고 칸트가 의지의 자율에 관한 『실천이성비판』의 교의를 거부할 마음이 없다면, 그는 정언명령의 도덕적 힘이 정언명령을 신적 명령의 표현이라고 우리가 간주하는 것과 관계가 없다고 말해야 한다. 그러나 그것 때문에 칸트에게 있어 신은 정언명령을 부르는 이름 이외의 다른 것이 아니라는 사실이 필연적으로 뒤따르는 것은 아니다. 뒤따르는 것은 우리가 신에게 접근할 수 있는 유일한 방법은 도덕적 의식을 통해서라는 것이다. 신의 존재를 이론적으로 입증하는 일은

---

44   XXI, p. 12.
45   XXI, p. 15.
46   같은 곳.
47   다음을 참조. XXII, p. 64.

불가능하다. 사실 이것이 『비판』의 교의이다. 그러나 『유작』에서 칸트는 의무 의식과 신에 대한 믿음 사이의 보다 직접적인 연결을 찾고 있는 것으로 보인다. '도덕법칙 아래에서의 자유, 신의 명령으로서의 의무. 신은 존재한다.'[48]

우리는 신에 대한 믿음의 보다 직접적인 정당화를 찾고자 하는 칸트의 이러한 욕구를 염두에 두고서 『유작』의 구절들을 해석해야 할 것이다. 이때 이러한 구절들은 얼핏 보기에 신의 현존에 대한 아프리오리한 또는 존재론적 논증의 진술과 같은 것으로 여겨진다. 예를 들어 칸트는 '신 관념(Gedanke)은 동시에 신과 신의 인격성에 대한 믿음'[49]이라고 말한다. 다시 말하면 '단순한 신 이념(Idee)은 동시에 신의 현존에 대한 요청이다. 신을 생각한다는 것과 신을 믿는다는 것은 동일한 명제이다.'[50] 그리고 우리가 이러한 진술들을 '필연적인 존재자는 그것의 개념이 동시에 그런 존재자의 현존에 대한 충분한 증명이다'[51]라는 진술과 연결한다면, 우리는 칸트가 『순수이성비판』에서는 존재론적 논증을 거부하지만, 그 후 『유작』에서는 그것을 승인하게 되었다고 가정하고 싶을 수도 있다. 그러나 칸트가 그렇게 했을 가능성은 거의 없다. 그는 존재론적 논증과 같은 이론적 입증이 아니라, 도덕 의식으로 즉 순수하게 실천적이거나 도덕적인 관점에서 '충분한 증명'이 된다고 말하고 있는 듯하다. '모든 의무를 종교 안에서 신의 명령으로서 이행한다는 원리는 인간 의지의 자유를 증명한다. ·· 그리고 동시에 이성의 실천적인 순수한 원리와 연관해서, 한 분의 신으로서의 신의 현존을 증명한다.'[52] 그것은 내가 먼저 신적 본질에 대한 관념을 가지고 나서, 그 본질의 관념에서 내가 신의 현존을 연역한다는 것이 아니다. 오히려 그것은 정언명령을 의식하는 과정 가운데서, 마치 도덕법칙에 의해서 그리고 도덕법칙 안에서 나에게 이야기하듯이 신의 관념이 떠오른다는 것이다. 그리고 신에 대해 이러한 관념을 갖는 것과 신을 믿는 것은 하나이며 같은 것이다. 즉 신을 나에게 내재하는 것으로 생각하는 것

---

48   XXII, p. 104.
49   XXII, p. 62.
50   XXII, p. 109.
51   XXII, p. 113.
52   XXII, p. 111.

은, 다시 말해 도덕적으로 명령하는 주관으로 생각하는 것은 신을 현존하는 것으로 생각하는 것이다. 그러나 도덕적 의식에 내재하는 것으로 신을 의식하는 일은 이런 의식에 관한 한 신의 현존에 대한 '충분한 증명'이 된다.

만약 이 해석이 올바른 노선이라면 (그리고 우리는 이 문제를 독단적으로 단정할 수 입장에 거의 있을 수 없다), 우리는 칸트가 존재론적 논증에 해당하는 도덕적 논증 내지는 존재론적 논증과 유사한 도덕적 논증을 제시하거나 제안하고 있다고 말할 수 있겠다. 존재론적 논증은 그것을 옹호하는 사람들에 의해 신의 현존에 대한 이론적 입증이라고 생각되었다. 이 입증은 일단 적절하게 이해되면, 그 논증을 받아들일 수밖에 없는 그런 유형의 증명이다. 칸트는 그러한 논증이 있다는 것을 인정하지 않는다. 오히려 이와 유사한 것이 있다. 신을 도덕적 의식 속에 내재하는, 도덕적으로 명령하는 주관으로 이해하는 것과 신에 대한 종교적 믿음을 갖는 것은 하나이며 같은 것이다. 그러나 이것이 우리가 받아들일 수밖에 없는 방식으로 최고의 도덕적 입법자라는 순전히 추상적인 관념에서부터 이 신적인 입법자의 현존을 이론적으로 연역할 수 있다는 것을 의미하는 것은 아니다. 그것은 오히려 도덕적 의식 자체 내부에서 그리고 그러한 의식에서 신적인 입법자의 목소리로서의 법칙의 관념이 신의 존재에 대한 믿음과 동등하다는 것을 의미하는 것이다. 왜냐하면 신에 대한 이러한 관념을 갖는 것은 도덕적 의식에 있어서 신의 존재를 요청하는 것이기 때문이다. 이것은 매우 설득력을 가진 주장이 아닐는지 모른다. 결국 그것은 신을 믿는 것은 신을 믿는 것이라는 동어반복에 해당한다고 주장될 여지가 있기 때문이다. 그러나 칸트가 『실천이성비판』에서 이미 전개된 것보다 신의 믿음에 대한 더 직접적인 접근을 도덕적 의식에 기반해서 찾고 있다는 사실은 적어도 분명하다. 칸트가 그렇게 할 기회가 있었더라면, 자신의 새로운 접근 방식을 어떻게 발전시켰을지는 우리로서는 물론 말할 수 없는 일이다.

───── **4. 인격으로서의 인간과 소우주로서의 인간**

우리는 신의 이념과 세계의 이념 사이의 종합이 생각하는 주관인 인간에 의해 이루어진다는 것을 살펴보았다. 이것은 인간 그 자신이 매개하는 존재자이기 때문에 가능한 것이다. 그리고 인간의 개념은 매개하는 개념 또는 매개하는 관념이다. 왜냐하면 인간은 말하자면 양쪽 진영에 발을 딛고 있기 때문이다. 인간은 초감성적인 것과 감성적인 것, 즉 지성계와 현상계 모두에 속한다. 그리고 도덕적 의식을 통해 감성적인 것은 초감성적인 것에 종속된다. 따라서 인간 이성은 신의 이념 안에서 초감성적 존재자의 전체를 생각하고, 세계의 이념 속에서 감성적 존재의 전체를 생각할 수 있다. 그리고 인간 이성은 세계의 이념과 신의 이념의 관계를 정립함으로써 이러한 이념들을 종합하고, 그렇게 함으로써 세계의 이념은 신의 이념에 종속된다.

인간이 감성적 질서나 영역에 속해 있다는 사실은 분명하다. 즉 그가 물리적 유기체의 부류에 속한다는 것은 분명하다. 따라서 그러한 존재로서 인간은 결정된 인과의 법칙에 종속된다. 그러나 인간의 도덕적 삶은 그의 자유를 드러낸다. 그리고 자유롭기에, 그는 가상계의 질서나 가상계의 영역에 속한다. '인간(세계 속의 존재, *ein Welt-wesen*)은 동시에 자유, 즉 세계의 인과적 원리 바깥에 있지만 그럼에도 인간에게 속하는 자유라는 속성을 갖는다.'[53] 그리고 자유를 소유한다는 것은 정신을 소유한다는 것이다. '그러므로 세계 위의 존재자, 즉 인간의 정신이 있다.'[54] 그리고 정신적 원리에 따라 자유로워진다는 것은 인격이 되는 것이다. '살아 있는 육체적 존재자는 영혼을 가지는 존재자(**동물**)다. 만일 그 존재자가 인격이라면, 그 존재자는 인간이다.'[55] 인간은 자유롭고 자기 의식적이며 도덕적인 존재자라는 점에서 인격이다.

이것은 인간이 말하자면 두 가지 요소로 나뉜다는 것을 의미하는가? 그것은 분명히 우리가 가상계의 인간과 현상계의 인간을 구별할 수 있다는 것을 의미한다. '세계 안의 인간은 세계에 대한 인식에 속한다. 그러나 세계 안에서 자신의 의무를 의식하는 존재자로서의 인간은 현상체가 아니라 지성체이다. 그리고 그는 사물이 아니라 인격이다.'[56] 그러나 비록 인간이 이러한 이중적인 본성을 가지고 있지만, 의식의

---

53   XXI, p. 42.

54   같은 곳.

55   XXI, p. 18.

56   XXI, p. 61.

통일성이 있다. '나(주관)는 단순히 나 자신을 의식하는 것에 그치는 것이 아니라, 공간과 시간 안에서의 직관의 대상으로서, 그래서 세계에 속해 있는 것으로서 인격이다.'[57] 나는 '공간과 시간의 세계 안에서 내가 현존한다는 의식'[58]을 소유한다. 이 통일성은 동시에 두 원리의 통일성이며, 도덕적 의식에서 드러난다. '인과관계의 작용(*nexus effectivus*) 안에 있는 나와는 다르지만 나에게 작용하는(*agit, facit, operatur*) 어떤 실재가 내 안에 있다. 자유로운, 즉 공간과 시간 속의 자연법칙에 좌우되지 않는 이 실재는 나를 내적으로 지시한다(나를 정당화하거나 비난한다). 그리고 나는 인간으로서 스스로 실재이다. …'[59] 게다가 나의 자유는 자신을 세계 내에서 행동으로 옮길 수 있다. '인간 안에는 자연과 자연적 인과관계에 독립해 있으면서 현상을 규정하고 자유라고 하는 능동적이지만 초감성적 원리가 존재한다.'[60]

만약 칸트가 자신의 경험의 구성 이론을 발전시켰다면, 사실상 그는 현상적 존재자로서의 경험적 자아와 인간을 도덕적 자아실현을 목표로 하는 지성적 자아의 자기 정립에서 도출했을는지도 모른다. 그러나 이렇게 말하는 것은 피히테가 채택한 입장의 발전 근거가 칸트 철학 안에 있다고 말하는 것이다. 그리고 사실상 피히테는 자신의 체계가 칸트주의의 내적 경향들의 일관된 전개라고 항상 주장했다. 그러나 현재로서는 우리에게 오히려 대우주, 즉 우주(Universe)를 생각하는 소우주로서의 형이상학적 인간 개념이 제시되고 있다. 신과 세계라는 규제적 이념들에서 인간이 생각한 것과 같은 우주는 인간의 이중적 본성의 투사(投射)이다. 두 이념 모두 주어진 대상을 나타내지 않는다. 그리고 선험적 이상으로서의 신의 규제적 이념에서 우리는 실체로서의 신의 현존을 연역할 수 없다. 신의 현존이 주어진 것으로 또는 드러난 것으로 말해질 수 있는 한에서, 신의 존재는 의무에 대한 의식 안에서 도덕적 의식에게만 드러난다. 그러나 우리가 보았듯이 이것은 신의 객관적 현존의 문제를 미결로 남겨둔다. '신'이라는 용어에 해당하는 실재는 단순히 인간 그 자체 안에 있는 초감성적 원리 즉

---

57   XXI, p. 42.
58   XXI, p. 24.
59   XXI, p. 25.
60   XXI, p. 50.

지성적 자아인가? 아니면 구속성의 의식 안에서 그리고 의무의 의식을 통해서만 알려지는, 인간과는 별개의 존재인가? 나로서는 두 번째 견해가 칸트의 신념을 대변한다고 생각한다. 그러나 『유작』을 구성하는 조각 글들이 그 답을 매우 명확하게 해준다고 말할 수는 없다. 오히려 이 저술은 존재자를 사유에 종속시키거나 오히려 궁극적으로는 존재자와 사유를 동일시하는 선험적 관념론의 체계로 변형되는 칸트주의의 경향을 예시한다. 나는 칸트 자신이 이 결정적인 단계를 밟았다고 생각하지 않는다. 그러나 칸트가 자신의 체계에서 실재론적 요소 또는 피히테가 말했듯이 '독단론'의 요소를 제거해야 한다는 피히테의 제안을 친절하게 받아들이지는 않았겠지만, 그렇게 하려는 경향은 그의 저술에 내포되어 있다. 그러나 칸트 철학을 단순히 그것을 계승한 사변적 관념론과 관련지어 해석하는 것은 부적절하다. 그리고 우리가 칸트 철학을 그 자체로 받아들인다면, 그 철학 안에서 필연성과 자유의 두 영역을 조화시키는 문제를 해결하려는, 즉 하나를 다른 것으로 환원해버리는 것이 아니라 인간의 도덕적 의식 속에서 만남 지점을 발견함으로써 해결하려는 독창적인 시도를 볼 수 있다.

제4부 칸트

제17장

결론적 고찰

—————— 1. 서론

이 책의 「서문」에서 나는 17세기와 18세기의 철학을 다루는 이 『철학사』(*History*)의 제4권, 제5권, 제6권이 3부작으로 이루어져 있다고 언급했다. 즉 이 세 권은 하나의 전체로 볼 수 있다. 제4권의 시작 부분에는 이 세 권 모두에서 다루는 문제와 관련된 내용을 소개하는 장이 있었다. 그리고 나는 6권 마지막에 공통의 결론적 고찰을 제공하겠다고 약속했었다.

이 결론적 고찰의 목적은 3부작에서 다루어진 다양한 철학들의 개요를 제공하는 것이 아니라 17세기와 18세기의 철학 또는 철학 운동의 주요 스타일의 성격, 중요성 및 가치에 대한 논의를 시도하는 것이다. 선택한 특정 주제로 논의를 제한해야 한다. 더 나아가, 물론 철학자 개개인에 대한 언급이 있겠지만, 때로는 중요한 측면에서 서로 다른 철학들을 포함하는 복잡한 사고 운동을 마치 그 철학들이 동질의 철학 스타일 또는 심지어 동질적인 체계를 표현하고 있는 것처럼 취급할 필요가 있는 경우도 있다. 다른 식으로 말해서, 이를테면 나는 이상형을 그대로 논하면서 동시에 상당한 제한을 필요로 하는 일반화를 제안하고자 한다. 이러한 절차는 사실상 그 자체로는 바람직하지 않을 수 있지만, 물론 여러 다른 철학들이 다른 곳에서 별도로 다루어진다면, 그 절차는 나로서는 해당 시대의 철학적 사고의 특정한 특징에 주목하는 합법적인 방법인 것으로 생각된다.

2. 대륙의 합리론

제4권의 서론에서 주목했던 점은 회의론을 극복하려는 데카르트(Descartes)의 열정이었다. 이 회의론은 르네상스 시대에 부활한 것으로서 형이상학에서 진리를 얻을 수 있는 가능성에 대한 회의론을 포함했다. 그리고 우리는 그가 수학을 명확하고 확실한 추리의 모델로 보았다는 점을 살펴보았다. 그는 수학의 명료성과 확실성과 유사한 명료성과 확실성을 철학에 부여하고, 말하자면 정신이 혼란이나 오류 없이 단계적으로 질서 있게 진행할 수 있도록 하는 방법을 수학적 방법에서 추출하기를 원했다.

우리가 데카르트 자신의 수학적 연구와 재능, 그리고 이 주제에 대한 그 당시의 발전을 떠올릴 때, 그가 수학을 추리의 모델로 보았다는 것은 쉽게 이해할 수 있을 것이다. 그리고 철학 외부적인 요인에 의해 철학적 사고가 영향을 받는 경우에는 예외란 없다. 왜냐하면 비록 우리가 철학의 역사적 발전에 대해 이해할 수 있는 설명을 할 수 있다는 의미에서 철학에는 철학 자체의 연속이 있지만, 그 연속은 절대적인 것은 아니기 때문이다. 만약 그것이 절대적이라면 마치 철학은 다른 문화적 요소들과 연결되지 않은 채 전적으로 독자적인 길을 추구하는 것처럼 보인다. 철학은 다양한 방식으로 다른 요인들의 영향을 받을 수 있다. 예를 들어 철학은 적절한 사용 방법의 개념과 관련하여 영향을 받을 수 있다. 수학이 방법의 모델을 제공한다고 보는 데카르트의 경향이 적절한 사례이다. 또 다른 사례는 형이상학을 특정 과학의 가설보다 더 넓은 일반성의 가설로 해석하려는 현대의 시도, 즉 현대 물리학의 가설연역법이라는 철학 외적 모델의 영향을 반영하는 해석일 것이다. 다시 말하자면 철학은 주제 또는 특정 주제에 대한 강조와 관련하여 철학 외적인 요인들에 의해 영향을 받을 수 있다. 중세 시대에 철학은 '학문의 여왕'이라는 신학의 영향을 크게 받았다. 19세기 초반 수

십 년간 우리는 역사과학의 성장으로 표현되었던 역사발전의 의식이 헤겔(Hegel)의 체계에 반영된 것을 볼 수 있다. 마르크스주의는 문명과 문화의 역사에서 경제적 요소들이 담당하는 역할에 대한 의식이 증가하는 영향을 분명히 보여주었다. 베르그송(Bergson)의 철학은 진화의 과학적 가설뿐만 아니라 심리학자와 사회학자들의 연구에도 많은 영향을 받았다. 화이트헤드(Whitehead)의 사상은 고전 물리학에서 현대 물리학으로의 전환에 의해 영향을 받았다. 다시 말하자면 철학은 자신의 문제들을 형성하는 데서 철학 외적인 요소의 영향을 받을 수 있다. 예를 들어 영혼과 육체의 관계 문제는 고전적이면서 되풀이되는 문제이지만, 특정 과학이 부각되면 그 문제가 다른 철학자들에게 제시되는 방식에 영향을 미쳤다. 역학의 발전은 한 가지 관점에서 17세기 철학자들에게 제시된 문제로 이어진 반면에, 심리학에서의 현대적 발전은 후대 사상가들의 시야에서는 그 문제에 소위 다소 다른 색깔을 부여하였다. 어떤 의미에서는 우리는 같은 문제, 즉 '영원한' 문제에 대해 말할 수 있다. 그러나 다른 의미에서는 우리는 다른 문제에 대해 말할 수 있다. 왜냐하면 기본적인 문제에 대한 우리의 개념과 형식에 영향을 미치는 여러 다른 관련 요소들이 고려되어야 하기 때문이다.

이런 식으로 말하는 것은 단순히 경험적 사실들을 인식하자는 것이며, 진리가 상대적이라는 이론을 선언하자는 것이 아니다. 실제로 상대주의 이론의 지지자들이 자신들의 주장을 지지하기 위한 근거 자료로 삼은 역사적 자료를 부정하는 것은 매우 어리석은 일이다. 그렇다고 해서 역사적 자료를 인정하는 일은 단순하고도 유일하게 자신들의 역사적 맥락들과 상황들에 관련해서 철학 체계가 판단되어야 한다는 주장의 수용, 아울러 그러한 체계들 안에 포함되는 명제의 참 또는 거짓에 대한 절대적 판단은 전혀 가능하지 않다는 주장의 수용을 수반한다는 결론이 반드시 도출되는 것은 아니다. 철학(즉, 철학자들의 정신)이 그 발전 과정에서 철학 외적인 요인들의 영향을 받아 왔다는 사실을 부인할 수 없다. 그렇지만 이러한 요인들을 고려하지 않더라도 철학자들이 제안한 명제가 참인지 거짓인지를 토론하는 일은 여전히 가능하다.

수학적 모델 방법에 대해 데카르트가 경의를 표하는 것으로 돌아가서, 우리는 칸트 이전 시대의 다른 선구적인 합리론 철학자들도 이 모델의 영향을 받았다는 것을 떠올릴 수 있다. 예를 들자면 스피노자(Spinoza)가 그렇다. 그러나 17세기 철학사에서 '합리론'[1]이라는 것이 단순히 방법에 집착하는 데서 성립하는 것은 아니다. 철학이 실재[2]에 대한 우리의 지식을 증가시킬 수 있다고 생각하는 것은 자연스러운 일이다. 이것은 자연스럽게 생겨나는 기대이다. 그리고 이 점에서 철학의 능력에 대한 의심은 기대보다 앞서 나오기보다는 뒤에 나온다. 그러므로 르네상스 시대부터 물리학에 수학을 적용하여 얻은 주목할 만한 성공은 일부 철학자들에게 수학의 방법과 유사한 방법을 철학에 적용하면 이미 알려진 것을 체계화하거나 지식, 즉 논리적으로는 입증되지 않았으나 참된 명제에 형식을 제공할 수 있을 뿐만 아니라, 인식되지 않았거나 인정되지 않은 진리에서 연역을 통해 우리의 지식을 증가시킬 수 있으리라 생각하게 하였다. 당연히 물리학의 발전을 위해 수학을 사용한다는 생각은 새로운 것이 아니다. 예를 들어 로저 베이컨(Roger Bacon)은 이미 13세기에 이러한 사용이 필요하다는 점을 강조하였다. 그러나 동시에 우리는 물리학에 수학을 적용하는 일이 주목할 만하고도 놀라운 성공을 이루었다고 말할 수 있는 것은 르네상스가 되어서야 비로소 가능해진다. 그러므로 일부 후기 르네상스 사상가들이 현실에 대한 지식의 범위를 넓히기 위해 수학의 방법과 유사한 방법을 철학에 적용해야 하는 일은 당연했다. 다른 말로 하자면 합리론자들은 방법론뿐만 아니라 새로운 진리를 발견하고 실재에 대한 적극적인 지식을 증가시키기 위해 적절한 방법을 사용하는 데에도 관심을 가졌다.

그런데 우리가 수학의 방법과 유사한 방법을 철학에 제공한다는 생각과 기본적 명제들 또는 이미 입증된 명제로부터 실재에 대한 새로운 사실적 정보를 우리에게 제공하는 다른 명제를 연역한다는 생각을 합치게 되면, 철학의 연역적 체계라는 관념이 우리에게 주어진다. 이 관념은 연역적 형식에서는 수학과 닮아있지만, 철학체계가 현존하는 실재에 대한 진리를 우리에게 줄 것이라는 의미에서 수학과는 다르

---

1   제4권의 서론에서 지적되었듯이 현재의 맥락에서 말하는 합리론은 철학의 기초를 신비주의적 통찰이 아니라 이성에 두려는 시도만을 의미하지 않는다. 또한 이 용어는 후대에 주어진 의미, 즉 계시종교와 아마도 모든 종교를 부정하는 것을 포함하는 의미로 이해되어서도 안 된다. 실제로 17세기와 18세기에는 이런 의미에서의 합리론자들이 있었다. 그러나 예를 들어 데카르트를 합리론자로 말할 때 이런 식으로 합리론자라는 용어를 사용해서는 안 된다.
2   문제가 되는 지식이 세계를 초월하는 존재, 즉 신에 관한 것일 수 있기 때문에, 나는 '세계'(world)라는 용어보다 '실재'(reality)라는 용어를 사용한다.

다. 나는 이러한 구분이 르네상스와 후기 르네상스 사상가들에 의해 보편적으로 받아들여졌을 것이라고 말하고자 하는 것은 아니다. 예를 들어 갈릴레오(Galileo)는 수학을, 자유롭게 선택한 정의와 공리의 의미를 나타내는 순수하게 형식적인 과학이 아니라 우리에게 자연(Nature)의 심장을 열어 자연이라는 책을 읽을 수 있게 하는 것으로 생각했다. 그러나 삼각형의 속성에 관한 명제는 삼각형의 대상이 있다는 것을 우리에게 알려주는 것이 아니라는 것이 분명한 반면에, 칸트 이전 시대의 위대한 합리론 철학자들은 그 속성들을 현존하는 실재와 관련되어 있다고 생각하였다.

그런데 물리학에 수학을 성공적으로 적용함으로써 세계는 지성적이거나 '합리적'이라는 사실이 자연스럽게 드러난다. 따라서 갈릴레오에 따르면 신은 자연이라는 책을 이를테면 수학적 문자로 기록했다. 그리고 실제로 철학이 연역적 체계이면서 동시에 우리에게 세계에 대한 특정한 사실적 정보를 제공한다면, 철학은 그런 일을 할 수 있고, 세계는 그런 철학적 행위를 가능하게 하는 그런 세계라고 가정하는 일은 분명히 필연적인 일이다. 사실상 이것은 인과관계는 논리적 함축의 관계와 일치한다는 사실을 의미하는 것이다. 그리고 우리는 합리론 철학자들이 이러한 일치를 설정하는 경향성이 있음을 알게 된다.

그런데 세계는 철학자가 연역의 과정을 통해서 재구성할 수 있는 지성적 구조를 갖는다는 의미에서 세계는 이성적 체계라고 가정해 보자. 그러면 철학은 철학적 지식의 체계적인 발전이 실재의 객관적 구조를 우리에게 밝혀준다는 의미에서 이성 자체의 전개로 나타날 수 있다. 그러나 실재의 체계가 이성의 자기 전개를 나타내는 연역적 과정에 의해 재구성될 수 있다면, 적어도 잠재적으로(virtually) 본유적인(innate) 관념 이론을 요청하는 것은 부자연스러운 것이 아니다. 왜냐하면 이성의 자기 전개는 소위 정신이 자신의 자원들에서 철학적 체계를 발전시키는 것을 의미할 것이기 때문이다. 그리고 그 체계는 처음부터 잠재적으로 존재하는 관념들의 형태로 정신 속에 미리 그려질 수 있는 것이다. 비록 경험은 그런 관념들의 현실화가 이루어질 때 가능할 수 있을 터이지만. 나는 철학의 연역적 체계가 필연적으로 본유 관념의 이론을 수반한다고 말하고자 하는 것은 아니다. 그러나 그러한 체계가 정신 자체의 전개로 나타난다면, 그리고 이 설명이 어떤 점에서 경험에서 자유롭게 선택되거나 도출되는 특정 정의와 공리의 논리적 함의의 발전 이상을 의미한다면, 일종의 본유 관념 이론이 필요하게 되리라 여겨진다. 그리고 잠재적인 본유 관념 이론은 현실적인 본유 관념 이론보다 정신이나 이성의 자기 전개라는 개념에 분명히 훨씬 더 잘 어울린다.

철학이 잠재적인 본유 관념들에 기반을 두고 있고, 철학의 결론이 정확히 실재에 대해 참이 되려면, 이러한 관념들이 객관적 본질에 대한 참된 통찰을 나타내야 한다는 것은 분명하다. 더 나아가 우리는 철학적 연역의 과정에서 우리가 단순히 가능성의 영역이 아니라 현존하는 실재를 다루고 있다는 확신이 필요하다. 그러므로 우리는 합리론적 형이상학자들이 신의 현존에 대한 존재론적 논증을 선호하는 것을 이해할 수 있다. 왜냐하면 그 논증이 타당하다면, 그 논증은 그 신의 관념에서 궁극적 실재인 신 또는 절대적으로 완전하고 필연적인 존재자의 현존을 직접 추론하는 일을 허용하기 때문이다.

실재의 구조를 연역적으로 재구성하는 데 있어서 이 논증은 어떻게 사용되는가? 다음의 방식이 될 것이다. 만약 우리가 수학의 연역적 체계의 발전과 철학적 체계의 구성 사이의 유비를 강조한다면, 우리는 철학에서 궁극적인 존재자의 현존을 나타내는 명제(수학에서의 기본 공리와 유사하다고 여겨진 명제)에서 출발해서, 인과관계를 논리적 함축의 관계와 일치시킴으로써 유한한 존재자를 연역하는 것으로 나아갈 수밖에 없게 된다. 그러므로 우리는 기본적인 형이상학적 원리 또는 궁극적 존재자의 현존에 대한 확신을 요구한다. 그리고 이 존재자의 관념에서 그것의 현존으로 직접 이어지는 존재론적 논증은 유한한 존재자의 현존으로부터 신의 현존을 명시적으로 추론하는 아포스테리오리한 논증에 비해 순수한 연역적 체계의 요구에 훨씬 더 잘 어울리는 것이다. 왜냐하면 우리는 논리적 언어에서 결론에서부터 원리로 나아가기보다는 원리에서부터 결론으로 나아가고자 하기 때문이다.

물론 앞에서 다룬 합리론에 대한 내용은 순수 또는 이상적인 합리론이라고 할만한 이상적인 유형에 대한 설명이다. 그리고 그것은 칸트 이전 대륙 철학의 위대한 체계들에 대해 제한 없이 적용될 수 없다. 제4권에서 논의된 세 가지의 주요한 합리론 체계 중에서 이 설명에 가장 가까운 것은 스피노자의 체계이다. 우리가 보았듯이 데카르트는 궁극적 실재가 아니라 생각하는 주관으로서의 유한한 자아의 현존에서 출발했다. 그리고 그는 세계의 현존이 신의 현존에서 연역될 수 있다고 생각하지 않았다. 라이프니츠(Leibniz)에 관련해서는, 그는 필연적 진리 또는 이성의 진리와 우연적 진리 또는 사실의 진리를 구별하였다. 그는 실제로 이 구별을 우리의 유한한 지식과 관련된 것으로 제시하려는 경향이 있지만, 그럼에도 그는 그런 일을 했다. 그리고 그는 현실적으로 존재하는 모나드(monads)의 창조가 무모순의 원리에 기반한 추리의 과정에 의해 신의 본질에서 논리적으로 연역될 수 있다고 주장하지 않았다. 필연적 본질의 질서에서 우연적 존재들의 질서로의 이행을 설명하기 위해서, 그는 무모순의 원리보다는 완전성의 원리 또는 최선의 원리에 호소하였다.

그러나 내가 앞에서 제시한 합리론에 대한 설명이 일반적으로 합리론적 형이상학의 체계로 분류되는 모든 체계에 제한 없이 적용될 수는 없겠지만, 그 설명은 그들 체계 모두에 존재하는 경향을 드러낸다. 그리고 이 장의 서론에서 나는 철학의 다양한 스타일을 논의할 목적을 위해서는 이상형을 사용해야 하고, 일반화 ─ 특수한 사례에 그 이상형을 적용할 때에는 제한이 필요한 일반화에 몰두해야 한다는 점을 강조했다.

내가 생각하기에는, 본유 관념 이론을 길게 논의할 필요는 거의 없다. 왜냐하면 내가 보기에는 적어도 그 이론이 불필요한 가설이라는 로크(Locke)의 비판은 그 주요 노선에서 명백히 정당한 것이기 때문이다. 만약 잠재적인 본유 관념의 이론이 단지 정신이 특정한 관념을 형성하는 능력을 소유한다는 것을 의미한다면, 모든 관념은 본유적인 것이라고 할 수 있다. 그러나 이 경우에 관념들을 그렇게 설명하는 것은 의미가 없을 것이다. 본유 관념 이론은 특정한 관념이 경험에서 도출될 수 없는 반면에, 다른 관념들은 경험에서 도출될 수 있는 한에서만 유효한 것이다. 그러나 관념이 경험에서 도출된다는 것이 의미하는 바는 무엇인가? 물론 경험이 (흄의 의미에서) 인상의 수용으로 환원된다면, 그리고 관념이 인상의 자동적 결과나 인상의 모사적(模寫的) 표상으로 생각된다면, 어떤 관념이 경험에서 도출된 것이라고 설명하는 일은 불가능하지는 않더라도 매우 어려워진다. 예를 들어 절대적인 완전성이라거나 절대적인 무한성이라는 것에 대한 우리의 인상은 없다. 그러나 우리가 일단 정신의 구성적인 작용을 허용한다면, 예를 들어 절대적 완전성에 대한 관념이 신에 의해 각인되었다거나 본유적인 것이라고 가정하는 것은 더는 필요한 것처럼 보이지 않는다. 만일 그 관념이 절대적 완전성의 직관과 같은 것이라면, 우리는 정신의 종합적 작용에 의해서는 그것의 기원을 설명할 수는 없다. 왜냐하면 그런 작용은 유한하고 제한적인 완전성의 경험에 기반하기 때문이다. 그러나 우리에게 절대적 완전성과 절대적 무한성에 대한 직관이 있다고 말할 만한 적절한 이유는 없는 것처럼 보인다. 그리고 우리가 경험에서의 도출을 곧 감각 지각과 내성(introspection)의 직접적인 소여의 모사적 표상과 같은 의미로 보지 않는다면, 우리는 그러한 관념들의 기원을 경험적으로 설명할 수 있다. 본유 관념 이론이 논리적으로 불가능하다는 것은 아니다. 오히려 그 이론은 경제성의 원리나 오컴의 면도날(Ockham's razor)이 잘 적용될 수 있는 불필요한 가설을 구성하는 것처럼 보인다. 물론 그 이론은 이후에 통상적인 의미의 개념이나 관념이라기보다는, 말하자면 개념의 틀이었던 아프리오리한 범주의 이론에서 칸트가 그것을 변형시킨 방식으로 변형될 수 있다. 그러나 일단 이런 식으로 변형되면, 그 이론은 칸트 이전의 합리론자들이 형이상학을 이해했었던 의미에서의 형이상학적 체계의 기초를 형성하는 본래의 기능을 더는 수행할 수는 없다.

당연하게도 본유 관념 이론을 거부하는 것은, 합리론적 이상을 경험에 의존하지 않고 오로지 정신 자체만의 자원에서 실재의 체계를 연역하는 그런 이상으로 간주되는 한에서, 합리론적 이상의 거부를 수반한다. 왜냐하면 이 이상은 잠재적인 본유 관념의 이론을 포함할 것이기 때문이다. 그러나 이 이론을 거부하는 것이 반드시 연역적 형이상학 그 자체의 이상을 거부하는 것을 수반하는 것은 아니다. 왜냐하면 우리는 경험에 기초해서 그러한 형이상학의 기본 원리에 도달할 수 있기 때문이다. 다시 말해서, 경험은 우리가 어떤 근본적인 형이상학적 명제가 진리임을 확인하게 되는 기회가 될 수도 있다. '존재하게 되는 모든 것은 외부 원인의 작용을 통해서 그렇게 된다'는 명제를 들어 보자. 존재하게 된다는 관념과 인과의 관념은 경험을 통해서 얻어진다. 그것들은 본유 관념이 아니다.[3] 더 나아가 그 관념들은 판명하다(distinct).

---

3   물론 이 진술은 '관념'이라는 단어를 사용하지 않고 보다 '언어적' 방식으로 표현할 수도 있겠다. 예를 들자면, 우리는 경험을 통해 또는 즉물적(ostensive) 정의를 통해 용어의 의미를 배운다고 말할 수도 있겠다.

다시 말해서 원인이 된다는 관념은 존재하게 된다는 관념의 단순한 분석에 의해서 얻어지는 것이 아니다. 단순한 분석에 의해서 얻어진다는 것은 문제의 그 명제가 사실상 동어반복이라고 말하는 것과 같은 의미이기 때문이다. 따라서 그 명제는 종합적이다. 그러나 내가 믿고 있듯이, 만약 그 명제가 객관적으로 필연적인 연결에 대한 통찰을 나타낸다면, 그것은 아포스테리오리한 종합명제가 아니다. 아포스테리오리한 종합명제는 경험적 일반화를 의미하고, 이런 일반화는 분명히 예외를 허용하기 때문이다. 오히려 그것은 본유적이라는 의미에서가 아프리오리한 종합명제가 아니라, 그 명제의 진리성이 경험적 검증과 논리적으로 무관하다는 의미에서 아프리오리한 종합명제이다.[4] 그리고 만약 이런 유형의 명제들이 존재한다면, 일반 형이상학이나 존재론에 연역적 학문의 형식을 부여하는 것은 충분히 가능한 일이다.

그러나 언급된 유형의 명제에서 우리가 존재 명제를 연역할 수 있다는 결론이 나오지 않는다는 점은 확실하다. '존재하게 되는 모든 것은 외부 원인의 작용을 통해서 이루어진다'는 명제는, 만약 무언가가 존재하게 된다면 그것은 외부 원인의 작용을 통해 그렇게 된다고 진술하는 것이다. 그것은 존재하게 된다거나, 존재하게 되었다거나, 존재하게 될 것이라고 진술하는 것이 아니다. 또한 우리는 그 명제로부터 이러한 종류의 것이 존재한다거나, 존재했었다거나, 존재하게 될 것이라는 결론을 연역할 수 없다. 더 정확하게는 어느 쪽도 존재 명제가 아닌 두 명제에서 우리는 존재적 결론을 논리적으로 연역할 수 없다. 예를 들어 만약 유한한 존재자가 있다면, 유한한 존재자에 대해 참이 될 수 있는 명제 또는 명제들을 연역할 수 있다. 그러나 우리는 실제로 유한한 존재자가 있다고 연역할 수는 없다. 다시 말해서 우리가 일단 아프리오리한 종합명제가 있을 수 있다는 것을 인정한다면, 현존하는 사물이 있는 한, 현존하는 사물에 대해 참이 될 수 있는 명제들의 조직체(body)라는 의미를 가진 실재의 틀

---

4   나는 '아프리오리한 종합명제(synthetic a priori proposition)'라는 칸트의 용어를 사용했다. 그리고 이 특정 용어의 사용은 오해를 불러일으킬 수 있다. 왜냐하면 나는 동어반복도 아니고 단지 가능한 경험적 일반화도 아닌 명제들이 있다는 칸트의 입장에 동의는 하지만, 나는 이러한 명제의 위상에 대해 칸트의 해석을 받아들이지는 않기 때문이다. 내 생각으로 그 명제들은 존재자의 객관적인 예지적 구조에 대한 통찰을 나타낸다. 그러나 그 용어는 편리한 용어다. 즉 그 용어는 그것의 사용이 칸트의 고유한 해석을 포함하지 않고도 또는 포함하는 것으로 생각되지 않고도 오늘날 자주 사용된다.

을 추론할 수 있다는 결론이 나온다. 그러나 우리는 이 조건이 실제로 성취된다는 사실을 연역할 수는 없다. 우리는 가능성의 영역 안에 남겨져 있다.

더 나아가서 존재하는 모든 것에 대해 참인 것이 무엇인가를 진술하는 명제에서부터 우리는 단지 유사한 명제만을 연역할 수 있다. 다시 말해서 우리는 필연적 명제들에서 그것의 반대가 가능한 우연적 명제를 연역할 수 없다. 그리고 이것은 우리가 필연적 명제를 형식 논리학과 순수 수학의 명제로 제한하든 아니면 필연적으로 참인 형이상학적 원리를 우리가 인정하든 타당한 것이다. 다시 말해 우리가 일반 형이상학이나 존재론에 속하는 전제에서 출발해서 연역적으로 진행하면, 우리는 일반 형이상학이나 존재론의 영역 안에 남겨지게 된다. 그러한 전제들에서는 우리는 개별 과학의 본체에 속하는 참된 명제를 연역할 수 없다. 물론 우리는 모든 유한한 사물들에 대해 필연적으로 참인 형이상학적 원리를 유한한 사물들의 특정한 부류에 적용할 수 있다. 그러나 이것은 형이상학적 전제들에서 화학, 식물학, 의학의 명제들을 연역하는 것과 같은 것이 아니다. 만약 우리가 존재하게 되는 모든 것은 외부 원인의 작용을 통해서 그렇게 된다는 명제가 필연적으로 참된 형이상학적 명제라고 가정한다면, 폐에 암과 같은 것이 있다면 거기에는 하나의 원인 또는 복수의 원인이 있을 것이라는 결론이 나오게 된다. 그러나 우리가 원인들이 무엇인지 형이상학에서 연역할 수 있다는 결론이 나오는 것은 확실히 아니다.

우리가 실제로 일반 형이상학의 진리들에서 시작하여 자연과학의 모든 진리를 실험이나 관찰, 가설, 경험적 검증을 배제하고 논리적으로 연역할 수 있다는 점을 예를 들어 데카르트가 믿었다고 나는 말하고 있지 않다. 그러나 합리론의 경향은 참된 명제 전체를 수학적 체계 ― 그 체계에서는 근본적인 전제들은 모든 결론을 논리적으로 함축하고 있다 ― 에 일치시키는 것이었다. 그리고 합리론자들이 그러한 일치의 이상을 품고 있는 한, 그들은 헛된 꿈에 빠져 있었던 것이었다.

그런데 앞에서 그 어느 쪽도 존재 명제가 아닌 두 전제에서 우리는 존재에 관한 결론을 연역할 수 없다고 말했었다. 그러나 궁극적인 존재론적 원리의 현존에서부터 종속적이면서 유한한 존재자의 현존이 연역될 수 있는 식으로, 우리가 어떤 존재 명제에서 시작하여 다수의 다른 존재 명제를 연역할 수 있는가의 문제가 생겨난다.

다시 말해 절대적으로 완전하고 무한한 존재자의 현존을 긍정하는 것에서 시작하여 유한한 존재자의 현존을 연역할 수 있는가?

이렇게 하려면 두 가지 중 하나를 증명할 수 있어야 한다. 우리는 '무한한 존재자'라는 용어의 의미가 '유한한 존재자'라는 용어의 의미를 그 자체의 일부로서 포함한다는 사실을 입증할 수 있어야 하거나, 무한한 존재자의 본성이 유한한 존재자의 필연적 원인(즉 창조)이 되는 그런 것이어야 한다는 사실을 입증할 수 있어야 한다. 첫 번째 경우는 일원론적 철학(a monistic philosophy)을 보여주는 것이다. 무한한 존재자의 현존을 주장하는 것은 유한한 존재자의 현존을 주장하는 것이다. 왜냐하면 어떤 점에서 유한한 존재자의 현존은 무한한 존재자의 현존 안에 포함되기 때문이다. 만약 예를 들어 이미 우리가 존재론적 논증으로 무한한 존재자의 현존을 입증했다면, 우리는 유한한 존재자가 현존한다는 것을 보여주기 위해서는 오로지 '무한한 존재자'라는 용어를 분석하면 된다. 두 번째 경우에는 반드시 우리가 일원론적 철학이 있어야 하는 것은 아니다. 그러나 유한한 존재자는, 비록 신과 구별되겠지만, 신적 본성의 필연성에 의해 신(Him)에게서 나오게 될 것이다.

첫 번째 대안에 관해서, '무한한 존재자'라는 용어는 '유한한 존재자'라는 용어와 대조적으로 사용되며, 유한성의 부정을 포함한다는 의미에서만 자신의 의미 안에 유한한 존재자를 포함한다. 무한한 존재자의 현존을 긍정하는 것은 이 존재자가 유한하다는 사실에 대한 부정을 포함하지만, 유한한 존재자가 그것의 양상으로서 현존한다는 것을 포함하지는 않는다. 어떤 사람들은 아마도 '무한한 존재자'라는 용어가 '유한한 존재자'와 대조되는 의미에서 공허한 것(vacuous)이고, 그것에 내용을 부여하기 위해서 우리는 그것을 유한한 존재자들의 무한한 복합체를 의미하는 것으로 이해해야만 한다고 주장하고 싶을는지도 모른다. 그러나 이 경우 무한한 존재자가 현존한다는 주장은 유한한 존재자들의 수가 무한하다는 주장과 동일한 의미를 가질 것이다. 그리고 무한한 존재자로부터 유한한 존재자의 현존을 연역한다고 말하는 것은 찻잔의 개수가 무한하다는 진술에서 찻잔의 현존을 연역하는 것에 대해 말하는 것만큼이나 어리석은 일이다. 현재의 맥락에서 우리는 무한한 존재자의 현존이 이미 알려져 있을 때, 무한한 존재자로부터 유한한 존재를 연역하는 것에 관심이 있다. 그러나 만약 무한한 존재자의 현존을 주장하는 것이 유한한 존재자의 수가 무한하다고 주장하는 것이라면, 우리가 유한한 존재자들의 무한한 수가 있다는 것을 알지 못하는 한에서, 어떻게 무한한 존재자가 있다는 사실을 안다고 말할 수 있겠는가? 그리고 이 경우 유한한 존재자의 현존을 연역하는 문제는 생겨나지 않을 것이다.

두 번째 대안에 관해서, 즉 신이 자신의 본성인 필연성에 의해 창조한다는 것을 보여주는 대안에 관해서, 그러한 주장을 하는 근거는 무엇일 수 있을까? 만약 우리가 신을 절대적으로 완전하고 무한한 존재자라고 이해한다면, 신의 현존을 긍정하는 것은 본성상 자족적인 존재자의 현존을 긍정하는 것이다. 다시 말해서 유한한 존재자의 창조는, 창조가 없는 경우에 부족하다고 여겨질 만한 어떠한 것도 신에게 추가할 수 없다. 그리고 이 경우 창조의 필요성을 주장할 수 있는 어떤 생각할 수 있는 근거도 없을 것이다. 라이프니츠가 신의 창조를 설명하기 위해 형이상학적 필연성의 관념보다는 도덕적 필연성의 관념에 의지했었다는 것은 의미심장한 일이다. 그러나 만약 우리가 신을 절대적으로 완전한 존재자라고 이해한다면, 창조를 어떤 의미에서 '필요한' 것이라 주장할 근거가 없어 보인다.

당연히 만약 우리가 그 자체로서의 유신론과 범신론을 논하고 있다면, 우리는 유한과 무한의 관계라는 전체적 주제를 고려해야만 한다. 그러나 우리는 특정한 문제, 즉 무한한 존재자의 현존이 인식된 것으로 간주될 때, 무한한 존재자로부터 유한한 존재자를 연역하는 문제에 대해 논의해 왔다. 그리고 이 문제는 유한한 것과 무한한 것의 구별을 함축하는데, 그것은 유한한 것의 현존을 무한한 것의 현존에서 연역하는 문제이기 때문이다. 따라서 만약 '무한한 존재자'라는 용어를 단순히 무한한 수의 유한한 존재자들을 의미하는 방식으로 분석한다면, 원래 이해했던 연역의 문제는 간단히 사라져 버린다. 필요한 것은 단지 '무한한 존재자'에 대한 분석이며, 그 분석이 문제를 해결하는 것이다. 원래의 질문은 더 이상의 의미가 없다. 그러나 만약 우리가 문제의 의미에 필수적인 구별(즉, 무한한 것과 유한한 것의 구별)을 주장한다면, 유한한 존재자의 현존을 무한한 존재자의 현존으로부터 연역할 수 있는 어떤 이해 가능한 근거도 없는 것처럼 보인다. 그리고 우리의 관심사는 단지 이 연역뿐이며, 다른 방향으로 나아가서 유한의 현존에서부터 무한의 현존을 추론할 때 발생하는 문제에 에 대해서는 관심이 없다.

이러한 비판적 성찰을 교의적 형식으로 요약하자면 다음과 같다. 첫째, 어떤 것이 존재한다면 그것은 필연적으로 참이라고 진술하는 전제들에서부터 무언가가 존재한다는 결론을 연역할 수 없다. 둘째, 어떤 것에 대해 무엇이 필연적으로 참이어야 하는가를 진술하는 전제들에서부터 실제로는 참이지만 생각 속에서 거짓일 수 있는 결론을 연역할 수 없다. 셋째, 우리는 무한한 존재자의 긍정에서 시작하여 유한한 존재자의 현존을 연역할 수 없다. 그러므로 만약 우리가 순수한 연역적 형이상학을 다음과 같은 형이상학 ─ 즉 그 안에서 처음에는 존재론적 질서에 놓여 있는 존재자의 긍정이 수학적 체계의 근본적 전제들에 상응하는, 그리고 유한한 존재자들로 이루어진 세계의 현존이 수학적 체계에서의 결론의 연역과 상응하는 형이상학으로 이해한다면, 우리는 수학적 체계의 모델에 따라 순수한 연역적 형이상학을 구성할 수 없다.

분명하게 말하자면, 이러한 비판적 언급은 데카르트, 스피노자, 라이프니츠의 체계가 내가 이상적인 유형의 합리론이라고 부른 것에 근접하는 한에서만 유효하다. 그리고 이들은 다양한 방식으로 이러한 일을 수행하고 있다. 이 철학자들이 밝힌 사실이나 흥미 있는 언급들을 부정하려는 것이 나의 의도는 아니다. 최소한 이 철학자들은 세계에 대한 흥미로운 견해를 우리에게 제시하고 있다. 그리고 그들은 중요한 철학적 문제를 제기한다. 나아가 후속 연구를 위한 계획을 제안하고 있다. 따라서 스피노자가 자유의 의식 또는 느낌을 결정 원인에 대한 무지라고 기술한 것은, 돌이켜 보건대, 심층 심리학의 발전에 대한 안내로 해석될 수 있다. 그리고 이상적인 상징 언어에 대한 라이프니츠의 꿈은 논리와 언어적 분석 분야에서 분명히 중요하다. 그렇다고 해서 이 모든 것이 다음과 같은 사실, 즉 칸트 이전의 대륙 합리론의 역사는 형이상학적 철학이 순수 수학의 연역적 형식과의 밀접한 유비에 의해 제안된 형식을 취할 수 없다는 점을 보여주는 데 일조했다는 사실을 바꿀 수는 없다.

3. 영국의 경험론

영국의 경험론으로 관심을 돌린다면, 우리는 칸트 이전 대륙에서의 합리론이 가지고 있다고 말해질 수 있는 것보다 현대 철학에 훨씬 더 큰 중요성을 지닌 사상운동으로 시야를 돌리고 있는 것이다. 스피노자는 그렇지 못하다는 의미에서 흄은 활기찬 사상가이다. 17세기와 18세기의 경험론은 실제로 발전하였으며, 이 시대의 경험론을 표현하는 언어는 고전적인 의미에서의 경험론자들이 사용하는 언어와는 다소간 다르다. 특히 이제 심리적 고려보다는 논리적 고려에 중점을 두고 있다. 그러나 경험론은 현대 사상에서, 특히 당연하겠지만 영국에서 강력한 영향력을 행사한 반면, 오늘날 형이상학적 성향의 사상가들에 끼친 칸트 이전의 합리론 철학자들의 영향은 내가 이상적인 유형의 합리론이라고 불렀던 것에 그들이 근접하고 있다는 사실에서 진행된 것이 아니라, 오히려 그들의 사상의 다른 측면에서 진행되었다.

고전적 영국의 경험론을 논할 때 우리는 합리론 자체를 논하려고 할 때 직면하고 있는 것과 유사한 어려움에 직면한다. 왜냐하면 전통적으로 경험론자로 분류되었던 17세기와 18세기의 철학자들은 그들의 견해에서 매우 현저하게 상이하기 때문이다. 만약 경험론을 출발점에 비추어, 즉 모든 관념들은 경험에서 도출된다는 로크의 이론에 비추어 해석한다면 우리는 분명히 로크를 경험론자에 포함시켜야 한다. 그러나 만약 우리가 경험론 운동을 흄 철학의 도달점에 비추어 해석한다면, 로크와 버클리(Berkeley)의 철학은 경험론적 요소를 포함하고 있긴 하지만 순수한 경험론적 체계는 아니라는 점을 인정해야 한다. 그러나 만약 우리가 경험론을 역사적 운동이 아니라 일련의 이론과 이상적인 유형으로 논의하자고 제안한다면 이러한 어려움은 당연히 피할 수 없다. 그리고 이 절에서 나는 주로 흄이 대표하는 경험론에 관심을 기울이고자 하며, 나의 논평이 로크나 버클리의 생각보다는 흄의 생각과 훨씬 더 가깝다는 것을 내가 완벽하게 잘 알고 있음을 미리 언급해 둔다

물론 흄의 경험론은 여러 다른 측면에서 다루어질 수 있다. 그것은 관념들의 기원과 형성에 관한 심리학적 이론 또는 인간 인식의 본질, 범위 및 한계에 관한 인식론적 이론으로 다루어질 수 있겠다. 우리는 그것을 여러 가지 다른 유형의 명제들에 대

한 논리적 이론이나 개념적 분석, 즉 정신, 육체, 원인 등과 같은 개념들을 분석하는 논의로 간주할 수 있다. 그러나 이러한 모든 여러 다른 측면은 흄 자신에 의해 인간 본성의 과학이라는 그의 구상, 즉 인간의 인식과 추리 활동 및 인간의 도덕적, 미학적, 사회적 삶에서의 인간 연구라는 그의 구상 속에서 통합되었다. 이 철학사 전집 제5권에서 흄의 사상을 살펴볼 때 보았듯이 그는 '실험 철학'을, 광범위한 의미로 그 용어를 사용하면서 '도덕적 주제들'이라고 불렀던 것으로 확장하는 일을 기획했다. 인간에 대한 연구는 그 자체로 경험론의 전유물이 아니다. 인간에 대해서는 그리스, 중세, 르네상스 철학자는 말할 것도 없고 합리론자들도 연구했다. 그러나 방금 언급된 바와 같이 '실험 철학'의 방법을 자신의 주제에 적용하는 것이 흄의 목표였다. 그리고 이것은 그에게는 관찰에 의해 제공되는 증거에 자신을 제한한다는 것을 의미한다. 진실로 우리는 현상을 설명할 가장 단순하면서도 가장 소수의 원인들을 찾으려고 노력해야 한다. 그러나 이 일을 하면서 우리는 신비로운 실재들, 즉 관찰되지 않은 실체들에 호소해서는 안 된다. 즉 현상체를 넘어서서는 안 된다. 신비로운 원인이 있을 수는 있다. 그러나 그런 것이 있다고 하더라도 인간에 대한 실험 과학에서 우리는 그런 신비로운 원인들과 아무런 관련성을 가질 수 없다. 현상체들을 서로 연관시키고 검증 가능한 예측을 허용하는 일반적 법칙(예를 들면 관념들의 연합의 원리)을 찾으려고 노력해야 한다. 그러나 우리는 현상적 수준을 넘어서는 궁극적인 원인들을 발견하기를 기대하거나 발견한다는 허세를 부려서는 안 된다. 그리고 그렇게 할 의도를 가지고 있는 가설들은 모두 거부되어야 한다.

다른 말로 하면 흄의 계획은 뉴턴 물리학의 방법론적 제한을 철학 일반으로 확장하는 것이다. 그러므로 대륙의 합리론이 수학적 연역이라는 모델의 영향을 받은 것처럼 흄의 경험론도 뉴턴 물리학이라는 모델의 영향을 받았다고 말하는 것은 불합리한 것이 아니다. 실제로 흄은 『인간 본성론』(Treatise of Human Nature)의 서문에서 이 점을 매우 분명하게 밝혔다. 따라서 합리론과 경험론 모두를 실험으로 보는 일이, 즉 합리론을 수학적 모델이 철학에 어떻게 적용될 수 있는지를 확인하는 실험으로서, 경험론을 고전 물리학의 방법론적 제한들을 철학에 적용하는 실험으로서 보는 일이 가능

하다.[5]

독자들에게 곧바로 감명을 준 흄의 실제적인 절차의 특징은 아마도 환원적 분석(reductive analysis)일 것이다. 이 용어를 나는 복합체를 단순하거나 비교적 단순한 것으로, 즉 전체를 그것을 구성하는 부분들로 분석하는 것이라 이해하고 있다. 실제로 환원적 분석을 그 자체로 사용하는 데 새로운 것은 없다. 굳이 더 뒤로 돌아가지 않고도 우리는 로크가 복합 관념을 단순 관념으로 환원한 것과 버클리가 물질적 사물들을 현상의 덩어리 또는 그가 제시한 '관념들'이라 분석한 것을 회상할 수 있겠다. 그러나 흄은 그의 선배들이 했었던 것보다 훨씬 더 급진적인 방식으로 이 탐구 방법을 적용했다. 그가 인과관계의 분석과 자아에 대한 분석을 했었던 것을 떠올리는 것으로 충분할 것이다.

우리는 물론 흄의 철학이 모두 분석이고 종합이란 없다고 말할 수는 없다. 예를 들면 그는 복합체를 그것의 요소들에서부터 재구성하려고 시도했다. 따라서 그는 예를 들어 인과관계라는 우리의 복합 관념이 어떻게 생겨나는지를 보여주고자 노력했다. 또 다른 예를 들면 그는 인간 인식의 범위와 도덕적 경험의 본성에 대한 일반적인 개요를 제시한다는 의미에서 종합 활동을 수행했다. 그러나 전통적인 유형의 형이상학적 종합은 배제되었다. 그것은 그의 방법론적 제한에 의해서 배제되었고, 그의 분석 결과에 의해서 배제되었다. 예를 들어 인과성에 대한 그의 분석을 감안할 때, 그는 현상적 대상들의 다양성을, 마치 원인과 결과처럼, 종합되는 그 대상들을 초월하는 일자(One)에 그 대상들을 연관시키는 방식으로, 종합할 수 없었다. 로크와 버클리는 이러한 절차에 따라서 일을 수행할 수 있었으나 하지만 흄은 그렇지 않았다. 그러므로 흄의 발전된 경험론에서 종합이 전혀 없었다고 말하는 것이 옳지는 않지만, 합리론적 체계와 비교할 때 그것을 분석철학이라고 말하는 것은 정당할 수 있겠다. 즉 흄의 발전된 경험론의 특징은 합리론적 형이상학자들이 이해하고 있듯이 종합이라기

---

5   물론 흄이 '실험 철학'이라고 부른 것, 즉 물리학은 이제는 당연히 더는 철학의 일부로 설명되지 않는다. 그리고 사람들은 어쨌든 인간 과학과 관련된 것으로 그가 여겼던 것의 일부가 철학과 분리되는 경향도 있다고 언급하고 싶은 유혹에 빠질 수도 있다. 특히 그가 부과한 방법론적 제한을 염두에 둔다면 더욱 그렇다. 내가 여기서 주로 생각하고 있는 예는 경험 심리학이다.

보다는 환원적 분석이다.

우리는 다음과 같은 방식으로 문제를 표현할 수 있겠다. 흄은 '원인', '자아', '정의(正義)' 등과 같은 용어의 의미를 분석하는 데 관심을 가졌다. 그는 한 사물의 현존을 다른 사물의 현존에서 연역하는 데는 관심이 없었다. 사실상 그의 경험론은 그러한 연역을 전혀 허용하지 않았다. 따라서 합리론적 유형의 형이상학적 종합은 배제되었다. 반드시 분석에 중점을 두었다. 그리고 우리는 철저한 경험론 철학이 전반적으로 분석철학이어야만 한다고 말할 수 있겠다. 로크와 버클리의 철학에서, 분명히 분석이 있기는 하지만 흄의 철학보다 덜 지배적이다. 그리고 그 이유는 그들의 철학은 부분적으로만 경험론적이기 때문이다.

물론 분석 자체에는 오류가 발견될 여지가 없다. 또한 어떤 철학자가 분석에 전념하기 위해 분석을 선택한다면, 그가 주로 분석에 전념하는 것에 대해 합리적으로 반대할 수는 없다. 용어와 명제에 대해 신중한 분석을 하지 않고 이루어낸 형이상학적 종합은 사상누각과 같다는 사실과는 별개로, 철학자들마다 서로 다른 성향을 가져야 한다는 것은 매우 자연스러운 일이다. 나아가서 흄의 분석의 결과가 전통적인 유형의 형이상학적 종합을 배제한다고 해서, 그의 분석에 분명히 결함이 있다는 것이 쉽게 증명된 것으로 여겨질 수 없다. 왜냐하면 적어도 경험론자는 분석이 형이상학에 있어서는 훨씬 더 나쁜 경우라고 주장할 것이기 때문이다.

그러나 비록 분석 그 자체에 대한 반대가 타당할 수는 없겠으나, 철학자의 분석이 실행될 때 포함되어 있는 가정이나 가정들을 반대하는 것은 가능할 수도 있겠다. 그리고 내가 보기에는 흄의 환원적 분석의 실행은 잘못된 가정, 즉 인간 경험의 실재적 구성 요소가 원자적이고 각기 분리되어 있는 '지각'이라는 잘못된 가정에 의해 인도되는 것 같다. 그가 믿었듯이 흄이 일단 관념들은 모두 인상들에서 도출되고[6] 이러한 인상들이 '별개의 현존'이라는 것을 가정했거나 그런 것을 보여주었다면, 이 가정

---

6 이 철학사 제5권에서 우리가 살펴보았듯이 흄은 이 규칙에 대한 예외가 가능하다고 인정한다. 하나의 음영이 누락된 파란색 음영 계열의 등급을 제시할 때, 비록 선행하는 인상은 없어도 '관념'을 생겨나게 한다는 의미에서 누락된 요소를 보완할 수 있을지도 모른다. 그러나 그러한 가능한 예외를 별도로 하더라도, 흄은 전체적으로 그의 일반 규칙을 시종 강조하고 있다.

을 중요하거나 관심이 있는 것으로 보이는 관념들의 분석에 적용하는 일만 남게 된다. 그리고 만약 적용 과정에서 일반적인 원리가 작동하지 않는 경우가 발생하게 되면, 극복할 수 없는 불일치가 발생하게 되어 필연적으로 일반적인 원리의 타당성에 의심이 생겨난다.

자아에 대한 흄의 분석이 적절한 사례처럼 보인다. 자아는 별개의 '지각들'로 분해된다. 그러나 흄 자신은 우리에게 관련된 대상들(즉, 분리된 지각들)의 개념을 동일성의 개념으로 대체하는 경향이 있다는 사실과 이러한 경향이 너무 커서 우리는 지각들을 연결하는 실체적인 무엇인가를 쉽게 상상한다는 사실을 인정하고 있다. 그리고 분리된 지각들로부터 재구성되어야 하는 것은 우리가 그러한 경향을 그것에 귀속시키는 것이 합리적일 수 있는 어떤 것이어야만 한다는 결론이 나오는 것 같다. 그러나 이것은 정확히 말해서 행해질 수 있는 일이 아니다. 흄이 그렇다고 말했듯이, 만약에 자아가 일련의 지각 또는 지각의 다발로 구성되어 있다면, 지각을 연결하는 실체적인 어떤 것을 상상하는 경향이 자아에게 있다고 합리적으로 말할 수 있는 것은 존재하지 않는다. 실제로 흄은 어려움을 알고 있었다. 그는 자신의 난처함을 인정하고는 자신의 의견을 수정하거나 의견을 일관되게 유지하는 방법을 모른다고 공개적으로 고백하였다. 그러나 이러한 인정은 자아에 대한 그의 현상론적 분석이 통하지 않을 것이라는 사실을 실제로 보여준다. 그리고 이러한 결론은 인간 경험의 궁극적인 구성 요소들이 원자적이고 분리된 인상들이라는 일반적인 가정에 회의를 던진다.

'가정'을 말하는 것은 정당하지 않다는 반론이 가능하다. 환원적 분석은 가정이 아니라 방법이며, 최소한 스스로 득의양양해서 흄은 그것이 인과성 관념과 자아의 관념들과 같은 관념들에 성공적으로 적용될 수 있다는 것을 보여준다. 아마 우리는 예를 들어 자아의 경우에는 그 적용이 성공적이지 않다고 생각할 수도 있겠다. 그러나 이것이 가정을 말할 이유가 되지는 않는다.

물론 흄이 '자아'와 같은 단어의 의미를 별개의 '지각들'로 분석할 수 있다는 것을 구체적인 사례를 통해 보여주려 시도했다는 것은 사실이다. 그리고 이러한 의미에서, 그런 일이 행해질 수 있다고 그가 단순히 가정한 것은 아니라는 점이 밝혀진다. 그러나 그는 확실히 우리의 관념들이 별개의 인상들에 의해서 설명될 수 있다는 작

제4부 칸트

업가설을 가정한다. 그리고 그가 이러한 일을 하는 것은 작업가설로서 암묵적으로 다음을 가정하고 있기 때문이다. 즉 인간 경험의 궁극적인 구성 요소들은 원자적이며 별개의 인상들이며, 이런 인상들은 경험적 소여이고, 이 소여로부터 세계에 대한 우리의 해석이 구성된다. 그는 세계에 대한 우리의 해석을 의식의 직접적인 대상들인 경험적 소여로 환원할 수 있으며, 이러한 소여들은 곧 '인상들'이라고 생각한다. 그러나 이러한 경험론적 환원을 수행하면서 그는 내성(內省)의 직접적인 대상들에 집중하기 위해 주관으로서 경험에 들어가는 자아를 놓쳐버린다. 이 과정은 아마도 '도덕적 주제들'에 '실험 철학'의 방법을 적용하려는 시도와 연결될 수 있다. 그러나 자아분석의 경우에 그것의 결과는 그 방법의 제한을 보여주고 있다.

일반적으로 우리는 추상의 결과와 궁극적인 경험적 소여를 혼동하지 않도록 주의해야 한다. 지각하는 것은 경험하는 것의 한 형태이다. 그리고 지각 내에서 우리는 흄이 인상들이라고 부르는 것에 상응하는 어떤 것을 추상에 의해 식별할 수 있는 일이 가능할 수도 있다. 그러나 인상들이 지각의 실제적 구성 요소이며 그래서 우리가 단순히 인상들의 관점에서 전체 경험을 재구성할 수 있다는 결론이 나오는 것은 아니다. 더욱이 우리가 지각하는 것이 인상들로 구성된다는 결론이 나오는 것은 아니다. 지각할 때 주관, 대상, 지각하는 행위를 구별해야 한다고 말하는 것은 순진하게 들릴 수 있겠다. 어떤 사람들에게는 그것이 언어의 반영, 즉 주어-동사-목적어의 어순을 갖는 명제의 반영에 불과한 것처럼 보일 수도 있겠다. 그러나 만약 주관을 제거해 버린다면, 제거를 수행하는 것은 주관일 것이다. 아울러 만약 지각과 구별되는 것으로서의 대상을 제거해 버린다면, 우리는 유아론(唯我論)으로 끝나고야 만다.

내가 제시한 비판의 노선은 흄의 철학뿐만 아니라 흄의 경험론의 현대적 변형에도 적용될 수 있는 것으로 보인다. 일부 경험론자들은 그들의 현상론적 분석이 존재론적 이론인 형이상학의 일부라는 인상을 주지 않으려고 노력했다. 따라서 '논리적 구성' 이론에 따르면 적어도 원리적으로는 정신에 관한 문장을 '정신'이라는 단어를 포함하지 않고 대신에 심리적 현상이나 사건을 언급하는 다른 문장으로 번역하는 것이 가능하다. 원래의 문장이 참(또는 거짓)이라면 그 문장과 동치(同値)인 문장도 참(또는 거짓)이고 그 반대도 마찬가지(*vice versa*)라는 식이다. 이와 유사하게 탁자에 관한 문장은 적어도 원리적으로는 '탁자'라는 단어를 사용하지 않고 대신 감각 소여가 연급되는 문장으로 번역될 수 있다. 이때 원문과 그것의 번역문 사이에는 진리값이 동치인 관계가 존재하게 된다. 따라서 탁자는 감각 소여에서 나온 '논리적 구성'이고, 정신은 심리적 현상이나 사건들에서 나온 '논리적 구성'이라 말해진다. 따라서 현상론은 존재론적 이론이 아니라 논리적 또는 언어적인 이론으로 제안된다. 그러나 현상론이 비현상론적 이론과 경쟁하는 형이상학적 이론이라는 사실을 인정하지 않으려는 이 독창적인 시도가 성공적인지의 여부는 의심스럽게 보인다. 그리고 어쨌든 이러한 정신의 분석이 제시되었을 때, '논리적 구성'의 구성이 어떻게 가능한지를 물을 수 있겠다. 나아가서 탁자와 같은 물리적 대상들의 분석이 우리가 감각 소여를 지각한다는 것을 함축한다면(그리고 이 함축이 어떻게 성공적으로 회피될 수 있는지를 알기는 어려울 것이다), 사람들이 소위 돌출적인 감각 소여의 이상한 이론이라고 주장하고 싶지 않다면, 유아론이 필연적으로 귀결할 것이라고 주장될 수 있다.

흄에 대한 나의 비판이 옳건 그르건 간에, 그 비판이 그의 경험론의 가장 중요한 특징, 즉 경험론의 논리 이론을 손대지 않았다는 반론이 제기될 수도 있겠다. 흄에 앞선 경험론자들은 확실히 심리학적 시각에서 철학에 접근했다. 따라서 로크는 우리의 관념들의 기원을 탐구하는 것으로 시작했다. 그리고 이것은 심리학적인 질문이었다. 흄은 거의 모든 관념들을 인상에 기원하는 것으로 추적함으로써 이 길에서 로크를 뒤따랐다. 그러나 우리가 경험론의 역사를 고려할 경우, 비록 그러한 심리학적 질문도 중요하겠지만, 고전적 경험론의 영원한 가치는 기본적으로 논리 이론에 대한 기여에 있다. 그리고 강조해야 할 것은 흄 사상의 이러한 측면이다. 그를 현대 경험론과 가장 밀접하게 연결시키는 것은 이 측면이다.

근대의 경험론과 흄의 연결에 관해서 이것이 사실이라고 나는 생각한다. 제5권에서 흄의 철학을 고찰할 때 우리가 보았듯이, 그는 한편으로는 '관념들 사이의 관계'에 관한 것으로 예를 들어 순수 수학에서 발견되는 입증적 추론과, 다른 한편으로 '사실의 문제'에 관한 것으로서 논리적 입증이 들어설 여지가 없는 도덕적 추론을 구별했다. 예를 들어 우리가 하나의 결과에서 그것의 원인에 대해 논증할 때 우리의 결론은 다소 개연적일 수 있다. 그러나 그것의 진리는 입증되지 않았고 입증될 수도 없다.

왜냐하면 사실의 문제에 반대하는 일은 언제나 생각할 수 있고 가능하며, 그것은 결코 논리적 모순을 포함하지 않기 때문이다. 그러나 순수 수학에서 우리는 관념들 사이의 관계에 관심이 있으며, 사실의 문제에 대해서는 관심이 없다. 순수 수학에서 입증된 결론의 반대를 긍정하는 일은 모순을 포함한다.

여기에서 흄은 두 종류의 추론에 관심을 두고 있으며, 그리고 사실 문제에 대한 추론은 입증에 해당할 수 없다는 것이 그의 결론이다. 예를 들어 우리는 다른 것의 현존으로부터 어떤 것의 현존을 증명할 수 없다. 실제로 우리는 우리의 결론이 참되다고 확신할 수 있지만, 만약 우리가 감정의 상태를 멀리하고 문제의 논리적인 측면에 주의를 기울인다면 사실의 문제에 대한 추론으로 얻은 결론이 확실하지 않을 수 있다는 점을 인정해야만 한다.

근대의 경험론에서 이러한 관점은 유지된다. 그러나 두 가지 유형의 명제 사이의 구별에 강조가 주어진다. 흄의 언어에서 관념들 사이의 관계를 진술하는 명제는 분석적이며 아프리오리하게 참이라고 말해진다. 즉 그 진리성은 경험적 검증에 논리적으로 독립해 있다. 흄의 언어에서 사실과 관련된 명제는 종합적이라고 한다. 그 명제의 진리는 명제만으로는 알 수 없으며 오로지 경험적 검증을 통해서만 알 수 있다. 그 명제가 참인지 거짓인지를 보여주는 것은 경험적 검증이다. 그 명제의 반대는 언제나 논리적으로 가능하다. 따라서 경험적 검증을 아무리 많이 하더라도 상당히 높은 개연성 이상을 제공할 수 없다.

물론 이러한 명제 분류는 모든 필연적으로 참인 존재 명제의 가능성을 배제한다. 그러나 경험론자들이 해석하듯이, 어떤 사물의 존재를 긍정하지 않으면서, 실재에 대한 정보를 제공하고 동시에 그 진리성이 원리에서조차 경험적으로 반박될 수 없다는 의미에서 아프리오리하게 참이라고 주장하는 모든 명제들도 배제한다. 예를 들어 존재하게 되거나 존재하기 시작하는 모든 것은 원인의 작용을 통해 이루어진다는 진술을 생각해 보자. 흄의 견해로는 이 진술의 진실성은 직관이 알려주지 않는다. 왜냐하면 그 반대도 생각할 수 있기 때문이다. 그 진리성 또한 입증될 수 없다. 그러므로 그것은 경험적 일반화, 즉 일반적으로 검증될 수 있지만 적어도 원리적으로는 경험적 반박을 허용하는 가설이다. 그리고 만약 흄이 오늘날에도 살아 있었다면, '아원자(亞原子)의 불확정성'(infra-atomic indeterminacy)이라 불리는 것은 인과율의 논리적 지위에 대한 자신의 평가를 경험적으로 확증하는 것이라고 보았을 것이라고 나는 생각한다.

그러므로 근대 경험론의 언어에는 어떤 의미에서 '동어반복'(tautologies)인 분석 명제와 아포스테리오리한 종합명제 또는 경험적 가설이 존재한다. 그러나 아프리오리한 종합명제는 존재하지 않는다. 이러한 부류에 들어갈 수 있는 모든 것들은 결국 열려 있는 것이든 은폐된 것이든 동어반복이거나 아니면 경험적 일반화로 밝혀진다. 경험적 일반화는 상당히 높은 개연성을 가질 수 있지만, 명제 자체의 분석으로는 그 진리를 알 수 없다.

아프리오리한 종합명제의 문제는 너무나 복잡한 것이어서 그곳에서 논의될 수 없다. 그러나 다음의 사안들에 주의를 기울이는 것이 좋을 것이다. 아원자적 불확정성이라는 제목으로 분류된 현상체들이 다음처럼 해석될 수 있다고 가정해보자. 즉 인과율이 아프리오리한 종합명제의 반열에 오를 수 있는 후보로서 제시될 수 있다고 해석해보자. 그리고 인과율은 존재하게 되거나 존재하기 시작하는 모든 것이 원인의 작용을 통해서 그렇게 된다고 진술하고 있다고 가정해 보자.[7] 어떤 의미에서 경험론자가 이 명제의 부정이 어떠한 논리적 모순도 포함하지 않는다고 말한다면, 그는 전적으로 옳다. 즉, 'X는 존재하게 된다'와 'X에는 원인이 없다'는 명제 사이에는 어떠한 언어적 모순도 없다. 만약 언어적 모순이 있다면, 앞에서 언급한 인과율은 경험론자가 이해하는 그 용어의 의미에서 분석명제가 될 것이다. 따라서 인과율을 설명하는 데 사용되는 영어 (또는 프랑스어 또는 독일어 등) 단어의 의미를 이해하면서도, 그러나 존재하게 되는 것과 원인이 되는 것 사이에 어떤 필연적 결합도 알지 못하는 일은 가능하다. 우리는 이러한 필연적 결합을 부정하는 어떤 누구도 인과율을 진술하는 데 사용된 영어 단어를 이해하지 못했다고 주장할 수 없을 것이다. 내가 생각하기에는, 우리는 특정 단어의 의미를 이해할 때 통상 의미되는 것보다 더 깊은 수준의 이해가 있

7　여기서 인과율은 원인이 작동하는 방식에 대해서는 아무것도 말하지 않는다는 사실에 주목해보자. 즉 그 원리의 적용은 기계적 원인성 또는 결정된 원인성의 제한을 받지 않는다.

음을 보여줄 수 있어야 한다.[8] 비록 경험론자의 입장이 자신이 서 있는 반성의 수준에서 비난받을 수는 없을지라도, 그 입장의 부적절함은 우리가 형이상학적 통찰의 수준을 다룰 때 밝혀질 수 있다.

분명코 이러한 언급들은 아프리오리한 종합명제가 있는지 없는지에 대한 질문에 답하지 않고 있다. 이 언급들은 오히려 우리가 아프리오리한 종합명제가 있다고 주장할 때 밝혀지는 것이 무엇인지를 지시하기 위해서 고안된 것이다. 예를 들어 순수 수학의 명제가 '동어반복'이라는 의미에서 순수하게 형식적이라는 것을 부정함으로써 경험론적 입장에 시비를 거는 다른 방법이 있다는 것이 독자들에게 떠오를 수도 있다. 다른 말로 하자면, 비록 순수 수학의 명제들이 존재 명제들은 아닐지라도, 어떤 의미에서는 실재에 관한 명제라고 할 수도 있다. 그러나 만약 우리가 순수 수학의 명제들이 경험론자가 용어를 사용하는 의미에서 분석명제가 아니라 아프리오리한 종합명제라고 주장하고자 한다면, 우리는 어떤 의미에서 그것들이 실재에 대해 정보적인지를 설명할 준비가 되어 있어야 한다.

흄으로 돌아가 보자. 그의 명제 분류를 고려할 때, 형이상학의 아프리오리한 연역 체계, 즉 실재에 대해 절대적으로 참이 되는 명제들을 구성하는 것은 명백히 불가능하다. 또한 인과성에 대한 흄의 분석을 고려할 때, 경험적 소여에서 시작해서 인과적 논증에 의해서 신의 현존을 추론하는 것은 불가능하다. 이에 반해 로크와 버클리 두 사람은 모두 우리가 이러한 일을 할 수 있다고 생각했다. 그러나 언뜻 보기에 형이상학적 이론을 다양한 정도의 개연성을 가지는 가설로 간주하는 것이 여전히 가능한 것처럼 보일 수는 있겠다.

물론 흄이 몇 가지 형이상학적 문제를 논의한 것은 사실이다. 그리고 그는 우주에는 그러한 원인이 없다고 하는 것보다는 인간의 지성과는 그 유사성이 아주 먼 어떤 질서의 원인이 있다고 하는 것이 더 적절하다고 기꺼이 말한 것 같다. 동시에 형이

---

8   분명히 말해서 우리는 '용어들의 의미를 이해하는 것'을 '용어들의 의미 사이의 필요한 결합을 아는 것'으로 정의해서는 안 된다. 왜냐하면 이 경우 용어들의 의미들을 이해하는 사람은 누구든 필연적 결합을 안다는 진술은, 필연적 결합을 아는 사람은 누구든 그 결합을 안다는 동어반복적 진술과 동치일 것이기 때문이다.

상학적 실체를 나타내는 데 사용되는 용어는 이 문맥에서 사용될 때 의미가 없다는 사실이 그의 일반적인 전제에서 도출되는 것처럼 보인다. 왜냐하면 관념들은 인상들에서 나오기 때문이다. 그리고 우리가 특정 단어를 사용하기 때문에 어떤 관념이 있다고 생각한다면, 동시에 심지어 원리적인 차원에서도 이 관념이 그로부터 도출된 인상이나 인상들을 보여줄 수 없다면, 우리에게는 그러한 관념이 없다고 결론을 내릴 수밖에 없다. 그리고 이러한 경우에 그런 용어나 단어는 의미가 없는 것이다. 사실상 흄은 관념이 인상을 따른다는 일반적인 규칙에서 가능한 예외를 허용했다. 그러나 분명히 그는 형이상학에 대한 호의로서 이것을 용인한 것은 아니다. 그리고 비록 그가 형이상학을 의미 없는 난센스로 치부한 것은 단지 수사학적 구절에 불과하더라도, 관념들이 인상에서 나오는 희미한 이미지라는 주장을 펼칠 때 적어도, 이 구절은 흄의 전제들이 논리적으로 귀결하는 결론을 나타낸다고 나는 생각하고 싶다. 그리고 이 경우 형이상학적 이론은 진정한 의미의 가설이 될 수는 없다.

그러므로 흄의 경험론이 이 경험론에 함축적으로 포함되어 있는 결론으로 발전된다면, 너무나 많은 말장난이라 하여 형이상학을 거부하게 되는 것이 그 경험론의 귀결이라고 주장될 수 있는 것처럼 보인다. 그리고 이러한 발전은 신실증주의자나 논리적 실증주의자 또는 급진적 경험론자의 손에 의해 금세기에 생겨났으며, 그들에 따르면 형이상학적 진술은 '정서적'(emotive) 의미를 갖는데 불과할 것이다.[9] 따라서 다시 흄의 철학과 현대의 급진적 경험론을 한 번 더 연결하여 보자.

이런 해석 노선은 흄의 사상을 일종의 신실증주의를 준비한 사상으로 취급한다는 것을 의미하고, 그리고 이러한 취급은 여러 이유 때문에 결함이 있다고 이의를 제기할 수도 있다. 첫째, 그와 현대의 관련성은 오히려 특히 신실증주의에 대한 그의 예상에서보다는 철학적 분석 일반에 그가 부여하였던 강조에 놓여 있다. 신실증주의는 그것의 근원적인 독단적 형식에서 적어도 일시적 현상임이 증명되었다. 둘째, 흄

---

9 이러한 '정서적' 의미라는 개념은 또한 흄의 철학에 기반을 두고 있다. 왜냐하면 비록 그가 공리주의적 요소를 도입하여 자신의 윤리 이론을 복잡하게 만들었지만, 도덕 판단에 대한 그의 근본 사상은 그 판단이 '감정', 즉 시인 또는 부인이라는 구체적인 감정을 표현한다는 것이었기 때문이다. 도덕적 술어는 기술적(記述的) 용어라기보다는 '정서적' 용어이다.

을 후기 사상가들을 준비한 인물로서 취급하는 것은, 그 사상가들이 실증주의자든 그렇지 않든 간에, 필연적으로 인간 경험에 대한 흄 자신의 해석을 정당화하는 데 실패할 수밖에 없다. 그가 말하는 것과 우리가 일치하든 안 하든, 인간 인식의 범위와 한계에 대한 그의 설명, 인간의 정서적, 도덕적, 미학적 삶에 대한 그의 검토, 그의 정치 이론 ― 이것들이 모두 합쳐져서 인간 과학을 발전시키려는 그의 시도를 이룬다 ― 은, 만약 우리가 후기 철학적 발전의 기능 속에서 그의 사상을 다룰 것을 고집한다면, 희미하게 되어 버릴 뿐이다.

　　내 생각으로는 이러한 반대들은 충분히 근거가 있는 것이다. 동시에 후기 경험론의 관점에서 흄의 철학을 다루면, 그의 동시대의 관련성을 완화시키는 데 도움이 된다. 그리고 비록 우리가 흄의 동시대의 관련성이 갖는 특정 측면에 우리 자신을 제한하는 일이 있더라도, 이런 일을 하는 것은 중요한 일이다. 흄의 경험론은 몇 가지 심각한 결함에 시달린다. 예를 들어 내가 볼 때, 그가 경험을 원자화했었던 것은 근본적인 실수이다. 관념에 대한 그의 이론은 유지될 수 없다고 나는 생각한다. 그리고 칸트가 인간 경험의 기본 조건으로서 통각의 선험적 통일을 주장한다는 점에서 어떤 의미에서는 흄보다 더 '경험적'이라는 주장이 제기될 수도 있다. 그렇다고 해서 흄 철학의 결함이 그의 역사적 중요성을 감소시키지는 않는다. 그리고 어떤 측면에서는 그의 생각은 낡은 형식을 띠고 있기는 하지만,[10] 분석에 대한 흄의 관심 집중은 그를 생명력이 있는 사상가로 간주할 영예 중 결코 작은 부분이 아니다.

━━━━━━━━　**4. 계몽주의와 인간 과학**

　　이 철학사 제4권의 서론에서 우리는 인간 과학에 대한 흄의 생각이 18세기 계몽주의 정신을 매우 잘 대변한다는 점에 주목했었다. 그리고 이 책에서 프랑스 계몽

10　예를 들어 표면상으로는 실재 그 자체의 본성보다는 우리 인식의 한계에 대해 관심을 가지고 있지만, 그는 때때로 존재론에 관심을 갖기도 했다. 그리고 지각의 대상이 마치 주관적인 양상인 것처럼 다루는 경향은 그의 선배들에게서 물려받은 불행한 유산이다.

주의를 고찰하면서 우리는 콩디야크와 같은 철학자들이 어떻게 로크의 심리학적, 인식론적 이론들을 발전시키고 인간 정신생활의 기원과 성장에 대해 경험적 설명을 하려고 노력했는지를 살펴보았다. 엘베시우스와 같은 작가들이 인간의 도덕적 삶에 대한 이론을 어떻게 발전시켰는지, 그리고 몽테스키외는 사회의 구조와 성장을 어떻게 연구했는지에 대해 살펴보았다. 그리고 루소와 다른 철학자들이 어떻게 자신들의 정치이론을 만들었는지, 중농주의자들이 어떻게 경제학 연구를 시작했는지, 그리고 볼테르, 튀르고 및 콩도르세와 같은 사상가들이 이성의 시대의 이상에 비추어 역사적 발전 이론을 어떻게 기획했는지를 살펴보았다. 심리학적, 윤리적, 사회적, 정치적, 역사적, 경제적인 차원에서의 모든 연구는 인간에 대한 과학적 연구라는 일반적인 제목 아래 함께 묶을 수 있겠다.

　　우리가 계몽주의의 전형적인 대표자로 간주하는 데 익숙한 철학자들은 이러한 연구를 추진하면서 신학적이고 형이상학적인 전제로부터 그 연구를 해방시키는 데 관심을 가졌다. 내가 생각하기에, 이것이 이 시대 사상의 두드러진 특징 중 하나이다. 목적은 자명한 원리들에서 포괄적인 체계를 연역하는 것이 아니라 경험적으로 검증된 법칙에 따라 경험적 자료를 상호 연관시켜 경험적 자료를 이해하는 것이었다. 따라서 콩디야크는 인간의 정신 생활의 발달에 대한 경험적 설명을 제공하는 데 관심을 두었고, 몽테스키외는 서로 다른 사회의 발전에 관한 다양한 자료를 보편적 법칙 아래로 분류하려고 노력했다. 일반적으로 로크의 경험적 접근법은 광범위한 영향을 미쳤다. 따라서 말하자면 대륙 합리론의 위대한 체계의 분위기와 18세기 계몽주의 사상 사이에는 상당한 차이가 있다. 전자의 분위기는 연역의 분위기이고 후자의 분위기는 귀납의 분위기이다. 다른 성급한 일반화와 마찬가지로, 이 진술도 제한이 필요한 것은 사실이다. 예를 들어 독일 계몽주의의 영웅인 볼프의 이름을 듣는 즉시 곧바로 경험적 귀납이 생각나지는 않을 것이다. 동시에 일반화는, 비록 지나치게 단순화된 방식이라 할지라도, 정신과 분위기에서의 진정한 차이에 주목한다.

　　이러한 차이점은 도덕 이론을 참조해서 설명할 수 있다. 스피노자의 도덕 이론은 연역적으로 설명된 장대한 체계의 완결된 부분으로 이루어졌다. 그리고 그 이론은 형이상학적 교의와 밀접하게 연관되어 있었다. 그러나 우리가 영국의 흄이나 프랑스의 엘베시우스와 백과전서파의 도덕 이론들에 관심을 돌릴 때, 우리는 그 도덕 이론들의 저자들이 도덕의식의 자율성을 그리고 신학에서 윤리학을 분리해야 함을 주장하고 있는 것을 발견하게 된다.

이와 유사하게 한편으로는 정치이론에서 사회 계약의 개념은 경험적 자료의 연구에서 나온 것이 아니라 오히려 조직화된 사회에서 정치적 권위와 개인의 자유 제한에 대한 합리적 정당화를 제공하려는 시도를 구성하는 반면에, 우리는 18세기의 정치이론가들이 형이상학적, 신학적 교리에서 사회와 권위를 연역하는 데 많이 몰두해 왔다는 사실을 발견하지 못한다. 그들은 오히려 인간에 대해 필요한 관찰들에 관심이 있다. 그리고 물론 이것은 흄에게 사회 계약에 대한 보다 합리론적인 관념 대신에 체감된 유용성에 대한 경험적 관념을 선택하게 하는 접근 방식이다.

이것은 실로 계몽주의의 사람들이 그들 자신의 어떠한 전제도 가지고 있지 않았다고 말하는 것은 아니다. 우리가 보았듯이 그들은 진보 이론을 가정했는데, 이 진보 이론에 따르면 진보는 인간의 진전된 합리화, 즉 종교적인 미신과 비합리적 형식의 정부나 교회나 시민에서부터 인간을 해방시키는 것을 포함하는 이 합리화에서 성립한다. 그들의 견해에는 진보의 결실은 자신들에 의해서 즉 파리의 **살롱**에 모인 계몽된 자유사상가들에 의해서 가장 잘 표현되었으며, 더 나아가 진보는 그들이 주장한 사상의 확산과 계몽의 이상에 따라 사회를 개조하는 것에서 성립한다. 일단 사회 구조의 개혁이 일어나기만 하면, 인간은 도덕성과 덕에서 진보하게 될 것이다. 왜냐하면 인간의 도덕적 상태는 자신의 환경과 교육에 크게 의존하기 때문이다.

계몽주의자들에 의해 주장된 진보 이론은 전제라기보다는 경험적 일반화였다고 이의를 제기할 수도 있다. 그리고 비록 19세기에는 그 진보 이론은 특히 그것이 진화론의 지지를 받고 있다고 생각될 때 '독단'의 형태를 취하는 경향이 있었을지 모르지만, 18세기 사상가들에게 그 이론은 유연성이 있는 가설의 성격을 더 많이 가지고 있었다. 심지어 튀르고가 인간 사고의 3단계에 대한 콩트의 법칙을 앞질렀을 때조차도, 튀르고는 자료가 일치하도록 만들어진 아프리오리한 형식 — 이에 일치하도록 자료가 만들어졌던 — 보다는 역사적 자료들의 연구에 입각한 가설을 제시하고 있었다.

계몽주의 사상가들의 판단으로는 진보 이론이 역사적 사실에 근거했다는 것은 명백한 사실이다. 그 사상가들은 그 이론을 형이상학적 전제에서 나온 결론으로 제시하지 않았다. 그러나 진보 이론이 가치판단에 입각한 전제의 역할을 한 것 또한 사실이다. 즉 백과전서파들 및 이들의 견해를 공유한 사람들은 우선 인간과 사회에 대한 자신들의 이상을 형성하고, 그런 다음 진보를 그 이상을 실현하기 위한 운동으로 해석했다. 물론 이 절차에는 그다지 이상한 점은 없다. 그러나 그것은 예를 들어 그들이 역사 해석에 부당한 영향을 미친다는 전제를 가지고 인류 역사 연구에 임했다는 것을 의미했다. 예를 들어 그들은 중세가 유럽 문화에 기여한 바를 인정할 수 없었으며, 중세는 필연적으로 그들에게 암흑시대(Dark Ages)로 나타났다. 왜냐하면 진보가 18세기의 철학자들(les philosophes)이 표현한 이상을 성취하기 위한 전진을 의미했다면, 그것은 중세 문화의 주요 특징 중 일부에서 벗어난다는 것을 포함하기 때문이다. 18세기의 선진 사상가들은 빛을 대표했고, '이성'의 발전은 중세 종교나 신학과 밀접하게 관련된 철학과 양립할 수 없었다. 이런 의미에서 계몽주의의 사람들은 그들 나름의 '독단'을 가지고 있었다.

물론 그들의 관점은 그들이 인간의 본성과 삶의 중요한 측면을 정당하게 평가할 수 없었다는 것을 의미하기도 했다. 사실 철학자들(les philosophes)이 분석적이고 자유롭게 된 이성의 삶을 제외하고는 인간의 어떤 측면도 이해하지 못했다고 말하는 것은 지나친 것이다. 예를 들어 흄은 감정이 차지하는 큰 역할을 주장하였고, 이성은 정념의 노예이며 또한 그래야만 한다고 주장했다.[11] 그리고 보브나르그(Vauvenargues)는 인간 본성의 감정적 측면의 중요성을 강조했다. 백과전서파에 대한 루소의 공격이 근거가 없는 것은 아닐지라도, 우리는 전체 진리를 대변하는 것으로 그의 비난을 수용할 수 없다. 동시에 철학자들(les philosophes)은 예를 들어 인간의 종교 생활에 대한 평가를 거의 드러내지 않았다. 종교에 대한 심오한 이해를 위해 이신론자들 사이에서 볼테르를, 무신론자들 사이에서 돌바크를 찾는 것은 터무니없는 일이다. 돌바크는 자연주의적인 종교 철학을 개괄했지만, 그것은 우리가 다음 세기에 발견하게 될 이상주

---

11 이러한 진술의 의미에 관해서는 이 전집의 제5권 p. 319과 pp. 326-327을 참조.

의적인 종교 철학과 비교되지 않을 것이다. 18세기의 합리론적 자유사상가들은 인간이 미신과 성직에 필요한 기술이라는 쇠사슬의 엄청난 무게라고 자신들이 생각했던 것에서 인간은 해방되어야 한다는 생각에 너무 몰두한 나머지 종교의식에 대한 깊은 이해를 갖지 못했다.

이러한 피상적인 요소는 예를 들어 계몽주의 철학의 유물론적 사고의 흐름에서 나타난다. 우리가 보았듯이 '유물론자'라는 단어는 철학자들(*les philosophes*)에게 무차별적으로 붙여지는 꼬리표로 정당하게 사용될 수 없다. 그러나 그들 중에는 유물론자들이 있었고, 그들은 주체로서의 인간을, 말하자면 순전히 물질적 대상으로 환원시키는 다소 우스꽝스러운 모습을 보여주고 있다. 돌바크의 『자연의 체계』(*System of Nature*)가 학창 시절의 괴테의 마음에 불러일으킨 혐오와 불쾌함을 이해하는 것은 쉬운 일이다. 아울러 돌바크는 유물론자들 중 가장 천박한 사람도 아니었다.

그러나 일부 측면에서 프랑스 계몽주의 철학의 피상성 때문에 그 운동의 역사적 중요성을 간과해서는 안 된다. 정말로 루소는 혼자 분류될 정도의 인물이다. 그의 사상은 본질적인 가치를 가지고 있으며 칸트와 헤겔과 같은 후대 사상가들에게 상당한 영향을 미쳤다. 그러나 비록 루소가 자신을 분리하기로 마음 먹었던 백과전서파들과 그 비슷한 철학자들은 철학 발전에서 비슷한 위치를 차지하지 않을 수 있겠지만, 그럼에도 그들은 내가 생각하기에는 우리가 지적할 수 있는 한정된 '결과물들'에 의해서가 아니라 정신성 또는 조망의 형성에 그들이 기여했다고 평가되어야 하는 기여로 중요한 영향력을 행사했었다. 아마도 우리는 프랑스 계몽주의의 전형적인 철학자들이 인간의 개선, 복지 및 행복이 자신들의 손에 달려 있다는 생각을 드러내고 있다고 말할 수 있다. 자신의 운명이 초자연적인 힘 — 이 힘의 의지는 교회의 권위를 통해 표현되는데 — 에 달려 있다는 생각에서 벗어난다면, 그리고 이성이 제시한 길을 자신이 따라간다면, 그 인간은 그 안에서 참된 인간 도덕이 번성할 수 있으며 아울러 가능한 최대 다수의 더 큰 선이 성공적으로 증진될 수 있는 사회 환경을 만들 수 있을 것이다. 과학 지식의 성장과 더 합리적인 사회조직이 필연적으로 인간의 행복을 증가시키고 나아가 건전한 도덕적 이상을 달성하게 될 것이라는 생각은, 즉 나중에 널리 퍼지게 되는 사상은 계몽주의 사상의 발전으로 이어졌다. 사실, 기술 과학의 발전과 같은 다른 요인들은 사상이 발전된 형태를 취하기 이전에 필요했던 것들이었다. 그러나 인간의 복지가 권위, 종교적 교의, 모호한 형이상학적 이론에서 해방된 이성의 행사에 달려 있다는 근본적인 생각은 18세기에 두드러지게 나타났다. 종교개혁 때처럼 프로테스탄트가 가톨릭 교의를 대신하는 문제가 아니라, 이성의 자율성인 '자유 사상'이 권위를 대신하는 문제였다.

　　물론 이 말이 볼테르와 같은 사람의 관점에 동의한다는 의미는 아니다. 이성에 대한 그들의 생각은 제한적이고 편협했다. 그들에게 있어 이성을 행사한다는 것은 철학자들(les philosophes)이 생각했던 것처럼 잘 생각하는 것을 의미했다. 신이 스스로(Himself)를 계시했다고 믿는 사람에게는 이 계시를 받아들이는 것이 합리적이고 거부하는 것이 비합리적이다. 그리고 어쨌든 계몽주의의 사람들은 그들이 즐겁게 상상했던 것만큼 전제와 편견에서 자유롭지는 못했다. 더욱이 그들의 낙관주의적 합리론은 20세기에 분명히 강력한 도전에 직면했다. 그러나 이 모든 사실로 인해 현대 세계에 상당한 영향력을 행사한 견해가 18세기에 명확한 형태를 갖추었다는 사실이 바뀌지는 않는다. 사상의 자유와 관용의 이상은 서유럽과 북아메리카 문명에서 중요한 역할을 해왔으며, 이는 18세기 철학자들의 저술에 두드러지게 표현되어 있다.[12] 의심할 바 없이 프랑스 계몽주의가 예를 들어 심리학과 같은 과학 연구의 진흥에 강력한 자극을 주었다는 점을 우리는 추가할 수 있다. 그리고 달랑베르와 같은 그들 중 일부는 철학 이외의 분야를 발전시키는 데 실질적으로 기여했다. 그러나 내가 생각하기에는, 그들의 가장 중요한 점은 일반적인 정신성이나 조망을 형성하는 데 대한 기여에 있다.

　　계몽주의 철학은 어느 정도 중산층의 발전을 표현했다. 경제적인 관점에서 중산층은 물론 오랫동안 발전의 과정에 있었다. 그러나 17세기와 18세기에 중산층의 부상은 프랑스에서 구체제(ancien régime)에 적대적이었고 사회의 다른 조직을 위한 길을 준비하는 데 도움이 된 철학적 사고의 흐름에 반영되었다. 그러한 발언은 마르크스주의적 성향을 가지고 있다고 말해질 수는 있으나, 이러한 이유를 들어 반드시 잘

12　나는 관용과 계시종교에 대한 믿음이 반드시 양립할 수 없다는 것을 뜻하고 있지는 않다. 물론 '사상의 자유'의 이상과 관용이 분리될 수 없다고 말하는 것이 동어반복이 되는 방식으로 '사상의 자유'를 해석하지 않는 한, 나는 논리적 연결이라기보다는 역사적 연결에 대해 말하고 있다.

못된 것이라 할 수는 없다.

결론적으로 나는 18세기 철학에서 생겨난 한 가지 선택된 문제에 주의를 기울이겠다. 우리는 계몽주의의 전형적인 대표자들이 신학과 형이상학에서 윤리학을 분리하자는 주장을 하는 경향이 있다는 것을 살펴보았다. 그리고 그들의 태도 뒤에는 진정한 철학적 질문이 있었다고 나는 생각한다. 그러나 계몽주의의 몇몇 작가들은 이 질문의 본질을 분명히 하기보다는 모호하게 했다. 나는 종교, 특히 독단적인 그리스도교가 도덕적 행위에 해로운 영향을 미치며, 경우에 따라서는 이신론이나 무신론이 도덕과 덕에 오히려 도움이 된다는 의미를 내포하고 있다고 주장하는 사람들을 언급하는 것이다. 이러한 방식으로 말하는 것은 한편으로는 윤리학과 다른 한편으로는 형이상학 간의 관계와 윤리학과 신학 간의 관계에 대한 철학적 질문의 본성을 모호하게 만든다. 우선 덕이 그리스도인들 사이에 더 널리 퍼져 있는지, 아니면 비기독교인들 사이에 더 널리 퍼져 있는지에 대한 질문은 철학적 질문이 아니다. 다른 한편, 예를 들어 이신론이 가톨릭과 프로테스탄트보다 도덕과 덕에 더 도움이 된다고 말한다면, 우리는 형이상학적 신념과 도덕 사이에 연관성이 있음을 암시하는 것이다. 이신론은 당연히 형이상학의 한 형태이기 때문이다. 그리고 우리는 우리가 어떤 종류의 연결을 확인하고 싶은지를 정확히 분명하게 해야 한다.

쟁점이 되는 철학적 문제는 인간 행위에 대한 언급이 신의 존재와 속성에 대한 언급과 구별될 수 있는지 또는 단순히 존재자로 간주되는 것들에 대한 언급과 구별될 수 있는지에 대한 것이 분명히 아니다. 왜냐하면 이 두 언급은 분명 구별될 수 있기 때문이다. 다시 말해 윤리학이나 도덕철학은 자신의 주제를 가지고 있다는 것은 아주 명백하다. 예를 들어 이것은 고대 세계의 아리스토텔레스와 중세의 아퀴나스에 의해 인정되었던 것이다.

당면한 문제는 오히려 근본적인 도덕 원리들이 형이상학적 또는 신학적 전제에서 파생될 수 있는지 여부이다. 그러나 이 질문은 형이상학적 또는 신학적 전제에 대한 특별한 언급 없이 더 광범위한 방식으로 다시 공식화될 수 있다. 누군가가 '우리는 신의 피조물이다. 그러므로 우리는 그분께 복종해야 한다'고 말했다고 가정해 보자. 첫 번째 진술은 사실에 관한 진술이다. 두 번째는 도덕에 관한 진술이다. 그리고 화자는 첫 번째가 두 번째를 수반한다고 주장하고 있다. 그러므로 우리가 문제를 일반적인 형태의 질문으로 만들자면, 당위의 진술이 사실의 진술에서 도출될 수 있는지 여부를 물을 수 있다. 즉 도덕적 진술이 사실의 진술에서 도출될 수 있는지 여부를 물을 수 있다. 문제를 이렇게 일반적으로 공식화하는 것은, 신학적 진리들에 대해 어떤 언급도 없을 때, 내가 제시한 예에 대해서 뿐만 아니라, 예를 들어 인간 본성의 특성에 관한 사실에 관한 진술에서 도덕에 관한 진술을 연역하는 데에도 적용될 수 있을 것이다.

우리는 이러한 문제 제기가 데이비드 흄에 의해 명시적으로 공식화됐다는 것에 주목해야 한다. '내가 지금까지 접한 모든 도덕 체계들에서 늘 주목했던 것은 명제의 일반적인 계사인 **이다**와 **아니다** 대신에 **해야 한다**나 **해서는 안 된다**로 연결되지 않은 명제를 내가 전혀 보지 못했다는 점을 발견하고는 갑자기 놀랐을 때, 그 저자가 한 동안은 일상적 추론 방식으로 진행하고, 신의 존재를 확정하며, 인간사를 관찰한다는 점이다. 이와 같은 [계사의] 교체는 부지불식간에 이루어지지만 매우 중요하다. **해야 한다**나 **해서는 안 된다**는 새로운 관계나 단언으로 표현되기 때문에 반드시 주목받고 설명되어야 할 필요가 있기 때문이다. 동시에 이 새로운 관계가 자신과는 전혀 무관한 다른 관계들에서 연역될 수 있는 방식을 우리가 거의 의식하지 못하는 데에 대한 근거도 제시되어야 하기 때문이다.'[13] 그러나 흄이 명시적으로 이 문제를 제기했지만, 공리주의자들은 그것을 간과하는 경향이 있었고, 그리고 그 문제가 부각된 것은 단지 현대 윤리 이론에서였다.

이 문제 제기는 분명히 중요한 것이다. 왜냐하면 그것은 권위주의적 윤리학뿐만 아니라 인간의 본성이 어떠한 종류의 것이라고 하거나 인간이 특정한 목적을 추구한다고 먼저 주장하고 나서 이 사실 진술로부터 당위 진술을 도출하는 그런 유형의 목적론적 윤리학과도 관련이 있기 때문이다. 그리고 나는 그것의 중요성 때문에 그것에 주목한 것이지, 정답에 대한 논의를 시작하기 위한 목적을 가지고서 그것에 주목한 것은 아니다. 예를 들어 그러한 논의는 당위 진술의 분석을 포함할 것이며, 이

---

13 『인간본성론』(*Treatise*), 3. 1. 1 (Selby-Bigge, 469).

제4부 칸트

것은 철학사가보다는 윤리 이론에 관한 논문을 쓰는 작가의 과업에 속하기 때문이다. 그러나 내 발언에 대한 가능한 오해를 피하기 위해, 목적론적 윤리학의 개념을 포기해야 한다고 제안할 의도가 없음을 분명하게 밝히는 것이 적절하겠다. 반대로 나는 선의 개념이 도덕에서 가장 중요한 것이며, '당위'는 선의 관념의 기능으로 해석되어야 한다고 생각한다. 동시에 목적론적 윤리 이론의 옹호자는 흄이 제기한 질문을 고려해야만 한다. 그리고 윤리학을 형이상학과 신학에서 분리해야 한다는 프랑스 저술가들의 논쟁적 발언 이면에는 진정한 철학적 물음이 있다는 점을 지적하는 것은 가치가 있는 일이다. 내가 생각하기에 이 질문에 대해 명확하고 분명한 공식을 제시한 사람이 흄이었다는 사실은 놀라운 일이 아니다.

──────── **5. 역사 철학**

역사를 18세기 합리론을 향한 진보, 즉 어둠에서 빛으로의 진보로 바라보고, 미래에 대한 더 많은 진보, 즉 이성의 시대의 이상들을 더 완전하게 구현하는 것에서 성립하는 진보를 기대하는 프랑스 계몽주의 철학자들이 보여준 경향에 대한 언급을 앞 절에서 하였다. 그리고 이 책의 제4부는 칸트 이전 근대의 역사 철학의 부상에 할애하였다. 그러므로 이 결론적 고찰에서 역사 철학에 대해 몇 가지 일반적인 언급을 하는 것이 적절하겠다. 그러나 언급은 간략해야만 한다. 왜냐하면 역사 철학의 관념은 그 주제를 대규모로 발전시킨 후기 사상가들과 관련하여 다루어야 가장 잘 논의되기 때문이다. 현재로서 나는 독자의 반성을 위해 몇 가지 생각들을 제안하는 것으로 만족하고자 한다.

역사 철학이 역사적 방법론에 대한 비판을 의미한다면, 역사 철학은 분명히 가능하면서 정당한 연구이다. 왜냐하면 과학적 방법을 검토하는 것이 가능한 것처럼 역사가들이 사용하는 방법 혹은 방법들을 검토하는 것도 가능하기 때문이다. 우리는 역사적 사실의 개념, 자료들을 해석하는 일의 성격과 역할, 상상적 재구성의 역할 등에 대해 의문을 제기할 수 있다. 우리는 역사가들이 관찰한 선택 규범에 대해 논의할 수 있으며, 아울러 우리는 역사적 해석과 재구성에 어떤 전제들이 내포되어 있는지 탐구할 수 있다.

그러나 우리가 보쉬에, 비코, 몽테스키외, 콩도르세, 레싱, 헤르더를 역사 철학자라고 말할 때, 우리가 생각하는 것은 이러한 메타-역사적 탐구가 아니다. 왜냐하면 그러한 탐구는 역사적 사건의 경과보다는 역사 편찬의 본성과 방법에 관한 것이기 때문이다. 그리고 우리가 역사 철학에 대해 말할 때 우리는 역사가의 방법, 선택 규범들, 전제들 등에 대한 분석보다는 역사적 사건들의 실제 과정에 대한 해석을 생각하게 된다. 우리는 역사의 과정에서 모형들이나 모형을 찾는 것과 역사 속에서 작동한다고 가정되는 보편적 법칙의 이론에 대해 생각한다.

역사에서 모형들을 찾는 것에 대한 언급은 다소 이중적인 의미를 갖는다. 역사가들 스스로가 모형에 관심이 있다고 하는 것이 완벽한 진술일 수 있다. 예를 들어 영국의 역사를 쓰는 사람은 분명히 사건들의 이해 가능한 모형을 추적하는 데 관심이 있다. 그는 정복자 윌리엄이 1066년에 영국에 상륙했다는 진술과 같이 연결되지 않은 일련의 역사적 진술을 우리에게 남겨놓지 않는다. 그는 이 사건이 어떻게 일어났고 정복자가 왜 그렇게 행동했는지 보여주려고 한다. 노르만 침공이 영국인들의 삶과 문화에 끼친 영향을 보여주려 한다. 그리고 이렇게 함으로써 그는 필연적으로 사건들의 모형을 드러낸다. 그러나 우리는 이러한 이유로 그를 역사 철학자라고 부르지 않는다. 더욱이 주어진 역사가가 자신의 그물을 더 광범위하게 던져서 광범위한 역사적 자료들에 관심을 가졌다는 사실 자체만으로는 '역사 철학자'라는 꼬리표를 붙일 자격이 주어지지 않는다.

그러나 역사에서 모형을 찾는 것은 이것보다 더 많은 것을 의미할 수 있다. 그것은 역사에 필연적인 모형이 있음을 보여주려는 시도를 의미할 수 있다. 이 모형은 개인의 동기가 무엇이건 간에 달성해야 할 목표를 향한 움직임의 형태를 취하거나 특정 보편적 법칙에 의해 결정되는 일련의 주기와 리듬의 형태를 취하게 된다. 그러한 이론들의 경우 우리는 확실히 역사 철학에 대해 말해야 한다.

그러나 여기에도 구분의 여지가 있다. 한편으로 어떤 사람은 자신의 역사 연구에서 어떤 반복적인 유형들을 발견했다고 믿을 수 있으며, 그런 다음 그는 이러한 반

제4부 칸트

복을 특정한 법칙의 작용이라는 관점에서 설명하려고 노력할 수 있다. 또는 그는 실제 역사의 과정이 그가 바람직하다고 생각하고, 장애물에도 불구하고 발생한 상황을 향한 움직임을 나타낸다고 생각할 수도 있다. 반면에 인간의 역사는 필연적으로 어떤 목적이나 목표를 달성하기 위해 움직인다는 신학이나 형이상학에서 파생된 이미 형성된 믿음을 가지고 역사 연구에 임할 수도 있다. 이러한 믿음을 염두에 두고 그는 역사적 사건의 실제 경과가 이 믿음을 어떻게 확증하는지 알아보려고 노력한다. 따라서 경험에 기초한 역사 철학과 그 이론이 역사연구에 미리 준비되었다는 의미에서 아프리오리한 이론인 주요 신조 사이에 차이가 있다.

이러한 추상적인 방식으로 표현하면 구분이 충분히 명확한 듯이 보인다. 그러나 당연한 일이지만 주어진 역사 철학자를 하나의 명확한 부류에 할당하는 것이 항상 쉬운 것은 아니라는 결론이 나온다. 아마도 우리는 몽테스키외를 전자에 배정할 수 있다. 왜냐하면 그는 그가 역사에서 작용한다고 여겼던 법칙들이 실제 사건의 과정에 대한 연구에서 파생된 것이라고 생각했던 것 같기 때문이다. 보쉬에는 확실히 후자에 속한다. 왜냐하면 신의 섭리의 계획이 역사 속에서 이루어진다는 그의 확신은 분명히 신학에서 나온 것이기 때문이다. 그리고 19세기의 헤겔도 이 부류에 속한다. 왜냐하면 그는 철학자가 역사의 과정을 연구할 때 이성(Reason)이 역사의 주권자라는 진리, 즉 절대 이성이 역사의 과정에서 그 자신을 드러낸다는 진리(우리가 형이상학이라고 부를 수 있는 것으로 증명되었다고 믿어지는)를 제시한다고 명시적으로 주장하기 때문이다. 그러나 콩도르세와 같은 작가를 분류하는 것은 그리 쉬운 일이 아니다. 그러나 최소한 우리는 그들이 계몽주의 정신에 대해 어떤 가치판단을 내렸고, 이 판단이 그들의 역사 해석에 영향을 주었다고 말할 수 있다. 즉 그들은 자신들이 과거에서 벗어나 계몽주의 정신에서 자신을 표현하기 시작했다고 진단한 문화에 대한 가치판단을 승인하였다. 그리고 그들은 이 판단에 비추어서 과거를 해석했다. 이미 언급한 바와 같이 이것은 예를 들어 자신들의 시각에서는 경사로에서의 퇴행적 운동에 해당하는 중세에 대한 해석에 영향을 미쳤다. 다시 말해 그들의 역사 해석과 모형을 추적하는 일은 가치판단이 퍼져 있고, 가치판단의 영향을 받았다. 물론 일반적으로 역사 철학자로 생각되지 않는 일부 역사가에 대해서도 같은 종류의 언급이 있을 수 있다. 기본(Gibbon)이 그 예에 해당하겠다. 그러나 콩도르세는 진보의 법칙이 역사의 발전에서 작동한다고 가정한 것 같다(그리고 진보를 구성하는 것에 대한 그의 개념에는 분명히 가치판단이 포함되었다). 그리고 이러한 이유로 그는 역사 철학자라고 불릴 수 있다. 사실 그는 이 가정을 매우 명확하게 하지는 않았다. 그리고 그는 인간과 인간 사회를 온전하게 만들기 위해 특히 교육 분야에서 인간의 노력이 필요하다고 강조했다. 그러나 그의 확신에 찬 낙관적 믿음은 역사가 어둠에서 빛으로 발전한다는 점에서 역사적 발전의 목적론적 운동에 대한 암묵적인 가정을 포함하고 있다.

나로서는 순수하게 아프리오리한 방식의 모든 역사 철학을 폐기하는 것이 정당할 수 있다고 보이지는 않는다. 역사 철학을 역사적 자료들에 대한 객관적인 연구에서 파생된 일반화라고 주장하는 그러한 역사 철학에 관한 한, 주요한 문제는 주어진 이론의 진실성을 경험적 증거가 개연성 있도록 만드는 그런 것인지의 여부이다. 물론 우리는 예를 들어 비코의 철학에서 발견되는 역사적 법칙의 개념이 역사에 반복이 있다고 가정하지 않는지 여부에 대한 질문을 제기할 수 있으며, 그리고 만약 우리가 이 가정이 실제로 이루어진다고 생각한다면, 우리가 그 가정에 대해 의문을 제기하는 일이 가능하다. 그러나 의문의 제기는 역사적 증거에 대한 호소를 기반으로 해야 한다. 그리고 역사적 법칙의 개념이 역사의 반복을 전제로 하지 않고 서로 다른 사건들이나 다른 시기 사이의 유사성과 유추에 기초하고 있다고 대답한다면, 이러한 주제에 대한 모든 논의는 사용 가능한 증거에 비추어 수행되어야 한다. 사실 우리는 역사적 법칙의 개념이 인간의 자유에 대한 호소에 의해 아프리오리하게 배제될 수 있다고 말하고 싶을 수도 있다. 그러나 인간의 자유와 창의성이 '철칙'이라고 부를 수 있는 작동과 양립할 수는 없다 하더라도, 인간의 자유와 양립할 수 있는 역사적 법칙의 개념을 정교화하는 것은 가능할 수 있다. 다시 말해 인간의 선택을 난센스로 만들지 않는 느슨한 문화 주기이론(a theory of loose-texture cultural cycles)을 전개하는 것이 가능할 수도 있다. 그러한 이론의 전개를 위한 충분한 근거가 있었는지에 대한 문제는 역사적 자료에 비추어 결정되어야 할 것이다. 동시에 역사를 문화 주기로 나누는 것이 정당하고 근거가 있는지에 대한 문제와는 별개로, 우리는 이러한 주기의 리듬을 지배한다고 여겨지는 소위 법칙이, 한편으로는 자명한 주장이나 다른 한편으로는 역

제4부 칸트

사가 자신이 어떤 철학자의 도움 없이도 충분히 발표할 수 있는 명제들보다 더 나은 것인지의 여부에 대해 자문해 보아야 한다.

철학자가 신학이나 형이상학에서 도출된 신앙을 공개적으로 역사발전 연구에 도입하는 역사 철학에 관해서 말한다면, 이것은 적어도 호의적으로 언급되고, 그 가정이 명시적으로 진술된다는 의미에서 그러한 역사 철학은 정직하다고 말해야 한다. 이런 점에서 이러한 역사 철학은, 역사가 필연적으로 어떤 목표를 향해 움직인다고 우리가 실제로 가정하지만, 그러나 이 가정이 은폐되어 있다고 보는 역사 철학보다 더 바람직하다. 더 나아가 신학이나 형이상학에서 계승된 신앙은 꽤 사실일 수 있다. 신의 섭리는 역사 속에서 작동하고 인간이 원하든 원하지 않든 신의 계획이 실현되리라는 것은 꽤 사실일 수도 있고, 내 견해로는 그것은 사실이다. 그러나 이러한 신앙이 역사 연구에 매우 실용적인 쓸모가 있을 수 있다는 결론은 결코 아니다. 역사적 사건들에는 현상적 원인이 있으며, 계시 없이는 사건의 실제 과정이 어떻게 신의 섭리와 관련되어 있는지 정말로 말할 수 없다. 우리는 추측하고 추정할 수 있다. 그것은 사실이다. 우리는 한 국가의 몰락에서 신성한 심판의 상징 또는 이 세상 것들이 무상(無常)하다는 상징을 볼 수 있다. 그러나 신앙의 관점에서 볼 때 상징을 추측하는 것도 상징을 해독하는 것도 예언을 허용하지 않는다. 만약 이러한 활동이 우리가 말하는 역사 철학이라면 역사 철학은 당연히 가능할 것이다. 그러나 그것은 아마도 유익하고 어떤 경우에서든 무해한 추구일 것이다. 그리고 그것은 신앙을 가진 사람이 선택한다면 수행할 수 있는 그런 것이다. 그러나 그것이 과학적 지식을 낳는다고 말할 수는 없다. 더욱이 우리가 섭리의 계획을 알고 있고 철학적 반성을 통해 역사 속에서 그 작용을 분별할 수 있다고 성급하게 가정한다면, 우리는 일어나는 모든 일을 정당화하는 데 자신이 전념하고 있음을 아마 발견하게 될 것이다.

이러한 언급들은 현재 필자가 역사가의 방법과 전제에 대한 분석과 같은 메타-역사적 탐구를 넘어선 역사 철학의 관념을 전적으로 거부하고 있다는 점을 보여주기 위해 의도된 것은 아니다. 그러나 이러한 언급들은 그러한 역사 철학의 관념이 타당한지에 대해 심각한 의심을 표명하기 위해 의도된 것이다. 나는 역사 신학이 가능하다고 믿는다. 그러나 그 범위는 계시의 한계에 의해 결정되는 것으로서 지극히 제한적이다. 그리고 성 아우구스티누스가 갔던 것보다 더 멀리까지 가는 일이 가능할지 매우 의심스럽다. 그러나 우리가 18세기에 보쉬에에서 벗어나 역사 철학자로 눈을 돌릴 때, 우리는 그들이 역사 이론에 과학적 지식의 특성을 부여하고 있다는 믿음에서 신학을 철학으로 대체하고 있음을 발견한다. 그리고 나는 역사 철학이 이런 성격을 가질 수 있을지에 대해 의문이 생긴다. 의심할 바 없이 철학자들은 참된 진술을 하지만, 그러나 문제는 이러한 진술이 역사가 자신에 의해 완벽하게 잘 만들어질 수 있는 그런 종류의 진리인지 여부다. 다시 말해서 문제는 역사가가 달성할 수 있는 것보다 역사에 대한 종합적 해석을 발전시키는 데 있어 철학자가 더 많은 것을 성취할 수 있는지 여부다. 만약 아니라면, 그 용어가 사용되는 의미에서 역사 철학이 들어설 자리는 없다. 그러나 당연히 역사와 역사 철학 사이에 명확한 경계선을 긋는 것은 어려운 일이다. 만약 역사 철학이라는 용어로써 우리가 광범위한 일반화를 의미한다면, 역사가 스스로 그러한 일반화를 만들 수 있다.

─────── **6. 이마누엘 칸트**

17세기와 18세기의 철학에 할애된 이 철학사의 세 권은 칸트 체계에 대한 논의로 끝을 맺는다. 그리고 그것이 칸트의 사상에 대한 약간의 성찰을 포함해야 한다는 것은 어떤 결론적 고찰에서도 분명히 예상될 것이다. 물론 나는 그의 철학을 요약할 것을 제안하지는 않겠다. 예비적인 요약은 제4권의 서론에서 제공되었으며, 현재의 책에서 칸트에 대한 광범위한 취급이 이루어졌기 때문에, 두 번째 요약은 불필요할 것이다. 또한 나는 칸트주의에 대한 직접적인 논박을 제안하지도 않겠다. 나는 그 대신에 칸트 이전의 철학과 그것의 뒤를 잇는 독일의 사변적 관념론과의 관계에 대해 일반적인 성찰을 할 것을 제안한다. 그리고 또한 나는 칸트 철학에서 제기되는 몇 가지 문제들에 주의를 기울이고자 한다.

나는 칸트 철학을 대륙 합리론과 영국 경험론의 두 흐름의 합류점으로 표현하려는 자연스러운 유혹이 있다고 생각한다. 그의 사상을 이런 식으로 표현하는 데에는 몇 가지 분명한 근거가 있기 때문에 자연스러운 유혹이다. 예를 들어 철학적으로 말해서, 그는 볼프와 그의 후계자들이 제시한 스콜라적 형식의 라이프니츠 철학에서 성장했고, 그런 다음 그를 독단적인 잠에서 깨어나게 한 흄의 경험론적 비판이 가한 충격을 겪었다. 더 나아가 칸트 자신의 철학을 구성하는 데 있어, 우리는 두 운동의 영향을 보게 된다. 예를 들어 볼프 및 그의 후계자들과 구별되는, 이른바 라이프니츠 자신을 칸트가 발견한 것은 칸트의 정신에 매우 큰 영향을 미쳤다. 우리는 라이프니츠가 공간과 시간의 현상적 성격을 주장했음을 떠올릴 수 있을 것이다. 실제로 칸트의 아프리오리한 이론은 어떤 의미에서 라이프니츠의 잠재적 본유 관념 이론의 발전으로 표현될 수 있겠지만, 그 관념들이 본유적인 범주적 기능으로 전환된다는 점에서 차이점이 있다. 동시에 우리는 흄 자신이 인과관계의 개념과 같은 특정한 복합개념의 형성에 주관이 기여를 한다는 주장을 하고 있다는 것을 떠올릴 수 있다. 따라서 우리는 뉴턴 물리학이 우리에게 종합적인 아프리오리한 명제를 제시한다는 칸트의 확신에 비추어 볼 때, 칸트의 아프리오리한 이론도 흄의 입장에 영향을 받았다고 말할 수 있다. 다시 말해서 칸트는 흄의 경험론과 현상론에 대한 답을 제시했을 뿐만 아니라, 영국의 철학자는 그 의의와 가능성을 충분히 보지 못했음에도 불구하고, 칸트는 이 답을 공식화함에 있어 영국의 철학자 자신이 제시한 제안을 활용하였다.

그러나 칸트 철학을 서로 반대되는 두 가지 사상의 흐름에서 차용한 요소들의 융합이라는 의미에서 대륙 합리론과 영국 경험론의 종합으로 표현하는 것은 터무니없는 일이다. 다른 철학자와 마찬가지로 칸트는 동시대인들과 그의 선배들의 영향을 받았다. 그리고 라이프니츠와 흄에 각각 귀속되어야 할 영향력의 정도에 대해서는 의견이 다를 수도 있겠으나, 칸트 사상의 발전에 두 사람이 어느 정도 영향을 미쳤다는 사실에 대해서는 의심의 여지가 없다. 그래서 그 문제에 대해서는 볼프와 그의 제자들도 역시 마찬가지였다. 동시에 다른 철학들에서 파생되었거나 다른 철학들에 의해서 제안되었을 수도 있는 어떤 요소라도 칸트에 의해서 하나의 체계 — 융합을 훨씬 넘어선 체계 안으로 들어왔으며 함께 합쳐졌다. 그것은 양립할 수 없는 것을 결합하는 것이 아니라 합리론적 형이상학과 경험론을 모두 대체하기 위한 것이었다.

칸트의 체계를 합리론과 경험론의 종합으로 기술하는 것이 부적절하다고 보는 것은 우리가 그의 철학의 근본적인 문제, 말하자면 널리 퍼져 있는 문제를 떠올려 보면 분명해진다. 우리가 보았듯이 그는 뉴턴 물리학의 세계, 즉 기계론적 인과론 및 결정론의 세계와 자유의 세계 사이의 조화를 이루는 문제에 직면했다. 사실 데카르트 역시 유사한 문제에 직면해 있었는데, 그것은 칸트만의 문제가 아니라 자연과학이 한때 주목할 만한 발전을 시작한 역사적 상황에서 생겨난 문제였다. 그러나 요점은 이 문제와 씨름하면서 칸트가 합리론과 경험론을 모두 비판적으로 검토하고 이 두 운동의 종합으로서가 아니라 그 운동들에 대한 승리로서 스스로의 철학을 만들어냈다는 점이다. 그가 생각하기에는 경험론은 종합적인 아프리오리한 인식의 가능성을 설명할 수 없기 때문에 부적절하다. 우리가 과학적 인식을 진지하게 받아들인다면, 모든 인식은 경험과 함께 시작한다는 데 동의하더라도 순전한 경험론을 받아들일 수는 없다. 우리는 인식에 있어 아프리오리한 형식적 요소에 대한 이론에 의존해야만 한다. 즉 경험은 단순히 주어진 것이라고 가정한다면, 과학적 인식의 가능성은 설명될 수 없다. 우리가 아프리오리한 인식의 가능성을 설명하려면 주관이 경험을 구성한다는 것을 허용해야 한다. 그러나 이것이 우리가 합리론적 형이상학을 받아들여야만 한다는 것을 의미하는 것은 아니다. 누군가가 도덕적 경험, 자유, 종교를 진지하게 받아들인다면, 적어도 자유를 허용한 합리론 철학자들의 독단적 형이상학은 도덕법칙에 대한 확실한 합리적 근거와 아울러 자유, 불멸성 그리고 신에 대한 믿음에 관한 확실한 합리적 근거를 제공하는 것처럼 보일 수 있다. 그러나 이것은 사실이 아니다. 합리론적 형이상학은 비판을 견뎌낼 수 없다. 그리고 인식에 대한 합리론적 형이상학의 허세가 공허하다는 사실은 체계들의 갈등에 의해 그리고 형이상학이 확실한 결과에 명백해 도달할 수 없다는 무능력에 의해 경험적으로 밝혀진다. 그리고 아프리오리한 이론, 즉 인식에 대한 선험적 비판은 이것이 왜 그래야 하는지를 보여준다. 그러나 동시에 이 새로운 학문은 독단적 형이상학의 공허함을 보여줌과 아울러 과학적 인식의 한계를 보여준다. 그리고 비록 과학적으로 증명할 수는 없지만, 도덕적 의식과 그것에 밀접하게 관련된 믿음과 희망을 진지하게 받아들이는 사람이라면 누구에게나 합리적으로 합당하게 자유, 불멸, 신에 대한 믿음을 가질 수 있는 길이 열려 있다. 그렇다면 형이상학의 위대한 진리들은 파괴적 비판의 범위를 넘어선 곳에 위치하게 된다.

이러한 일은 무가치한 형이상학적 논증들이 내린 결론의 위치에서 저 위대한 진리들을 떼어내어, 그 진리들을 도덕적 의식 ── 과학적 인식에 대한 인간의 능력만큼이나 인간의 근본적인 특징인 도덕적 의식에 연결하는 바로 그 행위에 의해서 이루어진다.

자신의 철학을 천착하면서 칸트는 분명히 다른 철학자들에게서 파생된 제안들과 사상들을 활용했다. 그리고 전문가들은 이런저런 사상들의 기원과 발전을 추적할 수 있다. 그러나 이 사실로 인해 칸트의 체계가 합리론과 경험론의 융합이라는 언급이 정당화되는 것은 아니다. 그는 합리론적 형이상학에 대한 경험론적 비판에 동의하는 것과 동시에, 주도적인 형이상학의 문제들의 중요성에 관해서, 그리고 물리학이 접근할 수 없는 지성적 실재의 영역이 현존한다는 점에 관해서 형이상학자들에 동의했다. 그러나 이것이 합리론과 경험론이 결합될 수 있다는 것을 의미하는 것은 아니다. 오히려 칸트의 동의의 척도는 부동의의 척도와 결합하고 각각의 운동과 결합하면서 칸트를 독창적인 철학의 발전으로 이끌고 간다. 과학적 인식의 사실은 순수한 경험론을 배제한다. 그리고 이러한 인식의 가능성과 조건에 대한 비판적 분석은 독단적 형이상학을 배제한다. 그러나 인간은 단순히 '지성'에 불과한 것이 아니라, 도덕적 행위자이기도 하다. 그리고 그의 도덕적 의식은 그에게 그의 자유를 드러내고 정신적 실재에 대한 실천적인 확신을 정당화하는 반면, 그의 미적 경험은 물리적 세계를 이 실재의 현현으로 보는 데 도움을 준다. 물론 어느 정도까지는 칸트 철학에서 이전 사상 노선의 정점을 볼 수 있다. 따라서 주관이 경험을 구성한다는 그의 이론을 합리론과 경험론의 결합에서 나온 독창적 발전이라고보는 것은 합당하지 않은 것이 아니다. 여기서 합리론은 잠재적 본유 관념에 관한 이론을 뜻하고, 경험론은 경험의 직접적인 대상이 현상이거나 인상이거나 감각 소여인 것처럼 말하는 경험론적 경향을 뜻한다. 나는 철학 발전의 연속성을 부인하고 싶지도 않고, 칸트의 철학이 그런 형태를 취한 것은 대체로 선행하는 철학적 사유의 성격 때문이라는 사실을 부정하고 싶지도 않다. 그러나 동시에 어떤 의미에서 칸트가 합리론과 경험론 모두에 등을 돌린 것은 사실이다. 다시 말해서 우리가 칸트의 체계를 합리론과 경험론의 '종합'이라고 말하고자 한다면, 헤겔이 부여한 의미에 가까운 의미로 그 용어를 이해해야 한다. 즉 칸트가 그에 앞서서 서로 경쟁 관계에 있었던 전통들이나 반정립들 내에 있는 긍정적 가치의 요소들을(칸트 자신의 관점에서 평가된) 하나의 독창적인 체계 안으로 포용했다는 의미로 그 용어를 이해해야 한다. 이때 이러한 이 병합에서 동시에 이러한 긍정적 요소들은 변형되고 있다.

그런데 만약 칸트가 자신이 '타락한 독단론'이라고 불렀던 합리론적 형이상학에 등을 돌렸다면, 독일에서 일련의 형이상학적 체계가 이 비판철학을 추종했을 뿐 아니라, 이러한 체계의 저자들이 스스로를 올바른 방향으로 자신의 사상을 발전시킨 칸트의 진정한 후계자로 여기는 일이 어떻게 생겨났는지를 설명하는 일은 어려운 것처럼 보인다. 그러나 주관이 경험을 구성한다는 칸트의 이론과 그의 물자체 이론 사이의 긴장을 염두에 둔다면, 어떻게 해서 독일의 사변적 관념론이 비판철학에서 성장했는지 이해하는 일은 쉽다.

칸트의 물자체 이론은 분명히 말해 어려움 때문에 방치되지는 않았다. 물자체의 본성이 알려질 수 없다고 선언되었다는 사실은 무시하더라도, 물자체의 현존이 감각 재료의 원인으로서 적극적으로 주장되는 일은 있을 수 없으며, 이렇게 주장된다면 인과성과 현존성의 범주가 잘못 사용(칸트의 전제들에 따를 경우)된 것이다. 확실히 칸트는 이 사실을 알고 있었다. 그리고 현상체의 개념은 물자체의 개념 없이는 아무 의미가 없는 것처럼 보이기 때문에, 칸트에게는 현상체의 개념이 그것의 상관자로서 물자체의 개념을 요구하는 듯이 보이지만, 반면에 그는 우리가 물자체를 생각하지 않을 수는 없더라도 독단적으로 물자체의 현존을 주장하는 것은 삼가야 한다고 주장했다. 칸트는 실재를 주관의 단순한 구성으로 환원하는 것은 터무니없다고 생각했고, 따라서 그가 물자체 개념을 유지하는 것을 상식의 문제로 보았다는 것은 분명하다. 동시에 그는 자신의 어려운 입장을 알고 있었고, 자기모순에서 스스로를 보호하면서도 동시에 자신이 불가결하다고 여겼던 개념을 유지할 수 있게 해주는 공식을 찾으려고 노력했었다. 이 문제에 대한 칸트의 태도를 이해할 수 있겠다. 그러나 우리는 피히테가 물자체 이론을 반대한 점에 대해서도 이해할 수 있다. 그 이론을 그는 없어도 좋은 것으로서, 사실상 괴물로서 간주하였다. 그의 관점에서 물자체는 관념론의 편익을 위해 제거되어야 했다. 그의 견해에 따르면 칸트는 사물을 동시에 두 가지 방식으로 가지려고 했고, 따라서 희망 없는 불일치에 빠졌던 사람이었다. 만일 누군가가 경험을 구성하는 데에서 주관의 역할에 대한 칸트의 이론을 일단 받아들였다면, 그는 완전한 관념론 철학으로 나아갈 수밖에 없다고 피히테는 생각했다.

이 단계는 필연적으로 인식론에서 형이상학으로의 전환을 수반했다. 만일 물자체가 제거된다면, 주관은 대상 전체를 생성하게 된다. 말하자면 주어진 재료를 단순히 주조하는 것에 그치는 것이 아니다. 그리고 주관이 대상을 창조한다는 이론은, 설령 그것에 대한 접근이 인식 비판에 의한 것이라 할지라도, 분명히 형이상학적 이론이다.

그러나 이러한 창조적인 주관이란 무엇인가? 칸트가 주관이 경험을 구성한다는 것에 대해 이야기할 때, 그는 개별적인 주관에 대해 이야기하고 있다. 사실 그는 경험의 논리적 조건으로서 선험적 자아의 개념을 도입했다. 그러나 여기서 다시 그가 생각한 것은 언제나 주관이지 결코 객관일 수 없는 '자아'인 개인적인 자아였다. 그러나 이러한 경험의 논리적 조건을 대상을 생성하는 형이상학적 원리로 변환하게 되면, 유아론(solipsism)에 빠지지 않고는 개별자를 유한한 개인의 자아와 동일시할 수 없다. 존 스미스에게 다른 모든 인간은 대상이 될 것이며, 따라서 그들은 스미스의 창조물이 될 것이다. 사실상 대상으로서, 즉 현상적 자아로서의 존 스미스는 선험적 자아로서 자신의 창조물이 되어 버릴 것이다. 그러므로 만일 우리가 물자체를 제거하고 경험의 논리적 조건인 칸트의 선험적 자아를 최고의 형이상학적 원리로 변형한다면, 우리는 결국에는 그것을 유한한 주관과 유한한 대상 양자 모두를 생산하는 보편적 무한 주관으로 해석하게 된다. 그리고 동시에 우리는 본격적인 형이상학적 체계에 들어가게 된다.

물론 나는 여기서 피히테 철학의 단계들이나 독일의 사변적 관념론 일반의 역사를 논의할 생각은 없다. 이러한 주제들은 이 철학사의 다음 권을 위해 남겨 두겠다. 그러나 나는 사변적 관념론의 씨앗이 칸트 철학 자체에 존재한다는 점을 지적하고 싶다. 물론 사변적 관념론자들은 모든 것을 어떤 방식으로든 철학적으로 연역할 수 있는 하나의 최고의 형이상학적 원리로 환원하는 데 관심을 기울인 반면, 칸트는 이러한 관심을 공유하지 않았다. 그리고 비판철학과 그것을 계승한 형이상학적 체계 사이에는 분위기와 관심의 분명한 차이가 있다. 동시에 그것은 단순히 '성공'의 문제가 아니다. 왜냐하면 사변적 관념론의 체계는 칸트 철학과 시간적 연결 이상의 것을 가지고 있기 때문이다. 그리고 이것을 인정하면서 동시에 칸트 철학에서 나온 것을 거부한다면, 우리는 이 철학이 거부하기 위한 출발점을 형성하는 한에서 이 철학을 거의 받아들일 수 없는 것이다. 그리고 이것은 실제로 칸트 사상의 이상주의적이고 주관주의적인 측면을 비판적 검토에 노정시키는 것을 의미한다. 왜냐하면 이러한 측면을 재확인하고 대신 물자체를 제거한다면, 칸트의 후계자들이 걸어온 길을 그 후계자들과 함께하는 것은 피하기 어렵기 때문이다.

실제로 19세기 중반에 '칸트로 돌아가라!'라는 함성이 나오게 되고, 신칸트주의자들이 칸트의 비판적이고, 인식론적이며, 윤리적인 입장들을 자신들이 사변적 관념론자들의 환상적인 광상곡(the fantastic extravaganzas)이라 비난한 쪽으로 빠지지 않도록 발전시켰음을 이해하는 것은 쉬운 일이다. 신칸트주의자들에 있어서, 칸트는 주로 끈기 있고, 방법론적이며, 세심하고, 분석적인 정신을 지닌 『순수이성비판』의 저자였다. 그리고 신칸트주의자들은 피히테에서 헤겔에 이르기까지 거대한 관념론적 형이상학자들의 체계를 칸트 정신의 배신을 나타내는 것으로 생각했다. 그리고 이 관점은 완벽하게 이해할 수 있다. 동시에 내가 생각하는 바로는, 칸트의 체계가 사변적 관념론자들의 손에서 받아들였던 바로 그 발전(또는 원한다면 착취)에 그 체계가 자신을 빌려주었다는 사실은 부인할 수 없다. 물론 신칸트주의자들의 태도를 지지하면서 우리는 칸트가 자신이 거부한 오래된 형이상학을 새로운 형태의 형이상학, 인식의 형이상학 또는 경험의 형이상학으로 의도적으로 대체했으며, 칸트가 이 새로운 형이상학이 실재적 인식을 줄 수 있는 것으로 보았다고 말할 수 있는 반면에, 분명히 칸트는 헤겔의 절대자에 대한 형이상학이 예를 들어 인식을 구성하고 있다고 보지 않았을 것이다. 다시 말해, 그는 물자체를 제거함으로써 비판철학을 개선시키려는 피히테의 예비적 시도를 거부한 것처럼, 자신의 자녀들을 자처한 사람들과 확실하게 의절했을 것이다. 그러나 우리는 칸트가 그의 후계자들의 형이상학적 비상(飛上)에 대해 별로 호의적이지 않았을 것이라는 점이 확실하다고 느낄 수 있지만, 그렇다고 해서 이것이 그들의 구성을 위한 유망한 토대를 칸트가 제공했다는 사실을 바꾸지는 못한다.

그러나 칸트의 관념론적 계승자들이 강조한 측면보다 칸트 철학의 다른 측면을 강조함으로써 칸트의 철학이 완전히 다른 방향을 향하고 있다고 보는 것이 가능하다. 독단적인 형이상학에 대한 칸트의 거부는 데카르트에서 라이프니츠와 그의 제자들에 이르는 대륙의 합리론 체계에 대한 거부 이상이었다고 말할 수 있다. 왜냐하면 칸트는 형이상학에서 입증이라고 허세를 부리는 모든 것의 오류적 성격을 폭로했고, 형이상학적 인식은 불가능하다는 것을 보여주었기 때문이다. 사실 그는 자신의 새로운 형이상학을 제안했다. 그러나 이것은 거의 완전히 경험의 주관적인 조건들에 대한 분석이었다. 그것은 우리에게 소위 지성계의 실재에 대한 인식을 제공한다는 허세를 부리지 않았다. 칸트는 실제로 지성계의 실재가 존재한다는 것에 대한 믿음을 허용했다. 그러나 이것은 범주의 기능에 대한 그의 설명과 일치하지 않았다. 범주는 현상에 적용할 때에만 내용과 의미를 갖기 때문이다. 그러므로 칸트의 전제에 따르면, 가상계의 실재나 '초감성적 기체'가 존재한다고 말하는 것은 무의미하다. 사실 만일 실재 자체가 범주의 하나라면, 명목상의 실재를 논하는 것은 완벽하게 난센스다. 우리가 과학적, 도덕적, 미학적 판단의 본질을 검증할 수 있다는 것은 사실이다. 그러나 칸트의 전제에 따르면 우리는 도덕 판단을 그것이 어떤 종류의 형이상학이 되었든 형이상학의 기초로 사용할 자격은 없다. 물론 그는 자신의 사상에 대한 이러한 해석의 타당성을 인정하지 않았을 것이다. 그러나 사실상 다음과 같이 주장될 수도 있다. 칸트가 수행한 가치 있는 기여는, 인식될 수 있는 것이 무엇이든 그것은 과학의 영역에 속해 있다는 것은 보여주는 것이었으며, 형이상학은 과학이 아닐 뿐만 아니라 무의미하다는 사실을 보여주는 것이었다. 그것은 기껏해야 '정서적' 의미만 가질 수 있다. 그리고 이것은, 현금 가치를 따진다면, 칸트의 실천적 신앙 이론이 실제로 이르게 되는 것이다.

달리 말하면 비록 칸트의 체계가 사변적 관념론의 체계를 직접적으로 야기하였음에도 불구하고, 그 체계는 실제로 실증주의로 가는 길의 중간 지점이다. 그리고 내가 생각하기에 실증주의자들은 이러한 관점에서 그것을 고려하고 싶어했을 것이다. 물론 그들은 아프리오리한 종합 명제와 그 가능성의 조건에 대한 칸트의 이론을 따르지는 않았을 것이다. 그러나 그들은 형이상학에 대한 그의 부분적인 거부를 올바른 방향으로 가는 한 걸음으로 여겼을 것이고, 그리고 내가 생각하기에 그들은, 칸트 자신이 이러한 측면의 완전한 함의를 이해하지 못했다 할지라도, 그의 철학에서 형이상학을 더 철저하게 거부하는 길로 향해 가는 것처럼 보이는, 측면들을 강조하고 싶어했을 것이다.

그러나 관념론적 형이상학자와 실증주의자 모두 칸트 체계가 자신들의 철학 유형의 방향을 향해 있다고 주장할 근거를 제공할 수 있기 때문에, 분명히 두 유형 중 하나를 선택해야 한다는 결론이 강요될 수는 없다. 또 다른 가능성도 있다. 즉 이러한 선택으로 나아가는 칸트 이론들을 거부할 가능성도 있다. 결국 칸트의 코페르니쿠스적 혁명은 다른 가설로는 설명될 수 없다는 전제하에 아프리오리한 종합적인 인식의 가능성을 설명하기 위해 고안된 가설이었다. 그리고 여기에 의문을 가질 여지가 충분하다. 우리는 실제로 아프리오리한 종합적인 인식이 있는지 여부를 물을 수 있다. 그리고 그것이 있다고 결정한다면, 우리는 여전히 그것의 가능성을 칸트가 설명했던 것과 다른 방식으로 더 잘 설명할 수 없는지 물어볼 수 있다. 다시 말하자면 사변적 형이상학이 인식에 이를 수 없다는 것을 칸트가 단번에 보여주었다는 것은 널리 받아들여지지지만, 이 가정은 의문의 여지가 있다. 그러나 이러한 의문을 몇 마디로 처리하는 것은 불가능하다. 칸트의 코페르니쿠스적 혁명에 대한 철저한 논의는 칸트 자신의 이론에 대한 논의뿐만 아니라, 그가 그러한 이론이 필요하다고 생각하는 데 부분적으로 책임이 있는 흄의 경험론에 대한 논의를 포함해야 할 것이다. 그리고 형이상학적 지식이 있을 수 있다는 것을 보여주는 유일하게 진정으로 만족스러운 방법은 예시를 만들어내고 그것들이 예시라는 것을 보여주는 것이다. 이러한 작업은 여기에서 시도할 수 없다. 그러나 칸트와의 진정한 대화에서 철학자는 그의 통찰을 확인하고 그 통찰을 허접한 주장 혹은 거짓된 주장과 구별하기 위해 노력해야 한다는 점을 주목할 수 있겠다. 다시 말해서 그러한 재능을 가진 사상가의 경우, 그의 철학이 단순히 거부된 체계들의 쓰레기 더미에 던져질 수 있다고 가정하는 것은 터무니없는 일이다. 하나의 예를 들면 인간 경험의 근본적인 조건으로서 통각의 통일성에 대한 칸트의 주장은 나에게는 진정으로 중요한 통찰을 보여주는 것 같다. 실체적인 주관이 판단에서 자신의 존재론적 실재를 확증한다는 사실을 보여주지는 못했더라도, 칸트는 그 주관을 잊지 않았다.

────── **7. 결론**

결론적으로 우리는 중세철학이 존재의 문제에 관심을 둔 반면, 근대철학은 인식의 문제에 관심을 가졌다는, 때때로 제시되었던 주장을 간략히 고려할 수 있겠다.[14]

이것은 다루기 어려운 주장이다. 만일 이러한 주장을 천문학은 천체에 관한 것이고 식물학은 식물에 관한 것이라는 말과 유사한 의미로 이해한다면 그것은 명백히 사실이 아닐 것이다. 한편으로 중세철학자들은 인식에 대해 많은 언급을 했다. 반면에 만일 존재자(being)의 문제에 대한 관심을 현존(existence)의 문제, 즉 경험적 실재에 대한 형이상학적 설명, 일자(the One)와 다자(the Many)의 문제에 대한 관심을 의미하는 것으로 본다면, 데카르트, 스피노자, 라이프니츠와 같은 사람들의 생각에 존재의 문제가 없었다고 말할 수는 없다.

나아가 '중세철학'과 '근대철학'이 각각 이것 혹은 저것과 관련되어 있다고 말하는 것을 포함하는 진술들은, 본질적으로 그 진술들은 복잡한 상황들을 지나치게 단순화하고 있으며, 이는 정당화될 수 없다는 비판에 명백히 직면하게 된다. 다시 말해서 그러한 진술들은 중세와 르네상스 이후 철학에 대해 마치 각각이 동질적인 통일체인 것처럼 말하는 것은 완전히 오해를 불러일으킬 것이라는 근거 있는 반론에 직면하게 된다. 전자는 예를 들어 아퀴나스 또는 둔스 스코투스(Duns Scotus)의 체계적인 형이상학적 종합에서부터 중세의 흄이라 불리는 오트르쿠르의 니콜라우스(Nicholas of Autrecourt)의 비판적 성찰에 이르기까지 다양하다. 그리고 후자, 즉 르네상스 이후 철학은 분명히 부분들로 이루어진 전체가 아니었다. 만일 우리가 아퀴나스를 칸트와 비교한다면, 인식 이론이 아퀴나스의 사상에서보다 칸트의 사상에서 훨씬 더 중요한 위치를 차지한다고 말하는 것은 확실히 사실이다. 그러나 만일 우리가 중세와 근대의

---

14 몇몇 토마스주의 저술가들은 아퀴나스가 존재하는 것의 작용에 관심이 있었던 반면, 르네상스 이후의 합리론적 형이상학자들은 주로 본질들의 영역에 관심을 가졌다고 주장한다. 그리고 나는 이 주장에는 어느 정도 일리가 있다고 생각한다. 동시에 예를 들어 데카르트가 존재의 문제를 건너뛰었다고 말하는 것은 정당하지 않다. 어쨌든 나는 이 절에서 내가 방금 언급한 토마스주의자의 주장이 아니라 중세철학과 근대철학에서 각각의 인식 이론이 차지하는 위상에 관심이 있다.

다른 사상가들을 비교 대상으로 선택한다면 각자가 인식론적 문제에 몰두하는 정도에 대한 우리의 판단은 다소 다를 수도 있다.

다시 말하자면, 세계와 인간 경험에 대한 일반적 해석을 제공하려는 시도는 중세철학과 17세기와 18세기 철학 모두에서 찾을 수 있다. 칸트조차도 '내가 무엇을 알 수 있는가?'와 같은 질문에만 관심을 두지는 않았다. 그는 또한 자신이 제기한 다음과 같은 질문에 대해서도 관심을 가졌다. 나는 무엇을 해야 하는가? 그리고 나는 무엇을 바랄[희망할] 수 있는가? 이러한 질문에 대한 성찰은 우리를 고유한 도덕철학뿐만 아니라 도덕법칙의 요청들로 인도한다. 그리고 비록 칸트에게서 불멸과 신의 존재는 증명할 수는 없지만, 과학, 도덕, 종교가 조화를 이루는 보편적인 세계관이 우리에게 열린다. 이성의 과정에 대한 비판은 우리에게 확실한 인식의 한계를 보여준다. 그러나 그것은 실재 또는 주요한 형이상학적 문제의 중요성을 파괴하지 않는다.[15] 그리고 비록 해결책이 인식이 아니라 실천적이거나 도덕적인 신앙의 문제이지만, 수학과 과학의 영역, 즉 '이론적' 인식의 영역을 넘어선 실재에 대한 일반적인 견해를 형성하려고 시도하는 것은 이성에 대해서는 자연스럽고도 정당한 것이다.

사실 흄이 실재에 대해 그러한 보편적인 해석을 시도할 수 있는 범위는, 그 자신의 원리에 비춰볼 때, 극히 제한적이었다. 실재 그 자체의 본성과 현상의 궁극적 원인은 그에게 있어 불가해한 신비에 싸여 있었다. 형이상학적 설명에 관한 한 그에게 있어 세상은 수수께끼였다. 불가지론은 받아들일 수 있는 유일한 양식 있는 태도였다. 따라서 그의 철학은 주로 비판적이고 분석적이었다. 그러나 14세기의 일부 사상가들도 마찬가지라고 말할 수 있겠다. 차이점은 그들이 실재에 대해서 보편적인 견해를 제공하기 위해 계시와 신학을 기대했지만, 흄은 그렇지 않았다는 것이다.

그러나 비록 중세철학은 존재의 문제와 관련되어 있고 근대철학은 인식의 문제와 관련되어 있다는 진술에 대한 몇 가지 근거에는 예외가 있을 수는 있지만, 그 진술은 중세 사상과 르네상스 이후 사상 사이의 특정 차이점에 주의를 환기하는 역할

---

15 앞 절에서 언급한 바와 같이, 칸트의 범주론은 형이상학적 문제가 의미 있는 문제의 순위에서 제외되는 것이 마땅하다는 결론에 이르게 한다고 주장될 수 있다. 그러나 칸트 자신은 당연히 그렇게 생각하지 않았다. 오히려 그는 자신이 형이상학의 주요 문제로 간주한 것의 중요성을 강조했다.

을 할 수 있다. 만일 중세철학을 통틀어 보면, 인식의 객관성 문제가 독보적인 것이 아니라고 할 수 있다. 그리고 내 생각으로는 이러한 주장에 대한 한 가지 이유는 아퀴나스와 같은 철학자가 나무와 탁자와 같은 물리적 대상들을 우리가 직접 지각한다고 믿었기 때문이다. 순전히 정신적인 존재자들에 대한 우리의 자연적 인식은 실제로 간접적이고 유비적이다. 신에 대한 자연적 직관은 없다. 그러나 우리는 나무와 탁자와 사람에 대한 우리 자신의 주관적 변양(變樣)이나 관념들을 지각하는 것이 아니라 나무와 탁자와 사람을 지각한다. 사실 우리는 우리가 지각하는 것의 본성에 대해 잘못된 판단을 내릴 수 있다. 예를 들어 나는 멀리 있는 물체가 실제로는 관목인데도 사람이라고 판단할 수 있다. 그러나 그러한 오류를 수정하는 방법은 우리에게 익숙한 일, 즉 대상을 더 자세히 살펴보는 것이다. 오류의 문제는 말하자면 실재론적 지각 이론, 즉 우리는 인간인지의 타고난 대상에 대해 직접적인 지각을 가지고 있다는 상식적인 이론의 배경에서 생겨난다. 물론 아퀴나스는 우리가 안다고 생각하는 모든 것을 반드시 안다고 가정할 만큼 순진하지는 않았다. 그러나 그는 우리가 이를테면 세계에 대한 직접적인 접근을 할 수 있다고, 즉 정신은 우리가 사물들을 그것들의 예지적 존재 안에서 파악할 수 있으며, 참된 인식의 작용에서 정신은 자신이 인식하는 것을 인식한다고 믿었다. 따라서 그는 인식의 기원, 조건, 한계들과 잘못된 판단의 본성과 원인에 대한 문제들을 논의할 준비가 되어 있었지만, 인식의 객관성에 대한 일반적인 문제들은 그에게 큰 의미가 없었을 것이다. 왜냐하면 그는 관념을 우리의 정신과 사물 사이에 놓인 칸막이라고 생각하지 않았기 때문이다.

그러나 만일 우리가 관념이란 지각과 사유의 직접적인 대상이 된다는 식으로 관념을 기술하는 로크를 따른다면, 세계에 대한 우리의 '인식'이 진정한 인식인지, 즉 우리의 표상이 정신과 독립적으로 존재하는 실재와 일치하는지 여부에 대해 묻는 것은 당연한 것이다. 나는 17세기와 18세기의 모든 철학자들이 지각의 표상 이론을 유지했다고, 그리고 우리의 표상과 그 표상이 나타내는 사물들 간의 일치 문제에 이들이 관심을 기울였다고 말하고 있는 것은 아니다. 로크 자신은 표상 이론을 일관되게 유지하지 않았다. 그리고 만일 버클리에 따라 물리적 대상들을 '관념들'의 다발로 설명한다면, 관념들과 사물들 사이의 대응 문제는 솔직히 생겨나지 않는다. 문제는 관념들이 표상의 기능을 갖고 지각과 인식의 직접적인 대상이라고 할 때만 발생한다. 그러나 문제가 발생하면 세계에 대한 우리의 외견적인(*prima facie*) 인식이 정말로 객관적인 인식인지에 대한 문제가 전면으로 부각한다. 그리고 우리가 형이상학적 종합을 시작하기 전에 이 질문을 처리하는 것은 자연스러운 일이다. 인식론이나 지식 이론은 철학에서 기본이 된다.

다시 말해서 중세의 철학자는 정신을 인상의 순전히 수동적인 수용자로 생각하지 않았고, 정신의 작용을 실재의 객관적인 예지적 구조를 관통하는 작용으로 보았다.[16] 다른 말로 하자면 그는 인식이 가능하기 위해서는 대상이 정신을 따르기보다는, 정신이 대상들을 따른다고 생각했다.[17] 그는 우리가 세계라고 부르는 것을 정신의 구성으로 생각하지 않았다. 그러나 흄과 칸트의 철학을 고려하면, 우리가 세계라고 부르는 것이 이를테면 우리 정신과 실재 그 자체 또는 물자체 사이에 있는 일종의 논리적 구성과 같은 것이 아닌지 묻는 것은 당연하다. 그리고 만일 이것이 진정한 문제라고 생각한다면, 주관이 경험적 실재를 구성하는 것이 아니라 그 실재의 지성적 본성을 파악한다고 우리가 확신하는 경우에 인식 이론에 대해 강조해야 하는 것보다, 훨씬 더 인식 이론에 대해 강조를 하게 되는 경향은 우리에게 자연스러운 일일 것이다.

나의 주장은 만일 우리가 르네상스 이후 철학의 발전, 특히 영국의 경험론과 칸트의 사상을 염두에 둔다면, 뒤에 이어지는 시대에 인식 이론이나 인식론이 부각된 것을 이해하기 쉽다는 것이다. 특히 칸트는 이 점에서 가장 강력한 영향력을 행사했다. 물론 인식의 객관성에 관한 문제에 대한 철학적 논의의 광범위한 영역에서 제시되었던 강조와 관련해서 여러 상이한 태도가 있을 수 있다. 우리는 철학적 논의가 실재론적 소박함에서 출발하여 철학의 기본 문제에 대해 더 정교하고 심오한 이해를 하는 쪽으로 진보가 이루어졌다는 것을 보여준다고 말하고 싶을 수도 있다. 또는 객

---

16 이것은 적어도 형이상학자들에게는 참이다.

17 어떤 의미에서 우리는 아퀴나스에서 인식이 가능하기 위해서는 사물들 자체가 주관에 따라야 한다고 말할 수 있다. 왜냐하면 그의 견해에 따르면 비록 모든 존재는 그 자체로 지성적이지만, 인간 주관은 그것의 자연적 범위가 제한되어 있는 그런 종류의 것이며, 말하자면 그런 인식 구조를 지니고 있기 때문이다. 인간의 인식 그 자체가 가능하기 위해서는 주관과 객관 쪽 모두의 조건이 요구된다. 그러나 이러한 관점은 칸트의 코페르니쿠스적 혁명으로 대표되는 관점과는 다른 것이다.

관성의 문제는 잘못된 가정에서 발생한 것이라고 말하고 싶을 수도 있다. 또는 예를 들어 '비판적인 문제'에 대해 이야기하는 것은 어리석은 일이라고 말하고 싶을 수도 있다. 우리는 조심스럽게 정의된 문제들을 공식화하려고 노력해야 한다. 그리고 그렇게 하는 과정에서 우리는 막연한 용어로 표현될 때 대단한 순간처럼 보이는 문제들의 주장이 사이비 문제이거나 또는 자문자답하는 것으로 드러난다는 것을 발견할 수 있다. 그러나 내가 생각하기에 인식 이론을 강조하는 것과 관련하여 우리가 어떤 태도를 취하기를 원하든지 간에, 인식 이론이 중세철학자의 정신에서는 자연스럽게 나오지 않았지만, 17세기와 18세기 철학의 발전에 자극을 받은 문제 제기 방식을 통해 생겨났다는 사실은 분명하다.

　　이러한 언급들이 근대철학에서 인식론이나 인식 이론이 두드러지게 나타난 것은 전적으로 영국의 경험론자들과 칸트에 기인한다는 사실을 의미하는 것은 아니다. 데카르트 철학에서 인식 이론이 두드러진 것은 자명하다. 실제로 우리는 인식의 기원과 인식을 증가시키는 방법에 대한 서로 다른 믿음과 연관해서 합리론과 경험론의 차이점을 설명할 수 있다. 따라서 근대철학의 시초부터 인식론이 부각되고 중요한 위상을 차지했다고 말하는 것은 사실이다. 동시에, 인식에 대한 선험적 비판을 통한, 형이상학에 대한 칸트의 파괴적인 비판이 철학자의 진정한 주제는 정확히 말해 인식 이론이었다는 것을 함축했던 것처럼 보인다는 사실만 놓고 볼 때, 특별히 칸트가 인식론을 철학적 논의의 전면에 밀고 나간 것에 강력한 영향력을 행사했었다는 것 역시 사실이다. 그리고 물론 형이상학에 대한 그의 비판을 논박하고자 하는 사람은 누구든지 그의 인식론적 이론을 검토하는 것에서 시작하지 않으면 안 된다.

　　앞 절에서 간략하게 논의된 사실은, 즉 다소 역설적이게도 칸트의 비판철학이 형이상학적 사변의 새로운 폭발을 가져왔다는 사실은 칸트가 인식 이론에 주의를 집중하는 데 강력한 영향을 미쳤다는 주장에 반대되는 것처럼 보일 수 있다. 그러나 사실 19세기 전반부의 사변적 관념론은 칸트의 인식론에 대한 혐오감에서 생겨난 것이 아니라, 칸트의 후계자들이 보기에 칸트 관점의 적절한 함축인 것처럼 보이는 것의 발전에서 생겨났다. 따라서 피히테는 인식 이론에서 시작했으며 그의 관념론적 형이상학은 인식 이론에서 성장했다. 신칸트주의자들은 사변적 관념론을 진정한 칸트 정신에 대한 배신으로 여겼을 것이다. 그렇다고 해서 새로운 형이상학에 대한 접근이 인식 이론을 통해 이루어졌다는 사실이 바뀌지는 않는다. 칸트의 비판철학에서 관념론적 형이상학으로의 이행이 어떻게 일어났는지는 이 철학사의 다음 권에서 자세히 설명될 것이다.

참고문헌[1]

일반적 언급과 일반 도서에 대해서는 제4권 『합리론 – 데카르트에서 라이프니츠까지』 (*Descartes to Leibniz*)의 마지막에 있는 참고 문헌을 참조.

일반적인 사유 운동과 더 탁월한 사상가들에 관해 영어로 된 몇몇 책들을 선정하는 데서 어떤 지침을 원하는 독자들의 편의를 위해서 어떤 제목에는 별표(*)가 붙어있다. 그러나 이런 표시가 없다고 해서 해당 책의 가치에 대해서 부정적인 판단을 보여준다고 생각해서는 안 된다.

계몽시대에 관련된 이하의 저서들이 추가될 수 있다.

Becker, C. L. *The Heavenly City of the Eighteenth-Century Philosophers*. New Haven, 1932.

Cassirer, E. *The Philosophy of the Enlightenment*, translated by F. Koelln and J. Pettegrove. Princeton and London, 1951.

Hazard, P. *La crise de la conscience europdenne* (1680-1715). 3 vols. Paris, 1935.

　　The European Mind, 1680-1715, translated by J. L. May. London, 1953.

　　La pensée européenne au XVIII siècle, de Montesquieu à Lessing. 3 vols. Paris, 1946.

　　European Thought in the Eighteenth Century, from Montesquieu to Lessing, translated by J. L. May. London, 1954.

Hibben, J. G. *The Philosophy of the Enlightenment*. London and New York, 1910.

Wolff, H. M. *Die Weltanschauung der dcutschen Aufklärung*. Berne, 1949.

Wundt, M. *Die deutsche Schulmetaphysik im Zeitalter der Aufklärung*. Tubingen, 1945.

1　약어(*E. L.*)는 앞의 책에서와 마찬가지로 *Everyman's Library*를 나타낸다.

1. 베일(Bayle)

원저

Dictionnaire historique et critique. 2 vols., Rotterdam, 1695-1697; 4 vols., 1730; and subsequent editions.

Œuvres diverses. 4 vols. The Hague, 1727-1731.

Selections from Bayle's 'Dictionary', edited by E. A. Beller and M. Du P. Lee. Princeton and London, 1952.

Système de la philosophie. The Hague, 1737.

연구서

André, P. *Le jeunesse de Bayle*. Geneva, 1953.

Bolin, W. P. *Bayle, sein Leben und seine Schriften*. Stuttgart, 1905.

Cazes, A. P. *Bayle, sa vie, ses idées, son influence, son œuvre*. Paris, 1905.

Courtines, L. P. *Bayle's Relations with England and the English*. New York, 1938.

Deschamps, A. *La genèse du scepticisme érudit chez Bayle*. Brussels, 1878.

Devolve, J. *Essai sur Pierre Bayle, religion, critique et philosophie positive*. Paris, 1906.

Raymond, M. *Pierre Bayle*. Paris, 1948.

2. 퐁트넬(Fontenelle)

원저

Œuvres. 1724 and subsequent editions. 3 vols., Paris, 1818; 5 vols., Paiis, I924-1935.

De l'originc des fables, critical edition by J-R. Carré Paris, 1932.

연구서

Carré, J-R. *La philosophic de Fontenelle ou le sourire de la raison*. Paris, 1932.

Edsall, H. Linn. *The Idea of History and Progress in Fontenelle and Voltaire* (in Studies by Members of the French Department of Yale University, New Haven, 1941, pp. 163-184).

Grégoire, F. *Fontenelle*. Paris, 1947.

Laborde-Milan, A. *Fontenelle*. Paris, 1905.

Maigron, L. *Fontenelle, l'homme, l'œuvre, l'influcnce*. Paris, 1906.

3. 몽테스키외(Montesquieu)

원저

Œuvres, edited by E. Laboulaye. 7 vols. Paris, 1875-1879.

Œuvres, edited by A. Masson. 3 vols. Paris, 1950-1955.

De l'esprit des lois, edited with an introduction by G. True. 2 vols. Paris, 1945.

연구서

Barridère, P. *Un grand Provincial: Charles-Louis Seconded, baron La Brède el de Montesquieu*. Bordeaux, 1946.

Carcassonne, E. *Montesquieu ei leprobUme de la constitution française au XVIII*siècle*. Paris, 1927.

Cotta, S. *Montesquieu e la scienza della società*. Turin, 1953.

Dedieu, J. *Montesquieut l'homme et l'œuvre*, Paris, 1943.

Duconseil, N. *Machiavelli et Montesquieu*. Paris, 1943.

Durkheim, S. *Montesquieu et Rousseau, précurseurs de la sociologie*. Paris, 1953 (reprint of 1892 edition).

Fletcher, F. T. H. *Montesquieu and English Politics, 1750-1800*. London and New York, 1939.

Levin, L. M. *The Political Doctrine of Montesquieu's* Esprit des lois: *Its Classical Background* (dissert.). New York, 1936.

Raymond, M. *Montesquieu*, Fribourg, 1946.

Sorel, A. *Montesquieu*. Paris, 1887.

Struck, W. *Montesquieu als Politiker*. Berlin, 1933.

Trescher, H. *Montesquieus Einfluss auf die Geschichts-und Staatsphilosophie bis zum Anfang. des 19. Jahrhunderts*. Munich, 1918 (*Schmollers Jahrbuch*, vol. 42, pp. 267-304).

    Montesquieus Einfluss auf die philosophischen Grundlagen der Staatslehre Hegels. Munich, 1918 (*Schmollers Jahrbuch*, vol. 42, PP. 471-501, 907-944).

Vidal, E. *Saggio sul Montesquieu*. Milan, 1950.

또한 다음을 참고:

Cabeen, D. C. *Montesquieu: A Bibliography*. New York, 1947.

Deuxième cenyenaire de l'Esprit des lois de Montesquieu (lectures). Bordeaux, 1949.

Revue internationale de philosophie, 1955, nos. 3-4.

4. 모페르튀이(Maupertuis)

원저

Œuvres. 4 vols. Lyons, 1768 (2nd edition).

연구서

Brunet, P. *Maupertuis*. 2 vols. Paris, 1929.

5. 볼테르(Voltaire)

원저

Œuvres., edited by Beuchot. 72 vols. Paris, 1828-1834.

Œuvres., edited by Moland. 52 vols. Paris, 1878-1885.

Traité de métaphysique, edited by H. T. Patterson. Manchester, 1937.

Dictionnaire philosophique, edited by J. Benda. Paris, 1954.

Philosophical Dictionary, selected and translated by H. I. Woolf. London, 1923.

Lettres philosophiques, edited by F. A. Taylor. Oxford, 1943.

Bengesco, G. Voltaire. *Bibliographic de ses œuvres*. 4 vols. Paris, 1882-1892.

연구서

Aldington, R, *Voltaire*. London, 1926.

Alexander, J. W. *Voltaire and Metaphysics* (in *Philosophy* for 1944).

Bellesort, A. *Essai sur Voltaire*. Paris, 1950.

Bersot, E. *La philosophie de Voltaire*. Paris, 1848.

Brandes, G. *Voltaire*. 2 vols. Berlin, 1923.

Carré, J.-R. *Consistence de Voltaire: le philosophe*. Paris, 1939.

Charpentier, J. *Voltaire*. Paris, 1955,

Craveri, R. *Voltaire, politico dell'illuminismo*. Turin, 1937.

Cresson, A. *Voltaire*. Paris, 1948.

Cuneo, N. *Sociologia di Voltaire*, Genoa, 1938.

Denoisterre, H. *Voltaire ei la société au XVIII siècle*. 8 vols. Paris, 1867-1876.

Fitch, R. E. *Voltaire's Philosophical Procedure*. Forest Grove, U.S.A., 1936.

Gimus, W. *Voltaire*. Berlin, 1947.

Labriola, A. *Voltaire y la filosofia de la liberación*. Buenos Aires, 1944.

Lanson, G. *Voltaire*, Paris, 1906.

Maurois, A. *Voltaire*. Paris, 1947.

Meyer, A. *Voltaire, Man of Justice*. New York, 1945.

Morley, J. *Voltaire*, London, 1923.

Naves, R. *Voltaire et l'Encyclopédie*. Paris, 1938.

    Voltaire, l'homme et l'œuvre. Paris, 1947 (2nd edition).

Noyes, A. *Voltaire*. London, 1938.

O'Flaherty, K. *Voltaire. Myth and Reality*. Cork and Oxford, 1945.

Pellissier, d. *Voltaire philosophe*. Paris, 1908.

Pomeau, R. *La religion de Voltaire*. Paris, 1956.

Rowe, C. *Voltaire and the State*. London, 1956.

Torrey, N. L. *The Spirit of Voltaire*. New York, 1938.

Wade, O. *Studies on Voltaire*. Princeton, 1947.

6. 보브나르그(Vauvenargues)

원저

Œuvres, edited by P. Varillon. 3 vols. Paris, 1929.

Œuvres choisies, with an introduction by H. Gaillard de Champris. Paris, 1942.

Réflexions et maximes. London, 1936.

Reflections and Maxims, translated by F. G. Stevens. Oxford, 1940.

연구서

Borel, A. *Essai sur Vauvenargues*. Neuchatel, 1913.

Merlant, J. *De Montaigne à Vauvenargues*. Paris, 1914.

Paléologue, G. M. *Vauvenargues*. Paris, 1890.

Rocheblave, S. *Vauvenargues ou la symphonic inachevée*. Paris, 1934.

Souchon, P. *Vauvenargues, philosophy de la gloire*. Paris, 1947.

      Vauvenargues. Paris, 1954.

Vial, F. *Une philosophie et une morale du sentiment*. Due de Clapiers, *Marquis de Vauvenargues*, Paris, 1938.

7. 콩디야크(Condillac)

원저

Œuvres. 23 vols. Paris, 1798.

Œuvres philosophiques, edited by G. Le Roy. 3 vols. Paris, 1947-1951.

Letires inéites à Gabriel Cramer, edited by G. Le Roy. Paris, 1952.

Treatise on the Sensations, translated by G. Carr. London, 1930.

연구서

Baguenault de Pucbesse G. *Condillac, sa vie, sa philosophie*, son influence. Paris, 1910.

Bianca, G. *La volontà nel pensiero di Condillac*. Catania, 1944.

Bizzarri, R. *Condillac*. Brescia, 1945.

Dal Pra, M. *Condillac*. Milan, 1947.

Dewaule, L, *Condillac et la psychologie anglaise coniemporaine*. Paris, 1892.

Didier, J. *Condillac*. Paris, 1911.

Lenoir, R. *Condillac*. Paris, 1924.

Le Roy, G. *La psychologie de Condillac*. Paris, 1937.

Meyer, P. *Condillac*. Zurich, 1944.

Razzoli, L. *Pedagogia di Condillac*. Parma, 1935.

Tomeucci, L. *Il problema dell'esperienza dal Locke al Condillac*. Messina, 1937.

8. 엘베시우스(Helvétius)

원저

Œuvres. 7 vols. Deux-Ports, 1784.

　　　　5 vols. Paris, 1792.

Choix de textes, edited with an introduction by J. B. Séverac, Paris, 1911.

A Treatise on Man, translated by W. Hooper. London, 1777.

연구서

Cumming, I. *Helvetius*. London, 1955.

Grossman, M. *The Philosophy of Helvetius*. New York, 1926.

Horowitz, I. L. C. *Helvetius, Philosopher of Democracy and Enlightenment*. New York, 1954.

Keim, A. *Helvétius, sa vie et son œuvre*. Paris, 1907.

Limentani, L. *Le teorie psicologiche di C. A. Hdlétius*. Padua, 1902.

Mazzola, F. *La pedagogia d'Elvetio*. Palermo, 1920.

Mondolfo, R. *Saggi per la storia della morale utilitaria, II: Le teorie morali e politiche di C. A. Helvetius*. Padua, 1904.

Stanganelli, I. *La teoria pedagogica di Helvetius*. Naples, 1939.

9. 백과전서(Encyclopaedia)

원저

Encyclopedic ou Dictionnaire raisonni des sciences, des arts et des metiers. 28 vols. Paris 1751-1772.

　　　　Supplement in 5 vols.: Amsterdam, 1776-1777.

Analytic tables in 2 vols., edited by F. Mouchon, Amsterdam, 1780-1781.

The 'Encyclopédie' of Diderot and d'Alembert: selected articles edited with an introduction by J. Lough. Cambridge, 1954.

연구서

Charlier, G., and Mortier, R. *Une suite de l'Encydopédie, le Journal Encydopddique'* (1756-1793). Paris, 1952.

Ducros, L. *Les encydopédistes*. Paris, 1900.

Duprat, P. *Les encydopédistes, leurs travaux, leur doctrine et leur influence*. Paris, 1865.

Gordon, D. H., and Torrey, N. L. *The Censoring of Diderot's Encyclopaedia*. New York, 1949.

Grosdaude, P. *Un audacieux message, l'Encydopedie*. Paris, 1951.

Hubert. R. *Les sciences sociaks dans l'Encydopedie*. Paris, 1923.

Mornet, D. *Les origines intdlectudles de la révolution française* (1725-1787). Paris, 1933.

Mousnier, R., and Labrousse, E. *Le XVIIIe sièdc. Révolution intdlectudle, technique et politique* (1715-1815). Paris, 1953.

Roustan, M. *Les philosophes et la société française au XVIIIe siècle*. Lyons, 1906.

    The Pioneers of the French Revolution, translated by F. Whyte. Boston, 1926.

Schargo, N. N. *History in the Encyclopaedia*. New York, 1947.

Ventxiri, F. *Le origini dell'Enciclopcdia*. Florence, 1946.

10. 디드로(Diderot)

원저

Œuvres, edited by Assézat and Tournaux. 2 vols. Paris, 1875-1879.

Œuvres, edited by A. Billy. Paris, 1952-.

Conespondance, edited by A. Babeion. Paris, 1931.

Diderot: *Interpreter of Nature. Selected Writings*, translated by J. Stewart and J Kemp. New York, 1943.

Selected Philosophical Writings, edited by J. Lough. Cambridge, 1953.

Early Philosophical Works, translated by M. Jourdain. London and Chicago, 1916.

연구서

Barker, J. E. *Diderot's Treatment of the Christian Religion*. New York, 1931-

Billy, A. *Vie de Diderot*. Paris, 1943.

Cresson, A. *Diderot*. Paris, 1949.

Gerold, K. G. *Herder und Diderot. Ihr Einblick in die Kunst*. Frank furt, 1941.

Gillot, H. *Denis Diderot. L'homme. Ses idées philosophiques, esthétiques et littéraires*. Paris, 1938.

Hermand, P. *Les idées morales de Diderot*. Paris, 1923.

Johannson, V. *Études sur Diderot*. Paris, 1928.

Le Gras, J. *Diderot et l'Encyclopédic*. Amiens, 1938.

Lefebvre, H. Diderot. Paris, 1949.

Lopelmann, M. *Der junge Diderot*. Berlin, 1934.

Loy, J. R. *Diderot's determined Fatalist. A critical Appreciation of Jacques le fataliste'*. New York, 1950.

Luc, J. *Diderot. L'artiste et le philosophe. Suivi de textes choisis de Diderot*. Paris, 1938.

Luppol, I. K. *Diderot. Ses idées philosophiques*. Paris, 1936.

Mauveaux, J. *Diderot, l'encyclopedists et le penseur*. Montbéliard, 1914.

Mesnard, P. *Le cas Diderot, Etude de caractérologie littéraire*. Paris, 1952.

Morley, J. *Diderot and the Encyclopaedists*. 2 vols. London, 1878.

Momet, D. *Diderot, l'homme et l'œuvre*. Paris, 1941.

Rosenkranz, K. *Diderots Leben und Werke*. 2 vols. Leipzig, 1886.

Thomas, J. *L'humanisme de Diderot*. 2 vols. Paris, 1938 (2nd edition).

Venturi, F. *Jeunesse de Diderot*. Paris, 1939.

11. 달랑베르(D'Alembert)

원저

Œuvres philosophiques, edited by Bastien. 18 vols. Paris, 1805.

Œuvres et correspondance inédites, edited by C. Henry. Paris, 1887.

Discours sur l'Encyclopedie, edited by F. Picavet. Paris, 1919.

Traite de dynamique, Paris, 1921.

연구서

Bertrand, J. *D'Alembert*. Paris, 1889.

Muller, M. *Essai sur la phUosophie de Jean d'Alembert*. Paris, 1926.

12. 라메트리(La Mettrie)

원저

Œuvres philosophiques. 2 vols. London, 1791; Berlin, 1796.

Man a Machine, annotated by G. C. Bussey. Chicago, 1912.

연구서

Bergmann, E. *Die Satiren des Herrn Machine*. Leipzig, 1913.

Boissier, R. *La Metlrie*. Paris, 1931.

Picavet, F. La *Mettrie et la critique alletnande*. Paris, 1889.

Poritzky, Y. E. *J. O. de La Metlrie. Sein Leben und seine Werke*. Berlin, 1900.

Rosenfeld-Cohen, L. D. *From Beast-machine to Man-machine. The Theme of Animal Soul in French Letters from Descartes to La Mettrie*, with a preface by P. Hazard. New York and London, 1940,

Tuloup, G. F. *Un précurscur méconnu. Offray de La Mettrie, médicin-philosophe*. Paris, 1938.

13. 돌바크(D'Holbach)

원저

Système de la nature. Amsterdam, 1770.

Système sociale. London, 1773.

La politique naturelle. Amsterdam, 1773.

La morale universelle. Amsterdam, 1776.

연구서

Cushing, M. P. *Baron d'Holbach*. New York, 1914.

Hubert, R. *D'Holbach et ses amis*. Paris, 1928.

Naville, P. P. T. *D'Holbach et la philosophie scientifique au XVIIIe siècle*. Paris, 1943.

Plekhanov, G. V. *Essays in the History of Materialism*, translated by R. Fox. London, 1934.

Wickwaer, W. H. *Baron d'Holbach. A Prelude to the French Revolution*. London, 1935.

14. 카바니스(Cabanis)

원저

Œuvres, edited by Thurot. Paris, 1823-1825.

Lettre à Fauriel sur les causes premiéres. Paris, 1828.

연구서

Picavet, F. Les idéologues. Paris, 1891.

Tencer, M. *La psycho-physiologic de Cabanis*. Toulouse, 1931.

Vermeil de Conchard, T. P. *Trois études sur Cabanis*. Paris, 1914.

15. 뷔퐁(Buffon)

원저

Histoire naturelie, génlrale et particulière. 44 vols. Paris, 1749-1804.

Nouveaux extraits, edited by F. Gohin. Paris, 1905.

연구서

Dandin, H. *Les méthodes de classification et l'idée de série en botanique et en zoologie de Linni à Lamarck* (1740-1790). Paris, 1926.

Dimier, L. *Buffon*. Paris, 1919.

Roule, L. *Buffon ei la description de la nature*. Paris, 1924.

16. 로비네(Robinet)

원저

De la nature. 4 vols. Amsterdam, 1761-1766.

Consideéations sur la gradation naturelle des formes de l'être, ou les essais de la nature qui apprend à faire l'homme. Paris, 1768.

Parallèle de la condition et des facultés de l'homme avec la condition et les facultés des autres animaux. Bouillon, 1769.

연구서

Albert, R. *Die Philosophie Robinets*, Leipzig, 1903.

Mayer, J. Robinet, *philosophe de la nature* (Revue des sciences humaines, Lille, 1954, pp. 295-309).

17. 보네(Bonnet)

원저

Œuvres. 8 vols. Neuchâtel, 1779-1783.

Mémoires autobiographiques, edited by R. Savioz. Paris, 1948.

연구서

Bonnet, G. *Ch. Bonnet*. Paris, 1929.

Clapardde, E. *La psychologic animale de Ch. Bonnet*. Geneva, 1909.

Lemoine, A. *Ch. Bonnet de Genève, philosophe et naturaliste*. Paris, 1850.

Savioz, R. *La philosophie de Ch. Bonnet*. Paris, 1948.

Trembley, J. *Mémoires pour servir à l'histoire de la vie et des ouvrages de M. Bonnet*. Berne, 1794.

18. 보스코비치(Boscovich)

원저

Theoria philosophiae naturalis redacta ad unicam legem virtum in natura existentium. Vienna, 1758.

(The second edition, Venice, 1763, contains also *De anima et Deo and De spatio et tempore*.)

A Theory of Natural Philosophy, Latin (1763)—English edition, translated and edited by J. M. Child. Manchester, 1922.

Opera pertinentia ad opticam et astronomiam. 5 vols. Bassani, 1785.

연구서

Evellin, F. *Quid de rebus vel corporeis vel incorporeis senserit Boscovich*.

Gill, H. V., S.J. Roger Boscovich, S.J. (1711-1787), Forerunner of Modern Physical Theories. Dublin, 1941.

Nedelkovitch, D. *La philosophic naturelle et relaiiviste de R. J. Boscovich*. Paris, 1922.

Oster, M. *Roger Joseph Boscovich cds Naturphilosoph*. Bonn, 1909.

Whyte, L. L. R. *J. Boscovich, S.J., F.R.S. (1711-1787), and the Mathematics of Atomism*. (Notes and Records of the Royal Society of London, vol. 13, no. 1, June 1958, pp. 38-48.)

19. 케네(Quesnay)와 튀르고(Turgot)

원저

Œuvres économiques et philosophiques de F. Quesnay, edited by A. Oncken. Paris, 1888.

Œuvres de Turgot, edited by Dupont de Nemours. 9 vols. Paris, 1809-1811. Supplement edited by Dupont, Daire and Duggard. 2 vols. Paris, 1884.

Œuvres de Turgot, edited by G. Schelle. 5 vols. Paris, 1913-1932.

연구서

Bourthoumieux, C. Essai sur le fondement philosophique des doctrines iconomiques. Rousseau contrc Quesnay, Paris, 1936.

Fiorot, D. *La filosofia politica dei fisiocrati*. Padua, 1952.

Gigiioux, C. J. *Turgot*. Paris, 1946.

Schelle, G. *Turgot*, Paris, 1909.

Stephens, W, W. *Life and Writings of Turgot*, London, 1891.

Vigreux, P. *Turgot*, Paris, 1947.

Weuleresse, G. *Le mouvement physiocratique en France de 1756 à 1770*. Paris, 1910.

   La physiocratie sous les minisUres de Turgot et de Necker. Paris, 1950.

──── 제3~4장 루소

원저

Œuvres complètes. 13 vols. Paris, 1910. (당연히 루소의 저술들의 다른 편집본들이 있다. 그러나 아직 완전한 비판 편집본은 없다.)

Correspondance générale de J. J. Rousseau, edited by T. Dufour and P. P. Plan. 20 vols. Paris, 1924-1934.

Le Contrat social, édition comprenant, avec le texte difinitif, les versions primitives de l'ouvrage collationnhs sur les manuscrits autographs de Genive et de Ncuchâtel. Edition Dreyfus-Brisac. Paris, 1916.

Du contrat social, with an introduction and notes by G. Beaulavon. Paris, 1938 (5th edition).

Discours sur l'origine et les fondements de l'indgalité parmi les hommes, edited with an introduction by F. C. Green. London, 1941.

J-J. Rousseau. Political Writings, selected and translated with an introduction by F. M. Watkins. Edinburgh, 1954.

The Political Writings of Jean Jacques Rousseau, edited by C. E. Vaughan. 2 vols. Cambridge, 1915.

The Social Contract and Discourses, edited with an introduction by G. D. H. Cole. London (E.L.).

Émile or Education, translated by B. Foxley. London (E.L.).

J. J. Rousseau. Selections, edited with an introduction by R. Rolland. London, 1939.

Citizen of Geneva: Selections from the Letters of J. J. Rousseau, edited by C. W. Hendel. New York and London, 1937.

For a thorough study of Rousseau the student should consult:

Annales de la Sociéte J. J. Rousseau. Geneva, 1905 and onwards.

Sénelier, J. *Bibliographie générale des œuvres de J-J. Rousseau*. Paris, 1949.

연구서

Attisani, A. *L'utilitarismo di G. G. Rousseau*. Rome, 1930.

Baldanzi, E. R. *Il pensiero religioso di G. G. Rousseau*. Florence, 1934.

Bouvier, B. *J-J, Rousseau*. Geneva, 1912.

Brunello, B. G. *G. Rousseau*. Modena, 1936.

Buck, R. *Rousseau und die deutsche Romantik*. Berlin, 1939.

Burgelin, P. *La philosophie de l'existence de J-J. Rousseau*, Paris, 1952.

Casotti, M. *Rousseau e l'educazione morale*, Brescia, 1952.

Cassirer, E. *Rousseau, Kant, Goethe*, translated by J. Gutman, P. O. Kristeller and J. H. Randall, Jnr. Princeton, 1945.

    The Question of J-J. Rousseau, translated and edited with introduction and additional notes by P. Gay. New York, 1954.

Chapman, J. W. *Rousseau, Totalitarian or Liberal?* New York, 1956.

Chaponnère, P. *Rousseau*. Zurich, 1942.

Cobban, A. *Rousseau and the Modern Stoic*. London, 1934.

Cresson, A. *J-J. Rousseau. Sa vie, son oeuvre, sa philosophie*. Paris, 1950 (3rd edition).

Derathé, R. *Le rationalisme de J-J. Rousseau*. Paris, 1948.

    J-J. Rousseau et la science politique de son temps. Paris, 1950.

Di Napoli, G. *Il pensiero di G. G. Rousseau*. Brescia, 1953.

Ducros, L. *J-J. Rousseau*. 3 vols. Paris, 1908-1918.

Erdmann, K. D. *Das Verhältnis von Staat und Religion nach der Soziaiphilosophie Rousseaus. Der Begriff der 'religion civile'*. Berlin, 1935.

Faguet, E. *Rousseau penseur*. Paris, 1912.

Fester, R. *Rousseau und die deutsche Geschichtsphilosophie*. Stuttgart, 1890.

566

Flores d'Arcais, G. *Il problema pedagogico nell'Emilio di G. G. Rousseau.* Brescia, 1954 (2nd edition).

Frässdorf, W. *Die psychologischen Anschauungen J.-J. Rousseaus und ihr Zusammenhang mil der franzosischen Psychologie des 18 Jahrhunderts.* Langensaka, 1929.

Gézin, R. *J.-J. Rousseau.* Paris, 1930.

Green, F. C. * *Jean-Jacques Rousseau. A Study of His Life and Writings,* Cambridge, 1955.

Groethuysen, B. *J.-J. Rousseau.* Paris, 1950.

Guillemin, H. *Les philosophes contre Rousseau.* Paris, 1942.

Hellweg, M. *Der Begriff des Gewissens bei Rousseau.* Marburg-Lahn, 1936.

Hendel, C. W. * *Jean-Jacques Rousseau, Moralist.* 2 vols. New York and London, 1934.

Höffding, H. *J.-J. Rousseau and His Philosophy,* translated by W. Richards and L. E. Saidla. New Haven, 1930.

Hubert, R. *Rousseau et l'Encyclopedie. Essai sur la formation des idées politiques de Rousseau (1742-1756).* Paris, 1929.

Köhler, F. *Rousseau.* Bielefeld, 1922.

Lama, E. *Rousseau.* Milan, 1952

Lemaftre, J. *J.-J. Rousseau.* Paris, 1907.

Léon, P.-L. *L'idée de volonté générale chez J-J, Rousseau et ses antécédents historiques.* Paris, 1936.

Lombardo, S. *Rousseau nel coniratto sociale.* Messina, 1951.

Maritain, J. *Three Reformers: Luther, Descartes, Rousseau.* London, 1945 (reprint).

Masson. P. M. *La religion de Rousseau.* 3 vols. Paris, 1916.

Meinhold, P. *Rousseaus Geschichtsphilosophie.* Tübingen, 1936.

Mondolfo, R. *Rousseau e la coscicnza moderna.* Florence, 1954.

Moreau, L. *J.-J. Rousseau et le sièce philosophique.* Paris, 1870.

Morel, J. *Recherches sur les sources du discours de J-J. Rousseau sur l'origine el les fondements de l'inégalité.* Lausanne, 1910.

Morley, J. * *Rousseau.* 2 vols. London, 1883 (2nd edition).

Pahlmann, F. *Mensch und Staat bei Rousseau.* Berlin, 1939.

Petruzzelis, N. *Il fensiero politico e pedagogico. di G. G. Rousseau.* Milan, 1946.

Pons, J. *L'éducation en Angleterre entre 1750 et 1800. Aperçu sur l'influence de J-J. Rousseau en Angleterre.* Paris, 1919.

Proal, L. *La psychologie de J-J. Rousseau.* Paris, 1923.

Reiche, E. *Rousseau und das Naiurrecht.* Berlin, 1935.

Roddier, H. *J.-J. Rousseau en Angleterre au XVIIIe siècle.* Paris, 1950.

Saloni, A. *Rousseau.* Milan, 1949,

Schiefenbusch, A. *L'influence de J-J. Rousseau sur les beaux arts en France,* Geneva, 1930.

Schinz, A. *La pensde de J-J. Rousseau.* Paris, 1929.

La pensée religieuse de Rousseau et ses Scents interprlies. Paris, 1927.

État présent des iravaux sur J-J. Rousseau. Paris, 1941.

Sutton, C. *Farewell to Rousseau: a Critique of Liberal Democracy*, with an introduction by W. R. Inge. London, 1936.

Thomas, J. F. *Le pélagianisme de Rousseau*. Paris, 1956.

Valitutti, S. *La volontà generale, nel pensiero di Rousseau*. Rome, 1939.

Vasalli, M. *La pedagogia di G. G. Rousseau*. Como, 1951.

Voisine, J. *J-J. Rousseau en Angleterre à l'époque romantique*. Paris, 1956.

Wright, E. H. *The Meaning of Rousseau*. London, 1929.

Ziegenfuss, W. *J-J. Rousseau*. Erlangen, 1952.

여러 논문 모음집이 있다. 예를 들어 다음과 같다.

F. Baldensperger, etc. *J-J. Rousseau, leçons faites à École des hautes études societies*. Paris, 1912.

E. Boutroux, etc., in *Revue de mltaphysique et de morale*, XX, 1912.

───── 제5~7장 독일 계몽주의

I. 토마지우스(Thomasius)

원저

Institutionum iurisprudentiae divinae libri tres. Frankfurt and Leipzig, 1688.

Einleitung zu der Vernunftlehre. Halle, 1691.

Ausübung der Vernunflehre, Halle, 1691.

Ausübung der Sittenlehre. Halle, 1696.

Versuch vom Wesen des Geistes. Halle, 1699.

Introductio in philosophiam rationalem. Leipzig, 1701.

Kleine deutsche Schriften. Halle, 1701.

Fundamenta iuris naturae et gentium ex communi deducta in quibus secernuntur principia honesti, iusti ac decori. Halle, 1705.

Dissertaiiones academicae. 4 vols. Halle, 1733-1780.

연구서

Battaglia, F. *Cristiano Thomasiot filosofo e giurista*. Rome, 1935.

Bieber, G. *Staat und Gesellschaft bei C. Thomasius*. Giessen, 1931.

Bienert, W. *Der Anbruch der christlichen deutschen Neuzeit, dargestellt an Wissenschaft und Glauben des*

Christian Thomasius. Halle, 1934.

Die Philosophic des Christian Thomasius (dissert.). Halle, 1934.

Die Glaubenslehre des Christian Thomasius (dissert.). Halle, 1934.

Block, E. C. *Thomasius*. Berlin, 1953.

Lieberwirth, R. C. *Thomasius*. Weimar, 1955.

Neisser, K. C. *Thomasius und seine Beziehung zum Pietismus*. Heidelberg, 1928.

Schneider, F. *Thomasius und die deutsche Bildung*. Halle, 1928.

2. 볼프(Wolff)

원저

Philosophia rationalis, sive logica meihodo scieniifica pertractata et ad usum scientiarum atque vitae aptata. Frankfurt and Leipzig, 1728.

Philosophia prima sive Ontologia. Frankfurt, 1729.

Cosmologia generalis. Ibid., 1731.

Psychologia empirica. Ibid., 1732.

Psychologia rationalis. Ibid., 1734.

Theologia naturalis. 2 vols. *Ibid.*, 1736-7.

Philosophia practica universalis. 2 vols., *Ibid.*, 1738-1739.

Gesammelte kleinere Schriften, 6 vols. Halle, 1736-1740.

Ius naturae methodo scientifica pertractata. 8 vok. Frankfurt and Leipzig, 1740-1748.

Ius gentium. Halle, 1750.

Oeconomica. Ibid., 1750.

Philosophia moralis sive Ethica. 5 vols. *Ibid.*, 1750-1753.

연구서

Amsperger, W. Ch. *Wolffs Verhältnis zu Leibniz*. Heidelberg, 1897.

Campo, M. Ch. *Wolff e il razionalismo precritico*. 2 vols. Milan, 1939.

Frank, R. *Die Wolffsche Strafrechtsphilosophie und ihr Verhältnis zur kriminalpolitischen Aufklärung im 18. Jahrhundert.* Göttingen, 1887.

Frauendienst, W. Ch. *Wolff als Staatsdenker*. Berlin, 1927.

Heilemann, P. A. *Die Gotteslehre des Ch.* Wolff. Leipzig, 1907.

Joesten, C. Ch. *Wolffs Grundle-gung der praktischen Philosophie*. Leipzig, 1931.

Kohlmeyer, E. *Kosmos und Kosmonomie bei Ch. Wolff*. Göttingen, 1911.

Levy, H. *Die Religionsphilosophie Ch. Wolffs*, Würzburg, 1928.

Ludovici, C. G. *Ausführlichcr Entwurf einer vollständigen Historie der Wolffschen Philosophie*. 3 vols.

Leipzig, 1736-1737.

Sammlung und Auszüge der sämmilichen Strcitschriften wgcn der Wolffschen Philosophie. 2 vols. Leipzig, 1737-1738.

Utitz, E. *Ch. Wolff.* Halle, 1929.

Wundt, M. *Christian Wolff und die deutsche Aufklärung (in Das Deutsche in der deutschen Philosophie,* edited by T. Haering, Stuttgart, 1941, pp. 227-246).

3. 바움가르텐(Baumgarten)

원저

Meditationcs philosophicae de nonnullis ad poema pertinentibus. Halle, 1735.

Reflections on Poetry, translated, with the original Latin text, an introduction and notes by K. Aschenbrenner and W. B. Hoelther. Berkeley and London, 1954.

Metaphysica. Halle, 1740.

Aesthetica acroamatica. 2 vols. Frankfurt, 1750-1758.

Aesthetica. Iterum edita ad exemplar prioris editionis annorum MDCCL-LVIII spatio impressae Praepositac sunt: Meditaiiones philosophicae de nonnullis ad poema pertinentibus. Bari, 1936.

Ethica philosophica. Halle, 1765.

Philosophia generalis. Halle, 1769.

연구서

Bergmann, E. *Die Begründung der deutschen Aesthetik durch Baumgarten und G. F. Maier.* Leipzig, 1911.

Maier, G. F. A. G. *Baumgartens Leben.* Halle, 1763.

Peters, H. G. *Die Aesthetik A. G. Baumgartens und ihre Beziehungen zum Ethischen.* Berlin, 1934.

Poppe, B. A. G, *Baumgarten, seine Bedeutung und Stellung in der Leibniz-Wolffschen Philosophie.* Berne-Leipzig, 1907.

4. 프리드리히 대제(Frederick the Great)

원저

Antimachiavell. The Hague, 1740.

Essai sur l'amour propre envisagé comme principe de la morale. Berlin, 1770.

Œuvres de Frédéric le Grand. 30 vols. Berlin, 1847-1857. Vols. 8 and 9 Œuvres philosophiques.

Briefwechsel mit Maupertuis, edited by R. Koser. Berlin, 1898.

Briefwechsel mit Voltaire, edited by R. Koser and H. Droysen. Berlin, 1908.

연구서

Berney, A. *Friedrich der Grosse. Entwicklungsgeschichie eines Staatsmannes.* Tübingen, 1934.

Berney, G. *Friedrich der Grosse.* Munich, 1935.

Dilthey, W. *Friedrich der Grosse und die deutsche Aufklärung.* Leipzig, 1927.

Gent, W. *Die geistige Kultur um Friedrich den Grossen.* Berlin, 1936.

Gooch, G. P. *Frederick the Great.* New York, 1947.

Koser, R. *Friedrich der Grosse.* 4 vols. Stockholm, 1912 (4th edition).

Langer, J. *Friedrich der Grosse und die geistige Welt Frankreichs.* Hamburg, 1932.

Muff, W. *Die Philosophie Friedrichs des Grossen* (in Wissen und Wehr, Berlin, 1943, pp. 117~133).

    Friedrichs des Grossen philosophische Entwicklung (in *Forschungen und Fortschritte*, Berlin, 1943, pp. 156-157).

Pelletan, E. *Un roi philosophe, le grand Frédéric.* Paris, 1878.

Rigollot, G. *Frédéric. II. philosophe,* Paris, 1876.

Spranger, E. *Der Philosoph von Sanssouci.* Berlin, 1942.

Zeller, E. *Friedrich der Grosse als Philosoph.* Berlin, 1886.

5. 라이마루스(Reimarus)

원저

Abhandlungen von den vornehmsten Wahrheiten der natürlichen Religion. Hamburg, 1754.

Vernutiftlehre, Hamburg and Kiel, 1756.

Allgemeine Betrachtungen über die Triebe der Tiere, hauptsdählich über ihren Kunstirieb. Hamburg, 1760.

Apologie oder Schutzschrift für die vernünftigen Verehrer Gottes. See P. 123.

연구서

Buettner, W. H. S. *Reimarus als Meiaphysiker.* Würzburg, 1909.

Koestlin, H. *Das religiöse Erleben bei Reimarus.* Tübingen, 1919.

Loeser, M. *Die Kritik des H, S. Reimarus am alten Testament.* Berlin, 1941.

Lundsteen, A. C. H. S. *Reimarus und die Anfänge der Leben-Jesu Forschung.* Copenhagen, 1939.

6. 멘델스존(Mendelssohn)

원저

Werke, edited by G. B. Mendelssohn. 7 vols. Leipzig, 1843-1844.

Gesammelte Schriften, edited by J. Elbogen, J. Guttmann and M. Mittwoch. Berlin, 1929-.

연구서

Bachi, E. D. *Sulla vita e sulle opere di M. Mendelssohn*. Turin, 1872.

Bamberger, F. *Der geistige Gestalt M. Mendelssohns*. Frankfurt, 1929.

Cohen, B. *Ueber die Erkenntnislehre M. Mendelssohns*. Giessen, 1921.

Goldstein, L. M. *Mendelssohn und die deutsche Aesthetik*. Konigsberg, 1904.

Hoelters, H. *Der spinozistische Gottesbegriff bei M. Mendelssohn und F. H. Jacobi und dcr Gottesbegriff Spinozas*. Bonn, 1938.

7. 레싱(Lessing)

원저

*Sämtliche Schrifte*n. 30 vols. Berlin, 1771-1794.

Sämtliche Werke, critical edition of Lachmann-Muncker (Leipzig, 1886f.); 4th edition by J. Petersen. 25 vols. Berlin, 1925-1935.

Die Erziehung des Menschengeschlechts. Nach dem Urtext von 1780 neu herausgegeben mit Anmerkungen und einem Nachwort von K. R. Riedler. Zürich, 1945.

Lessing's Theological Writings, translated and selected by H. Chad wick. London, 1956.

연구서

Arx, A. von. *Lessing und die geschichtliche Welt*. Frankfurt, 1944.

Bach, A. *Der Aufbruch des deutschen Geistes. Lessing*, Klopstock, *Herder*. Markkleeberg, 1939.

Fischer, K. *Lessing als Reformator der deutschen Literatur*. 2 vols. Stockholm, 1881.

Fittbogen, G. *Die Religion Lessings*, Halle, 1915.

Flores d'Arcais, G. *L'estetica nel Laocoonte di Lessing*, Padua, 1935.

Garland, H. B. *Lessing, the Founder of Modern German Literature*, London, 1937.

Gonzenbach, H. *Lessings Gottesbegriff in seinem Verhältnis zu Leibniz und Spinoza*, Leipzig, 1940.

Kommerell, M. *Lessing und Aristoteles, Untersuchung über die Theorie der Tragödie*, Frankfurt, 1940.

Leander, F. *Lessing als aesthetischer Denker*. Göteborg, 1942.

Leisegang, H. *Lessings Weltanschauung*, Leipzig, 1931.

Milano, P. *Lessing*. Rome, 1930.

Oehlke, W. *Lessing und seine Zeit*. 2 vols. Munich, 1929 (2nd edition).

Robertson, G. *Lessing's Dramatic Theory*, Cambridge, 1939.

Schmitz, F. J. *Lessings Stellung in der Entfaltung des Individualismus*. Berkeley, U.S.A, and Cambridge, 1941.

Schrempf, C. *Lessing als Philosoph*, Stockholm, 1921 (2nd edition).

Wernle, P. *Lessing und das Christentum*. Leipzig, 1912.

8. 테텐스(Tetens)

원저

Gedanken über einige Ursachent warum in der Metaphysik nur wenige ausgemachte Wahrheiten sind. Bützow, 1760.

Abhandlung von den vorzüglichsten Beweisen des Daseins Gottes. Ibid., 1761.

Commentatio de principio minimi. Ibid., 1769.

Abhandlung über den Ursprung der Sprache und der Schift, Ibid., 1772.

Ueber die allgemeine spekulative Philosophie. Ibid., 1775.

Philosophische Versuche über die menschliche Natur und ihre Entwicklung. 2 vols. Leipzig, 1776. (Reprinted, Berlin, 1913.)

연구서

Schinz, M. *Die Moralphilosophie von Tetens.* Leipzig, 1906.

Schweig, H. *Die Psychologie des Erkennens bei Bonnet und Tetens* (dissert.). Bonn, 1921.

Seidel, A. *Tetens Einfluss auf die kritische Philosophie Kants* (dissert.). Leipzig, 1932.

Uebele, W. J. N. *Tetens nach seiner Gesamtentwicklung betrachtet mit besonderer Berücksichtigung des Verhältnisses zu Kant* (Kant studien, Berlin, 1911, suppl. vol. 24, viii, 1-238).

Zergiebel, K. *Tetens und sein system der Philosophie* (*Zeitschrift für Philosophie und Pädagogik,* Langensalza, vol. 19, 1911-1912, pp. 273-279, 321-326).

9. 바제도(Basedow)

원저

Philaldhie. Lübeck, 1764.

Theoretisches System dcr gesunden Vernunft. Leipzig, 1765.

Vorstellung an Menschenfreunde und vermögende Männer über Schulen, Studien und ihren Einfluss in die öffenlliche Wohlfahrt. Bremen, 1768.

Elementarwerk. 4 vols. Dessau, 1774.

연구서

Diestelmann, R. *Basedow.* Leipzig, 1897.

Pantano-Migneco, G. G. B. *Basedow e il filantropismo.* Catania, 1917.

Piazzi, A. *L'educazione filantropica nella dottrina e nell'opera di G. B. Basedow,* Milan, 1920.

Pinloche, A. *La réforme de l'éducation en Allemagne au XVIII siècle. Basedow et le philanthropisme.* Paris, 1889.

10. 페스탈로치(Pestalozzi)

원저

Sämtliche Werke, edited by A. Buchenau, E. Spranger and H. Stettbacker. 19 vols. Berlin, 1927-1956.

Sämtliche Werke, edited by P. Baumgartner. 8 vols. Zurich, 1943.

Sämtliche Briefe. 4 vols. *Zürich*, 1946-1951.

Educational Writings. Translated and edited by J. A. Green, with the assistance of F. A. Collie. London, 1912.

연구서

Anderson, L. F. *Pestalozzi*. New York, 1931.

Bachmann, W. *Die anthropologischen Grundlagen zu Pestalozxis Soziallehre*. Berne, 1947.

Banfi, A. *Pestalozzi*. Florence, 1928.

Barth, H. *Pestalozzis Philosophie der Politik*. Zürich and Stockholm, 1954.

Green, J. A. *Life and Work of Pestalozzi*. London, 1913.

Hoffman, H. *Die Religion im Leben und Denken Pestalozzis*. Berne, 1944.

Jónasson, M. *Recht und Sittlichkeit in Pestalozzis KuUurtheorie*. Berlin, 1936.

Mayer, M. *Die positive Moral bei Pestalozzi von 1766-1797* (dissert.). Charlottenburg, 1934.

Otto, H. *Pestalozzi*. Berlin, 1948.

Pinloche, A. *Pestalozzi et l'ëucation populaire moderne*. Paris, 1902.

Reinhart, J. J. H. *Pestalozzi*. Basel, 1945.

Schönebaum, H. *J. H. Pestalozzi*. Berlin, 1954.

Sganzini, C. *Pestalozzi*. Palermo, 1928.

Spranger, E. *Pestalozzis Denkformen*. Zurich, 1945.

Wehnes, F. J. *Pestalozzis Elementarmethode*. Bonn, 1955.

Wittig, H. *Studien zur Anthropologie Pestalozzis*. Weinheim, 1952.

11. 하만(Hamann)

원저

Sämtliche Schriften. Edited by F. Roth. 8 vols. Berlin, 1821-1843.

Sämtliche Schriften. Critical edition by J. Nadler. 6 vols. Vienna, 1949-1957.

Briefwechsel. Edited by W. Ziesemer and A. Henkel. 2 vols. Wies baden, 1955-1956.

연구서

Blum, J. *La vie et l'œuvre de J. G. Hamann, le Mage du Nord*. Paris, 1912.

Heinekamp, H. *Das Wetbild J. G. Hamanns*. Düsseldorf, 1934.

Metzger, W. *J. G. Hamann*. Frankfurt, 1944.

Metzke, E. J. *G. Hamanns Steltung in der Philosophie des 18. Jakrhunderts*. Halle, 1934.

Nadler, J. *Die Hamann-Ausgabe*. Halle-Saale, 1930.

   J. G. Hamann. Der Zeuge des Corpus Mysticum. Salzburg, 1949.

O'Flaherty, J. C. *Unity and Language. A Study in the Philosophy of J. G. Hamann*. Chapel Hill, U.S.A., 1952.

Schoonhoven, J. *Natur en genade by Hamann*. Leyden, 1945.

Steege, H. *J. G. Hamann*. Basel, 1954.

Unger, R. *Hamann und die Aufklärung*. 2 vols. Jena, 1911.

12. 헤르더(Herder)

원저

Sämiliche Werke. Edited by B. Sulphan and others. 33 vols. Berlin, 1877-1913.

Treatise upon the Origin of Language. Translator anon. London, 1827.

Outlines of a Philosophy of the History of Man. Translated by T. Churchill. London, 1803 (2nd edition).

The Spirit of Hebrew Poetry. Translated by J. Marsh. 2 vols. Burlington, Vt., 1832.

God. Some Conversations. Translated by F. H. Burkhardt. New York, 1949 (2nd edition).

연구서

Andress, J. M. *J. G. Herder as an Educator*, New York, 1916.

Aron, E. *Die deutsche Erweckung des Griechentums durch Winckdmann und Herder* (dissert.). Heidelberg, 1929.

Bach, R. *Der Aufbruch des deutschen Geistes: Lessing, Klopstock. Herder*, Markkleeberg, 1940.

Baumgarten, O. *Herders Lebenzweck und die religiöse Frage der Gegenwart*. Tübingen, 1905.

Bäte, L. *J. G, Herder, Der Weg, das Werkt die Zeit*. Stuttgart, 1948.

Berger, F. *Menschcnbild und Menschenbildung, Die philosophisch-padagogische Anthropologie J, G. Herders*. Stuttgart, 1933.

Bematzki, A. *Herders Lehre von dcr aesthdischen Erziehung* (dissert.). Breslau, 1925.

Blumenthal, E. *Herders Auseinandersetzung mit der Philosophie Leibnizens* (dissert.). Hamburg, 1934.

Boor, W. de. *Herders Erknntnislehre in ihrer Bedeutung für seinen religiösen Idealismus*, Gutersloh, 1929.

Brändle, J. *Das Problem dcr Innerlichkcil: Hamann, Herder, Goethe*. Berne, 1950.

Clark, R. T., Jnr. *Herder: His Life and Thought*, Berkeley and London, 1955. (Contains full bibliographies.)

Dewey, M. H. *Herder's Relation to the Aesthetic Theory of His Time* (dissert.). Chicago, 1918.

Dobbek, W. *J. G. Herders Humanitätsidee als Ausdiwk seines Weltbildes und seiner Persönlichkeit*, Braunschweig, 1949.

Erdmann, H. *Herder als Religionsphilosoph*, Hersfeld, 1868.

Fischer, W. *Herders Erkenntnislehre und Metaphysik* (dissert.). Leipzig, 1878.

Gerold, K. d. *Herder und Diderot, ihr Einblick in die Kunst*, Frankfurt, 1941.

Gillies, A. *Herder*. Oxford, 1945.

Grabowsky, I. *Herders Metakritik und Kants Kritik der reinen Vernunft* (dissert.). Dortmund, 1934.

Hatch, I. C. *Der Einfluss Shaftesburys auf Herder* (dissert.). Berlin, 1901.

Haym, R. *Herder nach seinem Leben und seinen Werken dargestellt*. 2 vols. Berlin, 1954. (Reprint of 1877–1885 edition.)

Henry, H. *Herder und Lessing: Umrisse ihrer Beziehung*, Würzburg, 1941.

Joens, D. W. *Begriff und Problem der historischen Zeit bei J. G. Herder*. Göteborg, 1956.

Joret, C. *Herder et la renaissance littéraire en Allemagne au XVIII siècle*. Paris, 1875.

Knorr, F. *Das Problem der menschlichen Philosophir bei Herder* (dissert.). Coburg, 1930.

Kronenberg, M. *Herders Philosophie nach ihrem Entwicklungsgang und ihrer historischen Stellung*. Heidelberg, 1889.

Kuhfuss, H. *Gott und Welt in Herders 'Ideen zur Philosophie der Geschichte der Menschheit'* (dissert.). Emsdetten, 1938.

Kühnemann, E. *Herder*, Munich, 1927 (2nd edition).

Landenberger, A. *J. G. Herder, sein Leben, Wirken und Charakterbild*. Stuttgart, 1903.

Litt, T. *Kant und Herder als Deuter der geistigen Welt*. Heidelberg, 1949 (2nd edition).

> *Die Befreiung des geschichtlichen Bewusstseins durch Herder*. Leipzig, 1942.

McEachran, F. *The Life and Philosophy of J. G. Herder*. Oxford, 1929.

Nevinson, H. *A Sketch of Herder and His Times*, London, 1884.

Ninck, J. *Die Begründung der Religion bei Herder*, Leipzig, 1912.

Rasch, W. *Herder, sein Leben und Werk im Umriss*, Halle, 1938.

Rouché, M. *Herder précurseur de Darwin? Histoire d'un mythe*. Paris, 1940.

> *La philosophie de l'histoire de Herder* (dissert.). Paris, 1940.

Salmony, H. A. *Die Philosophie des jungen Herder*. Zürich, 1949.

Siegel, K. *Harder als Philosoph*. Stuttgart, 1907.

Voigt, A. *Umrisse eincr Staatslehre bei J. G. Herder*. Stuttgart and Berlin, 1939.

Weber, H. *Herders Sprachphilosophie. Eine Interpretation in Hinblick auf die moderns Sprachphilosophie* (dissert.). Berlin, 1939.

Werner, A. *Herder als Theologe: ein Beitrag zur Geschichte der protestantischen Theologie*. Berlin, 1871.

Wiese, B. von. *Volk und Dichtung von Herder bis zur Romantik*. Erlangen, 1938.

Herder. Grundzüge seines Weltbildes. Leipzig, 1939.

13. 야코비(Jacobi)
원저

Werke. Edited by F. Roth. 6 vols. Leipzig, 1812-1825.

Aus F. H. Jacobis Nachlass. Edited by R. Zöpporitz. 2 vols. Leipzig, 1869.

Auscrlesener Briefwechsel. Edited by F. Roth. 2 vols. Leipzig, 1825-1827.

Briefwechsel zwischen Goethe und F. H. Jacobi. Edited by M. Jacobi. Leipzig, 1846.

Briefe an Bouterwerk aus den Jahren 1800-1819. Edited by W. Meyer. Gottingen, 1868.

연구서

Bollnow, O. F. Die Lebensphilosophie F. H. Jacobis. Stockholm, 1933.

Fischer, G. *J. M, Sailer und F. H. Jacobi.* Fribourg, 1955.

Frank, A. *Jacobis Lehre vom Glauben.* Halle, 1910.

Heraens, O. F. *Jacobi und der Sturm und Drang.* Heidelberg, 1928.

Hoelters, H. *Der spinozistischc Gottesbegriff bei Mendelssohn und Jacobi und der Gottesbegriff Spinozas* (dissert.). Bonn, 1938.

Lévy-Bruhl, L. *La philosophie de Jacobi.* Paris, 1894.

Schmid, F. A. *F. H. Jacobi.* Heidelberg, 1908.

Thilo, C. A. *Jacobis Religionsphilosophie.* Langensalza, 1905.

Zirngiebl, E. F. H. *Jacobis Leben, Dichten und Denken.* Vienna, 1867.

━━━━ 제8~9장 역사 철학의 부상

1. 보쉬에(Bossuet)
원저

Œuvres complètes. Edited by P. Guillaume. 10 vols. Bar-le-Duc, 1877.

연구서

Auneau, A. *Bossuet.* Avignon, 1949.

De Courten, C. *Bossuet e il suo 'Discours sur l'histoire universelle'.* Milan, 1927.

Nourisson, A. *Essai sur la philosophie de Bossuet.* Paris, 1852.

2. 비코(Vico)

원저

Opere. Edited by F. Nicolini. 8 vols. (11 'tomes'). Bari, 1914-1941.

La Scienza Nuova seconda, giusia la edizione del 1744, con le varianti del 1730 e di due redazioni interme-dia inedite. Edited by F. Nicolini. 2 vols. Bari, 1942 (3rd edition).

*Scienza nuova*의 다른 이탈리아 판본들이 많이 있다.

Commento storico alia Scienza seconda. By F. Nicolini. 2 vols. Rome, 1949.

The New Science of Giambattista Vico. Translated from the third edition (1744) by T. G. Bergin and M. H. Fisch. London, 1949.

Il diritto universale. Edited by F. Nicolini. Bari, 1936.

De nostri temporis studiorum ratione. With introduction, translation (Italian) and notes by V. De Ruvo. Padua, 1941.

Giambattista Vico. Autobiography. Translated by M. H. Fisch and T. G. Bergin. New York and London, 1944.

For Bibliography see Bibliografia vichiana. Edited by F. Nicolini. 2 vols. Naples, 1947.

연구서

Adams, H. P. *The Life and Writings of Giambattista Vico*. London, 1935.

Amerio, F. *Introduzione allo studio di G. B. Vico*. Turin, 1947.

Auerbach, E. *G. B. Vico. Barcelona*, 1936.

Banchetti, S. *Il significato morale dell'estetica vichiana*. Milan, 1957.

Bellofiore, L. *La dottrina del diritto naturals in G. B. Vico*. Milan, 1954.

Berry, T. *The Historical Theory of G, B. Vico*. Washington, 1949.

Cantone, C. *Il concetto filosofico di diritio in G. B. Vico*. Mazana, 1952.

Caponigri, A. R. *Time and Idea, the Theory of History in Giambattista Vico*. London, 1953.

Cappello, C. *La dottrina della religione in G. B. Vico*. Chieri, 1944.

Chaix-Ruy, J. *Vie de J. B. Vico*. Paris, 1945.

   La formation de la pensée philosophique de J. B. Vico. Paris, 1945.

Chiochetti, E. *La filosofia di Giambattista Vico*. Milan, 1935.

Cochery, M. *Les grandcs lignes de la philosophie historique et juridique de Vico*. Paris, 1923.

Corsano, A. *Umanesimo e religione in G. B. Vico*. Bari, 1935.

   G. B. Vico. Bari, 1956.

Croce, B. *La filosofia di G. B. Vico*. Bari, 1911.

Donati, B. *Nuovi studi sulla filosofia civile di G. B. Vico*. Con documenti. Florence, 1936.

Federici, G. C. *Il principio animaiore della filosofia vichiana*. Rome, 1947.

Flint, R. *Vico. Edinburgh, 1884.

Fubini, M. *Stile e umanità in G. B. Vico*. Bari, 1946.

Gentile, G. *Studi vichiani*. Messina, 1915.

    Giambattista Vico. Florence, 1936.

Giusso, L. *G, B. Vico fra l'umanesimo e l'occasionalismo*. Rome, 1940.

    Le filosofia di G. B. Vico e l'età barocca. Rome, 1943.

Luginbühl, J. *Die Axiomatik bei Vico*. Berne, 1946.

    Die Geschichisphilosophie G. Vicos. Bonn, 1946.

Nicolini, F. *La giovinezza di G. B. Vico*. Bari, 1932.

    Saggi vichiani. Naples, 1955.

Paci, E. *Ingens Sylva, Saggio su G. B. Vico*. Milan, 1949.

Peters, R. *Der Aufbau der Weltgeschichie bei G. Vico*. Stuttgart, 1929.

Sabarini, R. *Il tempo in G. B. Vico*. Milan, 1954.

Severgnini, D. *Nozze, tribunali ed are*. Studi vichiani. Turin, 1956.

Uscatescu, G. *Vico y el mundo histórico*. Madrid, 1956.

Villa, G, *La filosofia del mito secondo G. B. Vico*. Milan, 1949.

Werner, K. *G. B. Vico als Philosoph und gelehrter Forscher*. Vienna, 1881.

약간의 논문 모음집들이 있다. 예를 들면 다음과 같다.

Vico y Herder. Ensayos conmemorativos del secondo centenario de la muerte de Vico y del nacimiento de Herder. Buenos Aires, 1948.

3. 몽테스키외(Montesquieu)

위의 몽테스키외 참조

4. 볼테르(Voltaire)

위의 볼테르 참조

5. 콩도르세(Condorcet)

원저

Œuvrcs, Edited by Mme Condorcet, Cabanis and Garat. 21 vols. Paris, 1801-1804.

Œuvres. Edited by A. Condorcet, O'Connor and M. F. Arago. 12 vols. Paris, 1847-1849.

Sketch for a Historical Picture of the Progress of the Human Mind. Translated by J. Barraclough, with an introduction by Stuart Hampshire. London, 1955.

연구서

Alengry, F, *Condorcet, guide de la révolution française*. Paris, 1904.

Brunello, B. *La pedagogia della rivoluzione francese*. Milan, 1951.

Caben, L. *Condorcet et la révolution française*. Paris, 1904.

Frazer, J. G. *Condorcet on the Progress of the Human Mind*. Oxford, 1933.

Jacovello, G. *Introduzionc ad uno studio su Condorcet*. Bronte, 1914.

Martin, K. *Rise of French Liberal Thought in the 18th Century*. New York, 1954 (2nd edition).

6. 레싱(Lessing)

위의 레싱 참조.

7. 헤르더(Herder)

위의 헤르더 참조

───── 제10~16장 칸트

원저

Gesammelte Schriften. Critical edition sponsored by the Prussian Academy of Sciences. 22 vols. Berlin, 1902-1942.

Immanuel Kants Werke. Edited by E. Cassirer. 11 vols. Berlin, 1912-1918.

Kant's Cosmogony. Translated by W. Hastie. Glasgow, 1900. (Contains the *Essay on the Retardation of the Rotation of the Earth and the Natural History and Theory of the Heavens*.)

A New Exposition of the First Principles of Metaphysical Knowledge (contained as an Appendix in F. E. England's book, listed below).

An Inquiry into the Distinctions of the Principles of Natural Theology and Morals (contained in L. W. Beck's translation of Kant's moral writings, listed below).

Dreams of a Spirit-Seer Illustrated by the Dreams of Metaphysics. Translated by E. F. Goerwitz, edited by F. Sewall. New York, 1900.

Inaugural Dissertation and Early Writings on Space. Translated by J. Handyside. Chicago, 1929.

Critique of Pure Reason. Translated by N. K. Smith. London, 1933 (2nd edition).

Critique of Pure Reason. Translated by J. M. D. Meiklejohn, with an introduction by A. D. Lindsay. London (E.L.).

Prolegomena to Any Future Metaphysic. Translated by J. P. Mahaffy and J. H. Bernard. London, 1889.

Prolegomena to Any Future Metaphysic. Translated by P. Carus, revised by L. W. Beck. New York, 1950.

Prolegomena to Any Future Metaphysics. Translated with introduction and notes by P. G. Lucas. Manchester, 1953.

Immanuel Kant: Critique of Practiced Reason and Other Writings in Moral Philosophy. Translated and edited by L. W. Beck. Chicago, 1949. (Contains *An Inquiry*, as mentioned above, *Foundations of the Metaphysics of Morals, Critique of Practical Reason, What is Orientation in Thinking?, Perpetual Peace, On a Supposed Right to Lie from Altruistic Motives, and selections from the Metaphysics of Morals*.)

Kant's Critique of Practical Reason and Other Works on the Theory of Ethics. Translated by T. K. Abbott. London, 1909 (6th edition). (Contains a Memoir of Kant, *Fundamental Principles of the Metaphysics of Morals, Critique of Practiced Reason, the Introduction to the Metaphysics of Morals, the Preface to the Metaphysical Elements of Ethics, the first part of Religion within the Limits of Reason Alone, On a Supposed Right to Lie from Altruistic Motives, and On the Saying 'Necessity has no Law'*.)

The Metaphysics of Ethics. Translated by J. W. Semple. Edinburgh, 1886 (3rd edition).

The Moral Law or Kant's Groundwork of the Metaphysics of Morals. Translated with an introduction by H. J. Paton. London, 1950.

Kant's Lectures on Ethics. Translated by L. Infield. London, 1930.

Critique of Judgment. Translated by J. H. Bernard. London, 1931 (2nd edition).

Religion within the Limits of Reason Alone. Translated by T. M. Greene and H. H. Hudson, with an introduction by T. M. Greene. Glasgow, 1934.

Perpetual Peace, A Philosophical Essay. Translated by M, Campbell Smith. London, 1915 (reprint).

Kant. Selections. Edited with an introduction by T. M. Greene. London and New York, 1929.

연구서

Adickes, E. *Kant als Naturforscher*. 2 vols. Berlin, 1924-1925.

    Kant und das Ding an sich. Berlin, 1924.

    Kant und die Als-Ob-Philosophie. Stockholm, 1927.

    *Kants Lehre von der doppelten Affektion unseres Ich als Schlüssel zu seine Erkenninistheori*e, Tubingen, 1929.

Aebi, M. *Kants Begründung der 'deutschen Philosophie'*. Basel, 1947.

Aliotta, A. *L'stetica di Kant e degli idealisti romantici*. Rome, 1950.

Ardley, G. *Aquinas and Kant*. New York and London, 1950.

Ballauf, T. *Ueber den Vorstellungsbegriff bei Kant*. Eleda, 1938.

Banfi, A. *La filosofia critica di Kant*. Milan, 1955.

Basch, V. *Essai critique sur l'esthétique de Kant*. Paris, 1927 (enlarged edition).

Bauch, B. *Kant*. Leipzig, 1923 (3rd edition).

Bayer, K. *Kants Vorlesungen über Religionslehre*. Halle, 1937.

Bohatec, J. *Die Religionsphilosophie Kants in der 'Religion innerhalb der Granzen der blossen Vernunft'*. Hamburg, 1938.

Borries, K. *Kant als Politiker*. Leipzig, 1928.

Boutroux, E. *La philosophie de Kant*, Paris, 1926.

Caird, E. *The Critical Philosophy of Immanuel Kant*. 2 vols. London, 1909 (2nd edition).

Campo, M. *La genesi del criticismo Kantiano*. 2 vols. Varese, 1953.

Carabellese, P. *La filosofia di Kant*, Florence, 1927.

    Il froblema della filosofia da Kant a Fichte. Palermo, 1929.

    Il problema dell'esistenza in Kant. Rome, 1943.

Cassirer, A. W. *A Commentary on Kant's Critique of Judgment*. London, 1938.

    * *Kant's First Critique: an Appraisal of the Permanent Significance of Kant's Critique of Pure Reason*. London, 1955.

Cohen, H. *Kommentar zu Kants Kritik der reinen Vernunft*. Leipzig, 1917 (2nd edition).

    Kants Theorie der reinen Erfahrung, Berlin, 1918 (3rd edition).

    Kants Begründung der Ethik. Berlin, 1910 (2nd edition).

    Vom Kants Einfluss auf die deutsche Kultur. Berlin, 1883.

    Kants Begründung der Aesthetik. Berlin, 1889.

Coninck, A. de. *L'analytique de Kant (Part I: La critique kantienne)*. Louvain, 1955.

Cornelius, H. *Kommentar zur Kritik dcr reinen Vernunft*, Erlangen. 1926.

Cousin, V. *Leçons sur la philosophie de Kant*. Paris, 1842.

Cresson, A. *Kant, sa vie, son œuvre. Avec un exposé de sa philosophie*, Paris, 1955 (2nd edition).

Daval, R. *La metaphysique de Kant. Perspectives sur la mitaphysique de Kant d'après la théorie du schématisme*. Paris, 1951.

Delbos, V. *La philosophie pratique de Kant*. Paris, 1905.

Denckmann, G. *Kants Philosophie des Aesthetischen*. Heidelberg, 1949.

Döring, W. O. *Das Lebenswerk Immanuel Kants*. Hamburg, 1947.

Duncan, A. R. C *Practical Rule and Morality. A Study of Immanuel Kant's Foundations for the Metaphysics of Ethics*. London and Edinburgh, 1957.

England, F. E. *Kant's Conception of God*. London, 1929.

Ewing, A. C. *Kant's Treatment of Causality*. London, 1924.

    Short Commentary on Kant's Critique of Pure Reason. London, 1938.

Farinelli, A. *Traumwelt und Jenseitsglaube bet Kant*. Konigsberg, 1940.

Fischer, K. *Kants Leben und die Grundlage seiner Lehre*. 2 vols. Heidelberg, 1909 (5th edition).

Friedrich, C. J. *Inevitable Peace*. New Haven, 1948. (Contains *Perpetual Peace as Appendix*.)

Garnett, C. B. Jr. *The Kantian Philosophy of Space*. New York, 1939.

Goldmann, L. Mensch, *Gemeinschaft und Welt in der Philosophie Kants*. Zurich, 1945.

Gottfried, M. *Immanuel Kant*. Cologne, 1951.

Grayeff, P. *Deutung und Darstellung der theoretischen Philosophie Kants*. Hamburg, 1951.

Guzzo, A. *Primi scrilti di Kant*. Naples, 1920.

　　　Kant precritico. Turin, 1924.

Heidegger, M. *Kant und das Problem der Metaphysik*. Bonn, 1929.

Heimsoeth, H. *Studien zur Philosophic I. Kants. Metaphysische Ursprünge und ontologische Grundlagen*. Cologne, 1955.

Herring, H. *Das Problem der Affektation bei Kant*. Cologne, 1953.

Heyse, H. *Der Begriff der Ganzheit und die kantische Philosophie*, Munich, 1927.

Jansen, B., S.J. *Die Religionsphilosophie Kants*. Berlin and Bonn, 1929.

Jones, W. T. *Morality and Freedom in the Philosophy of Immanuel Kant*. Oxford, 1940.

Kayser, R. *Kant*. Vienna, 1935.

Klausen, S. *Die Freiheitsidee in ihrem Verhältnis zum Naturrecht und Positivem Recht bei Kant*. Oslo, 1950.

Körner, S. *Kant*. Penguin Books, 1955.

Kronenberg, M. *Kant. Sein Leben und seine Werke*. Munich, 1918 (5th edition).

Kroner, R. *Von Kant bis Hegel*. 2 vols. Tübingen, 1921-4.

　　　Kant's Weltanschauung. Translated by J. E. Smith. Chicago, 1956.

Krüger, G. *Philosophie und Moral in der kantischen Kritik*. Tübingen, 1931.

Kühnemann, E. *Kant. 2* vols. Munich, 1923-1924.

Külpe, O. *Immanuel Kant*. Leipzig, 1921 (5th edition).

Lachièze-Rey, P. *L'idéalisme kantien*. Paris, 1950 (2nd edition).

Lehmann, G. *Kants Nachlasswerk und die Kritik der Urteilskraft*. Berlin, 1939.

Lindsay, A. D. *Kant*. London, 1934.

Litt, T. *Kant und Herder als Deuter der geistigen Welt*. Leipzig, 1930.

Lombardi, F. *La filosofia critica: I, La formazione del problema kantiano*. Rome, 1943.

Lotz, B., S.J. (editor). *Kant und die Scholastik heute*. Munich, 1955.

Lugarini, C. *La logica trascendentale di Kant*. Milan, 1950.

Marc-Wogau, K. *Untersuchungen zur Raumlehre Kants*. Lund, 1932.

　　　Vier Studien zu Kants Kritik der Urteilskraft. Uppsala, 1938.

Marechai, J., S.J. *Le point de départ de la mdtaphysique*. 5 vols. Bruges, 1923-1946. (Cahiers 3 and 5.)

Martin, G. *Arithmetik und Kombinatorik bei Kant*. Itzehoe, 1938.

　　　Kant's Metaphysics and Theory of Science. Translated by P. G. Lucas. Manchester, 1955.

Massolo, A. *Introduzione ali'analitica kantiana*. Florence, 1946.

Menzer, P. *Kants Aesthetik in ihrer Entwicklung*. Berlin, 1952.

Messer, A. *Kommentar zu Kants ethischen und religionsphilosophischen Hauptschriften*. Leipzig, 1929.

Miller, O. W. *The Kantian Thing-in-itself or Creative Mind*. New York, 1956.

Natorp, P. *Kant über Krieg und Frieden*. Erlangen, 1924.

Nink, C., S.J. *Kommentar zu Kants Kritik der reinen Vernunft*. Frankfurt, 1930.

Noll, B. *Das Gestaltproblem in der Erkenntnistheorie Kants*. Bonn, 1946.

Oggiani, E. *Kant empirista*. Milan, 1948.

Pareyson, L. *L'estetica dell'idealismo tedesco: I, Kant*. Turin, 1950.

Paton, H. J. **Kant's Metaphysic of Experience: A Commentary on the First Half of the Kritik der reinen Vernunft*. 2 vols. London, 1952 (2nd edition).

    *The Categorical Imperative: A Study in Kant's Moral Philosophy. London, 1948.

Paulsen, F. *Immanuel Kant: His Life and Doctrine*. Translated by J. E. Creighton and A. Lefèvre. New York, 1902.

Pfleiderer, E. *Kantischer Kritizimus und englische Philosophie*, Tubingen, 1881.

Reich, C. *Die Vollständigkeit der kantischen Urteilstafel*. Berlin, 1932,

    Kants Einzigmöglicher Beweisgrund zu einer Demonstration des Daseins Gottes. Berlin, 1932.

Reinhard, W. *Ueber das Verhältnis von Sittlichkeit und Religion bei Kant*. Berne, 1927.

Reininger, R. *Kant, seine Anhänger und Gegner*. Munich, 1923.

Rickert, H. *Kant als Philosoph der modernen Kultur*. Tübingen, 1924.

Riehl, J. *Kant und seine Philosophie*. Berlin, 1907.

Ross, Sir D. *Kant's Ethical Theory. A Commentary on the 'Grundlagen zur Metaphysik der Sitten'*, Oxford, 1954.

Rotta, P. *Kant*. Brescia, 1953.

Ruyssen, T. *Kant*. Paris, 1909.

Scaravelli, L. *Saggio sulla categoria kantiana della realtà*. Florence, 1947.

Scheenberger, G. *Kants Konzept des Moralbegriffs*. Basel, 1952.

Schilling, K. *Kant*. Munich, 1942 (2nd edition).

Schilpp, P. A. *Kant's Pre-Critical Ethics*, Evanston and Chicago, 1938.

Sentroul, C. *La philosophie religieuse de Kant*. Brussels, 1912.

    Kant et Aristote. Paris, 1913.

Simmel, G. *Kant*. Munich, 1921 (5th edition).

Smith, A. H. *Kantian Studies*. Oxford, 1947.

Smith, N. K. **A Commentary to Kant's 'ritique of Pure Reason'*. London, 1930 (2nd edition).

Souriau, M. *Le jugement réflichissant dans la philosophie critique de Kant*. Paris, 1926.

Specht, E. K. *Der Analogiebegriff bei Kant und Hegel*. Cologne, 1952.

Stuckenberg, J. H. W. *The Life of Immanuel Kant*, London, 1882.

Teale, E. *Kantian Ethics*. Oxford, 1951.

Tönnies, I. *Kants Dialektik des Scheins* (dissert.). Würzburg, 1933.

Troilo, E. *Kant*. Milan, 1939.

Vaihinger, H. *Kommentar zur Kritik der reinen Vernunft*. 2 vols. Stuttgart, 1922 (2nd edition).

Vanni-Rovighi, S. *Introduzione allo studio di Kant*. Milan, 1945.

Vleeschauwer, H. J. de. *La déduction transcendentale dans l'œuvre de Kant*, 3 vols. Antwerp, 1934-1937.

    L'évolution de la pensée kantienne. Histoire d'une doctrine. Paris, 1939.

Vorländer, K. *Immanuel Kant. Der Mann und das Werk*. Leipzig, 1924.

Vuillemin, J. *L'héritage kantien, et la révolution copernicienne*. Paris, 1954.

    Physique et metaphysique kantiennes. Paris, 1955.

Wallace, W. *Kant*. Oxford, Edinburgh and London, 1882.

Webb, C. C. J. *Kant's Philosophy of Religion*. Oxford, 1926.

Weldon, T. D. *Introduction to Kant's Critique of Pure Reason*. Oxford, 1945.

Whitney, G. T., and Bowers, D. F. (editors). *The Heritage of Kant* (essays). Princeton, 1939.

    Wundt, M. *Kant als Metaphysiker*. Stuttgart, 1924.

—— 기타

1. R. Eisler's *Kantlexion* (Berlin, 1930)이 칸트 연구에 도움이 된다.

2. *Kantstudien*(H. Vaihinger가 1896년에 창간한 정기 간행물)은 칸트에 관한 많은 중요 논문들을 포함한다.

3. 칸트에 관한 여러 논문 모음집들이 있다. 예를 들다면 다음과 같다.

    Revue internationale de philosophie, n. 30; Brussels, 1954.

    A Symposium on Kant, by E. G. Ballard and others. Tulane Studies in Philosophy, vol. III. New Orleans, 1954.

4. 칸트 철학의 더 형이상학 측면들은 위에 열거된 Daval, Heimsoeth, Martin (second work mentioned) Wundt 저술들에서 강조된다. 칸트의 사상과 토마스주의의 관계에 대한 논의에 대해서는 Audley and Mardchal (Cahier V)의 저술들을 참조할 것. Paton 교수와 N. K. Smith 교수의 저술들 이외에 de Vleeschauwer의 저술들이 높이 추천된다.

이름 찾기

내용 찾기

민족(국가, 국민)

　~들의 가족 235

　~들의 발전 193, 219, 230

　~들의 사회. 볼프 157 그리고 → 세계 국가

　~들의 자연법 157

　~의 이상 136

　역사에서의 ~ 224, 234

『민족의 공통 본성에 관한 새로운 과학의 원리

　들』(New Science concerning the Common

　Nature of the Nations), 비코의 211-212,

　215, 218-219

민주주의

　루소 132-134, 136

　프랑스 계몽주의 16, 26, 43, 83, 226

　다른 철학자 129, 157

믿음

　과학의 기초에 대한 자연적 ~ . 흄, 러셀

　　342-343

　다른 모든 ~에 관해서는 → 신앙

믿음, 종교적

　칸트 441

　다른 철학자 17, 167, 171, 173

　　　ㅂ

바이마르(Weimar), 헤르더와 ~ 193-195

반란

　돌바크 76

　볼테르 43

반 성직자주의 36, 43, 61, 126, 228

반(反) 종교개혁과 역사 208

발견의 원리

　~로서의 선험적 이념 389, 451, 453

　~로서의 자연의 목적성 478, 482

발명, ~의 중요성 235

방랑자들, ~로서의 원시적 인간 212, 215

방법

　철학에서의 ~ 504-506, 517

　기타 78-79, 266, 470 그리고 → 연역적,

　　실험적, 수학적, 과학적 ~

　형이상학 항목에서 → 칸트, 그리고 → 철

　　학에서의 종합

방법, 칸트의 「선험적 방법론」 302, 403

백과전서(1751-1765) 63-66, 68-70, 82, 84-

　85, 88-89, 94, 138, 226

백과전서파

　루소 94, 138, 530-531

　다른 철학자 70, 532

범신론

　레싱 172, 176-177

　다른 철학자 66, 196

범심리주의. 디드로 66

범주(category)

　칸트의 ~ 324-326

　~ 사용의 한계 344, 348, 359, 365, 367,

　　483. → 개념, 순수, 에서의

　　~ 사용의 한계

　~에 관한 야코비 197

　~에 대한 두 가지 설명 392-393

　~와 개념의 이중 의미 333, 356, 393-394

　~의 객관적 사용의 원리 337-341

　~의 구성적 기능. → 표제어

　~의 연역 327, 330, 362

　~의 적용 309, 330-336, 344, 348-350,

　　358, 360, 366-367, 370, 379 → 위

　　의 ~의 연역

　~의 종합화 기능. → 개념, 아프리오리한

　~표 324-326, 356, 396

　기타 298, 300, 302, 308, 341, 344, 397,

　　437, 450, 496, 541, 547

620

624

626

역자 후기

_____

코플스턴 철학사 제6권은 프랑스 계몽주의 시대의 철학에서 칸트의 철학을 포함한다. 더 구체적으로 이야기한다면, 프랑스 계몽주의 사상가들, 독일의 계몽주의 사상가들과 이들에 반발하는 반(反)계몽주의 사상가들, 역사철학을 특히 강조하는 사상가들, 칸트가 주로 다루어진다. 이에 따라 철학사 제6권은 4부로 구성된다.

작가가 제6권의 서문에서 밝혔듯이, 제4권(합리론), 제5권(경험론), 제6권은 원래 한 권으로 엮어질 것으로 계획되었다. 한 권으로 엮는다는 것은 이 철학사상들이 공통의 서론과 공통의 결론을 가질 수 있는, 어느 정도 일관된 내용을 포함한다는 것을 의미한다. 그러나 코플스턴은 물론 구체적으로 밝히고 있지는 않지만, 다루어질 사상가들의 수, 그들의 방대한 관심사와 그들이 사상사에서 차지하고 중요성, 이 사상가들의 독창성 등 여러 이유로 이 모든 철학자들의 사상을 한 권으로 엮는다는 것이 불가능하다는 것을 깨달았고, 결국 3부작의 형식을 가진 세 권의 책이 탄생하게 되었다.

철학사 제6권은 4부작으로 구성되었지만, 철학사에서 칸트의 압도적 중요성 때문에, 전체의 반이 훨씬 넘는 분량이 칸트에게 할애되었다(제4부). 한 권의 저서로 나와도 될 정도로 많은 분량이 칸트에게 할애된 것이다. 또한 사상사적 중요성 때문에 루소에 대해서도 비교적 상세하게 논의된다. 네 개의 장으로 구성된 프랑스 계몽주의에 대한 소개 중 두 개의 장이 루소에게 할애되었다. 루소는 칸트에게 끼친 영향으로도 유명하지만, 그의 사상이 가지는 독창성 때문에 프랑스 계몽주의에서 가장 탁월한 철학자로 평가받는다.

이 시대의 독특한 점은 역사에 대한 현저한 관심이다. 계몽주의에서 가장 중요한 것은 이성에 대한 강조와 역사적 발전에서 이성이 하는 역할이다. 이성에 대한 신뢰는 역사의 진보를 낙관적으로 보게 만들었다. 이성에 의거한다면, 역사는 당연히 진보할 뿐만 아니라, 예측될 수 있는 것이기도 하다. 그리스도교 사상에 따라서 성 아우구스티누스의 역사관이 펼쳐졌듯이, 이성에 따른 역사적 진보가 미리 예측되기도 한다. 자유, 평등의 실현이 역사적 진보의 증거다. 이 시대의 역사철학은 지나간 시대의 단순한 역사적 개관이 아니라, 미래에 오게 될, 그리고 미래에 와야 할 역사에 대한 개관이다. 이러한 역사철학은 성 아우구스티누스의 모범에 따라 전개된 것이다. 그리고 마르크스 역사철학의 모범이기도 하다.

코플스턴 철학사 제3권의 마지막 장(제24장)에 제1, 2, 3권에 대한 전체적인 개관이 서술된다. 고대철학과 중세철학 그리고 르네상스 철학이 역사적 관점에서 일관성을 가지고서 진술된다. 이와 마찬가지로 제6권의 마지막 장(제17장)은 대륙의 합리론, 영국의 경험론, 프랑스와 독일의 계몽주의와 반계몽주의, 칸트의 철학 사상이 또한 역사적 관점에서 일관성을 가지고서 진술된다. 이로써 코플스턴은 자신의 전집이, 철학자 개개인의 철학 사상을 소개하는 것에 그치는 것이 아니라, 전체를 개괄하는, 말하자면 철학적 역사서임을 분명히 보여준다.

코플스턴 제7권인 『18 · 19세기 독일철학(피히테에서 니체까지)』은 우리나라에 이미 번역되어 출판되었다. 제8권은 벤담에서 러셀까지의 철학을 다루고 있고, 제9권은 콩트, 베르그송, 사르트르, 메를로 퐁티 등을 다루고 있다. 제8권과 제9권은 아직 번역되지 않았으나, 조만간 번역되어 출판되기를 기대한다.

이 책의 출판을 허락해주신 북코리아 이찬규 사장님께 감사드리고, 아울러 꼼꼼하게 교정 작업을 해주신 김지윤 님에게 감사드린다.

2023년
이남원 · 정용수

저자 프레드릭 코플스턴 Copleston, Frederick Charles

말보로(Marlborough) 대학과 옥스퍼드 대학교의 성 요한 대학(St.John's College)을 졸업하고, 1929년 로마에 있는 교황청 직속 신학교 그레고리오(Gregorian) 대학교에서 철학박사 학위를 받았다. 1925년 그리스도교에 입문하여, 1930년 예수회 회원이 되었고, 1937년 신부 서품을 받았다. 1939년부터 1969년까지 런던 대학교 철학과 교수로 재직했으며, 1970년에서 1974년까지 헤이드롭(Heythrop) 대학교의 학장을 지내고, 런던 대학교의 명예교수로 있다가 1994년 2월 영국 런던에서 별세했다. 그의 주요 저서는 다음과 같다.

> *Friedrich Nietzsche: Philosopher of Culture* (London: Burns, Oates & Washbourne, 1942)
> *St. Thomas Aquinas and Nietzsche* (Oxford: Blackfriars, 1944)
> *Arthur Schopenhauer: Philosopher of Pessimism* ([S.l.]: Burns, Oates & Washbourne, 1947)
> *A History of Philosophy*, 9 vols (Westminster, Maryland; London: Newman Press; Search Press, 1947-1975)
> *Contemporary Philosophy: Studies of Logical Positivism and Existentialism* (Westminster, Maryland: Newman Press, 1966)
> *Philosophy and religion in Judaism and Christianity* ([Watford, Eng.]: Watford Printers, 1973)
> *Religion and philosophy* (Dublin: Gill and Macmillan Ltd., 1974)
> *Philosophers and Philosophies* (New York: Barnes & Noble, 1976)
> *On the History of Philosophy and other essays* (London: Search Press, 1979)
> *Philosophies and Cultures* (Oxford: Oxford Univ Press, 1980)
> *Religion and the One: Philosophies East and West* (London: Search Press, 1982)
> *Aquinas.* (Harmondsworth, New York: Penguin, 1982)
> *Memoirs of a Philosopher* (Cansas CT: Sheed & Ward, 1993)
> *Philosophy in Russia: From Herzen to Lenin and Berdyaev* (Notre Dame, Ind.: University of Notre Dame Press, 1986)
> *Russian Religious Philosophy: Selected Aspects* (London: Search Press. 1988)

역자 이남원

경북대학교에서 『칸트의 선험적 논증』으로 박사학위를 받았다. 현재 부산대학교 사범대학 윤리교육과 명예교수로 있다. 칸트의 『실용적 관점에서 본 인간학』, 『칸트의 형이상학 강의』와 칸트 전집 번역(전 15권, 한길사) 중 1, 2, 10권의 공동 번역에 참여하였다.

역자 정용수

부산대학교 철학과 박사과정을 수료하고, 경성대학교 교육학과에서 『칸트 교육론의 비교연구』로 교육학 박사학위를 받았다. 현재 신라대학교 교양과정대학 조교수(교육전담)로 재직 중이다.